北京通州年鉴

2021

北京通州年鉴编辑部 编

方志出版社
Publishing House of Local Records

图书在版编目（CIP）数据

北京通州年鉴．2021/ 北京通州年鉴编辑部编．--
北京：方志出版社，2021.10
ISBN 978-7-5144-4883-2

Ⅰ．①北…Ⅱ．①北…Ⅲ．①通州区－2021－年鉴
Ⅳ．①Z521.3
中国版本图书馆 CIP 数据核字（2021）第 265554 号

北京通州年鉴（2021）

编　　者：北京通州年鉴编辑部
责任编辑：李晓晓
出 版 者：方志出版社
地址　北京市朝阳区潘家园东里 9 号（国家方志馆 4 层）
邮编　100021
网址　http://www.zgfzcb.cn
发　　行：方志出版社图书经销中心
电话（010）67110500
经　　销：各地新华书店
印　　刷：北京中科印刷有限公司
开　　本：889×1194　1/16
印　　张：34
字　　数：960 千字
版　　次：2021 年 10 月第 1 版　2021 年 10 月第 1 次印刷
印　　数：0001 ～ 1000 册
ISBN 978-7-5144-4883-2　定价：200.00 元

中共北京市通州区委党史工作办公室
北京市通州区地方志办公室

北京通州年鉴编辑部

编 辑 说 明

一、本年鉴以马克思列宁主义、毛泽东思想、邓小平理论、“三个代表”重要思想、科学发展观、习近平新时代中国特色社会主义思想为指导，坚持辩证唯物主义和历史唯物主义的立场、观点和方法，围绕北京城市副中心建设大局，突出时代感和地方特色，客观反映2020年度通州区各方面的新变化、新进展和新问题。

二、本年鉴用规范的语体文、记述体直陈其事，文字力求言简意赅。类目、分目、条目体，条目为基本记事单位。

三、本年鉴反映2020年1月1日至12月31日期间通州区域内的情况（部分内容依据实际情况时限略有上溯或下延），文中一般直书月、日，不再写年份。本年鉴农用面积采用亩为计量单位。

四、本年鉴由特载、专文、大事记、区情概览、正文、附录及彩页等部分组成。正文部分设有中国共产党北京市通州区委员会，通州区人民代表大会，通州区人民政府，中国人民政治协商会议通州区委员会，纪检监察，民主党派，人民团体，法治，军事，功能区，经济管理，农业与农村，工业 信息化，建筑业 房地产业，商贸，金融，旅游，交通 邮电，生态环境，城乡建设，城乡管理，科技，教育，文化，卫生，体育，社会建设，社会生活，街道 乡镇，人物 荣誉，共30个类目，195个分目，9个子目，1773个条目。

五、本年鉴收有通州区副处级以上机构及副处级以上党政实职领导干部名录，并收录2020年内获得市以上各类先进人物、先进单位名单。

六、选入年鉴的文章和条目，均由各部门各单位确定专人撰写，经各部门单位主管领导审阅。一人提供多个条目的，只在最后一个条目后署名，不再一一署名。照片由通州区各供稿单位提供。

七、本年鉴主要数据和统计资料由统计局提供，如部分数据合计或相对数由于单位取名不同而产生的计算误差，均未做机械调整。

八、电子版材料在北京市通州区人民政府网站“城市副中心”栏目中登载。

/ 领导调研与活动 /

4月18日，副市长，城市副中心党工委书记、管委会主任隋振江（右四）到张家湾镇调研

| 张家湾镇提供 |

3月10日，区委书记曾赞荣（右四）慰问市下沉干部 | 张家湾镇提供 |

3月13日，区委副书记、区长赵磊（左四）到马驹桥镇调研疫情防控工作｜马驹桥镇提供｜

12月15日，区人大常委会主任李玉君（右四）考察东六环入地改造工程

｜区人大常委会办公室提供｜

3月5日，区政协主席赵玉影（左二）到北投通城建设开发有限公司调研企业新冠肺炎疫情防控和复工复产情况

| 区政协提供 |

12月29日，区委副书记刘东伟（左二）考察调研街道治理工作 | 九棵树街道提供 |

/疫情防控/

2月5日，蓝天救援队为中仓街道居民做环境消杀工作　　| 中仓街道提供 |

2月14日，潞城镇村内卡口执勤情况　　| 潞城镇提供 |

6月21日，核酸检测现场 |区融媒体中心提供|

3月23日，玉桥街道社工为居民登记签署居家隔离倡议书 |玉桥街道提供|

2月6日，北苑街道为执勤志愿者发放防疫物资 |北苑街道提供|

/ 两区建设 /

9 月 24 日，中国（北京）自由贸易试验区揭牌仪式举行　　| 区新城中心区管委提供 |

9 月 28 日，中国（北京）自由贸易试验区国际商务服务片区挂牌　　| 区融媒体中心提供 |

运河商务区　　　　| 区运河商务区管委提供 |

张家湾设计小镇　　　　| 区融媒体中心提供 |

/ 产业发展 /

9月5日，中国国际服务贸易交易会副中心展区 | 区融媒体中心提供 |

9月24日，中国（北京）自由贸易试验区揭牌仪式上，区委副书记、区长赵磊（左）代表通州区人民政府与上田八木货币经纪（中国）有限公司签约 | 区商务局提供 |

9月15日，2020年北京与河北廊坊北三县项目推介洽谈会 | 区融媒体中心提供 |

11月27日，2020"通武廊"（廊坊）文化和旅游产业发展大会 | 区文化和旅游局提供 |

9月21日，北京国际设计周开幕 | 区融媒体中心提供 |

11月3日，国家网络安全产业园区（通州园）正式开园 | 中关村通州园提供 |

/ 城市治理 /

通州区城市管理指挥中心接诉即办工作、副中心城市大脑智慧平台、网格化城市管理应用场景 | 区城市管理指挥中心提供 |

5月19日，中仓街道西营小街之春老旧小区改造 | 区融媒体中心提供 |

12月8日，北京最美街巷——潞河中学北街 | 区融媒体中心提供 |

5月9日，玉桥街道远洋东方公馆小区垃圾分类宣传活动 | 区融媒体中心提供 |

7月22日，玉桥南里社区物业公司组织宣传活动 | 区融媒体中心提供 |

12月1日，东六环入地改造工程项目盾构机入井 | 区融媒体中心提供 |

11 月 15 日，城市绿心森林公园半程马拉松挑战赛 | 区融媒体中心提供 |

11 月 15 日，北京大运河文化节在通州区大运河漕运码头举办 | 摄影 郭建华 |

12 月 1 日，北京大学人民医院通州院区地上部分室内装修基本完成 | 区融媒体中心提供 |

9 月 19 日，中国人民大学通州校区新建项目开工 | 区融媒体中心提供 |

9月29日，城市绿心森林公园开园 | 区融媒体中心提供 |

9月29日，城市绿心森林公园开园 | 区融媒体中心提供 |

城市绿心森林公园古道浮桥　　摄影 郭建华

大运河森林公园　　区融媒体中心提供

西海子公园 | 区融媒体中心提供

张家湾公园 | 区融媒体中心提供

目　录

特　载

专　文

大事记

区情概览

地情概况

国民经济和社会发展

中国共产党北京市通州区委员会

综　述

重要会议和活动

组织工作

宣传工作

统战工作

政策研究

机构编制

区直机关工作

网络安全

保密工作

老干部工作

党校教育

党史和地方志工作

通州区人民代表大会

综　述

依法审议决定重大事项

重要会议

监督工作

考察与调研

代表工作

人事任免

通州区人民政府

综　述

政　务

外事与港澳事务

应急管理

脱贫攻坚工作

政务服务

退役军人事务

信　访

机关事务服务

中国人民政治协商会议
通州区委员会

综　述

重要会议和活动

专门委员会

纪检监察

综　述

政治监督

正风肃纪

反腐败工作

监督执纪

深化改革

巡察工作

民主党派

中国国民党革命委员会通州区工作委员会筹备委员会

中国民主同盟通州区工作委员会

中国民主建国会通州区工作委员会

中国民主促进会通州区工作委员会

中国农工民主党通州区工作委员会

中国致公党通州区工作委员会

九三学社通州区工作委员会

人民团体

通州区总工会

共青团北京市通州区委员会

通州区妇女联合会

通州区科学技术协会

通州区工商业联合会

法　治

综　述

政法委与综治

法治政府建设

公　安

检　察

法　院

司法行政

全面依法治区

军　事

人民武装部

人民防空

功 能 区

综　述

运河商务区

北京通州文化旅游区

经济管理

综合调控

财　政

税　务

审　计

统　计

监督管理

国有资产监督管理

私营个体经济发展

投资促进

国有资本运营

农业与农村

综　述

农村经济管理

种植业

养殖业

农业机械

新农村建设

林　业

工业　信息化

工　业

信息化

部分重点企业选介

建筑业　房地产业

综　述

建筑业

房地产开发

商　贸

综　述

对外及对港澳台经济贸易

服务业扩大开放

重点商贸企业选介

金　融

综　述

中国工商银行股份有限公司北京通州支行

中国建设银行股份有限公司北京通州分行

中国农业银行股份有限公司北京城市副中心分行

中国银行股份有限公司北京通州分行

中国农业发展银行北京市通州区支行

北京银行股份有限公司通州支行

北京农村商业银行通州分行

中国人民财产保险股份有限公司北京市通州支公司

旅　游

综　述

旅游景点

旅游活动

行业管理

交通　邮电

公路建设与养护

交通运输

邮　政

通　信

生态环境

大运河森林公园建设

潮白河环境保护与治理

环境保护

环境监测

保护与监控

城乡建设

综 述

规划和国土资源管理

重点工程

市政建设

城乡管理

综 述

房屋管理

城镇住房制度改革

交通管理

城管综合执法

园林绿化

环境卫生

水　务

供　电

燃　气

防震减灾

消　防

科　技

综　述

科技创新

科技成果

知识产权

气　象

教　育

综　述

学前教育

基础教育

职业与成人教育

高等教育

学校选介

文 化

媒体传播

文化活动

文化设施

文化遗产保护

东郎（通州）电影创意产业园

有线电视

档　案

通州区文学艺术界联合会

卫　生

综　述

医疗与中医工作

疾病预防

基层卫生

卫生监督

妇幼保健与人口计生

医疗机构选介

体　育

综　述

体育设施建设

群众体育

竞技体育

体育产业

社会建设

综　述

社区建设

基层自治组织建设

社区工作者

社会生活

综　述

人民生活

社会组织管理

人力资源

社会保障

民　政

通运街道

中仓街道

新华街道

北苑街道

玉桥街道

文景街道

杨庄街道

九棵树街道

潞邑街道

临河里街道

永顺镇

梨园镇

宋庄镇

张家湾镇

漷县镇

马驹桥镇

西集镇

潞城镇

台湖镇

永乐店镇

于家务回族乡

人物　荣誉

附　录

特　载

在中共北京市通州区第六届委员会第十一次全体会议上的报告

中共北京市通州区委书记　曾赞荣

2020 年 12 月 31 日

一、2020 年的主要工作

2020 年是决胜全面建成小康社会之年，是“十三五”规划收官之年，更是我们顶住疫情前所未有冲击、持续推动城市副中心高质量发展极不平常的一年。一年来，区委常委会始终牢记习近平总书记嘱托，在市委的坚强领导下，坚持以习近平新时代中国特色社会主义思想为指导，深入贯彻党的十九大和十九届二中、三中、四中、五中全会，市委十二届十二次、十三次、十四次、十五次全会精神，全面贯彻落实党中央和市委各项决策部署，牢固树立“四个意识”，坚定“四个自信”，做到“两个维护”，坚定不移把方向、谋大事、抓党建、保平安，先后召开 68 次区委常委会议、89 次疫情防控工作领导小组会议，狠抓各领域工作落实。通过全区上下共同努力，城市副中心经济社会持续发生积极深刻变化，生机勃发的良好态势得到巩固和发展。

一年来，在突如其来的疫情面前，我们始终坚决落实中央、市委决策部署，统筹做好疫情防控和经济社会发展各项工作，牢牢筑起城市副中心抗疫坚固防线。坚持应急处置和常态化精准防控有机结合，坚持“外防输入、内防反弹”，疫情防控措施有力有效。全区疫情防控形势持续稳定可控，未发生死亡病例，实现医院、工地、学校零感染，切实维护了人民群众生命安全和身体健康。

我们始终坚持党员领导干部带头，众志成城打赢疫情防控人民战争。疫情发生后，区委常委会坚持把疫情防控作为压倒一切的头等大事来抓，坚持“三防”“四早”“九严格”，第一时间成立疫情防控领导小组，统一领导指挥全区疫情防控工作。区四套班子领导深入基层检查指导，各级党政负责同志坚持一线指挥，9.5 万名机关干部、在职党员、医务人员、公安干警、社区工作者以及广大人民群众，齐心协力构筑起疫情防控的人民战线。

我们始终坚持科学精准防控理念，慎终如始做好常态化疫情防控。坚持“人防”与“技防”紧密结合，因时因势完善各项常态化防控举措。深入开展调查摸底、大数据排查和“敲门行动”，累计摸排核实 140 余万人次。周密做好隔离观察、核酸检测、医疗救治，严格落实市场、工地、景区、社区等重点场所日常监管，加强进口冷链食品、进出京卡口等关键点位联防联控，完成全市 40% 以上人员、车辆查控任务。坚持“周末大扫除”活动，深入开展爱国卫生运动。

我们始终坚持服务首都防控大局，未雨绸缪加强公共卫生应急体系建设。坚持预防为主、健康优先，深入落实公共卫生应急管理体系建设三年行动计划，不断完善疾病预防控制体系，区疾控中心、定点医院、发热门诊、社区发热哨点有效协同，急救服务、医疗物资储备能力大幅提升，核酸日检测能力提升

8倍，实现重大传染病救治平战兼备，疫情监测预警和应急响应能力持续提升。

我们始终坚持“两手抓、两手硬”，多措并举促进复工达产。深入落实北京市帮扶企业系列政策，出台区级“12条”措施及20个配套实施细则，精准帮扶区内企业应对疫情影响、渡过难关。建立重点工程绿色审批通道和并联审批，加快推进重大项目建设步伐。加强与廊坊北三县在上下游产业链和原材料供应、员工出行等方面协同联动，开展“直通服务联百企”专项行动，采取“点对点”方式，有效解决企业用工、物资保障等问题。企业复工复产有序有力，在全市率先实现规模以上在建工程100%复工，为副中心快速有序恢复正常生产生活秩序奠定了坚实基础。预计全年地区生产总值同比增长2%左右。全社会固定资产投资超过1000亿元，同比增长5.6%；建安投资超过550亿元，同比增长2.7%，保持双增长、总量全市双第一。一般公共预算收入完成76.8亿元，社会消费品零售总额实现515亿元，居民人均可支配收入实现45516元，同比增长3%。

在全力抓好常态化疫情防控的同时，区委常委会紧紧围绕高质量建设城市副中心，重点推动了六个方面的工作：

（一）持续推进副中心控规落地实施，城市框架有序拉开

充分发挥副中心党工委管委会高位统筹、集中调度的优势，狠抓规划编制、项目审批、征地拆迁、工程调度，各项节点任务按期完成，初步展现出和谐宜居之城的独特魅力。

一是坚持高点定位，始终立足长远、服务大局、对标先进，多规合一的规划体系基本成型。强化副中心控规的引领作用，拓展区规划和12个组团深化方案形成成果，文化旅游区、张家湾古镇、南大街规划综合实施方案编制完成，在全市率先实现区、镇、村三级规划体系全覆盖。研究制定慢行系统、责任“双师”等方面的规划导则和意见，重点地区、重点专题、重点项目的专项研究进一步深化。着眼于践行新发展理念、构建新发展格局，科学制定“十四五”时期发展目标、指标体系和重点任务，实现与副中心控规有机衔接。

二是紧盯目标节点，坚持更高标准、更强力度、更快节奏，重点工程和重大项目建设取得新进展。充分利用副中心党工委管委会体制机制优势，深化市级赋权，加快手续办理，大力开展“拔钉子”行动，388项重点工程建设按期推进。城市绿心森林公园正式开园迎客，广渠路东延地下道路建成通车，环球主题公园（一期）基本完工。城市绿心三大公共建筑、副中心综合交通枢纽、东六环入地、地铁17号线、通州堰等工程加快推进。人民大学通州校区、地铁1号线八通线贯通工程、东夏园综合交通枢纽等一批重点项目开工建设。

三是聚焦区域协同，注重互联互通、重点突破、多点合作，辐射带动作用进一步凸显。持续加强与雄安新区沟通对接，在规划编制、产业发展、人才交流等方面的合作更加紧密。深入落实“四统一”要求，扎实推进与廊坊北三县联动发展。加强生态环境共保联治，潮白河森林生态景观带建设完成。围绕功能互补、产业协同，养老、教育等项目进一步向北三县延伸。“轨道上的京津冀”稳步推进，京唐城际铁路、地铁平谷线加快建设。

（二）紧抓中心城区功能疏解机遇，化危为机推动产业高质量发展

积极引入优质项目，持续优化营商环境，着力提升产业承载能力，高精尖产业逐渐厚积成势。

一是狠抓优质资源承接落地，项目引进实现量质双提升。充分发挥市区两级产业提升工作专班作用，持续深化合作对接机制，深入开展定向招商推介活动，各类优质资源加速集聚。新引进高精尖企业207家，新设立亿元以上企业186家，新设市场主体1.7万余家，增长量居全市第三，注册资金额增速居全市第一。三峡集团下属15家二三级子公司、首旅集团、华夏理财等一批央企、市属国企迁入副中心。全国首家外商独资货币经纪公司上田八木、首家公募基金管理公司汇泉基金等一批市场化金融机构实现落户。

二是充分发挥副中心比较优势，优质产业承载力进一步增强。围绕“3+1”功能定位，加快打造高

品质产业承载地。中国（北京）自由贸易示范区国际商务服务片区正式挂牌，运河商务区、张家湾设计小镇10.87平方千米纳入片区发展，绿色金融、财富管理、总部企业加速集聚运河商务区，北京国际设计周永久会址落户张家湾设计小镇。国家服务业扩大开放综合示范区形成政银合作“企业登记直通车”等9项制度创新，其中新建楼宇项目住所证明新方式入选商务部最佳实践案例，向全国复制推广。文化旅游区智慧园区建设加快推进，外企服务集团等一批头部专业机构进驻人力资源服务产业园，国家网络安全产业园（通州园）正式开园。宋庄艺术小镇小堡艺术区提升改造进展顺利，台湖演艺小镇演艺综合体项目有序推进，台马板块与亦庄一体化发展持续深化。

三是加大亲商安商扶商力度，营商环境持续优化。立足高精尖产业发展和企业需求，服务企业质效持续提升。健全重点企业“服务包”常态化工作机制，深入落实区领导联系企业制度，“政策通”企业服务平台正式上线，“城市会客厅”选址世界侨商中心。制定包容审慎执法清单2.0版，加快建设有序宽松的市场环境。深入落实纾困惠企政策，协助企业办理各类贷款1046亿元，减免商业房租1.7亿元。在全市营商环境评价中，企业满意度居全市第一。

（三）大力推进城乡精细化治理，人居环境和城市品质持续提升

集中开展整秩序、优环境、强服务等系列工作，强化科技支撑，城乡环境更加整洁美丽、居民生活更加舒适便捷。

一是坚持疏解整治与优化提升同步发力，“疏整促”专项行动顺利收官。拆除违法建设479万平方米，腾退土地695公顷，均居全市第一。实施留白增绿351公顷，占道经营整治160个，疏解一般制造业、棚户区改造等工作超额完成年度任务。开墙打洞、群租房等专项整治保持动态清零。以增强群众获得感为着力点，新建提升各类生活性服务业网点147个，城市社区网点覆盖率达到100%。

二是坚持新老融合、城乡统筹改善人居环境，城乡居民生活品质持续提高。扎实推进老城双修，南大街历史片区启动入户登记，第一个社区级家园中心（中仓）实现主体结构竣工。32条背街小巷完成整治提升，15个老旧小区改造加快实施，首个引入社会资本参与老旧小区建设项目投入运营，“三庙一塔”等重点区域周边环境整治全面完成。美丽乡村建设扎实推进，在市级人居环境考核检查中排名前列。

三是坚持科技赋能，城市变得更聪明更智慧。“城市大脑”平台完成环境卫生、交通违法等14个子系统的全面接入，人工智能管理中枢作用逐步显现。城市副中心“数字孪生城市”系统投入使用，在全市率先实现地上城市部件、地下管线“一张图”管理。全区信号灯完成升级改造，副中心主要道路通行能力持续提升。完成162条道路路灯智能化改造，5G基站建设实现重要区域全覆盖。

四是坚持抓好两个“关键小事”，基层治理能力和水平不断提升。坚持党建引领，深入实施“两个条例”。推动垃圾分类与垃圾消纳、资源化处理有机衔接，厨余垃圾分出率、生活垃圾减量率、分类设施达标率、桶站值守率显著提升。深入开展准物业、无物业管理小区规范治理专项行动，突出服务便利、资源共享、协商议事，建立覆盖全区的463个物业管理单元，业委会（物管会）组建率、物业服务覆盖率、党组织工作覆盖率持续提升，提前完成全年任务。

五是坚持民有所呼、我有所应，深入解决市民诉求。围绕提升接诉即办工作的解决率和满意率，建立专项考核办法，持续压实部门和属地责任。区委常委班子成员带头大抓基层，高频次深入一线检查指导，全力解决群众“急、难、愁、盼”问题。深入推进141个“七有”“五性”提升行动计划重点项目，全面实施203个“小微项目惠民生”工程，切实推动接诉即办向“未诉先办”转变。

（四）坚决打赢三大攻坚战，全面建成小康社会的成色更足

坚持堵漏洞、守底线、强弱项，统筹打好防范化解重大风险、精准脱贫、污染防治三大攻坚战。

一是坚决打好防范化解重大风险攻坚战，切实

筑牢社会安全稳定底线。规范开展地方金融监管，对融资租赁、商业保理等金融机构实施全方位监管。严控新增隐性债务、稳步消化存量，牢牢守住不发生系统性金融风险的底线。强化行政办公区警卫安全、卫生安全联防联控，全面排查化解社会矛盾纠纷，副中心政治安全和社会大局保持稳定。扫黑除恶专项斗争取得重大成果，高位启动市域社会治理现代化试点创建，全区刑事、治安警情持续保持低位。深入推进安全生产领域专项整治，国家安全发展示范城市113项创建任务基本完成。深化府院联动机制建设，广泛开展民法典学习宣传活动，依法治区工作取得新进展。

二是坚决打好精准脱贫攻坚战，全面做好对口支援和精准帮扶工作。注重“输血”与“造血”相结合，不断提高脱贫质量。深入实施智力支持、产业帮扶、消费扶贫，47名挂职干部、专业技术人才、医护人员、教师奔赴一线扶贫，126个援助项目全部开工，6645名贫困人口实现就业。持续巩固脱贫成果，实现脱贫摘帽“三不减、四不摘”。推动精准帮扶与乡村振兴有效衔接，实现稳固脱低、持续增收。

三是坚决打好污染防治攻坚战，生态环境质量不断改善。持续深化“一微克”行动，不断加大扬尘、重型柴油车等日常监管和执法力度。大气四项主要污染物浓度创历史新低，$PM_{2.5}$累计浓度37微克/立方米，改善率居全市第一。空气优良天数232天，同比增加29天。持续开展水系治理和生态修复，全区9个国市控出境考核断面水质均达V类及以上，27个乡镇跨界断面水质持续改善。海绵城市建设24项工程完工，城市雨洪韧性进一步增强。

（五）着力保障和改善民生，确保群众过上更加美好的生活

聚焦“七有”“五性”要求，加快补齐民生短板，不断提升城市绿化品质，更好满足人民群众对美好生活的向往。

一是注重增加供给和提升质量相结合，持续推动公共服务优质均衡发展。首师大附中、景山学校通州校区主体结构完工。北京学校小学部、北京五幼副中心园等一批学校开学招生，新增学位8360个。友谊医院二期、安贞医院通州院区等一批优质医疗项目加快建设，医疗资源配置不断优化。深入推进大运河文化带建设，全力打造大运河国家AAAAA级文化旅游景区，成功举办城市绿心森林公园半程马拉松。文商旅融合发展不断推进，全面开启大运河灯光秀，东郎电影创意产业园成为北京市首批十大深夜食堂特色餐饮街区。

二是持续强化民生兜底，多层次社会保障体系进一步健全。多措并举拓宽就业渠道，实现新增就业2.3万人，同比增长10.4%，登记失业率控制在3.5%以内。建设筹集各类政策性住房8590套，全区低保、低收入家庭，大病、重残家庭住房保障率居全市第一。完成一批乡镇养老院改造提升和养老驿站建设，养老服务质量不断改善。持续做好社会救助兜底工作，实现社会救助受理、审核、审批一站完成。

三是开展多层次高品质绿化，群众身边的绿色生态空间进一步扩容提质。实施新一轮百万亩造林绿化工程，完成造林2.1万亩。建成13处精品示范景观区，张家湾公园（三期）等22项重点工程加快实施，环城绿色休闲游憩环逐渐闭环。建成凉水河、小中河等绿道100余千米，“四廊六环”绿道网络体系更加完善。创建国家森林城市40项指标全部达标，全区森林覆盖率提升至33%。

（六）扎实推动全面从严治党向纵深发展，为各项工作的顺利开展提供坚强政治保障

牢固树立抓好党建是最大政绩理念，压紧压实管党治党主体责任，推动全面从严治党走向深入。

一是坚持加强党对一切工作的领导，区委统揽全局、协调各方的作用进一步发挥。坚决贯彻“看北京首先从政治上看”的要求，教育引导全区党员干部严守政治纪律和政治规矩，自觉在思想上政治上行动上同以习近平同志为核心的党中央保持高度一致，不折不扣贯彻落实党中央和市委各项决策部署。加强党对改革工作的领导，推动35项重点改革任务落地见效。严格落实人大、政府、政协、法院、检察院党组定期向常委会汇报工作的制度。支持保障区人大、区

政协依法履职，在疫情防控、“十四五”规划编制等领域发挥显著作用。统战工作持续加强，民主党派、工商联、无党派人士积极作为。连续三届荣获全国双拥模范城称号。老干部、民族、宗教、侨务工作富有成效。工会、共青团、妇联、残联、红十字会、文联、科协等人民团体桥梁纽带作用更加突出。

二是全面加强干部人才队伍和基层党组织建设，党员干部干事创业热情显著增强。注重在疫情防控“实战大考”中发现、培养、使用干部，累计选拔、调整干部568人。高标准完成5个新成立街道党政机构设置和班子成员配备。深入开展“不忘初心、牢记使命”主题教育整改落实情况“回头看”，围绕接诉即办、棚改拆迁等重点工作开展“贴近式”监督，督促党员干部进一步锤炼作风、担当作为。强化人才政策集成创新，靶向引进高端人才。统筹开展党支部工作条例落实与软弱涣散村、后进社区整顿，扎实推进“两新”组织建设，各领域党组织政治功能和组织力持续提升。

三是持续加强宣传舆论工作，城市副中心影响力进一步提升。全面落实意识形态主体责任，强化正面宣传，副中心意识形态领域保持平稳向好。副中心媒体平台全面改版升级，以互联网思维、全媒体视角深入推进媒体融合发展。围绕副中心控规实施、“十四五”规划编制、城市绿心建设等重点工作，高水平举办新闻发布会8次，积极传播主旋律、弘扬正能量，党心民心更加凝聚。

四是严格落实全面从严治党主体责任，不敢腐、不能腐、不想腐的体制机制一体推进。建立完善覆盖全区的全面从严治党主体责任考评细则，管党治党政治责任进一步压实。开展各类监督检查4万余次，实现处级单位党组织及村（社区）巡察全覆盖。始终保持惩治腐败高压态势，全区共处置问题线索1162件，立案审查调查262件，监委立案44件，留置7人，给予党纪政务处分156人。查处违反中央八项规定精神问题51起，给予纪律处分41人，通报曝光典型案例16起，风清气正的政治生态建设持续向好发展。

以上是区委常委会一年来的主要工作，这些工作任务的完成，极其不易、成之惟艰，但步伐扎实、前景光明。这些成绩的取得，是习近平总书记亲切关怀和市委坚强领导的结果，是城市副中心党工委管委会与区委区政府同心协力、狠抓落实的结果，是全区各条战线同志们迎难而上、团结奋战的结果，是社会各界人士热情关注、鼎力支持的结果。在此，我代表区委常委会，对大家的辛勤付出表示最诚挚的敬意和最衷心的感谢！

同时，我们也要看到，与中央、市委对副中心的高要求相比，与人民群众对美好生活的新期待相比，我们的工作还存在不小差距、面临不少问题。经济社会发展受疫情冲击和宏观经济不确定性影响，投资消费、财税收入等重点领域增长压力较大，还需拿出更加务实管用的举措稳投资、促消费、保增长；对照“七有”“五性”要求，基础设施、公共服务方面还存在短板，还需在提升城乡均衡发展和治理现代化水平上下更大功夫；全面从严治党主体责任落实还存在不足，部分基层党员干部适应新形势新要求的能力和水平还不够，还需进一步转变作风、拓宽视野、提升能力。针对这些问题，我们要高度重视、持续发力，在今后的工作中切实加以解决。

二、认真学习贯彻党的十九届五中全会和中央经济工作会议精神，奋力推进副中心高质量发展

同志们，近期，中央相继召开了党的十九届五中全会和中央经济工作会议，这两次会议都具有定向领航、谋篇布局的重大意义。一个着眼长远，描绘了未来5年乃至15年的发展蓝图，为我们指明了前进方向；一个立足当前，提出了2021年经济工作总体要求和政策取向，为我们明确了重点任务。我们既要登高望远，锚定“十四五”发展目标和2035年远景目标，一张蓝图绘到底；又要脚踏实地，聚焦2021年重点任务，一门心思干实事。全区上下要把学习宣传贯彻党的十九届五中全会和中央经济工作会议精神作为当前和今后一个时期的重要政治任

务，与学习贯彻市委十二届十五次、十六次全会精神结合起来，学深悟透、融会贯通，推动中央、市委各项决策部署在副中心形成生动实践。

同志们，当前，城市副中心已经进入大力推进城市框架基本成型、持续推动经济社会跨越式发展的重要时期。习近平总书记的殷切关怀和市委主要领导的操盘护航极大地增强了我们推进副中心高质量发展的信心和决心，副中心党工委管委会的高位统筹、系统调度为副中心提供了高效的体制机制保障，“两翼”协同、“两区”建设，更为副中心不断创造前所未有的历史性机遇。同志们，欣逢盛世，当无愧初心使命；肩负重任，惟奋勇拼搏前行。在这个极为关键的阶段，凝心聚力、力争上游，就会逾坡过坎、大有作为；驻足徘徊、稍有懈怠，就会丧失先机、前功尽弃。我们一定要以强烈的历史使命感和责任感，认真谋划未来发展、扎实推进工作，加快建设国际一流的和谐宜居之都示范区、国家绿色发展示范区、新型城镇化示范区和京津冀区域协同发展示范区，在“十四五”开局之年实现更大突破、取得更多成果，为今后更长一个阶段打下坚实的基础。

我们唯有持续提高站位、立足长远，才能全面准确地把总书记为副中心擘画的宏伟蓝图变为现实。要主动研究国家发展的新阶段新特征、社会转型的新挑战新问题、人民群众的新期待新要求，坚持把副中心控规落实和“十四五”时期的发展放在国家“两个大局”下来认识和把握，围绕副中心控规和“十四五”规划确定的目标任务、标准要求和指标体系，时刻与京津冀区域、雄安新区和其他先进地区协同校准，始终保持以最先进的理念、最高的标准和最好的质量规划建设城市副中心，确保将城市副中心打造成践行京津冀协同发展战略和首都功能定位要求的重要一翼。

我们唯有善于抢抓机遇、乘势而上，才能更加有效地把副中心的战略机遇转化为发展优势。我们要牢牢立足我国经济长期向好的基本面没有改变、处于并将长期处于重要战略机遇期没有改变的宏观环境，既要做到保持战略定力，又要善于抢占先机，主动融入我国在应对新冠疫情冲击和国际形势变动中开启的新一轮产业优化升级进程，抓住科技创新、“双循环”体系建设等一系列重大举措所释放的发展红利，进一步巩固和拓展副中心政策聚焦、资源聚焦的良好态势，做强、做活、做精国家服务业扩大开放综合示范区和自贸区国际商务服务片区，持续提升北京城市副中心的吸引力、影响力和辐射带动力，因势而谋、顺势而为、乘势而上，加快培育新动能，打造新引擎。

我们唯有始终专心致志、精益求精，才能科学全面地把高质量发展要求切实贯穿到各领域工作中。我们必须时刻牢记“创造历史、追求艺术”、建设“千年城市”的高标准和高要求，进一步树牢和践行副中心意识，始终如一地发扬忠于职守、专心致志、精益求精的“工匠精神”，坚持把每一处规划设计做深做透，把每一个项目工程做精做优，把每一领域的工作任务做实做好，在城市的“四梁八柱”上、在组团和单体建筑上、在各类软硬件体系上、在整体和局部的服务环境上，真正创造出经得起历史检验的“副中心质量”。为此，我们要做到“五个坚持”，努力实现“五个持续提升”：

第一，坚持服务大局，持续提升示范带动力。自觉站在迈进建设社会主义现代化国家新征程，担负党中央、市委赋予我们的重大政治责任和崇高历史使命的高度，咬定副中心建设的战略性目标任务不放松，主动从服务好党和国家工作大局、服务好北京市“四个中心”建设的高度来开展工作，保持工作劲头不松、投资强度不减、建设速度不降，强势拉开“十四五”序幕，确保开好局、起好步，打造京津冀协同发展桥头堡，辐射带动北京东部地区和廊坊北三县一体化联动发展，推动京津冀协同发展取得新的更大进展。

第二，坚持特色发展，持续提升核心竞争力。坚持把更好落实新发展理念、更快实现绿色转型，作为副中心高质量发展的最鲜明特色，探索实施路径，走好绿色发展、协同共进、数字智慧、城乡融合之路，把绿色贯穿到副中心转变经济发展方式和生产生活方式的各方面，全力打造国家绿色发展示范区。通过“内外兼修”，推动副中心数字经济和实体经济深度融合发展、规划建设和城市管理更加智慧低碳友好、城市品质和整体风貌进一步彰显副中心特色、城市能级和副中心品牌影响力持续增强，逐步实现以不一样的方式建设一座新时代精品城市。

第三，坚持以人民为中心，持续提升服务群众能力。聚焦“七有”“五性”要求，切实把民生工作摆在更加突出的位置，建设有温度、有厚度的城市副中心，做到副中心群众向往什么，我们就努力实现什么。全面加强教育教学、医疗卫生、文化体育、休闲消费软硬件建设，有针对性地补短板、强弱项，满足群众多层次多样化需求。坚持用脚步丈量民生、用实干赢得民心，集中资源和力量，着力解决一批群众需求热点、治理痛点问题，着力弥补新老之间、城乡之间发展差距，办好群众家门口的事，当好群众的贴心人，确保在副中心建设全面提速的进程中不断增进群众的民生福祉，让发展成果更多更公平地惠及广大人民群众。

第四，坚持改革开放，持续提升高质量发展动力。坚持问题导向，拿出“滚石上山”的拼劲，强力推进重点领域和关键环节改革攻坚。推动市级赋权进一步扩大和深化，以点带面激活各类要素潜能，汇聚更多发展优势。抢抓“两区”建设机遇，主动申请各项扩大开放措施在副中心先行先试，以勇立潮头敢为先的气魄、创新引领奋楫进的智慧，在市场准入、金融改革、文旅融合等重点领域加强制度创新。利用好国际国内两个市场、两种资源，以时不我待、只争朝夕的劲头推动任务落实、项目落地，加快打造“两区”建设的副中心开放样板，为高质量发展强动力、添活力、壮实力。

第五，坚持全面加强党的建设，持续提升干部队伍战斗力。适应新发展阶段、贯彻新发展理念、构建新发展格局，必须全面提高党领导经济社会发展的能力和水平，为城市副中心高质量发展提供坚强保障。更加注重强基固本，推动基层党组织全面进步、全面过硬，使每个支部都成为党旗高高飘扬的战斗堡垒。切实增强干部的“八大本领”“七大能力”，在副中心建设实践中锻造一支善打大仗、敢打硬仗、能打胜仗的新时代铁军。牢固树立“一盘棋”思想，坚持上下同心、干群合力、携手奋战，汇聚起奋进新征程的强大力量。坚决扛起全面从严治党“两个责任”，进一步提高党的建设质量，持续保持副中心良好政治生态。

三、2021 年工作的主要目标和任务

2021 年是中国共产党成立 100 周年，是“十四五”开局之年，是深入落实副中心控规、全面推进高质量发展进程中具有特殊重要性的一年，做好 2021 年的各项工作非常重要。明年工作的指导思想是：坚持以习近平新时代中国特色社会主义思想为指导，深入学习贯彻党的十九大，十九届二中、三中、四中、五中全会精神和中央经济工作会议精神，深入学习领会习近平总书记对北京重要讲话精神和中央、市委对城市副中心建设的重要决策部署以及市委十二届十五次、十六次全会精神，坚持以人民为中心的发展思想，坚持高质量发展的主题，高标准实施“十四五”规划，高水平开展重要节点和重点领域建设，统筹做好发展和安全、改革和开放、社会治理和民生保障等各项工作，持续推进全面从严治党向纵深发展，推动城市副中心建设实现新跨越、夺取新胜利，以优异成绩庆祝中国共产党成立 100 周年。

2021 年经济社会发展的主要目标建议是：实现地区生产总值同比增长 8% 左右；全社会固定资产投资超过 1000 亿元；一般公共预算收入同比增长 3% 左右；社会消费品零售总额同比增长 8% 左右；居民人均可支配收入稳步增长；登记失业率控制在 5% 以内。万元地区生产总值能耗、大气污染物和水污染物排放完成市级下达的任务。

围绕 2021 年工作，我们要在毫不松懈做好常态化疫情防控和应急处置工作的基础上，紧盯目标任务，压实工作责任，加强指挥调度，确保工作进度，为“十四五”时期实现各领域工作的显著提升开好局、起好步。

重点要抓好八个方面的工作：

（一）全面加速副中心建设，充分展现“十四五”开局新气象

坚持“一年一个节点，每年都有新变化”，持续完善规划体系，全面加快重要节点和重大项目建设，为城市框架基本成型奠定坚实基础。

一是坚持规划引领，全面推动各领域高质量发展。充分发挥副中心控规、各专项规划与“十四五”规划的龙头作用，进一步完善科学性、整体性和实操性，紧紧围绕城市品质、绿色发展、科技创新、人民福祉、协同开放、减量提质等多个维度，系统落实“副中心质量”的要求。进一步细化和明确时间节点、实施路径，健全完善督查指导、监测评估等规划落实保障措施，全面推进规划加快实施。

二是加快构筑城市框架，全面推进重要节点和重大工程项目建设。充分发挥副中心党工委管委会统筹调度优势，集中包装、审批、开工一批重大战略工程项目，持续强化重点功能区、重要节点和片区的滚动开发态势。全力保障行政办公区二期、人民大学通州校区、副中心综合交通枢纽、东六环入地、通州堰等重大项目建设，确保环球主题公园精彩亮相，绿心三大公共建筑完成主体结构封顶。

三是推进重点城镇建设，加快形成特色小镇示范标杆。以张家湾设计小镇、台湖演艺小镇和宋庄艺术小镇为重点，抓紧做好规划设计、存量资源再利用、周边环境配套等工作，推动特色小镇成为副中心的一道风景线。加快张家湾设计小镇铜牛等5个重点地块的开发建设，推进台湖演艺小镇京城重工、国际图书城等项目转型升级，加快宋庄艺术小镇小堡艺术区国际方案征集成果落地。分区分类引导其他小城镇功能联动和特色发展，加快形成“众星拱月”整体格局。

（二）加强区域协同联动，着力打造京津冀协同发展桥头堡

坚持以点带面、以城带乡、以新促老，实现区域协同发展、城乡均衡发展、新老融合发展。

一是注重区域联动，深入推动京津冀协同发展。充分发挥“两翼”联动效应，与雄安新区在产业发展、科技创新、城市建设等多个领域取得互动协作新成效。围绕教育、医疗、养老、生态环境等领域，深入实施与廊坊北三县一体化联动发展，推进京唐城际铁路、景山学校香河分校、医疗卫生标准化试点等一批项目建设，加快实施潮白河综合治理，构建高品质区域生态空间。深入推进产业合作发展，探索建立总部＋生产基地、园区共建等多元化产业对接合作模式。

二是坚持城乡统筹，着力推进以人为核心的新型城镇化建设。充分体现共享发展理念，推动城乡要素平等交换和公共资源均衡配置。着力构建城乡一体的综合交通体系，加快城乡连通道路建设。推动优质教育、医疗资源向南部延伸，实施一批市政供水、供电、供热等工程，持续提升农村地区基础设施和公共服务建设水平。大力发展现代农业、现代种业、大健康产业，持续促进农民就业增收。深化户籍制度改革，加快农业转移人口市民化。

三是强化新老融合，多措并举优化老城区人居环境。坚持以舒适宜居为标准，大力推进城市有机更新。推进十八个半截胡同自主式腾退，高标准完成老城双修三年行动收官任务。启动20个老旧小区综合整治，完成49条背街小巷整治提升，开工建设新华街道等5个家园中心，打造一批精品街区示范点，进一步激发老城区发展新活力。加快推进八通线、6号线站点周边环境提升工程，实施一批道路微循环、慢行系统和疏堵工程，持续提升道路通行能力。

（三）以“两区”建设为统领，加快构建高精尖经济结构

坚持新发展理念，充分发挥“两区”建设政策叠加优势，推进“四大板块”建设，加快形成副中心产业发展新格局。

一是激活绿色发展新动力。立足承接中心城功能疏解，进一步提升“3+1”产业功能建设能级。深入践行绿色发展理念，大力引进绿色金融产业，高标准建设绿色交易所、全国自愿减排等碳交易中心，全力打造绿色金融示范区。持续推动台马板块、网

安园等区域建设，围绕智能制造、新一代信息技术，打造体现绿色创新技术的千亿级高精尖产业集群。大力发展以数字经济为主要特征的绿色产业，推出智能环球影城、数字城市绿心等一批可复制、可推广的绿色新科技应用场景。

二是加快为“两区”建设赋能。坚持以“政策+项目”引领重点领域开放发展，完善重点项目库，加快发挥“两区”的示范带动作用。在市场准入、金融改革、文旅融合等领域加大探索力度，全力营造更加国际化的开放发展新环境。加快推动财富管理、金融科技等优质企业落户运河商务区，支持符合条件的金融机构设立专营机构开展业务，建设全球财富管理中心。聚焦城市科技和创新设计领域，吸引一批优质项目入驻张家湾设计小镇。用足用好环球主题公园溢出效应，依托台湖演艺小镇、宋庄艺术小镇，加快引进一批文化设计、演艺娱乐等优质项目，打造文化旅游产业集群。

三是进一步促进消费提质升级。主动顺应消费多元化趋势，围绕消费挖潜、提质、扩容，推动消费新模式新业态持续升级。紧抓环球主题公园开园契机，在文体、旅游等消费领域取得新突破。深度挖掘大运河主题旅游资源，建设时尚活力型夜间经济街区，打造大运河消费带。大力发展首店经济，推进直播经济、平台经济等新业态加快发展，扩大教育、养老、健康等服务消费，推动商品消费和服务消费有机融合。

四是打造营商环境副中心样板。对标先进理念和国际通行规则，定政策、优服务、促公平，积极营造国际一流的营商环境。进一步增强“通八条”政策体系实施效果，形成更多优秀案例。以企业需求为导向，推进政务服务事项下沉，完成城市副中心政务服务大厅建设，加大“一对一”精准服务力度，实现就近快办、一次办好。强化市场主体合法权益保护，持续完善市场监管体系，进一步增强市场竞争活力。

（四）坚持党建引领，多角度提升治理体系和治理能力现代化水平

聚焦两个“关键小事”、智慧城市建设等重点领域，着力增强城市功能，创新治理模式，全面提升副中心城市品质。

一是齐心协力抓好两个“关键小事”。坚持党建引领，紧盯物业管理“三率”提升，推动物业服务专业化、规模化和连锁化发展，选优配强服务队伍，有效激发社区自治活力。坚持首善标准推进垃圾分类工作，进一步细化措施、优化垃圾处理设施布局，引导家庭厨余垃圾分类质量不断提高，持续提升垃圾减量化、资源化水平。

二是全面加快智慧城市建设。以建设智慧城市典范为目标，进一步拓展“城市大脑”覆盖范围，加快构建城市副中心智慧指挥中枢。完成地下综合管廊监管平台建设，实现一体化集成高效管理。充分运用大数据、区块链等科技手段，强化交通秩序治理，实现人车有序引导、快速集散、顺畅通行。聚焦交通、物流、社区生活等领域，广泛布设智慧城市应用场景，实现管理更加高效精细、服务更加温暖便捷。

三是持续完善社会治理体系。健全党组织领导的自治、法治、德治相结合的城乡治理体系，实现政府治理同社会调节、居民自治良性互动，建设人人有责、人人尽责、人人享有的社会治理共同体。加强基层社会治理队伍建设，构建网格化管理、精细化服务、信息化支撑、开放共享的基层管理服务平台。探索拓展数字化治理试点范围，扩大与社会组织的合作互动，形成社会治理新路径。

（五）坚持生态优先导向，推动生态环境质量持续向好

把生态环境保护放在更加突出的位置，持续巩固提升生态环境建设成果，不断夯实城市副中心绿色发展生态本底。

一是狠抓大气污染防治。始终坚持“一微克一微克地抠”，向精细化管理和严格执法要效益。加强在施工地、拆腾地块、裸露地面等重点区域的扬尘污染防控，强化对重型柴油车、渣土运输车等车辆监管，推进“近零碳排放”示范区建设，持续改善大气环境质量，$PM_{2.5}$年均浓度完成市级下达任务指标。

二是推动水环境质量持续改善。持续开展河道水体整治，不断改善水环境质量。加快河东、减河

北资源循环利用中心等工程建设，进一步提高污水收集和处理能力。加快海绵城市建设，努力实现城市水体自然循环。加快推进通惠河、港沟河等骨干河道景观提升及生态修复，实施甘棠等船闸工程及沿线码头建设，打造便利可达的城市滨水生态体系。

三是积极拓展绿色生态空间。实施新一轮百万亩造林绿化工程，完善副中心绿色空间基底。坚持大尺度建绿和群众身边增绿相结合，实施潮白河森林公园工程，建设一批小微绿地和口袋公园，多维度提升绿色空间品质与活力。深入开展花园式社区、绿色村庄、森林城镇创建，确保创建国家森林城市成功验收。

（六）坚持共建共治共享，持续增进民生福祉

坚持人民至上、需求导向，建机制、优服务、强保障，条块结合抓统筹，上下联动聚合力，不断满足人民群众对美好生活的新要求新期盼。

一是持续强化接诉即办工作实效。坚持大抓基层、服务群众，构建“热线＋网格＋吹哨”为民服务模式，充分发挥街道乡镇书记月度工作点评会、接诉即办专题会统筹调度和点评推进作用，着力解决物业管理、服务配套等群众反映突出的问题。完善接诉即办考核评价体系，探索建立第三方评估机制，推动接诉即办成效提升。

二是不断优化公共服务供给。实施教育强区行动，建设优质均衡的教育体系。实现北京学校中学部、首师大附中、杨庄小学投入使用，不断拓宽优秀教师引进途径，打造高素质专业化教师队伍。科学适度配置医疗资源，加快安贞医院、友谊医院二期、首都儿研所通州院区等工程建设。强化监测预警，加快公共卫生应急管理体系建设。深入实施健康副中心行动，为群众提供全方位全周期健康服务。组织开展“美丽中国”全国定向越野挑战赛、城市副中心马拉松等一批体育品牌活动。

三是着力提升城市文化品位。以大运河文化带建设为统领，开展大运河重点遗址遗迹实景恢复和数字化再现工程，加快推进路县故城遗址保护展示工程、张家湾古镇保护修缮工程建设。积极创建大运河国家AAAAA级旅游景区，推动实现北运河通州段全线通航，打造贯穿“三庙一塔”景区、环球主题公园、台湖演艺小镇、张家湾设计小镇、宋庄艺术小镇等重点区域的精品文旅路线。

四是扎实做好社会保障工作。健全多层次社会保障体系，加强兜底性民生建设。强化就业优先政策，对接重大建设项目需求，千方百计扩大就业。探索具有副中心特色的居家养老服务模式，推进养老驿站建设，全面提升“老有所养”服务水平。持续加大保障房建设力度，加强房地产市场监管，确保人民群众“住有所居”。完善临时救助备用金制度，实施一批精准救助项目。

（七）统筹发展和安全，着力建设平安副中心

以创建国家安全发展示范城市为目标，围绕服务保障重点区域和重大活动，坚决筑牢安全屏障，确保副中心万无一失、绝对安全。

一是坚决维护社会安全稳定。强化站岗放哨意识，全力做好行政办公区安全保障。强化责任意识，从细节上下功夫，精心做好建党100周年庆祝活动服务保障。强化底线思维，健全安全风险预测预警预防化解机制，努力做到“六个坚决防止”。持续推进智能化安防建设应用，完成雪亮工程二期建设，实现智慧平安社区（村）建设全覆盖。推动扫黑除恶工作制度化常态化，加快建立金融等重点行业日常监管机制，做好风险防范源头管控。强化信访源头预防和治理，确保矛盾隐患化解在早、化解在小。持续推进依法治区、法治政府、法治社会一体建设，贯彻实施民法典，提高依法行政水平。

二是加强安全生产管理。严守安全生产底线，健全完善各级党委政府“党政同责、一岗双责、齐抓共管、失职追责”的安全生产责任体系和安全生产督查机制。深入开展安全生产领域专项整治行动，确保不发生重特大安全事故。加强安全生产宣传教育，提升全民安全生产素质和消防安全意识，进一步提高安全生产水平。

三是着力增强城市韧性。坚持以防为主，全力做好应急管理和防灾减灾工作，有力提升城市公共安全韧性。强化自然灾害风险预警，提升监测的精

度和时效水平。加快应急避难场所建设，推动人防设施与基础设施相融合。加强应急救援队伍建设，提高救援装备配置水平。持续开展综合应急演练，进一步提升应急处置能力。

（八）筑牢全面从严治党“责任墙”，全面提高党的建设质量

深入贯彻党把方向、谋大局、定政策、促改革的要求，不断增强党的政治领导力、思想引领力、群众组织力、社会号召力，为副中心建设提供坚强政治保证。

一是全面加强党的领导。坚持把政治建设放在首位，教育引导全区各级党组织和党员干部牢固树立“四个意识”，坚定“四个自信”，做到“两个维护”，以求真务实的作风推进中央、市委对副中心的各项决策部署落实落地，全力抓好中央、市委巡视反馈意见的整改落实。积极支持人大加强对“一府一委两院”的监督，充分发挥政协凝聚共识的作用，围绕副中心重点工作开展监督、建言献策。坚持构建大统战工作格局，充分发挥民主党派、工商联、无党派人士作用，统筹做好民族、宗教、侨务工作。加强党对工会、共青团、妇联、残联、红十字会、文联、科协等群团组织的领导，切实增强群团工作的政治性、先进性、群众性。支持老干部在副中心建设中发挥更大作用。深化双拥共建，不断提高退役军人服务保障水平。

二是坚定不移推进全面深化改革。全面贯彻落实中央、市委重大改革决策部署，大力推动重点领域和关键环节改革取得新突破。积极争取国家层面出台支持副中心高质量发展的意见，努力实现一批突破性政策在副中心先行先试。持续深化规划管理改革，健全规划落实制度体系，确保副中心控规扎实有序实施。稳步推进土地、财税投融资、国企改革等一批改革落地，以实实在在的改革成果服务副中心高质量发展大局，积极争取市委、市政府对副中心进一步赋权赋能。

三是全面加强干部人才队伍和基层党组织建设。深入落实干部队伍建设三年行动计划，统筹实施“源头储备、素质提升、蹲苗历练、动态考核”四大工程。加强干部管理监督和正向激励，精心组织开展庆祝建党100周年系列活动，引导党员进一步发挥先锋模范作用。高标准建成副中心党群服务中心，打造副中心党建阵地品牌。做强做优人力资源服务产业园，加快国际人才社区及配套设施建设，不断优化区域人才发展环境。以推进区、乡镇、村（社区）三级换届为重点，加强领导班子和干部队伍建设，系统提升“两委”干部抓党建、抓治理的能力。

四是奏响副中心宣传文化新乐章。进一步压实意识形态主体责任，不断壮大主流舆论阵地，推动形成全域联动、协同发声的传播矩阵。继续加强融媒体建设，把《城市副中心报》打造成为京津冀协同发展的窗口，积极争取开办“京津冀之声”广播调频，面向海内外讲好副中心故事。围绕环球主题公园开园、“两区”建设等工作精心做好宣传推介，开展好副中心新闻发布会，举办好绿色发展论坛、财富管理论坛、国际设计周等活动，持续做强副中心品牌。

五是狠抓党风廉政建设。进一步压实全面从严治党“两个责任”，打造上下贯通、层层负责的责任链条。持续深化纪检监察体制改革，不断完善“三位一体”基层监督体系，构建“一单明权、一台亮权、一网督权”基层监督工作格局。充分发挥巡察利剑作用，突出抓好巡视巡察整改落实。精准把握运用监督执纪“四种形态”，加强对权力运行的制约和监督。锲而不舍落实中央八项规定精神，持续纠治形式主义、官僚主义。强化“以案为鉴、以案促改”警示教育，继续做好对受处分党员的回访关爱，激励干部担当作为，持之以恒建设副中心良好的政治生态。

北京市通州区人民政府工作报告

——在北京市通州区第六届人民代表大会第七次会议上

北京市通州区区长 赵 磊

2021年1月14日

一、2020年工作回顾

2020年是全面建成小康社会的决胜之年，是“十三五”规划的收官之年，也是我们在前所未有的新冠肺炎疫情冲击下，振奋精神、迎难而上，全力推动副中心高质量发展的一年。一年来，在市委、市政府和区委的正确领导下，在区人大、区政协的监督支持下，区政府始终坚持以习近平新时代中国特色社会主义思想为指导，全面贯彻中共十九大和十九届二中、三中、四中、五中全会精神，坚持稳中求进总基调，立足“一核两翼”和京津冀协同发展大局，统筹推进新冠疫情防控和经济社会发展。地区生产总值实现1103亿元；全社会固定资产投资和建安投资同比增长8.7%和5.6%；社会消费品零售总额实现529.3亿元；一般公共预算收入实现78.7亿元；全区居民人均可支配收入实现45845元，同比增长3.7%；城镇登记失业率控制在3.3%以内；万元地区生产总值能耗同比下降0.5%。

（一）众志成城抗击疫情，共筑“战疫”钢铁防线

迅速行动、广泛动员，打好联防联控阻击战。坚决贯彻落实中央、北京市和区委决策部署，坚决把人民群众生命安全和身体健康放在第一位。在区委的统一领导下，建立“一办十五组”工作架构，全面推动社区防控、医疗保障、城市运行等各项重点任务实施。下沉干部、社区村工作人员、在职党员和各类志愿者，第一时间投入一线参与疫情防控。全面开展地毯式、无死角全覆盖排查，累计摸排140余万人次。做好中高风险地区来京人员管控，完成8000余人次返通接转和管理服务工作。建立与廊坊“北三县”疫情防控联动机制，完成全市进京卡口40%以上人员、车辆查控任务，坚实构筑起“战疫”第一道防线。

全面筛查、科学处置，决战医疗救治主战场。建立市区医疗救治网络，快速改造潞河医院牛堡屯院区为区级定点医院，组建专家救治组，联动基层医疗机构做好预检分诊筛查及可疑病例应急隔离工作，形成医疗救治一张网。累计开展核酸检测91万余人次，实现“应检尽检”“愿检尽检”。特别是新发地疫情期间，三周内完成47万余人核酸检测，快速阻断疫情传播。集中观察人员未出现感染情况，未出现院内感染、医护人员感染。全区累计报告确诊病例20例，确诊患者均治愈出院，无死亡病例。

强化措施、多维统筹，打好复工复产组合拳。有序推动重大工程和企业复工复产，快速恢复经济社会秩序。深入落实市级政策，出台区级12条措施及20个配套实施细则，解决重点工程和企业在资金运营、手续办理、材料供给、物资调配、工人返岗等方面的问题。协助企业办理各类贷款1046亿元，减免房租1.7亿元，提前兑现“通八条”奖励1.1亿元，2624家企业受益失业保险费返还，667家企业受益精准支持临时性岗位补贴。在全市率先实现规模以上在建工程100%复工，近10万名建筑工人和各复工复产企业未出现疫情。

严格管控、夯实基础，打好常态化防控持久战。制定实施《通州区加强公共卫生应急管理体系建设

的实施方案》《秋冬季新冠病毒肺炎疫情防控工作方案》，依托潞河医院建成区级核酸检测基地，二级以上综合医院全部具备核酸检测能力，一级以上公立医院全部设立发热筛查哨点，建立三级保供体系制度，稳定市场秩序。实施《通州区深入开展新时代爱国卫生运动三年行动方案》，在全区普遍建立爱国卫生组织机构，启动9个卫生乡镇创建工作，大力营造全社会的文明健康新风尚。

（二）控规落地全面提速，城市副中心建设生机勃发

高位统筹持续加强，机制优势高效发挥。争取到中央抗疫特别国债100亿元，占全市总量的1/3。市委、市政府主要领导每月深入副中心开展“双调研”，问诊把脉、悉心指导。副中心党工委、管委会牵头抓总、统筹调度，相关部门与区属部门进一步实现合署办公、业务融合。首批市级赋权30个事项实现下沉并运行，“副中心的事副中心办”迈出重要标志性一步。市区合力高标准编制完成城市副中心“十四五”规划。成立“四个专班”、推出“四个超常规”措施，建立完善联审联批、审批监管衔接、跟踪评估问效等若干新机制，重点项目手续办理效率提升一倍。

重要节点加速建设，城市框架加快形成。坚持任务不减、目标不变、标准不降，全力推动重大工程、重要功能节点建设，388项重点工程建设按期推进。城市绿心森林公园开园迎客，广渠路东延地下道路基本具备通车条件，通州堰北运河治理工程完成1/3以上，绿心三大公共建筑、六环路入地改造、副中心综合交通枢纽启动主体工程建设。行政办公区二期所有地块取得开工手续，道路工程完成80%。运河商务区9个项目实现完工。文化旅游区环球主题公园（一期）基本完工，开园预热全面启动。

城市双修加快推进，新老协同稳步开展。实施整体设计、整体推进，划定10个老城重点实施片区，新开工37项工程项目。启动老城7个片区1231户棚改，探索“自主式腾退”新模式。15个老旧小区改造项目实现进场施工。以玉桥南里北区为试点，引入社会资本参与老旧小区改造。首个社区级家园中心（中仓家园中心）主体结构完工，7个家园中心项目有序推进，老城区公共服务配套设施短板加快补齐。

镇村建设不断提速，城乡统筹有序推进。张家湾设计小镇探索形成5种存量资源盘活路径，创新政策高效完成梁各庄棚改。台湖演艺小镇规划体系进一步完善，存量盘活稳步推进。宋庄艺术小镇启动“两点一线”改造提升项目，中国艺术品交易中心开工建设。国家网络安全产业园启动区规划综合实施方案完成审查、备案，土地入市步伐加快。深入实施乡村振兴战略，国务院和北京市农村人居环境整治三年专项行动收官。完成112个村庄的美丽乡村建设，村容村貌明显提升。开展于家务乡果村、西集镇沙古堆村、漷县镇柏庄村等市级“一村一品+”试点建设。全区低收入村、低收入农户全部实现脱低。

联动发展全面加强，区域协同持续深化。与亦庄完成行政职权和公共服务事项交接，台马组团41个基础设施重点项目加快推进。加强与廊坊“北三县”协同发展，《北京市通州区与河北省三河、大厂、香河三县市协同发展规划》正式发布；开展“通武廊医疗卫生协调联动国家基本公共服务标准化”试点项目；举办与“北三县”项目洽谈推介会，签约33个重点产业项目，签订养老合作协议；京唐城际铁路全面开工，地铁22号线（平谷线）启动建设。与雄安新区深化重点项目管理体制，共建“两翼齐飞”新格局。坚持“四个不摘”，持续巩固深化对口支援协作，形成具有副中心特色的扶贫协作模式。

（三）功能承接加快推进，产业高质量发展态势初步形成

政府市场双向用力，发展势能不断积蓄。成立副中心产业提升市级专班，市领导牵头建立副中心应用场景建设机制，与市国资委联合组建国企对接工作专班，强化与西城、朝阳、海淀结对发展，中心城功能疏解稳步推进，优质资源要素加速汇聚。编制出台《通州区产业高质量发展指标体系》《加

快推进城市副中心产业项目落地政策》等措施，建立京外、境外专题招商推介机制。新设亿元以上企业200户，新设市场主体1.9万户，增长量居全市第三，注册资金增速居全市第一。

产业集群加快建设，特色产业初现雏形。金融产业提质发展，国际财富管理中心加快建设，全国首家外商独资货币经纪公司上田八木获得批筹，首家持牌公募基金汇泉基金注册落地，首家市管银行财富管理子公司华夏理财开业，北京银行、华夏银行、北京农商行设立副中心一级分行，农银金科、中债金科、中投保科技型融资担保等项目实现落地。绿色金融示范区建设稳步推进，北京绿色交易所入驻，中美绿色基金、北京绿色金融与可持续发展研究院获批设立。总部经济能级提升，三峡集团下属15家二三级公司入驻，首个世界500强外资项目路孚特中国总部签约落地，北投集团、首旅集团、中核矿业科技集团等一批大型总部承接落地。科技创新支撑加强，新工工程咨询等106家企业注册张家湾设计小镇，创新中心、未来设计园实现开园，北京国际设计周、北京城市建筑双年展、中国设计红星奖会址永久落户园区。中关村通州园获批国家级中小企业创新创业特色载体，罗克佳华、甘李药业实现上市。国家网络安全产业园正式开园，西北工业大学北京研究院落户园区。国家人力资源产业园入驻企业达51家，全国前10名人力资源企业中5家实现入驻。

亲商安商共克时艰，营商环境持续优化。在全市率先出台落实优化营商环境条例的27条实施意见，持续推出市场主体登记便利化“一揽子”措施。创新打造中小微企业服务平台“政策通”，收录企业12万余家，全面打通服务“最后一千米”。区领导集中走访服务重点企业500余次，解决问题212项。城市会客厅启动装修和项目宣传推广，公共资源交易服务平台投入运行，副中心政务服务大厅加快建设。政务服务“一网通办”效率不断提高，“包容审慎”监管机制落地见效。营商环境评价企业满意度居全市第一。

（四）城市治理持续加强，城市运行保障能力加快提升

狠抓接诉即办和两个“关键小事”，基层治理能力不断提升。出台《通州区接诉即办工作奖励激励和责任追究办法（试行）》，实施203个“小微项目惠民生”工程。深入落实《北京市生活垃圾管理条例》，建设垃圾分类驿站329座，社区村撤桶并站及投放站密闭化改造实现全覆盖。生活垃圾排放登记系统和环卫信息系统并网运行，无害化处理率达到100%，生活垃圾分类示范片区全面建设完成。印发《通州区加强物业管理工作提升物业服务水平三年工作方案》，整合散落楼宇、院落，推出463个“物业管理单元”。

疏解整治力度持续不减，城乡环境面貌持续改善。拆除违法建设479万平方米，腾退土地695公顷，均居全市第一。完成清理整治工业大院三年行动计划。全区建筑垃圾基本完成消纳，再生资源利用加快推进。新建提升生活性服务业网点147个，城市社区网点实现全覆盖。完成32条背街小巷市级整治提升任务，潞河中学北街、梨园中街一巷被评为十大“北京最美街巷”。通过创城复检。城乡环境建设考评综合成绩、城乡环境公众满意度始终名列全市前茅。

应用场景建设加快推进，城市管理智慧化水平不断提高。市区联合编制副中心应用场景建设三年行动方案，公开发布应用场景项目7项，组建应用场景企业联盟，推动开放行政办公区周边自动驾驶道路测试场景。60种城市运行数据实现云上共享。建成5G基站986个，实现155平方千米内5G信号全覆盖，京东5G智能分拣产业园等项目加快落地。全区交通信号灯实现智能升级，162条道路路灯完成智能改造。建成全市首家、总计长度9500千米的地下管线三维立体AR可视系统。搭建全区智慧社区管控平台，完成277个智慧社区、村庄建设。

市政基础设施不断完善，城市运行保障能力进一步增强。市郊铁路通密线开通运营，宋梁路北延等3条道路改造竣工通车，通州西站交通接驳设施

完成改造，京洲西路等一批微循环道路加快施工，漷马路等6条道路开工建设。实施31条道路40千米慢行系统建设。完成4所学校周边交通治理，对20个路口进行路幅改造及路口渠化。新增路侧停车电子收费泊位1417个，启动万达广场等8处公共建筑停车设施错时停车试点。全区93%的社区设立消防通道标识。155平方千米及拓展区4.5米以上道路"有路无灯"情况基本解决，完成178条道路通信架空线、18条道路电力架空线入地改造。实施30余个老旧小区供水管网改造，加快推进500千伏通州北、北京东等重点电力工程建设，持续做好供暖、供气等能源供应保障。

（五）生态治理成效显著，环境质量稳步提升

森林城市创建取得阶段性成果。国家森林城市创建40项指标全部达标，其中20项定量指标高于标准。完成2.1万亩造林任务，实施22项重点绿化项目，建成13处精品示范景观区。持续开展百姓身边建绿，凤港河湿地公园、垛子公园等22家公园对外开放，形成一批特色景观和网红打卡地。9个乡镇全部完成集体林场组建，创建一批花园式社区、花园式单位和绿色村庄，创森软实力持续增强。

大气质量持续好转。进一步加大进京综检站执法力度，累计检查柴油车39.8万辆。全面实施外埠车辆限行措施，郊区客运公交全部实现清洁能源替换。进一步加强工地科学治理，建立道路"测扫协同"工作机制。1543家餐饮企业及单位完成油烟净化设施改造提升，5个小区完成居民住户油烟治理试点，家具、汽修等行业挥发性有机物专项检查持续开展。在承担全市近1/5工程量的巨大压力下，全面完成各区统一的降尘量指标；大气四项主要污染物浓度创历史新低，其中$PM_{2.5}$累计浓度37微克／立方米，同比改善19.6%，改善率居全市第一，实现自有记录以来首次好于全市平均水平。

水环境质量不断提升。编制完成新一轮水环境治理三年行动方案。萧太后河环球影城段综合治理工程基本完成，环球主题公园度假区景观水系工程竣工，甘棠、榆林庄等船闸启动建设。海绵城市24项工程建设完成。张家湾再生水厂配套管网工程完工，再生水管线全线通水，南部城区外环路污水及再生水管线工程全部完工。全区自备井消毒设备投入运行，第一批农村生活污水治理村外截污工程基本完成。深入落实河长制，全区9个国市控出境考核断面水质均达Ⅴ类及以上水平。

（六）民生建设扎实推进，人民福祉持续改善

社会事业提质发展。北京学校小学部、通运小学等投入使用，新增学位8360个。新审批转化普惠型幼儿园120个，学前教育普惠率达91%，"无证园"基本消除。完成教师绩效工资改革和校长职级制改革。北大人民医院竣工，友谊医院二期、安贞医院等市级工程有序推进。建成4个片区制医联体、4个专科医联体，完成9个急救站建设。高标准通过国家慢性病综合防控示范区验收。加快推进大运河文化带建设，路县故城遗址博物馆开工，完成18处文物保护修复，高标准开展大运河国家AAAAA级旅游景区宣传推广，推出一批云端文旅项目和直播活动。举办城市绿心森林公园半程马拉松等赛事。档案、史志、保密、民防、地震、红十字、慈善等各项事业发展呈现新局面。

民生保障坚实有力。全力稳就业、保就业，新增就业2.3万人，同比增长10.4%。城乡居民最低生活保障标准提高至1170元，特困供养率同比提高16个百分点。56项为民办实事工程基本完成。与廊坊"北三县"联合培训养老护理员1383名，新建养老驿站20家，升级改造7家乡镇养老院，台湖养老照料中心建设完成。街乡儿童成长驿站、社区村儿童之家实现全覆盖。实施副中心无障碍环境建设三年行动计划，完成7031个点位改造。建设筹集各类政策性住房8590套，竣工保障性住房12460套，房地产市场平稳可控。

社会建设深入推进。持续加强社区服务管理，第一批撤村建居试点工作稳步推进。建立8个社区协商议事厅示范点，20个楼门院治理示范点，中仓街道社会动员中心启动运行。街道（乡镇）级联合会和社会组织孵化基地实现全覆盖，新建社会组织

94家，成立社会组织党校。高质量开展第七次全国人口普查。扎实推进国家安全发展示范城市创建工作，纵深开展“平安通州”建设，群众安全感满意度达到99.75%，创历史最好成绩。创建食品安全示范区、国家农产品质量安全县，城区实现“阳光餐饮”全覆盖。持续推进安全生产专项整治行动计划，扎实开展危化品及液化石油气、消防等安全专项整治。连续三届获“全国双拥模范城”荣誉称号。人民武装、宗教、侨务及对台工作健康发展。

（七）改革开放持续深化，城市发展活力不断释放

重点领域改革取得新成效。行政区划进一步优化调整，5个新设街道办事处正式挂牌运行。新建社区24个，统筹调整社区129个，超大型社区全部拆分完成。“放管服”改革取得新成效，8个部门182项政务服务事项下沉街道（乡镇），431项市区行政处罚权及行政强制权实现下放，组建街道（乡镇）综合行政执法队，增强基层执法力量。深入开展农村“三块地”改革，《通州区集体产业用地统筹利用土地资源整理方案》获市政府批复。事业单位、国企、园区改革任务有序推进。

开放发展迈出重要步伐。运河商务区、张家湾设计小镇挂牌中国（北京）自由贸易试验区国际商务服务片区，完成领导机构组建和实施方案发布，实现一站式服务大厅试运营。国家服务业扩大开放综合示范区建设全面推进，出台进一步扩大对外开放、利用外资等系列重点措施，形成政银合作“企业登记直通车”等9项制度创新，其中“新建楼宇项目住所证明新方式”入选商务部第三批最佳实践案例。新设外商投资企业112家，同比增长14.3%，新设外资企业增速居全市第三。

副中心吸引力、影响力持续增强。发起主场品牌推介，举办第三届全球财富管理论坛、第二届北京城市副中心绿色发展论坛、首届北京城市副中心人力资源发展高峰论坛等活动。完成中国国际服务贸易交易会副中心专场推介。协同作业、同向发力的城市副中心“媒体矩阵”全面起航，城市副中心报纸、电视、广播崭新亮相，召开8次副中心新闻发布会，城市副中心形象得到更加密集、立体、广泛的宣传。

过去一年，我们始终立足副中心建设发展大局，对标新形势、新要求，扎实推进法治政府、廉洁政府和服务型政府建设。“通州区行政复议规范化建设”项目获全国第一批法治政府建设示范项目。在全市率先制定《党政主要负责人履行推进法治建设第一责任人职责清单》。制定实施《通州区人民政府重大行政决策程序实施细则（试行）》，创新实施政府常务会邀请人大、政协全程参会、会前议题征求意见等日常监督制度。与检法两院深入合作，在众多领域啃下了一批阻碍建设发展的硬骨头。压缩部门内部预算，提高政府资金使用效率，严格重大工程审计，加强廉政风险防控。办理市区两级代表议案、建议和政协提案298件，办复率100%。

各位代表，2020年全区经济社会发展取得的显著成果，为“十三五”时期画上了圆满的句号。过去的五年，是通州在发展思路、发展模式、发展内涵上发生深刻变化的五年，更是我们全面开启城市副中心建设，乘风破浪、扬帆启航的重要五年。副中心规划体系全面形成，高标准编制完成副中心控规并获党中央、国务院批复，拓展区规划、乡镇国土空间规划及各专项规划紧密衔接、科学融合，实现“多规合一”“多图合一”，成为引领副中心发展的立体坐标系。城市框架全面拉开，“3+1”城市功能板块建设取得重大进展，城乡路网、市政设施、生态空间的系统布局全面铺开，环球主题公园、城市绿心、副中心综合交通枢纽、东六环路入地改造、通州堰等重要节点和标志性工程梯次推进。产业发展基础更加坚实，经济总量由690亿元到突破1000亿元，三次产业结构比由2.8∶41.1∶56.1调整为1.2∶37.2∶61.6，国家级高新技术企业超过1000家，增加一倍以上，一批高能级、战略性的头部企业和高端要素落户副中心。城乡治理持续深化，“疏整促”专项行动成果丰硕，蓝天保卫战成效显著，$PM_{2.5}$累计浓度由92.5微克／立方米降至37微克／

立方米，碧水攻坚战、森林城市创建、城市双修、美丽乡村建设使城乡面貌大为改观，历史性地获得全国文明城区称号。民生福祉改善显著，城乡居民人均可支配收入由3.1万元提升至4.5万元，对口支援、“脱低”攻坚取得决定性胜利，一批市级优质医疗、教育资源陆续服务于广大通州人民，群众的获得感、幸福感、安全感持续提升。区域协同、城乡统筹、乡村振兴等各个领域都迈出坚实步伐。

各位代表，过去五年迎来的发展机遇千载难逢，五年来实现的发展变化来之不易，这些成绩的取得，是以习近平同志为核心的党中央指引方向、亲切关怀的结果，是市委、市政府和区委正确领导的结果，是区人大、区政协监督和支持的结果，是各位代表和委员共同凝聚智慧、倾心建言献策的结果，是各民主党派、人民团体、驻通部队、武警官兵、公安干警、驻通中、市属单位鼎力支持的结果，是全区人民共同努力奋斗的结果。在此，我代表区政府向所有关心支持通州发展的各界人士、全区人民，向奋战在各条战线上的广大干部职工，表示最崇高的敬意和衷心的感谢！

在回顾成绩的同时，我们也清醒地认识到在发展中面临的困难和问题，主要表现在：一是对标副中心功能定位，对标人民群众日益增长的美好生活需要，我们在城市建设、城市治理、公共服务等方面还存在很多短板，高水平满足群众“七有”要求和“五性”需求，集中力量解决一批“老大难”历史遗留问题还要付出持续艰苦的努力。二是对标高质量发展要求，对标“高精尖”产业体系标准，我们在经济规模和结构质量上还存在不小差距，三产不优、二产不强、一产不特，还不足以支撑起副中心建设发展的未来需求，还需进一步优化营商环境，加快高端资源、重大项目的引进落地，加快构建符合副中心功能定位的高端产业体系。三是对标建设“千年城市”的高标准和高要求，我们在工作思路、工作方法和工作作风上还有不足，需要以更大的勇气与干劲、更实的谋划与举措和更优的方法与路径，解放思想、积极创新、狠抓落实，进一步打开工作的新局面。对这些问题，我们将本着对党和人民高度负责的态度，在今后工作中认真加以解决。

二、2021年工作的总体思路和主要任务

2021年是中国共产党建党100周年，是“十四五”开局之年，也是城市副中心从夯实基础、积蓄势能全面迈向高质量建设发展的重要一年。

2021年政府工作的总体思路是：坚持以习近平新时代中国特色社会主义思想为指导，深入贯彻落实中共十九大及十九届二中、三中、四中、五中全会精神和中央经济工作会议精神，深入学习领会习近平总书记对北京重要讲话精神和中央、市委对城市副中心建设的指示要求以及市委十二届十五次、十六次全会精神，全面落实区委六届十次、十一次全会部署，坚持以人民为中心的发展思想，以高质量发展为主题，以高水平开放为主线，聚焦高水平实施副中心控规，确保“一年一个节点，每年都有新变化”；聚焦高起点推进“十四五”规划落实，确保新五年开好局、起好步；聚焦高能级构建现代产业体系，确保引进和内生一批高精尖资源要素；聚焦高效能推进社会治理，确保多元参与、共建共享；聚焦疫情防控和经济社会发展，确保两手抓、两促进，推动城市副中心建设实现新跨越、夺取新胜利，以优异成绩庆祝建党100周年。

2021年经济社会发展的主要目标是：实现地区生产总值同比增长8%左右；全社会固定资产投资超过1000亿元；一般公共预算收入同比增长3%左右；社会消费品零售总额同比增长8%左右；居民人均可支配收入稳步增长；登记失业率控制在5%左右；万元地区生产总值能耗、大气污染物和水污染物排放等完成市级下达的任务。

（一）加速规划体系落实落地，掀起副中心建设新热潮

坚持以推动规划实施为主线，狠抓重要节点和重点工程项目建设，有效带动老城区和镇村发展，持续深化区域协同，为“十四五”时期全面高质量

发展开好局、起好步。

坚持规划引领，完善各领域工作的“任务书”和“施工图”。围绕副中心控规，坚持“三最一突出”理念，持续深化各领域专项规划及重点片区、重点组团项目规划设计，完善规划落地的各项保障措施，进一步实现系统整合、科学精准、操作性强的要求。围绕“十四五”规划纲要确定的经济发展、科技创新、民生福祉等6个维度31项任务目标，实施清单化管理、项目化推进，进一步细化进度要求、强化质效标准、明确实施路径、压实工作责任，统筹推动各项任务落实。

加快重要节点和重大工程建设，搭好城市框架的“四梁八柱”。确保环球主题公园在5月精彩亮相，高质量迎接第一批游客。加快推进行政办公区二期建设，全力做好各项服务保障工作。加快运河商务区重点组团建设，完工面积达到410万平方米以上，展现高端国际商务区新形象。确保17号线通州段完工，建成广渠路快速公交系统，实现武窑桥改建、经海九路道路改造等工程竣工。加快构建完善通州堰分洪体系，完成宋庄蓄滞洪区、北运河综合治理工程建设。加快绿心三大公共建筑、东六环路入地改造、副中心综合交通枢纽主体工程建设，形成副中心塔吊林立、热火朝天的建设场景。

大力提升老城面貌，深入推进“城市双修”。围绕补齐卫生和养老设施、整治背街小巷、增补小微绿地等，全面实施一批“城市双修”项目。加快南大街历史片区“自主式腾退”，打造老城双修精品示范性片区。推进10个老旧小区综合整治，实现5个项目竣工。力促5个家园中心开工建设。增设提升商业网点70个。扩大老旧小区引入社会资本改造试点范围，推动老城双修可持续发展。

聚焦特色小镇建设，高质量推动城乡统筹发展。发挥环球主题公园辐射带动作用和外溢效应，加快张家湾设计小镇城市科技类、设计类产业集聚，深入挖掘漕运古镇和红学文化内涵，着力打造文化休闲古张湾。加快推进国家网络安全产业园启动区土地整理，力争重点项目实现开工。有序推进潞城、漷县、永乐店、于家务等镇乡特色化发展。加快实施镇域规划和美丽乡村规划，完成一批美丽乡村建设，持续推动公共服务向农村地区延伸、资源要素向农村地区延伸、精细化管理向农村地区延伸。高度关注农村经济发展，完善数字农业信息系统，大力培育乡村特色产业；扶持壮大集体经济，用好“拆五还一”政策，强化闲置土地综合利用，加快使农村经济循环起来，促进农民稳定增收。

深化区域合作，持续推动京津冀协同发展。充分发挥与亦庄协同发展统筹机制，做强台马板块科技创新功能，实现一批重大项目落地。大力推动地铁22号线（平谷线）建设，带动北京东部地区协同发展。进一步聚焦与廊坊“北三县”联动发展，率先实现区域交通一体化，联合构筑区域可持续发展生态带，加快培育布局协同的现代产业体系。坚持与雄安新区对标对表，在产业疏解、功能布局、项目引进等方面协同促进，持续巩固和发展“比翼齐飞”的良好态势。

（二）高质量做强产业体系，全力打造经济发展新动能

立足建立与城市发展相匹配的效益质量，充分发挥副中心建设“窗口期”的投资拉动效应，持续做强主导功能、培育特色产业、提升消费能级，加快打造经济发展新动能。

聚焦功能板块，打造各具特色的产业生态。进一步突出功能板块的发展特色，增强开发建设的集成性、系统性和关联性，加快形成在城市风貌、产业特色、功能配套、人才要素等方面的耦合共生与相融相长，大力构建符合内生发展逻辑的产业生态，实现更广泛意义上的高质量发展和绿色发展。持续提升运河商务区水绿交融的空间环境及配套服务品质，强化总部经济、财富管理等业态的聚集效应，加快打造绿色金融示范区，加快“碳银行”项目筹备，推进清华大学通州金融发展与人才培养基地等项目落地，加快中英绿色科技投资基金和产业园建设。突出“中外”与“古今”融合特色，加快环球主题公园上下游产业链布局，强化全区文旅产业关联建

设。充分发挥张家湾设计小镇和国家网络安全产业园品牌效应，加快中关村科技园提质增效，加速形成具有鲜明特色的科技创新产业集群。

聚焦招商引资，加快产业承接和内生发展。以建设高水平的招商团队、健全高效率的招商机制为突破口，持续加大创新力度，系统整合“招、引、承接、内生”各领域工作，探索建立“企业服务管家”、产业链“链长制”等有效措施，使招商工作更加精准地服务于产业发展的全体系和全过程，加快形成覆盖产业链构建、价值链提升、供应链融通各个环节的“大招商”格局。进一步紧盯京外、境外两个市场，瞄准“头部企业”及相关目标群体，深入开展主题招商、专题推介；深化与西城、朝阳、海淀结对合作机制，确保一批优质项目落地发展；紧密对接央企二级总部、市属国企总部，力争一批项目签约落地；加大对创新型企业、高新技术企业的扶持，加快本地企业的高端化发展。

狠抓投资落地，开足高质量发展重要引擎。按照“细化做实一年、谋划储备三年、规划展望五年”的思路，高质量实施《落实城市副中心控规项目滚动储备库（2021—2025）》，确保实现每年超过1000亿元的投资强度。完善“四个超常规”工作机制，依托“多规合一”协同平台进一步压缩前期办理时限、提高审批效率。创新征地拆迁工作流程，全力确保完成12宗、72公顷的土地出让，形成滚动接续开发良好态势。进一步优化投资结构，扩大优质社会投资，持续保持固定资产投资、建安投资全市领先态势。

促进消费升级，拉动经济高质量协调发展。推动传统消费与新型消费相融合、商品消费与服务消费相促进、线上消费与线下消费相联动。以环球主题公园开园为契机，加快打造特色旅游品牌和精品旅游线路，深度开发文化消费、旅游消费、休闲娱乐消费潜力，培育具有更多内涵的网红打卡地，建成一批精品酒店和特色民宿，推动文、旅、商融合发展。打造一批品牌商圈和商业街区，促进新光大中心大融城商业街、京杭广场爱琴海商场等项目开业运营。开展线上线下促消费活动，挖潜扩容传统大宗消费，有序促进平台经济、直播经济、私人定制等新型消费健康发展。强化多元商业业态布局建设，充分发挥副中心功能承接和人口结构优化红利对消费的良性引导与撬动作用。

（三）打好蓝绿交织底色，推动生态环境建设再上新台阶

突出生态优先导向，坚持建设与整治相结合，坚持“大手笔”与“微改造”相结合，持续高标准推进生态环境建设，加快把生态环境打造成副中心的“硬”品牌。

加快完善副中心绿色生态空间。围绕“两带、一环、一心”绿化空间布局，大力推进百万亩造林绿化工程建设，启动实施广渠路东延绿化景观提升、瓮城遗址公园、半壁店公园等工程，新增造林面积1.3万亩。持续拓展绿色空间，推动公共绿地建设，实现运河生态公园等一批公园竣工，完成9个乡镇景观林生态林建设。继续创建一批森林城镇、绿色村庄、花园式社区和单位，持续提高公共绿地标准化、精细化、数字化管理水平，确保国家森林城市创建成功验收。

持续改善区域空气质量。深入落实“一微克”行动，扎实推动大气污染治理。深化京津冀大气污染预警会商和协调机制，打造生态环境保护“责任共同体”。持续做好重型柴油车治理，建设生态环境物联网监测监管平台，拓展车载走航空气监测系统应用。有序推进挥发性有机物在线监测及大气污染在线源解析超级站二期项目建设。进一步提升空气质量和群众的蓝天幸福感。

深入推进水环境建设。推广海绵城市试点经验，持续提升文化旅游区、运河商务区等重点区域的“水弹性”标准。加快实施河东资源循环利用中心、减河北综合资源利用中心项目，梯次推进农村生活污水治理工程。继续开展水系治理和生态修复，完成城北水网（翟减沟）、两河水网（减运沟）、港沟河综合治理主体工程，加快推进城南水网、通惠河治理二期建设，开展乡镇域骨干河道生态治理，营

造优美水系景观。不断丰富群众亲水体验，确保北运河甘棠船闸、榆林庄船闸及一批码头新建改造工程投入使用，实现北运河（通州段）全线旅游通航，加快打造城市副中心滨水休闲金名片。

（四）强化城乡基层治理，实现城市治理能力水平新提升

主动适应副中心建设进入新阶段后对城市治理的更高要求，坚持突出重点、创新机制、综合施策，切实保障城市健康运行，加快打造智慧城市、安全城市、韧性城市。

以接诉即办和两个“关键小事”为抓手，加快提升基层治理能力。坚决落实市级深化接诉即办改革工作意见，进一步加强顶层设计，夯实责任体系，顺畅工作流程，狠抓“小微项目惠民生”项目库建设和实施推进，推动接诉即办工作取得突破性进展。深入推进生活垃圾分类，完善全民参与的长效机制，推进运输车辆源头计量等措施，确保厨余垃圾检出率等指标持续提升，进一步使垃圾分类成为市民生活习惯和社会风尚。狠抓物业管理，深入落实提升物业服务水平三年行动计划，持续提升“三率”覆盖率。

以应用场景建设为带动，加快提升城市管理智能化水平。完善应用场景市区联合专班工作机制，引导应用场景企业联盟发挥作用，推出应用场景立项发布、规划建设、复制推广等全流程管理机制。大力推动环球主题公园、城市绿心等重点区域智慧化建设，完成一批应用场景发布。持续完善“城市大脑”，加快乡镇地区5G基站布局，推进重点领域信息系统“入云”。在更多领域推进智慧化需求梳理，加快环球主题公园、城市绿心等重点区域智慧化建设，实施一批智慧化建设项目，不断提高全区数字化赋能能力。

以城乡环境综合整治为重心，加快提升城市精细化管理水平。开展新一轮疏整促专项行动，纵深推进违建拆除、城乡接合部和农村环境治理等重点领域工作。实施49条背街小巷精治提升，启动铁路两侧、高架桥下等区域100项微更新工程。提升轨道站点周边接驳效率，扩大公共区域错时停车试点，持续改善交通出行环境。实施新华大街（新华书店—东关大桥段）等重点道路景观亮化提升工程，推进大运河沿岸景观亮化提升二期工程，让副中心城乡环境更加整洁亮丽。

以提升城市运行保障能力为重点，加快打造韧性城市、安全城市。扎实开展爱国卫生运动，发挥联防联控、群防群控机制的重要作用。加快补齐水电气热等市政基础设施短板。加强食品药品市场监管和风险预警，确保粮食、蔬菜、生猪养殖等工作完成年度指标。聚焦建党100周年系列活动，完善重大活动安保“通州模式”。持续推进安全生产专项整治三年行动，深入开展隐患治理“回头看”检查，推进重点行业领域安全风险评估全覆盖。做好防汛抗旱、森林防灭火等各类防灾减灾和突发事件处置工作，确保人民群众生命财产安全。

（五）夯实民生保障基础，大力开创社会民生建设新局面

深入践行以人民为中心的发展思想，围绕“七有”要求和“五性”需求，持续提升公共事业、民生保障和社会建设水平，在更多领域增进群众的获得感、幸福感、安全感。

进一步提升公共服务承载力。实现首师大附中通州校区、北京学校中学部、杨庄小学投入使用，新建5所中小学。加大民办普惠幼儿园学位供给，深入推动集团化办学体制改革。加快友谊医院二期、安贞医院、区医疗中心等工程进度。落实健康北京行动，加快完善覆盖全生命周期的卫生健康服务体系。深入推进大运河国家AAAAA级旅游景区创建，实施张家湾城墙、通运桥等文物修缮工程。启动区档案馆建设。实现图书馆分馆全覆盖。开工建设区体育场改造工程，适时举办2021北京城市副中心马拉松等品牌赛事。促进融媒体、史志、气象、保密、民防、地震、红十字等各项事业健康发展。

进一步完善社会保障体系。发挥人力资源产业园区辐射带动作用，促进城乡劳动力就业1.5万人以上。落实社会保险惠民政策，深入开展打击欺诈

骗保专项治理行动。有序推进保障性住房建设，规范房屋租赁市场，进一步促进职住平衡。全面完成副中心无障碍环境建设三年行动任务。建成区养老院，开展家庭照护床位试点，探索建立农村居家养老模式。持续打造“通惠明天”儿童福利服务品牌。完成区救助站搬迁及升级改造。深化退役军人三级服务保障体系规范化建设。

进一步提升社会建设水平。完成村（居）委会换届选举，持续推进第二批社区规模调整。稳步推进“街道管村”工作，完成台马地区涉亦庄开发区的行政区划调整。完善社区月协商制度，推进社区“微提案”“微协商”“微行动”等活动。实施楼门院服务管理公告牌制度，强化小院委员会、楼门院长自治组织建设。推进社会动员中心体系建设，规范发展各类社会组织，构建社会共建共治共享新格局。继续做好人民武装、双拥共建、宗教、侨务及对台工作。

（六）紧抓深化改革和高水平开放契机，加快注入发展新活力

以“两区”建设为抓手，深入贯彻绿色发展理念，持续加大改革创新力度，优化副中心发展软环境，努力提升副中心发展引领力，打造具有副中心特色的活力城市。

高标准推进“两区”建设。强化“两区”政策联动，加快形成“服务业产业＋自贸区园区”双轮驱动的创新开放格局。发挥服务业扩大开放示范区政策优势，在推动投资贸易自由化便利化、深化金融开放创新等领域率先推进一批示范新举措。深入落实北京自贸区建设总体方案和国际商务服务片区目标任务，编制实施通州组团三年行动计划，做好功能制度创新。加快财富管理、数字经济、城市设计等领域一批高水准项目引进建设，推动副中心对外开放向更高水平迈进。

持续优化发展环境。争取国家层面支持副中心高质量发展意见出台。对标世行营商环境指标体系，加快重点领域机制创新，持续优化副中心投资环境。进一步实施减税降费、金融纾困政策，持续扩大政策覆盖面。完善财源建设体制机制，综合运用税收、金融、人才、住房等相关政策，有针对性地为企业提供优质精细化服务。深入落实“一网、一门、一次”改革，围绕赋权、下沉、增效，整合政务服务资源，打造线上、线下一体化政务，提供智慧服务、极简服务、跨域服务，完成城市副中心政务服务大厅、不动产登记大厅建设。进一步深化园区体制机制改革。加强政府自身建设，不断深化法治政府、廉洁政府和服务型政府建设。

三、关于《北京城市副中心（通州区）国民经济和社会发展第十四个五年规划和二〇三五年远景目标纲要（草案）》的说明

区委六届十次全会审议通过《中共北京市通州区委关于制定北京城市副中心（通州区）国民经济和社会发展第十四个五年规划和二〇三五年远景目标的建议》（以下简称《建议》），明确未来五年副中心经济社会发展的指导思想、基本要求、主要目标和重点任务，展望2035年远景目标。根据《建议》精神，区政府制定《北京城市副中心（通州区）国民经济和社会发展第十四个五年规划和二〇三五年远景目标纲要（草案）》（以下简称《纲要（草案）》），已提请大会审查。下面，我就几个问题作简要说明。

（一）《纲要（草案）》的编制过程和主要特点

市委、市政府主要领导高度重视副中心“十四五”规划纲要编制工作，召开城市副中心建设领导小组专题会议进行研究。副中心党工委、管委会直接抓“十四五”规划编制工作，由副市长隋振江亲自担任规划编制工作领导小组组长，抽调市区两级精干力量组成规划编制工作专班，组建高规格的专家咨询委员会。自规划起草编制以来，组织有关部门及专家团队认真学习贯彻习近平新时代中国特色社会主义思想和习近平总书记关于城市副中心规划建设的系列重要指示精神，对事关城市副中心建设和发展的重大问题进行深入研究，多次组织召开高水平专家研讨会、重大课题调研座谈会，与国家发改委、

市发改委、雄安新区、廊坊市就“十四五”规划编制进行充分沟通和思路对接。区人大代表、区政协委员广泛参与，对《纲要（草案）》提出很多很好的意见和建议。同时，《纲要（草案）》广泛征求各部门、各单位的意见，吸纳社会各界的建议。《纲要（草案）》的编制过程，是发扬民主、集思广益、科学决策的过程，也是全区统一思想、形成共识的过程。

本次《纲要（草案）》是全市首次市区联合编制的区级国民经济和社会发展五年规划，全文以习近平总书记对城市副中心重要指示精神、落实京津冀协同发展国家战略、实施城市副中心控制性详细规划、坚持高质量发展贯彻始终，更加注重绿色发展、创新发展、开放发展、协同发展、以人民为中心的发展和安全发展，突出绿色、协同、开放、数字四大特色，对高质量打造北京重要一翼，实现城市副中心高质量发展意义重大。

（二）“十四五”时期经济社会发展总体思路和总体目标

《纲要（草案）》充分体现区委《建议》提出的总体思路，围绕全面落实中央和市委对北京城市副中心建设的重大决策部署，以推动高质量发展为主题，以深化供给侧结构性改革为主线，以改革创新为动力，以满足人民日益增长的美好生活需要为根本目的，统筹发展和安全，深入实施京津冀协同发展战略，着力建设中心城区功能和人口疏解的重要承载地，着力构建高精尖经济结构，将城市副中心打造成融入构建新发展格局的重要支点、京津冀协同发展桥头堡和国家绿色发展示范区。

《纲要（草案）》中提出“十四五”时期城市副中心发展总体目标：国际一流的和谐宜居之都示范区、新型城镇化示范区和京津冀区域协同发展示范区建设取得重大进展，形成绿色发展新优势，成为北京发展新高地。具体是“一个成型、一个突破、四个显著提升”，即城市框架基本成型，区域协同发展实现新突破，城市承接能力、生态文明水平、综合经济实力、民生福祉显著提升。

《纲要（草案）》描绘了到 2035 年远景目标：城市副中心美好蓝图基本实现，初步建成具有综合承载力、彰显人文魅力、富有城市活力的国际一流的和谐宜居现代化城区，成为新时代城市建设发展的典范，成为京津冀世界级城市群的重要支点，在北京率先基本实现社会主义现代化进程中有力有效发挥以副辅主，主副共兴的主体功能。

（三）“十四五”时期发展布局和重点任务

按照功能主导、区块分工、轴带串联、多点支撑、城乡融合的思路，加快形成“一城一带一轴、四区三镇多点”的发展布局。

《纲要（草案）》对“十四五”时期城市副中心国民经济和社会发展作出全面部署，并围绕城市建设、产业发展、城市治理和区域协同等四大领域，提出明确的目标任务和具体举措。

《纲要（草案）》明确要“建设中心城区功能疏解重要承载地”，主要包括四个方面。一是建设绿色智能的城市保障体系。包括构建便捷畅达的综合交通体系、建立安全可靠的市政保障体系。“十四五”时期，将大力推进轨道交通建设，初步形成“一环六横四纵”轨道交通格局，同时，坚持公交优先并大力建设慢行网络，绿色出行比例达到 80%。水电气热基础设施也将进一步提升供应能力，并大幅向农村地区覆盖延伸。二是建设生态文明示范区。包括建设水城共融的生态城市、建成蓝绿交织的森林城市、建设低碳高效的绿色城市、实行更高水平的生态文明制度。“十四五”时期，基本建成通州堰系列分洪体系，生态化防洪标准提升到百年一遇。全域水系实现连通。建成区 50% 以上范围达到海绵城市标准。连续贯通的生态滨水岸线达到 160 千米。全域森林覆盖率达到 36.5%，公园绿地 500 米服务半径覆盖率达到 95%，绿道总长度达到 600 千米，初步形成森林拥城、碧翠融城的大尺度绿化风貌。三是打造公共服务新高地。包括全面提升教育现代化水平、提高医疗健康服务水平、构建体育乐活之城、大力推进职住平衡和住房保障、实现更高质量就业、健全社会保障体系。“十四五”时期，将陆续建成一批优质教育医疗资源，并加大对东部、南部农村地区的布局。同时，进一步增强社会保障水平，让城乡居民享有更完善、更可靠的社会保障。四是建设古今同辉的人文城市。包括擦亮大运河文化金名片和焕发现代城市文化新活力。“十四五”时期，将重点围绕大运河文化的保护、传承和利用，创建国家AAAAA级文化旅游景区，加强张家湾古镇保护与建设，建成路县故城考古遗址公园二期和遗址保护展示工程，持续推动非物质文化遗产的创造性转化、创新性发展。为城市注入创新精神、现代元素和人文内涵。

《纲要（草案）》明确要“构筑高质量发展新高地”，主要包括六个方面。一是打造科技创新和产业发展新高地。包括创新发展数字经济、聚力发展现代金融、加快发展智能制造产业、繁荣发展商务服务业、融合发展文旅产业、提升发展都市型现代农业。“十四五”时期，将以数字经济为方向，以绿色经济为特征，加快构建与主导功能定位相适应的现代产业体系。二是激发“两区”开放发展新活力。包括建立更有竞争力的制度体系、推进重点领域开放创新、推进更高层次的开放合作。“十四五”时期，要推动金融领域创新实践，提升高端服务业国际化水平，打造创新设计国际品牌，推进新型文体旅游开放发展。要推动投资贸易自由化便利化，推动形成区域统一开放市场。三是打造营商环境副中心样板。包括优化高效便捷的政务服务、营造开放便利的市场环境、构建公平有序的法治环境。“十四五”时期，将加快建设人民满意的服务型政府，努力营造稳定公平透明、可预期的营商环境，高标准、高质量、高水平打造营商环境副中心样板。四是开创城乡融合发展新局面。包括厚植城乡融合发展基础、统筹功能性新型城镇建设、探索国际大都市乡村振兴之路、统筹推进农村综合改革。“十四五”时期，在全面提升农村地区基础设施和公共服务建设服务水平的基础上，进一步明确全区各镇乡特色化发展方向，坚持全面推进乡村振兴，构建工农互促、城乡互补、全面融合、共同繁荣，具有城市副中心特色的新型城乡关系。五是强化重点领域改革。包括深化行政体制机制改革、深化投融资体制改革、深化土地管理利用改革。“十四五”时期，将进一步健全统筹管理体制机制，深化机构改革，多渠道吸引社会资本参与城市副中心建设，加大政策制度创新，提高土地集约利用水平，满足城市建设发展需要。六是强化人才保障。包括创新人才引进机制、加强人才培养扶持、优化人才激励保障。“十四五”时期，将全面优化人才发展环境，打造人才高地，为城市副中心高质量发展提供人才支撑和智力支持。

《纲要（草案）》明确要“树立现代化治理新标杆”，主要包括六个方面。一是建设高效协同的智慧城市。包括加速布局智慧城市新基建、建设高品质数字化宜居环境、强化城市治理协同智能。“十四五”时期，将打造数字孪生城市，强化数字赋能城市治理，全面重塑城市治理模式和生活方式。二是推进城市有机更新。包括深入推进疏解整治促提升、深度推进老城双修。“十四五”时期，要实现全区基本无违建，完成一批老旧小区和棚户区改造，打造8个精品街区示范点，完成100个城市更新项目，构建清朗有序的城市空间，提升居民生活环境品质。三是构建社会治理共同体。包括加强基层自治、凝聚共治力量、呼应民意诉求。四是全面建设法治城区。包括推进法治政府建设、推进法治社会建设。五是促进人口协调发展。包括优化人口布局结构和优化人口综合服务。六是建设平安副中心。包括牢固守卫首都安全、强化韧性城市建设、健全综合应急体系、加强安全生产管理、维护社会安全稳定。

《纲要（草案）》明确要“打造京津冀协同发展桥头堡”，主要包括三个方面。一是强化与中心城区联动发展。包括承接中心城区功能疏解、强化与中心城区的快速交通联系、服务保障好首都核心功能。二是推进与“北三县”一体化联动发展。包括深化“四统一”协同机制，推动交通、生态、产业等重点领域率先突破，统筹推进公共服务资源共享，合力守好首都东大门。三是推进更大区域协同发展。包括强化两翼联动、加强通武廊战略合作、拓展深化区域合作。

为实现未来五年的发展目标，《纲要（草案）》最后明确规划保障措施，提出必须坚持和加强党的全面领导，最大程度激发全社会力量，形成推动规划实施的强大合力，确保规划确定的各项目标如期实现、各项任务圆满完成。

名词解释

（按在报告中出现的先后顺序排列）

1.“四个专班”“四个超常规”：“四个专班”指投资计划专班、规划设计专班、征地拆迁专班和工程推进专班；“四个超常规”指超常规办理前期手续、超常规推进施工组织、超常规推进征地拆迁和超常规推进储备项目转实施。

2.城市双修：指生态修复、城市修补，旨在治理城市病、改善环境质量、补齐城市短板、提升群众获得感。

3.一村一品+：指以乡村特色产业为基础，以优化特色农产品供给为主线，以“补短板、撬资金、富农民”为原则，实施“一村一品+绿色发展”“一村一品+产业融合”“一村一品+经营主体”“一村一品+科技支撑”等一揽子项目。

4.四个不摘：指摘帽不摘责任、摘帽不摘政策、摘帽不摘帮扶、摘帽不摘监管。

5.地下管线三维立体AR可视系统：指基于AR增强现实技术与GPS定位联合应用的系统，可实时将户外实景与该位置地下管线虚拟图叠加，将地下三维管线图浮现，形成地下管线“透视眼”的效果，为应急处突、地下管线数据支持起到重要作用。

6.“测扫协同”工作机制：指利用车载视频和走航监测设备，对城市路网空气质量进行实时数据监测，并将监测结果转相关部门进行有针对性的道路清扫。

7.阳光餐饮：指通过公开食品安全信息、展示食品加工操作过程、社会公众参与评价等方式，促进餐饮服务单位落实食品安全主体责任，各级政府落实属地责任，监管部门落实监管责任，持续提升首都餐饮业质量安全水平的一项惠民、利民工程。

8.新建楼宇项目住所证明新方式：指对正在办理尚未取得产权证的新建项目，允许开发商（产权人）使用“五证”（国有土地使用证、建设用地规划许可证、建设工程规划许可证、建设工程施工许可证、商品房预售许可证）作为住所证明文件为入驻企业办理营业执照，并限期将“五证”及时更换为产权证，大幅提前入驻企业获取营业执照时间，缩短企业经营“空窗期”。

9.“七有”“五性”：“七有”指幼有所育、学有所教、劳有所得、病有所医、老有所养、住有所居、弱有所扶；“五性”指便利性、宜居性、多样性、公正性、安全性。

10.三最一突出：指最先进的理念、最高的标准、最好的质量，突出水城共融、蓝绿交织、文化传承的城市特色。

11.“拆五还一”政策：指在有序推进集体产业用地和宅基地减量提质方面，集体产业用地按照“拆十还二绿八”的统一政策统筹推进，推动集体经济组织发展壮大，提高农民收益，维护合法权益。积极探索农村宅基地节约集约利用的有效路径，完善实施模式，制定配套政策，规范居住标准，有序引导宅基地减量升级。“拆五还一”为“拆十还二绿八”的简称。

12.水弹性：指城市建设在规划、设计、施工过程中构建以解决城市“水”问题为核心的基础设施系统，主要体现在雨洪调蓄、径流污染防控、地下水回补、栖息地修复等方面。

13.物业“三率”：指业委会（物管会）组建率、物业服务覆盖率、党的组织覆盖率。

14.“两区”建设：指建设国家服务业扩大开放综合示范区和中国（北京）自由贸易试验区国际商务服务片区。

15.“一城一带一轴、四区三镇多点”发展布局：“一城一带一轴”指城市副中心155平方千米区域、大运河生态文明带和东六环创新发展轴；“四区”指行政办公区、运河商务区、文化旅游区和科技创新板块四大重点功能片区；“三镇”指张家湾设计小镇、台湖演艺小镇、宋庄艺术小镇三个特色小镇；“多点”指城市副中心拓展区的新型小城镇，包括潞城生态智慧小城镇、马驹桥科技服务小城镇、漷县文化健康小城镇、西集生态休闲小城镇、于家务科技农业小城镇、永乐店新市镇。

16.“一环六横四纵”轨道交通格局：“一环”指M102线；“六横”指M6线、平谷线（M22线）、京唐城际、M7线、八通线、市郊铁路城市副中心线；“四纵”指M17线、M101线、城际铁路联络线、市郊铁路通密线。

17.数字孪生城市：指通过对物理世界的人、物、事件等要素数字化，形成物理维度上的实体城市和信息维度上的虚拟世界同生共存、虚实交融的格局，在城市管理中，通过数字化方式为物理对象创建虚拟模型，来模拟其在现实环境中的行为，从而实现各类事件的自动感知、快速反应、科学决策、自动处置、全程监督。

专 文

通州区新冠肺炎疫情防控工作总结

（2020 年 12 月）

本次新冠肺炎疫情是百年来全球发生的最严重的传染病大流行，是新中国成立以来我国遭遇的传播速度最快、感染范围最广、防控难度最大的重大突发公共卫生事件。疫情发生以来，通州区在市委、市政府的坚强领导下，始终坚决贯彻习近平总书记重要指示精神和党中央决策部署，同时间赛跑、与病魔较量，严格落实“三防”“四早”“九严格”要求和科学精准有效原则，集中全区之力，动员各方力量，一手抓疫情防控、一手抓复工复产，坚决做好疫情防控工作，现将主要情况汇报如下。

一、新冠疫情防控基本情况

截至年底，全区报告确诊病例、无症状感染者，确诊患者均得到及时救治，无死亡病例，在院确诊病例于 7 月 14 日全部清零。

自 1 月 21 日通州区报告确诊首例新冠肺炎病例以来，第一阶段确诊病例绝大多数确诊病例均有外出旅行史。在深入落实各项要求，统筹全区疫情防控下，区防控办开展精准防控、精心救治、有效治疗，历时 57 天，于 3 月 19 日在全市各区中第六个实现在院患者、本区定点医院患者、疑似病例“三个清零”，并持续保持“零新增”。6 月 11 日至 7 月 6 日新发地聚集性疫情阶段，全区新增确诊病例、无症状感染者，相关街道、社区防疫处置果断高效，其他区域始终保持低风险。

二、疫情防控的主要措施

一是全面加强统筹领导。新冠疫情发生后，通州区迅速成立区委书记任组长，区委副书记、区长任副组长的疫情防控工作领导小组，实施“早会商、晚调度”制度，加强区级统筹，制定工作方案，建立健全“一办十五组”工作架构，迅速传达落实中央和北京市疫情防控工作精神。主要领导坚持靠前指挥、深入一线组织实施，全面推动人员摸排、社区防控、医疗保障、流调隔离、市场保供、城市管理、社会稳定等各项防控重点任务实施。累计组织召开专题部署会、调度会 100 余次，研究部署疫情防控有关工作，确保防控措施落实落细落到位。发布带文号的文件红头文件 30 余个，防止多头重复向基层派任务，要表格。

二是迅速开展全覆盖摸排。聚焦社区、工地、市场、企事业单位等重点领域，坚持“自上而下”重点摸排和“自下而上”全面摸排相结合，采取“大数据分析＋网格化管理＋群众监督”的摸排手段，深入开展“敲门行动”，进行地毯式、无死角排查。第一阶段全面摸排全区各街乡镇村和社区，以及 579 家教育系统单位、966 家施工工地、270 家文化旅游单位、236 家大型商超餐饮、44 家市场、28 家物流企业、479 家规模企业、12 家国资企业、312 家交通系统单位等重点行业，涉及 102.3 万人。及时总结并完善经验做法，在第二阶段中仅用7天，快速完成全区所有菜市场、商超、餐饮等重点场所摸排，涉及40余万人。

三是严格落实联防联控和群防群控。坚持早发现、早报告、早隔离、早治疗，严格落实“四方责任”，采取全方位“人防＋技防”的手段，紧盯社区村庄、建筑工地、批发市场、商场超市等重点区域防疫，有力有效控制疫情。组织动员区、街乡两级8800名下沉干部、3400余名社区村工作人员、3.8万名在职党员、4.5万名志愿者，总计9.5万余名干部群众投入一线参与疫情防控。自1月21日起，全区累计接诊发热患者2.9万余人，其中3家发热门诊接诊2万人。扎实做好院感防控，累计完成9555名卫技人员和11249名非专业技术人员培训，有效提高了诊疗水平和防护意识。开展公共卫生监督检查近万户次，全区未出现医院院内感染、医护人员感染、单位聚集性感染情况。严格做好医院规范就诊和科学防控，潞河医院设置多道发热预检筛查、改造普通病房为隔离病房等做法得到市领导小组的肯定。建立副中心与廊坊北三县疫情防控联动机制，定期召开区域联防联控会议，建立快速有效的处置模式，确保紧急突发情况及时响应、有效应对。严格把好进京关口，加强公安检查站和乡间小路卡口摸排累计核查进出京车辆2922万余辆、人员4168万余人，完成全市35%以上人员、车辆查控任务，坚实构筑起外围“战疫”的第一道防线。

四是积极实施科学救治。统筹建立医疗救治网络，组建区级新冠肺炎专家救治组。1月28日启用区级定点医院潞河医院牛堡屯院区，积极开展救治。建立医疗救治、社区防控、流调隔离、监督执法、医疗机构等多部门会商机制，将辖区内市属、部属、部队医疗机构全部纳入全区疫情监测、会商、督查、培训体系，设置3家定点发热门诊，联动基层医疗机构做好预检分诊筛查及可疑病例应急隔离工作，形成辖区医疗机构医疗救治工作一张网。坚持中西医结合，确诊患者中医药治疗实现全覆盖，建立中医预防保健员、临床治疗员、宣传科研员的“社区三员”联动防控机制，为密切接触者、定点医院、重点工程工作人员等人群供药，为公安、卫生、社区等一线人员供药。

五是加强流调溯源和隔离管理。完善流调隔离工作流程，建立双通告机制，累计开展流行病学现场调查158次，密切接触者、入境人员、排查病例登记信息，协助外区、外省市核查密接人员，出动流调人员1291人次、车辆288台次；潞河医院、区妇幼保健院PCR实验室通过市卫健委审核。严格人员分级管控，运用电子门禁等科技手段，强化居家隔离服务管理，确保人员足不出户；严之又严、细之又细地抓好集中隔离管理服务，严格规范隔离人员日常生活，确保人员安心隔离。先后设置密切接触者集中隔离点5处、湖北返京人员集中观察点7处、境外返京人员集中隔离点4处、新发地疫情医学观察点17处，有效防止疫情扩散传播。

六是全面提升核酸检测能力。按照“应检尽检、突出重点、分批实施、采检分离、安全有序”的原则，全力组织开展核酸检测工作，全区核酸检测机构由6月的4家增加至8家，检测能力大幅提升，日最大采样量达到2.7万人。截至年底，有效摸排感染风险，及时采取管控措施。新发地疫情发生后，优先安排市场、餐饮、工地、外卖、物流等重点人员开展核酸检测，三周内完成，分批有序开展学校、企事业单位等重点区域检测工作。实现国内高风险地区来京人员的“应检尽检”人数，实现“应检尽检”人员动态清零、“愿检尽检”需求得到满足。

七是全力做好物资保障和市场供应。按照“统筹兼顾、突出重点”的原则，加强防护物资科学统一精准调拨，协调企业采购及接收划拨入库民用口罩1894.2万只，为一线人员发放178.8万只，截至年底，库存5.4万只。医药物资储备充足，库存医用外科口罩99.9万余只，N95口罩13.3万只，防护面罩3.7万个，防护服4万套，护目镜1万个，隔离衣9746套。消毒液、中成药等能满足患者使用。疫情期间，储备成品粮2465.1吨，方便面64.6万袋，蔬菜1130.5吨，鸡蛋60.6吨，奶粉4.1吨。制定《应对疫情生活必需品保供稳价方案》，加强组织调度和货源补充，全区市场供应正常，各生活必需品营业网点经营秩序稳定良好。通过产地直采、总部配送、优先安排运输人员核酸检测等措施，提高蔬菜、水果等货源保障，并在新闻媒体上公布区内各大市场、超市的主要蔬菜价格，坚决防止借疫情哄抬物价、坐地起价行为发生。严格做好进口冷链食品监管，加强食品进京后生产、加工、储藏、运输、销售等各环节检查，保证食品渠道清晰可追溯。坚持每日对22家农贸市场、2459家餐饮行业和1813家其他行业进行常态化、规范化消杀，并开展专项检查，累计出动执法人员53239人次。

八是大力推进复工复商复学。深入落实北京市支持中小微企业发展的“16条”和“新9条”措施，出台区级“12条”措施及20个配套实施细则。全面清理复工复产前置审批条件，建立重点工程绿色审批通道和并联审批，加强与廊坊北三县在上下游产业链和原材料、员工出行等方面协同联动。开展“直通服务联百企”专项行动，稳定企业用工。创新打造中小微企业政策扶持平台，收录中小微企业12.2万家，积极解决重点工程和企业在复工复产方面的问题。累计协助191家中小微企业融资贷款4.27亿元、73家大型企业融资贷款24.85亿元，为企业减免房租1.57亿元，提前兑现“通八条”奖励近1亿元。3月底，在全市率先实现规模以上在建工程100%复工。截至年底，全区481个规模以上在建工程、329家规上工业企业、54家规上超市、126家规上餐饮、46家规上商场、28家物流企业、75栋商务楼宇全部实现100%复工复产。建筑工地、复工企业人员到岗率均达到100%。选聘69名专业医务工作者到各中小学担任“卫生健康副校长”，11个开学督查小组开展全方位检查指导，进一步完善学校卫生工作管理体系，全力保障师生健康安全、教育教学有序开展。持续抓实复工复产企业防控措施落实，执法部门累计出动检查近7万次，全区工地、学校、市场、商务楼宇等重点区域始终保持确诊病例“零新增”。

九是深入开展爱国卫生运动。编制完成新时代爱国卫生运动三年行动方案，明确爱国卫生创建、除“四害”、社区村庄清洁、垃圾分类等7个专项行动，结合副中心建设实际，将建筑工地列入重点场所，加强环境整治；结合美丽乡村人居环境整治和餐桌源头减量，扎实推进垃圾分类行动。积极开展“守护绿色星球，争当环保先锋”“我是副中心党员——桶前值守晨夕计划”新时代文明实践推动日等活动，累计发放垃圾分类宣传手册46.8万余本，张贴海报11万余张，宣传单页103.4万余张，宣传品千余份。

十是持续强化宣传引导。积极协调中央、市级媒体大力宣传副中心疫情防控好做法好经验，累计在各类媒体刊发播出稿件1万余篇，网络媒体总阅读量5600万余次。通过图文、视频、科普动漫、抖音等广大市民喜闻乐见的传播形式，刊发播出各类稿件1700余篇，全方位、多角度普及科学防疫知识。

三、存在的主要问题

一是公共卫生治理体系还需进一步健全完善。预防为主的卫生健康方针尚未系统性全面融入社会治理体系，相关法律法规及制度措施还需持续完善。二是公共卫生应急管理能力还需进一步提高。公共卫生重大风险研判、评估、决策、防控协同机制建设还有不足，疫情信息发布等工作还需进一步明确和优化工作规范和流程。三是医疗救治资源还需加快补足。在负压病房、基层筛查哨点建设方面还存在短板，发热门诊设置水平还需进一步提高。

四、下一步工作计划

一是全面落实各项常态化防控措施。始终坚持“外防输入、内防反弹”，严格落实“四方责任”，坚决做到“三防”“四早”“九严格”。坚持党建引领，扎实筑牢社区联防联控“第一线”，严格做好建筑工地、商务楼宇、商场超市、企业工厂等重点领域的环境消杀和精准防控。细化完善秋冬季疫情防控预案，全力实现疫情不反弹，全力避免新发疫情对重点企业、重大工程造成影响和冲击。积极做好境外直接入京人员医学观察服务保障工作，切实将输入性疫情风险降到最低。

二是进一步提升应急救治能力。加快落实首都公共卫生应急管理条例，建立健全突发公共卫生事件常态化应急管理机制，加强传染病定点医疗机构建设，实现重大传染病救治平战兼备。加强区疾控中心、社区卫生服务中心发热哨点标准化建设，进一步发挥医疗卫生机构探头作用。加快推进急救站点建设，提升院前急救呼叫满足率及转运能力，实现急救网络全覆盖。健全应对突发公共卫生事件的医疗物资和生产能力储备制度，完善动态调配与征用机制。

三是大力推进复工达产和重点工程建设。全力克服疫情影响，持续推动经济企稳回升。加快制定疫情防控专项支持金融措施，保障产业链、供应链畅通稳定，助力企业纾困解难，提升企业复工达产实效。坚持把时间抢回来、把损失补回来，按照“一年一个节点，每年都有新变化”的要求，进一步加强统筹调度，加快197项年度重大工程实施，积极推进综合交通枢纽、城市绿心三大建筑、行政办公区二期、东六环路入地改造、通州堰等重点工程建设，高标准完成年度工作任务。落实落细《2020年通州区促消费提档升级工作措施》，做好消费挖潜、提质、扩容等工作，推动线上、线下消费持续回暖。

四是扎实开展新时代爱国卫生运动。坚持与疫情防控统一推进，全方位、宽领域、多层次向广大群众推送健康知识，传播健康理念。持续推进三年行动计划落实，完成爱国卫生组织机构建立，坚持开展“周末卫生大扫除”“城市清洁日”等活动，营造防治疾病、促进健康的良好环境。深入落实文明行为促进条例、首都市民卫生健康公约，加强日常防疫指引，引导全社会形成健康生活新风尚。做好“两个条例”与常态化疫情防控相结合的文章，完成垃圾分类示范片区建设，持续改善公共卫生环境。动员引导全社会力量共同参与，形成讲卫生、改陋习，屡公约、要健康，讲文明、见行动的浓厚氛围。

（通州区新型冠状病毒感染肺炎疫情防控工作领导小组办公室提供）

市政府新闻办召开城市副中心建设专场新闻发布会

昨天，在北京市人民政府新闻办召开的北京市“回顾‘十三五’，展望‘十四五’”系列新闻发布会城市副中心建设专场上，城市副中心党工委常务副书记、管委会常务副主任、通州区委书记曾赞荣，城市副中心党工委副书记、管委会副主任、副中心工程办主任王承军，城市副中心党工委委员、管委会副主任胡九龙，城市副中心党工委委员、管委会发改局局长、市发改委副主任张艳林，城市副中心党工委委员、管委会规自局局长、通州区委常委、副区长郑皓分别就“十三五”时期城市副中心在规划建设发展方面取得的主要成就、重大工程项目、首批市级赋权、产业发展及“十四五”高质量发展目标任务、规划成果等情况进行介绍并回答记者提问。

城市副中心 GDP 较“十二五”末增长 57%

“十三五”时期，不仅是通州区发展历史上极不平凡的五年，更是城市副中心扬帆启航的五年，城市副中心建设发展具有里程碑意义的五年。五年来，城市副中心整体发生了深刻变化，持续保持着生机勃发的良好势头。

曾赞荣介绍，作为首都北京“新两翼”的重要一翼，城市副中心全面推动城市副中心控规落实落地，正朝着全力打造国际一流的和谐宜居之都示范区、国家绿色发展示范区、新型城镇化示范区和京津冀区域协同发展示范区的目标高速迈进。

蓝图已绘就，奋进正当时。

城市绿心森林公园开园迎客，文化旅游区环球主题公园一期主体工程竣工，城市绿心三大建筑及城市副中心站综合交通枢纽、东六环入地改造等一批工程开工并全面提速，特色小镇加快建设……一年一个节点，每年都有新变化。眼下，城市副中心一批重大功能节点取得阶段性进展，城市框架正快速有序拉开，和谐宜居之城的独特魅力初步展现。

曾赞荣介绍，今年城市副中心地区生产总值预计达到 1080 亿元，较“十二五”末增加 57%。明确科技创新、行政办公、商务服务、文化旅游主导功能，城市副中心营商环境持续优化，高质量发展动能显著增强。单 2019 年来说，国家级高新技术企业较“十二五”末增加 668 家，达到 1077 家。

城市副中心坚持促进新老融合、城乡统筹加快推进，累计实施 140 条背街小巷综合整治，有序推进 21 个老旧小区综合整治，并在全市率先实现城乡规划体系全覆盖，高标准完成 360 个村人居环境整治。

曾赞荣表示，“十四五”时期，城市副中心将着力在生态环境、公共服务、城市品质、基层治理等各方面让广大群众获得更多、更优质的民生实惠。

城市副中心将着眼于擦亮蓝绿交织、水城共融、清新明亮的生态底色，继续抓好大气、水、土壤污染源治理。以创建大运河国家 AAAAA 级旅游景区为契机，推动北运河通州段与河北段实现通航。高标准创建国家森林城市，建设一批小微绿地、口袋公园和骑行绿道，不断提升居民亲绿体验和出行幸福感。

同时，在优质公共服务资源引进和本地区公共服务水平提升上同步发力，持续推动首师大附中、友谊医院二期等工程加快建设并投入使用。实施教育强区行动，建设优质均衡的教育、医疗体系。深入实施健康副中心行动，加快公共卫生应急管理体系建设。同时加大文化体育服务供给力度，组织开展“美丽中国”全国定向越野挑战赛、城市副中心马拉松等一系列体育品牌活动。

推进新一轮“疏整促”专项行动，加快一批老旧小区、背街小巷综合整治，确保老城双修三年行动高质量收官。新建一批便民商业网点，实施一批小微工程惠民生项目。推进美丽乡村建设，不断改善农村人居环境。

坚持党建引领，在齐心协力抓好垃圾分类和物业管理两个“关键小事”上，走在全市前列。依托智慧城市建设推进精细化治理升级，让城市副中心变得更加聪明、更加智慧。发挥好“12345”“指挥棒”作用，向“未诉先办”转变，让居民享受更高的城市生活品质和副中心建设福利福祉。

“十四五”重大项目初步梳理600多项

城市副中心三大建筑中的剧院项目首段正负零顶板按计划浇筑，率先冲出地面；本月，东六环入地改造工程中2台盾构机“京华号”“运河号”首件分别顺利吊装下井；广渠路东延年底开通，开车6分钟就能从地下隧道穿越通州城区……自今年8月下旬发起“120天大会战”两个多月来，城市副中心各项重大工程建设正大步跑出加速度。

王承军介绍目前城市副中心重大工程项目推进情况时表示，一大批有着重大影响的标志性工程大干快上，现场一片热火朝天。据统计，截至11月底，副中心已累计完成固定资产投资929亿元、同比增长12.7%，建安投资490亿元、同比增长2.3%，副中心城市框架正在有序拉开，持续保持生机勃发的良好态势。

“十四五”时期是全面实施副中心控规、大力推进城市框架基本成型的重要机遇期。目前副中心“十四五”期间已初步梳理重大项目600多项，将有一大批重点项目陆续竣工交用。

其中重点包括：北京城市副中心站综合交通枢纽、东六环加宽（入地）改造工程2024年竣工完成；三大文化建筑、中国人民大学通州新校区一期项目、通马路交通枢纽工程等将在2023年竣工；明年还将有文旅区城市次支干路、运河商务区中银集团、三峡集团商业项目及潞城棚户区改造等一批民生保障项目陆续完工。

重点项目手续办理效率提升一倍

从规划综合实施方案审批，到土地一级开发、土地拆迁征收以及土地供应，再到项目建议书审批、投资项目核准，城市副中心在设立党工委、管委会，形成高位统筹、市区联动的副中心体制机制的同时，首批市级赋权30个事项实现下沉并顺利运行，联审联批、审批监管衔接、跟踪评估问效等若干新机制得以建立，初步实现了“副中心的事副中心办”。

“首批赋权的30个事项都是城市副中心‘亟需管用’的审批事项，有利于审批从单件事向整件事集成，有力促进了副中心行政效率显著提升。”胡九龙在发布会上表示。

据介绍，截至11月底，城市副中心利用市级赋权完成权力清单事项审批67件次，权力清单外事项审批44件次。工程建设涉及城市绿地树木类事项的42件次审批基本实现全程网上办理，对压减办事流程、缩短办事时限具有明显的效果。

市级权限下放聚焦重点区域，赋予政策红利，让城市副中心能够灵活把握项目时序，因地制宜安排发展任务。城市副中心政策吸引力加速释放，一大批高端要素和企业总部入驻。

胡九龙表示，接下来城市副中心将抓紧副中心政务服务大厅建设，预计2021年春节前完成主体工程建设。打造“数据共享、信息复用、远程交互”三位一体服务新模式，形成与六里桥市政务服务中心大厅“东、西”呼应的政务服务新格局。

未来，城市副中心将进一步强化市级赋权运行过程中的内部制约和外部监督，充分利用市级主管部门统一平台进行审批业务办理，做好事中事后监管。

同时，城市副中心将研究申请新一批市级赋权，扩大赋权范围。

胡九龙表示，将积极争取深化土地管理利用的政策权力。未来，城市副中心将积极探索存量土地盘活利用的有效途径，大力盘活批而未供和闲置土地资源，推动低效用地再开发利用，在符合国土空间规划和用途管制要求前提下，推动不同产业用地类型合理转换。“因此，我们考虑申请一批对闲置土地妥善处理、企业国有土地综合利用、农用地创新使用等事关副中心土地改革的市级权力。”胡九龙说。

此外，还将争取深化投融资体制改革的政策权力，申请一批自主性更强的金融投资政策和对社会资本参与副中心建设项目核准等方面的市级权力。“十四五”期间，城市副中心将积极争取单独核算政府债券额度，多渠道吸引社会资本参与城市副中心建设，探索发行基础设施 REITs，盘活优质存量资产，利用公募 REITs 加速片区滚动开发。

在“两区”建设方面，也将积极争取政策权力。“城市将积极推动投资贸易自由化便利化，试行跨境服务贸易负面清单管理模式，放宽跨境服务贸易市场准入限制。推动资金和数据跨境流动，夯实区域数字经济与数字贸易发展基础。因此，我们考虑申请一批能够打破进出口技术壁垒、推动数字经济发展和促进境内外投资自由化等加速‘两区’建设发展的市级权力。”胡九龙表示。

稳中有进 产业培育成效显著

张艳林昨天介绍，今年以来，北京城市副中心产业发展取得了一系列重要成果，在新旧动能转换以及疫情的双重影响下，仍实现了有效统筹、扎实落地。

明年是“十四五”开局之年，城市副中心确定了“一个基本成型、二个新跨越、三个显著提升”的发展目标，即：城市框架基本成型、区域协同发展实现新跨越、城市品质实现新跨越、城市承载力显著提升、综合经济实力显著提升、人民生活水平显著提升。同时，明确三大“十四五”重点任务：构筑高品质功能承载地、打造京津冀协同发展桥头堡、树立现代化治理新标杆。城市副中心将致力于打造全国率先、北京前列、副中心特色的法治城区，创建国家安全发展示范城市。

张艳林介绍，前三季度，城市副中心实现地区生产总值 785.1 亿元，同比增长 2%，连续两个季度实现正增长，高于全市平均增速 1.9 个百分点。城市副中心经济发展稳中有进，产业培育初显成效，符合区域发展定位的行业实现稳步增长。

截至目前，华夏银行、首旅集团、北投集团、北京建院和保障房中心等 5 家市属国企向副中心搬迁已取得实质性进展，其中 4 家企业总部或子公司均已完成注册地变更，北投集团总部及 10 家分支机构的办公地已迁入城市副中心。

三峡集团下属 15 家二三级总部实现工商、税收双落地；人力资源产业园通州园签约入驻企业达 51 家；通州区国家级高新技术企业达 1077 家，张家湾设计小镇成功举办北京国际设计周并实现永久会址落户；国家网络安全产业园正式开园，累计注册网安类企业 31 家。

目前，正在围绕“智能环球影城”“科技张家湾设计小镇”“数字城市绿心”“智慧大运河”等十大领域研究布局应用场景项目。

接下来，城市副中心还将深入推进“两区”建设，有序推动一批市属国企向副中心搬迁，加快推进一批产业政策落地出台，持续加大基础设施建设力度，不断提升城市功能品质，打造更加宜居宜业的城市环境，为企业迁入和发展构建更加适宜的营商环境。

“十四五”时期，北京城市副中心要保持每年千亿元以上固定资产投资。建立“十四五”期间重点项目清单、依托工作专班统筹推进项目建设、多渠道筹措建设资金将成为城市副中心确保完成投资任务的“三大法宝”。

城市副中心将积极承接中心城区功能疏解，全面完成行政办公区二期搬迁，推动中心城区符合功能定位的优质资源向副中心转移。推进与廊坊北三县一体化联动发展，深化“四统一”协同机制，推进 M22 线（平谷线）、京唐城际等一批轨道交通运行通车，加快推进城际铁路联络线二期建设，率先实现区域交通一体化。推进产业协同分工与联动发展。深化区域污染联防联控联治。统筹推进教育、医疗等公共服务布局延伸，培育区域性医疗养老服务功能，推进跨区域实现职住平衡。与雄安新区强化两翼联动，推进更大区域协同发展。

同时，加快推动北京环球主题公园一期开园，实现“精彩亮相”，着力打造北京文化旅游新地标，释放外溢效应，带动全域文化旅游发展。

宋庄与行政办公区间将建慢行系统

“为做实做细副中心控规，我们建立了两级三类规划体系，编制完成12个组团控规深化方案和拓展区规划，并推动《北京城市副中心规划设计导则》（规划管理版）试运行，逐步搭建完成了城市副中心规划体系的‘四梁八柱’”。郑皓在发布会上介绍，城市副中心在12个组团和36个家园的基础上，进一步划定470余个细分单元和5800余个地块，建立起“街区—细分单元—地块—建筑”逐级传导的规划管控体系，保障规划落地不变形、不走样。

截至目前，城市副中心已编制完成文化旅游区、张家湾设计小镇、张家湾古镇、南大街、副中心站综合交通枢纽等重点功能区规划编制，强化重点功能区和重大项目示范引领作用，并编制交通、市政、海绵城市、慢行系统等一系列专项规划。“目前，我们正在结合特色小城镇国土空间规划和村庄规划编制，探索新型城镇化发展路径。”

一个工作台账、一本项目图集、一份责任清单，城市副中心成立起规划设计专班，精准调度388项市区重点工程项目。此外，建立责任规划师团队预审与专家会评审机制，全流程把控建设项目设计品质。“城市副中心充分发挥专家和外脑作用，全面实施责任规划师、责任建筑师制度，目前城市副中心每个组团、每个特色小城镇都有一名首席责任规划师和一个团队在进行服务。”郑皓说。

生机勃发的城市副中心更需打造充满活力、魅力的公共空间。郑皓介绍，未来，宋庄与行政办公区间将建设慢行系统，骑行距离可由5.2千米缩短到3.5千米，骑行时间由35分钟缩短到15分钟，让城市居民在漫步中感受自然，在骑行中享受生活。另外，借鉴丹麦、荷兰等国际先进经验，城市副中心以梨园站为试点开展了地铁车站及周边区域综合环境整治工作，以人的行为模式和需求为出发点，加强大数据分析和精细化设计，优化行人步行流线，减少绕行距离，大大提升步行舒适性。

（摘自《北京城市副中心报》2020年12月16日第4版）

“两区”建设情况

通州区2018年被确立为服务业扩大开放综合试点示范区，2019年被确立为服务业扩大开放综合试点先导区。2020年9月4日，习近平总书记在2020年中国国际服务贸易交易会全球服务贸易峰会上宣布，支持北京打造国家服务业扩大开放综合示范区，设立以科技创新、服务业开放、数字经济为主要特征的自由贸易试验区，为北京市进一步深化改革、扩大开放，推动经济社会高质量发展指明了方向。国务院相继批复《深化北京市新一轮服务业扩大开放综合试点建设国家服务业扩大开放综合示范区工作方案》和《中国（北京）自由贸易试验区总体方案》。2020年9月24日，中国（北京）自由贸易试验区正式揭牌；2020年9月28日，中国（北京）自由贸易试验区国际商务服务片区正式挂牌。中国（北京）自由贸易试验区国际商务服务片区通州组团包括城市副中心运河商务区和张家湾设计小镇周边可利用的产业空间10.87平方千米。通州区“两区”即中国（北京）自由贸易试验区和国家服务业扩大开放综合示范区建设，聚焦财富管理、绿色金融、金融科技、城市规划与文创设计、科技创新、文化旅游、专业服务、京津冀协同等领域，以运河商务区、文化旅游区、张家湾设计小镇等重点示范区和功能区为高水平开放核心承载区，通过“产业开放+园区开放”模式，不断深化改革开放。

10月，召开通州区“两区”动员部署大会，统一思想、提高认识。明确机构职责，成立“两区”工作领导小组，设金融及高端产业、科技创新、文化旅游、营商环境优化、片区建设提升、招商引资、人才领域、宣传8个协调工作组，“两区”工作领导小组办公室设在运河商务区管委会。12月9日至11日，举办北京城市副中心“两区”建设专题培训班。

编制、发布《中国（北京）自由贸易试验区国际商务服务片区通州组团实施方案》，提出将副中心和通州组团建设成为改革开放新高地，制定8方面重点举措81条，制定4方面保障措施25条。启动编制《中国（北京）自由贸易试验区国际商务服务片区通州组团三年行动计划（2021—2023年）》和《通州区国家服务业扩大开放综合示范区和中国（北京）自由贸易试验区国际商务服务片区建设工作方案》。

持续强化目标导向，实现一系列项目落地。强化“一库四机制”工作模式，强化清单管理，梳理政策清单、项目清单、目标企业清单和空间资源清单四张清单，梳理“两区”建设项目114个，其中外资项目11个，累计推进落地项目26个。

打造简政放权试点示范区。市政府集中赋予副中心管委会30项职权，真正实现“副中心的事副中心办”。梳理形成9项制度创新举措，其中“新建楼宇项目住所证明新方式”入选商务部印发的服务业扩大开放综合试点第三批7个最佳实践案例，向全国复制推广。建设一站式服务中心，选址中国北京人力资源服务产业园通州园，确定第一批入驻单位及审批、服务事项，启动大厅改造工作。

聚焦国内国外双阵地，采取“本体与外脑”相结合方式，组建区级“政府部门+咨询机构”国际化招商工作专班，建设高水平招商和产业服务队伍。持续加大创新力度，用好“两区”政策，探索线上线下结合招商模式，举办1期线上招商推介活动，参与外国在华商会线下交流推介活动3次，前往上海、深圳、合肥对接优质项目，利用既有公共外交平台及有关研究机构推动优质外资企业对接，通过圆桌论坛、一对一走访等形式多维度招商。梳理形成招商长短名单，编写中英文双语招商手册。

建立对外服务展示窗口，开展市、区自贸试验区展示中心选址工作。9月5日至6日举办全球财富管理论坛，11月25日至27日举办《财经》年会，提升知名度与影响力。构建媒体宣传矩阵，获得新华社、《人民日报》等中央媒体，环球网、中国网、凤凰网等网络平台广泛关注和报道。在显著位置选址设立自贸试验区通州组团第一批自贸区形象标识标志性设施，完成第一批100面灯杆道旗、6个点位的设置工作，初步形成自贸区标识形象体系。

（通州区新城中心区建设管理委员会提供）

通州区城市管理指挥中心（接诉即办）2020 年工作情况

2020 年，通州区城市管理指挥中心由副处级事业单位调整为正处级事业单位，并于 10 月底完成新一届城市管理指挥中心党支部换届选举工作。面对年初疫情的严峻考验，区城指中心发挥党组织战斗堡垒作用，出色地完成接诉即办、网格化城市管理、副中心城市大脑等各项工作任务。

一、党建引领方面

一是定期组织党员学习习近平总书记系列重要讲话，组织全体党员参与社区疫情防控志愿服务 24 次，按照要求上报先进事迹 35 篇；组织全体党员参加垃圾分类知识培训，签订《生活垃圾分类承诺书》，主动与社区（村）对接，参与垃圾分类“桶前值守”活动 155 人次。

二是制定并签订 2020 年度《全面从严治党主体责任清单》，组织全体党员签订 2020 年度《廉洁自律公开承诺书》，召开城指中心季度、年度党风廉政汇报会及“一岗双责”汇报会，定期开展纪检监督检查，开展各级廉政谈话，发现问题立行立改，不断提高政治思想，压实责任担当。

三是通过疫情期间接诉即办工作机制的运行，畅通市民诉求的办理渠道，缩短办理时间，得到市民肯定和认可。同时与区政协对接成立政协委员工作站，发挥政协委员“智库”作用，推动重点、难点问题得到解决。

二、接诉即办方面

2020 年，通州区接收市中心派发市民诉求 194593 件。其中涉及疫情相关诉求 21895 件，占全部诉求的 11.25%；日常相关诉求 172698 件，占全部诉求的 88.75%。

一是强化政治引领，在顶层设计上抓落实。区委书记每月组织召开接诉即办工作点评会、推进会，并对全市排名靠后的承办单位进行实地调研，分别对马驹桥镇、永顺镇、梨园镇、台湖镇、北京市通州区国有资本运营有限公司、区市场监管局等单位开展实地调研督办；主管副区长每周针对重难点诉求，召开接诉即办工作会进行调度；区纪委区监委成立接诉即办工作专班，每月梳理市中心纳入考核 100 个“双否”工单的实际办理情况；区委组织部、区考评办出台街乡镇、委办局《2020 年度绩效管理 12345 市民热线 + 网格化管理专项考评细则》。全年开展区级接诉即办调度会 18 次。

二是强化责任落实，深化压力层层传导。区级层面，建立约谈制度。由主管接诉即办工作副区长，针对市级排名靠后的街乡镇、委办局进行专项约谈，同时区纪委区监委、区委组织部等部门同时参加，针对约谈过后的未进行整改的单位，区纪委区监委、区委组织部相关部门联合进行督办。街乡镇层面接诉即办工作主管领导，基本调整为副书记主管，委办局层面也对主管领导和分管接诉即办工作科室进行调整，选调精兵强将从事此项工作。

三是强化办理实效，夯实诉求满意办理。每月对综合排名末位的承办单位，区委书记到属地进行调研，并就接诉即办工作要求属地进行汇报，属地党委班子成员全部列席参加，查找自身在开展接诉即办工作中存在的问题，并指出下一步工作措施。并对属地接诉即办工作开展情况进行实时跟踪，促进一线承办单位重视市民诉求办理。区城指中心每周通报“三率”情况，承办单位存在的问题情况以及综合情况，促进承办单位实时改进工作方式方法。

四是强化诉求导向，在中枢环节上出新招。区城指中心以诉求为导向，创新工作方式方法，安排专人对接每个承办单位，听取办理情况答复录音，分析承办单位实际办理过程中存在的问题，每周对其接诉即办工作开展情况形成专项报告反馈给承办单位，要求承办单位对照进行整改。同时在区级“12345”办理系统中增加人员办理标签功能（新增承办人员姓名、承办科室、承办人员职务、承办方式等），强化承办单位对市民诉求办理重视程度。

五是强化调度指挥，在顶层调度上找途径。针对每日突发情况和集中性诉求，区城指中心迅速形成“快报”“专报”直接上报区委书记、区长及主管副区长，确保区主要领导能够在第一时间对突发事件进行指挥、调度，全年形成专报17期、快报15期。

六是强化“热线＋网格”，在主动办理上显担当。将“12345”市民热线办理工作与网格化城市管理紧密结合、串联互动。通过热线大数据分析，建立高频点位、高频诉求台账，充分利用区级网格巡查员队伍，对高频诉求、高频点位制定专项巡查机制。全年发动巡查人员7763人次，主动发现问题16442件，并实地解决问题12510件。切实做到“未诉先办”。形成了通过发现一个事件延伸至解决一类问题的工作模式，以点带面地织密网格脉络，将网格工作做细，推动“未诉先办”。

七是强化结果运用机制，推动诉求深度办理。区城指中心通过开展深度回访，对区级回访不满意、未解决的工单与诉求人进一步沟通，回访结果每天通过《每日通报》的形式在科室负责人工作群和OA进行发送。挂账方面区城指中心提前摸排当月挂账诉求办理情况并在区级调度会上进行通报，要求各单位摸清诉求根本，对回访未解决或不满意的诉求开展二次督办，推动二次办理，同时，参与起草《通州区接诉即办工作奖励激励和责任追究办法（试行）》。

八是强化培训提升机制，细化业务培训应用。区城指中心安排专人赴市中心、大兴区、怀柔区针对接诉即办工作进行专项学习。同时开展“4+X”培训，把接诉即办工作培训开展到区委理论中心组、新任处级领导干部、中青班理论学习过程中。12月23日，由市政府副秘书长、市政务服务管理局党组书记、局长王军就接诉即办工作为全区领导干部做专题培训。7月28日，邀请大兴区城市管理指挥中心主任对全区22个街乡镇、40余家委办局及相关单位围绕接诉即办工作优秀经验与先进做法进行业务培训，并分别对街乡镇主管领导和委办局开展专项业务培训。此外针对剔除挂账等市中心考核政策、材料报送规则等开展一对一、手把手培训。全年举办4场全区范围的接诉即办工作培训会。

九是强化沟通协商，加快解决热点难点问题。为充分发挥政协委员的主体作用，推进协商民主活动向基层延伸，协助属地政府和相关部门解决好市民反映的热点难点问题，在区政协相关委室和区城管委的支持配合下，4月17日区政协成立通州区城市管理指挥中心政协委员工作站。工作站依托“12345”市民热线，先后对宋庄镇、玉桥街道、马驹桥镇的接诉即办工作进行实地调研，重点对物业管理、垃圾分类等重点问题进行适度调研，通过协商议政活动，助推热点难点问题的解决，为全面提高城市治理水平贡献力量。

三、网格化城市管理方面

充分发挥网格化城市管理职能优势，在原有1809个网格的基础上细化网格划分，各街乡镇正在推动此项工作。全年上报网格有效事件37.6万件，结案36.8万件，办结率97.62%。同时，探索实施“热线＋网格”工作模式，通过建立高频点位、高频诉求台账，安排专人对相关点位进行主动巡查，做到“未诉先办”。在开展专项巡查方面，上报垃圾渣土、暴露垃圾、乱堆物堆料、乱丢医疗废弃物等与居民生活健康密切相关的问题和容易导致新型冠状病毒疫情扩散、蔓延等隐患方面案件807件，事件均已流转办理。巡查走访12街道乡镇349个老旧无物业社区，对社区疫情防控工作及值守情况进行细致全面巡查，开展4次扫雪铲冰专项巡查工作，冬奥道旗宣传类12件、无障碍环境类5330件、“两会”期间安全隐患类289件、垃圾分类600余件、防汛安全隐患类383件。

四、城市大脑建设方面

随着副中心城市大脑的建设不断完善、功能不断丰富，应急管理部、市城市管理委、市交通委、西城区、内蒙古科右中旗等各地部门相关领导先后到指挥中心进行调研，全年接待调研活动50余次。通州区城市管理指挥平台（副中心城市大脑）融合信号、违法、供热、停车、照明、电力、环卫等60种类型的数据。主要具备功能为：

一是实现基于数字孪生的智慧城市服务。组织开展三维地图服务系统的建设，实现对城市外轮廓的快速建模，形成逼真的城市建筑外轮廓模型，并通过图像识别技术，自动区分河流、道路、建筑单体、建筑屋顶、树木、停车场、车位、移动物体等对象。

二是实现业务流程的全生命周期信息化管理。通过建立重点任务管理系统、占掘路管理系统、停车场管理系统，实现城市管理委主要业务流程的全生命周期信息化管理。

三是实现应急事件的快速管控调度。构建通州区应急管理总体架构，针对火灾专题、地质灾害、防汛专题等各项安全监管专题，建立健全一套完整的应急事件管理调度系统，实现了完善的应急事件快速响应和有效应对机制。

四是实现城市交通的智慧化管控。推进通州区智能交通的建设，对通州区751平方千米范围内信号灯，284个路口的信号灯进行升级改造，全部实现智能化控制，增加建设了信号控制自适应系统和交通特勤控制系统，实现155平方千米范围内平均车速提高15.6%，城市主干道通行时间缩短32.5%。

五是实现智慧化的城市管理。对全区的照明设施总量、故障及群众投诉情况进行综合管理，依托现有平台开发城市之光手机App，对155平方千米范围内的路灯设施工作状态进行实时监控和故障上报，对加装了单灯控制器的灯杆可以进行0～100%的调光操作。

六是实现生态环境的智能监测。对接区生态环境局生态环境物联网平台的车载站、微观站以及道路积尘负荷报告数据，实现基于视频分析的渣土车闯限行、工地未苫盖、道路遗撒等违规案件的自动识别、实时告警并推送至区网格平台。

五、系统保障方面

一是优化系统功能。对“12345”系统增加小区点位确认功能，为涉及点位的统计分析提供数据采集支持；优化事件列表显示，调整特殊事件显示方式，突出重点问题，确保及时办理；优化回访页面，深化回访工作；梳理“七有五性”考核的内容，细化和调整系统类别和对应关系；对接市级接口，调整区分转事件的办理过程及办理结果；调整街乡镇、委办局事件反馈模块，新增疏整促反馈内容；建立“12345”网上平台数据接口，实现数据互联互通以及案件的全流程自动流转。

二是加强数据整理。整理全区小区点位的字典数据，录入系统1271条，为座席员小区点位确认提供数据支撑；整理案件点位明细，批量调整和座席员录入系统中案件对应点位数据10.3万余件；整理区级疫情分类数据，批量调整系统中的疫情事件对应关系2.16万余条；整理“七有五性”考核内容与事件新、旧类别对接关系，关联2018年、2019年旧类别事件5.3万余件，关联2020年新类别事件10.2万余件。

（区城市管理指挥中心提供）

城市绿心森林公园（摄影 郭建华）

2021

大事记

北京通州年鉴

大事记

1 月

2—5 日　政协北京市通州区第六届委员会第四次会议召开。经过大会选举，朱志高、禹学河当选区政协副主席，冯利英当选区政协秘书长。大会通过了政协通州区第六届委员会第四次会议政治决议、关于政协通州区第六届委员会常务委员会工作报告的决议和关于政协通州区第六届委员会常务委员会提案工作报告的决议。

3 日　通州第一家融资担保公司——北京北投融资担保有限公司完成工商登记注册，注册资本 20 亿元（2019 年 12 月 31 日取得市金融监管局批复）。

4—6 日　通州区第六届人民代表大会第六次会议召开。会议表决通过了北京市通州区第六届人民代表大会社会建设委员会主任委员、副主任委员、委员名单；通过了关于北京市通州区人民政府工作报告的决议，关于北京市通州区 2019 年国民经济和社会发展计划执行情况与 2020 年国民经济和社会发展计划的决议，关于北京市通州区 2019 年预算执行情况和 2020 年预算的决议，关于北京市通州区人民代表大会常务委员会工作报告的决议，关于北京市通州区人民法院工作报告的决议，关于北京市通州区人民检察院工作报告的决议。

7 日　北京城市副中心举行首场新闻发布会。副中心党工委委员、管委会副主任胡九龙主持，副中心党工委副书记、管委会副主任、副中心工程办主任王承军介绍副中心重大工程建设情况；副中心党工委委员、发改局局长、市发改委副主任张艳林，副中心党工委委员、管委会规自局局长、市规自委副主任郑皓分别就副中心产业发展、规划实施等情况答记者问。

17 日　北京市副市长隋振江一行到北京环球度假区停车楼项目现场调研慰问。

21 日　北京市妇联与通运街道党建共建活动暨“童悦书馆”启动仪式举办。

同日　区领导赵磊、李玉君、赵玉影、王岩石、倪德才分别到国网北京通州供电公司、万达永辉超市、首都医科大学附属北京潞河医院、中国石油方深加油站、运河文化广场、交通支队等地检查节日期间公共场所安全、节日市场供应及新型冠状病毒感染肺炎疫情防控工作，并慰问一线干部、职工。

22 日　通州区召开新冠肺炎疫情防控工作部署会。

23 日　通州区召开新冠肺炎疫情防控调度会。

同日　区长赵磊到区妇幼保健院、北京中医药大学东直门医院通州院区和牛堡屯社区卫生服务中心拉练检查疫情防控情况。

28 日　区委书记曾赞荣以“四不两直”方式到新华街道如意社区、中仓街道滨河社区、潞源街道古月佳园小区，检查新型冠状病毒感染肺炎疫情防控情况。

同日　区委副书记、区长赵磊到永顺镇天赐良园、永顺西里、永顺南里和通运街道运河湾等社区，检查新型冠状病毒感染肺炎疫情防控情况。

29 日　区委副书记、区长赵磊到北京华联通州武夷店、通州八里桥市场、潞城镇大营村，检查新型冠状病毒感染肺炎疫情防控工作和市场供应情况。

30 日　区委书记曾赞荣以“四不两直”方式到马驹桥镇一世情园小区、丽枫酒店，台湖镇北京中科信电子装备公司、周坡庄村，检查新型冠状病毒感染肺炎疫情防控情况。

同日　区长赵磊、区政协副主席朱志高到区疾控中心检查全区新型冠状病毒感染肺炎疫情防控工作。

同日　区长赵磊、区政协副主席朱志高到玉桥街道检查无物业老旧小区疫情防控工作。

31 日　区委书记曾赞荣以“四不两直”方式到北苑地铁、复兴南里小区、永辉超市半壁店店，检查新型冠状病毒感染肺炎疫情防控工作和市场供应情况。

2 月

1 日 区新冠肺炎疫情防控工作领导小组召开第十一次会议。

3 日 区新冠肺炎疫情防控工作领导小组召开第十二次会议。

4 日 区新冠肺炎疫情防控工作领导小组召开第十三次会议。

同日 区委书记曾赞荣以“四不两直”方式先后到乔庄北街小区、品农果蔬便民超市潞河店和潞河医院，检查新冠肺炎疫情防控工作和市场供应情况。

同日 区委副书记、区长赵磊先后到永乐综合检查站、鲁城村治安检查卡口、西集综合检查站，检查新冠肺炎疫情防控工作。

5 日 区新冠肺炎疫情防控工作领导小组召开第十四次会议。

同日 区委副书记、区长赵磊以“四不两直”方式到通运街道京贸家园、运河园和 BOBO 自由城小区检查新冠肺炎疫情防控工作。

6 日 区新冠肺炎疫情防控工作领导小组召开第十五次会议。

同日 区委书记曾赞荣以“四不两直”方式先后到京客隆超市、运河商务区和国泰百货，检查新冠肺炎疫情防控工作。

7 日 区新冠肺炎疫情防控工作领导小组召开第十六次会议。

8 日 区新冠肺炎疫情防控工作领导小组召开第十七次会议。

同日 区委副书记、区长赵磊到部分药店查看口罩销售情况，并到北苑国泰商场检查人员密集场所新冠肺炎疫情防控工作。

9 日 区新冠肺炎疫情防控工作领导小组召开第十八次会议。

10 日 区新冠肺炎疫情防控工作领导小组召开第十九次会议。

同日 区委常委会扩大会议暨区新冠肺炎疫情防控工作领导小组召开第二十次会议。

同日 区长赵磊到通运街道静心养老院和宋庄镇敬老院，检查疫情防控措施落实情况。

11 日 区委副书记、区长赵磊先后到通运街道静心养老院、宋庄镇敬老院，检查疫情防控措施落实情况。

12 日 区新冠肺炎疫情防控工作领导小组召开第二十一次会议。

13 日 区新冠肺炎疫情防控工作领导小组召开第二十二次会议。

14 日 区新冠肺炎疫情防控工作领导小组召开第二十三次会议。

同日 区委副书记、区长赵磊到北苑街道帅府社区、后南仓社区检查小区疫情防控工作，并慰问参与执勤值守的社区工作人员、志愿者和机关下沉干部。

15 日 区新冠肺炎疫情防控工作领导小组召开第二十四次会议。

16 日 区新冠肺炎疫情防控工作领导小组召开第二十五次会议。

同日 “融汇副中心”移动客户端“通州区延期开学课程资源”网络平台正式上线运行，全力保障副中心中小学生停课不停学。

17 日 区新冠肺炎疫情防控工作领导小组召开第二十六次会议。

18 日 区新冠肺炎疫情防控工作领导小组召开第二十七次会议。

同日 市委书记蔡奇到环球主题公园施工现场就复工复产及疫情防控工作进行调研检查。

19 日 区新冠肺炎疫情防控工作领导小组召开第二十八次会议。

同日 北京城市副中心举行第二场新闻发布会。副中心党工委委员、管委会副主任胡九龙主持发布会。副中心党工委委员、管委会发改局局长、市发改委副主任张艳林介绍 2020 年城市副中心重大工程行动计划和落实举措；通州区委常委、常务副区长刘贵明介绍副中心和通州区在加强疫情防控工作基础上促进稳增长相关工作情况。

20 日 区委书记曾赞荣先后到运河商务区各项目建设人员住宿保障基地、万达广场写字楼万方大厦、西门金街、永顺镇长城国际小区调研检查疫情防控和复工复产工作。

同日　区委副书记、区长赵磊到梨园镇隆孚大厦、瑞都国际大厦和东郎艺术区检查新型冠状病毒感染肺炎疫情防控工作。

21日　区长赵磊以“四不两直”方式到潞城镇、西集镇检查不合理阻断道路交通情况。

22日　通州区新冠肺炎疫情防控工作领导小组召开第三十次会议。

23日　区新冠肺炎疫情防控工作领导小组召开第三十一次会议。

同日　区长赵磊到于家务乡果村查看芹菜销售情况，并到西马坊村、大耕垡村检查新型冠状病毒感染肺炎疫情防控工作。

24日　区新冠肺炎疫情防控工作领导小组召开第三十二次会议。

同日　区委书记曾赞荣以“四不两直”方式先后到格瑞雅居、华业玫瑰小区、悟仙观社区服务站、华业玫瑰写字楼及周边果蔬店、宾馆、餐饮店，调研检查疫情防控及复工复产工作。

同日　区委副书记、区长赵磊到政务服务大厅、不动产登记大厅、税务登记大厅、社保中心大厅和交通队业务大厅检查新型冠状病毒感染肺炎疫情防控工作。

25日　区新冠肺炎疫情防控工作领导小组召开第三十三次会议。

同日　区委书记曾赞荣以“四不两直”方式先后到北京ONE写字楼、通胡大街“五小”场所、工地生活区调研检查疫情防控及复工复产工作。

27日　区新冠肺炎疫情防控工作领导小组召开第三十四次会议。

同日　区长赵磊到光机电一体化产业基地和环保园区检查企业复产和疫情防控情况。

28日　区新冠肺炎疫情防控工作领导小组召开第三十五次会议。

同日　区委书记曾赞荣以“四不两直”方式先后到北京好利来工贸有限公司、马驹桥镇政务服务大厅、马驹桥镇新海南里社区、台湖镇次渠嘉园、台湖镇政务服务大厅调研检查疫情防控和复工复产工作。

3　月

2日　区委书记曾赞荣以“四不两直”方式到台湖镇蒋辛庄村、胡家垡村、口子村，漷县镇觅子店村、小香仪村、漷县村，调研检查疫情防控工作。

同日　区新冠肺炎疫情防控工作领导小组召开第三十六次会议。

3日　区新冠肺炎疫情防控工作领导小组召开第三十七次会议。

4日　区委书记曾赞荣以“四不两直”方式，到潞城镇大营村北京城市副中心职工周转房项目C1标段、天时名苑小区、河和居公寓、永辉超市乔庄店、京客隆超市玉带河店，调研检查疫情防控和复工复产工作。

同日　区长赵磊到宋庄镇鲁能格拉斯小镇、双埠头村和小堡村检查疫情防控工作情况。

5日　区新冠肺炎疫情防控工作领导小组召开第三十八次会议。

7日　区新冠肺炎疫情防控工作领导小组召开第三十九次会议。

同日　区委书记曾赞荣以“四不两直”方式，到商住楼宇、“七小”场所、社区等地，调研检查疫情防控工作。实地检查京杭广场、新华西街15号院、K2百合湾小区、红旗宾馆、桔子酒店及周边“七小”场所。

7日　区长赵磊到运河商务区、商务园调研复产复工和工地疫情防控工作情况。

9日　区新冠肺炎疫情防控工作领导小组召开第四十次会议。

10日　区委书记曾赞荣以“四不两直”方式，到马驹桥镇、张家湾镇调研检查疫情防控工作，慰问在社区、村值守的市级机关下沉干部。

12日　区新冠肺炎疫情防控工作领导小组召开第四十一次会议。

13日　区委书记曾赞荣到潞城镇、宋庄镇检查疫情防控工作，并对各村值守的市级机关下沉干部进行慰问。

同日　区委副书记、区长赵磊到马驹桥镇、台湖镇检查疫情防控工作，并慰问在各村值守的市级机关下沉干部。

14日　通州区新冠肺炎定点医院最后一名确诊患者痊愈出院，至此首次实现区定点医院确诊患者数清零。

15日　区新冠肺炎疫情防控工作领导小组召开第四十二次会议。

16日　区新冠肺炎疫情防控工作领导小组召开第四十三次会议。

18日　区政协推出第一期城市副中心讲堂，区委常委、副区长阳波介绍北京城市副中心控规落实和进展情况，并对相关政策进行解读。

19日　区新冠肺炎疫情防控工作领导小组召开第四十四次会议。

同日　通州区通过新冠肺炎定点医院中医药诊疗方案市级评估工作。

20日　罗克佳华科技集团股份有限公司在上海证券交易所上市，成为通州区首家科创上市企业，募集资金9.8亿元。

21日　区新冠肺炎疫情防控工作领导小组召开第四十五次会议。

同日　区委书记曾赞荣到台湖镇新华联会议中心、梨园镇京洲园社区龙湖花盛香醍小区检查疫情防控工作，慰问市级机关下沉干部。

23日　区新冠肺炎疫情防控工作领导小组召开第四十六次会议。

24日　区委书记曾赞荣到运河苑温泉度假酒店、白庙北综合检查站、永顺镇潞苑南里社区、通运街道牡丹园社区检查疫情防控工作。

同日　北京城市副中心举行新闻发布会，专题发布市政府向副中心管委会赋权情况。

25日　区新冠肺炎疫情防控工作领导小组召开第四十七次会议。

28日　区新冠肺炎疫情防控工作领导小组召开第四十八次会议。

30日　区新冠肺炎疫情防控工作领导小组召开第四十九次会议。

31日　国资委权属7家区属一级国有企业及其59家权属企业9696名退休人员的社会保险关系和人事档案转移到户口所在地街道（乡镇）社保所实行社会化管理。

3月　通州区法院刑事审判庭审结的被告人陈某某侵犯著作权案入选北京市2019年“扫黄打非”十大案件。

4　月

2日　区新冠肺炎疫情防控工作领导小组召开第五十次会议。

4日　区委书记曾赞荣、区长赵磊、区人大常委会主任李玉君、区政协主席赵玉影等到通运街道紫运南街南侧、六环西侧路西侧和京秦铁路北侧夹角处，参加爱国卫生月周末卫生大扫除活动。

7日　区新冠肺炎疫情防控工作领导小组召开第五十一次会议。

8日　通州区妇幼保健院通过新冠肺炎核酸检测实验室生物安全现场评估验收。

9日　区新冠肺炎疫情防控工作领导小组召开第五十二次会议。

12日　北京市政协主席吉林带领市政协机关干部50多人到台湖万亩游憩园开展义务植树活动。

同日　区委书记曾赞荣、区人大常委会主任李玉君、区政协主席赵玉影到张家湾绿地景观生态林植树点，与全区900余名机关干部一起参加义务植树活动。

13日　区新冠肺炎疫情防控工作领导小组召开第五十三次会议。

同日　通州区中小学实行线上教学。

14日　区委书记曾赞荣以“四不两直”方式到新通国际社区、当代名筑家园、华远铭悦园检查疫情防控工作。

18日　区新冠肺炎疫情防控工作领导小组召开第五十四次会议。

同日　区委书记曾赞荣先后到温榆河西路至金榆路坝河K20段、温榆河岸、东郊森林公园湿地园及运潮减河沿岸，检查露天烧烤整治、野外垂钓及消防管理情况。

20日　区新冠肺炎疫情防控工作领导小组召开第五十五次会议。

23日 区新冠肺炎疫情防控工作领导小组召开第五十六次会议。

同日 区委书记曾赞荣到永顺镇惠兰美居社区和西马庄村，调研“12345”市民服务热线工作。

同日 区六届人大常委会召开第三十次会议，区长赵磊提出任免工作人员的议案并作说明，任命楼俊峰为北京市通州区人民政府副区长。

27日 区新冠肺炎疫情防控工作领导小组召开第五十七次会议。

28日 “十四五”健康通州专项课题研究正式通过开题评审。

30日 区新冠肺炎疫情防控工作领导小组召开第五十八次会议，研究调度全区疫情防控工作。

5 月

1日 区领导曾赞荣、赵磊、赵玉影、陈江华、刘贵明、张宏韬、张德启、王岩石、阳波等分别到潮白河、温榆河大桥、潞城镇政府、中坝河、梨园公园、永乐店文化广场、鑫隆生活广场、东郊森林公园、国风美仑小区等地，检查“五一”国际劳动节期间安全生产及新冠肺炎疫情防控工作。

2日 区委书记曾赞荣到刘庄公园、北人家园小区、紫光园餐厅和远洋东方小区调研检查垃圾分类及新冠肺炎疫情防控工作。

同日 区领导赵磊、王岩石到西集镇车屯村和耿楼村调研低收入农户帮扶、产业发展及垃圾分类工作，并到大运河森林公园查看疫情防控措施落实情况。

3日 区长赵磊以“四不两直”方式到富力惠兰美居小区调研检查社区防控和垃圾分类、物业管理工作。

4日 区长赵磊到于家务乡和西集镇调研检查“五一”假期疫情防控工作和低收入农户帮扶产业发展情况。

6日 通州不动产登记事务中心推出“午间不休息、服务不打烊”举措，群众可以在工作时间内随来随办，减少等待时间。此举是为了响应疫情期间办事群众的特殊需要，保证广大办事群众的切身利益和人身安全。

同日 《通州时讯》第一次改版，定位大力宣传副中心形象，及时传递副中心权威声音。

7日 区新冠肺炎疫情防控工作领导小组召开第五十九次会议。

11日 区领导曾赞荣、赵磊、汤一原分别到北京市第二中学通州校区、通州区第二中学，调研检查初三年级开学复课防疫工作。

同日 区新冠肺炎疫情防控工作领导小组召开第六十次会议。

同日 北京市通州区人民政府发出《北京市通州区人民政府关于变更部分行政区划的通知》。

12日 区委书记曾赞荣以“四不两直”方式到永顺镇、梨园镇，调研检查小区和餐饮企业垃圾分类工作。

16日 区新冠肺炎疫情防控工作领导小组召开第六十一次会议。

17日 以“助残脱贫 决胜小康——爱·筑小康”为主题的北京市全国助残日主题活动在通州区举行。

18日 区新冠肺炎疫情防控工作领导小组召开第六十二次会议。

同日 渤海银行北京通州分行举行揭牌仪式。区长赵磊，区委常委、常务副区长刘贵明参加揭牌。

同日 区委副书记、区长赵磊以“四不两直”方式督导检查商品交易市场安全管理工作。

20—23日 区委常委、常务副区长刘贵明带队到内蒙古赤峰市翁牛特旗、通辽市奈曼旗，对接扶贫协作工作。

22日 通州区税务局联合区相关经济部门印发《北市通州区财税数据共享工作实施方案》，覆盖全区16个委办局和各乡镇、园区，涵盖“经济运行相关指标数据”“重点工程项目数据”“产业园区数据”等8类33项数据，实现区域经济部门数据共享制度化。

23日 区领导曾赞荣、赵磊等以“四不两直”方式到全聚德仿膳食品生产基地、北京学校和丁各庄公租房项目建设现场、加华印象小区，围绕服务保障全国“两会”，检查安全生产及新冠肺炎疫情防控工作。

同日　以“科技强国　科普惠民”为主题的2019年通州区科技活动周在运河文化广场正式启动。线下线上同时组织线上直播、线上讲座、户外科学探秘等丰富多彩的科普惠民系列活动29场。

26日　第九届北京现代种业博览会在北京通州国际种业科技园区开幕。

27日　区领导曾赞荣、赵磊到漷县镇一方健康谷项目现场，潞城镇两河水网工程（一期）减运沟、孙各庄地块安置房项目现场，北苑街道首都师范大学附属中学通州校区项目现场，调研检查重点工程项目进展、安全生产及防疫工作。

28日　区委书记曾赞荣到梨园镇群芳园社区久居雅园小区和高楼金村，调研“12345”市民服务热线工作。

30日　杨庄小学新建工程实现全面开工。

6　月

1日　区委书记曾赞荣，区委副书记、区长赵磊，区人大常委会主任李玉君分别到宋庄镇中心小学、东方小学、北京黄城根小学通州校区检查开学复课工作，向全区少年儿童送去节日的问候和祝福。

同日　由北京城市副中心管理委员会、北京市规划和自然资源委员会、北京市通州区人民政府主办，北京城市副中心管理委员会规划和自然资源局、北京市规划和自然资源委员会通州分局承办，公开向全球发布《北京城市副中心大运河沿线景观风貌设计方案征集资格预审公告》，公开邀请具有相关设计经验的设计机构申请应征，对大运河副中心范围内长约17千米，包含部分两岸建筑、绿地、桥梁及公共空间等面积约11.66平方千米进行整体设计和景观提升。通过评审，最终选取3个应征人参加该次征集活动。

2日　区委书记曾赞荣到玉桥街道梨园小镇小区、北苑街道怡佳家园小区、永顺镇K2清水湾小区调研物业管理和垃圾分类工作。

3日　昆明市政府党组成员、副市长周红斌率领昆明市政府文化旅游、规划、住建等相关部门，以及昆明文化旅游企业相关人员专题调研文化旅游区，并就北京环球主题公园项目开发建设与产业发展进行交流。

5日　区新冠肺炎疫情防控工作领导小组召开第六十四次会议。

同日　通州区人民法院对被告人何某等10人组织、领导传销活动，抢劫，非法拘禁一案依法公开宣判，该案系北京市首例传销组织成员被认定为恶势力犯罪案件，且为区委政法委挂账督办案件。

6日　“欢乐通州购”大型促消费活动启动仪式在东郎（通州）电影创意产业园区举行。区委书记曾赞荣，区委副书记、区长赵磊出席并带头促消费，现场就餐、购买农副产品和图书。

9日　通州区税务联合区规自委、住建委搭建“区块链＋不动产登记”平台，优化业务流程、精简办税材料，实现“企业间存量非住宅不动产交易登记”传输资料、审核资料、缴纳税费全程网上办，确保企业当天取得不动产登记电子证照。

11日　区新冠肺炎疫情防控工作领导小组召开第六十五次会议。

12日　区新冠肺炎疫情防控工作领导小组召开第六十六次会议。

13日　区新冠肺炎疫情防控工作领导小组召开第六十七次会议。

同日　区委书记曾赞荣，区委副书记、区长赵磊到八里桥市场、7Fresh生鲜超市、梨园聚元鸿农产品市场调研检查疫情防控工作。

14日　通州区召开新冠肺炎疫情防控工作会议，对防控工作进行全面调度部署。

15日　区新冠肺炎疫情防控工作领导小组召开第六十八次会议。

同日　区委书记曾赞荣到运河商务区1X−11地块工地、大运河便民服务中心、鲜又多果蔬店、潮漫酒店、广渠路东延道路工程第二标段调研检查疫情防控和市场供应情况。

同日　区长赵磊到运河苑温泉度假酒店、北京阳光国际会议中心和星湖园温泉度假村，检查集中隔离医学观察点安全工作、防控措施落实情况。

16日　通州区召开新冠肺炎疫情防控工作会议。

同日　区委书记曾赞荣，区委副书记、区长赵磊分别到东潞苑佳园农贸市场、八里桥农产品中心批发市场、运河通源农贸市场等地检查环境消杀和卫生保洁工作。

同日　首个落户副中心的公募基金管理公司——汇泉基金管理有限公司在通州登记注册，注册资本1亿元。

17日　区委书记曾赞荣，区委副书记、区长赵磊分别到玉桥街道、梨园镇、张家湾镇、通运街道、西集镇等地调研检查疫情防控工作，并慰问核酸检测点工作人员。

同日　区新冠肺炎疫情防控工作领导小组召开第六十九次会议。

19日　通州区召开新冠肺炎疫情防控工作会议。

20日　区委书记曾赞荣到永顺镇龙旺庄社区果蔬便利店、中仓街道运河通源农贸市场、宋庄镇成人文化技术学校核酸采样点、通运街道荔景园小区调研疫情防控工作。

23日　区新冠肺炎疫情防控工作领导小组召开第七十次会议。

24日　区新冠肺炎疫情防控工作领导小组召开第七十一次会议。

同日　区委书记曾赞荣，区委副书记、区长赵磊以“四不两直”方式到万达广场自行车停车场、运河公园核酸检测采样点检查工作。

同日　区领导赵磊、刘贵明、朱益军到白庙检查站、东贸检查点、白庙北检查站等进出京检查站点，检查进出京车辆安全防控工作。

26日　区新冠肺炎疫情防控工作领导小组召开第七十二次会议。

同日　区委书记曾赞荣，区委副书记、区长赵磊先后到中仓街道社区卫生服务中心核酸采样点、眉州东坡酒楼、万达商场永辉超市及餐饮店检查端午假期疫情防控工作。

29日　区委书记曾赞荣到马驹桥镇调研接诉即办工作整改情况。

同日　区新冠肺炎疫情防控工作领导小组召开第七十三次会议。

同日　通州区高科技企业甘李药业股份有限公司正式在上交所挂牌上市，募集资金25亿元。

30日　区委书记曾赞荣到台湖镇玉甫上营村、张家湾镇里二泗村、通运街道京贸家园小区，看望慰问坚守在疫情防控一线的工作人员和志愿者。

6月　通州区成为2020年度财政支持深化民营和小微企业金融服务综合改革试点城市，获得中央财政资金3000万元。

7　月

3日　区委书记曾赞荣，区委副书记、区长赵磊到东六环改造工程二标段、东方厂周边棚户区改造安置房项目三标段、八通线（二期）南延工程、城市副中心消防指挥中心建设工地检查在施工程防疫工作。

4日　通州区新冠肺炎疫情防控工作领导小组召开第七十四次会议。

同日　区委书记曾赞荣，区委副书记、区长赵磊到潞河中学、人大附中通州校区检查高考准备和疫情防控工作。

6日　北京市通州区运河中学和北京市史家小学通州分校入选第五批“中英伙伴学校交流计划”项目学校，全市7所学校入选。

8日　区政府与中国建设科技集团股份有限公司在通州会议中心举行战略合作框架协议签约仪式。

13日　八里桥市场自13日0时起停止食品（含食用农产品）零售业务，批发业务营业时间调整为每日0时至10时。

14日　通州区中小微企业扶持服务平台正式进入试用阶段，制定包括信息数据整合利用、帮扶政策精准定向推送、企业补助奖励资金线上申请等功能的系统方案。

20日　区新冠肺炎疫情防控工作领导小组召开第七十五次会议。

同日　区委社会工委区民政局扎实推进撤村建居工作，初步选定永顺、梨园、潞城镇的8个试点村，推进试点村的撤村建居工作。

21日　区委书记曾赞荣以“四不两直”方式到北苑街道雅丽世居小区、梨园镇翠屏南里小区、玉桥街道格兰晴天小区调研垃圾分类和物业管理工作。

22日　西城区党政代表团到城市副中心进行对接交流。双方围绕“高质量推进副中心产业发展”

主题，就深化结对机制进行座谈。

23 日　朝阳区党政代表团到城市副中心，贯彻落实市委、市政府决策部署，就深化结对协作与区领导进行座谈。座谈会上，两区分别介绍了产业发展、运河商务区建设、CBD 功能区建设、园区对接以及结对协作工作。

24 日　“通州巧娘”展示平台——《巧娘来啦》在快手、抖音平台正式推出。

25 日　区委书记曾赞荣，区委副书记、区长赵磊，区人大常委会主任李玉君，区政协主席赵玉影等到潞城镇兆善大街后北营安置房东墙外参加周末卫生大扫除活动。

28 日　通州区教委在通运街道紫荆雅园社区建成首家教育咨询社区服务站。

30 日　区新冠肺炎疫情防控工作领导小组召开第七十六次会议。

同日　城市副中心首批应用场景建设项目发布。分别是“智慧平安小区”、“智能＋智慧绿心”、“智能＋智慧社区”、“台湖演艺小镇三维数字空间中心”、“张家湾设计小镇创新中心智慧园区”和“张家湾智慧未来设计园区”6 项。

31 日　中共北京市通州区第六届委员会第九次全体会议召开。

8　月

3 日　区市场监管局正式启动建设市场远程监测指挥平台系统。系统采用大数据、人工智能、物联网、视联网、3D 等先进技术，以通州区市场监管业务为主线、立足“城市副中心”定位，利用各经营单位已有摄像监控系统，达到资源利用最大化。

同日　“通州电视台高清化二期项目”中演播室正式投入使用，《通州新闻》由北京电视台迁回通州融媒体中心录制。

同日　萧太后河景观提升及生态修复一期工程正式开工。萧太后河景观提升及生态修复一期工程西起通州、朝阳交界，东至京哈高速公路，全长 3.2 千米。

5 日　区新冠肺炎疫情防控工作领导小组召开第七十七次会议。

8 日　万达集团消费扶贫专项行动暨扶贫专柜落地万达广场仪式在通州区举行。国务院扶贫办副主任洪天云，区委书记曾赞荣，区委副书记、区长赵磊出席并带头现场购买农副产品。

15 日　区委书记曾赞荣以“四不两直”方式到马驹桥镇、台湖镇、张家湾镇调研检查农村人居环境整治工作。

17 日　区委书记曾赞荣到内蒙古自治区赤峰市翁牛特旗考察对接扶贫协作工作，并与赤峰市相关领导进行座谈。

19 日　区新冠肺炎疫情防控工作领导小组召开第七十八次会议。

同日　朝阳区、通州区联合举办经济高质量发展暨招商引资大会。

20 日　城市副中心文化旅游区规划综合实施方案经市委、市政府城市副中心建设领导小组专题会议审议通过。

22 日　区长赵磊、区政协主席赵玉影等到宋庄镇丁各庄村参加周末大扫除活动。

24 日　由区卫生健康委员会副主任陈长春带队，首都医科大学附属北京潞河医院、北京中医药大学附属东直门医院通州院区、通州区妇幼保健院、通州区中西医结合医院 4 家医院卫生专家组成的 12 人扶贫义诊队伍，到内蒙古通辽市奈曼旗、兴安盟科右翼中旗、赤峰市翁牛特旗开展义诊咨询活动，走访贫困户并建档立卡。

24—25 日　区委书记曾赞荣参加北京市党政代表团赴内蒙古自治区对接扶贫协作工作。

25 日　北京市副市长卢彦带队检查调研通州区农贸市场疫情防控和爱国卫生运动工作。实地检查东潞苑佳苑农贸市场，督导检查疫情防控及经营环境消杀、清洁情况。

26 日　区六届人大常委会召开第二十二次会议，任命郑皓为北京市通州区人民政府副区长。

同日　张家湾设计小镇 5.4 平方千米规划建设工作方案通过第 84 次区长常务会审议。

27 日　北京通智立达人力资源管理有限责任公司为社会公益性就业组织，开展公益性就业岗位安置等相关工作。

同日　以“创响新时代共圆中国梦”为主题的第四届“中国创翼”创业创新大赛北京市选拔赛暨第三届“创业北京”创业创新大赛在北京举行。北京市通州区巧娘协会会员、聚牧源农业专业合作社理事长许月的非遗手编扫帚项目获第三届“创业北京”创业创新大赛·创业组优秀奖。

28日　全国妇联书记处书记蔡淑敏、家庭和儿童工作部部长陈晓霞一行到通州区通运街道运河湾社区，先后参观社区垃圾站（“爱分类主妇联盟”服务点）、物业儿童之家、社区居委会，实地调研社区正在开展的家庭经验工作坊，并与负责楼门管理的“最美家庭”、街道相关负责人及辖区群众交谈，详细了解辖区垃圾分类工作与家庭建设工作。

同日　北京城市副中心“责任双师”（责任规划师和责任建筑师）启动大会召开。

同日　国务院作出批复，原则同意《深化北京市新一轮服务业扩大开放综合试点建设国家服务业扩大开放综合示范区工作方案》。推动服务业扩大开放在重点园区示范发展。以通州文化旅游区等为龙头，打造新型文体旅游融合发展示范区。在通州文化旅游区，鼓励举办国际性文娱演出、艺术品和体育用品展会（交易会），允许外商投资文艺表演团体（须由中方控股），优化营业性演出许可审批。

9　月

1日　北京市通州区通运小学投入使用。

1—2日　通州区党政代表团到内蒙古自治区兴安盟科尔沁右翼中旗、通辽市奈曼旗考察对接东西部扶贫协作工作。

3日　全国首家外资独资货币经纪机构——上田八木货币经纪（中国）有限公司获批落户城市副中心。

5日　“2020全球财富管理论坛”在北京国际财富中心举行。

同日　2020年中国国际服务贸易交易会北京城市副中心主题日活动在亚洲金融大厦举行。

同日　通州区文景、九棵树、临河里、杨庄、潞邑街道党工委、人大工委、办事处揭牌仪式在通州区会议中心举行。区委书记曾赞荣为5个街道党工委揭牌；区人大常委会主任李玉君为5个街道人大工委揭牌；区长赵磊为5个街道办事处揭牌。

6日　《北京日报》联合通州区政府在服贸会媒体融合发展展区举办“北京城市副中心　为美好而来”访谈活动。

9日　全国首家外商独资货币经纪公司上田八木货币经纪（中国）有限公司批筹发布仪式在亚洲金融大厦举行。市地方金融监管局党组书记、局长霍学文，城市副中心党工委常务副书记、管委会常务副主任、区委书记曾赞荣参加。

同日　国寿投资控股有限公司与北京城市副中心投资建设集团有限公司合作设立北京城市副中心产业发展基金签约仪式在国家会议中心举行。

11日　首届北京城市副中心人力资源发展高峰论坛在中国北京人力资源服务产业园通州园区举办。

14日　是日起区各级政务服务中心开启延时服务。

15日　2020年北京与河北廊坊北三县项目推介洽谈会在廊坊市大厂回族自治县举行。

17日　华夏理财有限责任公司于通州登记注册，注册资本30亿元，是第一家在北京注册的股份制商业银行理财子公司。

17—19日　区委书记曾赞荣带领通州区党政代表团到西藏自治区拉萨市城关区开展对口支援交流协作工作。

18日　2020年全国科普日活动在大运河森林公园潞运码头启动。

19日　中国人民大学通州校区分别举行在建项目封顶现场会和新建项目开工现场会。

21日　2020北京国际设计周开幕活动暨北京2022年冬奥会和冬残奥会官方海报征集启动仪式在北京国际设计周永久会址张家湾设计小镇举行。

同日　2020北京国际设计周产业合作单元暨北京城市建筑双年展2020先导展在张家湾设计小镇开幕。

同日　区委书记曾赞荣以“四不两直”方式到潞城镇、宋庄镇检查燃气安全工作。

23日　2020中国大运河文化带京杭对话在北京城市副中心开幕。

同日　区委书记曾赞荣以“四不两直”方式到漷县镇、张家湾镇调研检查安全生产工作。

24 日　中国（北京）自由贸易试验区揭牌仪式在北京国际财富中心举办。通州区作为国际商务服务片区三大组团之一，占地面积 10.87 平方千米，主要包括运河商务区和张家湾设计小镇。揭牌仪式上，区委副书记、区长赵磊代表通州区人民政府与上田八木货币经纪（中国）有限公司进行签约。

同日　“2020 中国水墨年鉴展”在北京新光大·安美术馆开幕。区委书记曾赞荣致辞并代表区委、区政府向安美术馆授予“大运河文化带艺术展示基地”牌匾，向刘庆和、王衡生、赵力颁发“通州区推进全国文化中心建设艺术顾问”聘书。中国美术家协会主席、中央美术学院院长范迪安参加。

同日　来自全球 11 个国家和地区的 30 多家外资银行代表参加外资银行北京行活动并到城市副中心考察。

28 日　华夏理财有限责任公司开业暨第二届中国资管行业 ESG 投资高峰论坛在城市副中心举行。副市长卢映川，全国政协经济委员会副主任、北京大学新结构经济学研究院院长林毅夫，市地方金融监管局党组书记、局长霍学文，城市副中心党工委、管委会和通州区领导曾赞荣、赵磊等参加。

同日　中国（北京）自由贸易试验区国际商务服务片区挂牌仪式在通州区举行。

29 日　区新冠肺炎疫情防控工作领导小组第七十九次会议召开。

同日　城市绿心森林公园正式开园。

30 日　通州区烈士公祭活动在大运河森林公园周文彬雕塑广场举行。

同日　北京市妇联垃圾分类“益家行”示范社区项目通州区运河湾社区试点启动仪式在运河湾社区举行。

9 月　全国政协委员、通州区人民法院副院长李迎新参与全国政协社会和法制委员会年度重点调研项目“加强社区物业管理，完善基层社会治理”课题并执笔形成的调研报告《关于促进小区物业管理融入社区治理的调研报告》获多位中央领导批示。

10 月

1 日　区委书记曾赞荣、区长赵磊等区领导检查通州区家乐福超市节日市场供应等情况。

12 日　区委书记曾赞荣到区市场监督管理局调研“12345”接诉即办工作。

13 日　北京市科委和通州区政府联合发布智慧交通领域应用场景项目——城市副中心智慧交通综合管理平台。

14 日　市人大常委会副主任侯君舒带队到八里桥市场就厉行节约制止食品浪费工作进行调研。

同日　区新冠肺炎疫情防控工作领导小组第八十次会议召开。

15 日　全市首个一站式公共服务平台“政策通”上线，为全区 13 万家企业服务，实现信息数据整合利用、帮扶政策精准定向推送、企业补助奖励资金线上申请等功能，同时增加重点企业宣传推广和贷款融资服务。

17 日　北京城市广播副中心之声举行开播仪式。

19 日　为加强北京城市副中心宣传报道，城市副中心的报纸、电视、广播等平台同步升级改版、全新亮相。北京日报报业集团与通州区委宣传部联合成立编辑部，《通州时讯》更名为《北京城市副中心报》并试刊；北京电视台新闻频道推出《北京城市副中心新闻》专栏；北京广播电视台推出《副中心之声》广播频率；通州电视台《通州新闻》栏目更名为《副中心新闻》，形成副中心新闻报道媒体集群。

19—21 日　通州区政府代表团到上海开展定向招商推介活动。副区长苏国斌介绍城市副中心规划定位、建设发展及优势。

20 日　北京城市副中心绿色发展论坛开幕。

21 日　通州区第二届社区邻里节在新华街道国防广场启动。

24 日　北京经济技术开发区党政代表团到城市副中心调研对接两区协同发展有关事项。双方就加强协同发展及下一步需重点推进的工作进行对接交流。

同日　区委书记曾赞荣到九棵树街道五所南路西段、北苑街道潞河中学北街及邮局东西侧路、中仓街道新街下坡胡同调研背街小巷精细化整治提升工作。

26日　通州区建设国家服务业扩大开放综合示范区和中国（北京）自由贸易区动员部署大会召开。

27日　由通州区文联与区残联主办，锦绸纪丝绸文化、通州区嘉诚九棵树文化产业园承办的“千年大运河 魅力副中心”2020通州区大运河丝绸文化节举办。

28日　举办首都科技条件平台通州工作站“百家重点实验室进千家企业”专题对接会暨第二期科技政策线上宣讲会。对通州区高层次人才创新创业建设实施细则、技术合同登记等科技政策进行解读。

30日　通州区与北京经济技术开发区商务金融局、行政审批局、综合执法局、科技创新局、地区事务协同局进行市场监管权责工作交接。

31日　区新冠肺炎疫情防控工作领导小组第八十一次会议召开。

10月　通州区人民法院民事审判二庭审结原告胡某诉被告王某、第三人贾某买卖合同纠纷一案，判决王某支付1.9868个比特币的交易对价5万元并赔偿损失。该案系通州首例涉及区块链技术的虚拟货币交易案。

11　月

2日　内蒙古自治区赤峰市翁牛特旗党政代表团到城市副中心考察，进一步对接扶贫协作工作。

同日　“通州电视台高清化二期项目”高清制作系统正式投入使用。

同日　城市副中心5800户老年家庭免费安装“一键呼”。

3日　国家网络安全产业园区（通州园）正式开园。市委常委、副市长殷勇出席开园仪式并致辞。工信部网安局局长赵志国、网安中心主任付京波，市政府副秘书长张劲松，市经信局党组书记、局长杨秀玲，市通信管理局党组书记、局长林乐虎，区领导刘东伟、阳波等参加。

7日　2020北京大运河文化节在城市副中心开幕。

同日　区委书记曾赞荣到张家湾镇东豪易港电商产业园、张湾民俗文化大集项目、大一物流园、漷县镇三黄庄村调研检查规自领域专项治理工作。

8日　由中国美术家协会艺术委员会学术支持，北京市通州区文联、中艺国际展览馆主办的“从历史走向未来——纪念紫禁城建成600周年中国画大展”在故宫太庙举办，近百位中国画名家创作300幅原创精品国画，为紫禁城建成600周年献礼。

9日　国家服务业扩大开放综合示范区、中国（北京）自由贸易试验区金融领域政策首场宣介会在城市副中心举行。中国证监会北京监管局党委书记吴运浩，市地方金融监管局党组书记、局长霍学文，区领导刘东伟、阳波参加。

10日　通州消防救援支队举行源头岛小型消防站揭牌仪式。

11日　区新冠肺炎疫情防控工作领导小组第八十二次会议召开。

12日　“在京知名企业走进城市副中心活动”推介会在城市副中心运河商务区举行。市投资促进服务中心党组书记、主任周旭，城市副中心党工委常务副书记、管委会常务副主任、区委书记曾赞荣出席并致辞。

同日　区检察院发挥京津冀协同发展的辐射带动作用，与武清、廊坊检察机关签订《关于加强生态环境保护检察联动协同的工作办法》，建立健全信息共享、线索移送、协同办案机制，构建通武廊“生态检察共同体”。

同日　由北京市妇联主办，市巧娘促进会承办，依文集团协办的北京市第三届妇女创新创意大赛暨手工技能大赛决赛在园博园内落幕。通州区巧娘协会获得优秀组织奖，通州巧娘祁跃静、肇巍和包迎钢，分获二等奖、三等奖。

14日　区委书记曾赞荣到河东5号调峰热源工程场地、刘庄新村换热站调研检查供暖保障工作。

16日　城市副中心党工委常务副书记、管委会常务副主任、区委书记曾赞荣到燕潮大桥、潮白河带状公园、北运河甘棠船闸工程项目调研检查京津冀协同发展工作。

17日　区委书记曾赞荣到梨园镇欣达园社区、

大方居小区调研检查“小微工程惠民生”项目工作。

18日　通州区第三届青少年模拟政协总结展示活动在北京五中通州校区举行。

23日　区委书记曾赞荣到张家湾镇南姚园村，台湖镇外郎营村、唐大庄村，九棵树街道东郎产业园，调研北京环球主题公园周边民宿规划建设工作。

24日　区委书记曾赞荣到宋庄镇邢各庄村、高辛庄村、潞城镇小甘棠村、武疃村调研村“两委”换届选举工作。

25日　“《财经》年会2021：预测与战略”在城市副中心举行。

26日　区新冠肺炎疫情防控工作领导小组第八十三次会议召开。

同日　西藏自治区拉萨市城关区党政代表团到通州区开展对口支援交流协作工作。

26—27日　在国家卫生健康委脑卒中防治工程委员会（简称“脑防委”）主办的2020年脑卒中大会暨脑卒中防治工程总结会上，北京潞河医院被正式授予国家“高级卒中中心单位”之一。

27日　《财经》年会2021北京城市副中心专场活动举行。区委副书记刘东伟出席并就城市副中心建设发展情况进行主题推介。

12　月

2日　市委第三巡视组巡视通州区工作动员会议召开。

3日　通州区政府与上海银行举行战略合作协议签约仪式。

4日　北京城市副中心工业设计人才工作站揭牌暨设计产业资源对接会在通州张家湾设计小镇举行。首批聘请13名专家，构建设计小镇发展智库。首次面向专家发布需求4类10项，以“揭榜挂帅”方式请专家出谋划策。探索以市级科技专项与工作站绑定的方式，持续导入创新资源。

7日　中共北京市通州区第六届委员会第十次全体会议召开。

9日　2020中国设计红星奖颁奖活动在城市副中心举行。副市长、城市副中心党工委书记、管委会主任隋振江出席并颁奖。市政府副秘书长刘印春，市委宣传部副部长、市政府新闻办主任徐和建，市科委党组书记、主任许强，区委书记曾赞荣参加。

10日　区新冠肺炎疫情防控工作领导小组第八十四次会议召开。

16日　通州区关工委成立35周年纪念大会召开。中国关工委主任顾秀莲、市关工委主任梁伟、区委书记曾赞荣出席会议并讲话。

18日　区新冠肺炎疫情防控工作领导小组第八十五次会议召开。

19日　区委书记曾赞荣到云瑞南街西区、曹园南大街、万盛南街调研环球主题公园路网及配套设施建设情况。

21日　区委书记曾赞荣到漷县镇大香仪村、龙庄村、张家湾镇瓜厂村调研村“两委”换届选举工作。

23日　区新冠肺炎疫情防控工作领导小组第八十六次会议召开。

同日　2020网络安全行业生态大会暨金帽子年度盛典在城市副中心国家网络安全产业园区（通州园）举办。区委副书记刘东伟出席并致辞。

24日　张家湾设计小镇创新中心、北京未来设计园区“双开园”。

25日　区新冠肺炎疫情防控工作领导小组第八十七次会议召开。

26日　区新冠肺炎疫情防控工作领导小组第八十八次会议召开。

同日　区委书记曾赞荣以“四不两直”方式到宋庄镇谷德玛特购物广场、保障房项目现场、永顺镇东潞苑佳园农贸市场、潞邑街道新潮嘉园小区、城市绿心森林公园等地检查疫情防控工作。

28日　北京市北海幼儿园城市副中心园开园。

30日　“两区”金融政策宣介暨城市副中心金融合作成果发布活动在城市副中心举行。

同日　区新冠肺炎疫情防控工作领导小组第八十九次会议召开。

31日　区新冠肺炎疫情防控工作领导小组第九十次会议召开。

同日　中共北京市通州区第六届委员会第十一次全体会议召开。

城市绿心森林公园（摄影 郭建华）

2021

区情概览

北京通州年鉴

区情概览

地情概况

【地理位置】 通州区位于北京市东南部，京杭大运河北端。地理坐标北纬39°36′～40°02′，东经116°32′～116°56′。东西宽36.5千米，南北长48千米，面积905.95平方千米。西邻朝阳区、大兴区，北与顺义区相接，东隔潮白河与河北省三河市、大厂回族自治县、香河县相连，南和天津市武清区、河北省廊坊市安次区交界。

【地　貌】 全区地处永定河、潮白河洪冲积平原，地势平坦，平均海拔高程20米。分布13条河流，总长245.3千米，主要河流有北运河、潮白河、凉水河、凤港减河。

【气　候】 气候属暖温带大陆性半湿润季风气候区。2020年，年平均气温12.7℃，年平均降水量437.5毫米。

【建置沿革】 通州区历史悠久，早在新石器时代，境域内即有人类活动。西汉高祖十二年（公元前195年）始建路县，先后改称通路亭、潞县、通州、通县。1948年12月通县解放，分置通县、通州市。1958年3月县市由河北省划归北京市后，合并为北京市通州区。1960年复称通县。1997年4月撤销通县设立通州区。辖10个镇、1个回族乡、11个街道（2020年新成立5个街道，分别是文景街道、杨庄街道、九棵树街道、潞邑街道、临河里街道）。

【人　口】 截至2020年年底，全区常住人口167.5万人，其中常住外来人口64.6万人。常住人口中，城镇人口118万人。全区户籍人口82万人，比上年增长1.5%。其中农业人口25.7万人，占户籍总数31.3%；非农业人口56.3万人，占户籍总数68.7%。户籍人口出生率9.05‰、死亡率6.65‰。

（张亚昆）

国民经济和社会发展

【概　况】 2020年，地区生产总值1103亿元，比上年增长3.4%。其中第一、二、三产业增加值分别为13亿元、410.5亿元和679.5亿元，分别比上年增长2.3%、−3.1%和7.8%。三次产业结构为1.2∶37.2∶61.6。一般公共预算收入78.7亿元，比上年增长−11.3%；税收总额278.2亿元，比上年下降7.4%。全社会固定资产投资（不含农户）比上年增长8.7%。实现社会消费品零售总额529.3亿元，比上年下降10.4%。全区居民人均可支配收入45845元，比上年增长3.7%。金融机构人民币各项存款余额5711.3亿元，比上年增加2072.9亿元。

【疫情防控】 2020年，全区疫情防控形势持续稳定可控，未发生死亡病例，实现医院、工地、学校零感染，切实维护了人民群众生命安全和身体健康。第一时间成立疫情防控领导小组，统一领导指挥全区疫情防控工作。9.5万名机关干部、在职党员、医务人员、公安干警、社区工作者以及广大人民群众，齐心协力构筑起疫情防控的人民战线。深入开展调查摸底、大数据排查和“敲门行动”，累计摸排核实140余万人次。完成全市40%以上人员、车辆查控任务。不断完善疾病预防控制体系，核酸日检测能力提升8倍。出台区级“12条”措施及20个配套实施细则，精准帮扶区内企业应对疫情影响、渡过难关。在全市率先实现规模以上在建工程100%复工，为副中心快速有序恢复正常生产生活秩序奠定坚实基础。

【北京城市副中心建设】 强化副中心控规的引领作用，拓展区规划和12个组团深化方案形成成果，文化旅游区、张家湾古镇、南大街规划综合实施方案编制完成，在全市率先实现区、镇、村三级规划体系全覆盖。充分利用副中心党工委管委会体制机制优势，388项重点工程建设按期推进。城市绿心森林公园正式开园迎客，广渠路东延地下道路建成通车，环球主题公园（一期）基本完工。持续加强与雄安新区沟通对接，在规划编制、产业发展、人才交流等方面的合作更加紧密。深入落实“四统一”（统一规划、统一标准、统一政策、统一管控）要求，扎实推进与廊坊北三县联动发展。加强生态环境共保联治，潮白河森林生态景观带建设完成。围绕功能互补、产业协同，养老、教育等项目进一步向北三县延伸。

充分发挥市区两级产业提升工作专班作用，持续深化合作对接机制，新引进高精尖企业207家，新设立亿元以上企业186家，新设市场主体1.7万余家，增长量居全市第三，注册资金额增速居全市第一。中国长江三峡集团有限公司下属15家二三级子公司、北京首都旅游集团有限责任公司、华夏理财有限责任公司等一批央企、市属国企迁入副中心。全国首家外商独资货币经纪公司上田八木货币经纪（中国）有限公司、首家公募基金管理公司汇泉基金管理有限公司等一批市场化金融机构实现落户。中国（北京）自由贸易示范区国际商务服务片区正式挂牌，运河商务区、张家湾设计小镇10.87平方千米纳入片区发展，绿色金融、财富管理、总部企业加速集聚运河商务区，北京国际设计周永久会址落户张家湾设计小镇。国家服务业扩大开放综合示范区形成政银合作“企业登记直通车”等9项制度创新，其中新建楼宇项目住所证明新方式入选商务部最佳实践案例，向全国复制推广。文化旅游区智慧园区建设加快推进，外企服务集团等一批头部专业机构进驻人力资源服务产业园，国家网络安全产业园（通州园）正式开园。“政策通”企业服务平台正式上线，“城市会客厅”选址世界侨商中心。制定包容审慎执法清单2.0版，加快建设有序宽松的市场环境。深入落实纾困惠企政策，协助企业办理各类贷款1046亿元，减免商业房租1.7亿元。在全市营商环境评价中，企业满意度居全市第一。

拆除违法建设479万平方米，腾退土地695公顷，均居全市第一。实施留白增绿351公顷，占道经营整治160个，疏解一般制造业、棚户区改造等工作超额完成年度任务。开墙打洞、群租房等专项整治保持动态清零。新建提升各类生活性服务业网点147个，城市社区网点覆盖率达到100%。扎实推进老城双修，南大街历史片区启动入户登记，第一个社区级家园中心（中仓）实现主体结构竣工。32条背街小巷完成整治提升，15个老旧小区改造加快实施，首个引入社会资本参与老旧小区建设项目投入运营，“三庙一塔”等重点区域周边环境整治全面完成。“城市大脑”平台完成环境卫生、交通违法等14个子系统的全面接入，人工智能管理中枢作用逐步显现。城市副中心“数字孪生城市”系统投入使用，在全市率先实现地上城市部件、地下管线“一张图”管理。全区信号灯完成升级改造，副中心主要道路通行能力持续提升。完成162条道路路灯智能化改造，5G基站建设实现重要区域全覆盖。推动垃圾分类与垃圾消纳、资源化处理有机衔接，厨余垃圾分出率、生活垃圾减量率、分类设施达标率、桶站值守率显著提升。建立覆盖全区的463个物业管理单元，业委会（物管会）组建率、物业服务覆盖率、党组织工作覆盖率持续提升，提前完成全年任务。深入推进141个“七有”“五性”提升行动计划重点项目，全面实施203个“小微项目惠民生”工程，切实推动接诉即办向“未诉先办”转变。

国家安全发展示范城市113项创建任务基本完成。47名挂职干部、专业技术人才、医护人员、教师奔赴一线扶贫，126个援助项目全部开工，6645名贫困人口实现就业。持续巩固脱贫成果，实现脱贫摘帽“三不减、四不摘”。大气四项主要污染物浓度创历史新低，$PM_{2.5}$累计浓度37微克／立方米，改善率居全市第一。空气优良天数232天，同比增加29天。全区9个国市控出境考核断面水质均达Ⅴ类及以上，27个乡镇跨界断面水质持续改善。海绵城市建设24项工程完工，城市雨洪韧性进一步增强。首师大附中、景山学校通州校区主体结构完工。北京学校小学部、北京五幼副中心园等一批学校开学招生，新增学位8360个。全力打造大运河国家AAAAA级文化旅游景区，举办城市绿心森林公园半程马拉松。全面开启大运河灯光秀，东郎电影创意产业园成为北京市首批十大深夜食堂特色餐饮街区。建设筹集各类政策性住房8590套，全区低保、低收入家庭，大病、重残家庭住房保障率居全市第一。完成一批乡镇养老院改造提升和养老驿站建设。建成13处精品示范景观区，张家湾公园（三期）等22项重点工程加快实施，环城绿色休闲游憩环逐渐闭环。建成凉水河、小中河等绿道100余千米，“四廊六环”绿道网络体系更加完善。

加强党对改革工作的领导，推动35项重点改革任务落地见效。连续三届获全国双拥模范城称号。注重在疫情防控“实战大考”中发现、培养、使用干部，累计选拔、调整干部568人。高标准完成5个新成立街道党政机构设置和班子成员配备。副中心媒体平台全面改版升级，以互联网思维、全媒体视角深入推进媒体融合发展。高水平举办新闻发布会8次，传播主旋律、弘扬正能量，党心民心更加凝聚。开展各类监督检查4万余次，实现处级单位党组织及村（社区）巡察全覆盖。始终保持惩治腐败高压态势，全区处置问题线索1162件，立案审查调查262件，监委立案44件，留置7人，给予党纪政务处分156人。查处违反中央八项规定精神问题51起，给予纪律处分41人，通报曝光典型案例16起，风清气正的政治生态建设持续向好发展。

【农　业】 全区实现农林牧渔业现价总产值30.8亿元，比上年增长1.8%。设施农业收入8亿元，比上年增长27.5%。设施农业实际利用面积1658.4公顷，比上年增长16.1%。

【工　业】 实现工业增加值205亿元，比上年下降6.6%。有规模以上工业企业335家，完成工业总产值576.8亿元，比上年下降4.9%。规模以上工业营业收入759.5亿元，比上年下降2.6%。

【对外经贸】 新增外商投资企业96家，比上年增加28家。新增外商投资企业注册资本9亿美元，比上年增加6.8亿美元。实际利用外资5.7亿美元，同比下降6.3%。年内，进出口贸易总额148.5亿元，比上年下降29.6%。

【固定资产投资】 全区固定资产投资（不含农户）比上年增长8.7%，其中建安投资比上年增长5.6%。

【金　融】 全年实现金融业增加值106.4亿元，比上年增长32.9%。金融机构人民币各项存款余额5711.3亿元，比上年增加2072.9亿元。金融机构人民币各项贷款余额达到1654.9亿元，比上年增加522.2亿元。截至年底，通州区有18家证券经营机构，证券账户户数45万户。全年各类证券交易额3157.2亿元。

【建筑业 房地产开发】 完成建筑业增加值206.2亿元，比上年增长0.7%。全区具有资质等级的总承包和专业承包建筑业企业184家，完成建筑业总产值1627.3亿元，比上年增长15.1%。签订合同额5880.1亿元，比上年增长8.2%。房屋建筑施工面积16283万平方米，比上年增长6%；竣工面积1851

万平方米，比上年下降 27.1%。房地产开发投资比上年增长 35.3%，政策性房屋项目投资比上年增长 55.9%，年内，全区政策性房屋施工面积 582.8 万平方米，比上年增长 33.7%。政策性房屋销售面积 36.4 万平方米，比上年增长 24.5%。

【旅游业】 截至年底，全区有农业观光园 38 处，比上年减少 6 处；全年接待游客 29 万人次，比上年下降 55.6%；实现观光园总收入 0.94 亿元，比上年下降 33.2%。

乡村旅游经营户 37 家，与上年持平；通州区旅游总收入 42 亿元，比上年下降 50.1%；接待游客 38.3 万人次，比上年下降 40.5%。

【交通 邮电】 截至年底，全区公路里程 2330.2 千米。民用机动车保有量 45.5 万辆，比上年增长 2.5%。郊区客运汽车 628 辆，客运线路 65 条，客运线路总里程 1418 千米；营运出租汽车 2095 辆；货运汽车拥有量达 15120 万辆，从事货运户数 2232 户。水域游船 159 艘。

全区有邮政局所 33 个，实现邮政业务总量 2.8 亿元，比上年增长 7.2%。订销杂志 95.5 万份，比上年增长 19.3%；出口包裹快递 589.7 万件，比上年增长 29.3%；进口包裹快递 1553.5 万件，比上年增长 57.7%。邮政储蓄收储余额 79.3 亿元，比上年增长 4.3%。

电信业务收入 6.1 亿元，比上年增长 2.6%，普通电话用户 20.6 万户，比上年下降 8%。固定互联网宽带接入用户数 26.9 万户，比上年增长 5.9%。

【城乡建设与管理】 2020 年，细颗粒物（$PM_{2.5}$）年均浓度为 37 微克／立方米，比上年减少 9 微克／立方米，下降 19.6%。二氧化氮年均浓度值为 34 微克／立方米，同比下降 19%。二氧化硫年均浓度值为 4 微克／立方米，同比下降 20%。全年污水处理率为 91.4%，比上年提高 0.3 个百分点。全区生活垃圾无害化处理率达到 100%，比上年提高 0.2 个百分点。

全区森林面积 31222.6 公顷，比上年增长 4.3%；森林覆盖率达到 34.45%，比上年提高 1.4 个百分点。全年造林面积 2159 公顷，林木绿化率 35.29%。城市绿化覆盖面积 8383.6 公顷，比上年增长 6%；城市绿地面积 7319.4 公顷，比上年增长 1.7%；城市绿化覆盖率达 48.03%。人均公园绿地面积达 18.06 平方米。

全年自来水销售量 4636 万立方米，比上年增长 5%。用电量为 71.1 亿千瓦时，比上年增长 3.2%。

【科技 教育 文化 卫生 体育】 全年累计专利申请量 8602 件，其中发明专利 2133 件。专利授权量 5722 件，拥有有效发明专利 2505 件。

截至年底，全区有幼儿园 227 所，比上年增加 91 所；在园幼儿 51553 人；专任教师 3880 人。有小学 82 所；招生 15470 人，在校生 74881 人，毕业生 8989 人；专任教师 4292 人。有初、高中学校 43 所；初、高中招生数 11032 人、毕业生 7817 人、在校生 29448 人；初、高中共有专任教师 3979 人。

截至年底，全区有电影院 11 个；基层文化中心 19 个，全年文化演出 634 场。有公共图书馆 1 个，总藏书 85.59 万册。拥有区级以上文物保护单位 50 处，博物馆 4 座，韩美林艺术馆 1 座。有线电视接收用户 48.2 万户。

截至年底，全区有卫生机构 599 个，卫生机构实有床位 4155 张，有卫生技术人员 10486 人。

截至年底，全区有多功能球场 19 块。全年举办各类区级竞赛 9 次，举办乡镇、街道各类竞赛 58 次。参加市级各类竞赛获得奖牌 124 枚。年内，体育活动经费投入达到 3566 万元。

【人民生活】 年内，居民人均可支配收入达 45845 元，比上年增长 3.7%。城镇居民人均消费支出达 34532 元，比上年下降 7.1%；恩格尔系数为 24.3%，比上年增加 2.4 个百分点。全区人均现住房面积 39.18 平方米，比上年下降 0.4%。

【人力资源和社会保障】 年内，城镇登记失业率 3.3%，城镇登记失业人员实现就业 10161 人，失业人员就业率 57.39%。失业人员参加培训 2438 人。参加职业技能培训 10.1 万人，促进城乡就业 2.1 万人。

城乡居民最低生活保障标准提高至 1170 元。

城市居民最低生活保障1001户1509人，农村居民最低生活保障2204户3565人。农村特困救助供养400人，城市特困救助供养76人。有收养性单位23个，年末在院人数1648人。2020年，全区城乡居民养老保险参保人数达22.7万人，续保率达98.3%。参加基本养老、基本医疗、失业保险人数分别为61.7万人、69万人和50.3万人；参加工伤保险人数46.7万人，领取工伤保险金额1.1亿元。

【精神文明建设】 2020年，建立街（镇）新时代文明实践所22个、社区（村）新时代文明实践站630个，首批命名新时代文明实践基地23个，组建新时代文明实践志愿服务队67支及街（镇）、社区（村）级志愿服务队伍2000余支。创新建立志愿服务激励回馈机制，形成"愿为、能为、有为"的公益闭环模式。联合区妇联组建"爱分类主妇联盟"新时代文明实践志愿服务队，全区2万余名巾帼志愿者带头参与垃圾分类。在运河商务区新光大中心设立"白领文明驿站"，探索新经济组织和新社会组织从业群体参与新时代文明实践的新途径。

任万田等10人被授予"2020通州榜样"称号，白冰等40人被授予2020年度"通州榜样"提名奖，区教委等10家单位被授予活动优秀组织奖。

（张亚昆）

2021

中国共产党北京市通州区委员会

北京通州年鉴

城市绿心森林公园（摄影 郭建华）

综　述

【概　况】 2020年是决胜全面建成小康社会之年，是“十三五”规划收官之年，更是顶住疫情前所未有冲击、持续推动城市副中心高质量发展极不平常的一年。区委常委会始终牢记习近平总书记嘱托，在市委的坚强领导下，坚持以习近平新时代中国特色社会主义思想为指导，深入贯彻中共十九大和十九届二中、三中、四中、五中全会，市委十二届十二次、十三次、十四次、十五次全会精神，全面贯彻落实党中央和市委各项决策部署，牢固树立“四个意识”，坚定“四个自信”，做到“两个维护”，坚定不移把方向、谋大事、抓党建、保平安，先后召开68次区委常委会议、89次疫情防控工作领导小组会议，狠抓各领域工作落实。通过全区上下共同努力，城市副中心经济社会持续发生积极深刻变化，生机勃发的良好态势得到巩固和发展。

【抓好常态化疫情防控】 2020年，始终坚决落实中央及市委决策部署，统筹做好疫情防控和经济社会发展各项工作，筑起城市副中心抗疫坚固防线。全区疫情防控形势持续稳定可控，未发生死亡病例，实现医院、工地、学校零感染，切实维护人民群众生命安全和身体健康。疫情发生后，坚持把疫情防控作为压倒一切的头等大事来抓，坚持“三防”“四早”“九严格”，第一时间成立疫情防控领导小组，统一领导指挥全区疫情防控工作。9.5万名机关干部、在职党员、医务人员、公安干警、社区工作者以及广大人民群众，齐心协力构筑起疫情防控的人民战线。开展调查摸底、大数据排查和“敲门行动”，累计摸排核实140余万人次。落实公共卫生应急管理体系建设三年行动计划，不断完善疾病预防控制体系，区疾控中心、定点医院、发热门诊、社区发热哨点有效协同，急救服务、医疗物资储备能力大幅提升，核酸日检测能力提升8倍。出台区级“12条”措施及20个配套实施细则，精准帮扶区内企业应对疫情影响、渡过难关。在全市率先实现规模以上在建工程100%复工。

【推进副中心控规落地实施】 2020年，充分发挥副中心党工委管委会高位统筹、集中调度的优势，狠抓规划编制、项目审批、征地拆迁、工程调度，各项节点任务按期完成，初步展现出和谐宜居之城的独特魅力。强化副中心控规的引领作用，拓展区规划和12个组团深化方案形成成果，文化旅游区、张家湾古镇、南大街规划综合实施方案编制完成，在全市率先实现区、镇、村三级规划体系全覆盖。利用副中心党工委管委会体制机制优势，深化市级赋权，加快手续办理，大力开展“拔钉子”行动，388项重点工程建设按期推进。城市绿心森林公园正式开园迎客，广渠路东延地下道路建成通车，环球主题公园（一期）基本完工。城市绿心三大公共建筑、副中心综合交通枢纽、东六环入地、地铁17号线、通州堰等工程加快推进。人民大学通州校区、地铁1号线八通线贯通工程、东夏园综合交通枢纽等一批重点项目开工建设。落实“四统一”要求，扎实推进与廊坊北三县联动发展。加强生态环境共保联治，潮白河森林生态景观带建设完成。围绕功能互补、产业协同，养老、教育等项目进一步向北三县延伸。“轨道上的京津冀”稳步推进，京唐城际铁路、地铁平谷线加快建设。

【推动产业高质量发展】 2020年，引入优质项目，持续优化营商环境，着力提升产业承载能力，高精尖产业逐渐厚积成势。

新引进高精尖企业207家，新设立亿元以上企业186家，新设市场主体1.7万余家，增长量居全市第三，注册资金额增速居全市第一。三峡集团下属15家二三级子公司、首旅集团、华夏理财有限责任公司等一批央企、市属国企迁入城市副中心。全国首家外商独资货币经纪公司上田八木货币经纪（中国）有限公司、首家公募基金管理公司汇泉基金管理有限公司等一批市场化金融机构实现落户。围绕“3+1”功能定位，加快打造高品质产业承载地。中国（北京）自由贸易示范区国际商务服务片区正式挂牌，运河商务区、张家湾设计小镇10.87平方千米纳入片区发展，绿色金融、财富管理、总部企业加速集聚运河商务区，北京国际设计周永久会址落户张家湾设计小镇。国家服务业扩大开放综合示范区形成政银合作“企业登记直通车”等9项制度创新，其中新建楼宇项目住所证明新方式入选商务部最佳实践案例，向全国复制推广。文化旅游区智慧园区建设加快推进，外企服务集团等一批头部专业机构进驻人力资源服务产业园，国家网络安全产业园（通州园）正式开园。宋庄艺术小镇小堡艺术区提升改造进展顺利，台湖演艺小镇演艺综合体项目有序推进，台马板块与亦庄一体化发展持续深化。落实区领导联系企业制度，“政策通”企业服务平台正式上线，“城市会客厅”选址世界侨商中心。制定包容审慎执法清单2.0版，加快建设有序宽松的市场环境。深入落实纾困惠企政策，协助企业办理各类贷款1046亿元，减免商业房租1.7亿元。在全市营商环境评价中，企业满意度居全市第一。

【推进城乡精细化治理】 2020年，集中开展整秩序、优环境、强服务等系列工作，强化科技支撑，城乡环境更加整洁美丽、居民生活更加舒适便捷。拆除违法建设479万平方米，腾退土地695公顷，均居全市第一。实施留白增绿351公顷，占道经营整治160个，疏解一般制造业、棚户区改造等工作超额完成年度任务。开墙打洞、群租房等专项整治保持动态清零。以增强群众获得感为着力点，新建提升各类生活性服务业网点147个，城市社区网点覆盖率达到100%。扎实推进老城双修，南大街历史片区启动入户登记，第一个社区级家园中心（中仓）实现主体结构竣工。32条背街小巷完成整治提升，15个老旧小区改造加快实施，首个引入社会资本参与老旧小区建设项目投入运营，“三庙一塔”等重点区域周边环境整治全面完成。美丽乡村建设扎实推进，在市级人居环境考核检查中排名前列。“城市大脑”平台完成环境卫生、交通违法等14个子系统的全面接入，人工智能管理中枢作用逐步显现。城市副中心“数字孪生城市”系统投入使用，在全市率先实现地上城市部件、地下管线“一张图”管理。全区信号灯完成升级改造，城市副中心主要道路通行能力持续提升。完成162条道路路灯智能化改造，5G基站建设实现重要区域全覆盖。推动垃圾分类与垃圾消纳、资源化处理有机衔接，厨余垃圾分出率、生活垃圾减量率、分类设施达标率、桶站值守率显著提升。深入开展准物业、无物业管理小区规范治理专项行动，突出服务便利、资源共享、协商议事，建立覆盖全区的463个物业管理单元，业委会（物管会）组建率、物业服务覆盖率、党组织工作覆盖率持续提升，提前完成全年任务。围绕提升接诉即办工作的解决率和满意率，建立专项考核办法，持续压实部门和属地责任。区委常委班子成员带头大抓基层，高频次深入一线检查指导，全力解决群众“急、难、愁、盼”问题。深入推进141个“七有”“五性”提升行动计划重点项目，全面实施203个“小微项目惠民生”工程，切实推动接诉即办向“未诉先办”转变。

【打赢三大攻坚战】 2020年，坚持堵漏洞、守底线、强弱项，统筹打好防范化解重大风险、精准脱贫、污染防治三大攻坚战。规范开展地方金融监管，对融资租赁、商业保理等金融机构实施全方位监管。严控新增隐性债务、稳步消化存量，牢牢守住不发生系统性金融风险的底线。强化行政办公区警卫安全、卫生安全联防联控，全面排查化解社会矛盾纠纷，副中心政治安全和社会大局保持稳定。扫黑除恶专项斗争取得重大成果，高位启动市域社会治理现代化试点创建，全区刑事、治安警情持续保持低位。深入推进安全生产领域专项整治，国家安全发展示范城市 113 项创建任务基本完成。深化府院联动机制建设，广泛开展民法典学习宣传活动，依法治区工作取得新进展。深入实施智力支持、产业帮扶、消费扶贫，47 名挂职干部、专业技术人才、医护人员、教师奔赴一线扶贫，126 个援助项目全部开工，6645 名贫困人口实现就业。持续巩固脱贫成果，实现脱贫摘帽“三不减、四不摘”。持续深化“一微克”行动，不断加大扬尘、重型柴油车等日常监管和执法力度。大气四项主要污染物浓度创历史新低，$PM_{2.5}$累计浓度37微克／立方米，改善率居全市第一。空气优良天数 232 天，同比增加 29 天。持续开展水系治理和生态修复，全区 9 个国市控出境考核断面水质均达 V 类及以上，27 个乡镇跨界断面水质持续改善。海绵城市建设 24 项工程完工，城市雨洪韧性进一步增强。

【保障和改善民生】 2020 年，聚焦“七有”“五性”要求，加快补齐民生短板，不断提升城市绿化品质，更好满足人民群众对美好生活的向往。首师大附中、景山学校通州校区主体结构完工。北京学校小学部、北京五幼副中心园等一批学校开学招生，新增学位 8360 个。友谊医院二期、安贞医院通州院区等一批优质医疗项目加快建设，医疗资源配置不断优化。深入推进大运河文化带建设，全力打造大运河国家 AAAAA 级文化旅游景区，举办城市绿心森林公园半程马拉松。文商旅融合发展不断推进，全面开启大运河灯光秀，东郎电影创意产业园成为北京市首批十大深夜食堂特色餐饮街区。实现新增就业 2.3 万人，同比增长 10.4%，登记失业率控制在 3.5% 以内。建设筹集各类政策性住房 8590 套，全区低保、低收入家庭，大病、重残家庭住房保障率居全市第一。完成一批乡镇养老院改造提升和养老驿站建设，养老服务质量不断改善。持续做好社会救助兜底工作，实现社会救助受理、审核、审批一站完成。实施新一轮百万亩造林绿化工程，完成造林 2.1 万亩。建成 13 处精品示范景观区，张家湾公园（三期）等 22 项重点工程加快实施，环城绿色休闲游憩环逐渐闭环。建成凉水河、小中河等绿道 100 余千米，“四廊六环”绿道网络体系更加完善。创建国家森林城市 40 项指标全部达标，全区森林覆盖率提升至 33%。

【推动全面从严治党向纵深发展】 2020 年，牢固树立抓好党建是最大政绩理念，压紧压实管党治党主体责任，推动全面从严治党走向深入。加强党对改革工作的领导，推动 35 项重点改革任务落地见效。严格落实人大、政府、政协、法院、检察院党组定期向常委会汇报工作的制度。支持保障区人大、区政协依法履职，在疫情防控、“十四五”规划编制等领域发挥显著作用。统战工作持续加强，民主党派、工商联、无党派人士积极作为。连续三届获全国双拥模范城称号。老干部、民族、宗教、侨务工作富有成效。工会、共青团、妇联、残联、红十字会、文联、科协等群众团体桥梁纽带作用更加突出。注重在疫情防控“实战大考”中发现、培养、使用干部，累计选拔、调整干部 568 人。高标准完成 5 个新成立街道党政机构设置和班子成员配备。深入开展“不忘初心、牢记使命”主题教育整改落实情况“回头看”，围绕接诉即办、棚改拆迁等重点工作开展“贴近式”监督，督促党员干部进一步锤炼作风、担当作为。强化人才政策集成创新，靶向引进高端人才。统筹开展党支部工作条例落实与软弱涣散村、后进社区整顿，扎实推进“两新”组织建设，各领域党组织政治功能和组织力持续提升。副中心媒体平台全面改版升级，以互联网思维、全媒体视角深入推进媒体融合发展。围绕副中心控规实施、“十四五”规划编制、城市绿心建设等重点工作，高水平举办新闻发布会 8 次，积极传播主旋律、弘扬正能量，党心民心更加凝聚。开展各类监督检查 4 万余次，实现处级单位党组织及村（社区）巡察全覆盖。始终保持惩治腐败高压态势，全区处置问题线索 1162 件，立案审查调查 262 件，监委立案 44 件，留置 7 人，给予党纪政务处分 156 人。查处违反中央八项规定精神问题 51 起，给予纪律处分 41 人，通报曝光典型案例 16 起，风清气正的政治生态建设持续向好发展。

（任经纬）

重要会议和活动

【蔡奇、陈吉宁调研老城城市修补和生态修复】 1月19日，中央政治局委员、北京市委书记蔡奇，市委副书记、市长陈吉宁就推进老城城市修补和生态修复到城市副中心调研。察看新华街道天桥湾小区、中仓街道西营社区、永顺镇龙旺庄公园后，蔡奇主持召开座谈会。强调城市副中心规划建设的目标任务已经明确，要一件一件抓落实，一个节点一个节点往前推进；开展老城“双修”是重要的民生工程，要精雕细琢、扎实推进，逐步让老城美起来、活起来、便利起来，让市民群众有更多获得感；老城“双修”要与接诉即办紧密结合，坚持民有所呼、我有所应，切实解决好群众身边的问题。

【蔡奇调研检查城市副中心重点项目复工复产和疫情防控工作】 2月9日，中央政治局委员、北京市委书记蔡奇调研检查城市副中心重点建设项目复工复产和疫情防控工作。视察城市副中心剧院、图书馆、博物馆施工现场和广渠路东延工程开复工情况后，以“四不两直”方式到玉桥北里社区检查疫情防控工作。强调要毫不松懈抓好疫情防控工作，严防传染源输入；坚持以人为本、生命至上，严密排查安全隐患，落实落细各项防控措施，加强复工复产人员生活保障，加快项目建设进度。3月20日，中央政治局委员、市委书记蔡奇到城市副中心城市绿心施工现场检查复工复产。察看樱花庭院、驿站码头、东亚铝业保留建筑施工现场，沿途询问绿心规划建设和施工防疫措施，详细了解园区道路铺装、树木栽植及雨洪区建设现状。强调要严格落实封闭式管理措施，在毫不松懈抓好疫情防控工作的同时，抓紧建设进度，确保如期开园；进一步注重质量，做好细活，按照时间节点推进项目建设；积极有序推动复工复产，高质量推进重点项目建设。

【潘功胜调研复工复产情况】 3月16日，由中国人民银行副行长潘功胜带队的中办国办复工复产调研工作组到京调研复工复产情况，首站到通州区，实地调研北京环球度假区项目疫情防控及复工复产情况。

【陈肇雄、隋振江调研网安园建设】 4月10日，工信部副部长陈肇雄，副市长、城市副中心党工委书记、管委会主任隋振江调研北京城市副中心推进国家网络安全产业园区建设和中国信通院项目落地工作。

【吉林参加义务植树活动】 4月12日，市政协主席吉林带领市政协机关干部到台湖万亩游憩园开展义务植树活动。

【蔡奇、陈吉宁调研台马地区】 4月26日，中央政治局委员、北京市委书记蔡奇，市委副书记、市长陈吉宁到城市副中心调研，检查复工复产情况，研究推进台马地区发展。视察马驹桥镇智能制造产业区土地一级开发项目和北京经济技术开发区信息技术应用创新产业园，沿途察看周边道路建设情况后，主持召开座谈会。强调要抓紧布局新基建、数字经济、生物医药等产业，重构产业链、供应链，壮大新增长点；狠抓项目落地，项目准入门槛要向经开区看齐，聚焦“高精尖”；有针对性地加强企业帮扶；集约高效利用好存量闲置空地、厂房、楼宇，推动“腾笼换鸟”；抓紧确定建设清单，加大支持力度，尽快补上台马地区基础设施短板。

【蔡奇调研张家湾设计小镇】 5月6日，中央政治局委员、北京市委书记蔡奇到城市副中心调研张家湾镇规划建设。察看通运桥、张家湾城墙遗迹、张湾镇村、设计小镇创新中心和北京铜牛股份有限公司后，主持召开座谈会。指出设计小镇要在设计上做文章，2020年要有实质性进展；坚持规划引领，加强整体风貌设计，成为规划设计精品；加强设计企业招商，做好宣传推介，提升知名度和吸引力；完善交通、居住等配套设施建设，提升商业、文化、体育、生态功能，推进职住平衡；坚持多种合作开发模式，发挥市场主体力量，控制开发成本。蔡奇强调，张家湾古镇历史文化底蕴深厚，要坚持整体保护、分区施策，“不拆真、不做旧”，保留传统村落风貌；结合历史文化格局与自然空间格局，规划构建“一带、两轴、三区”的空间结构；做好文化的文章，深入挖掘漕运、红学、京郊集镇等历史文化资源。

【朱之鑫调研城市副中心规划建设工作】 5月19日，中国国际经济交流中心副理事长朱之鑫调研城市副中心规划建设工作。察看北京城市副中心规划展厅，听取副中心历史文化、交通基础设施建设、生态绿化等情况介绍后，指出要坚持以人为本，更好地满足群众休闲游憩需求；坚持高起点、高标准、高水平建设，精益求精做好运营、维护等后续工作，充分利用大数据、物联网等高科技，为城市副中心和城市绿心规划建设赋能。调研结束后，朱之鑫被聘请为北京城市副中心（通州区）“十四五”规划编制专家咨询委员会主任。

【蔡奇、陈吉宁就推进城市副中心高质量进行调研】 7月18日，中央政治局委员、北京市委书记蔡奇，市委副书记、市长陈吉宁到城市副中心检查调研上半年工作完成情况。察看城市指挥分中心、东六环改造工程、规划三维智慧管理平台，以“四不两直”方式检查永顺镇潞苑嘉园社区后，蔡奇主持召开座谈会。强调要抓好常态化疫情防控，落实落细各项措施，深入开展爱国卫生运动，引导社会形成健康生活新常态；扎实推动产业高质量发展，落实各项帮扶政策，推动企业复工达产；持续推进老城“双修”，着力提升城市治理水平，力争走在全市前列；加强抓发展的力量，积极支持副中心建设发展。

【蔡奇、陈吉宁调研环球影城】 8月1日，中央政治局委员、北京市委书记蔡奇，市委副书记、市长陈吉宁到城市副中心调研检查环球主题公园及周边配套设施建设。察看环球主题公园增设六环路立交工程项目、文化旅游区周边交通餐饮及住宿配套设施规划建设、轨道交通7号线东延张家湾车辆段场地后，主持召开座谈会。强调要倒排工期、挂图作战，确保主题公园年底竣工；研究从不同方向进出主题公园的交通组织方案，抓好外围交通保障；积极承接环球项目外溢效应，实现与张家湾设计小镇、台湖演艺小镇协同发展；加强工作统筹，发挥好项目建设和运营工作联席会议作用。

【蔡奇调研防汛工作】 8月12日，中央政治局委员、北京市委书记蔡奇到城市副中心综合交通枢纽站施工现场、芙蓉路铁路桥、运河奥体公园北运河防洪堤检查防汛工作，并向值守在一线的抢险队员、工作人员等表示慰问。

【蔡奇调研台湖演艺小镇】 8月20日，中央政治局委员、北京市委书记蔡奇到城市副中心调研台湖演艺小镇规划建设。察看双益发文创园、北京台湖出版物会展贸易中心、国家大剧院物美艺术中心后，主持召开座谈会。强调台湖区位优势突出、生态本底优良，要做好演艺小镇规划设计，抓紧盘活存量资源，积极对接环球主题公园，打造展示城市副中心文化魅力的新名片。

【张宝顺调研生态环境治理工作】 9月8日，中央第一生态环境保护督察组组长张宝顺带队到北京城市副中心规划展厅、玉带河黑臭水体治理现场、碧水污水处理厂、城市绿心森林公园等地现场调研。

【赵英民调研生态环境治理工作】 9月15日，中央生态环境保护督察组副组长赵英民带队到城市副中心潮白河吴村出境考核断面、京通罗斯福广场经营性餐饮油烟及挥发性有机物综合治理项目现场调研。

【蔡奇调研检查城市绿心森林公园】 9月21日，中央政治局委员、市委书记蔡奇到城市绿心森林公园调研检查。强调城市绿心森林公园是城市副中心建设的标志性工程，要抓紧做好扫尾工作，落实好常态化防疫措施，确保顺利开园迎国庆。

【陈吉宁调研诺如病毒防控工作】 11月4日，市委副书记、市长陈吉宁以“四不两直”方式到金宝国际幼儿园通州总校、游城镇食品工业园区（白玉豆制品有限公司），调研检查诺如病毒防控管理工作。

【蔡奇就谋划“十四五”高质量发展进行调研】 11月5日，中央政治局委员、市委书记蔡奇围绕学习贯彻中共十九届五中全会精神、谋划“十四五”高质量发展到城市副中心调研。察看中关村通州园、漷县镇漷县村、东门桥和凉水河、张家湾公园、宋庄蓄滞洪区二期工程、运河商务区复地项目后，主持召开座谈会。强调“十四五”是城市副中心规划建设发展的关键时期，要深入学习贯彻中共十九届五中全会精神，立足城市副中心实际，更好践行新发展理念，在坚持绿色发展、强化科技创新引领、推动京津冀协同发展、提升对外开放水平、改善人民生活品质等方面展现出城市副中心行动，努力在探索形成新发展格局中走在前头。

【苏辉调研京津冀协同发展】 11月19日，全国政协副主席、台盟中央主席苏辉率全国政协台盟台联侨联界党外委员视察团到城市副中心规划展厅、大运河森林公园等地考察京津冀协同发展。

【王伟光调研考察城市副中心规划建设工作】 11月23日，全国政协民族和宗教委员会主任王伟光率考察团到城市副中心调研考察副中心规划建设工作。

【蔡奇、陈吉宁调研检查文化教育旅游工作】 12月5日，中央政治局委员、北京市委书记蔡奇，市委副书记、市长陈吉宁到城市副中心中国人民大学通州校区、北京学校、环球影城主题公园及度假区调研检查。强调要学习贯彻中共十九届五中全会精神，落实市委十二届十五次全会要求，传承历史文化底蕴，挖掘优质文旅资源，提升教育公共服务水平，把北京城市副中心打造成古今同辉的人文城市。

【张延昆调研基层党建工作】 12月14日，市委副书记张延昆到城市副中心于家务回族乡富各庄村、仇庄村调研基层党建引领、美丽乡村建设、垃圾分类、平安建设。

【吉林考察城市副中心规划建设】 12月15日，北京市政协主席吉林带领部分来自中央和国家机关的市政协委员到城市副中心宋庄艺术区、文化旅游区、环球影城项目考察副中心规划建设。

【赵长山调研城市副中心设计小镇】 12月18日，中关村发展集团党委书记、董事长赵长山到城市副中心调研张家湾设计小镇创新中心、铜牛地块。区领导曾赞荣、阳波等参加。

【义务植树活动】 4月11日，中直机关、中央国家机关各部门和北京市的128名部级领导干部到北京城市副中心城市绿心地块参加2020年共和国部长义务植树活动。

【文景等5个街道党工委、人大工委、办事处揭牌仪式】 9月5日，通州区文景、九棵树、临河里、杨庄、潞邑街道党工委、人大工委、办事处揭牌仪式在通州区会议中心举行。

【“不忘初心、牢记使命”主题教育工作总结大会】 1月11日，通州区“不忘初心、牢记使命”主题教育工作总结大会召开。

区委会议一览表

时　间	内　容
1月8日	六届区委第163次常委（扩大）会议召开。会议宣布市委关于干部任职的决定
1月17日	北京城市副中心党工委、管委会领导班子会议与六届区委第165次常委（扩大）会议联合召开。城市副中心党工委副书记、管委会副主任、区委副书记、区长赵磊，区人大常委会主任李玉君，区政协主席赵玉影分别传达市政府工作报告、市十五届人大三次会议和市政协十三届三次会议精神
1月20日	六届区委第167次常委（扩大）会议召开。区委副书记、区长赵磊主持并传达市领导到通州调研精神

时　间	内　容
2月11日	六届区委第170次常委（扩大）会暨通州区新型冠状病毒感染肺炎疫情防控工作领导小组第二十次会议召开。区委副书记、区长赵磊传达习近平总书记在京调研指导新型冠状病毒感染肺炎疫情防控工作时的重要讲话精神和市委常委会扩大会议暨市新型冠状病毒感染肺炎疫情防控工作领导小组第二十次会议精神
4月27日	六届区委第179次常委（扩大）会议召开。区委副书记、区长赵磊传达市委书记蔡奇，市委副书记、市长陈吉宁到城市副中心调研检查指示精神
5月7日	六届区委第181次常委（扩大）会议召开。区委副书记、区长赵磊传达市委书记蔡奇到城市副中心调研张家湾镇规划建设指示精神
5月16日	六届区委第184次常委（扩大）会议召开，传达市委十二届十三次全会精神
7月18日	六届区委第193次常委（扩大）会议召开。区委副书记、区长赵磊传达市委书记蔡奇，市委副书记、市长陈吉宁到城市副中心检查调研指示精神
8月1日	六届区委第200次常委（扩大）会议召开。区委副书记、区长赵磊传达市委书记蔡奇，市委副书记、市长陈吉宁到城市副中心调研检查环球主题公园及周边配套设施建设指示精神
8月21日	六届区委第203次常委（扩大）会议召开。会议传达学习城市副中心建设领导小组专题会精神和中央政治局委员、北京市委书记蔡奇调研台湖演艺小镇规划建设讲话精神
10月10日	六届区委第208次常委（扩大）会议召开。会议传达学习中央第十一巡视组巡视北京市工作动员会议精神，部署贯彻落实工作
10月20日	六届区委第210次常委（扩大）会议召开。区委书记曾赞荣传达市委关于刘东伟任中共北京市通州区委员会委员、常委、副书记（正局级）的决定
11月6日	六届区委第213次常委（扩大）会议召开。会议传达学习中央政治局委员、北京市委书记蔡奇到城市副中心调研讲话精神，部署贯彻落实工作
11月6日	六届区委第214次常委（扩大）会议召开。会议传达学习贯彻中共十九届五中全会精神和市委常委扩大会议精神
11月10日	六届区委第215次常委（扩大）会议召开。会议传达中共十九届五中全会精神，与会人员围绕“学习贯彻全会精神，推动城市副中心‘十四五’时期高质量发展”交流发言
11月30日	六届区委219次常委（扩大）会议召开。会议传达学习贯彻市委十二届十五次全会精神，部署相关工作
11月30日	六届区委220次常委(扩大)会议召开。会议传达学习习近平总书记关于巡视工作重要论述、《中国共产党巡视工作条例》及有关会议精神
12月5日	六届区委第222次常委（扩大）会议召开。会议传达学习市领导到城市副中心调研讲话精神，部署贯彻落实工作
12月12日	六届区委第225次常委（扩大）会议召开。会议传达学习市领导“深入学习贯彻党的十九届五中全会精神，推进国家服务业扩大开放综合示范区和自由贸易试验区建设”现场推进会和“两区”工作领导小组第一次会议精神，部署贯彻落实工作
12月30日	六届区委第229次常委（扩大）会议召开。会议传达学习中国共产党北京市第十二届委员会第十六次全体会议精神，部署贯彻落实工作

时 间	内 容
12 月 30 日	六届区委第 230 次常委（扩大）会议召开。会议听取关于北京城市副中心加快新场景建设行动方案、通州区纪检监察工作 2020 年总结及 2021 年主要工作、通州区组织工作 2020 年总结及 2021 年主要工作、通州区宣传工作 2020 年总结及 2021 年主要工作、通州区政法工作 2020 年总结及 2021 年主要工作、通州区统战工作 2020 年总结及 2021 年主要工作、2020 年度局级干部平时考核情况的汇报，研究干部人事任免事项
7 月 31 日	中共北京市通州区第六届委员会第九次全体会议召开。全会听取并审议曾赞荣代表区委常委会所作的全会工作报告，讨论赵磊所作的关于 2020 年上半年全区经济社会发展工作的书面报告，表决通过《中国共产党北京市通州区第六届委员会第九次全体会议关于同意张春良同志辞去区委委员职务的决定》《中国共产党北京市通州区第六届委员会第九次全体会议关于递补区委委员的决定》《中国共产党北京市通州区第六届委员会第九次全体会议决议》
12 月 7 日	中共北京市通州区第六届委员会第十次全体会议召开。全会认真学习贯彻中共十九届五中全会精神和市委十二届十五次全会精神，听取曾赞荣代表区委常委会所作的关于《中共北京市通州区委关于制定城市副中心（通州区）国民经济和社会发展第十四个五年规划和二〇三五年远景目标的建议》的说明，审议通过《中共北京市通州区委关于制定城市副中心（通州区）国民经济和社会发展第十四个五年规划和二〇三五年远景目标的建议》《中国共产党北京市通州区第六届委员会第十次全体会议决议》
12 月 31 日	中共北京市通州区第六届委员会第十一次全体会议召开。全会深入学习贯彻中共十九届五中全会和中央经济工作会议精神以及市委十二届十五次、十六次全会精神，听取并审议曾赞荣代表区委常委会所作的全会工作报告，审议区委常委会抓党建工作情况报告、《通州区部分行政区划变更方案（送审稿）》，讨论全区经济社会发展工作报告，表决通过《中国共产党北京市通州区第六届委员会第十一次全体会议关于同意滕永新同志辞去区委候补委员职务的决定》《中国共产党北京市通州区第六届委员会第十一次全体会议决议》

（任经纬）

组织工作

【概　况】　截至 2020 年年底，全区有 2773 个基层党组织，70651 名党员；有处级干部 1030 人，其中处级领导干部 614 人。在区委的坚强领导下，全区组织系统深入学习贯彻习近平新时代中国特色社会主义思想和中共十九届四中、五中全会精神，以新时代党的组织路线为遵循，围绕城市副中心建设高质量发展的新阶段，团结带领广大组工干部立足大局、深谋实干，集中精力抓好党建引领疫情防控，累计从区属部门抽调 5216 人下沉一线，抽调 142 名干部参与专班工作。稳妥接转入境进京人员、新发地人员完成隔离管控，对中高风险地区人员进行摸排管控，高效完成 56 万余人核酸检测；深入实施副中心干部队伍建设三年行动计划，制定印发《通州区贯彻落实〈2019—2023 年全国党政领导班子建设规划纲要〉及北京市贯彻落实措施的措施》，累计调整任免干部 24 批 584 人次；着力推动党建引领基层治理提质增效，形成“小支部、大党建”、副中心党建引领基层治理“5 · 20”实践探索等机制；持续优化区域人才发展环境，人才政策集成和改革创新进一步加强，为副中心高质量发展提供高质量组织保证。

【京津冀人才一体化发展】 1月、6月先后两次召开通武廊人才工作联席会工作例会，与天津市武清区、河北省廊坊市组织部门共同研究2020年通武廊人才一体化示范区建设相关工作。12月22日，在唐山市召开“通宝唐”第一次人才工作联席会议，与天津市宝坻区、河北省唐山市组织部门签订《通宝唐区域人才合作框架协议》，同时审议通过《通宝唐人才工作联席会议制度》《通宝唐人力资源服务共享平台建设意见》《通宝唐区域创新平台共享共用目录》《通宝唐区域人才学习交流工作管理暂行办法》等文件。

12月22日，通州区与天津市宝坻区、河北省唐山市共同签署《通宝唐区域人才合作框架协议》
（区委组织部提供）

【人才引进培养】 1月21日，召开人才京郊行总结动员会，对第十一批人才京郊行工作进行总结，并做好第十二批5名挂职干部与接收单位的对接工作。

【党建引领社区疫情防控工作】 2—4月开展党员自愿捐款工作，捐款总金额630余万元。3月，在全区开展“我是副中心党员——战疫有我、有我必胜”主题活动，广泛发动各级党组织和党员干部群众投身防控一线、充实防控力量。6—7月，开展共产党员献爱心捐献活动，捐款总额400余万元。7月，做好中央下拨的党员捐款资金分配使用工作，统筹使用650余万元资金，发放慰问金、慰问品，覆盖一线医务人员、公安民警、基层干部、社区工作者、志愿者等群体2.9万余人。疫情防控期间，有2人被评为国家级抗疫先进个人、36人被评为北京市抗疫先进个人、13个集体被评为北京市抗疫先进集体，有4人被评为北京市优秀共产党员、4个集体被评为北京市先进基层党组织，发展15人成为共产党员。

【区委党建工作领导小组会议】 2月26日，召开区委党的建设工作领导小组全体会议，审议通过《关于区委党的建设工作领导小组和办公室成员调整的建议》和《区委党的建设工作领导小组2020年工作要点》。12月23日，召开区委党的建设工作领导小组专题会议，研究讨论《2020年区委常委会抓党建工作情况报告》，审议通过《关于学习贯彻〈中国共产党党和国家机关基层组织工作条例〉的工作意见》《关于对党组（党委）、机关党组织落实机关党建主体责任考核办法（试行）》。

【干部管理监督】 3—4月，组织全区各处级单位召开2019年处级领导班子和领导干部年度考核测评会，对相关单位开展全覆盖式全程监督检查。4月1日，结合疫情防控需要，采用视频会议形式，召开全区领导干部大会，对局级领导班子和领导干部开展2019年度考核测评。年内，对374名领导干部个人有关事项报告进行查核，提醒补报18人，书面函询33人，对2名干部进行诫勉。加大干部关心关爱工作力度，全年看望慰问干部23人，组织1012名处级干部参加健康体检。

【干部挂职交流】 4月，接收中央单位挂职干部8名、市级机关挂职干部12名、人才京郊行挂职干部4名。5月，接收湖北武当山挂职干部1名。6月，接收首都高校挂职干部18名。7月，选派对口协作湖北挂职干部1名。8月，选派京津冀协同发展挂职干部1名。10月，选派援藏干部1名。

【基层党组织建设】 5月，结合全区行政区划调整，成立文景街道、九棵树街道、临河里街道、杨庄街道、潞邑街道5个街道党工委。7—10月，在“两新”组织、公立医院、国有企业等领域开展党支部工作法试点。9—12月，开展“两新”组织党建大调研。10月16日，向六届区委第211次常委会汇报关于市委党的建设工作领导小组、市委“两新”工委有关会议精神和通州区贯彻落实的主要举措。截至2020年年底，全区非公有制企业党组织覆盖率和社会组织党组织覆盖率达89.6%和82.6%，分别较上一年度提高1.8个百分点和2.2个百分点。11月，会同区委教育工委出台《北京市通州区中小学校党组织领导的校长负责制试点工作实施方案》。完成公立医院党建入章工作，指导5家区属公立医院结合实际制定或修订医院议事决策规则。指导10家区属一级国有企业全部完成章程修订工作。

【党建引领基层治理】 5月，围绕城市副中心党建引领基层治理开展专题调研。10月，会同区民政局制定印发《关于巩固社区（村）疫情防控成果推进城市副中心基层社会治理工作的实施方案》。11月，形成《城市副中心党建引领基层治理的实践与探索》调研成果。11月9日，印发《关于深化“小支部、大党建”工作模式提升党建引领社区治理水平的工作举措》。11月23日，召开深化“小支部、大党建”工作模式提升党建引领社区治理水平部署推进会。

【党建引领物业管理工作】 5月7日，会同区住建委召开全区物业工作部署会。5月13日，召开党建引领物业管理和生活垃圾分类工作座谈会。8月7日，出台《通州区关于强化党建引领物业管理提高“三率”的工作方案》。年底，全区业主委员会（物业管理委员会）组建率、物业管理覆盖率、党组织覆盖率分别达到76.2%、93.1%、95.4%，比5月1日新修订的《北京市物业管理条例》实施前分别提高68.9、43.7、66.5个百分点。

【党建述职评议考核工作】 5月9日，以视频会议形式召开2019年度街道、乡镇和系统党（工）委书记抓基层党建述职评议考核会。

【基层干部队伍建设】 7月13日，印发《通州区村“两委”班子及村“两委”干部考核指导意见（试行）》。11月16—20日，会同区委农工委、区农业农村局，组织全区村党组织书记、村委会主任开展为期一周的专题培训。11月30日至12月4日会同区委社会工委、区民政局，组织全区社区党组织书记、居委会主任开展为期一周的专题培训。全年完成33名社区党组织书记和16名村党组织书记区级备案工作。

【干部教育培训】 7月20日至8月31日，采取线上线下相结合方式，分10期举办湖北武当山特区，内蒙古翁牛特旗、奈曼旗、科右中旗，拉萨市城关区致富带头人专题培训班，培训致富带头人727人次。8月10—14日，组织全区处级以上干部参加全市学习贯彻中共十九届四中全会精神（线上）集中轮训，培训干部708人次，实现全覆盖。9月14—18日，举办新任处级领导干部履职能力提升专题培训班，培训处级干部25人次。10月12—16日，与市委组织部合作，在市委党校举办精细化管理和治理能力提升专题培训班，培训处级干部45人次。10月19日至11月13日，选派4名处级干部参加清华大学北京各区领导力提升高级研修班。11月2日至12月18日，启动实施专项能力提升计划，组织干部赴北京环球度假区项目进行实岗培训，举办3期国际化视野与精细化管理能力提升专题培训班，培训处级干部101人次，科职干部7人次。11月22日至12月20日，继续实施知识更新计划，利用5个周日时间，举办创新思路推动城市治理体系和治理能力现代化专题培训班，培训处级干部105人次。12月9—11日，举办“两区”建设专题培训班，培训处级干部62人次，科职干部32人次。12月15—17日，举办街道科职干部履职能力提升示范培训班，培训科职干部33人次。

10月12日，北京城市副中心干部“精细化管理和治理能力提升”专题培训班开班仪式在市委党校举行 （区委组织部提供）

12月9日，北京城市副中心"两区"建设专题培训班开班仪式举行　　（区委组织部提供）

11月27日，与城市副中心管委会、市科委联合举办"外籍专家走进城市副中心"座谈会　　（区委组织部提供）

【科级干部队伍建设】　8—10月，结合科职干部下管一级工作，对全区科职干部队伍现状和问题进行研究分析。10月14日印发《通州区科级领导干部队伍建设工作方案（2020—2022年）》《通州区科级领导干部选拔任用工作办法（试行）》《通州区科级领导干部培养锻炼工作计划（2020—2022年）》。11月20日，召开通州区科职干部下管一级工作部署会，对全区科职干部队伍建设工作进行部署。

【年轻干部队伍建设】　9月，选派3人到永顺镇杨庄村、马驹桥镇团瓢庄村、永乐店镇南堤寺东村担任党组织第一书记。9—12月，联合区人力社保局开展2020年通州区事业编选调生笔试、面试、体检、公示、政审等工作，有35名选调生与用人单位签订三方协议。11月12日、13日，分别到清华大学、北京大学开展"砥砺奋进新时代·青春逐梦副中心"主题宣讲活动，招募年轻干部人才。

【人才交流合作】　9月11日，在中国北京人力资源服务产业园通州园区举办首届北京城市副中心人力资源发展高峰论坛。11月27日，与城市副中心管委会、市科委联合举办"外籍专家走进城市副中心"座谈会，以"实地走访＋座谈交流"的形式，深入了解城市副中心建设发展情况，聚焦人才发展环境献计献策。

【党群服务中心建设】　9月17日，组织相关人员赴时代风帆楼宇党群服务中心参观学习。高标准规划建设北京城市副中心党群服务中心，推动各级党群服务中心资源、需求、服务"三项清单"制度落实。截至2020年年底，全区有党群服务中心（站点）329个，其中街道乡镇党群服务中心18个，园区、商务楼宇党群服务中心（站点）6个。

【村和社区"两委"换届选举】　10月15日，召开通州区村和社区"两委"换届选举筹备工作会。12月16日，印发《关于做好全区村和社区"两委"换届工作的实施意见》。12月18日，召开全区村和社区"两委"换届工作领导小组第一次会议。

【人才政策创新研究】　10月15日，会同副中心管委会发展改革局、市人才工作局、市科委、中关村管委会等有关单位，专题研究《北京城市副中心鼓励人才创新创业引领高质量发展的若干措施（试行）》审议稿。

【服务保障巡视检查工作】　2020年，向区委巡察办提供4轮被巡察单位班子名册、干审表及相关年度测评信息等材料，涉及29家单位339人次。2020年12月至2021年2月，做好市委第三巡视组巡视通州相关服务保障工作，协助开展谈话328人次，其中巡视组谈话268人次，选人用人专项检查组谈话60人次；组织召开选人用人和基层党建工作专项汇报；根据选人用人专项检查组工作要求，组织报送15批、130余项材料，其中干部人事档案267卷，干部任免全程纪实材料200余卷；协助选人用人专项检查组到区文化和旅游局、金通资产经营管理公司下沉调研，调阅单位资料16项，并与单位相关副职和工作人员谈话。

【职务与职级并行】 2020年，按照干部管理权限晋升二级调研员以上131人次，指导各单位晋升三、四级调研员245人。完成区法院、检察院2家单位工作方案审核、225人的职级套转备案工作，以及76家单位1133人次晋升职级职数审核及备案工作。

【组织工作新闻宣传】 2020年，围绕疫情防控工作，在"通州组工"微信公众号策划"战'疫'，我们在一线""战疫有我，有我必胜""燃情七月 共战'疫'线""爱国卫生运动"等专题栏目，开展"点赞战疫英雄，建设美好家园"专题宣传引导活动，累计发布疫情防控工作相关信息403条，3—12月，围绕"副中心党员"党建品牌，策划"我是副中心党员———战疫有我、有我必胜""副中心党员在行动"等专题栏目，开展"党员在岗 群众过节|向副中心党员劳动者们致敬"专题系列宣传活动，设计制作副中心党员专属表情包，绘制《纪念建党99周年——致敬！战疫中的副中心党员》漫画，制作《副中心党员之乘风破浪的2020》动画短片。7—12月，围绕两件"关键小事"，策划"我是副中心党员———桶前值守晨夕计划""垃圾分类进行时""党建引领基层治理"等专题栏目，累计发布动态信息66条。

【干部考察工作】 2020年，围绕疫情防控工作，深入全区17个街乡开展"贴近式"考察，与近800名干部群众进行考察谈话，深入考察了解各相关单位领导班子、班子成员在疫情防控工作中的现实表现，综合、全面、客观地考察识别干部。

【干部工作信息化】 2020年，整合干部任免、知事识人、职务与职级并行工作成果，更新完善全区1000余名区管干部信息。结合科职干部下管一级工作，更新全区1600余名科职干部信息。12月，按照市委组织部要求，完成通州区2020年度干部统计工作。

【公务员招录】 2020年，考试录用、补充录用公务员发布职位198个，计划招录公务员281人，实际录用217人（考试录用154人，补充录用63人）；开展定向选调生招录工作，计划招录选调生40人。

【优化人才发展环境】 将国际人才社区建设正式纳入《北京城市副中心文化旅游区规划综合实施方案》，相关地块拆迁及考古工作全部完成，并于7月6日正式取得市政府征地批复，取得多规合一审查意见。

【相关选举工作】 7月，完成3名区委委员递补工作。

（郝赛）

宣传工作

【概　况】 2020年，区委宣传部凝心聚力，打好疫情防控攻坚战持久战。面对疫情考验，全战线迅速反应、高效应对。城市副中心党媒及时发声，精准策划"防疫抗疫"新闻选题；新闻发布导向突出，展现副中心复工达产的生动局面。在文明教育上，"党员志愿者上岗疫情防控六大员""周末大扫除"等志愿活动，凝聚强大抗疫力量。统筹推进文旅行业疫情防控和复工复产，加强摸排巡查，研究出台文旅行业扶持政策，全力构筑疫情防控屏障。

守正创新，北京城市副中心媒体矩阵全新启航。建立与市属媒体合作机制，由《北京城市副中心报》、《北京城市副中心新闻》、《副中心之声》广播、新媒体组成的副中心媒体矩阵初显成效，主流声音更加强劲。建立完善新闻发布机制，高质量开展新闻发布活动12场次。副中心报开设《协同发展绘新篇》专栏，助力副中心成为京津冀协同发展桥头堡。紧扣决战决胜脱贫攻坚，发布《扶贫干部带你走三旗》报道13期，新浪微博、今日头条微话题总阅读量突破1.2亿次。聚焦副中心建设发展，开设头条话题，持续登上热搜榜。

持之以恒，蝉联“全国文明城区”。扎实推进新一轮中央和首都文明城区、文明村镇、文明单位、文明家庭、文明校园“五大创建”评选工作。新时代文明实践中心、融媒体中心、政务服务中心实现融会贯通。承办第八届北京七夕文化节，举办清明节、端午节等传统节日系列线上活动。选树“通州榜样”，开展“文明交通专项行动”“诚信万里行”网上承诺等活动，不断推动《北京市文明促进条例》落地落实。

聚势谋远，打造副中心特色文化品牌。高水平举办中国水墨年鉴展和大运河文化创新创意设计大赛，举办北京国际设计周、北京城市建筑双年展、“京杭对话”、北京大运河文化节等有影响力的文化活动，优质文化资源不断向城市副中心聚集。制定发布大运河文化带保护建设规划和三年行动计划，高位谋划到2022年的50项重点任务。整合北运河沿岸文化旅游资源,全力打造大运河国家AAAAA级文化旅游景区。

紧抓机遇，推动文化事业和文化产业蓬勃发展。依托三个特色小镇和环球影城产业布局，推动文化、消费、产业转型升级，北京国际设计周永久会址落户张家湾设计小镇，影偶艺术周、星期音乐会、国家大剧院精品剧目展演等活动为台湖演艺小镇文化升级赋能。深化“通武廊”文化和旅游合作联盟，推动京津冀文旅高效协同发展。

凝聚共识，迅速掀起学习宣传贯彻中共十九届五中全会精神热潮。统筹新闻宣传、集中宣讲、理论研究，全面阐释、深入解读五中全会精神。抓好《中国共产党宣传工作条例》整改落实，形成健全组织体系、加强基层宣传力量配备等5大项13条整改措施，在全市示范推广。

问题导向，贯彻落实《中国共产党宣传工作条例》。成立区委、乡镇街道党委（党工委）宣传思想工作领导小组，加强各级党委（党工委）对宣传思想工作的领导，切实发挥“总体谋划、统筹协调、整体推进、督促落实”的作用。全面梳理贯彻落实《条例》中存在的问题，形成5大项13条整改措施，全方位、多角度抓整改落实。

2020年，撤销北京市通州区电影院。将北京市通州区电影院使用的6名经费自理事业编制和实有在编人员划转至北京市通州区电影管理中心。将北京市通州区文化创意产业促进中心整建制划入中共北京市通州区委宣传部管理。

【“扫黄打非”工作】 3月5日，“扫黄打非”工作会议召开后，全区“扫黄打非”工作深入推进，开展“护苗”“净网”等五大专项行动，推进“护城河”联防工程，全年查获非法出版物111万余册，处置网络有害信息8.6万条，取缔关闭网站1912个，“扫黄打非”专项行动成效显著。

（李志宏）

【文明实践推动日活动】 3月起，全区630余个文明实践所站开展周末卫生大扫除、党员志愿者上岗垃圾分类指导员、“燃情七月 共战‘疫’线”、桶前值守晨夕计划、控烟文明劝导等新时代文明实践推动日活动2.8万余场，参与人数达118万人次。

（尹静）

【开展“书香副中心”全民阅读系列活动】 4月起，全民阅读领导小组各成员单位、实体书店分别以“为武汉祈福，为中国加油”“用声音传递战疫力量”“书香运河”“书店之夜”等为主题举办各类线上阅读活动300余场，受众人数近20万人次，开展线下活动80余场，参与人数达4万余人。

（李曼）

【推进公益电影点播放映工作】 5月6日至6月30日，以“公益电影进万家 观影盛宴副中心”为主题，联合歌华有线开展公益电影电视点播活动，全区6.7万家庭参与活动，点播影片89520部。全年，以“阔步迈进新时代 光影盛宴贺国庆”“情系副中心建设者”“文化进万家电影进乡村”为主题，开展公益电影放映活动8299场次，吸引观众121220人次。

（王丽娟）

【发布《通州区大运河文化带保护建设规划》《通州区大运河文化带保护建设三年行动计划（2020年—2022年）》】 6月21日，两个文件正式发布。承载千年历史的北运河通州段将在2022年基本建成城市副中心“黄金水道”和“城市名片”，到2025年再现大运河北首盛景。

（张祎）

【通过中央、北京市全国文明城区复查测评】 7月，接受北京市全国文明城区测评。9月，接受中央材料审核、实地考察、问卷满意度调查复审测评，通州区通过测评，蝉联“全国文明城区”。

【推进全国文明城区常态化创建】 8月6日，召开通州区文明委全会暨文明城区创建工作推进会，下发常态化建设工作意见、测评体系指标任务分解台账等文件，全年分批次开展业务培训26场，下达责任单位《文明城区验收结果通知单》415张，解决实际问题6308个。

（李硕）

【开展诚信万里行进社区活动】 8月8日起，联合区经信局、区人民法院、区农业农村局、区金融办联合举行“2020诚信通州·社区行暨文明单位结对帮扶助力脱贫攻坚”主题宣传活动，通过文明单位与低收入村、低收入户结对帮扶，公布“失信被执行人”名单，讲解金融知识，“爱心助农”等方式，加强诚信宣传教育，助力脱贫攻坚。

（王晓宇）

【承办第八届北京七夕文化节】 8月20—28日，以“爱满京城　相约幸福”为主题，举办“银河之约　圆梦运河”文艺演出、“牵手副中心”主题趣味跑等系列活动。活动期间，线下累计参与群众达1.5万人次，线上累计参与人数达810万人次。

（宋颖）

【举办北京国际设计周通州系列活动】 9月21日至10月7日，以“民生之维”为主题，举办北京国际设计周通州系列活动。开幕式上，颁发2020年度北京国际设计周北京设计经典奖，举行抗疫公益海报征集活动优秀作品捐赠仪式，以及北京2022年冬奥会和冬残奥会官方海报征集启动仪式，并正式宣布北京国际设计周永久会址落户张家湾设计小镇。

（周朗）

【开展“光盘行动”】 9月，联合区市场监管局、区商务局、区文化和旅游局成立通州区餐饮行业“光盘行动联盟”，在全区范围内开展“6+N”行动计划，并针对餐饮门店、中小学校、机关食堂等6大领域践行“光盘行动”工作开展专项督导检查。

（米朝辉）

【举办“小康不小康　看看我家乡”摄影展】 10月，在安·美术馆举办“小康不小康　看看我家乡”摄影展，展览围绕“小康之家”，分为文明家园、运河家园和筑梦家园3大板块，精选150张反映北京城市副中心城市发展、文化建设、群众风貌的摄影作品，展现城市副中心百姓身边的小康家园图景。

（尹静）

【举办2020北京（台湖）影偶艺术周】 10月1—14日，在台湖公园举办2020北京（台湖）影偶艺术周。采取线上线下相结合的模式。线下，国内10个皮影、木偶剧团带来175场滚动演出、70场趣味工作坊。线上，开辟“另眼看好戏”版块，11个国家的12部剧目和10部国内剧目，以“云演出”方式呈现给广大观众。

【举办大运河文化创新创意设计大赛】 11月10日，以“美好，应运而生”为主题，大运河文化创新创意设计大赛开幕，此次大赛将参赛的文化资源扩大为“非遗赛道”“企业和品牌赛道”“文旅景区赛道”“博物馆赛道”“北京城市副中心赛道”5大赛道，将于2021年进行评审和获奖成果展示。

（张祎）

【举办“2019—2020通州榜样”颁奖典礼】 12月17日，举办通州榜样颁奖典礼，表彰2019—2020年度“通州榜样”。任万田等10人被授予“2020通州榜样”称号，白冰等40人被授予2020年度“通州榜样”提名奖，区教委等10家单位被授予活动优秀组织奖。

（孟思）

【全面改版升级北京城市副中心媒体】 2020年，大力推进城市副中心媒体优化提升，《通州时讯》更名《北京城市副中心报》公开发行，通州电视台《通州新闻》更名为《副中心新闻》。《北京日报》开设《城市副中心生机勃发》专栏，北京广播电视台在BTV新闻频道黄金时段开设《北京城市副中心新闻》专栏，开通《副中心之声》广播，副中心媒体全面改版升级、集中亮相，形成副中心媒体报道集群，助力副中心报道全媒体传播。

（李奕）

【推进新时代文明实践中心建设】 2020年，建立街（镇）新时代文明实践所22个，社区（村）新时代文明实践站630个，首批命名新时代文明实践基地23个，组建新时代文明实践志愿服务队67支，街（镇）、社区（村）级志愿服务队伍2000余支。创新建立志愿服务激励回馈机制，形成“愿为、能为、有为”的公益闭环模式。联合区妇联组建“爱分类主妇联盟”新时代文明实践志愿服务队，全区2万余名巾帼志愿者带头参与垃圾分类。在运河商务区新光大中心设立“白领文明驿站”，探索新经济组织和新社会组织从业群体参与新时代文明实践的新途径。

（尹静）

【举办学习贯彻中共十九届五中全会精神理论宣讲活动】 2020年，区领导、区级宣讲团、各级党组织走进基层开展宣讲800余场，受众人数约6.3万余人，推动全会精神转化为推进副中心高质量发展、构建新发展格局的强大动力。

【规范开展疫情防控宣传环境布置工作】 2020年，按照及时、准确、清晰、适度原则，全区布置横幅标语4136条、户外大屏111块、电子显示屏315块、宣传栏1017个、展板橱窗676个、温馨提示牌569个，发放各类海报、折页、告知单等37万余张，提示短信15万余条。

（宋颖）

【推进实体书店创新发展】 2020年，研究出台《北京城市副中心扶持实体书店发展行动计划（2020—2022年）》《北京市城市副中心扶持实体书店发展引导资金管理暂行办法》《通州区基层公共空间融合实体书店工作方案》等政策，设立专项扶持资金，全年完成实体书店建设143家，实现实体书店每万人0.85家。咱家书房、字里行间书店等10余家实体书店相继落户特色小镇、重点文化产业园区和公园。

（李天齐）

统战工作

【概　况】 2020年，全区统战系统全面贯彻中央及市委关于新时代统战工作的决策部署，围绕城市副中心建设大局，服务通州区经济社会发展，推进统战工作不断向纵深领域发展。

（李晶）

【新的社会阶层工作】 2020年，围绕“通新同行”工作品牌的创建，投身疫情防控，区新联会会长、北京四环制药有限公司董事长顾津向区红十字会捐款100万元，用于武汉地区疫情防控；宋庄艺术区新的社会阶层人士联谊会通过举办“艺心抑疫”艺术慈善网络义拍活动，筹集善款21万余元。召开楼宇园区新的社会阶层人士统战工作部署会，推动新的社会阶层人士统战工作在全区楼宇、园区实现组织、阵地、工作全覆盖，成立通州区新的社会阶层网络知名人士联谊会。举办“通达天下　州美如画”百家媒体聚焦通州摄影采访活动，来自《人民日报》、新华社、《光明日报》及全国各省报、市报等约百家媒体的140名记者，用镜头聚焦、记录宋庄艺术创意小镇、台湖演艺小镇、张家湾设计小镇等地亮点。

（蔡锐进）

【民族团结工作】 2020年，开展民族团结进步创建进企业、进社区活动，在通州区清真企业开展民族知识问答、主题宣讲等民族团结进步创建活动。在中仓街道莲花寺、白将军社区开展了“指尖上的艺术”衍纸画暨“民族大团结”、“邻里和睦大家庭，民族团结享幸福”等主题活动。

【扶持发展民族经济】 2020年，争取市级民族乡村经济发展资金150万元，用于扶持于家务回族乡环境提升项目，项目完成后将有效改善村内排水状况，美化村容村貌，方便村民出行，促进民族融合。

【清真食品监督管理】 2020年，认真做好清真食品市场日常监管，对全区清真餐饮副食网点经营情况、清真食品供应及规范管理情况进行不定期的检查、抽查；组织完成北京紫光园餐饮有限责任公司怡乐中路分公司市级规范化清真特色餐厅推荐、考评工作。

【宗教场所安全工作】 1月24日起，全区所有宗教活动场所因新冠疫情采取暂停宗教活动场所开放、暂停宗教活动等“双暂停”措施。6月10日起，全区宗教活动场所在进行风险评估的基础上有序开放。9月，区委统战部协调区消防支队、属地安监等部门组成联合检查组，对全区宗教活动场所进行安全专项检查。

【侨务工作】 2020年，完成华侨、归侨、侨眷身份认定，为符合来京上中小学的华侨、华侨适龄子女等开具批准书4件，对符合条件的报考高级中等学校归侨子女身份进行确认2件，春节对困难华侨、归侨、侨眷进行慰问。

（崔连瑞）

【社会主义学院规范化建设】 六届区委第204次常委会会议决定在区委党校增加10个事业编制，做好区委党校、社会主义学院、区行政学院发展建设相关工作。10月14日，区委任命王岩石为通州区社会主义学院院长，张立芳为通州区社会主义学院常务副院长。12月，区委编办批复人员编制，同时增设相关科室，专职开展统一战线教育培训工作。

【“北京科技小院”建设】 10—11月，通过对接中国农业大学和北京市农林科学研究院，在农业发展重点乡镇于家务回族乡富各庄和果村、漷县镇军屯、永乐店镇西槐庄、西集镇耿楼挂牌5家科技小院，助力通州区美丽乡村建设和乡村振兴发展。号召区内各民主党派开展助力科技小院精准帮扶活动，充分调动党派成员服务基层、服务群众的活力，将其优质资源汇聚到科技小院，进一步提升帮扶和建设实效。

（张启凤）

【教育培训】 10月26—30日，通州区2020年度统战干部暨党外代表人士专题培训班在区社会主义学院举办，区委常委、统战部部长、副区长王岩石作动员讲话。区委统战工作领导小组成员单位主管统战工作领导，各街道乡镇主管统战、民族宗教和工商联工作领导，区工商联领导班子，各民主党派主委，各宗教团体（场所）的负责人70余人参加培训。

（王琪琛）

【助力港台企业新冠肺炎疫情防控】 2020年，新冠肺炎疫情发生后，区台办协调相关部门为区台企北京润泰环保科技有限公司支援一次性手套1万副、专业口罩1000只、护目镜50个，向香港中西区妇女会、香港宝石事务促进会、香港青年联会捐赠10万只口罩，有效助力台湾和香港同胞抗击疫情，使其更加安心工作和生活。

【对台交流活动】 11月24日，区台办举办“牢记历史 鉴往知来——北京台资企业协会通州分会联谊”活动，市台办相关人员、在通州台商一行20余人参加活动。参访团观看了中国国家博物馆“金瓯无缺——纪念台湾光复七十五周年主题展”，参观了著名台资企业天福茗茶并进行座谈交流。11月14日至12月25日，清华大学、中国政法大学、北京中医药大学、中国人民大学、北京大学台湾学生150人次分批参访北京城市副中心规划馆、大运河森林公园、北京树美术馆《山海图纪》艺术展，感受城市副中心城市建设速度与大运河深厚文化底蕴。

（张静　马华）

政策研究

【概　况】　2020年，区委区政府研究室坚持以习近平新时代中国特色社会主义思想为指导，全面贯彻中共十九大和十九届二中、三中、四中、五中全会精神，围绕副中心建设大局和区委、区政府中心工作，认真贯彻落实区委、区政府决策部署，履行岗位职责，发挥职能作用，求真务实、科学谋划、狠抓落实，认真履行文稿起草、调查研究、深化改革核心职能，各项工作取得新进展。2020年，区委区政府研究室起草区委六届九次、十次、十一次全会报告，区政府工作报告以及区委历次向市委、市政府的工作情况汇报等110多篇重要文稿。全年编发《通州调研》37期，有22篇调研文章在市级以上刊物刊发。

【起草通州区委六届九次、十次、十一次全会报告】按照区委要求，6月中旬，由区委区政府研究室牵头组成写作组，深入调研通州区经济、社会、党建、群团等各方面工作，多方听取意见后认真研讨分析，形成《在区委六届九次全体会议上的报告》。此报告全面回顾通州区2020年上半年主要工作，强调要坚持以人民为中心的发展思想，坚持常态化疫情防控不放松，坚持全面推进高质量发展，推动北京城市副中心建设迈上新台阶、实现新跨越。同时对下半年工作进行安排部署。11月，由区委区政府研究室牵头再次组成写作组，认真学习贯彻中共十九届五中全会精神和市委全会精神，并与发改委等各委办局和街道乡镇沟通对接，全面、准确地掌握第一手资料，广泛征求意见建议，形成《在区委六届十次全体会议上的报告》。报告充分肯定"十三五"时期城市副中心（通州区）经济社会发展取得的重要成就，深入分析"十四五"时期城市副中心（通州区）发展面临的新机遇和挑战，提出"十四五"时期城市副中心（通州区）经济社会发展的指导思想、基本要求和主要目标以及到二〇三五年的远景目标，并强调要切实抓好"十四五"时期各项重点任务，围绕"六个特色"，确保"十四五"开好局、起好步。12月，牵头起草《在区委六届十一次全体会议上的报告》，报告充分肯定通州区2020年主要工作，深入分析通州区面临的新形势、新机遇和新要求，对2021年的工作做全面部署。

【起草2021年通州区政府工作报告】　按照区政府要求，区委区政府研究室于11月成立写作组，对全区经济社会等各方面工作进行充分调研，搜集整理大量资料，形成2021年通州区《政府工作报告》。此报告通篇贯穿习近平新时代中国特色社会主义思想、中共十九大和十九届二中、三中、四中、五中全会精神，客观全面总结2020年及"十三五"时期全区经济社会发展取得的显著成果，并对全区发展中面临的困难和问题作具体阐述，同时对2021年政府工作进行全面部署，提出六个方面的工作任务：加速规划体系落实落地，掀起副中心建设新热潮；高质量做强产业体系，全力打造经济发展新动能；打好蓝绿交织底色，推动生态环境建设再上新台阶；强化城乡基层治理，实现城市治理能力水平新提升；夯实民生保障基础，大力开创社会民生建设新局面；紧抓深化改革和高水平开放契机，加快注入发展新活力。报告得到区人大代表和政协委员的广泛认可。

（朱艳楠）

【全面深化改革工作】　2020年，区委改革办按照区委部署与区委全面深化改革委员会的工作要求，协调支持各主责单位高效推动改革任务落地，35项改革任务全部完成年度目标，重点领域和关键环节改革实现多点突破、纵深推进，有效激发副中心高质量发展的活力和动力。优化改革组织运行机制。充分发挥区委改革办服务的职能，落实区委深改委统筹部署，积极协调、灵活推动改革任务落地见效，9个专项小组及改革要点主责单位全面履职尽责，着力抓好年度改革要点实施，以深改会、专项小组会、签批等形式推进行政体制改革、农村“三块地”改革、社区智慧安防体系、生态环境保护督查等一批重大改革任务高效落地，全年审议出台改革相关文件42件，为全区中心工作开展提供了强大改革动力。突出改革督察实效。首次实施改革办联合专项小组办公室开展组内改革任务实地督察机制，对19家改革主责单位集中开展实地督察，有效推动重点领域和关键环节改革落地见效。坚持日常督察、集中督察和“回头看”督察相结合，全面跟踪各项改革要点的月度进展情况，对年度改革任务开展书面督察、实地督察60余次，持续提升改革项目实施质量和效率。扎实开展中共十八届三中全会改革部署完成情况自查工作，编发《党的十八届三中全会以来通州区各领域全面深化改革总结与案例汇编》，为下一阶段改革工作开展提供借鉴。强化改革调查研究。围绕市委、区委领导关注的重点工作与重大改革事项，针对城市治理能力提升、“12345”市民热线快速反应机制、市域社会治理现代化等领域开展调查研究，新华街道社会动员新机制、“诉源治理＋多元解纷”治理链条等一批通州区改革经验做法在《北京市地区改革典型案例汇编》《北京改革情况交流》《前线》上刊发，进一步巩固改革成果，扩大城市副中心改革工作影响力。聚焦改革顶层设计。将改革专题作为“十四五”规划编制的重要支撑，结合城市副中心建设发展实际需求，充分吸收优秀研究成果，借助外脑，找准改革发力点，经过多轮研讨、完善，形成具有很强前瞻性、针对性与可行性的《“十四五”时期北京城市副中心（通州区）全面深化改革的思路及举措》研究成果，助力通州区“十四五”规划编制工作，也为之后一个时期城市副中心科学高效推动改革工作奠定基础。

（陈哲）

机构编制

【概　况】　通州区机构编制工作始终坚持以习近平新时代中国特色社会主义思想为指导，深入贯彻中共十九大和十九届二中、三中、四中、五中全会精神，深入贯彻习近平总书记对北京重要讲话精神和关于机构编制工作的重要论述，切实管住管好用活资源，不断提升机构编制资源使用效益，为推动副中心高质量发展提供体制机制支撑。

【规范设置和优化调整的机构】　2月24日，中共北京市通州区委组织部加挂中共北京市通州区委非公有制经济组织和社会组织工作委员会牌子。11月17日，将北京市通州区园林绿化局森林公安处（北京市公安局通州分局森林公安处）整建制划转至北京市公安局通州分局，并更名为北京市公安局通州分局森林公安大队。

【调整处级事业单位职能】　2月27日，将北京市通州区城市管理指挥中心由北京市通州区城市管理委员会所属调整为区政府直属，归口北京市通州区城市管理委员会管理。机构规格由相当副处级调整为相当正处级。主要职责为负责市民服务热线信息收集、分析处理、指挥调度、督办落实、指导培训等相关工作；负责城市管理方面的指挥调度相关工作；负责城市管理网格化体系建设、“多网合一”

推进相关的事务性工作；承担城市“大脑”以及其他相关信息系统运行服务保障工作。9 月 13 日，将北京市通州区农村合作经济经营管理站行政管理职能划归区农业农村局，机构规格由相当正处级调整为相当副处级，为区农业农村局所属相当副处级财政补助事业单位，类别为公益一类。主要职责为宣传和贯彻执行国家、北京市关于农村合作经济经营管理的法律、法规、规章、政策，并协助区农业农村局组织实施；负责开展农村合作经济经营方面政策、法规过程中的调查研究，提出相关政策建议、改革措施；负责镇、村集体资产管理和集体经济组织产权制度改革、产权交易方面的事务性工作；负责农村土地承包合同管理指导相关工作；配合区农业农村局开展农村土地承包经营纠纷调解与仲裁工作；负责农村财务管理和农村财务审计方面的事务性工作；负责指导村级经济合作社规范化建设，农民专业合作组织建设、管理方面的事务性工作；负责低收入农户监测工作；配合区农业农村局落实减轻农民负担方面的政策法规；负责农村集体“三资”监督管理信息化工作；负责农村合作经济经营管理方面相关业务培训和统计等工作；完成区农业农村局交办的临时性工作。9 月 13 日，调整组建北京市通州区新农村建设服务中心，为区农业农村局所属相当副处级财政补助事业单位，类别为公益一类。主要职责为承担全区农村地区村庄基础设施建设和长效管护相关的事务性、服务性工作；承担全区农村公共服务体系和公共服务设施建设相关工作；承担农村劳动力就业指导和妇女儿童、残疾人等领域社会事业发展工作；承担全区农村人居环境、美丽乡村建设工作；承担协调推进农村地区冬季清洁取暖工作；参与村镇建设规划编制修订、村镇建设及特色小镇建设等工作；承担全区传统村落保护发展工作；承担全区农民增收和低收入农户帮扶工作；承担宅基地调查、分配、使用、流转、纠纷仲裁管理和宅基地合理布局、用地标准、违法用地查处、闲置宅基地和闲置农房利用等相关的事务性、服务性工作；负责其他新农村建设方面的管理、监督、协调等方面的事务性、服务性工作。9 月 13 日，整合组建北京市通州区农业技术综合服务中心，为区农业农村局所属相当副处级财政补助事业单位，类别为公益一类。主要职责为负责全区种植业、畜禽养殖业、水产养殖业及农业机械化新技术、新品种的引进、研究、研制、试验和推广工作；承担全区农作物病、虫、草、鼠害及动物疫情的监测、预报和报告，应急防疫物资和技术的储备工作；承担动物疫病诊断、净化、强制免疫疫苗供应工作；开展种植业、畜禽养殖业、水产养殖及农业机械化技术培训；为全区种植养殖户提供产、供、销市场信息；负责农业清洁生产和低碳与循环农业建设，农田、农业野生物种及农产品产地环境保护和管理的组织协调等相关的事务性工作，配合农业农村局落实农业绿色发展有关工作；承担所属事业单位的资产、财务及人员的管理与协调工作。不再保留北京市通州区种植业服务中心、北京市通州区农机服务中心。

（董嘉迪）

区直机关工作

【概　况】 2020年，中共北京市通州区委区直属机关工作委员会（简称区直机关工委）领导70家单位党组织（23个党委、10个党总支、37个机关党支部），所属党员8086人，其中在职党员6526人、离退休党员1560人。发展党员98人，其中火线发展党员2人。区直机关工委以党的政治建设为统领，以持续巩固深化“不忘初心、牢记使命”主题教育成果为契机，坚持党建引领，坚决做好新冠疫情防控工作，围绕服务副中心建设大局，不断提升区直机关党建工作水平。

【疫情防控工作】 2—8月，区直机关工委积极号召广大在职党员干部下沉到疫情防控一线。据统计，全系统下沉干部905人，下沉服务时长达246天。

【机关党委成立机关纪委】 8月7日，召开机关党委成立机关纪委工作部署会，明确机构设置、人员配备、组织领导、工作职责和工作程序。11月4日，召开机关党委成立机关纪委工作推进会，年底基本完成机关纪委成立工作。

【教育培训】 9月3—4日，在区委党校举办入党积极分子培训班，161名入党积极分子参加培训。9月7—9日，在区委党校举办党员发展对象培训班，98名党员发展对象参加培训。11月30日至12月2日在区委党校举办党组织书记培训班，69家基层党组织书记参加培训。

【群团活动】 9月28日、29日，在动客空间运河体育中心举办区直机关第16届羽毛球团体比赛，共有男女34支代表队、134名运动员参加比赛，其中16支代表队获奖。

【关爱帮扶】 2020年“春节”、“七一”建党节等节日期间慰问困难党员79名，发放慰问金共计79000元。

（苏东跃）

网络安全

【概　况】 2020年，区委网信办深入学习贯彻中央和市委网络安全和信息化工作会议、中央和市委宣传思想工作会议精神，围绕统筹疫情防控和服务经济社会发展这条主线，突出政治引领，突出顶层设计，突出统筹协调，突出务实求效，网上宣传引导、网络信息管理、网络安全保障等各项工作取得重要进展，构建风清气朗的副中心网络空间格局。

【疫情防控宣传工作】 2月，开设“#副中心战‘疫’#”微博话题，引导全区各单位及自媒体全面参与话题互动，话题总阅读量778.6万次；组织参与“#北京战疫全力以赴#”“#健康北京战疫有我#”“#基层防疫在行动#”“#春花摄影大赛#”等话题，多方位、多渠道回应社会关切，提振市民信心，共同营造疫情防控良好氛围。

【首都网络安全日宣传】 4月29日，围绕“深入开展‘净网2020’专项行动”“山河无恙 网络清朗”“战疫有我，网络安全在行动”“网络安全同担，网络生活共享”四大主题，组织全区各单位开展第七届“4·29”首都网络安全日系列宣传活动，举办“净网2020”网络安全知识答题活动，助力副中心营造清朗的网络空间，倡导副中心各界人士和网民百姓共同增强网络安全意识、承担网络安全责任、维护网络空间秩序。

【网络安全保障】 5月，完成全区网络安全现状和风险调研工作，摸清通州区党政机关网站和信息系统底数，建立网络安全工作基础台账，为完善网络安全长效工作机制打下坚实基础。8—10月，联合区公安分局、区经信局开展网络安全实地检查，及时通报问题并督促整改，提升全区整体网络安全防范能力。年内，通过对党政机关网站动态监测，分析研判，形成年、季、月、周监测分析报告，实现监测、反馈、整改全闭环，建立常态化的网络安全工作季度会商研判机制。

【开展“‘旗’心协力 圆梦小康”网上主题传播活动】 7月，策划开展“‘旗’心协力 圆梦小康”网上主题传播活动，利用微话题、短视频、直播、H5、创意图文等新媒体形式，宣传推广通州区扶贫支援工作典型案例，讲好副中心扶贫故事。发布《扶贫干部带你走三旗》系列短视频报道13期；在新浪微博、今日头条等平台，开设“#旗心协力圆梦小康#”“#扶贫干部带你走三旗#”“#快来康康这大美草原#”等话题，总阅读量突破1.8亿次；举办推介内蒙古三旗旅游和产品资源的直播活动4期，总观看量超过350万次；推出短视频、创意H5《心愿寄语》《一纸飞机》2期，图文报道9期，助力坚决打赢精准扶贫攻坚战，营造全面建成小康社会的强大舆论氛围。

【“北京城市副中心·为美好而来”服贸会AR会客厅直播】 9月6日，区长赵磊和文化旅游区、新城建管委、张家湾设计小镇等重点项目主要负责人与《北京日报》主持人共话副中心发展和热点民生，AR直播时长达90分钟，视频总传播量2458万余次，取得良好的传播效果。

【国家网络安全宣传周活动】 9月14日，在通州区亚太花园酒店举办2020年通州区国家网络安全周宣传周启动仪式。9月14—22日，组织区教委、区公安分局等15家单位，通过网络安全知识线上答题、网络安全进社区进企业，以及校园日、电信日、法治日、金融日、青少年日、个人信息保护日六大主题日活动等方式，多角度、多渠道、多形式开展网络安全系列宣传，营造网络安全宣传周的浓厚氛围。安全周期间，首次开展网络安全知识进军营活动，进一步扩大宣传受众面。

9月14日，举办2020国家网络安全周通州区启动仪式演练培训活动（区网信办提供）

【首次开展网络安全应急演练活动】 9月14日，在通州区亚太花园酒店首次开展通州区网络安全应急演练，全区党政机关150余人参加。通过应急处置桌面推演、专题培训等活动，指导政府涉网部门切实履行网络安全主体责任，坚持依法治网、依法办网、依法上网，构建系统、全面的网络安全保障体系。

【制作《人民记忆：百年百城——通州奔小康》宣传视频】 12月，制作推出《人民记忆：百年百城——通州奔小康》，突出展示中华人民共和国成立以来，尤其是中共十八大以来，在以习近平同志为核心的党中央的坚强领导下，城市副中心经济社会发展取得的重大成就，生动展现副中心日新月异的发展变化和人民群众不断提高的获得感、幸福感和安全感。视频传播量近400万次，有效发挥正面典型的示范、引领和带动作用，弘扬时代主旋律，积极传播正能量。

【推出“副中心的国际范儿”网上主题宣传活动】 12月25日，由区委宣传部、区委网信办主办，环球网承办的“副中心的国际范儿”主题沙龙活动，在北京国际财富中心举行，邀请各领域专家学者、网络知名人士、副中心企业代表共话副中心的国际化发展，体验运河商务区、张家湾设计小镇等具有副中心特色的国际化地标，利用新媒体矩阵和网络名人传播优势，展现城市副中心的独特魅力。活动总传播量超8062万次。

【推出“新时代‘欣’通州，北京城市副中心这一年”主题宣传活动】 2020年，推出“新时代‘欣’通州，北京城市副中心这一年”主题宣传，以长图文、原创动画、创意H5、特色长图等多种形式，发布系列宣传报道13篇，同时举办中央媒体采风团落地副中心活动，推出重点报道8篇。

【开展“‘通’向副中心”专题活动】 2020年，在今日头条平台搭建“‘通’向副中心”头条专题，制作《“通”向副中心》城市宣传视频，策划微头条抽奖活动，以“创意内容＋用户互动”的形式，使该话题实现裂变式传播，累计聚合副中心相关资讯近2600条，阅读量达到1500万余次。

【持续打造“你好，副中心”网宣品牌】 2020年，着力构建新媒体统一战线宣传内容生态体系，联动政务新媒体、区内自媒体、知名网络大V，全方位立体打造“你好，副中心”的网宣品牌，使北京城市副中心的新形象新面貌更加深入人心。“＃你好，副中心＃”微博话题阅读量突破3亿次，参与讨论6万次。

【统筹开展全区重点工作网上宣传】 2020年，区委网信办统筹全区相关单位、区内自媒体利用新媒体平台，围绕垃圾分类、北京消费季“欢乐通州·欢乐购”、“书香副中心”全民阅读、“我们的节日·端午节”、“2020通州榜样”主题活动等全区重点工作集中开展宣传报道。指导开设了“＃潞晓分带你垃圾分类＃”“＃欢乐通州欢乐购＃”“＃书香副中心＃”“＃今年端午怎么过＃”“＃通州榜样＃”等微博话题，引导网民、网络大V、全区各单位等参与互动，话题阅读量超70万次；开设知乎官方账号“潞尚有君”，报道垃圾分类工作，发布文章20余篇，吸引粉丝5万余人。指导4家自媒体策划推出“通州之声”专题原创短视频、“副中心十二景”系列短视频、系列主题原创文章、“最美副中心”摄影大赛、《副中心2020》专栏、《我们的大运河》栏目等，持续提升“你好，副中心”外宣品牌影响力。

【启动“银发网络知识小课堂”】 2020年，启动“银发网络知识小课堂”，上线7节课程，利用新媒体平台向老年人提供丰富有趣、实用性强、通俗易懂的网络课程，广泛普及网络安全知识和安全用网技能，受众达数万人次。

（李瑞）

保密工作

【概　况】 2020年，通州区的保密工作始终以习近平新时代中国特色社会主义思想为指导，全面贯彻落实中共十九大和十九届二中、三中、四中、五中全会精神，深入贯彻落实习近平总书记关于加强保密工作的重要指示批示精神，提高政治站位，坚持改革创新，聚焦短板弱项，以确保国家秘密安全为目标，扎实推进保密法治、宣传教育、科技支撑、监督检查和服务保障能力建设，全年无失泄密事件发生，在全市保密自查自评工作中，通州区评定等级为优秀。

【加强国家秘密事项备案与管理】 3月12日，印发《关于做好定密事项报备工作的通知》，统计2019年度全区各单位产生、派生的国家秘密事项及定密责任人情况，对各单位产生、派生国家秘密事项及定密责任人情况进行汇总备案。

【召开保密委员会全体（扩大）会议】 4月22日，区委常委会传达学习中央市委保密工作会议精神，区委书记、区长分别提出具体指导意见。7月15日，召开中共北京市通州区委保密委员会全体（扩大）会议，区委保密委专职副主任、区国家保密局局长赵振华主持会议，会上传达市委保密委员会情况通报，审议通过区委保密委员会2020年工作意见。

【考试保密监督检查工作】 5—12月，完成各类考试保密管理工作。全年各项考试都签订保密承诺书，制定印发《通州区2020年中高考、成人高考、自学考试保密工作方案》及《通州区失泄密事件应急处置机制流程》，向全区各单位印发《加强考试期间保密工作的通知》。克服疫情带来的不利影响，对中高考、英语四六级考点保密室进行实地检查，保障通州区各类考试工作的顺利进行。

【加强对离岗离职涉密人员的从业管理】 6月11日，向全区各单位印发《关于加强离岗离职涉密人员从业保密管理的通知》，统计相关人员情况，并对人员信息进行汇总备案。

【加强互联网邮箱管理】 7月3日，向全区各单位印发《关于切实加强互联网邮箱保密管理的通知》，在对全区各单位互联网邮箱使用情况进行全面摸排的基础上，督促提醒各单位禁止利用私人邮箱收发工作邮件，并对邮箱内邮件进行全面清理，完成非必需邮箱账号的注销工作。

【疫情防控期间保密工作】 7月7日，向全区各单位印发《关于进一步加强通州区疫情防控期间保密工作管理规定》，督促指导各单位应对疫情防控期间保密工作可能出现的各类风险隐患。同时，印发《关于开展通州区疫情防控期间保密执法检查方案》，结合疫情要求，从严格落实领导干部保密工作责任制、加强保密制度建设、加强保密宣传教育等16个方面对重要单位、重要部门开展保密检查，确保疫情防控期间国家秘密和工作秘密安全。

【开展保密培训】 7月15日、22日、29日分别举办3场保密大讲堂活动。11月25—27日，举办全区保密培训工作会，全区103家单位500余人次参加，发放限时版保密检查工具100套。

【开展自查自评】 7月28日，印发《关于开展保密检查的通知》，8—11月，分3批次对全区各单位开展保密自查自评和疫情防控期间保密工作落实情况检查。自查自评采取听汇报、查资料、问询，现场指导问题，出具整改意见的方式进行。并于9月7日、12月4日，经区主管领导审阅同意后，向各单位印发情况通报，进一步从制度层面推进全区自查自评常态化开展。

【开展集中解密审核工作】 8月25日，向全区各单位印发《关于开展集中解密审核工作的通知》，统计各单位需要进行解密变更的情况，12月2日形成报告报送市国家保密局。

【“双随机”保密检查】 8—9月，对通州行政区域内的武器装备科研生产定点单位进行“双随机”(在监管过程中随机抽取检查对象，随机选派执法检查人员）检查，重点检查保密管理体系运行等9个方面工作情况，检查中将严格程序，严查问题，廉政监督贯穿始终，并针对检查情况进行问题汇总，形成通报，要求整改。

【保密委员会成员调整】 9—10月，根据相关区领导职务变动情况，连续向全区各单位印发《关于调整中共北京市通州区委保密委员会组成人员的通知》，2次对保密委成员进行及时调整。

【开展保密宣传工作】 9月22日，向全区各单位印发《关于开展纪念保密法修订实施十周年法制宣传月活动的通知》，10月，在全区范围内开展纪念保密法修订实施十周年法制宣传月活动。其间，大力推进保密普法进校园，为全区33家中学、63家小学发放宣传挂图，举办“国旗下讲话”、主题班会等活动；组织开展“依法治密大家谈”征文活动并选送优秀作品20余份报送市国家保密局。紧扣“4·15”国家安全教育日、“12·4”国家宪法日等重要时间节点，在全年保密宣传教育活动中，每月向全区领导干部和涉密人员有针对性地发送保密警示彩信，全年发送4万余条。

【涉密载体销毁】 2020年，分2批次完成全区国家秘密载体集中销毁工作，销毁各类载体16.5吨。

（郝淳）

老干部工作

【概　况】 2020年，通州区老干部工作坚持落实老干部工作领导责任制，筑牢离退休干部思想根基，印发《2020年关于进一步加强全区离退休干部党建工作的意见》，推动区属各单位将老干部工作责任制落到实处。举办离退休干部党支部书记培训班和北京市离退休干部秋季理论学习班，累计培训70余人次。统筹做好疫情防控，全力以赴做好疫情防控工作。累计有600余名老干部参与值班巡查、宣传劝导、卫生消毒、体温检测等防疫工作，838名老干部主动为防疫一线捐款捐物215822元。牢固树立精准理念，满腔热忱做好老干部服务保障工作。对全区离退休干部及遗属情况进行深入调查摸底，针对退休干部困难群体，探索研究退休干部帮扶解困新方法，为抗战早期参加革命工作的离休干部发放生活补贴，解决生活困难，“双节”（十一和春节）期间慰问离退休干部、抗战老战士，送去组织关怀和温暖。为全区离休干部落实发放养老服务津贴，走访区卫健委、潞河医院等单位，了解全区离退休干部就诊难题。组织动员老干部身体力行，助力垃圾分类和物业管理2个“关键小事”，全区4个街道的35支老党员先锋队，700余名老党员志愿者以及200余名退休党员干部，担任小区垃圾分类工作的宣传员和倡导文明行为的指导员。组织“我看脱贫攻坚新成就”专题调研，广大老干部通过视频、书法、绘画等多种方式助力打赢脱贫攻坚战。开展“增添正能量·共筑中国梦”系列活动，老干部围绕民生民享等问题提出意见建议。成立通州区老党员先锋队总队，统一协调全区各社区老党员先锋队开展活动。老干部宣讲团参加2020年通州区优秀百姓宣讲视频评选比赛，获得十佳百姓宣讲视频奖、百姓宣讲工作优秀组织单位荣誉。

【离退休干部基本情况】 截至2020年底，由通州区委老干部局服务管理的离退休干部1045人。具体包括离休干部123人（包括易地离休干部6人、区县级离休干部2人），退休干部922人（包括区县级退休干部49人、正处退休干部413人、副处退休干部460人）。离休干部平均年龄91岁，年龄最大的98岁，年龄最小的84岁。抗战时期参加革命工作的离休干部17人，解放战争时期参加革命工作的离休干部100人。去世离休干部无工作配偶54人。处级退休党员干部917人，离休干部党员84人。全区有离退休干部党支部32个。老党员先锋队35支470余人。老干部宣讲团成员25人。

【处级退休干部观看文艺演出】 元旦期间，通州区委老干部局组织处级退休干部到人民大会堂宴会厅，观看由中国退伍军人艺术团演出的“不忘初心，红色主题名家与经典大型演唱音乐会”，100余名处级退休干部参加活动。

【老干部迎新春座谈会】 1月19日，通州区老干部迎新春座谈会在通州区政府二层会议室举行。区委书记曾赞荣，区委副书记、区长赵磊，区人大常委会主任李玉君，区政协主席赵玉影，区委副书记初军威，区常务副区长刘贵明，区委办公室主任鲁新红，区委组织部常务副部长赵志刚，区委组织部副部长、老干部局局长王增哲等领导，陪同区县级离退休老干部们欢聚一堂，喜迎新春佳节。会上向与会老领导汇报通州区经济社会发展情况以及发展总体思路。老领导们认真听取汇报，提出自己的意见，希望城市副中心发展得越来越好。

【关工委成立 35 周年纪念大会召开】 9 月 6 日，通州区召开区关工委成立 35 周年纪念大会。中国关工委主任顾秀莲，市关工委主任梁伟，市关工委常务副主任李昭玲，区委书记曾赞荣，区委副书记、区关工委主任刘东伟出席会议。大会传达了习近平总书记在中国关工委成立 30 周年暨全国关心下一代工作表彰大会上重要指示精神。会上，为通州区颁发全国关心下一代工作先进集体奖牌，为 2 名全国关心下一代工作先进工作者颁发奖章，对通州区 18 名获关心下一代工作突出贡献奖、96 名关心下一代工作先进工作者、56 名关心下一代工作先进个人、17 个关心下一代工作品牌奖单位进行表彰；宣读新获批的 17 家青少年校外教育基地名单并授牌。

【组织全区离退休干部体检】 为进一步将区委、区政府对广大离退休干部的关心和爱护落到实处，增强老干部们的保健意识，及时了解和掌握他们的身体健康状况，切实做到有病早医，无病早防。从 10 月 26 日开始，通州区委老干部局组织全区离退休干部展开为期 7 天的体检活动。

（井艳菊）

党校教育

【概　况】 2020 年，区委党校以习近平新时代中国特色社会主义思想为统领，坚持“党校姓党”原则，围绕中心工作，一手抓疫情防控，一手抓主业主课，将疫情防控与教学培训紧密结合，举办各类培训班次 15 期，培训 1398 人次。培训班次主要包括对口协作湖北武当山特区培训班 1 期共 120 人，对口支援西藏培训班 1 期共 105 人，对口帮扶内蒙古培训班 2 期共 246 人，入党积极分子培训班 1 期共 317 人，党员发展对象培训班 1 期共 98 人，新任处级领导干部培训班 1 期共 26 人，西藏拉萨市城关区优秀中青年干部培训班 1 期共 30 人，街乡依法行政培训班 1 期共 68 人，卫生健康工委基层党组织书记及科级干部培训班 1 期共 59 人，城市副中心干部“知识更新计划”培训班 1 期共 105 人，机关党组织书记培训班 1 期共 57 人，城市副中心“两区”建设培训班 1 期共 94 人，城市副中心街道科职干部培训班 1 期共 33 人，统战干部培训班 1 期共 40 人。

11 月 6 日，西藏拉萨市城关区优秀中青年干部培训班结业，并颁发结业证书　　（区委党校提供）

【疫情防控】 2020 年，面对疫情大考，区委党校统筹谋划疫情防控下主业主课。强化校园出入管理、卫生安全、值班纪律等各项防控制度的落实，制定《区委党校开班工作方案》，形成训前、训中、训后的全程管理，为学员建立起科学有效的防护网，实现教学工作不停摆、不迟滞、不延误。

【完善课程体系建设】 2020年，在疫情影响下，区委党校调整工作重心，强化专题开发力度，首次采用“一人试讲、全员参评”方式开展十九届四中全会精神新专题试讲活动。组织“四史”专题开发，年内开发新专题16个。完善“一校两院”师资库、专题库和基地库，启动“三庙一塔”基地建设，丰富培训资源，优化课程体系。

【科研咨政】 2020年，构建“教学出题目、科研做文章、成果进课堂进决策”的一体化机制。围绕城市副中心建设发展大局，立项科研课题4项，4篇调研论文入选《北京市情研究文辑（第二辑）》一书；《在疫情防控大考中，依法规范捐赠受赠工作的思考》被北京政府法制研究会评为建言类三等奖；《关于北京城市副中心老城“双修”中文脉修补的几点思考》的调研报告获区政协副主席朱志高肯定性批示。党校教师指导设计的“社区线上协商议事平台”、“社区微学院”和“社区疫情联防联控工作任务及实施指引”系列微课，在基层城乡社区疫情防控中起到重要作用。充分发挥学术引领作用，应邀参加国企党建研讨会、赴雄安新区对社区治理工作进行座谈，并做主旨发言。

【开放办学】 2020年，将开放办学作为提高党校办学质量的重要途径，主动深度参与全区党员教育培训。自8月份启动宣讲后，开展宣讲112场，1名党校教师被中宣部评为2020年度基层理论宣讲先进个人；指导梨园镇建立党校基层分校，探索党员培训新模式。

【学历教育】 2020年，市委党校2017级在职研究生班全员结业，2018级在职研究生班正常开展学年教学计划。

（张云桥）

党史和地方志工作

【概　况】 2020年，面对突如其来的新冠肺炎疫情带来的严峻考验，区委党史工作办公室（区地方志工作办公室）围绕副中心建设大局，在全力抗击疫情的同时坚持以存史、资政、育人为根本任务，狠抓资料收集、著作编研等工作，推进《中共北京市通州区历史》编辑工作，开展《通州区党史资料汇编（2019）》编纂工作，完成《北京通州年鉴（2020）》编辑出版工作，完成《通州区地名志》复审稿，做好特色乡镇村志编修工作，开展党史和地方志宣传教育活动。

【推进《中共北京市通州区历史》编辑工作】 7月，根据市委党史研究室对《中共北京市通州区历史（征求意见稿）》提出的意见进行修改，形成的初审稿进入初审环节；聘请3位专家参与初审，同时向区里50家单位征求意见，在专家和相关单位意见基础上进行修改完善后，9月17日在市委党史研究室召开初审会并顺利通过初审；之后按照市委党史研究室、专家和相关单位意见组织第二、三轮修改，至11月底完成三轮修改，12月30日召开复审稿专家评审会。编辑工作有序推进，为庆祝中国共产党建党一百周年做好准备。

9月18日，《中共北京市通州区历史》初审会
（区委党史办提供）

【《北京通州年鉴（2020）》出版】 12月，出版《北京通州年鉴（2020）》。设32个类目，下设178个分目，1799个条目，收录276幅图片、3张表格。该卷年鉴全面记述2019年通州区自然、政治、经济、文化、社会发展的基本情况，翔实记录通州区作为北京城市副中心的发展和建设进程。全书95万字。

【《通州区新冠肺炎疫情防控大事记》编写工作】 2020年6月，根据副区长董明慧批示，由区防控办牵头、区志办具体负责的《通州区新冠肺炎疫情防控大事记》编写工作正式启动。7月中旬，向全区90余家单位发出通知征集与通州区疫情防控相关的大事、要事，共收集文字材料上百万字、图片数百张。随后，区志办对征集来的相关材料进行认真审核、筛选，严把政治观、体例关、质量关，在内容取舍、条目编排上下大功夫，9月完成10万余字的初稿，重点记录通州区有关新冠肺炎疫情防控的各项决策部署工作，客观记录通州区新冠肺炎疫情防控工作的真实进程和经验做法。11月初完成征求意见稿，向全区各相关单位征求意见，并根据疫情防控工作进展随时补充新增内容。

【开展《通州区党史资料汇编（2019）》编纂工作】 2020年，向区40家机关单位、5个街道、11个乡镇共征集到232篇资料、812张图片，在此基础上完成《通州区党史资料汇编（2019）·亮点聚焦》《通州区党史资料汇编（2019）·工作盘点》的初稿编纂工作。为各级领导干部了解通州经济、社会历史发展脉络，总结经验、汲取教训，推动未来各项工作的开展提供参考和借鉴。

【《通州区地名志》编修工作】 2020年，经向相关单位、乡镇、街道征求意见并认真修改，于7月形成约40万字的《通州区地名志》初审稿。区志办邀请3位地名专家对初审稿进行审阅，通过先后4次面对面指导交流和多次电话沟通，收到大量审稿意见建议反馈。经过不断修改补充，于年底完成复审稿，预计2021年正式出版成书。

【指导基层修志】 2020年，区志办先后组织志书专家对《潞城镇志》《宋庄镇志》初审稿进行评审，对存在的问题提出意见和建议，截至年底，《潞城镇志》已完成复审，进入终审环节，《宋庄镇志》正在根据专家初审意见进行修改完善。指导《小堡村志》印刷成书。指导《张庄村志》完成初稿，准备召开审稿会。完成《通州区水务志》初审稿审阅。

【史志宣传】 10月，开展史志宣传月“史志进社区”活动，向通州区后南仓社区赠送《战疫：人类历史上的悲壮记忆》《北京党史》《北京地方志》等史志书籍，让更多的人了解通州历史文化、红色文化，进一步激发爱国、爱家乡之情。

（张莉）

2021

通州区人民代表大会

北 京 通 州 年 鉴

城市绿心森林公园（摄影 郭建华）

综　述

【概　况】 2020年，面对前所未有的挑战，通州区人大充分发挥人民代表大会的制度优势，依法忠诚履职、担当使命，以习近平新时代中国特色社会主义思想为指导，深化对北京城市副中心战略定位的认识，围绕区委、区人大常委会决策部署，以战疫情、稳工作推动社会事业发展和促进民生改善为工作重点，推动疫情防控常态化，聚焦重大事项，强化统筹协调，促进各项工作任务均衡发展，在副中心发展大局中做出新的贡献。

【主要工作】 2020年，召开常委会会议9次，主任会议11次，听取和审议区“一府一委两院”专项工作报告27项，开展执法检查4项，依法作出决议、决定42项，任免国家机关工作人员120人次，依法补选区、乡镇人大代表28名。以更高标准、更高质量、更高水平完成各项工作任务，为北京城市副中心建设提供坚实的民主法制保障。

（杨昊）

依法审议决定重大事项

【六届人大常委会常委会会议】 2月27日，区六届人大常委会召开常委会会议。表决通过《关于许可对北京市通州区第六届人大代表王某采取强制措施的决定》。会议就疫情防控提出要求并指出，疫情防控期间，区人大常委会党组落实中央疫情防控精神和市委、区委要求，成立机关疫情防控领导小组，传达指示精神、提出防范要求、建立工作机制，把握疫情防控总要求；做到机关工作和疫情防控两手抓，机关人员尽职尽责，机关运转有序有效，响应区委疫情防控工作要求，选派优秀机关干部下沉乡镇、社区参与基层一线防控，组织机关党员到社区参与疫情防控；动员各级人大代表立足工作岗位、参与联防联控工作，贡献人大力量。会议要求，各办公室要结合市人大会议精神和区委决策部署，精心谋划工作要求，高标准服务副中心建设。

【六届人大常委会第二十九次会议】 3月24日，区六届人大常委会召开第二十九次会议，表决通过北京市通州区人大常委会2020年工作要点，表决通过区政府关于2020年通州区政府重要民生实事项目有关情况的报告和北京市通州区2020年新增地方政府债务及区级预算调整方案，审议区人大财经委关于北京市通州区2020年新增地方政府债务及区级预算调整方案的审查结果报告及区人大常委会代表联络室关于北京市通州区第六届人大民代表大会第六次会议代表建议、批评和意见综合分析报告，表决通过关于补选部分乡镇人大代表的决定。

【六届人大常委会第三十次会议】 4月23日，区六届人大常委会召开第三十次会议，表决通过关于补选部分乡镇人大代表的决定。

【六届人大常委会第三十一次会议】 6月12日，区六届人大常委会召开第三十一次会议，听取区政府关于北京市通州区新型冠状病毒疫情防控工作情况的报告，审议区政府关于大气污染移动源防治工作的报告及区人大城建环保委关于大气污染移动源防治工作的调研报告。表决通过关于补选部分乡镇人大代表的决定。

【六届人大常委会第三十二次会议】 8月26日，区六届人大常委会召开第三十二次会议，审议区政府关于2020年上半年工作情况的报告、2019年区级决算草案的报告、关于北京市通州区2019年预算执行和其他财政收支的审计工作报告、关于北京市通州区2020年上半年预算执行情况的报告以及北京市通州区2020年国民经济和社会发展计划上半年执行情况的报告，审议区人大财经委关于北京市通州区2019年区级决算草案的审查结果报告和通州区2020年国民经济和社会发展计划上半年执行情况的意见和建议，表决通过关于设立北京市通州区人民代表大会常务委员会文景、九棵树、临河里、杨庄、潞邑街道工作委员会的议案（草案）和说明与关于补选部分乡镇人大代表的决定。

【六届人大常委会第三十三次会议】 10月22日，区六届人大常委会召开第三十三次会议，审议区政府关于法治政府建设工作情况的报告，北京市通州区2020年区级预算调整方案的报告，区人大常委会法制办关于坚持依法行政、推动法治政府建设的调研报告，区人大财经委关于北京市通州区2020年区级预算调整方案的审查结果报告并作出该调整方案的决议。审议区政府关于通州区创建北京市公共文化服务体系示范区情况的报告、区人大常委会教科文卫体办主任关于通州区创建北京市公共文化体系服务示范区情况的调研报告，审议区政府关于农村人居环境整治及美丽乡村建设长效管护工作情况的报告、区人大常委会农村办关于美丽乡村建设长效管护工作情况的调研报告，表决通过关于补选部分乡镇人大代表的决定、个别区人大代表辞去代表职务有关事项和北京市通州区人大及其常委会规章制度修订稿。

【六届人大常委会第三十四次会议】 11月18日，区六届人大常委会召开第三十四次会议，听取区政府关于北京市通州区2019年企业国有资产管理情况的专项报告，审议区政府关于北京市通州区2019年国有资产管理情况的综合报告、北京市通州区2019年区属国有企业国有资产管理情况的专项审计工作报告、区人大财经委关于北京市通州区2019年国有资产管理情况综合报告和企业国有资产管理情况专项报告的意见和建议，表决通过关于批准北京市通州区2020年国民经济和社会发展计划部分指标目标调整方案的决议，审议通过关于接受部分区人大代表辞去代表职务的决定和补选部分镇人大代表的决定，审议区监察委关于监督工作情况的报告，表决通过区人大常委会代表资格审查委员会关于北京市通州区第六届人民代表大会代表的代表资格审查报告和关于补选部分乡镇人大代表的决定。

【六届人大常委会第三十五次会议】 12月4日，区六届人大常委会召开第三十五次会议，审议区政府关于加强城市管理议案办理情况的报告、区人大常委会城建环保办关于加强城市管理议案督办工作的报告，审议区政府关于通州区2019年环境状况和环境保护目标完成情况的报告、北京市通州区2019年预算执行和其他财政收支审计查出问题整改情况的报告。审议区人大财经委关于北京市通州区2019年预算执行和其他财政收支审计查出问题整改情况报告的意见和建议，审议区政府关于2020年北京市通州区人大代表建议、批评和意见办理情况的报告，区人大常委会代表联络室主任杨东莲所作的关于2020年北京市通州区人大代表建议、批评和意见办理督办情况的报告。表决通过关于召开区六届人大七次会议有关事项和补选部分乡镇人大代表的决定。表决通过关于许可对个别区人大代表采取刑事强制措施的决定。

【六届人大常委会第三十六次会议】 12月17日，区六届人大常委会召开第三十六次会议，表决通过区人大常委会代表资格审查委员会关于补选通州区第六届人民代表大会代表的代表资格审查报告，表决通过关于召开区六届人大七次会议有关事项。

（杨昊）

重要会议

【六届人大六次会议】 1月3—6日，区六届人大六次会议在阳光国际会议中心召开。会议听取和审议区政府工作报告、区人大常委会工作报告、区法院工作报告、区检察院工作报告，审议区2019年国民经济和社会发展计划执行情况与2020年国民经济和社会发展计划（草案）的报告、区2019年财政预算执行情况和2020年财政预算（草案）的报告。审议关于设立北京市通州区第六届人民代表大会社会建设委员会、变更个别专门委员会名称的决定（草案），关于北京市通州区第六届人民代表大会社会建设委员会主任委员、副主任委员、委员人选的表决办法（草案）。审查和批准区2019年国民经济和社会发展计划执行情况的报告与2020年国民经济和社会发展计划、区2019年财政预算执行情况的报告和2020年财政预算，通过相应决议。表决通过关于设立北京市通州区第六届人民代表大会社会建设委员会、变更个别专门委员会名称的决定（草案），关于北京市通州区第六届人民代表大会社会建设委员会主任委员、副主任委员、委员人选的表决办法（草案）。

【第二次主任会】 4月21日，召开区人大常委会2020年度第二次主任会暨专题主任会议，听取区人民法院院长陈立如所作的关于北京市通州区人民法院关于优化营商环境情况的汇报及其他议题。

【执法检查启动会】 5月19日，召开《北京市生活垃圾管理条例》、《北京市物业管理条例》和《北京市街道办事处条例》执法检查启动会。

【第三次主任会】 5月26日，召开2020年度第三次主任会暨专题主任会议，专题听取区政府关于推进老旧小区物业化管理情况的汇报，听取区人大财经委关于开展北京城市副中心（通州区）“十四五”规划纲要编制专题调研工作方案的汇报。

【第五次主任会】 6月18日，召开区人大常委会2020年度第五次主任会暨专题主任会议，专题听取区政府副区长王岩石所作的关于通州区创建国家森林城市工作情况的汇报及其他议题。

【第七次主任会】 9月17日，召开区人大常委会2020年度第七次主任会暨专题主任会议，视察通州区精神病院并专题听取区政府关于通州区精神卫生工作情况的汇报，听取区人大财经委关于2021年区级预算初步审查工作方案的汇报及其他议题。

【第九次主任会】 11月17日，召开区人大常委会2020年度第九次主任会暨专题主任会议，听取区政府关于通州区国民经济和社会发展第十三个五年规划纲要实施情况与北京城市副中心（通州区）国民经济和社会发展第十四个五年规划纲要编制情况的汇报及其他议题。

（杨昊）

监督工作

【概　况】 2020年，紧密结合新时代城市副中心肩负的使命，立足人大工作特点和优势，监督工作更加掷地有声，监督成效更加立竿见影。

【疫情防控】 坚决落实区委部署要求，一丝不苟执行纪律规定，步调一致投身疫情防控工作。全体人大代表、人大工作人员全员下沉一线，在各条战线、多个岗位同心谱写一曲抗击疫情的华美诗章。推动疫情防控常态化。常委会专题听取疫情防控情况报告，提出要补足突发公共卫生应急短板，提高主动应对能力，加强医院救治、社区服务、人才队伍建设。开展野生动物保护执法检查，提出法律修订的建议。

【聚焦重大事项】 聚焦重大事项，推动高质量建设发展。常委会广泛关注副中心“十四五”规划及二〇三五年远景目标，紧扣中央及市委关于“十四五”规划和二〇三五年远景目标纲要的建议，吃透精神、精准对表、明确重点、围绕民生、补齐短板，让人民共享城市副中心发展成果。保驾护航机构改革，把推动改革落地作为首要任务，及时依法任免机构改革调整人员，制定实施区人大常委会被任命干部书面报告履职情况的规定，29名区国家机关工作人员提交年度书面履职情况报告，其中2人向常委会作年度履职情况的报告。在新建街道办事处设立人大街工委，及时任免街工委主任。全面助力经济发展，围绕复工复产及“六稳”“六保”，不断加大监督力度，加强对每季度经济运行研判，听取和审议区政府上半年工作、计划、预算执行情况，依法调整计划、预算部分指标目标，对2020年度计划、预算执行与下年度计划、预算草案进行初审，组织视察创新中心项目，提出要加强顶层设计，吸引更多科技人才向副中心聚集，打造高质量发展的人才高地。加强对预算全口径监督，审查批准2019年决算、2020年新增政府债券、特别国债、预算调整方案，审查监督2021年部门预算、预算编制。组织代表参加财政支出绩效评价、预算事前绩效评估。充分发挥审计的监督作用，专题听取审计工作、审计查出问题整改情况的报告。不断强化预算审查联网监督，为代表审查提供支持。及时听取重大事项报告，常委会将为民办实事项目纳入区政府应报告的重大事项，审议决定将“农村地区饮用水改造”“老旧小区加装电梯”等33项纳入民生实事。

【强化统筹协调】 强化统筹协调，促进均衡发展。推动老城品质提升，主动设计，主动作为。六届人大一次会议上把加强城市管理确定为大会的议案，常委会持续4年接续督办，每年有计划，每季有重点，每月有进度，每天有变化。综合运用多种监督方式，靶向发力、精准撬动，推进城市治理向精治、共治、法治迈进。抓住“关键小事”推进基层治理，开展“两条例”执法检查，发挥法律巡视利剑作用，发挥人民代表大会制度优势和人大代表作用，增强人大监督实效，持续推动《北京市生活垃圾管理条例》《北京市物业管理条例》落地落实落责，促进“关键小事”在提升城市副中心治理能力和治理水平中发挥关键作用。倾情助推乡村振兴，常委会聚焦乡村振兴战略，多层面推动乡村人居环境改善、产业提升、农民增收。督促政府要高标准、高质量编制、实施镇域规划、村庄规划。推动生态环境建设，听取和审议年度环境状况和环境保护目标完成情况的报告，持续推动环境改善，以大气污染移动源防治为重点，开展专项执法检查。聚焦民生需求，布局优质资源，专题听取和审议创建公共文化服务体系示范区的工作报告，提出要打造特色文化产品，以重点项目推动创建成功。要推进公共文化服务标准化、均等化进程，满足群众需求。针对通州区精神卫生服务体系建设滞后于全市的现状，常委会明确提出要尽快开工改扩建现有医院，加大人才引进力度，调整布局，形成政府主导、上下联动、各方参与的高效服务体系。推动优质教育资源布局，检查中小学、幼儿园重点工程建设进展情况。不断加快进度，超前谋划教育储备项目，推动教育新老融合、城乡均衡。以法治为本，保障副中心建设发展，对推动法治政府建设提出建议，要确保完成《法治政府建设实施纲要（2015—2020年）》各项目标任务，科学制定法治政府建设五年规划，听取和审议区人民法院优化营商环境工作情况的报告，促进其履行职责。听取区检察院公益诉讼工作情况报告，听取和审议监察委监督工作报告，推动关口前移，提高监察质量。

（杨旻）

考察与调研

【概　况】 2020年，区人大常委会围绕全区中心工作、常委会工作要点和人大代表、人民群众关心、关注的热点问题，组织常委会组成人员、人大代表开展考察与调研。

【科学编制规划和纲要】 2020年，科学编制“十四五”规划和二〇三五年远景目标纲要。组织开展经济社会发展形势和“十四五”规划纲要编制情况的调研，开展企业国有资产管理情况的调研，推动政府国有资产管理能力持续提升。

【完善副中心城市治理体系】 2020年，围绕垃圾分类、物业管理、交通治理、人居环境改造、解答群众诉求等方面，组织委员代表调研、座谈、实地视察、听取汇报。针对代表关注的重点内容和调研中各方反映强烈的问题，突出老城区城市双修和“七有五性”提升这条主线，注重抓重点、强弱项、补短板，促进新老城共融发展，紧盯“两条例”落实、交通场站改造、公交线路调整、新增充电桩建设、老旧小区整治、架空线入地、背街小巷提升、运河两岸景观改造等重点内容，发挥专门委员会和人大代表作用，形成监督合力。组织部分常委会委员、专委会委员、人大代表深入实际搞调研、摸实情、听民意，全面提升副中心治理能力。

【关注社会发展重大事项】 2020年，常委会聚焦公共文化服务体系、教育重点工程建设、高精尖产业发展等方面深入调研，对北苑街道文体活动中心、潞城镇文化服务中心、通州区图书馆、北海幼儿园城市副中心园、首都师范大学附属中学通州校区、铜牛地块（北京未来设计园区）和创新中心（城市科技先行示范区）等地进行考察调研，推动通州区社会事业全面发展。

【深化代表联系选民工作】 2020年，结合推动代表联系选民站点建设，深入乡镇、街道、社区、村、单位，代表、代言员、群众中，征求民意，集中民智，不断创新代表工作方式方法。

（杨旻）

代表工作

【概　况】 2020年，深入贯彻中共十九大精神，全面落实市委、区委第五次人大工作会议的要求，牢固树立尊重代表、依靠代表、服务代表的工作理念，围绕《中华人民共和国代表法》，完善工作机制，增强工作实效。

【推动代表参与战疫防疫】 2020年，把握新冠疫情形势，进一步推动代表参与战疫防疫。疫情发生后，向代表发出倡议书，广泛号召各级代表参与疫情防控工作，示范带动全区人民聚力疫情防控工作，涌现出一大批典型事迹，代表不仅在防控工作中得到锻炼和提高，更加强自身的使命感、责任感，以及对社会主义制度优越性的认识。

【学习培训】 2020年，利用各种平台组织开展代表履职培训，邀请专家学者对代表进行辅导，深入学习人大制度和相关法律法规、各类专业知识，掌握审议、调研等工作方法，引导代表学用结合，把知识和经验上的收获转化为履职能力。

【代表联系选民】 2020年，巩固和深化代表联系选民工作站、工作点规范化建设，优化站点布局，坚持“八有、三公开”（代表联系选民工作站、点要做到“八有、三公开”；“八有”，即一要有场所，代表联系选民工作站、点应有活动场所并配备必要的学习资料、桌椅、电脑、触摸屏等办公设施；二要有标志，要悬挂“代表联系选民工作站、点”标牌，标牌要由代表联系选民工作站统一制作；三要有代表公示栏和代表联系选民信箱；四要有制度，即学习制度、活动制度、报告履职情况制度、接待选民工作制度和代表联系选民信箱管理制度等；五要有代表履职档案；六要有活动；七要有台账；八要有代表联系选民联络员；“三公开”，即公开代表身份、公开代表联系方式、公开代表职责）标准，加强硬件建设。同时，结合联动月、接待日，组织命题式代表联系选民活动，规范活动流程，坚持活动有主题、有组织，确保进站全员化、活动经常化。

【提升代表建议办理成效】 2020年，重视代表建议督办，组织开展建议办理工作交流和视察、评估等工作，起草代表建议督办报告、办理评估报告，对建议办理工作进行科学合理的分析研究，加强督办能力。坚持主任、副主任视察督办制度，对重点建议、难点建议加大督办力度，推动问题解决落实到位。

【履职服务管理】 2020年，推进代表履职档案建设，进一步完善《履职手册》，继续登记包括人大代表基本信息、代表履职活动登记和年度履职汇总表，议案、建议、批评和意见登记表等内容；推进市、区代表报告年度履职情况，指导乡镇人大完善落实报告履职情况制度。

（杨昊）

人事任免

【六届人大常委会第三十次会议任免情况】 4月23日，北京市通州区第六届人民代表大会常务委员会第三十次会议决定：任命楼俊峰为北京市通州区人民政府副区长，王付轩为北京市通州区财政局局长、冯源为北京市通州区市场监督管理局局长；任命孔钢城为北京市通州区人民代表大会常务委员会玉桥街道工作委员会主任；任命郭玉明、毛家宏为北京市通州区监察委员会委员。免去张春良北京市通州区财政局局长职务，高树田北京市通州区市场监督管理局局长职务；免去武顺金北京市通州区人民代表大会常务委员会研究室副主任职务，徐景发北京市通州区人民代表大会常务委员会玉桥街道工作委员会主任职务，羿永强北京市通州区人民代表大会常务委员会新华街道工作委员会副主任职务，米福清北京市通州区人民代表大会常务委员会中仓街道工作委员会副主任职务，张宝贵北京市通州区人民代表大会常务委员会北苑街道工作委员会副主任职务，张梅菊北京市通州区人民代表大会常务委员会玉桥街道工作委员会副主任职务；免去王岩军、西宝生北京市通州区监察委员会委员职务；免去黄笔镜、高建泉、李茂春北京市通州区人民检察院检察员职务。

【六届人大常委会第三十一次会议任免情况】 6月12日，北京市通州区第六届人民代表大会常务委员会第三十一次会议决定：任命于军为北京市通州区信访办公室主任；任命李迎新为北京市通州区人民法院副院长、审判委员会委员、民事审判一庭（家事审判庭）庭长，陈汉东为北京市通州区人民法院审判委员会委员，邱春阳为北京市通州区人民法院审判委员会委员，李中华为北京市通州区人民法院审判委员会委员、刑事审判庭庭长，曹越为北京市通州区人民法院审判委员会委员、综合审判庭庭长，杜鹏为北京市通州区人民法院审判委员会委员、民事审判二庭庭长，孙之智为北京市通州区人民法院审判委员会委员，唐亮为北京市通州区人民法院审判委员会委员、审判员，于俊平为北京市通州区人民法院立案庭（诉讼服务中心）庭长，马辉为北京市通州区人民法院张家湾人民法庭庭长，刘梅为北京市通州区人民法院马驹桥人民法庭庭长，原海涛为北京市通州区人民法院漷县人民法庭庭长，张硕果为北京市通州区人民法院立案庭（诉讼服务中心）副庭长，李福华为北京市通州区人民法院立案庭（诉讼服务中心）副庭长，何琳为北京市通州区人民法院立案庭（诉讼服务中心）副庭长，蒋为杰为北京市通州区人民法院刑事审判庭副庭长，赵程为北京市通州区人民法院刑事审判庭副庭长，王欢欢为北京市通州区人民法院刑事审判庭副庭长，徐寒军为北京市通州区人民法院民事审判一庭（家事审判庭）副庭长，芦玉杰为北京市通州区人民法院民事审判一庭（家事审判庭）副庭长，张燕为北京市通州区人民法院民事审判一庭（家事审判庭）副庭长，熊伟为北京市通州区人民法院民事审判二庭副庭长，钱笑为北京市通州区人民法院民事审判二庭副庭长，奉一兵为北京市通州区人民法院民事审判二庭副庭长，晋怡为北京市通州区人民法院民事审判三庭副庭长，佘亚妮为北京市通州区人民法院民事审判三庭副庭长，梁联林为北京市通州区人民法院民事审判三庭副庭长，叶福勇为北京市通州区人民法院民事审判三庭副庭长，许多清为北京市通州区人民法院张家湾人民法庭副庭长，雷小云为北京市通州区人民法院漷县人民法庭副庭长，崔鸿伟为北京市通州区人民法院行政审判庭副庭长，卫丹为北京市通州区人民法院综合审判庭副庭长，刘丹丹为北京市通州区人民法院综合审判庭副庭长，徐宪龙为北京市通州区人民法院综合审判庭副庭长，王鹏为北京市通州区人民法院审判员，李志祥为北京市通州区人民法院审判员。免去李翔北京市通州区人大常委会法制办公室副主任职务；免去靳国旺北京市通州区信访办公室主任职务；免去李中华北京市通州区人民法院刑事审判第一庭庭长职务，李迎新北京市通州区人民法院民事审判第一庭庭长职务，刘梅北京市通州区人民法院民事审判第二庭庭长职务，赵连峰北京市通州区人民法院民事审判第三庭庭长职务，朱璟北京市通州区人民法院民事审判第四庭庭长职务，刘秉浩北京市通州区人民法院张家湾人民法庭庭长职务，曹越北京市通州区人民法院马驹桥人民法庭庭长职务，孙天舒北京市通州区人民法院漷县人民法庭庭长职务，陈汉东北京市通州区人民法院审判监督庭庭长职务，徐寒军北京市通州区人民法院执行一庭庭长职务，马辉北京市通州区人民法院执行二庭庭长职务，石彦孝北京市通州区人民法院执行三庭庭长职务，徐宪龙北京市通州区人民法院宋庄人民法庭副庭长职务，王欢欢北京市通州区人民法院张家湾人民法庭副庭长职务，奉一兵北京市通州区人民法院漷县人民法庭副庭长职务，陈丹北京市通州区人民法院民事审判第四庭副庭长、审判员职务，贾毅北京市通州区人民法院民事审判第三庭副庭长、审判员职务，孙锋北京市通州区人民法院民事审判第二庭副庭长、审判员职务，唐述梁北京市通州区人民法院台湖人民法庭副庭长、审判员职务，侯晨阳北京市通州区人民法院民事审判第一庭副庭长、审判员职务，郭明伟、郭伟北京市通州区人民法院审判员职务。

【六届人大常委会第三十二次会议任免情况】 8月26日，北京市通州区第六届人民代表大会常务委员会第三十二次会议决定：任命郑皓为北京市通州区人民政府副区长，郭澜涛为北京市通州区科学技术委员会主任；任命郭宝圣为北京市通州区人民代表大会常务委员会法制办公室主任，刘美俊为北京市通州区人民代表大会常务委员会农村办公室主任，蔡力凯为北京市通州区人民代表大会常务委员会教科文卫体办公室主任，李智敏为北京市通州区人民代表大会常务委员会城建环保办公室主任，林正航为北京市通州区人民代表大会常务委员会新华街道工作委员会主任。免去杜德耕北京市通州区科学技术委员会主任职务；免去曹歧连北京市通州区人民代表大会常务委员会法制办公室主任职务，徐波北京市通州区人民代表大会常务委员会城建环保办公室主任职务，徐佩松北京市通州区人民代表大会常务委员会农村办公室主任职务，郭宝圣北京市通州区人民代表大会常务委员会教科文卫体办公室主任职务，蔡力凯北京市通州区人民代表大会常务委员会教科文卫体办公室副主任职务，李智敏北京市通州区人民代表大会常务委员会城建环保办公室副主任职务，曾智豪北京市通州区人民代表大会常务委员会办公室副主任职务，滕永新北京市通州区人民代表大会常务委员会新华街道工作委员会主任职务；免去高文斌北京市通州区人民法院审判委员会委员、审判员职务，徐东北京市通州区人民法院审判委员会委员、审判员职务，刘井玉北京市通州区人民法院行政审判庭副庭长、审判员职务，曹玉乾北京市通州区人民法院立案庭副庭长、审判员职务。

【六届人大常委会第三十三次会议任免情况】 10月22日，北京市通州区第六届人民代表大会常务委员会第三十三次会议决定：任命耿磊为北京市通州区经济和信息化局局长、房亚军为北京市通州区人力资源和社会保障局局长、曹树常为北京市通州区水务局局长、刘永忠为北京市通州区应急管理局局长、邓小民为北京市通州区体育局局长、杨连元为北京市通州区统计局局长、胡克诚为北京市通州区园林绿化局局长、张胜勇为北京市通州区政务服务管理局局长；任命王巍为北京市通州区人民代表大会常务委员会教科文卫体办公室副主任、张东旭为北京市通州区人民代表大会常务委员会农村办公室副主任。免去王巍北京市通州区人民代表大会常务委员会农村办公室副主任职务，免去杜伟北京市通州区经济和信息化局局长职务、杨连元北京市通州区人力资源和社会保障局局长职务、房亚军北京市通州区水务局局长职务、曹树常北京市通州区应急管理局局长职务、苏亚文北京市通州区体育局局长职务、潘月东北京市通州区统计局局长职务、禹学河北京市通州区园林绿化局局长职务、张弘力北京市通州区政务服务管理局局长职务。

（杨昊）

2021

通州区人民政府

北京通州年鉴

城市绿心森林公园（摄影 郭建华）

综　述

【概　况】　2020年，区政府始终坚持以习近平新时代中国特色社会主义思想为指导，坚持稳中求进总基调，立足“一核两翼”和京津冀协同发展大局，统筹推进新冠疫情防控和经济社会发展。

【抗击疫情】　2020年，坚决贯彻落实中央及北京市委和区委决策部署，坚决把人民群众生命安全和身体健康放在第一位，建立“一办十五组”工作架构，全面推动社区防控、医疗保障、城市运行等各项重点任务实施；建立市区医疗救治网络，组建专家救治组，联动基层医疗机构，形成医疗救治一张网。有序推动重大工程和企业复工复产，出台区级12条措施及20个配套实施细则；协助企业办理各类贷款1046亿元，减免房租1.7亿元，提前兑现“通八条”奖励1.1亿元；在全市率先实现规模以上在建工程100%复工，近10万名建筑工人和各复工复产企业未出现疫情。制定实施《通州区加强公共卫生应急管理体系建设的实施方案》《秋冬季新冠病毒肺炎疫情防控工作方案》，依托潞河医院建成区级核酸检测基地，建立三级保供体系制度，打好常态化防控持久战。

【控规落地全面提速】　2020年，市委、市政府主要领导每月深入城市副中心开展“双调研”，问诊把脉、悉心指导；首批市级赋权30个事项实现下沉并运行，“副中心的事副中心办”迈出重要标志性一步。成立“四个专班”（“四个专班”指投资计划专班、规划设计专班、征地拆迁专班和工程推进专班）、推出“四个超常规”（“四个超常规”指超常规办理前期手续、超常规推进施工组织、超常规推进征地拆迁和超常规推进储备项目转实施）措施，提升重点项目手续办理效率；绿心三大公共建筑、六环路入地改造、副中心综合交通枢纽等重大工程、重要功能节点加速建设，城市绿心森林公园开园迎客，文化旅游区环球主题公园（一期）基本完工，城市框架加快形成。城市双修加快推进，划定10个老城重点实施片区，启动7个片区1231户棚改，探索“自主式腾退”新模式，新开工37项工程项目，新老协同稳步开展；镇村建设不断提速，张家湾设计小镇探索形成5种存量资源盘活路径，宋庄艺术小镇启动“两点一线”改造提升项目，中国艺术品交易中心开工建设，城乡统筹有序推进，国务院和北京市农村人居环境整治三年专项行动收官，完成112个村庄的美丽乡村建设，村容村貌明显提升。与亦庄完成行政职权和公共服务事项交接，加强与廊坊北三县协同发展，开展“通武廊医疗卫生协调联动国家基本公共服务标准化”试点项目，举办与“北三县”项目洽谈推介会，与雄安新区深化重点项目管理体制，共建“两翼齐飞”新格局。

【产业高质量发展态势初步形成】　2020年，政府市场双向用力，发展势能不断积蓄。成立副中心产业提升市级专班，市领导牵头建立副中心应用场景建设机制，强化与西城、朝阳、海淀结对发展，中心城功能疏解稳步推进，优质资源要素加速汇聚。建立京外、境外专题招商推介机制，新设市场主体增长量居全市第三，注册资金增速居全市第一。产业集群加快建设，特色产业初现雏形。金融产业提质发展，国际财富管理中心加快建设，绿色金融示范区建设稳步推进，北京绿色交易所入驻，总部经济能级提升；特色产业初现雏形，中关村通州园获批国家级中小企业创新创业特色载体，罗克佳华科技集团股份有限公司、甘李药业股份有限公司实现上市，国家网络安全产业园正式开园，西北工业大学北京研究院落户园区。营商环境持续优化，在全市率先出台落实优化营商环境条例的27条实施意见，持续推出市场主体登记便利化“一揽子”措施。

【城市治理】 2020年，狠抓接诉即办和两个“关键小事”，出台《通州区接诉即办工作奖励激励和责任追究办法（试行）》，印发《通州区加强物业管理工作提升物业服务水平三年工作方案》，不断提升基层治理能力。疏解整治力度持续不减，拆除违法建筑、腾退土地均居全市第一，城乡环境面貌持续改善，潞河中学北街、梨园中街一巷被评为十大“北京最美街巷”，通过创城复检，城乡环境建设考评综合成绩、城乡环境公众满意度始终名列全市前茅。城市管理智慧化水平不断提高，60种城市运行数据实现云上共享，155平方千米内实现5G信号全覆盖，建成全市首家、总计长度9500千米的地下管线三维立体AR可视系统。市政基础设施不断完善，市郊铁路通密线开通运营，宋梁路北延等3条道路改造竣工通车，全区93%的社区设立消防通道标识；155平方千米及拓展区4.5米以上道路“有路无灯”情况基本解决，实施30余个老旧小区供水管网改造，城市运行保障能力进一步增强。

【生态治理】 2020年，森林城市创建取得阶段性成果，40项指标全部达标，其中20项定量指标高于标准；持续开展百姓身边建绿，凤港河湿地公园、垛子公园等22家公园对外开放，形成一批特色景观和网红打卡地。大气质量持续好转。全面实施外埠车辆限行措施，郊区客运公交全部实现清洁能源替换；在承担全市近1/5工程量的巨大压力下，全面完成各区统一的降尘量指标；大气四项主要污染物浓度创历史新低，其中$PM_{2.5}$累计浓度37微克／立方米，改善率居全市第一。水环境质量不断提升。编制完成新一轮水环境治理三年行动方案，海绵城市24项工程建设完成；深入落实河长制，全区9个国市控出境考核断面水质均达Ⅴ类及以上水平。

【民生建设】 2020年，社会事业提质发展，新增学位8360个，新审批转化普惠型幼儿园120个，建成4个片区制医联体、4个专科医联体，完成9个急救站建设，高标准通过国家慢性病综合防控示范区验收；加快推进大运河文化带建设，高标准开展大运河国家AAAAA级旅游景区宣传推广，举办城市绿心森林公园半程马拉松等赛事；新增就业2.3万人，同比增长10.4%，城乡居民最低生活保障标准提高至1170元，特困供养率同比提高16个百分点；建立8个社区协商议事厅示范点、20个楼门院治理示范点，街道（乡镇）级联合会和社会组织孵化基地实现全覆盖，新建社会组织94家，成立社会组织党校；纵深开展“平安通州”建设，群众安全感满意度达到99.75%。连续三届获全国双拥模范城称号。

【释放城市发展活力】 2020年，行政区划进一步优化调整，5个新设街道办事处正式挂牌运行，新建社区24个，统筹调整社区129个，超大型社区全部拆分完成；运河商务区、张家湾设计小镇挂牌中国（北京）自由贸易试验区国际商务服务片区，国家服务业扩大开放综合示范区建设全面推进，形成政银合作“企业登记直通车”等9项制度创新，其中“新建楼宇项目住所证明新方式”入选商务部第三批最佳实践案例，新设外资企业增速居全市第三；举办第三届全球财富管理论坛、第二届北京城市副中心绿色发展论坛、首届北京城市副中心人力资源发展高峰论坛等活动，城市副中心“媒体矩阵”全面起航，召开8次副中心新闻发布会。

（葛琦）

政 务

【为民办实事】 2020年，新增学前教育学位5010个，无证园彻底清零。完成20家养老服务驿站和10家助餐点建设并投入运营。开展养老机构门诊延伸服务106场次，养老驿站健康巡诊68场次。疫情期间组织养老机构、驿站人员核酸检测91场，医养结合线上公益直播课23场。15个老旧小区综合整治项目全部进场施工。玉桥南里南区38号楼、中仓新街下坡30号院1—2号楼2个老旧小区综合整治工作完成。北苑、新华等4个街道建立区域化管理计划，并先后引进天鸿宝地物业公司等物业服务企业接管辖区内部分准物业或无物业管理小区，提高物业服务覆盖率。玉桥街道运河居、中仓街道中上园5号院等15个小区建立长效物业管理机制，119个项目签订物业管理责任书。开工建设政策性住房10885套，竣工各类政策性用房12702套。12个老旧小区供水管网改造和4家单位自备井置换工作全部完成。北苑街道新华联锦园、新华西街15号院等8个小区完成20部电梯安装工作。新建和规范提升便民商业网点147个，城市社区便民商业网点连锁化率达到53%，覆盖率达到100%。通州出入境智慧服务厅项目实现护照、港澳通行证等证件全自助办理。城市副中心无障碍环境集中整治点位全部完成整改。九棵树大街、乔庄北街、玉带河大街等5条慢行系统样板路主体施工全部完成，共计建设8千米。新开和优化调整566路、T109路、T117路等公交线路35条。马大路、翠华西路等5条“有路无灯”道路改造工程及50条主次干路及背街小巷架空线入地任务完工。160处占道经营市级挂账重点点位全部完成销账，实现动态清零。7个城市公园、4个社区公园、100千米健康绿道及小微绿地建设进展顺利。32条背街小巷精细化整治任务全部完成，通州潞河中学北街、梨园中街一巷入选2020年十大“北京最美街巷”。在环球影城停车楼、后勤区、酒店、绿心公园及社会公共停车场建设充电桩1050个，逐步缓解新能源汽车充电难问题。围绕运河文化艺术节等品牌特色活动，举办惠民系列文艺演出活动1350场，覆盖近百万人。在中仓街道车站路、张家湾设计小镇科创中心、潞源街道含英园、梨园镇公庄社区、台湖镇泰禾时代中心、潞邑街道珠江东都国际建设7处24小时智能文化空间，为广大市民读者提供自助办证、借阅、阅读等基本图书服务。为全区5100余名有需求老年人提供巡视探访服务，为5000户中有需求的服务对象安装家庭紧急呼叫系统。开展农村地区劳动力职业技能培训、创业培训7019人次，开发就业岗位6.6万个，实现城乡劳动力就业1.766万人。对耿楼、吕家湾、车屯等3个低收入村及全区303名低收入农户开展精准帮扶，持续推进低收入村产业发展和低收入农户增收。在徐辛庄、甘棠、西集等区域新增9个急救站，呼叫满足率98.6%，实现呼叫满足率达到95%以上的目标。为63个重点村和2个重点社区安装充电车棚79个、充电口6000个。建设完成62个智慧平安小区，进一步提升通州区社会治安防控水平。

（董冠楠）

【市领导到城市副中心调研检查】 5月3日，市委常委、副市长殷勇到大运河森林公园检查疫情防控工作情况。5月5日，副市长、城市副中心党工委书记、管委会主任隋振江到运河公园检查疫情防控工作情况。5月8日，市人大常委会副主任、致公党北京市委主委闫傲霜率调研组，调研北京城市副中心高质量发展工作。视察张家湾设计小镇创新中心、铜牛地块和中国北京人力资源服务产业园通州园区，并听取相关情况汇报。5月8日，副市长杨斌到永乐店镇永乐嘉园小区、德仁务前街村，调研生活垃圾分类和物业管理工作。5月11日，市委常委、宣传部部长杜飞进到张家湾镇调研。考察北泡轻钢厂区，并听取张家湾设计小镇规划建设进展情况汇报。6月3日，市委常委、教育工委书记王宁到贡院小学、北京五中通州校区调研学校开学情况。6月11日，副市长、城市副中心党工委书记、管委会主任隋振江到玉桥南里小区和运河园小区，调研老旧小区改造和物业管理工作。6月25日，副市长、城市副中心党工委书记、管委会主任隋振江到北京环球度假区项目现场，调研检查工程建设进度及疫情防控工作。7月24日，副市长杨斌就推动“五新”政策落地调研副中心扬尘治理工作。视察北京城市副中心住房项目（0701街区）工地，并听取副中心施工现场扬尘治理工作汇报。8月25日，市委常委、宣传部部长杜飞进到宋庄艺术创意小镇调研。视察李学功艺术馆、白雪石艺术馆和云顶艺术民宿，并听取相关情况汇报。9月14日，副市长、城市副中心党工委书记、管委会主任隋振江到永顺镇和宋庄镇，调研重点工程建设进展情况。在视察北京友谊医院通州院区、中国艺术品交易中心项目后，到城市绿心森林公园和清华大学通州金融发展与人才培养基地察看公园开园准备及项目建设进展情况。10月7日，副市长、城市副中心党工委书记、管委会主任隋振江到城市副中心剧院、图书馆、博物馆三大建筑和城市绿心森林公园调研检查安全生产、疫情防控和游园保障工作。11月4日，市委副书记、市长陈吉宁以“四不两直”方式到金宝国际幼儿园通州总校、潞城镇食品工业园区，调研检查诺如病毒防控管理工作。

【市领导到通州区检查环境卫生和疫情防控工作】 4月18日，市委常委、副市长殷勇，副市长、城市副中心党工委书记、管委会主任隋振江分别到玉桥街道幸福艺居小区和张家湾镇南姚园村，参加环境卫生大扫除。大扫除前，市委常委、副市长殷勇到玉桥街道梨园中街、玉桥东路、幸福艺居小区察看疫情防控措施落实情况。副市长、城市副中心党工委书记、管委会主任隋振江到牛堡屯卫生院慰问一线医务工作者，检查疫情防控工作，并到北京学校等地察看重点工程进展和环境卫生清理工作。

【北京市全国助残日主题活动在通州区举行】 5月17日，以“助残脱贫　决胜小康——爱·筑小康”为主题的北京市全国助残日主题活动在通州区举行。并参观了残疾人职业康复中心文创展厅和宋庄镇福乐温馨家园，听取相关情况汇报。

【致公党北京市委副中心金融调研组到副中心调研金融产业发展情况】 6月6日，致公党北京市委副中心金融调研组到副中心调研金融产业发展情况。在听取相关情况介绍后，就副中心金融产业发展、优化营商环境政策等进行交流讨论。

【区政府与中国建设科技集团股份有限公司签署战略合作框架协议】 7月8日，区政府与中国建设科技集团股份有限公司在通州会议中心举行战略合作框架协议签约仪式。中国建设科技集团党委书记、董事长修龙，党委副书记、总裁文兵，区领导曾赞荣、赵磊、刘贵明、苏国斌等出席。

【2020全球财富管理论坛举行】 9月5日，2020全球财富管理论坛在北京国际财富中心举行。副市长、城市副中心党工委书记、管委会主任隋振江致辞。副中心党工委常务副书记、管委会常务副主任、区委书记曾赞荣，副中心党工委副书记、管委会副主任、区委副书记、区长赵磊等参加。

【2020年中国国际服务贸易交易会北京城市副中心主题日活动举行】 9月5日，2020年中国国际服务贸易交易会北京城市副中心主题日活动在亚洲金融大厦举行。商务部副部长王炳南，副市长、城市副中心党工委书记、管委会主任隋振江致辞。副中心党工委常务副书记、管委会常务副主任、区委书记曾赞荣等出席。副中心党工委副书记、管委会副主任、区委副书记、区长赵磊围绕城市副中心建设及未来发展前景进行主题推介。

【国家发展改革委领导到通州区调研】 9月8日，国家发展改革委副主任连维良到通州区调研。视察城市副中心规划展厅、“月岛闻莺”观景平台和城市绿心森林公园，并听取相关情况汇报。市发展改革委主任谈绪祥，区长赵磊，区委常委、常务副区长阳波陪同。

【2020北京国际设计周产业合作单元暨北京城市建筑双年展2020先导展开幕】 9月21日，2020北京国际设计周产业合作单元暨北京城市建筑双年展2020先导展在张家湾设计小镇开幕。市委常委、宣传部部长、北京国际设计周组委会主席杜飞进，副市长、城市副中心党工委书记、管委会主任隋振江，北京奥运城市发展促进会副会长蒋效愚，通州区领导曾赞荣、李玉君、赵玉影、阳波、苏国斌参加。

【2020北京国际设计周开幕活动暨北京2022年冬奥会和冬残奥会官方海报征集启动仪式举行】 9月21日，2020北京国际设计周开幕活动暨北京2022年冬奥会和冬残奥会官方海报征集启动仪式在北京国际设计周永久会址张家湾设计小镇举行。市委常委、宣传部部长、北京国际设计周组委会主席杜飞进，北京奥运城市发展促进会副会长蒋效愚，通州区领导曾赞荣、李玉君、苏国斌参加。

【2020中国大运河文化带京杭对话在北京城市副中心开幕】 9月23日，2020中国大运河文化带京杭对话在北京城市副中心开幕。北京市委常委、宣传部部长杜飞进，浙江省委常委、宣传部部长朱国贤，杭州市委副书记、市长刘忻分别致辞。通州区委书记曾赞荣、区长赵磊等出席。

【“外资银行北京行”活动举行】 9月24日，来自全球11个国家和地区的30多家外资银行代表参加“外资银行北京行”活动并到城市副中心考察。副市长、城市副中心党工委书记、管委会主任隋振江，市地方金融工作局党组书记、局长霍学文，区领导赵磊、阳波等出席。

【华夏理财有限责任公司开业暨第二届中国资管行业ESG投资高峰论坛举行】 9月28日，华夏理财有限责任公司开业暨第二届中国资管行业ESG投资高峰论坛在城市副中心举行。副市长卢映川，全国政协经济委员会副主任、北京大学新结构经济学研究院院长林毅夫，市地方金融监管局党组书记、局长霍学文，城市副中心党工委常务副书记、管委会常务副主任、区委书记曾赞荣，城市副中心党工委副书记、管委会副主任、区委副书记、区长赵磊等出席。

【财政部领导到通州区调研】 10月16日，财政部副部长许宏才到通州区调研。视察规划展厅、城市绿心森林公园和大运河森林公园“月岛闻莺”观景平台，乘船察看大运河沿岸生态环境，随后到玉桥街道葛布店北里察看老旧小区综合整治提升工作情况。市委常委、常务副市长崔述强，市财政局局长吴素芳，区领导曾赞荣、阳波陪同。

【北京城市副中心绿色发展论坛开幕】 10月20日，北京城市副中心绿色发展论坛开幕。副市长、城市副中心党工委书记、管委会主任隋振江致辞，城市副中心党工委常务副书记、管委会常务副主任、区委书记曾赞荣作主旨发言。区委常委、常务副区长阳波参加。

【2020北京大运河文化节开幕】 11月7日，2020北京大运河文化节在城市副中心开幕。市委常委、宣传部部长杜飞进，中国新闻社社长陈陆军，国家发展改革委社会司司长欧晓理，区委书记曾赞荣分别致辞。区领导刘东伟、汤一原、郑皓参加。

【“《财经》年会2021：预测与战略”开幕】 11月25日，“《财经》年会2021：预测与战略”在城市副中心开幕。博鳌亚洲论坛副理事长、第十二届全国政协副主席、中国人民银行原行长周小川以视频形式作主旨演讲。中科院学部主席团执行主席、中科院院士白春礼，市委常委、副市长殷勇现场作主旨演讲。区委书记曾赞荣致辞。区领导刘东伟、阳波参加。

【河北省承德市政府代表团到通州区考察】 12月11日，河北省承德市政府代表团到通州区考察北京城市副中心建设。参观城市副中心规划展厅、运河商务区、城市管理指挥中心等地，并听取相关情况介绍。通州区委书记曾赞荣，承德市委副书记、市长常丽虹出席座谈会并讲话。通州区领导郑皓、倪德才参加。

【通州区政府与国网北京市电力公司签署战略合作协议】 12月24日，通州区政府与国网北京市电力公司签署战略合作协议。区委书记曾赞荣，国网北京市电力公司董事长、党委书记潘敬东出席并讲话。区领导阳波、倪德才参加。

（王文秀）

【《通州区重大行政决策程序实施细则（试行）》出台】 7月24日，为了规范区政府重大行政决策行为，提高决策质量和效率，推进决策科学化、民主化和法治化，根据国务院《重大行政决策程序暂行条例》等相关规定，进一步细化公众参与、专家论证、风险评估、合法性审查和集体讨论决定的重大行政决策机制工作流程。结合通州区工作实际，区政府制定了《通州区重大行政决策程序实施细则（试行）》。

【《通州区知识产权促进办法》出台】 12月8日，为贯彻落实《中共中央办公厅 国务院办公厅印发〈关于强化知识产权保护的意见〉》《北京市专利保护和促进条例》《北京市人民政府关于加快知识产权首善之区建设的实施意见》等文件精神，深入实施知识产权强国战略，推动知识产权强区建设，充分发挥知识产权在创新驱动发展中的重要作用，加快北京城市副中心建设，提升知识产权，创造运用保护管理与服务的综合水平，结合全区实际，区政府制定了《通州区知识产权促进办法》。

【《通州区行政规范性文件管理规定》出台】 12月29日，为加强行政规范性文件的管理，推进法治政府建设，规范行政权力运行，促进依法行政，根据国务院《法治政府建设实施纲要（2015—2020年）》《国务院办公厅关于加强行政规范性文件制定和监督管理工作的通知》《国务院办公厅关于全面推行行政规范性文件合法性审核机制的指导意见》《北京市人民政府办公厅关于全面推行行政规范性文件合法性审核机制的实施意见》，结合全区实际，区政府制定了《通州区行政规范性文件管理规定》。

（东滨）

【政府信息工作】 2020年，收到各单位报送信息6485条，采用2207条；编辑《昨日区情》专、普、特刊502期，完成政务信息督查68期。向市政府办公厅信息处、市新冠肺炎疫情领导小组办公室报送政务信息和疫情防控信息1852条，被《昨日市情》、《今日舆情》和《新冠肺炎疫情防控专刊》累计采用251条；获得市、区领导批示40条，其中市委书记蔡奇批示1条，市长陈吉宁批示3条。

（张晓燕）

【建议、提案办理工作】 2020年，市政府办公厅交由通州区政府研究办理市人大代表建议、市政协委员提案30件。按照市政府有关规定，30件建议、提案全部在法定期限内办复。

2020年，区政府系统承办区人大代表建议和区政协委员提案268件，办理区人代会议案1件，办理区政协主席会议建议案4件。办理区人大代表建议94件，均为会议期间交办。内容涉及社会事业与民生方面46件，占49%；城市建设与管理方面32件，占34%；城乡一体化建设方面12件，占13%；经济发展方面3件，占3%；其他方面1件，占1%。区政府按照分级负责、归口办理、重点督办的原则，分别交由49家单位研究办理，全部按期办复。办理区政协委员提案174件，会议期间交办173件，会下交办1件。内容涉及社会事业与民生方面62件，占36%；城市建设与管理方面56件，占32%；乡村振兴方面23件，占13%；经济发展与优化营商环境方面18件，占10%；生态环境方面15件，占9%。分别交由62家单位研究办理，全部按期办复。

（郭娜）

外事与港澳事务

【概　况】 2020年，通州区外事工作在市委外办、市政府外办的指导和区委、区政府的领导下，服从服务中央对外工作和国家总体外交大局，认真贯彻落实北京市和区委、区政府的各项要求，主动抗击新冠肺炎疫情，围绕城市副中心建设发展新要求，围绕服务保障国际交往中心建设，全面统筹涉外疫情防控和经济社会发展，有效推动各项外事工作有序开展。

【疫情防控】 2月，通州区第一时间将涉外疫情防控纳入整体防控体系，严格执行《关于加强外籍人员居住密集的社区（村）疫情防控若干措施》，制发《通州区外籍人员新冠肺炎疫情防控工作方案》，按照中外一致、一视同仁的原则，及时完善外籍人员管理服务协调联动机制，做好社区涉外防控工作部署。

【国际交往中心功能建设】 2020年，在严格落实疫情防控各项措施的同时，坚持"两手抓""两不误"，主动克服疫情不利影响，紧盯重要时间节点，高标准推进环球影城主题公园一期及度假区项目、通州国际人才社区、台湖演艺小镇市政道路和台湖出版物会展贸易中心提升改造项目建设。落实《北京市公共场所外语标识管理规定》，开展全区重点公共场所外语标识的梳理与自查工作。11月，针对大运河森林公园、万达商圈等重点涉外场所外语标识开展专项整治，组织专家团队进行现场纠错、督促整改。

【友好交往】 2020年，与日本东京都文京区、韩国首尔市九老区、匈牙利布达佩斯第二十三区领导人互致问候，沟通防疫措施，向国际社会传递北京抗击疫情经验。8月，采取"云视频"模式参加韩国九老区"G庆典"开幕式，鼓励参与九老区复商复市活动。11月，组织区内中小学生创作书画作品40余幅，参与日本文京区友城学生作品展。

【重要活动】 5月，举办以"科技创新、国际交流、开放平台、合作共赢"为主题的第十届北京（通州）国际都市农业科技节。7月，主动参与北京服务业扩大开放"云推介"活动，面向国内外目标企业展示区域开放成果。9月，举办2020年服贸会北京城市副中心主题日活动、2020全球财富管理论坛、以"民生之维"为主题的2020北京国际设计周，副中心逐步提高国际国内知名度和影响力。

【因公出国(境)工作】 2020年，贯彻落实市委外办、市政府外办疫情期间要求，做好疫情防控期间全区各部门因公出国（境）任务调整，2020年因公出访任务零申报。

【外事服务】 2020年，严格执行疫情期间制发的《北京市应对驻华使团人员感染新冠肺炎应急处置预案》等文件，建立健全关于疫情防控的涉外机制。

（付世聪）

应急管理

【概　况】 2020年，通州区安全生产、应急管理和防灾减灾工作始终以全面落实市政府安全生产目标责任书为主线，深入推进应急管理机构改革向纵深发展，全力做好新冠肺炎疫情防控等工作，全区安全生产形势持续稳定，突发事件和自然灾害应急处置及时有力。

【疫情防控及企业复工复产安全服务保障】 2020年，严格执行“双十六条”，开展企业疫情防控监督检查。同步组织开展重点危化企业安全检查，疫情防控物资生产企业、复工复产企业安全服务保障以及疫情防控医学隔离场所专项检查，指导服务企业38277家次。应对疫情期间基层物资使用需求，多批次有序发放救灾帐篷484套、折叠桌椅162套。搭建可供百万人同步在线学习的宣教平台，突出复工疫情防控方案、疫情应急预案、复工复产安全培训等重点，助力企业疫情期间安全生产。

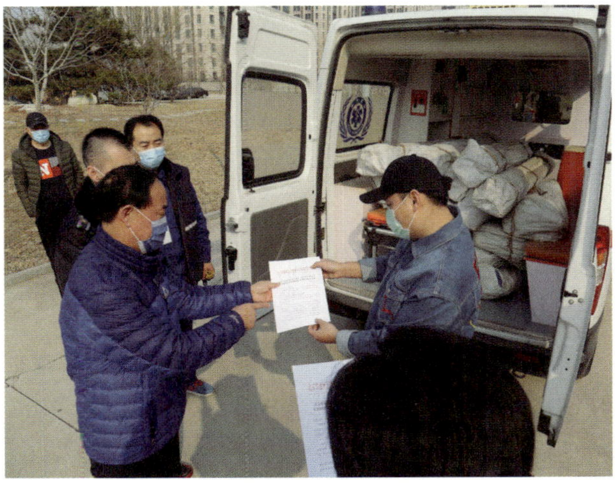

2月28日，区应急局会同区商务局，对区民政局、卫健委和东直门医院通州院区等相关单位开展第二批次救灾物资拨付工作　（区应急局提供）

（王一平　步凡　辛晋峰）

【副中心建设安全应急保障】 2020年，持续推动城市安全风险评估、城市安全隐患治理三年行动，加大运河商务区、环球影城、广渠路东延等重点建设工程监管力度。4—5月，开展为期一个半月的安全生产隐患排查整治专项行动，执法检查12504家企业，发现问题隐患14670处，停产停业208家，关闭取缔6家，行政处罚195起。

【安全生产专项整治三年行动】 2020年，梳理确定通州区“目标任务清单”224项，组建“一办九组”工作专班，由区长总负责，各部门抽调骨干力量集中办公，采取挂钩绩效、纳入考核、督导问效等方式，强力推进危险化学品、建筑施工、消防、有限空间作业、燃气、道路交通、城市运行等重点行业领域的监管和整治。年内全区224项重点任务全部完成，1097条挂账隐患全部销账。

（王一平　雷文龙）

【国家安全发展示范城市创建】 2020年，全面细化分工113项创建任务，开展专题培训和现场咨询100余次，最终形成通州区创建可行性研究报告、基础评估报告、创建总体规划等500余万字的文字档案材料，多项工作获得北京市安委会实地考评组高度评价。8月11日，作为北京市唯一代表，通州区区长赵磊在国务院安委会国家安全发展示范城市创建工作视频推进会上作典型发言，获国务院安委会和与会城市的一致好评。

（王一平　李想）

【应急值守和应急处置能力建设】 2020年，深化“区应急委—专项应急指挥部—地区应急委”三级应急体系建设，调整区19个专项应急指挥部（工作小组）主要领导成员名单，强化应急值守工作管理规范化。突出应急响应，制发《通州区应急管理考评实施方案》《通州区突发事件信息报送能力评价工作方案》，加强区、街乡二级预案体系，健全完善各类应急预案69个，普查各级各类应急预案436份。重点推进防汛抗旱、粮食供给2项区级重点应急演练工作。强化应急平台运维和应急值守工作，完成全国“两会”、2020年中国国际服务贸易交易会、疫情防控等重点时期的应急保障任务。

（王一平　张群）

【森林防火】　2020年，调整区森林防火指挥部成员单位及职责分工，召开5次全区森林防灭火工作部署会，组织开展为期2个月的森林防灭火重点领域春季专项执法行动，进行多轮次隐患排查检查和森林防灭火应急演练。6月，启动区级森林消防综合应急救援队队员的招聘工作，74名新招录人员于12月正式入职。

10月，永乐店镇应急小分队开展消防演习（区应急局提供）

（王一平　庄威）

【液化石油气安全专项整治行动】　2020年，成立液化石油气安全专项整治工作专班，主管区长多次调度推进专项整治工作。累计摸排5741块出租地块，建立安全生产责任出租方签字背书制度。出台《通州区非法储存、生产、经营、运输、充装、倒灌危险化学品、液化石油气专项举报奖励办法（试行）》。9—12月，专项行动期间出动检查人员42516人次，整改完成各类安全隐患11464项，责令停业整顿111家，关停、取缔202家，清理罚没液化石油气钢瓶6896个。

（王一平　雷文龙）

【安全生产标准化建设】　2020年，完成三级达标企业142家，岗位达标企业277家，完成全年创建总任务的167.6%。

（王一平　王安）

【安全生产培训】　11月9日至12月9日，组织安全生产处级领导干部线上培训68人次，安全生产执法检查人员线上培训53人次，一般法人生产经营单位主要负责人及安全生产管理人员培训359人次。

【第19个全国安全生产月】　2020年，结合疫情防控常态化实际，围绕“消除事故隐患，筑牢安全防线”主题，首次采取“云”宣传形式，通过“通州应急”微信公众平台、融汇副中心App和大运通州网3个平台，推出安全应急知识线上答题、应急安全科普知识问答、安全生产警示教育微电影、安全生产月系列宣传挂图和漫画等系列安全月宣传活动，普及安全知识，增强全民安全意识，提升公众安全素质。

9月22日，通州区应急志愿服务队为玉带路社区居民讲解燃气安全应急知识（区应急局提供）

【安全社区创建】　2020年，推广北苑街道、玉桥街道安全社区创建经验，采用积极引导、共建互促等方法，启动梨园镇、于家务回族乡、永顺镇、潞城镇、新华街道、中仓街道等安全社区创建。其中，中仓街道安全社区创建被列入市级安全社区建设库，并完成专家评审。

（宋煜）

【城市安全隐患治理三年行动】　2020年，全区各单位通过系统挂账问题隐患2063项，并实现100%销账。

【城市安全风险评估】　11月，完成全区6404家生产经营企业开展安全风险评估及系统录入工作。

（王安）

【安全生产督察】 11月20日至12月10日，以区委、区政府名义成立7个安全生产督察组，对各街道（乡镇）办事处（政府）及辖区内的重点企业开展为期20天的安全生产督察，总计开展个别谈话56次，召开座谈会50次，查阅文件资料6000余份，检查商贸市场、建筑施工、工业、危险化学品、人员密集场所等各类型企业51家，发现政府部门问题29项，企业问题78项。

【安全生产隐患排查治理标准清单编制】 2020年，完成安全生产隐患排查企业348家，累计完成962家清单编制工作，在全区范围内选取778家重点监管的小微企业使用隐患排查治理信息系统，重点监管企业隐患排查治理信息系统应用覆盖率11.8%，纳入“清单”编制所有企业隐患信息系统使用率达到95%。

【安全生产大检查】 7月，区安委会办公室在全区组织开展为期一个月的安全生产大检查行动，全面排查燃气安全、危险化学品、出租房屋、消防领域、建筑施工领域、交通运输领域、城市运行及有限空间领域等重点行业领域，出动检查人员58959人次，监督检查企业61197家，发现问题隐患15856处，停产停业99家，关闭取缔2家，行政处罚157起。

（雷文龙）

【预警信息发布】 2020年，高标准完成区预警信息发布中心建设任务，制定《北京市通州区突发事件预警信息发布管理办法》。全年预警信息发布中心发布气象类预警信息174期，其中，暴雨预警信息13期，高温预警信息4期，大风预警信息77期，寒潮预警信息3期，雷电预警信息39期，冰雹预警信息4期，大雾预警信息22期，沙尘预警信息3期，道路结冰预警信息8期，持续低温预警信息1期。发布和解除手机短信预警信息约120万条。

（张群）

【村（社区）级安全监管体系建设】 2020年，全区11个乡镇、11街道474个行政村、152个社区均配备安全生产巡查员，共计1099人，并于10月27—30日，分4期对巡查人员进行培训，以提升巡查人员业务能力和综合素质。

（庄威）

【安全生产执法检查】 2020年，依法监督检查生产经营单位3005家次，依法查处事故隐患1845处，实际完成事故隐患整改1801处；下达各类行政执法文书4609份，其中下达责令限期整改指令书377份；依法作出行政处罚决定156件，其中经济处罚49件，简易处罚107件。

【文件清理】 2020年，对2004—2019年以区应急局、原区安全监管局、区安委会、区安委会办公室制发的文件进行清理，最终确定保留通应急发、通安监发文件27个，通安委发、通安委办发文件93个。

【行政许可办理】 2020年，办理行政许可62件，其中危险化学品经营许可58件，烟花爆竹零售网点许可2件，危险化学品建设项目审查2件。

（任俊妍）

【防汛抗旱工作】 2020年，严格落实行政首长负责制，健全“1+9+3+17”的防汛工作组织机构。印发《2020年通州区政府防汛抗旱指挥部领导成员名单及工作职责》、《通州区2020年防汛工作方案》和《通州区2020年防汛抗旱任务书》等，明确职责任务。完善防汛工作方案、预案53份。组建34支、总数1.6万余人的应急抢险队伍，驻通州部队官兵编入抢险救灾救援力量。加强物资储备，配备防汛抢险舟74艘、救生衣8100余件、编织袋75万余条、无纺布1.5万余平方米、800兆电台181部、大型作业设备5300台（套）。常态化检查巡查副中心重点区域、河道、堤坝及周边部位防汛工作准备情况65次，疏通排水管线469.6千米、清掏雨水口19113处。建立以学校、宾馆和体育场为主的防汛应急避险场所，针对全区18个堤中村分别制定避险转移方案。开展针对性的防汛应急演练21次。

（王一平　辛晋峰）

【工业企业有限空间作业“双防一推进”专项检查】 7—8月，通州区组织开展为期60天的工业企业有限空间作业“双防一推进”专项检查，其间，出动1042人次，检查521家次，查出隐患378处，检查记录521份，责令整改389份，现场处理351份。

7月2日，区应急局组织开展有限空间作业应急演练 （区应急局提供）

【城乡接合部专项整治】 2020年，建立重点整治地区生产经营单位基础台账，上账生产经营单位218家，出动执法检查人员4796人次，检查生产经营单位2398家次，排查各类上账安全隐患198项，整改198项，整改率达到100%。

（步凡）

【危险化学品安全生产执法检查】 2020年，对计划检查的98家重点企业、40家一般监督企业完成两轮次全覆盖检查，“双随机”（随机抽取检查人员、随机抽取检查对象）抽查检查企业51家次，出动执法人员1382人次，开具执法文书27份，发现和整改安全隐患238处，行政处罚42家。

【化工和医药制造企业危险化学品安全专项整治】 2020年，全区52家化工企业和医药制造企业全部整治完毕，其中40家验收合格，剩余12家计划在2021年6月底前完成验收。

（窦林娜）

脱贫攻坚工作

【概　况】 2020年，在市委、市政府的坚强领导和区委、区政府的全力推进下，全区各相关单位协同配合，以最大力度推动相关工作。通州区完成“十三五”期间全部“脱低”任务，低收入农户帮扶工作取得全面胜利。

【整体工作进展】 按照2016年低收入农户识别和建档立卡工作标准，全区确认低收入村3个，分别为西集镇车屯村、耿楼村、吕家湾村，确认低收入农户876户、2004人。2020年年底，低收入户人均可支配收入达到16932元，超过市级11160元的“脱低”标准线，增幅为15.3%。至此，低收入农户全部实现“脱低”，3个低收入村实现“摘帽”。

【持续加大资金投入】 截至2020年年底，市区两级拨付资金2883.64万元，用于低收入农户增收及低收入村产业项目发展。其中，市级低收入发展专项资金1369.03万元，主要用于耿楼村、车屯村设施大棚项目；区级低收入发展专项资金1514.61万元，主要用于9个乡镇低收入农户的增收帮扶。所有资金均按照要求拨付并全部用于帮扶工作。“十三五”期间为低收入村安排“一事一议”财政奖补资金278万元，用于村内排水及路面硬化工程。设立专项资金252万元，用于资助扶持科技创新专项4个、科普专项1个，切实发挥农业科技创新对区域经济发展的引领作用。做好政策研究和服务保障。对低收入农户进行精准排查，将符合条件的低收入农户纳入社会救助范围，做到“应保尽保”。

【检查整改情况】 “十三五”期间，市级相关部门对通州区低收入农户、低收入产业帮扶及低收入就业帮扶陆续进行3次评估检查，针对检查中发现的问题，责成相关单位进行整改。在区级层面，聘请第三方机构对2016—2020年度低收入农户及低收入村帮扶情况开展绩效评估工作，完成相关检查。各单位均按照整改工作任务完成整改。

【对三类人群开展排查】 2020年，根据市级对三类人群开展排查的相关工作要求，通州区建立三类重点群体和“六个一批”（“六个一批”，即扶持产业帮扶一批、促进就业帮扶一批 、生态建设帮扶一批、社会保障兜底一批、社会力量帮扶一批、山区搬迁帮扶一批）措施的帮扶台账，每月跟踪更新。明确全区39户统计监测户基本监测情况。根据通州区低收入农户收入情况，先后印发《关于进一步加强低收入农户帮扶工作实施方案》《通州区2020年“精准帮扶”促进低收入农户增收工作方案》，针对全区低收入户人均收入情况有针对性帮扶，确保全部低收入农户收入稳定达标。截至年底，通州区所有低收入农户全部实现“脱低”。

【做好有劳动能力农户的就业帮扶】 “十三五”期间，按照全市《关于进一步开展低收入农户劳动力就业帮扶有关工作的通知》要求，通州区对全区低收入农户三类重点人群中未就业劳动力进行排查，确保三类重点人员全部实现就业。

【重点做好低收入农户监测工作】 2020年，严格村内评议及公示程序，并对年度调查收入开展民主评议。利用低收入农户监测系统，核查各类收入信息。做好劳动力相关指标的动态监测，及时更新就业监测指标。全面完成低收入农户收入的核查工作，核查结果全部经过农户确认签字并进行公示。

【落实教育、医疗、住房保障工作】 2020年，全面开展对未纳入社会保障范围的低收入农户的摸底排查，将符合条件的低收入农户纳入社会保障，做到“应保尽保”，实现社会保障兜底、不漏一人。

【监督检查“回头看”】 2020 年，开展扶贫领域监督检查“回头看”，由全面“拉网式”监督检查聚焦到重点地区、重点问题，严格资金审批和支出程序，强化扶贫“阳光监管”，确保发现问题及时整改。

【开展精准审核】 2020 年，进一步加强对低收入农户的资格审查，在程序、认定、检查等各环节上严格把关，实现更加精准帮扶。

（张鹏喆）

政务服务

【概　况】 2020 年，通州区政务服务管理局在区委、区政府的领导下，深入贯彻各项决策部署，严格落实疫情防控“四方责任”（属地、部门、单位、个人），深化“放管服”改革，持续优化营商环境，不断提升“互联网＋政务”建设，加强政务服务体系规范化建设，提高信息公开水平，推进公共资源交易活动更加规范。年内，通州区政务服务中心接待咨询 125245 人次，受理、查询、审核、审批 90171 件，核发各种证照 85475 件。受理依申请公开 119 件。受理“12345”市民热线诉求 11 件，响应率、解决率、满意率均为 100%。

【政务大厅防疫】 2020 年，坚决落实好疫情防控各项要求部署，实现全系统零感染。创新服务形式减少人员聚集。第一时间建立疫情防控工作领导小组，制定疫情防控方案，全面部署动员，细化防疫措施，严防疫情扩散，坚决把好人民群众健康关。通过不断优化窗口布局，将现场排号、档案查询、营业执照和行政许可文书发放以及咨询帮办等高频业务前移至大厅外办理，引导办事群众采取全程网办、电话咨询、预约办理、寄递服务等形式办理业务，使每天进厅人数减少四分之一以上，有效避免厅内人员聚集，降低人员交叉感染风险。开辟绿色通道支持复工复产。疫情期间区政务服务中心为 25 家重点企业开辟绿色通道，通过预约办理、批量办理等方式，缩短企业办事流程，支持企业复工复产。加强对各级政务服务中心的疫情防控指导。研究制

3 月 6 日，为全方位做好疫情防控工作，确保群众安全健康，区政务服务大厅牢牢守住“一米线”，引导办事人员安全、有序办理业务

（区政务服务局提供）

定新冠肺炎疫情常态化防控工作方案，建立日常联络沟通机制，督促各级政务服务中心做到“三防”（防输入、防扩散、防输出）、“四早”（早发现、早报告、早隔离、早治疗）、“九严格”（一是严格社区封闭式管理和健康监测；二是严格公共交通体温监测和公共场所测温验码等措施；三是严格进出京管控，境外入京人员，全部集中观察和核酸检测，中高风险街乡、新发地市场相关人员，禁止出京；四是严格发热就诊人员等高风险人员的管控；五是严格医疗卫生系统防控和院感控制；六是严格落实应检尽检、愿检尽检的措施；七是严格农贸市场、餐饮、食堂等重点场所防控；八是严格落实四方责任，坚持单位和个人健康监测报告制度；九是

严格个人卫生管理，提倡勤洗手、常通风、戴口罩、不聚集等健康行为），确保各级政务服务中心平稳有序运行。

【持续推进“一网通办”】 2020年，推动办件数据整合汇聚，通州区23个部门251个事项数据实现向市级平台汇聚。完成区级统一审批平台对接汇聚，开通相关部门线上审批功能，实现数据每2小时向市级系统推送一次。推进“互联网＋监管”系统试用工作，涉及监管事项总数480个，检查实施清单488个，完成率达到100%。完成区级大厅和各专业大厅好差评系统与全市好差评平台对接。

【深化“放管服”改革】 2020年，清理规范中介服务事项，编制16家区级部门66项中介服务事项清单。推行政务服务事项办理告知承诺制，梳理编制13家区级部门52项政务服务事项告知承诺事项清单。推出263个“办好一件事”引导式主题服务，实现线上线下同时办理，全年接受申报项目54件。

【规范政务服务三级体系建设】 2020年，推进“一门、一窗”办理，进驻区级政务服务中心事项1658项，“一门”率达80%；进驻镇街级政务服务中心事项1427项，“一门”率达100%；各级政务服务中心实现“一窗”综合分类受理。同时，各级政务服务中心全面开展延时服务，加挂全市统一的政务服务标识，完成政务服务领域无障碍环境建设，其中，区人力社保局大厅为精品示范工程。

9月14日，通州区各级政务服务中心实施延时服务（区政务服务局提供）

【持续提升网办深度】 2020年，推动5个部门的28项服务事项完成北京市移动公共服务平台事项注册。形成“全程网办”台账、“全城通办”清单105项、“一证通办”清单101项、“秒批”清单60项、“联审联办”清单303项。全面开展通州区电子印章刻制，全年完成178枚电子印章，实现与市政务服务签章系统对接。其中区住建委在施工许可审批、竣工联合验收、消防验收和备案等审批领域实施电子印章应用。

【提升信息公开水平】 2020年，制定政务公开工作要点，明确任务分工，细化工作措施，确保政务公开工作落实。全年受理通州区政府依申请公开119件，依法依规答复申请人。建立并公布重大决策事项目录，全面完成区级各单位主动公开任务。在门户网站设置政策解读专栏，解读政策性文件19件。

【公共资源交易活动】 2020年，公共资源交易服务中心设在西集阳光会议中心，总面积约1500平方米，设有封闭评标区、开标室、见证室、澄清室等区域，并配置有专业监控监听和授权门禁系统等设备。自7月业务进驻以来，进场项目195个，提供开评标服务212场，涉及预算总金额324.77亿元。通州区公共资源交易基本实现应进必进的工作要求；完成公共资源交易平台的远程异地开评标系统、工程建设和政府采购的全流程电子化建设；区公共资源交易信息系统实现与市级平台系统对接，实现统一认证、统一赋码、统一专家抽取、场所预约和音视频监控等功能；采取业务培训、定时核对、电话告知等多项措施，推进公共资源交易数据上传的全面性、准确性、及时性、完整性；结合通州区实际，初步制定场地预约、场地管理、工程建设、政府采购、系统运行、音视频刻录等多项制度。

（付兴）

退役军人事务

【概　况】　2020年，面对新冠肺炎疫情严峻形势，通州区退役军人事务局党组按照中央及市委、区委统一部署，始终坚持疫情防控和退役军人事务工作一体统筹，同步部署，同步推进，全力做好退役军人服务管理工作，广泛动员全区退役军人投身疫情防控，切实做到两手抓、两手硬、两不误、双促进，实现疫情防控零感染，部门工作全面展开不停滞，各项工作取得显著成绩。成立以区委书记为组长，区长、区委组织部部长、区武装部政委和主管副区长为副组长，区委办、区政府办等29家单位主要领导为成员的区委退役军人事务工作领导小组，顶层设计，统筹协调，充分发挥职能作用，推动通州区退役军人服务工作高质量发展。

【疫情防控】　2020年，号召全区退役军人参与和配合做好疫情防控工作。各乡镇街道退役军人服务站响应号召，组织辖区内退役军人投身疫情防控，全区65家单位的退役军人参与一线防疫工作。

【接收安置】　2020年，接收职级及技术级军官干部、接收符合政府安排工作条件退役士兵。为自主择业干部办理年度登记审核、医保办理等工作。持续开展退役士兵社保接续受理工作，联合区人保局、区医保局、建设银行通州支行抽调骨干联合办公并开设“一站式”服务窗口，实现退役士兵政策咨询、信息核对、缴费申报等工作“一站式”服务，为士兵完成补缴工作，工作进度走在全市前列。

【就业创业】　2020年，举办多场专项网络及现场招聘会，为全区退役军人提供就业岗位，协调退役军人就业岗位。精准识别退役军人培训需求，组织自主择业干部就业创业研修班2期。组织开展通州区首届退役军人创业创新大赛，2家企业获推北京市退役军人创业创新大赛并分别获得市级比赛二、三等奖。

【教育培训】　2020年，统筹安排各类培训资源，按要求完成各项退役军人教育培训工作。通过协调区人保局和辖区内重点职业技能培训机构，组织完成退役军人职业技能提升培训。

【优待抚恤】　2020年，下拨发放各类抚恤补助资金。为符合条件优抚对象报销医疗费，发放采暖补助，优抚对象生活得到有效保障。对新增优抚对象及时审核认定，确认新增优抚对象。核实统计义务兵人数、立功受奖义务兵人数，为义务兵发放优待金，发放军功奖。

【服务管理】　2020年，强化退役军人思想政治教育管理，切实增强基层退役军人部门服务能力和管理水平。依托区退役军人服务中心，联合区司法部门，在全市率先开通退役军人法律援助服务平台，聘请法律顾问面向广大退役军人及其他优抚对象，每周三全天提供免费法律咨询服务，为退役军人和退役军人家属提供房屋租赁合同纠纷、宅基地审批程序、公司债务纠纷、劳资人事纠纷、拆迁安置纠纷等方面的法律咨询服务，提升退役军人服务保障能力。

【走访慰问】　2020年，对全区优抚对象进行普遍慰问，发放慰问金。为2019年度退役的自主就业退役士兵发放一次性“两节”慰问金。持续开展“送医送药送温暖”慰问走访活动，深入在乡优抚对象家中，为15个乡镇、街道的重点优抚对象送去药品、慰问品和慰问金，为军休干部发放“爱心防疫包”及“防暑降温箱”。认真开展“9·30”烈士公祭日活动。完成清明烈士祭扫服务保障工作。完成全区烈士英名录编写工作，换发新版烈士证。

【拥军优属】　2020年，继2012年、2016年后再次被命名表彰为全国双拥模范城，实现三连冠。在推进经济建设和国防建设融合发展、提高军人的社会尊崇度、拓宽退役军人安置渠道以及随军家属就业、军人子女入学等方面加大力度。全年完成为官兵送去慰问品、慰问金，随军家属完成接收安置，军人子女百分百进入优质学校，救助困难官兵，发放救助金工作，文化拥军、科技拥军、法律拥军、智力拥军等活动积极开展，让官兵有了更多的获得感和荣誉感，同时驻通州部队深入开展爱民惠民助民活动，进一步密切军政军民关系。

【军休荣休服务】 2020年，全面落实军休干部“两个待遇”（政治待遇、生活待遇），打造“颐和通州 乐融军休”副中心军休服务品牌，构建军休服务“三网五化”（三网：连心网、知心网、温心网；五化：系统化对接、项目化运作、品牌化发展、社会化推进、规范化管理）体系。完成军休所党委换届工作；探索“一站式”接收安置工作模式；开展“抗美援朝出国作战70周年”系列纪念活动；推进活动站改扩建、老旧社区军休安置点防水工程等硬件设施建设；落实军休干部出国（境）、参加社会组织及兼职审批报备和重大事项报告制度。全年为军休干部发放离退休金、护理费、取暖补、物业补、丧葬费、抚恤金等；核算报销门诊住院费用；电话或入户走访慰问，发放慰问品和慰问金。

光荣院不断创新工作机制，规范管理，践行“亲情化管理”服务理念，在衣、食、住、行、娱等方面服务保障好在院老人。携手区潞河医院，启动医养结合项目，做好在院老人医疗保障工作。全面加强光荣院人员进出管理，院内实行封闭式管理，建立进入人员筛查登记制度，每天进行全院消毒工作，细化院内老人生活照料服务，为老人和家属开通视频服务，以做好老人情绪疏导工作，疫情防控工作取得显著成效。

（王黎珩）

信访

【概　况】 2020年，区信访办围绕服务北京城市副中心工作大局及区委、区政府中心工作，落实市、区信访工作决策部署，坚持以人民为中心，以解决群众合理诉求、化解突出信访问题为重点，以“控增、减存、防变”为目标，高站位谋划、高标准执行、高质量落实，统筹推进疫情防控和信访工作，完成全国“两会”、2020年中国国际服务贸易交易会、“两节”、十九届五中全会等一系列信访工作，确保北京城市副中心社会和谐，为副中心高质量发展营造良好社会环境。

2020年，全区信访总量8698批，同比上年同期下降4%。全区来访2900批次、5120人次，同比上年批次下降42.9%、人次下降62.7%。全区来信5798件，同比上年同期上升45.9%。2020年，办理立案交办件269件。全部按时办结。到市、区访的数据显示，改变了上年及以前到市访是到区访2倍的局面，实现到市、区访基本持平，来访态势由“倒三角”转变为“纺锤形”，主要信访矛盾压在市、区两级的层面。

【区复查复核案件办理情况】 2020年，通州区信访办复查（复核）办公室收到申请人来信199件，同比下降9.5%（2019年220件）。其中，复查156件，复查受理128件次，同比下降12.9%，受理率82.1%；不予受理件26件次，不予受理率16.7%；复查案件办结率100%。复核件43件次，同比增长2.3%，复核维持率93%。全年复查案件数量稳中有降，复查复核形势依然严峻但总体平稳。

【区级领导信访接待】 2020年，规范领导接访，狠抓领导干部接访、约访、下访工作。全年区级领导在岗接访50次，接待来访群众15批19人次，化解7件。区主要领导在岗接访的信访问题均已化解。全区处级领导干部在岗接访2453次，接待群众1127批次、2583人次、带案下访773次，重点约访177次，推动化解信访问题477件。

【领导批阅群众来信】 2020年，区级领导阅批群众来信55件，其中，主要领导阅批11件；该办领导阅批403件，其中，主要领导阅批222件。

【全面开展矛盾排查工作】 2020年，在全区范围内开展2次社会矛盾纠纷大排查，13次各类专项排查。排查矛盾纠纷482件。市联席办交办的区级重点矛盾14件，全部办结。对排查出的问题，督促各责任单位建立台账、落实领导包案，抓早抓小、随排随化，将问题解决在源头，防止矛盾蔓延升级。

【集中推进化解疑难复杂信访问题】 2020年，区信访办制定《北京市通州区信访工作联席会议工作规则》，将区级信访联席会议细化为三个层面，一是每季度召开的全体会议，二是召集人调度的专题会，三是联席办针对疑难复杂信访问题召开的会商会，形成定期与不定期相结合、不同层面会议相结合、规定内容与机动内容相结合的三个特点，强化区级信访联席会议作用，同时指导全区17个街道、乡镇建立信访联席会议机制，完善制度和工作规则，通过基层发挥信访联席会议作用，将部分复杂信访问题化解在基层，使区级信访联席会议有更多精力去解决更为疑难的信访问题，为更好地逐级贯彻落实中央及市信访联席会议工作打下基础，实现信访联席会议区域内全覆盖。全年召开信访联席会议全体会4次，1次治理信访矛盾上行问题专题会议，1次全国“两会”信访服务保障部署会议，4次专项信访问题会商协调会，1次重复信访治理积案化解专项工作推进会。推进8件疑难复杂的信访案件，在区联席会议的多元联动化解下，国家信访局交办通州区信访积案42件、“四大攻坚”6件及市联席办交办的区级重点矛盾14件，全部办结。

【提升整体信访工作水平】 2020年，为加强街道乡镇及重点委办局矛盾化解水平、统筹通州区信访工作，区信访办建立月度信访工作例会制度，每月月末召开一次由主管领导、信访办主任参加的全区信访工作月例会。一是通报当月信访工作情况；二是由部分乡镇街道及重点委办局做典型经验发言；三是召集信访问题较为突出的单位进行重点研究，并调度推进疑难复杂信访问题化解；四是针对工作中发现的问题，采取“以会代训”的方式，“手把手”教方法，针对短板不足“一对一”总结经验，整体提升全区信访工作水平。

【复查复核工作】 2020年，引入律师参与严把复查复核法制关，全方位提升复查复核工作效果。坚持“三有推定”，即坚持群众诉求有理、相关部门有责、信访事项有解。站在坚持以人民为中心的角度，始终站稳群众立场，正确看待信访问题，带着感情和责任为群众排忧解难。建立健全复查复核工作体制机制，以通过提升复查复核工作办案质量、以打造“副中心品牌”为目标，在“法治复查复核、质量复查复核、高效复查复核、创新复查复核”上猛下功夫。一是在“法治复查复核”上下功夫，要主动提升工作定位，以建立良好的信访生态秩序为目的，以“法治复查复核”为抓手，努力打造“法治信访”。确保信访复查复核审查全覆盖、无死角。二是在“质量复查复核”上下功夫，本着复查复核案件既抓数量、更重质量的工作理念，按照信访“依法分类处理、法定途径优先”的工作要求，要对复查复核案件进一步强化审查标准和审查机制，对审查指标进行量化、细化、标准化。对出具的文书切实做到程序合法、事实清楚、证据充分、依据正确、内容适当。三是在“高效复查复核”上下功夫，在实践中主动自我加压，变按时、按期办理为提速、提效办理，以优化流程、简化程序、缩短环节为突破口，建立“复杂案件压缩办、简单案件提速办、明了案件马上办”的工作模式。

（王仁华）

机关事务服务

【概　况】　2020年，在区委、区政府的正确领导下，区机关事务服务中心党组始终坚持以习近平新时代中国特色社会主义思想为指导，全力应对新冠肺炎疫情防控，主动服务保障城市副中心建设大局，较好地完成了各项工作任务，为区委、区政府机关正常运行提供了优质高效的后勤服务保障。

【集中办公区疫情防控】　2020年，严格落实各项防控措施，对进入集中办公区的车辆、人员逐一排查，确保不漏一车一人；食堂严格落实错时就餐、"一米线"、体温检测等措施；坚持对门厅、楼道、会议室、电梯、卫生间等公共区域每日消毒；组织集中办公区保安、保洁、物业、餐饮人员进行核酸检测、疫苗接种，确保集中办公区安全稳定。

【全区各级重要会议、重大活动服务保障】　2020年，完成区六届人大六次会议、政协六届四次会议的会务生活保障任务；完成中央复工复产调研组、北京市安全生产"回头看"第二督查组、市委第三巡视组、全球财富论坛等各层级、各类别的会议、用餐、住宿等保障任务。全年完成各类会议保障8000余场次，客房入住499房次。

【食堂油烟净化设施提标改造工程】　2020年，通过公开招标，对通州区21处办公区食堂（含交通支队7处）实施油烟净化设施提标改造工程。各办公区食堂油烟排放指标均符合规定，食堂油烟、颗粒物和挥发性有机物污染排放强度大幅降低，为通州区打赢蓝天保卫战作出了积极贡献。

【节约型机关创建】　2020年，联合区精神文明办、区直机关工委、区发改委等六部门制定《通州区节约型机关创建行动工作方案》。组织召开全区性创建工作大会，邀请专家进行创建工作培训，并对列入2020年度创建单位的工作资料进行现场核查。通过实地检查、现场辅导，确定21家单位参评节约型机关，创建率达到25%，超额完成市级目标任务。

【集中办公区垃圾分类】　2020年，制订《垃圾分类工作方案》和《垃圾分类工作实施办法》，建立"一长四员"工作机制，率先在15个集中办公区启动垃圾分类工作。通过摆放垃圾分类设施、加强监督检查，集中办公区干部职工垃圾分类意识和投放正确率明显提高。定期对集中办公区垃圾分类工作情况进行监督考核，集中办公区垃圾分类工作获得市级专家和区级考核检查组的充分肯定和高度评价。

食堂油烟净化设施提标改造工程
（区机关事务服务中心提供）

在15个集中办公区摆放垃圾分类设施
（区机关事务服务中心提供）

【制止党政机关食堂餐饮浪费行为】 2020年，为贯彻落实习近平总书记关于坚决制止餐饮浪费行为的重要指示精神，制定《关于推进办公区机关食堂节约用餐工作实施方案》，在集中办公区食堂组织开展“制止餐饮浪费 践行光盘行动”活动，集中办公区厨余垃圾量同比下降38.9%。设计制作“餐餐光盘、拒绝浪费”等温馨提示语，张贴、摆放在食堂就餐区域，并利用食堂就餐区的电视、电子屏等媒体，深入开展节约用餐宣传。开展“光盘行动我参与”倡议活动，号召广大干部职工从我做起。牵头开展党政机关食堂“光盘行动”实地检查工作，检查机关食堂21家。

【全区办公用房统一管理】 2020年，拟定《通州区行政事业单位办公用房深化管理的工作意见》《通州区行政事业单位办公用房处置利用管理办法》。建立通州区行政事业单位办公用房可视化管理平台，将通州区办公用房管理工作推向规范化、精细化、数据化。完成潞城办公区会议室视频系统改造、区城市指挥中心办公楼外墙修缮等20项工程，有效保障了各单位的办公需求。完成通州支队副中心战训队驻地用房、区环保局新办公区二期办公用房、新成立街道办事处等9项办公用房租赁项目，租赁办公用房2.4万平方米。整合现有办公用房资源，为区融媒体中心、区医疗保障局、新成立街道办事处等调配办公用房158间，全力保障机构改革涉改单位的办公用房需求。

【实物资产配置】 2020年，充分发挥公用资产平台作用，完成中央环保督察组、反黑除恶督查组、市委第三巡视组等资产保障任务40余次，保障资产491件，保障办公用品1483件。严格资产购置审批，全年审核完成10家单位资产购置申请，批复实物资产562件，价值124万余元。

中央环保督察组通州信访组实物资产保障任务
（区机关事务服务中心提供）

【公务平台车辆管理】 2020年，实施车辆维保“四定”工作法，确保车辆保障及时高效，全年应急、调研平台公务出行保障1350余次，安全行驶78万千米。为执法执勤单位更换新车15辆，解决12家执法执勤用车单位车况普遍老旧、配置不足的实际问题。牵头完成全区1000余辆公务用车终端设备普查和修复工作。

【集中办公区后勤管理服务保障】 2020年，办公区食堂科学搭配，餐品清淡可口、营养健康，机关干部对15个办公区食堂的满意度不断提升；组织开展卫生清洁、垃圾清运、枯树修剪、新苗补栽、花卉种植等工作，营造干净整洁、自然舒适的办公区环境；加强培训、完善制度、明确责任，办公区安全任务全面落实。

（王辰雨）

2021

中国人民政治协商会议通州区委员会

北 京 通 州 年 鉴

城市绿心森林公园（摄影 郭建华）

综　述

【概　况】　2020年，政协北京市通州区第六届委员会及其常务委员会在中共通州区委的坚强领导下，团结各界委员，以习近平新时代中国特色社会主义思想为指导，坚持发扬民主和增进团结相互贯通、建言资政和凝聚共识双向发力，政协工作呈现出更加规范有序、更加扎实有效、更加充满活力的良好局面，为全面推动城市副中心高质量发展作出了积极的贡献。

【主要工作】　2020年，常务委员会在强化引领、深入协商、凝聚共识、务实高效、党建引领等方面发挥积极作用，进一步巩固共同思想政治基础，提升服务大局作用，发挥人民政协制度优势，加强经常性工作。强化政协自身建设。全年组织全体会议1次，常委会议6次、主席会议10次。组织开展各类活动60余次，设立18个委员工作站（室），发展20所“模拟政协”项目校，评选10名“榜样委员”。机关干部职工19批95人次参与社区抗疫值守；许多委员踊跃捐款捐物，总计达1200余万元。完善制定常委会工作规则等30余项制度，形成《关于加强基层社会治理》等8篇重点调研报告。全年收集信息331篇，向党政部门报送情况和建议175篇，征集文史资料150余万字、图片500余张，完成市政协《委员一日》《与祖国同行》组稿征集。编写“通州区政协委员手册”，编辑出版《亲历》《智临潞城》《通州文史》。截至12月31日，通州区政协第六届委员会有委员262人，常务委员会组成人员47人。

（张俊国）

重要会议和活动

【六届四次会议】　1月2—5日，在阳光国际会议中心召开政协北京市通州区第六届委员会第四次会议。听取并审议主席赵玉影作的常委会工作报告和常务副主席季志会作的关于提案工作情况的报告；表彰2019年度优秀提案、信息工作先进单位和个人、文史资料优秀撰稿人；听取并讨论区政府工作报告，讨论其他报告。审议通过会议政治决议、常委会工作报告决议、提案工作报告决议；听取季志会做的关于提案征集情况的报告。区委书记曾赞荣出席开幕会并讲话。区委副书记、区长赵磊，区人大常委会主任李玉君，区委常委、统战部部长、区政协党组副书记洪波，主席团常务主席贾君刚、朱志高、禹学河、王子江、田春华、吴涛等列席大会。

【第二十七次常委（扩大）会议】　1月5日召开第二十七次常委（扩大）会议。讨论区政协《关于进一步加强委员联系群众工作的实施办法》、2020年区政协常委会工作要点，通报区政协主席、副主席、党组成员、秘书长、巡视员工作分工。

【第二十八次常委（扩大）会议】　4月17日召开第二十八次常委（扩大）会议。围绕习近平总书记关于新冠肺炎疫情防控的系列重要讲话精神组织集体学习。通报委员工作站（室）建设相关情况、区政协各专门委员会副主任调整的意见、关于区政协委室联合分党组成员调整的意见、2020年区政协年度各项议题计划。区政协各位常委以视频形式参加会议，区政协各委室主任列席会议。

【第二十九次常委（扩大）会议】 7月2日召开第二十九次常委（扩大）会议。学习习近平总书记全国“两会”期间系列重要讲话精神和全国政协常委会报告等。审议通过关于组建和调整区政协专门委员会的有关事宜、《区政协反映社情民意信息工作考评办法》和《区政协关于加强委员工作站建设工作的意见》。区政协各位常委以视频形式参加会议，区政协各委室主任列席会议。

【第三十次常委（扩大）会议】 8月6日召开第三十次常委（扩大）会议暨常委暑期读书班开班仪式。参观考察副中心重点工程和重大项目；听取并审议《区政协2020年上半年工作总结和下半年主要安排》。全区开展模拟政协活动学校的师生代表通过视频列席会议。

【第三十一次常委（扩大）会议】 11月20日召开第三十一次常委（扩大）会议。协商城市副中心（通州区）“十四五”规划编制；听取2020年党风廉政建设情况通报；审议通过人事任免事项；审议通过《区政协常委会工作规则》《区政协专门委员会工作规则》《区政协委员履职工作规则》《区政协提案工作规则》《区政协“关于推行提案质量、办理质量‘双评议、双提升’工作的暂行办法”》；区政协常委张琴琴、伊婵进行述职；通报《通州区政协关于开展学习贯彻中共十九届五中全会精神的方案》。机关各委室主任、副主任，机关干部，模拟政协师生代表参加会议。

【第三十二次常委（扩大）会议】 12月23日召开第三十二次常委（扩大）会议。审议通过区政协委员调整建议名单：拟调整政协委员3名，增补6名。其中，魏欣、李亚军、马清文、王永革、张志军、司洪胜、盛梁不再保留委员资格；调整新增李长风、朱战芳、王炜、纪智礼、谢京文、张弘力、汪碧刚、马征、蒋真铮为政协委员。听取2020年度委员履职情况汇报；审议通过关于召开区政协六届五次会议的决定（草案）、会议议程（草案）、会议日程（草案）；审议通过区政协六届五次会议秘书长、副秘书长建议名单（草案），秘书处下设机构及负责人名单（草案），各次大会主持人名单（草案）；审议通过区政协六届五次会议委员分组办法及各组召集人名单（草案）、委员联组讨论分组办法及各联组召集人名单（草案）；审议通过区政协六届五次会议决议起草委员会委员建议名单（草案）；审议六届区政协常委会工作报告；审议六届区政协常委会关于提案工作情况的报告；区政协常委孙大公、刘秀杰进行述职；通报区政协六届五次全会筹备工作情况。

【第二十八次主席（扩大）会议】 2月3日召开第二十八次主席（扩大）会议。研究《区政协关于积极参加和支持打赢新型冠状病毒感染的肺炎疫情防控阻击战的意见》《关于做好区政协机关新型冠状病毒感染的肺炎疫情防控工作的通知》《关于新型冠状病毒感染的肺炎疫情防控期间机关实行弹性工作制的要求》。研究《区政协2020年主要任务分解表》《区政协2020年专题协商和民主监督议题计划》《2020年区政协一季度重点工作》《区政协2020年专题调研计划》。

【第二十九次主席（扩大）会议】 4月15日召开第二十九次主席（扩大）会议。听取关于区政协六届四次会议提案分析情况的报告，审议通过《通州区政协各专门委员会副主任调整的意见》，传达学习北京市政协系统2020年社情民意信息工作会精神和《北京市政协2020年重要会议和活动安排》。

【第三十次主席（扩大）会议】 6月29日召开第三十次主席（扩大）会议。讨论关于组建和调整区政协专门委员会的有关事宜：组建区政协农业和农村委员会，区政协文史和学习委员会更名为区政协学习委员会，区政协城建环保委员会更名为区政协人口资源环境和建设委员会。讨论《区政协反映社情民意信息工作考评办法》、《2020年区政协反映社情民意信息工作评选表彰方案》和《区政协关于加强委员工作站建设工作的意见》、《区政协规范推进委员工作站建设工作方案》。

【第三十一次主席（扩大）会议】 8月12日召开第三十一次主席（扩大）会议。审议通过区政协《关于进一步加强城市副中心基层社会治理的建议案》《关于提升城市副中心应对突发公共卫生事件能力水平的建议案》《关于完善文化经济政策，促进城市副中心文化产业发展的建议案》《关于建设森林城市，探索副中心平原造林可持续发展的建议案》4个建议案。

【第三十二次主席（扩大）会议】 9月4日召开第三十二次主席（扩大）会议。研究人事任免事项：免去杨广文区政协专委会工作四室主任职务；程行利任区政协专委会工作四室主任，免去区政协专委会工作二室主任职务；皮联仿任区政协专委会工作二室主任，免去区政协研究室主任职务；谢京文任区政协研究室主任；毛瑞霞任区政协专委会工作二室副主任，免去区政协专委会工作四室副主任职务。

【第三十三次主席（扩大）会议】 10月26日召开第三十三次主席（扩大）会议。研究人事任免事项：杨玉洁任政协北京市通州区委员会专委会工作三室副主任。学习传达市委组织部、市委统战部等《关于落实各区不驻会人大常委会副主任、政协副主席生活待遇的通知》。

【第三十四次主席（扩大）会议】 11月17日召开第三十四次主席（扩大）会议。听取区人民法院、区人民检察院2020年工作情况通报。研究人事任免事项：皮联仿（原区政协研究室主任）任区政协学习委员会主任，陈立军、尚珂任区政协学习委员会副主任。安志江（现任区政协经济和科技委员会主任）兼任区政协农业和农村委员会主任，张洪亮、王连队任区政协农业和农村委员会副主任；建议免去张洪亮区政协经济和科技委员会副主任职务。程行利（原区政协文史和学习委员会主任）任区政协教文卫体委员会主任。李雅静（原区政协城建环保委员会主任）任区政协人口资源环境和建设委员会主任，张跃宗、王雪艳、贾立军任区政协人口资源环境和建设委员会副主任。通过《区政协常委会工作规则》《区政协专门委员会工作规则》《区政协委员履职工作规则》。通过《区政协提案工作规则》《区政协“关于推行提案质量、办理质量‘双评议、双提升’工作的暂行办法”》。

【第三十五次主席（扩大）会议】 12月3日召开第三十五次主席（扩大）会议。听取区政协2019年主席会建议案办理情况的通报：区农业农村局通报《关于北京城市副中心拓展区当前发展的建议案》办理情况；区文化和旅游局通报《关于推进城市副中心文化和旅游融合发展的建议案》办理情况；区科委通报《关于增强科技创新能力促进城市副中心高质量发展的建议案》办理情况；区民政局通报《关于进一步深化“街乡吹哨、部门报到”推进基层治理创新的建议案》办理情况。观看区政协提案工作总结宣传片，听取区委、区政府2020年提案办理工作情况的通报，听取区政协提案委员会2020年提案工作的汇报。审议通过关于召开区政协六届五次会议的决定（草案）、会议议程（草案）、会议日程（草案）。

【第三十六次主席（扩大）会议】 12月23日在区会议中心区委常委会会议室召开第三十六次主席（扩大）会议。审议通过区政协委员调整建议名单；审议通过《关于城市副中心（通州区）智慧城市建设的建议案》；听取《政协北京市通州区第六届委员会2020年度委员履职情况统计分析报告》。审议通过特邀文史委员增补名单：增加刘恩东、王宝川、张士祥、武政、杨润东为特邀文史委员。审议通过关于表彰2020年度优秀提案、优秀社情民意信息和文史资料优秀撰稿人的决定（草案）；审议通过区政协六届五次会议秘书长、副秘书长建议名单（草案），秘书处下设机构及负责人名单（草案），各次大会主持人名单（草案）；审议通过区政协六届五次会议委员分组办法及各组召集人名单（草案）、委员联组讨论分组办法及各联组召集人名单（草案）；审议通过区政协六届五次会议决议起草委员会委员建议名单（草案）；审议六届区政协常委会工作报告；审议六届区政协常委会关于提案工作情况的报告。

【第三十七次主席（扩大）会议】 12月29日召开第三十七次主席（扩大）会议。审议通过区政协各专门委员会组成人员调整名单；审议通过关于调整区政协六届五次会议召开时间为2021年1月13日至15日的决定，通报调整后的日程安排。

【社情民意恳谈会】 11月19日召开2020年社情民意恳谈会。区政协继续突出市区联动，民革市委推荐的党派成员和市政协委员、模拟政协师生代表参加。12位市、区政协委员分别就美丽乡村产业发展、发展民宿集群经济、优化营商环境、大运河文化景点展示、打造人才聚集地、激发居民垃圾分类意识等方面进行发言，并提出了诸多切实可行的意见和建议。区委、区政府领导充分肯定党派成员、市区政协委员以及模拟政协师生代表所提的意见建议，就关心的问题进行面对面互动交流，并对相关问题作了回应，会议由区政协常务副主席石宝玉主持。区政协主席赵玉影，区委副书记刘东伟，区委常委、统战部部长、副区长王岩石，区委常委、常务副区长阳波，副区长董明慧，区政协副主席朱志高、禹学河、王子江、田春华、吴涛，秘书长冯利英参加会议。区政协各民主党派负责人、各界别召集人、各委室主任及全体机关干部共计70余人参加会议。

【经济和科技委员会开展系列民主监督活动】 根据区政协2020年民主监督协商议题计划等工作安排，区政协经济和科技委员会围绕通州区2020年国民经济和社会发展计划上半年执行情况、2020年上半年财政预算执行情况组织召开民主监督协商会议。区发改委、区财政局结合当前经济形势、财政状况，分别通报2020年国民经济和社会发展计划上半年执行情况和2020年上半年财政预算执行情况。区政协经济运行民主监督组、财政民主监督组部分委员结合通州实际，分析研判当前和之后一段时期经济形势，围绕应对疫情冲击，统筹推进疫情防控和经济社会发展建言献策。围绕"关于增强科技创新能力，促进城市副中心高质量发展"主席建议案办理情况、"关于发展高科技产业、集聚高端企业区域总部，助力北京城市副中心产业发展"主席督办提案的办理情况以及"十四五"时期城市副中心科技创新专项规划编制情况开展系列民主监督调研协商活动。实地调研张家湾设计小镇创新中心、城市管理指挥中心，召开民主监督协商会议。区科委、区经信局、区投资促进服务中心、中关村科技园通州园管委会、区城市管理指挥中心分别就有关情况和"十四五"时期城市副中心科技创新专项规划编制情况进行汇报。区政协经科委、科学技术协会界部分委员重点围绕科技创新"十四五"专项规划交流发言。

（张俊国）

专门委员会

【专委会工作一室】 年内，收到六届四次会议提案238件，审查立案219件。其中，党派提案15件，界别提案9件，委员提案195件。立案提案全部办复完毕，办复率100%。通过副中心讲堂、委员讲堂、委员工作站（室）活动、征集印发提案线索等多种形式，搭建学习交流平台，助力委员知情明政。加强提案信息化管理平台建设，增加手机客户端功能，委员获取提案信息的途径更加便捷。严格提案审查，认真开展提案分析，遴选出15件优秀党派界别提案、39件优秀委员提案并进行表彰。加强制度建设，制定区政协提案工作规则，研究出台提案质量和办理质量“双评议、双提升”办法，建立健全提案公开机制。组织驻会主席督办提案工作，促进4件提案落实。拓展协商形式，精选10件提案与承办单位进行“扩面协商”，建言水平和协商质量不断提高。刊发《重要提案摘报》10期，精选主要内容呈送区委、区政府领导参考。加强提案宣传，组织委员参与通州电视台《对话副中心》栏目录制，讲述提案故事，展现委员风采。牵头组织建立社情民意信息委员工作站和党派界别委员工作站。落实疫情防控要求，扎实做好常态化疫情防控工作。

【专委会工作二室】 2020年，持续强化理论武装，始终把学习贯彻习近平新时代中国特色社会主义思想摆在首位，深入学习贯彻中共十九届四中、五中全会精神，举办《习近平谈治国理政》第三卷专题辅导，巩固落实中央及市委、区委政协工作会议精神学习成果，切实做到学思用贯通、知信行统一。不断完善学习制度。基本形成以政协党组理论学习中心组学习为引领，主席会议和常委会会议集体学习、委员常规学习贯穿全年的配套学习制度体系。创新开设城市副中心讲堂，开展委员讲堂，搭建“书香政协”平台，多措并举丰富学习方式与内容。全年开展各类学习活动22场次，680余人次参与。学习效果持续显现。自觉用政协理论指导各项工作，对加强委员联系群众、“模拟政协”、深化提案办理“扩面协商”等9项重点工作进行总结，形成经验做法和长效机制，推动学习广泛、多层、制度化开展。注重把学习教育与发挥视察调研、协商议政等活动的思想政治引领作用结合起来，切实增强“四个意识”，坚定“四个自信”，做到“两个维护”，增进“四个认同”，团结奋斗的共同思想政治基础更加牢固。

【专委会工作三室】 2020年，落实专委会疫情防控责任，及时传达贯彻区政协疫情防控部署要求，组织企业家委员积极践行社会责任、踊跃捐款捐物。根据区委机构编制委员会批复和区政协第二十九次常委会会议精神，配合组建农业和农村委员会，调整经济和科技委员会、农业和农村委员会组成。认真落实区政协加强委员工作站建设的工作意见，协调组织建立工商联界、台湖地区、美丽乡村建设3个委员工作站，全年开展8次活动。加强市区联动，协调组织市区政协联合调研组围绕“‘十四五’时期推动城市副中心产业高质量发展”开展专题调研，形成3个方面10条综合性建议，并作为市区编制“十四五”规划参考；围绕《北京市生活垃圾管理条例》实施，与市政协农业和农村委联合组织委员赴于家务回族乡开展监督视察活动。聚焦区委、区政府中心工作，牵头组织实施区政协围绕“北京城市副中心（通州区）‘十四五’规划编制”开展专题协商工作，召开议政性常委会，形成4个方面26条综合性建议，并报送区政府；围绕推进国家农业高新技术产业示范区建设、加快推进高精尖产业项目落地开展专题调研；围绕“金融产业发展”开展专题协商活动。充分发挥民主监督职能，组织经济运行民主监督组、财政民主监督组委员听取全区经济运行、财政预算制定和执行、财政工作情况通报，开展专项民主监督。全年组织调研视察、专题协商、民主监督等活动57次，市区政协委员280人次参与。

【专委会工作四室】 2020年，征集文史资料稿件150余万字，图片资料500余张，完成市政协《委员一日》《与祖国同行》组稿征集，围绕委员亲身经历的重大事件和重点工作，编辑出版《亲历》、《智临潞城》及4期《通州文史》，切实发挥存史、资政、团结、育人作用。参与疫情防控工作，组织委员撰写疫情防控和复工复产社情民意信息。围绕城市副中心文化产业发展，开展专题调研、专题协商，形成《完善文化经济政策，促进城市副中心文化产业发展调研报告》，为区委、区政府科学决策提供参考。围绕城市副中心食品药品安全、教育均衡发展等问题，开展民主监督活动。组织成立文化体育界委员工作站、教育界委员工作站、医药卫生界委员工作站，并开展一系列活动，加强委员与群众的联系。持续开展“模拟政协”活动，组织46名委员走进20所项目校宣讲政协理论，指导学生开展调研，撰写提案，邀请“模拟政协”师生代表观摩政协议政性常委会、专题协商会，使学生了解和体会中国特色的社会主义民主协商政治制度。联合农工党通州区工委，开展惠民下乡义诊咨询活动。联合民盟通州区工委开展“文化进乡村·新春送祝福”联谊活动。

【专委会工作五室】 2020年，做好疫情防控工作，邱明等11名委员向武汉捐款捐物，李峰威作为抗疫先进个人在人民大会堂接受国家表彰，展现委员勇于担当、甘于奉献的良好素质、风貌；高标准完成玉桥地区和工会界委员工作站建设，联合市政协共同参与，就地区经济发展、维护职工权益等热点难点问题开展建言议政活动；委室推荐重要委员提案6件、优秀委员提案16件、优秀党派提案19件，向驻会主席推荐督办提案2件，就进一步提高提案质量提出意见建议；深入开展“委员齐参与，助力垃圾分类新时尚”专项民主监督活动，倡议广大政协委员当好垃圾分类示范员、宣传员和监督员，为全面助推《北京市生活垃圾管理条例》贯彻实施，促进垃圾分类工作，献计出力做贡献；深入开展“关于建设森林城市，探索副中心平原造林可持续发展”专题调研，围绕创森资金持续保障、环境设施管理、产业融合、农民增收等方面问题，提出了建设性的意见、建议，并形成广泛共识，促进专题协商能够更加准确地为党委、政府提出合理化建议，为城市副中心发展贡献政协的力量和智慧。

【专委会工作六室】 2020年，围绕区政协常委会、主席会议的工作部署，充分发挥社会法制与民族宗教专委会的职能作用，在建言资政和凝聚共识上“双向发力”，进一步促进专委会工作质量的提升。以疫情防控为重点，所联系的界别委员立足本职、勇于担当，在不同的战斗岗位助力打赢疫情防控阻击战；围绕深化“街乡吹哨、部门报到”改革召开民主监督座谈会，通过委员建言献策，进一步推动接诉即办向“未诉先办”延伸；组织法制民主监督组委员通过听取情况通报、工作检查、实地视察等方式，重点对公共法律服务体系建设、公益诉讼工作开展民主监督活动；依托专委会和界别优势，围绕副中心养老服务体系建设、“三庙一塔”（文庙、紫清宫、佑圣教寺，燃灯佛舍利塔）历史遗址文物保护建设和南大街历史文化街区保护项目开展协商议政活动；加强委员与界别群众、基层群众的联系，成立妇联界特邀界委员工作站、张家湾地区委员工作站，以委员工作站为载体，参加多种形式联系基层群众的活动，推动政协履职提质增效。组织委员到玉桥街道“无忧之家”养老照料中心开展九九重阳节“送温暖、献爱心”公益活动；密切与民族宗教界代表人士的联系，强化民族团结进步宣传教育，促进民族团结、宗教和睦。

（张俊国）

城市绿心森林公园（摄影 郭建华）

2021

纪检监察

北 京 通 州 年 鉴

综　述

【概　况】　2020 年，在市纪委市监委和区委的坚强领导下，全区各级纪检监察组织及广大纪检监察干部，增强“四个意识”、坚定“四个自信”、做到“两个维护”，强化政治监督，严明纪律规矩，围绕中央及市委、区委统筹推进疫情防控和经济社会发展重大决策部署，坚守以人民为中心的政治立场，把维护好、实现好、发展好人民群众的根本利益作为工作的出发点和落脚点，围绕北京城市副中心建设大局，以有力有效监督推动基层治理体系和治理能力现代化，以创新精神深化改革、破解发展难题，坚持稳中求进，忠诚履职，为打赢疫情防控阻击战、推动副中心经济社会高质量发展提供坚强政治和纪律保证。

【疫情防控】　2020 年，区纪委区监委以坚强的政治担当落实疫情防控各项决策部署，组织动员 140 余名机关党员干部利用工余时间投身村（社区）疫情防控工作，以实际行动为抗击新冠肺炎疫情贡献力量。深化“不忘初心、牢记使命”主题教育成果，以机关各党支部为载体，通过开展主题党日、领导干部讲党课、过政治生日等，切实增强组织生活的感染力、吸引力。营造争先创优、团结向上的机关氛围，涌现出一批市级先进典型，其中，区纪委副书记、区监委副主任石建华及区纪委常委、区监委委员、党风政风监督室主任毛家宏分别获评北京市优秀思想政治工作者、北京市抗击新冠肺炎疫情先进个人，区纪委区监委案件审理室获得北京市三八红旗集体称号。

【规范化建设】　2020 年，加强规范化建设，严格依规依纪依法履职。立足区域实际，制定《通州区纪委区监委关于落实〈纪检监察机关处理检举控告工作规则〉相关工作的实施办法（试行）》《通州区纪委区监委问题线索处置管理办法（试行）》等规章制度，进一步推动监督执纪、监督执法工作顺畅进行。全面加强机关及全系统信息化建设，完成市纪委市监委八项信息化试点工作，《通州区以信息化试点工作为引领　高效推进纪检监察工作》的情况专报在北京纪检监察信息（专刊）刊发，得到市纪委市监委领导的肯定，并在全市网上审批推进会上介绍通州经验。

【能力建设】　2020 年，加强能力建设，锤炼过硬专业本领。依托“精品课堂”“小教员”“青年论坛”等学习机制，采取线上线下相结合的方式，持续深入学习《中国共产党纪律处分条例》《中华人民共和国监察法》《中华人民共和国公职人员政务处分法》等党纪政务法规及业务知识，提升理论向实践转化的能力。选派 340 余人次参加中央及市、区级各类培训，组织 200 余人参加中央纪委、国家监委组织的年中知识测试，组织 8 人进行定岗培训，进一步营造在干中学、在学中干的良好氛围。

【作风建设】　2020 年，加强作风建设，严防“灯下黑”。规范和强化内部权力运行的监督制约，以刀刃向内的勇气严防“灯下黑”。开启项目化管理工作模式，研究制定《通州区纪委区监委机关督查工作办法（试行）》，对落实重大决策部署、重要工作事项等内容进行监督检查，助推年度重点工作任务有序、高效完成。自觉接受社会各界监督，按规定向区人大常委会报告区监委履行监督工作情况，向区政协常委会通报全区党风廉政建设工作开展情况，持续开展“走进通州监委”开放日活动，邀请 29 名特约监察员、60 余位“白衣天使”走进区纪委区监委机关，彰显“打铁必须自身硬”的思想自觉和行动自觉。

（左泽剑）

政治监督

【概　况】 2020年，区纪委区监委坚守政治站位，强化政治监督，认真履行“两个维护”政治责任，将副中心意识、副中心标准、副中心质量融入高质量监督中，紧扣建设北京城市副中心工作重点，推动习近平新时代中国特色社会主义思想在副中心形成生动实践。把学习贯彻习近平新时代中国特色社会主义思想作为贯穿全年的工作主线，巩固“不忘初心、牢记使命”主题教育成果。组织开展理论中心组学习26次，重点发言34人次，涵盖中共十九届四中、五中全会精神及副中心重大决策部署等10个专题，推动“两个维护”（是指坚决维护习近平总书记党中央的核心、全党的核心地位，坚决维护党中央权威和集中统一领导）成为自觉，见诸行动。坚持边学习、边调研、边工作、边总结，围绕“两个责任”(主体责任、监督责任)协同贯通、“三不”(不敢腐、不能腐、不想腐）一体推进等45个课题开展调研，强化知行合一，提高解决实际问题的能力。

【督查督办】 2020年，探索副中心应对突发性重大公共卫生事件监督模式，紧盯四方责任，守住“外防输入、内防扩散”红线。紧密结合副中心建设实际跟进监督，做到两手抓、两不误。围绕扎实做好“六稳”工作、全面落实“六保”任务开展常态化监督。全区纪检监察组织围绕疫情防控工作，开展各类监督检查4万余次，发现并提醒整改问题660余个，下发纪律检查建议和监察建议12件次，给予纪律处分4人，为副中心疫情防控提供坚强纪法保障。区纪委区监委有效监督疫情防控的经验做法在市纪委常委扩大会上进行交流发言。

【对口扶贫】 2020年，深化对口扶贫协同监督，由区纪委区监委领导班子带队，到内蒙古科尔沁右翼中旗、奈曼旗、翁牛特旗以及西藏拉萨市城关区4地监督对口扶贫工作。以扶贫支援“六张清单”、社会救助“三本台账”等任务指标为抓手，监督跟进扶贫脱低政策落实情况，累计入户抽查200余户，汇总梳理“六张清单”6批次110项指标，助力对口支援帮扶地区实现脱贫摘帽。聚焦生态环保工作任务开展专项监督检查，在中央生态环保督察组到京开展督察期间，抓住人民群众反映强烈的突出问题和督察反馈问题，进一步强化监督全区生态环保主体责任落实情况，推动副中心“蓝天保卫战”取得阶段性成效。

【专项监督】 2020年，树立副中心意识，围绕中央及市委、区委关于副中心建设的各项重大决策部署，启动各类专项监督40余项，统筹协调开展集中监督30多轮次，督促相关部门完善制度55个，不断规范权力运行。充分发挥内部协同联动、上下高频联动、外部动态联动“三联动”机制，快速精准查处宋庄镇六合村党支部原书记、村委会原主任史某某违纪违法案件，扭转该村征地拆迁工作不利局面，有效保障重点工程推进。主动向副中心党工委报告监督检查工作情况，市委常委、市纪委书记、市监委主任陈雍，副市长隋振江分别给予充分肯定并作出重要批示，副中心党工委首次专题听取区纪委区监委的工作汇报。

（左泽剑）

正风肃纪

【概　况】 2020年，区纪委区监委坚持一严到底，锲而不舍纠“四风”树新风，自觉践行群众路线，紧盯副中心百姓急难愁盼问题和惠民富民、促进共同富裕政策落实，把整治群众身边的腐败和不正之风摆到更加突出位置，以正风肃纪反腐凝聚党心民心，用实际行动推动副中心作风建设向善向好。

【落实中央八项规定精神】 2020年，围绕津补贴发放、公车使用、办公用房使用等，统筹监督力量，成立82个检查组，对全区190个点位进行“四风”问题专项监督检查，严防反弹回潮，统筹各检查组对照台账进行挂图督战，精准发现问题，及时整改落实；建立定期报告制度，及时汇总工作推进和问题整改情况，实施对账销号，持续巩固监督成果；深化日常监督，对224家单位疫情防控期间干部在岗在位及履职情况进行随机抽查；把节点当考点，锲而不舍在各个节点加大“四风”问题发现和整治力度，强化通报曝光，狠刹歪风邪气；深入应用大数据平台和“雪亮”工程等技术手段，查询公车使用轨迹1353条；筑牢思想防线，通过“清风通州”微信公众号、“运河清风”网站等媒体进行廉政提醒，进一步压紧压实各方责任。查处违反中央八项规定精神问题51起，通报曝光典型案例17起31人次。

【整治形式主义、官僚主义】 2020年，认真落实市委《关于集中整治形式主义、官僚主义的实施意见》和区委《关于开展集中整治形式主义、官僚主义问题的工作方案》，以疫情防控监督为突破口，围绕“填表抗疫”、稳慎有效实施追责问责等方面开展专项监督。紧盯改进文风会风、规范督查检查考核等事项，从严整治文山会海、社区表格过多等问题，切实减轻基层负担。查处形式主义、官僚主义问题33起，给予纪律处分25人，组织处理、通报批评、诫勉谈话8人，作风建设成效不断巩固。

【维护群众利益】 2020年，认真查办群众反映强烈的基层干部贪污侵占等“小官贪腐”案件。全区查处漠视侵害群众利益的腐败和作风问题37件，给予纪律处分34人，让人民群众切实感受到正风反腐的实际成效。着力监督好人民群众关心关注的“关键小事”。强化对垃圾分类工作的监督检查力度，紧盯机制运转、组织推动、宣传教育等重要环节，督促相关职能部门细化实施方案，确保垃圾分类各项工作职责明晰、衔接有序。监督推动反对餐饮浪费，在带头倡导节约的同时把监督探头瞄准各机关食堂，通过日常检查、一线调研等方式，狠刹奢侈浪费歪风。

【开展纪律教育】 2020年，讲好城市副中心廉洁故事，中央及市级、区级媒体宣传报道通州区纪检监察工作700余篇次。深化纪律教育，组建区纪委纪律宣讲员队伍，深入基层开展纪律宣讲。大力弘扬清风正气，将“运河清风”廉政文化主题公园运用及升级纳入通州区大运河文化带保护建设三年行动计划，获评北京市廉政教育基地。开展“运河清风”进校园系列活动，在师生中倡导廉洁风尚。开展“我心中的廉洁”公益作品创作活动，收到平面广告、公益广告短片、故事短视频等作品138件，10余家文创企业参与，广泛营造风清气正、崇廉尚洁的社会氛围。

（左泽剑）

反腐败工作

【概　况】　2020年，区纪委区监委坚持“三不”一体推进，深化标本兼治，巩固发展反腐败斗争压倒性胜利。运用好反腐败斗争方法，打通“三不”内在联系，实现查处一案、警示一片、治理一域的叠加效应、综合效能。传承好思想政治工作方法，统筹运用党性教育、政策感召、纪法威慑，在思想教育中释纪释法，在执纪执法中传道传情，努力营造副中心风清气正的政治生态。全区纪检监察组织处置问题线索1162件，立案审查调查262件，同比增长15.9%，监委立案44件，留置7人，给予党纪政务处分156人。特别是强化对权力集中、资金密集、资源富集部门和行业的查处力度，严肃查处米某某、王某某、史某某等职务违法犯罪案件，不敢腐的震慑效应充分显现。在提升案件质效上下功夫，《通州区做好涉嫌职务犯罪案件审理工作“加减”法》的情况专报在《北京纪检监察信息（专刊）》刊发，得到市纪委市监委领导的肯定。

【监督执纪】　2020年，全区纪检监察组织运用监督执纪第一、第二种形态处理772人次，占总人次的92.6%。在查办案件的同时，注重查找其背后暴露出的体制机制问题和监管薄弱环节，针对监督检查和审查调查中发现的共性问题，向有关单位发送纪律检查建议书、监察建议书和纪检监察建议书78份，督促强化重点领域体制机制改革和制度建设，把监督挺在前面的效果日益彰显。

【警示教育】　2020年，扎实推进“以案为鉴、以案促改”警示教育。坚持一案一警示，通过“一案四查”“三会两书”实现以案促改、促教、促建、促管，做到用身边事教育身边人，用好典型案例强化警示震慑。全年制作警示教育片3部，制发警示教育光盘1650张，1.7万余人次参与党纪法规知识测试，铁的纪律正逐步转化为党员干部的行为约束和自觉遵循。坚持严管厚爱结合、激励约束并重，持续开展对受处分党员的回访关爱工作，累计回访110余人，有效激发党员干部干事创业的积极性。

【督办案件】　2020年，强化“惩腐打伞”的责任担当，快速响应，承担全国扫黑办挂牌督办的“2·28”案系列案件，收到案件当天即对相关人员立案审查并采取留置措施。按照“线索清仓”行动安排，开展问题线索集中攻坚行动，采取提级复核和交叉复核形式，对11件区级直接核查线索进行深入复核。落实“一案三查”工作要求，深入开展责任倒查，对全区首例“保护伞”案件扩线深挖，对未履行职责，监管不力的有关人员立案审查，向相关单位下发监察建议，深化“惩腐打伞”成效。

（左泽剑）

监督执纪

【概　况】 2020年，区纪委区监委发挥协助职责、专责监督作用，加强权力运行监督，助推副中心各项建设廉洁高效，坚持将推动副中心高质量发展作为践行“两个维护”的重要抓手，强化政治监督，严明纪律规矩。将副中心意识、副中心标准、副中心质量融入高质量监督中，围绕建设北京城市副中心这个千年大计、国家大事，坚决做到党中央及市委、区委的重大决策部署到哪里，政治监督就跟进到哪里，推动习近平新时代中国特色社会主义思想在副中心形成生动实践；坚持系统思维，打好改革组合拳，将监督融入区域治理，推动健全党统一领导、全面覆盖、权威高效的监督体系。坚持靶向明确，着力推进纪检监察体制改革向基层延伸，打牢“三级联动”，将“三位一体”监督体系扎实融入基层治理体系，以更加优化的力量配置，更加高效的衔接机制，推动基层监督体系发挥更大治理效能。

【健全四级责任网络】 2020年，压实全面从严治党政治责任，认真协助区委完善全面从严治党制度机制，促进“两个责任”贯通联动。督促指导全区制定各级各类责任清单5985份，近4万名在职党员签订廉洁自律承诺书，区、处、科（村、居）、党员四级责任网络日臻完善。

【日常监督】 2020年，加强对重要领域的日常监督。紧盯征地拆迁、工程项目开发等重点领域，将区内主责的244项副中心重点工程纳入监督台账，做实日常监督。专门下发《关于强化作风建设 廉洁高效推进副中心各项建设事业发展的通知》，强化经常性提醒。聚焦优化营商环境，结合三年行动计划任务台账，细化18项监督要点，开展调研式、印证式监督，了解企业对相关政策制度实施的感受及意见建议，从服务对象的角度验证“城市副中心会客厅”“政企信息直通车”“通八条”“通27条”等惠企政策落实情况，为企业发展打下“强心针”。

【抓好重点领域关键岗位党员干部廉洁监督】 2020年，抓好“关键少数”带动“绝大多数”。召开严明纪律廉洁高效推进副中心重点工程建设工作会议，对重点领域关键岗位党员领导干部再提醒、再教育，不断强化压力传导，推动责任层层落实。就全面从严治党主体责任落实情况专项检查中发现的苗头性、倾向性问题，首次实行区领导全覆盖约谈街乡镇党（工）委书记，重点约谈分管领域党组主要负责人。规范党风廉政意见回复，全区纪检监察组织出具党风廉政意见2100余人次，做到既对党组织负责，又对干部负责。

（左泽剑）

深化改革

【概　况】 2020年，区纪委区监委坚持系统集成、协同高效，深化纪检监察体制改革，推动健全党和国家监督体系。坚持好“四边”工作方法，在实践中求真知，在探索中找规律。

【纪律检查体制改革】 2020年，坚持党对纪检监察工作的全覆盖、全方位、全过程领导。向市纪委市监委书面请示汇报工作287次，向区委主要领导书面请示汇报重点工作44次。加强对下级纪检监察组织的领导和指导，深化转职能、转方式、转作风，制定《区纪委区监委关于贯彻落实〈中国共产党重大事项请示报告条例〉的具体措施》，完善请示报告事项清单。研究探索对街道、乡镇纪（工）委书记的考核评价以区纪委区监委为主的考核模式，进一步推动党的纪律检查工作双重领导体制具体化、程序化、制度化。

【推进监察向基层延伸】 2020年，注重用好监察干事力量，拓宽监察干事监督渠道，持续推进异体交叉、专巡专察，激活基层监督活力。探索打造“一单明权、一台亮权、一网督权”监督工作格局，健全“三位一体”监督网络，进一步完善基层监督体制。制定村干部履职正负清单，把村级权力关进制度的笼子；加快开发村务监督平台手机App，实现线上线下监督并行；健全监察干事网，细化完善监察干事《通州区监察干事工作职责（试行）》、《通州区监察干事管理办法（试行）》和《通州区监察干事考核评价工作办法（试行）》，采取“单向交叉监督”工作模式，推动基层监督从有形到有效。疫情期间，监察干事成为村（社区）防控工作中的重要监督力量，其履职做法在《人民日报》上刊发。

【监督体系】 2020年，研究制定《关于深化通州区纪委区监委派驻机构改革的实施意见（试行）》。优化派驻纪检监察组及街道乡镇纪（工）委考核评价办法，进一步激发干部履职积极性。有序推进区属国有企业纪检监察体制改革，制定实施《关于推进区属国有企业纪检监察体制改革的实施办法（试行）》《区属国有企业纪委书记、副书记提名考察办法（试行）》等，设置北京通州科技创新投资发展有限公司纪委，派出监察专员办公室，配齐纪委书记并任命为监察专员。进一步探索纪律、监察、派驻、巡察监督统筹衔接有效途径，深入区人大、区政协等18家单位走访调研，探索以党内监督为主导，各类监督有机贯通、相互协调的有效途径，进一步健全党和国家监督体系。

【考评机制】 2020年，制定《全面从严治党主体责任落实情况专项考评细则》，将全区政治生态评价指标体系与全面从严治党主体责任考核指标有机整合，细化69项管党治党指标任务。对全区90家处级单位党组织落实全面从严治党主体责任情况开展2个轮次检查。2020年11月，区纪委区监委申报的《北京市通州区政治生态评价指标体系创新探索》获评第二届中国廉洁创新奖特色创新项目并受到表彰。

（左泽剑）

巡察工作

【概　况】 2020年，区委巡察工作发现问题精准性和全面性不断提升，信息化建设水平不断提高，队伍履职底气不断增强，稳扎稳打、有力有序有效推进巡察全覆盖进程。政治巡察不断深化，上下联动工作格局不断完善，利剑作用进一步发挥。

【政治巡察】 2020年，突出“两个维护”根本政治任务，充分发挥政治监督和政治导向作用，坚持高标准、高质量推进巡察工作。开展四轮次常规政治巡察，涉及乡镇、街道和区直单位27个。通过巡察发现主要问题992个，向被巡察党组织提出意见353条，移交问题线索87件。全年立案审查的处级干部中，有12人的问题线索来自巡察，线索贡献率为46.2%。截至2020年底，累计巡察94家处级单位党组织，提前实现六届区委对处级单位党组织的巡察全覆盖，政治巡察的利剑作用日益显现，中央纪委、国家监委内部工作网专门刊发通州区巡察工作的经验做法。

【村级巡察】 2020年，坚持巡察上下联动，探索巡察工作向村（社区）延伸的有效途径。强化统一领导，形成“查找发现问题—报告反映问题—反馈整改问题”的村（社区）巡察工作闭环，推动政治巡察向“最后一千米”延伸。通过吸收基层经验智慧，培养一批政治强、业务精、作风硬的村（社区）巡察干部队伍。截至2020年底，完成全区604个村（社区）党组织的巡察工作，实现对村（社区）党组织的巡察全覆盖。

【巡察整改】 2020年，在查找和发现问题的基础上，以强有力的监督推进巡察整改，扎实做好“后半篇文章”。完善巡察问题线索处置台账及被巡察单位党组织巡察整改情况台账，坚持以问题清单及整改报告为先手资料，实现逐条对应、认真评估、动态清零。建立健全督查督办机制，把巡察整改作为纪检监察机关和组织部门日常监督的重要内容，先后对27家被巡察单位党组织开展巡察整改专项联合监督检查，推动巡察整改工作常态化和长效化。

【信息化管理】 2020年，不断完善数据建库制度，提升工作信息化水平。区委巡察工作坚持“5库”输入、互为支撑。系统梳理巡察有关材料，分类分批次归档留存，完善工作闭环。以“分类—索引—整合—建档”为步骤，构建日常档案管理体系，充分结合通州区政治生态具体实践要求，涵盖中央及市委、区委有关巡察工作的重点任务及部署，综合体现基层巡察关键因素。

（左泽剑）

2021

民主党派

北 京 通 州 年 鉴

城市绿心森林公园（摄影 郭建华）

中国国民党革命委员会通州区工作委员会筹备委员会

【概　况】 截至2020年底，中国国民党革命委员会通州区工作委员会筹备委员会有党员161人，所属6个支部。

【参政议政】 在区政协六届五次会议上，提交《关于北京城副中心行政办公区镜河水质优化的提案》《关于探索城市副中心的教育发展战略与规划，建设优质教育服务体系的提案》2篇党派提案。

【社会服务】 2020年，通州民革领导班子成员到北苑街道对接社区防控工作，筹集和捐赠价值1.3万元的医用防护口罩和测温枪。全国道德模范、民革通州区工委筹委会副主委张晓艳带领中华志愿者协会医疗专家志愿者委员会、全国社区医疗志愿服务团，奋战在抗疫一线完成筛查、诊疗任务。组织专家开展线上心理健康咨询，下沉社区参与防控指导，同时赴首都机场捐赠口罩，传授防疫知识。筹集价值100余万元的防疫物资，驰援中日友好医院武汉医疗队和院内抗疫一线，并支援北京社区防控工作。筹委会副主委、北京第五建筑工程集团有限公司执行总经理刘船带领公司员工完成小汤山医院3.9万平方米的改扩建任务，为首都人民生命安全筑就防线。通州民革党员邓帅组织蓝天救援队防疫特别行动组，参与到通州区9个街镇村庄消毒工作，累计消毒户数62180户，受益人数达185171人。根据街道及社区的防控工作需要，通州民革党员参加志愿服务活动，包括捐赠防疫物资、社区防疫执勤、街道楼宇消毒及法律援助，医疗、教育等方面的咨询活动。

【自身建设】 2020年是民革组织建设年，通州民革举办学习参政党建设“三个文件”报告会，邀请中央社会主义学院统战理论教研部参政党建设研究室副教授邱永文就文件内容作深入解读。通州民革在线上召开全委扩大会议，传达学习中共通州区委六届九次全会精神和《中国共产党统一战线工作条例（试行）》。组织党员学习十九届五中全会精神。按照《民革北京市委2020年基层组织换届工作指导意见》，通州民革制定《2020年支部换届工作方案》，成立支部换届工作领导小组，突出程序规范、民主公开、参与度高的特点，各支部经过述职评议、民主推荐、支部选举，完成换届工作。通州民革党员之家搬迁至次渠镇美达大厦新址，安放孙中山铜像，更新宣传展板，购买理论学习书籍，从而更好地满足党员学习、交流、履职等活动需求。

【获奖情况】 2020年，通州民革党员李钟获民革中央提案工作积极贡献奖，张晓艳、李凤杰获评民革北京市委抗击新冠肺炎疫情先进个人，郑磊获评民革北京市委参政议政工作先进个人。

（宋文平）

中国民主同盟通州区工作委员会

【概　况】　截至2020年底，中国民主同盟通州区工作委员会在册盟员207人。其中，新发展盟员15人。

【参政议政】　2020年，民盟通州工委提出《关于促进通州区“完小”教育发展的提案》《关于加强北京城市副中心粮食应急储备的提案》《加快推进城市副中心拓展区集体产业用地项目落地，助力乡村振兴，实现产业兴旺的提案》《关于加快推进城市副中心拓展区宅基地改造工作的提案》等4份提案；其他盟员积极参政议政，累计提交14篇提案。其中，民盟通州工委提出的《关于促进通州区“完小”教育发展的提案》《关于加强北京城市副中心粮食应急储备的提案》获评优秀党派提案；丘自然委员提出的《关于尽快完善物业管理服务中的相关法律法规和制度，强化社会协同、公众参与、法制保障、科技支撑的社会治理体系的提案》、张宝海委员提出的《关于机动车应在城市副中心无交通信号灯路口礼让行人的提案》、池雪斌委员提出的《关于完善通州区健康服务体系建设，推进区域健康服务业发展的提案》获评优秀委员提案。另外，民盟通州区工委组织盟员通过各种渠道报送社情民意26篇。

【社会服务】　2020年，民盟通州区工委发动广大盟员全力配合盟市委、中共通州区委、区政府组织开展多项社会服务活动。举办送健康公益活动，为140名奋战在通州防疫一线的医务工作人员、社区（村）工作者、志愿者和基层民警捐赠免费健身卡，用实际行动和爱心支持疫情防控工作。开展“抗疫在行动——关爱副中心建设者身心健康咨询”活动，为130名建筑工人提供400项医嘱和安全管理针对性建议。开展“流动的文明”文化论坛活动，邀请中国作协原党组成员、书记处书记金坚范，中国文物学会世界遗产研究委员会副会长张义生等20余位文化领域专家学者，围绕北京城市副中心城市发展与文化赋能为主题开展研讨与交流，从多个角度为北京城市副中心文化事业的高质量发展建言献策。

【自身建设】　2020年，围绕参政党建设要求，认真贯彻落实“三个文件”精神，按照政治坚定、优势互补、梯队培养思路，多次召开专题会议研究部署支部换届工作事宜，并广泛征求新老盟员意见，在保持支部班子建设连续性基础上，按照民盟组织程序，完成所属6个支部的换届工作，确保基层组织政治交接工作平稳有序，为2021年民盟通州区工委换届工作奠定坚实基础。

【获奖情况】　2020年，民盟通州区工委被民盟中央评为思想政治建设和宣传工作先进集体，被中共通州区委评为统战工作优秀团体；通州区第五支部被民盟北京市委评为优秀支部；盟员嵇立平荣被民盟中央评为思想政治建设和宣传工作先进个人，盟员韩德正被民盟北京市委评为社会服务先进个人，盟员丘自然被中共通州区委统战部评为优秀统战信息员。

（宋文平）

中国民主建国会通州区工作委员会

【概　况】 截至2020年底，中国民主建国会通州区工作委员会有会员187人。其中，新发展会员9人，转入3人。新成立一个综合第五支部。有支部6个，即综合一、二、三、四、五支部和北京物资学院支部。

【参政议政】 2020年，民建通州区工委提交提案4件，其他民建会员提交个人提案13件。其中，民建通州区工委《关于多措并举建设副中心便民服务设施，提高市民幸福感指数的提案》《关于在城乡建设中落实绿色理念，引导鼓励使用以地源热泵为代表的清洁可再生能源的提案》被评为优秀组织提案，邹晓美、周薇、张敏3位会员的提案被评为优秀委员提案。报送社情民意信息137篇次，其中，被全国政协采用1篇，北京市政协、中共市委办公厅分别采用4篇，被民建市委采用12篇，被区政协、区委统战部采用20余篇。

【社会服务】 2020年，民建通州区工委组织广大会员参与疫情防控，下沉社区投身一线抗疫，参与社区防疫执勤100余人次；组织会员企业复工复产，保障供应，捐款捐物总计达2516万元；支持、组织会员发挥优势智力抗疫，组建律师服务团提供义务法律服务，提交防疫抗疫相关信息。组织会员参与脱贫攻坚，为河北丰宁捐款捐物价值约10.13万元，为内蒙古自治区、河北丰宁、贵州黔西等地贡献800余万元的消费扶贫额。组织会员开展《中华人民共和国民法典》宣传讲座和医疗帮扶活动，向边远山区学校和希望小学捐赠智能英语教室、教学资料、校服和运动器材等，发起“新窗计划”，为外来务工子弟提供更好的教育机会等。

【自身建设】 2020年，民建通州区工委健全完善理论学习制度，开展制度自信教育，组织“我讲民建故事”活动，推进“不忘合作初心，继续携手前进”主题教育活动向纵深拓展。注重理论研究，完成《从民建市委和通州区工委的实践看民建在新时代的作用发挥》和《民建北京市委和通州区工委在新时代发挥作用的具体实践》2篇理论研究成果。组织综合一、二、三、四支部、北京物资学院支部和企业委换届工作，新成立综合第五支部，先后设立参政议政、理论、法制、社会服务与联络、妇女、老龄等专门委员会，建立一个会员之家——宋庄徽鱼坊运河星，成立民宿集群经济、物业管理、垃圾分类、国资监管和危废处理5个调研小组，为加强工委自身建设奠定坚实基础。

【获奖情况】 2020年，民建通州区工委、综合二支部被民建市委评为抗击新冠病毒疫情先进集体，冯志宇、田明、高杨被评为先进个人。民建通州区工委获民建市委授予的网站宣传工作特别进步集体奖，韦爱鲜、王维、赵彪被评为优秀通讯员。刘建勇被评为民建全国优秀会员。王可山的论文《农产品电子商务与网购食品质量安全管理研究》，在中国物流与采购联合会和中国商业联合会评比中获得科技进步三等奖。会员刘红被评为北京市劳动模范，田明被评为首都市民学习之星。会员企业北京绿蜻蜓特色果蔬产销专业合作社获北京市扶贫协作和支援合作工作领导小组办公室授予的北京市扶贫协作奖社会责任奖。

（宋文平）

中国民主促进会通州区工作委员会

【概　况】 截至2020年，中国民主促进会通州区工作委员会有会员166人。其中，新发展会员6人，设6个支部。

【参政议政】 2020年，民进通州区工委提交《关于加快副中心拓展区乡村发展的提案》；会员提交《全市初高中化学、生物实验室采用智能废水处理系统的建议》《关于加快推进　小路全线贯通的提案》《关于打造智能融合的智慧城市的提案》《关于在公共区域设置自动体外除颤仪的提案》。围绕城市副中心高质量发展，组织年轻骨干会员认真了解市情区情，熟知通州区社会发展现状，准确把握城市副中心发展方向，并形成调研报告《从“五驾马车”看副中心南部乡镇发展》，提出既科学又具有很强针对性的意见和建议，得到有关部门高度重视。

【社会服务】 2020年，民进通州区工委组织广大会员参与抗击新冠肺炎疫情活动，广大会员主动利用休息时间，参与社区防控工作，陈迎宪、王冬平等退休老教师和王旭楠等多名青年会员，在抗疫一线执勤值岗数月，伊祥等青委会多次组织青年突击队，过村进社区参与抗疫防控工作，盛梁、吉慧榕、李专平、于超等会员捐款捐物，为抗疫防控工作作出突出贡献。张郸心在抗疫防控特殊时期的线上课堂教学，被北京电视台作为优秀课例报道。青委会拍摄一篇公益广告进行垃圾分类宣传，得到社会一致好评。与于家务回族乡果村签订“科技小院精准帮扶”协议，组织农科支部会员下乡进村进行科学施策和精准帮扶，收效明显。

【自身建设】 2020年，按照组织程序和民进市委有关要求，扎实推进民进通州区工委主委进行届中调整。原主委庞玉退出现职，副主委马荣才被任命为民进通州区工委主委。完成6个支部换届工作，确保基层支部班子平稳交接。严格按照基层党派组织发展有关规定，认真把好会员入会口关，确保新入会会员质量。全年组织92人次参加市委、区委和工委组织的线上线下各类培训，提高区工委领导班子及会员能力素质。

【获奖情况】 2020年，民进通州区经济支部被民进市委评为优秀集体。马荣才、王黎阳、吉慧榕、刘建军、闫浩、李钊、张郸心、游锡火被民进市委评为先进个人。闫浩被民进市委评为抗疫先进人物。

（宋文平）

中国农工民主党通州区工作委员会

【概　况】 截至2020年底，中国农工民主党通州区工作委员会新入党员10名，转入2名，共有党员98名；2020年8月新成立第四支部，共设4个支部。

【参政议政】 2020年，农工党通州区工委提交提案1件，提交个人提案20余件。其中，农工党通州区工委提交《关于加强养老机构建设，提供老年人长期护理保险服务的提案》获评优秀党派提案；胥振阳、郝玥、史鹤龄、郑玲玲提交的《关于学生家长和老师应共同关注和防控中小学生近视的提案》《关于推进医联体建设和优质资源下沉，带动提升基层医疗服务能力的提案》《关于加强医疗科普教育，提升居民健康素养的提案》《关于加强我区疾病预防控制能力建设的提案》获评优秀委员提案；参与有关副中心“垃圾分类”“医联体建设”等专题调研，并及时反映社情民意，其中，郝玥、史鹤龄被评为社情民意信息工作先进个人。

【社会服务】 2020年，组织开展“农工系列科普大讲堂”活动，宣传疫情防控、疾病防治、慢病管理方面科普知识；组织农工党党员下沉社区值守，向街道捐赠消毒剂，开展健康咨询和疫情筛查，参与“垃圾分类新时尚，节约资源美环境”主题活动；鼓励广大农工党党员捐款捐物，甘建军代表企业捐款100万元；李洪超向武汉捐赠2万元和2万只口罩；张秀娟参加“三州三区”之一的四川凉山健康精准扶贫活动；胡磊参加湖南凤凰市中医院义诊活动；史鹤龄参加科技周扶贫活动、惠民下乡义诊咨询活动、海外华人免费医疗咨询活动。

【自身建设】 2020年，组织工委领导班子和党员加强理论学习，先后组织学习达80余次。开展制度自信专题教育系列。先后完成所属3个支部换届工作。新成立第四支部。组织换届后支部班子成员与骨干进行任职培训。参加农工党市委组织的社情民意信息培训30人次。组织26名党员参加农工市委组织的京津冀区域生态环境综合治理研讨会。完成15名区级代表人士推荐工作，为工委换届奠定基础。

【获奖情况】 2020年，王敬萍被农工党中央评为先进个人。先后有21名党员被评为2020年抗疫先进个人。

（宋文平）

中国致公党通州区工作委员会

【概　况】 截至2020年底，中国致公党通州区工作委员会有党员128人。其中，新发展党员3人，转入党员3人，致公党北京市委主委闫傲霜组织关系转入致公党通州区工委。设4个支部。

【参政议政】 2020年，致公党通州区工委组织广大党员围绕社会热点、难点问题，报送社情民意信息、撰写调研报告。先后完成《关于推进大运河文化带建设，创建大运河国家AAAAA级景区的调研》《关于加快推进北京城市副中心“高精尖”产业项目落地的调研》《关于北京城市副中心家园中心建设情况的调研》《老城整体规划——在通州南大街建设运河非遗文化小镇集中展示运河文化的建议》等4份调研报告，其他党员提交个人提案5份。其中，《关于打造城市副中心现代金融产业集群的提案》《关于加快推进城市副中心家园中心建设的提案》被评为优秀党派团体界别提案。鼓励广大党员报送社情民意信息20余篇，15篇分别被致公党市委、市政协、通州区委统战部、区政协采用。

【社会服务】 2020年，致公党通州区工委组织党员参与社会服务工作。在疫情防控期间，为格兰晴天社区协调防疫办公场所；组织党员下沉社区参与防疫工作70余人次；党员赵鑫参加牛堡屯新冠肺炎临床工作；党员王培勋参与牛屯堡卫生院新冠患者隔离病房设备管理工作；党员谭国强以漫画形式在社区做宣传防疫知识。组织广大致公党员参加致公中央开展的“关爱海外侨胞抗击新冠疫情”专项行动；为20名京籍海外留学生寄送防疫健康爱心包；为疫区捐款40300元和价值100多万元防疫物资；协同通州区委统战部在内蒙古毛山东乡黑水村建立同心教育实践基地，实施对口帮扶项目。

【自身建设】 2020年，致公党通州区工委围绕制度自信这一教育主题，开展思想教育宣传工作；9月底，安排近年入党的新党员参加致公市委组织的网上学习班；为党员购买《铭记伟大胜利 推进伟大事业——学习贯彻习近平总书记在纪念中国人民志愿军抗美援朝出国作战70周年大会重要讲话》《民法典重点修改及新条文解读》等学习资料；组织党员参观抗美援朝70周年纪念展，观看抗美援朝历史电影，召开抗美援朝精神座谈会。完成4个支部换届工作。

【获奖情况】 2020年，致公党通州区工委第四支部被致公党市委评为先进集体，邱明被致公党中央评为抗击新冠肺炎疫情先进个人；陈少叶、单军、林发钏、邱明、尚珂、谭国强、王培勋、赵鑫、郑丽被致公党北京市委评为抗疫先进个人；马婧执笔拟写的《加快推进北京城市副中心家园中心建设》和郭燕春执笔的《通州南大街的历史变迁》被致公党北京市委评为2020年度参政议政优秀调研成果，被前线杂志选用刊登；陈少叶编写的《关于加强建筑工地疫情防控的建议》被市委办公厅采用；李伟编写的《关于在城市副中心推进建设国际绿色金融中心的建议》被致公党市委评为优秀社情民意信息。

（宋文平）

九三学社通州区工作委员会

【概　况】 截至2020年底，九三学社通州区工作委员会有社员142人，设4个支社。副主委乔梦虎、石逸杰、申学军，工委委员12人。

【参政议政】 2020年，九三学社工委提交《关于北京城市副中心申请成为绿色金融改革创新试验区第二批试点的建议》《加强危化品监管提升副中心城市安全水平》《关于城市副中心绿色发展的建议》《关于发挥副中心文化旅游主导聚集效应，推动智慧文旅发展的提案》等党派团体提案，提交《以自贸区建设管理为突破口，提高副中心营商环境质量的建议》1篇界别提案，其他社员提交8篇个人提案。社工委提交的《关于发挥副中心文化旅游主导聚集效应，推动智慧文旅发展的提案》获评2020年度优秀党派团体界别提案；赵静提交的《关于加强快递、外卖行业交通安全管理的提案》、石逸杰提交的《关于进一步完善我区医学影像信息化平台，实现远程医学影像质量控制的提案》等分别获评2020年度优秀委员提案。依据信息报送审核制度及时上报参政议政信息，全年累积报送信息48篇，采用32篇次。

【社会服务】 “八一”建军节，九三学社通州区工委组织潞河医院、妇幼保健院、骨科医院、台湖镇社区卫生院等8位医疗专家到陆军航空兵学院开展义诊活动，对官兵及家属身体情况提出注意事项和保健建议。九三学社通州区工委与通运街道办事处建立共建关系，向通运街道文化活动中心赠送《中国青年》《诗刊》《瞭望》等300余册，丰富文化中心图书室的内容，满足居民对文化的需求。通过“九三王选基金”、北京市慈善协会、统战部和政协以及单位组织渠道捐款捐物支持疫情防控工作，有70人参加捐款捐物，累计有10余万元。

【自身建设】 2020年，九三学社通州区工委认真传达学习社中央和社市委的工作部署和相关文件精神，组织所属支社及社员学习贯彻《中国共产党统一战线工作条例》和“三个文件”有关要求，提高社工委领导班子和支社能力素质。组建九三学社通州区青年工作委员会，加强对青年社员政治思想教育，指导青年社员努力学习文化、科学知识；依据青年的特点和需要，开展社会调研、参政议政和社会服务活动，提高年轻社员的组织性和归属感、认同感、荣誉感，提高九三组织的社会影响力。坚持保证质量、适度加快发展的原则，把好社员入口关，确保社员发展正规有序，全年发展社员14人。

【获奖情况】 2020年，巴彦布散文《仰望真理之光》被《解放军报》长征副刊刊登、获中共黑龙江省委宣传部授予的“我和我的祖国征文”二等奖。吴非被社中央评为优秀社员。崔贵强被社市委评为优秀社员。郜艳霞获得第七届北京优秀医师奖。乔梦虎被评为2020年榜样委员。

（宋文平）

2021

人民团体

北 京 通 州 年 鉴

城市绿心森林公园（摄影 郭建华）

通州区总工会

【概　况】 通州区总工会所属乡镇、街道总工会、委局、行业、开发区及直属基层工会54个，基层工会2232个，其中单独工会1809个，联合工会423个，会员人数115578人。2020年，通州区总工会全面贯彻落实中共十九大及十九届四中、五中全会精神，深入学习贯彻习近平总书记关于工人阶级和工会工作的重要论述以及对北京、对北京城市副中心、对疫情防控工作的重要讲话精神，在区委、市总工会的坚强领导下，坚决执行区委、区政府、市总工会的决策部署，发挥群团组织优势，树立副中心意识，聚焦北京城市副中心建设，找准工作的结合点、切入点，围绕中心、服务大局，发挥优势、改革创新。在疫情防控、复工复产、服务职工、维稳帮扶、基层组织建设等重点、中心工作中，团结带领全区广大职工群众听党话、跟党走，彰显通州区工会组织的组织力、动员力、凝聚力，展现通州区工人队伍的力量和风采，服务保障北京城市副中心建设和全区经济社会发展。

【引导全区职工参与新型冠状病毒感染肺炎疫情防控工作】 年初，面对突发的新冠肺炎疫情，通州区总工会响应号召，及时抽调机关干部参与下沉社区防控、在鄂人员返京分流安置等防控工作。1月29日，通州职工志愿服务总队第一时间向全区职工志愿者发出抗击新型冠状病毒感染肺炎疫情的倡议书，全区广大职工志愿者主动向前站一步，亮明身份，主动报到，参与所在社区、村镇疫情防控工作。疫情期间，全区建立职工志愿服务岗1207个，职工志愿者出勤85万人次。3月4日，通州区总工会女工委向全区广大女职工和各级工会组织发出“以巾帼之力守一方水土，保一地之安”妇女节倡议。号召广大女职工立足岗位、立足家庭、立足社会，主动作为，营造氛围，创建抗疫加油站，为全区坚决夺取疫情防控战役胜利贡献巾帼力量。

【开展慰问抗击疫情一线职工系列活动】 疫情期间，通州区总工会紧跟区内防疫防控工作需要、一线职工需求，分9批安排通州区总工会本级防疫专项资金670.7万元，为坚守疫情防控岗位的医务工作者、社区防控人员、复工复产企业职工、复学复课教职员工送去防疫物资、慰问品。

【助力企业复工复产】 2020年，根据区委、区政府制定出台的各项援企稳岗、经费返还、经费使用、心理关爱、法律服务等政策措施，通州区总工会机关领导带队深入基层、企业、一线开展专题调研，完善细则，优化流程，推动各项政策措施落地见效。为减轻在区企业特别是在区非公企业的负担，支持企业复工复产工作，全年通州区总工会返还企业上缴工会经费本级留成752.19万元，通州区工会系统累计返还企业上缴工会经费1200余万元。

【开展促进就业系列活动】 2020年，联合通州区人力社保局举办4场“春风行动”“金秋招聘月”网络专场招聘活动，提供就业岗位343个。为职工网上提供岗位信息600余条，法律援助364人次。

【开展“抗疫最美女职工”评选活动】 2020年“三八”国际妇女节期间，开展“抗疫最美女职工”评选活动，评选出通州区“抗疫最美女职工”141人，树立、表彰疫情期间通州区工会系统中涌现的女职工先进典型。

【垃圾分类助力活动】 6月6日，通州区总工会、新华街道及全区各街乡、总工会领导、劳模、职工志愿者代表100余人在新华街道国防教育广场举办2020年垃圾分类宣传活动启动仪式暨工会职工志愿服务进社区活动。各街、乡代表现场领取垃圾分类工具包，签署“垃圾分类承诺书”。

【推进非公企业党工组织共建】 2020年，夯实“党建引领、党工共建”工作机制，推进非公企业党工组织共建工作。全年新建非公企业工会组织63家，其中百人以上企业工会组织7家、园区联合工会3家、楼宇联合工会3家。新发展采集会员9345人，办理京卡8325张，办卡率89%。年底，全区累计采集会员11.6万人、办理京卡10.48万张。

【职工服务帮扶工作】 2020年，完善帮扶救助、职工慰问服务工作机制，3户在档困难职工脱困，“两节”期间慰问全区在档困难职工8人，为4户职工家庭实施医疗专项救助。春节期间慰问一线在岗在职职工845人、挂职干部41人。开展“抗疫复工忙·酷暑送清凉”夏季送清凉慰问活动，慰问全区基层社区工作者1765人，通州区人保局仲裁院一线工作人员、消防支队消防队员、运河商务园工地、中建三局建筑工地785人，保障抗疫一线职工身心健康，及时将党和政府的关怀送到广大基层抗疫职工当中。

【“职工之家”建设】 2020年，出台《关于2020年深化“职工之家”建设提高服务职工能力的实施方案》，建设公共区域职工之家1家、示范职工之家7家、百人以上非公有制企业职工之家10家、职工暖心驿站110家。

【职工互助保障】 2020年，完成全区《在职女职工特殊疾病互助保障计划》全覆盖续保工作，投保会员4.1万人，投保金额164万元。职工互助理赔完成赔付645人，赔付金额184万余元。核查二次报销会员5.16万人，报销金额547万余元。审核上报2019年超封顶线72人，核实290人2019年会员二次救助慰问信息，给付金额24.9万元。

【市级劳动模范、先进工作者评选】 2020年，全区评选出全国劳动模范、先进工作者3名，北京市劳动模范、先进工作者29名，市级模范集体4家。

（刘伶玲）

共青团北京市通州区委员会

【概　况】 2020年底，全区有团员18034人，基层团组织中团委63个，基层团工委12个，团总支23个，团支部1677个，团区委直属团组织71个。2020年发布文章1000余篇，115篇原创文章。累计阅读188万人次，累计在看2万人次；推出通州社区青年汇《践行垃圾分类》《疫情防控》2部微视频作品。通州团区委在北京市各团区委“微信公众号腾讯微力指数”工作中表现突出，由团市委宣传部授予新媒体运营优秀单位。

【发挥青年引领作用】 2020年，为全区各单位党政主要领导、主管共青团工作领导、团干部配发《习近平与大学生朋友们》400余本。围绕主题，引领全区各级团组织广泛开展思想教育、组织建设、服务青年等系列活动。打造“红色堡垒计划”，通过组织全区青年团员进行“青年大学习”线上学习活动，深入学习中共十九大和十九届二中、三中、四中、五中全会精神，带领广大青年深入学习团中央十八大精神，覆盖青年近6万人。有效引领青年听党话跟党走，汇聚青春正能量。深化青年榜样力量，张家湾镇团委获评全国五四红旗团委、青年民警尹宏大获北京五四青年奖章，全市评选出北京青年榜样30人，通州获评3人，占全市获评人数10%。开展战“疫”有我，线上“云”宣讲，通过抗疫青年榜样宣讲，发挥青年骨干引领作用。

【强化基层组织功能】 截至2020年12月14日，全区新建团组织481家，超额完成2020年423个新建团指标。推动基层组织规范化建设。进一步规范和加强团干部协管工作，明确街乡团（工）委书记正科实职配备。截至11月30日，“对标定级”工作评定391个五星级团支部、432个四星级团支部、155个三星级团支部，覆盖10978名团员。在全市范围内率先100%完成对标定级工作。制定并下发《基层建团指导手册》《基层换届工作指导手册》，规范“北京共青团”系统录入等工作。建立学社衔接常态化机制，3315名毕业生团员100%发起转接。加强发展团员和团员管理规范，2020年新发展617名，团员系统录入率100%。

【疫情防控】 2020年，全区累计1300余名团干部先后参与防控任务；团区委配合区外办组建副中心应急外语翻译青年突击队，在新国展协助工作人员开展外籍人员信息统计和情绪安抚；青联委员组建青年突击队为社区一线增加防控人力，向基层一线募捐防控物资累计近53万元。疫情防控期间，借助新媒体平台做好防控特殊时期青少年群体的价值引领，打造“青春副中心”线上“云”宣讲、“汇聚力量 同心抗疫”、天文科普课堂、“青春副中心·居家运动小课堂”等线上品牌，覆盖青年2万余人次。

【垃圾分类活动】 2020年，结合团区委重点工作，发挥阵地作用，截至2020年12月31日，有1100余名团干部、基层团建督导员、社区青年汇专职社工开展疫情防控工作，志愿服务时长近3万小时。下发《关于推动全体团员回社区（村）报到参与“垃圾分类桶前值守行动”志愿服务的通知》。在各级团组织和广大团员青年中迅速掀起“垃圾分类 青年先行”热潮。截至2020年10月31日，依托社区青年汇，在37个社区建立“分小萌”垃圾分类引导站43个，招募志愿者近400人，开展垃圾分类引导工作1000余次。截至年底，全区有9983名团员回社区（村）报到参与“垃圾分类桶前值守行动”志愿服务项目，累计服务时长18769小时。

【服务市级机关】 2020年，持续开展“这里是副中心”活动，承接河北省、丰台区、房山区、西藏拉萨城关区及高校学者团队与全国青联、港澳台青年代表团、部委及市级青年代表团等15支团队、600余人次走进城市副中心，深化首都各城区资源共建共享、提升副中心影响力。配合团市委开展“青春闪耀副中心”“足球营地”活动，调研环球影城、中铁建工副中心枢纽、“城市绿心”等副中心重点工程项目，让市级青年更深入了解通州建设规划和产业发展情况。由北京团市委机关工作部、通州团区委、北投集团团委、通州区青联联合主办的“2020北京城市副中心青年跑”活动，吸引来自北京市级机关、通州区直属团组织、辖区单位近70支队伍的300余名优秀青年代表参加。旨在组织城市副中心青年感受“蓝绿交织、水城共融”的城市副中心生态格局，践行“健康工作、快乐生活”文化理念。

【维护青少年权益】 2020年，继续加强未成年人司法保护，聘任优秀青年工作者、社会工作者49人担任合适成年人，推动落实未成年人司法特别程序，累计出席合适成年人57次。持续开展青少年法治教育，169名法治副校长全年累计开展授课417次，覆盖全区中小学校、幼儿园199所，覆盖人数25万余人次。持续推出“爱心”系列帮扶项目，包括“爱心之旅”“爱心市场”“爱心观影”“爱心个案帮扶”“爱心课业辅导”等项目，开展帮扶场次23次，受益青少年500余人。

【推进青年创新创业】 2020年，贯彻落实“六稳”“六保”就业工作的有关要求，充分发挥共青团组织优势，除城市副中心辖区青年之外，积极对接，主动覆盖京津冀地区、对口帮扶地区、高校大学生及其他相关群体。整合“双创”（大众创业、万众创新）信息，做好宣传引导。联合区人社局等相关部门送政策，开展“新青年政策说”等政策解读活动；借助“青春副中心”微信公众号平台，发布各类“双创”动态信息近百场。开展特色培训，助力青年创业就业。联合财贸学院、京通招聘网举办专场招聘会；持续开展“青春副中心论坛”主题讲座5场；8月初至10月末，开展“职场加油站”青年职场综合能力提升项目系列课程18场；11月下旬至12月初，开展“职场生存指南”促进青年创业就业项目系列课程7场。

【创新青年人才培养体系】 2020年，针对团干部、基层团建督导员、社区青年汇社工、区青联委员等区级各类青年人才，开展各类培训。启动“彩虹计划”青年人才培养工程。启动“学生实践”万人项目。2020年起，拟用三年时间引进万名优秀大学生走进通州，为引进高校青年人才做好储备。做好青年人才推荐工作。协助“双创”工作开展，开展创业创新大赛；推荐1名创业明星入选区就业工作指导小组主办的“创业明星”评选；推荐1名小微企业创业代表为北京市第十一届青联增补委员；推荐1名青联委员为通州区政协第六届增补委员；推荐1名团干部为2020北京市优秀人才；推荐10家单位100%入选“2020—2021年度北京市青年文明号创建工作”。

【志愿服务】 2020年，全区实名认证志愿者33万余人。集中开展“爱满京城 共同战疫”疫情防控志愿服务活动，发动组织565支志愿服务队，16650名志愿者参与到防控工作中。其中，17个街乡发动521支志愿服务队的11898名志愿者；各委办局发动组织44支志愿服务队，4752名志愿者参与防疫宣传、社区人员登记排查、安检消毒等工作。

【推进扶贫工作】 2020年，通州团区委针对内蒙古赤峰市翁牛特旗、通辽市奈曼旗、兴安盟科尔沁右翼中旗以及西藏拉萨市城关区实际需求，开展系列帮扶工作相关工作。整合社会资源，持续开展“一千个心愿”“好书伴成长”爱心募捐活动，为对口支援4个地区、新疆和田地区青少年募集图书1万余册；带领城市副中心优秀企业家、基层团干部赴内蒙古翁牛特旗开展调研；为四地困境优秀青少年定制212件防寒冲锋衣，帮助他们度过寒冬。结合对口帮扶地区青少年实际需求，通过网络形式开展线上课程38场，覆盖青少年1万余人。创新帮扶形式，开展“我的青春，为爱下单”直播公益帮扶助销活动，帮助内蒙古翁牛特旗、奈曼旗、科右中旗销售1.8万元农产品；购买大豆油、大米、面粉等价值124160元扶贫产品用于开展“两节”慰问工作。

（张德虎）

通州区妇女联合会

【概　况】 2020年，区妇联围绕全区工作大局和妇女群众需求，主动靠前站位，做好联字文章，以贯彻落实深化妇联组织建设改革实施“破难”行动和2020年工作要点为主线，着力为妇女儿童办好事、解难事，妇联组织政治性、先进性、群众性不断增强，妇女群众获得感、幸福感、安全感不断提升。

【妇联组织建设】 2020年，组织开展参观香山革命纪念地，妇联主席讲党课，妇女议事线上交流会，家庭助廉、勤俭节约、垃圾分类“云”端接力承诺，参观抗美援朝70周年展等特色亮点活动；365个“妇女微家”微信群组织基层妇女工作者、巾帼志愿者、参与读书活动的家庭成员3万余人开展线上线下读书活动300余场。区妇联党组落实意识形态责任制，主动跟进涉及妇女儿童热点问题，注重网上网下舆论的正面引领，围绕抗击疫情、基层治理、家庭建设、妇女发展、扶贫协作、区级创建等重点工作，开展多种形式主题宣传，收到百万次呼应和点赞；组织1.1万名妇女干部系统学习14节通州区基层妇女干部必修课，强化基层干部身份意识、组织认同和履职能力。社区（村）妇女干部群众全年组织思想政治理论学习活动450余场，组织各级各类参观、调研、座谈等活动100余场。

【疫情防控】 疫情暴发以来，通州区数百名机关女干部、基层一线千名女社工、2万余名巾帼志愿者和医疗系统女战士们加入疫情防控队伍中。80%的机关干部奔赴社区抗疫一线，在物资紧缺的情况下为社区转运各方抗疫物资12万件；组织妇联系统、社会组织为湖北捐款36.6万元。“妇女微家”“红色娘子军·战疫后方巾帼志愿”等微信群除提供志愿服务之外，还提供法律、心理、医疗咨询、政策指导、在线培训和宣传发布等服务。区妇联家庭建设活动也在强信心、暖人心、聚民心的社区疫情防控工作之中发挥着重要作用。2020年的“家家幸福工程”先后推出“最美家庭评选”、“家庭抗疫作品网上征集”、“疫情心理健康网上特色服务”、“宅在家的孩子”科普宣传等系列家庭文明建设活动，推荐首都最美抗疫家庭9个，评选区级最美抗疫家庭55个；征集家庭抗疫作品1300余个，组织全区家长学校开展抗疫科普宣传1000余场；完成188个受疫情影响的家庭、142个一线防疫人员的一对一心理咨询和47场疫情心理建设网上沙龙活动；制作并推出5集《宅在家的孩子》科普动漫微视频，网络点击量11万次。新媒体平台平均每月转发和原创信息400余条，点击量超过20万次。

【妇女创业就业】 2020年，推选8家市级“双学双比”基地，完成17项市、区级农村妇女创新创业项目。申报2021年开展农村妇女创新创业项目12个，涉及资金300万元。60余个“妇”字号基地有序复产复工，稳定就业，平价供应产品；市农林科学院为基地多年打造的“春风送暖”农业技能服务基地项目推出“保春耕促生产”网课，并赠送果蔬种子助力基地复工复产。区巧娘协会在抗疫复工、交流交往、创业培训、慰问帮扶等方面为妇联工作增添强大助力；多名巧娘在全国、市级行业创意创新大赛中获得好成绩。区妇联组织代表团先后为内蒙古翁牛特旗、拉萨市城关区热木其社区送去手工编织技能培训课，并赠送技能培训素材礼包；还为科右中旗妇联、奈曼旗妇联等主办的多个扶贫协作项目送去培训课程和物资。区妇联联合区人社局、区总工会开展“春风送真情，就业暖民心”线上女性专场招聘会；面向失业人员，新增中西式面点、烹调培训、“战疫互助”学习营、巧娘手工技能网上培训等课程；全年带动妇女创业146人，就业414人。全区评选、表彰14个市级三八红旗手和12个市级三八红旗集体。区妇儿工委办公室在33个成员单位的合作下，完成“十三五”妇女儿童发展规划终期自评估，各项指标达标率99%，创历史最高。

8月27日，举办第四届“中国创翼”创业创新大赛北京市选拔赛暨第三届“创业北京”创业创新大赛颁奖活动 （区妇联提供 王菲菲 拍摄）

【妇儿基地建设】 2019年10月启动的《通州区儿童之家建设方案》已全部完成。通州区建成588个“儿童之家”，实现90%社区（村）建有儿童活动场所的目标，制作和发布《通州区儿童之家管理规范手册》（附教学视频）。近三年完成111个妇儿基地的提升改造，平均每年提升改造37个示范“妇女之家”或“儿童之家”；全年全区家长学校完成2000余场线上线下家庭建设活动。通运街道运河湾社区被评为全国家庭教育示范基地。走访电访41个委办局和机构，发放调查问卷515份，实地考察369个家长学校，完成《通州区早教的需求和发展》《通州区“十四五”妇儿规划的工作基础和重点问题》等调研，获得市妇联系统调研一等奖。与专业第三方组织合作，在城区和乡村开展专业的家庭教育指导服务800余小时，线上线下婚恋指导2000余人次，婚姻家庭调解服务1500余次，帮助女性和家庭提升思想和行动水平，增强社会适应能力，充分发挥妇女在社会生活和家庭文明建设中的“两个独特作用”。8月28日，全国妇联书记处书记蔡淑敏到通州区调研家庭建设工作。

8月28日，通运街道运河湾社区家长学校开展手工陶艺制作活动（区妇联提供　袁春燕 拍摄）

【妇儿权益保障】 2020年，区妇联接待来电来访来信60件，婚姻家庭46件，劳动保障3件，财产权益4件，其他7件，解答满意率100%。配合区委政法委开展市域化社会治理试点调研工作。联合区司法局在各村（居）建立婚姻家庭纠纷人民调解委员会610个，配备专职调解员41人、兼职调解员3815人，接受司法部门培训4000人次，调解案件657件，调解成功637件。联合区人民法院开展以《女职工特殊权益保障》为题的“云端”京法巡回讲堂。在区妇联公众号设“巾帼维权”专栏，发布音视频65部，点击超4万次。“妇女微家”、区妇联新媒体平台收到群众反映问题90余件，100%给予答复或解决。“妇女议事会”实现社区、村全覆盖，开展400余场议事活动，聚焦群众关心的热点问题听建议、找方法。继续面向“两癌”患者开展“美丽人生”生命质量提高计划服务；向残疾儿、早产儿家庭捐赠80个儿童汽车安全座椅；向抗疫先进集体赠送400盆郁金香和2000千克蔬菜；为支援武汉医务人员的家属送去鲜花和生日蛋糕，并将她们的事迹拍摄成《前线医生》微视频，网络点击超百万次。

【多元化社会服务】 2020年，区妇联加大培育专业类、公益类、服务类妇女领域社会组织，涌现出垃圾分类“家”行动、垃圾分类总动员、“最美+”社区垃圾减量、“你好，副中心”最美家庭宣传短片等一系列高口碑项目；有效解决了妇联在创意实施、政策解读、公众普法、街头宣传时人力物力不足的问题；区妇联还将各级妇联购买优质社会组织的服务情况加入年度考核。在33支巾帼志愿者队伍基础上，区妇联创建“爱分类主妇联盟”新时代文明实践巾帼志愿服务队，下设志愿分队492支，面向全区家庭发起“自觉践行垃圾分类、争做绿色环保家庭”倡议，开展专项培训、入户宣传、线上问答、垃圾清理等行动，开设酵素制作培训班，发放酵素制作素材425份、《环保酵素的制作与应用》宣传书1000余册，全年累计开展相关活动800余场，事迹受到国家级及市级、区级媒体多次报道。

11月10日，通州区运河湾社区垃圾分类“益家行”通州运河湾试点工作启动仪式

（区妇联提供　王菲菲 拍摄）

（张燕栩）

通州区科学技术协会

【概　况】 2020 年，区科协在区委、区政府的正确领导和市科协的关心指导下，守初心担使命，团结带领全区广大科技工作者，认真学习贯彻习近平新时代中国特色社会主义思想，围绕“四服务”（为科技工作者服务、为创新驱动发展服务、为提高全民科学素质服务、为党和政府科学决策服务）的职责定位，整合资源，多措并举，夯实科协基础，提升服务能力，各项工作取得新进展。

【慰问科技工作者】 5 月，全国科技工作者日期间，邀请通州区委常委、组织部部长陈江华，区人大常委会副主任张绍武，区政府副区长苏国斌，区政协副主席禹学河深入基层，集中走访慰问通州区优秀科技工作者代表，为他们送上节日祝福，与他们深入交流听取意见建议，并通过他们向广大科技工作者致以节日的问候。

【开展“科普之春”系列活动】 5 月 22 日，联合八通网在于家务回族乡富各庄村开展“科普之春”农村实用技术培训，以“科技服务‘三农’倡导健康生活”为主题，就科技助力乡村振兴开展网络培训，向村民传播农业科技知识，解决技术难题，提升农民科学素质，提高村民科技致富的本领。

【科普日活动】 9 月 18 日，联合区委宣传部、区园林绿化局、区应急管理局等 10 家单位在运河森林公园漕运码头联合举办 2020 年全国科普日通州区主场活动。活动以“决胜全面小康，践行科技为民”为主题，通州区部分高新企业参加活动并展出科技创新产品。活动中组织开展科普展品体验和网络竞答冲关等互动式体验活动，极大提升了公众的参与度。区科协被中国科协评为 2020 年全国科普日活动优秀组织单位。

9 月 18 日，由区科协、区委宣传部、区园林绿化局、区应急管理局联合主办 2020 年全国科普日通州区主会场活动　　（区科学技术协会提供）

【举办 2020 年通州区信息产业学会智慧城市——智慧医疗论坛】 10 月 22 日，以“赋能智慧医疗，共筑美好生活”为主题在北京太阳花酒店举办 2020 年通州区信息产业学会智慧城市论坛。论坛集合众多业内顶尖人士关于智慧医疗发展的看法，同时给出具体的 5G+ 智慧医疗解决方案，促进通州地区智慧医院落地。

【举办通州区青少年机器人竞赛】 12 月 6 日，联合区教委在北京市第二中学通州校区举办 2019—2020 年通州区青少年机器人竞赛。活动的开展，让人工智能机器人编程教育走进校园，青少年通过开展探究式、互助式的合作学习，全面提升创新精神和实践能力。

12 月 6 日，联合区教委举办 2019—2020 年通州区青少年机器人竞赛　　（区科学技术协会提供）

【实施全民素质提升行动计划】　2020 年，紧贴新冠肺炎疫情防控工作要求，采取线上线下结合的方式，面向城乡居民及青少年等重点人群开展科普教育培训 56 场，培训总人数达 5526 人次，有效提升辖区居民的科学素质。

【推进垃圾源头治理】　2020 年，开展“酵素环保，助力垃圾减量”主题科普活动 42 场，拍摄酵素科普活动宣传片，发放酵素制作工具 1200 余套，广泛宣传垃圾源头减量的应用效果和示范作用，引导人们树立绿色环保理念，取得良好的社会效益。

【助力国家森林城市创建工作】　2020 年，制作“创森”科普宣传展板并发放到全区科普基地，开展“我是小小园艺师”“知榆科普知识”等特色“创森”科普活动 12 场，超额完成区下达的工作任务。

【实施科技助力乡村振兴计划】　2020 年，发挥科协组织优势，对接专家资源，助力全区 5 家科技小院建设，覆盖区内 7 个自然村。帮扶于家务回族乡富各庄村打造成为食用菌特色村，提高村民创业致富技能。

【开展学术交流】　2020 年，组织开展重大工程安全管理创新与事故防范经验交流会、5G 技术与智慧医疗、基层健康公益行高峰论坛等多场学术活动，充分发挥科协系统人才智力和组织网络优势，搭建副中心科技创新服务平台，促进前沿科技成果在副中心实现场景应用。

【实施金桥种子工程】　2020 年，发挥企业创新主体作用，鼓励科研人员和青年工程师开展课题研究。经前期调研、项目征集和专家评审，对 15 个金桥种子资金项目进行专项资金支持。

【实施创新驱动工程】　2020 年，引进院士专家和高校科研资源，对接科技企业，大力推进企业集成创新和协同创新。组织开展科技企业创新簇调研等活动，邀请数十名专家帮助科技企业解决科研难题。经前期调研和专家评审，对 10 家创新簇企业进行专项资金支持，助力副中心创新驱动发展。

【科协组织建设和科技人才队伍建设】　2020 年，完成 2 家学会的注册和日常管理，新成立 11 家企业科协，基层组织基础更加雄厚。组织开展多场职称申报辅导，创新方法理论培训和科技、人才政策讲座，科协对科技工作者的吸引力和凝聚力有效提升。

【疫情防控工作】　2020 年，认真贯彻落实市委、区委关于疫情防控的工作要求，研究制定区科协新型冠状病毒感染肺炎疫情防控工作方案，责任到人，全面部署，科学防控。发挥机关党支部战斗堡垒作用，组织机关党员干部 16 人次下沉翠屏北里西区志愿执勤，献血支援疫情重灾区，2 名年轻党员参加武汉回京人员转运工作并获得转运组领导高度评价。与八通网合作，启动 2020 年通州区中小型科技企业网络招聘会，为科技企业复工复产解决人才需求。编制疫情防控知识手册，通过区科协微信公众号，积极引导，帮助公众树立科学正确的防疫观念，助力全区常态化卫生防疫。

（张贺）

通州区工商业联合会

【概　况】 2020年，通州区工商联围绕区委、区政府的中心工作，充分发挥自身优势，围绕“两个健康”（非公有制经济健康发展和非公有制经济人士健康成长）工作主题，扎实做好“六稳”工作、全面落实“六保”任务，为民营企业健康发展做好各项服务保障，扎实有效地推进各项工作。

【建立通州区政协工商联界委员工作站】 4月27日，区政协工商联界别委员工作站启动会暨民营企业疫情防控、复工复产专题调研座谈会在区工商联机关召开。通过委员工作站的平台，充分发挥委员联系群众的优势，带动民营企业安全、有序、积极做好复工复产工作，为推动副中心经济社会高质量发展做出贡献。

【优化北京城市副中心法治营商环境】 6月11日，协调区司法局，组织民营企业家参加市工商联民营企业“法治体检”专题调研，市工商联党组成员、副主席林为民和区委常委、副区长、统战部部长王岩石，分别对如何为民营企业做好法律服务提出指导意见；协调区人民法院召开法治营商环境座谈会，深入了解民营企业的现状及司法需求，优化副中心民营经济法治环境。会上介绍了2020年优化民营企业营商环境方面的一系列举措及成效，民营企业家代表从“六稳”“六保”工作及“十四五”期间通州区经济社会发展目标以及优化民营企业营商环境的角度，深入讨论区民营企业当前发展的司法需求以及意见建议。

【举办民法典专题培训】 8月26日，通州区工商联和区科协、民建通州区工委在经略天则园区举办民法典专题培训，进一步做好《中华人民共和国民法典》的学习宣传贯彻工作，提高民营科技企业的法律素养，强化法治思维，全面提升行业综合能力。讲课老师结合实际情况，通过典型案例，细致阐述《中华人民共和国民法典》的合同、对外担保、继承等相关内容，通州区民营企业代表约90人参加培训。

【组织民营企业参与“十四五”规划编制】 8月26日，组织民营企业代表参加区司法局召开的“十四五”法治政府建设规划座谈会，征求对法治政府建设规划初步研究成果的意见建议。座谈会上，企业代表围绕构建法治化营商环境、规划初步成果分别发言，谈想法、提建议。9月16日，组织10名民营企业代表参与区发改委北京城市副中心（通州区）“十四五”规划编制公众参与活动企业代表座谈会，会上，民营企业代表结合自身工作实际，从经济、民生等领域，围绕促进产业发展、优化营商环境、提升企业服务水平等方面，提出建设性意见建议。

【参观抗美援朝出国作战70周年展】 10月27日，通州区工商联组织青年企业家代表，参观纪念中国人民志愿军抗美援朝出国作战70周年主题展览，激励年青一代民营企业家干事创业的决心，将志愿军将士的爱国主义精神和革命英雄主义精神落实到工作中去。

【为民营企业提供法律服务】 2020年，与区人民法院联合开展“互联共建，助力中小企业”主题活动，并参加典型案例情况通报会。宣传区司法局律师协会发布的《中小微企业的法律问答》，为中小微企业依法复工复产答疑解惑。与北京市潞洲公证处开展“互联共建　与中小企业共渡难关”主题活动，开通中小微企业办证绿色通道。充分利用工商联微信公众号搭建司法服务平台，及时搜集中小微企业的法律需求，帮助企业解决司法方面的问题。与区检察院联合举办民营企业法律意识专题授课、检察开放日等活动。

【疫情防控】 2020年，响应市区两级关于疫情防控的各项工作要求。做好北京市工商联关于医疗防护物资生产企业的统计上报工作；落实全国工商联复工复产平台推广工作，并组织会员企业填报复工复产情况调查问卷；引导并参与所属商协会下沉基层支援疫情防控工作；及时转发市工商联下发的各项惠企政策；发起倡议，广泛动员各基层商协会和民营企业参与疫情防控；及时建立会员企业参与疫情防控、捐款捐物等信息台账，并通过微信公众号发布11期《疫情防控战 通州民企在行动》进行宣传；及时了解和动态掌握会员企业实际情况、困难及意见建议。

【走访调研民营企业】 2020年，为及时了解复工复产期间民营企业经营遇到的困难，区委统战部、工商联联合组成调研组，先后走访10家所属商会、12家民营企业，下发并回收100余份调查问卷，及时收集整理民营企业在生产经营中面临的问题，并协调属地政府，听取49家民营企业在疫情期间的防控工作情况和复产复工情况介绍，现场解决部分实际问题。

（陈宇昕）

城市绿心森林公园（摄影 郭建华）

2021 法治

北京通州年鉴

综 述

【概 况】 2020年，全区政法系统以习近平新时代中国特色社会主义思想为指导，深入学习宣传习近平法治思想，在面对百年未遇的突发疫情和严峻复杂的风险挑战时，全面落实区委、区政府和市委政法委的决策部署，坚持党对政法工作的绝对领导，围绕中心、服务大局，坚决维护国家政治安全，全面确保社会大局稳定，不断促进社会公平正义，全力保障通州人民安居乐业，为通州区高质量发展提供坚强的法治保障。贯彻落实《中国共产党政法工作条例》和《中共北京市委贯彻〈中国共产党政法工作条例〉的实施办法》，在全市首创政法单位重大事项请示报告制度，建立政治轮训、干部协管、政法委员述职等制度机制，配齐配强街乡镇政法委员，党对政法工作的绝对领导得到进一步加强。狠抓理论武装，举办“政法党员大讲堂”系列专题讲座，深入学习贯彻习近平新时代中国特色社会主义思想和总书记重要训词精神，筑牢对党绝对忠诚的思想根基。

10月27日，在通州区会议中心组织召开通州区“政法党员大讲堂”暨百名法学家百场报告会与法治文化基层行——《民法典》专题讲座

（区委政法委提供）

【疫情防控】 2020年，牵头社会稳定组召开各层级疫情会商会200余次，有效化解各类不稳定因素。启动进京通道高等级查控方案，深化京冀警务合作，所有进京卡口完成全市40%以上查控任务。平稳有序完成重点国家航班入境和离鄂返京人员转运隔离工作，确保隔离人员安全，保障91万余人有序接受核酸检测。统筹公检法严打快处制售假口罩、哄抬物价等涉疫犯罪案件16件17人，有力维护防疫秩序。

【平安通州建设】 2020年，通州区入选首期全国市域社会治理现代化试点城市。通州区坚持高位统筹、高点谋划、高效组织，制定试点工作三年实施意见，成立“一办六组”组织领导机构，组建工作专班实体化运行，在全市率先完成工作指引任务分解和街乡镇级工作指引的制定，做到项目化管理、清单式推进。举办首届十佳基层治理品牌评选活动，选树一批社会治理创新案例，副中心社会治理现代化迈出坚实步伐。启动“雪亮工程”二期建设，重点部位高清视频实现全覆盖。深入开展城乡接合部地区综合整治，重点村“三站三室”（三站三室：流管站，巡防站，微型消防站，矛调室，警务室，视频监控室）全部建成投用。研发推广“安居通”手机App，创新推行出租房屋“旅店式”管理，流动人口登记率、出租房屋安全系数均创历史新高。

【安全保障】 2020年，全面推进国家安全人民防线建设，推动国家安全责任制落实到位，形成维护副中心安全整体合力。深入开展国家安全宣传教育，全民国家安全意识不断增强。组织2轮全区矛盾大排查和13次专项排查，重点矛盾全部落实“三到位一处理”［“三个到位一个处理（依法处理）”是中央对信访工作的指导方针和工作要求，即，群众诉求合理的解决问题到位；诉求无理的思想教育到位；生活困难的帮扶救助到位；行为违法的依法处理]要求。扫黑除恶专项行动圆满收官，坚决彻底完成“六清”（六清：线索清仓，逃犯清零，案件清结，伞网清除，黑财清底，行业清源）目标，取得社会秩序稳定、群众认同点赞、多项指标全市领先的明显成效。落实常态化办会要求，加强社会治安巡逻防控，完成全国“两会”等重大安保任务。

【法治建设】 2020年，深入学习贯彻中央全面依法治国工作会议精神，迅速掀起学习宣传习近平法治思想的热潮。围绕征收拆迁、拆违腾退、环境保护等重点工作，坚持问题导向和需求导向，面向执法一线举办4期法治专题讲座，培训500余人次，基层依法行政水平不断提升。广泛开展民法典学习宣传活动，“七五”普法工作圆满收官。高标准编制《“十四五”法治政府建设专项规划》，完善重大行政决策机制，区行政复议规范化建设工作入选中央依法治国办“首批全国法治政府建设示范项目”，并向全国复制推广。推动出台《关于支持检察机关依法开展公益诉讼工作推动通州区法治政府建设实施意见》，加强与重点领域行政机关沟通协作，为“中国之治”贡献检察智慧。落实以审判为中心的刑事诉讼制度改革，全面适用认罪认罚从宽制度。深化民事案件繁简分流改革，全力打造“诉源治理＋多元解纷”社会治理链条，审判质效综合指数连续三年全市第一。区从民法院获评2020年全国优秀法院。

（李莹）

政法委与综治

【概　况】 2020年，全区政法系统在区委、区政府和市委政法委的坚强领导下，主动担当，攻坚克难，坚持党对政法工作的绝对领导，以维护政治安全为根本，以推进平安通州建设为有力抓手，以有效防范和化解重大安全风险为重点，统筹推动疫情防控和安全稳定各项工作，打赢一场又一场硬仗，为副中心高质量发展营造良好环境。

【扫黑除恶专项斗争】 2020年，坚决彻底完成“六清”（六清：线索清仓，逃犯清零，案件清结，伞网清除，黑财清底，行业清源）目标，取得社会秩序稳定、群众认同点赞、多项指标全市领先的明显成效，其中“打财断血”“逃犯清零”等工作获得市扫黑办高度认可。群众安全感达到99.75%，创历史最好成绩。

【“雪亮工程”二期建设】 2020年，完成279个智慧平安小区（村）的前端建设，重点部位高清视频实现全覆盖，视频协助破案率累计提升70%，科技创安成效突显。

【城乡接合部地区综合整治】 2020年，深入开展城乡接合部地区综合整治，关停违法出租房屋3300余间，严重侵街占道违法建设实现动态清零，刑事治安类警情同比下降32%，重点村“三站三室”全部建成投用，集中充电设施覆盖率达到100%，通过市级察访核验。

【风险评估防范社会矛盾】 2020年，试行“风评报告7个工作日审批”工作制度，全年收到《北京环球度假区焰火表演项目社会稳定风险评估报告》《通州区公共自行车市场化运作调整收费模式项目社会稳定风险评估报告》《北京市疾病预防控制中心迁建项目社会稳定风险评估报告》等社会稳定风险评估备案申请38份，均在7个工作日内出具备案意见。此外，针对环球影城开园运营，牵头各行业监管部门和运营单位开展全过程风险评估，精准研判社会稳定等5大领域17个方面的风险隐患，分别制定防范化解措施。

【法律服务保障】 2020年，全力服务高精尖产业发展和企业需求，制定出台《通州区规范涉企行政执法优化营商环境若干措施》，加快建设宽松有序的市场环境。出台服务民营企业健康发展实施意见，发布商事诉讼指引70条，开展助企惠民春季行动，依法保障企业复工复产。

4月14日，组织开展宣传国家安全知识 助力副中心复工复产 （区委政法委提供）

【政法队伍理论学习】 2020年，持续开展政法党员大讲堂等系列活动，组织政法干部贯彻学习全国“两会”、民法典、习近平总书记重要训词精神等重要思想，确保政法队伍绝对忠诚、绝对纯洁、绝对可靠，累计举办专题培训14次，培训干部4500人次。

【实岗锻炼】 2020年，开展第四批政法机关优秀干部实岗锻炼工作，并将范围拓展至重点乡镇街道，实现“内外双循环”，持续推动政法队伍革命化、正规化、专业化、职业化建设，2020年度选派实岗锻炼干部36人次。

【举办主题演讲比赛】 2020年，开展政法系统第四届“迎国庆·党旗飘扬副中心，守初心担使命保平安”主题演讲比赛。区委政法委、区公安分局、区法院、区检察院、区司法局12位选手参赛。

【开展宣讲团进基层活动】 9月10日，2020年反邪教宣讲团进基层首场活动在宋庄镇开讲。宣讲团走进乡镇街道和社区、村，开展宣讲活动31场，进一步提高全区广大干部群众识邪、防邪、拒邪意识和自觉性。

【创新开展总体国家安全观宣传】 2020年，深入开展“4·15”全民国家安全教育日宣传教育活动，联合区国安分局、区卫健委、区住建委到潞城全民健身中心、东方厂安置房和三大建筑工程施工现场，宣传国家安全和疫情防护知识。同时，结合疫情防控，围绕总体国家安全观、反间防谍、网络安全、生物安全、身边的国家安全5个主题，开展国家安全知识网络宣传周活动，全民国家安全意识不断增强。

（李莹）

法治政府建设

【概　况】 2020年，通州区以习近平新时代中国特色社会主义思想为指导，深入学习贯彻习近平法治思想，对标《法治政府建设实施纲要（2015—2020）》《北京市法治政府建设“十三五”规划》确定的目标和任务，强化依法行政，严格依法履职，法治政府建设各项工作取得新成效。通州区单项示范项目“行政复议规范化建设”获评全国首批法治政府建设示范项目，在全市率先建立区级包容审慎监管机制，助推国家服务业扩大开放综合示范区和中国（北京）自由贸易试验区建设。

【疫情防控法治服务和保障】 2020年，统筹协调疫情防控法治保障。在全区范围内启动新冠肺炎疫情防控法治研究成果的征集工作，形成《通州区涉疫情法治研究汇编》。出台《依法防控双语法治指引》，引导全社会依法行动、依法办事。加大对妨害疫情防控行为的执法司法力度，建立警企复产联查机制，助力相关重大工程复工；依法严惩生产销售假口罩、哄抬物价、野生动物资源保护等各类涉疫情犯罪。审慎办理全市首例编造、故意传播疫情相关谣言案。建立涉疫案件12小时行刑衔接办案模式。

疫情防控期间户外接待　　（区司法局提供）

【推进政府职能转变】 2020年，推进综合执法体制改革。在全区各街道、乡镇组建综合执法队，实施街乡领域综合执法。推进“放管服”改革，推行政务服务事项办理告知承诺制，压缩政务服务事项跑动次数。全面推进政务诚信建设，建立健全政府机构失信惩戒前沟通机制，开展政府机构失信案件专项治理，建立健全守信联合激励和失信联合惩戒的联动机制。创新社会治理体制机制，建成全市第一家社区级志愿孵化基地。完成通州区公共资源交易分平台全部建设工作并投入使用。

【营造法治化营商环境】 2020年，率先出台落实《北京市优化营商环境条例》促进副中心发展27条实施意见。全面实施告知承诺制，减少对市场主体自治事项的干预。出台“通八条”产业扶持政策及相关配套措施。率先制发《通州区规范涉企行政执法优化营商环境若干措施》，建立“三个一”（即一张包容审慎执法清单，一个包容审慎对象库，一座包容审慎执法信息平台）包容审慎执法机制。印发《通州区包容审慎“沙箱监管”若干规定（试行）》，建立包容审慎“沙箱监管”对象库。

【提升决策水平】 2020年，持续推进重大行政决策程序规范，制定《通州区重大行政决策程序实施细则（试行）》。推进重大决策后评估工作，在全市首次举办重大行政决策案例评审会。严格规范文件监督管理工作，修订《通州区规范性文件管理规定》，为从源头上防止违法文件出台打下坚实基础。全年对168件区政府重大行政决策和各类文件出具合法性审查意见；为区属各单位出具征求意见函112件；审核区政府产业发展、招商引资、政府采购合同、协议56件。区属各单位报备规范性文件31件；区政府向市政府报备规范性文件4件。

【推进行政执法协调监督】 2020年，全面落实行政检查单制度，针对同类职权、同类执法事项采用一张检查清单制，避免重复检查、检查漏项等情况发生。区属部门行政处罚职权共计6149项，违法行为纳入检查率高达93.47%；行政检查量37.45万件；行政处罚案件总量2.73万件；均在全市排名第三。全面推行执法“三项制度”（全面推行执法“三项制度”即行政执法公示制度、行政执法全过程记录制度、重大执法决定法制审核制度），在区政府网站集中设置执法公示专栏，将各执法主体基本信息和动态信息主动、及时、准确公示，实现行政处罚、行政许可等执法结果信息网上公开，全面推行文字加音像的行政执法全过程记录制度，做到执法全过程留痕和可回溯管理。创新开展行政处罚案卷质量抽验、违法建设强制拆除案件审核、法治督察等形式的监督活动。加强综合执法协调，印发《通州区街乡行政执法协调工作若干规定（试行）》，组织原职权下放部门与各街乡主动进行执法交接。

【强化行政监督工作合力】 2020年，自觉接受人大、政协监督，及时修订《区政府系统办理人大代表建议工作要求》。加强财政管理与监督，制定《政府购买服务项目预算审核操作规则》，严格政府购买服务预算管理。不断拓展审计监督广度和深度，采取总体分析、发现疑点、分散核查、系统研究的数字化审计模式，实现一级预算单位审计全覆盖。推进政府信息和政务公开，印发《通州区政务公开和政府信息公开工作规范》，完成信息公开专栏调整和无障碍浏览功能建设工作。

【发挥行政复议化解行政争议“主渠道”作用】 2020年，承办区政府行政复议案件172件，直接纠错33件，纠错率为19%，败诉案件集中在拆迁拆违、专项行动等领域。办理复议区政府案件14件；公开复议决定156篇，典型案例37篇，年度报告3篇；完成区政府征收及征补决定审核8件。不断提高行政应诉办案质量，代理区政府应诉案件103件，审结80件，出台《关于进一步加强行政机关负责人出庭应诉、参与行政复议案件办理工作若干措施》。加强矛盾纠纷排查调处，梳理行政调解职责53项，推进行政调解职责清单管理，加强物业、劳动争议、知识产权等领域纠纷化解。

【提升依法行政能力和水平】 2020年，加强法治教育培训，举办2020年通州区领导干部依法行政网上专题培训班，对区政府各部门分管法制工作的领导及法制机构负责人进行集中培训。组织2020年通州区街道乡镇依法行政专题培训，进一步提升街乡综合执法工作能力。出台《通州区关于落实〈北京市国家工作人员旁听庭审工作实施意见〉的工作方案》，行政诉讼庭审线上旁听实现常态化。启动区级法治政府示范创建活动，制定实施《通州区关于开展区级法治政府建设示范创建活动的工作方案》和《通州区街道乡镇2020年法治政府建设重点评价指标》，推动示范创建向部门、向基层延伸。召开北京市首家区级组织的法治政府建设示范项目评审，形成一批具有副中心特色的示范创建成果。

（于瑶）

公　安

【概　况】 2020年，通州分局坚持以习近平总书记重要训词精神为指引，战疫情、防风险、保安全、护稳定，确保了辖区社会大局持续平稳，获评第六届全国文明单位。年内，安全保卫万无一失，完成中共十九届五中全会、全国“两会”、2020年中国国际服务贸易交易会等重大安保任务，有力护航行政办公区绝对安全。重拳出击扫黑除恶，平安行动纵深推进，命案、抢劫100%侦破，涉众型经济案件追赃减损4000余万元，预警拦截电诈线索3.7万余条，挽回群众损失5.19亿余元。严巡密控遏制发案，严清细查消除隐患，街面环境秩序井然，发现整改各类安全隐患5.3万余处，涉气类危爆物品打整专项成果全局名列前茅。打好疫情防控阻击战，外围累计核查车辆3043.1万辆次、人员5016.6万人次，配合属地开展社区核查登记、宣传教育33万余次，检查部位3.4万余处，保障91万余人有序接受核酸检测。护航副中心建设发展，全力保障“疏整促”、生态建设，主动融入创城复检，聚力服务“六稳”“六保”，保障欢乐通州·欢乐购、大运河文化节等236场次大型活动秩序；驻守行政办公区二期、城市绿心、广渠路东延等标志性工程确保安全；护航环球项目，助推烟花爆竹禁限放区域调整落地；4.8万件群众求助警情第一时间处置，全年办理户籍、出入境业务22.4万件；“穿警服的副书记”扎根基层，“7×24小时”警务室全天候值守，解决群众困难1.5万余件，收到锦旗、感谢信206件。科技助力智慧警务，服务智慧城市管理6.4万余次。凝心聚力建设铁军，做强政治建设、做优思想建设、做实能力建设。一体推进习近平总书记重要训词精神、五中全会精神学习；组织开展“我是副中心警察”系列活动，融媒体平台阅读量超2亿人次，外宣报道突破3000篇；开展全警实战大练兵，涌现出全国抗击新冠肺炎疫情先进个人、全国公安系统二级英模等一批先进典型。警务建设扎实推进，警务承载力进一步增强。

【推进行政案件快速办理】 2020年，通州分局坚持以确保质量、稳步推进为原则，采取创建典型试点、强化岗位培训、深入指导监督、及时汇总经验等系列措施，强力推进行政案件快速办理工作，促进案件繁简分流，提高办案效率和办案质量，“快办率”全市局排名第一。

【出入境智慧服务厅建设】 2020年，通州分局完成出入境智慧服务厅建设，智慧服务厅融合大数据、人工智能等先进的科学技术，优化业务办理流程，推行“智慧办”、“一桌办”和“自助办”相结合的业务受理模式，竭力为群众提供优质高效、方便快捷的公共服务，打造与首都城市副中心建设同步的出入境品牌亮点。全年，智慧服务厅办理护照、港澳通行证、台湾通行证等各类业务5171件次。

【全警实战大练兵】 2020年，通州分局以服务实战为根本，以基层需求为导向，以宣传发动为抓手，以提升能力为目标，党委重视、部门牵动、基层联动，做强教官力量，做精课程教材，做活小微学习，狠抓警种轮训、全警普训、维稳战训，创新“点餐式”送训、“屏对屏”培训形式，推动全警大练兵纵深开展，全面提升全警综合素质。组建教官队伍，精心打磨精品课程，研发微课堂；开展轮训，在市局27个项目比武竞赛中获得集体和个人16个奖项。

【开展“不忘初心110　共建共治享安宁”宣传活动】 1月10日，通州分局在万达广场组织开展“不忘初心110　共建共治享安宁”宣传活动，通过设置“拒绝毒品、预防一氧化碳中毒、防范入室盗窃、文明养犬、防范电信诈骗”等宣传板，发放宣传品开展宣传；25个派出所在主要街道设立分宣传点，全面宣传公安机关在打击违法犯罪活动、维护社会治安秩序、保障人民生命财产安全等方面做出的努力。发放宣传品5500余件，受教育群众9000余人。

【除夕夜烟花爆竹禁限放管理】 1月24日，通州分局落实春节烟花爆竹安全管理工作部署，抓好组织、监管、宣传、排查、看控、打击、应急等措施，完成除夕夜烟花爆竹禁限放管理工作，累计投入巡逻警力2171人次，车辆308辆次，组织发动各类看护力量2万余人。

【举行“疫情防控青年突击队”启动仪式】 2月29日，通州分局举行“疫情防控青年突击队”启动仪式。仪式上，分局宣布成立“疫情防控青年突击队”决定，动员青年民警充分发挥生力军和突击队作用，切实肩负起急难险重重任，做到纪律严明、规范执法、妥善处置，在关键时刻冲得上、打得赢、形象好，坚决做好疫情防控工作；分局领导为青年突击队授旗；青年突击队全体队员面向党旗进行庄严宣誓。

【清明节祭扫安保工作】 3月21日至4月6日，通州分局狠抓统筹谋划、服务保障、风险防范、勤务部署、火灾防控五项措施，全力推进清明节疫情防控、服务祭扫工作开展。开展线上宣传30余次、发放指南2万余册、悬挂横幅标语100余条、设立安全提示牌26块，开展拉网式隐患排查25次，发动群防群治力量1.2万余人，开展联合检查20余次，消除问题隐患200余处，确保6.3万名祭扫群众及祭扫高峰日绝对安全。

【“五一”安保工作】 5月1—5日，通州分局坚持疫情防控和维护稳定两手抓，坚守节日主线、疫情防线和打整阵线，完成景区疏导、通航保障、商超监管、应急处突等系列勤务，完成“五一”安保工作。

【全国“两会”安保工作】 5月9—28日，通州分局坚持“精精益求精，万万无一失”的最高标准和细致、精致、极致的工作作风，全面强化严清细查、严控快处、严格抗疫等措施，完成全国“两会”安保工作。

【开展“5·15”全国打击和防范经济犯罪宣传季活动】 5月15日至8月15日，通州分局开展“与民同心 为您守护”为主题的“5·15”全国打击和防范经济犯罪宣传季活动，通过互联网、融媒体、短视频开展宣传，同时在社区、企业张贴宣传海报营造声势。宣传围绕非法集资、传销和私募领域的金融犯罪等经济犯罪活动，介绍犯罪形势特点，剖析典型案例，宣讲防骗知识和自救技巧，展示公安机关忠诚履职、打击犯罪、保障民生、服务发展的坚定决心和显著战果，推动社会各界共同参与打击和防范经济犯罪活动。张贴宣传海报1万余张、悬挂横幅100余条，受教育人数达2万余人次。

【开展农村商业银行网点突发事件处置演练】 6月，通州分局以防抢劫、防电信诈骗、防火为主题，组织全区农村商业银行网点开展突发事件处置演练。演练模拟犯罪分子在营业厅内实施抢劫、客户遇电信诈骗欲进行汇款、网点内突发火灾等情景，对员工及时报警、发现和提醒客户进行防范、正确使用灭火器材和疏散客户等能力进行检验考察，提高金融系统应急处突能力。

【高考安保工作】 7月7—8日，通州分局完成高考安全保卫工作。严密试卷押运、保密室看控、秩序维护、应急处突、防疫隐患摸排、安全隐患排查等措施，全力维护考场内外良好治安秩序。同时开辟高考办证、报警绿色通道，全力服务高考。

【国庆中秋安保工作】 9月27日至10月8日，通州分局坚持“万无一失、一失万无”工作标准，严密看控公园景区、大型活动、繁华商圈，节日秩序和谐有序；扎实推进涉气类危爆物品违法犯罪排查打击整治，消除各类安全隐患；重拳打击各类违法犯罪活动，治安秩序持续平稳，完成国庆中秋安保工作。

【举行出租房屋“旅店式”管理模式试点宣传启动仪式】 9月28日，通州分局在新光大中心举行出租房屋“旅店式”管理模式试点宣传启动仪式。民警向社区群众详细讲解出租房屋“旅店式”管理模式特点，引导中介公司、出租房主和承租人全面履行旅店式管理责任制度，落实“安居通”App线上自主登记及“旅店管家”专人管理，提升出租房屋和流动人口登记管理水平，现场发放宣传材料及纪念品1000余份。

【开展全民反诈宣传进校园活动】 9月，通州分局开展全民反诈宣传进校园活动，向全区中小幼下发“致北京市中小学学生家长的一封信”“致全体中小学老师的一封信”11.3万余封，推动师生、家长安装“全民反诈App”，安装App6.7万余次，提高全区师生防范电信诈骗意识。

【开展千警十里长走活动】 10月13日，通州分局在城市绿心森林公园开展“忠诚践行训词精神·勇担新时代使命任务”千警十里长走活动。活动中，功模代表向分局全体民警发出“牢记训词精神，强化使命担当，决不辜负党和人民重托”的倡议。全体民警牢牢把握新时代公安队伍建设新要求，在护航副中心建设发展中，有力践行习近平总书记重要训词精神，履行新时代副中心警察的使命任务。分局领导，局属各单位相关领导，分局功模、岗位能手及通州百姓代表等1000余人参加活动。

【完成区“雪亮工程”中央评估验收工作】 12月15—16日，中央“雪亮工程”验收评估专家组到通州分局开展“雪亮工程”验收评估工作。专家组听取通州分局关于项目总体情况及验收检查8项指标完成情况的汇报，查验项目文档资料，观看系统演示，实地踏勘环球度假区、文景街道、潞源街道，参观考察区公共区域视频监控建设、基层社会治理应用相关情况，并在警务中心召开座谈会，对区“雪亮工程”项目建设的示范作用给予高度评价。

（高凤霞）

检　察

【概　况】 2020年，区检察院坚持疫情防控和检察工作两手抓、两不误，认真履行各项检察职责。全年办理各类刑事案件2116件2711人，批准和决定逮捕578件710人，提起公诉1086件1335人；依法充分履行指控证明犯罪主导责任，提前介入引导侦查78件，提出补充侦查意见948项，开展调查核实133件。加大对立案、侦查、审判、执行各环节司法活动监督力度，审查各类监督案件203件，依法审查决定不批准逮捕案件359件544人，不起诉154件209人，改变侦查机关移送罪名55件89人，追加起诉50件83人，提出纠正意见79份；提起刑事、民事抗诉6件；对全市首例员工虚构劳动关系骗取生育津贴案建议移送公安立案侦查，针对利用虚假调解套取村集体财产的民事虚假诉讼案制发再审检察建议，针对监管场所罪犯再犯罪执法不规范问题制发检察建议；参与行政争议化解，办理的涉行政撤销监督案获评北京市检察机关优秀案件。大力推进反腐败斗争，受理监委移送涉嫌普通刑事犯罪立案监督线索2件；立案侦查司法人员涉嫌徇私枉法犯罪1件1人；受理监委移送涉嫌职务犯罪案件11件11人，决定逮捕、提起公诉4件4人，改变管辖4件4人，2件入选北京市检察机关优秀案件；服务“两委”选举，开展资格审查6897人，筛查出不符合候选人资格标准25人；针对基层乡镇系列职务犯罪案件，向属地政府公开宣告送达检察建议，跟踪回访、上门普法。参与社会治理，全面落实接诉即办，稳妥处理信、访、网、电各类群众诉求2141件；开展“司法+社会化”救助，向1名严重烧伤的被害人发放司法救助金15万元，向3名被害聋哑儿童发放小额爱心救助款6000元；针对个人信息、食品、环境、安全生产等领域制发检察建议46份，提出行业预防对策184项，回复整改率87%。针对农村地区蔓延的传销势头，向4个乡镇制发检察建议，督促构建治安防控新机制，推进乡村善治；助力区域拆迁工作，为全区百余名领导干部开办“依法开展拆迁工作”专题讲座，为北京ONE、潞城老旧房改造等提供法律解决方案；联合公安、法院、司法局、民政局、教委等部门成立通州区儿童福利和保护工作多领域专家团队，10名法治副校长巡回校园普法覆盖全区120余所中小学，“检·爱”关护品牌获评首都未成年人思想道德建设创新案例。

【疫情防控】 2020年，贯彻落实中央及市、区疫情防控工作部署，畅通与公安、监委、法院涉疫案件应急办理机制，协同市场监管局、卫健委建立12小时行刑衔接平台，从严从快打击生产销售假口罩、哄抬物价、破坏野生动物资源等涉疫犯罪32件35人，建议行政机关移送公安刑事立案6件6人，办理全市首例编造、故意传播谣言妨害疫情防控案和利用疫情哄抬呼吸机价格非法经营案；创新“线上”检察服务，综合运用电话办、邮寄办、网络办、“云接待”、“e监督”等无接触方式接待答复当事人、接受代表委员监督；参加社会防控，向社区捐赠防疫法律知识手册，推出“人民战疫·有法可依”普法宣传186期，全院164名党员下沉12个社区投身防控工作，在职党员全部回社区志愿服务200余次，2名青年党员支援新国展、新发地防疫最前线，运用法治思维引导社会公众依法战疫，收到感谢信146封、锦旗3面。

【回应人民诉求】 2020年，围绕副中心建设大局，回应人民诉求。针对副中心涉众型经济、金融犯罪高位增长趋势，把惩治犯罪、追赃挽损、化解矛盾、防范风险贯穿办案全过程，依法起诉非法吸收公众存款、集资诈骗等犯罪嫌疑人140人，提出补充侦查意见180项；审慎办理恒远鑫达、益富大秦、盛兴瑞都、国寿财富、融信光大等一批涉众型、跨区域重大经济犯罪案件，涉案总金额190亿元，投资人总数逾2万人，接待信访1210人，有效处理集体访582人次，挽回损失5000余万元；打造防范金融风险专业课堂，深入交通枢纽、乡镇街道、工业园区开办保护知识产权、防范非法集资讲座21场，发放“财产安全秘笈”万余册，制作系列防骗指南小视频，阅读量达百万次。坚持依法保障企业权益与促进守法合规经营并重，严惩侵犯企业产权、扰乱市场秩序犯罪48件79人，全链条打击制售假酒团伙案、追诉重大贩卖盗版图书案获评北京市检察机关知识产权保护典型案例；开展涉民营经济刑事诉讼“挂案”专项清理，建议行政机关移送涉嫌侵犯企业商标权、著作权刑事立案15件，纠正以刑事手段插手民事、经济纠纷案件5件，与三分院依法协力对一起长期挂案的涉案金额高达2亿余元的某民营上市公司合同诈骗案作出监督撤案决定；坚持少捕慎诉，依法对29名涉案企业家、高管不批捕、不起诉、不羁押、建议不判处实刑，最大限度保证企业正常生产经营；为区工商联、腾讯公司、马驹桥金桥物流商务区等开办刑事法律风险专题讲座，覆盖民营企业260余家，为企业合规经营、加强风险防控建言献策。聚焦副中心大气、土壤、水污染防治，综合发挥刑事、民事、行政、公益诉讼检察职能，坚决惩治非法占用农用地、非法排污、非法处置危险物品等违法犯罪、公益损害行为，铲除一条非法收购处置废弃机油产业链，严惩一起逃避监管违规排污案，与属地政府、行政机关合作，推动彻底解决扰企扰民的污水外溢问题；加强与生态环境、水务、城管执法等重点领域行政机关沟通协作，开展“公益诉讼守护美好生活”“大运河文物保护”专项监督，受理公益诉讼案件25件，立案审查19件，制发行政公益诉讼诉前检察建议15份；在食品安全领域探索性提出全市首例刑事附带民事公益诉讼“惩罚性赔偿”请求，办理的涉嫌非法排放有毒有害物质刑事附带民事公益诉讼案获评北京市检察机关公益诉讼优秀案件；推动开展农贸市场整治、建筑工地整治、地热资源开采治理等专项工作。

【严惩犯罪】 2020年，坚决维护社会安全稳定，严惩危害公共安全犯罪，起诉涉枪涉爆、危险驾驶等犯罪嫌疑人368人，依法对“7·7”台湖爆炸案、“9·18”宋庄爆炸案犯罪嫌疑人批准逮捕；批捕、起诉故意杀人、抢劫、绑架、贩卖毒品等影响人民群众安全感犯罪嫌疑人561人；坚决捍卫国家政权权威和法律尊严，严惩暴力袭警妨害公务犯罪嫌疑人43人，从重从快办理了扬言杀害法官家属寻衅滋事案、驾驶大货车冲撞碾压辅警故意杀人案等案件；严厉打击电信诈骗、侵害公民个人信息等网络犯罪，准确适用法律办理了DDoS攻击、非法倒卖虚拟银行卡信息等新类型犯罪案件。持续推进扫黑除恶专项斗争，办理涉黑恶犯罪案件5件13人；参与办理“中央督导1号”侵吞国有资产3亿元恶势力集团犯罪案，依法起诉把持基层政权恶势力团伙案、传销组织恶势力案、利用软暴力催收欠款恶势力团伙案；深挖“黑物流”“黑中介”“黑作坊”等7个重点行业领域16个问题，提出21项治理建议，促进行业清源。全面适用认罪认罚从宽制度，促进社会和谐，全年适用认罪认罚1380人，适用率89%，提出量刑建议1178人，采纳率89.2%，30日内审结案件占比72.9%；创新认罪认罚工作“三步检视法”被最高人民检察院作为经验典型。

【深化司法公开】 2020年，公开案件程序性信息3184件，公开法律文书1097份；自觉接受人大、政协及社会各界监督，办理代表议案、政协提案等意见建议36条；开展检察听证12次，邀请38位代表、委员、人民监督员担任听证员，参与、监督司法办案；开展“同舟共济，检护明天”“护航民企发展”“以宪相伴，与法‘童’行”等检察公众开放日、检察职能宣讲活动，覆盖全区代表、委员、社会各界人士360余名。打造“法治微光”检学共建品牌，先后选派14名优秀检察官赴中国人民大学、北京物资学院等高校授课33次，打磨精品课程14讲，12名检察官被高校聘为兼职教授与校外导师。深入开展

“十进百家、千人普法”法治宣传教育活动，普法宣传106次，受众245万余人次，获评北京市检察机关法治宣传教育活动先进单位，2个办案组、5名检察官、15个普法活动分别获评先进团队、先进个人、精品普法活动。

【检察长出庭公诉虚假疫情信息案】 2月28日，区检察院检察长祁治国对北京市首例编造、故意传播虚假疫情信息案出庭支持公诉。祁治国对该案件事实、证据进行深入细致的阐述和分析，对被告人进行法治教育。区法院以编造、故意传播虚假信息罪，判处被告人有期徒刑八个月。

2月28日，区检察院检察长祁治国（左二）对北京市首例编造、故意传播虚假疫情信息案出庭支持公诉　　（区检察院提供）

【举办“同舟共济、检护明天”公众开放日活动】 5月29日，区检察院举办“同舟共济、检护明天”网上公众开放日活动。邀请区人大代表、政协委员、教师代表及家长代表共同开展线上座谈，就未成年人心理疏导、权益保障、社会支持体系等方面进行深度交流。同时，与光明网联合开展线上直播，由检察官为全区120余所中小学师生及家长讲授法治课，从人身安全、财产安全和网络安全的角度，详细介绍疫情期间未成年人在校园内外的安全事项，为平安校园建设贡献法治力量。

【公开宣告送达社会治理检察建议】 8月19日，区检察院针对近年来在办理马驹桥镇系列犯罪案件

8月19日，通州检察院针对办案中反映出的基层治理问题，向马驹桥镇政府公开宣告送达社会治理类检察建议书　　（区检察院提供）

中反映出的基层建设方面存在的问题，向马驹桥镇政府公开宣告送达社会治理检察建议书。人大代表、政协委员、人民监督员应邀到场见证，并就加强检察职能及政府行政管理职能等工作进行座谈交流。

【举办民事诉讼监督案件公开听证会】 9月16日，区检察院就一起房屋租赁合同纠纷的民事诉讼监督案件组织公开听证。3名人大代表、2名人民监督员作为听证员受邀参加公开听证。区法院相关审判执行人员列席。区检察院党组成员、副检察长张树昌组织主持听证会，通过听证评议，双方当事人达成和解，在执行法官的主持下，双方当场签订执行和解协议。既圆满完成了民事诉讼检察监督，又解决了法院的执行难问题，也让当事人充分感受到了司法的善意与温度。

9月16日，区检察院就一起房屋租赁合同案的民事诉讼监督案件组织公开听证　　（区检察院提供）

【与4个乡镇座谈检察建议落实】 区检察院在办理一起团伙传销案件中，发现涉案传销团伙长期在多个乡镇租赁农村房屋设立传销点，并在各传销点之间持续聚集、流动、串联，为完善基层社会治安防控工作，维护安定有序的乡村治安环境，区检察院向潞城镇政府、漷县镇政府、张家湾镇政府、于家务回族乡政府分别制发检察建议。为保证检察建议落实，11月12日，区检察院与4个乡镇及部分属地派出所相关人员进行座谈交流，进一步说明制发检察建议的目的和意义，通报案件后续办理情况。4个乡镇依次介绍了相关整改情况。一是高度重视，召开专门工作协调会，成立工作领导小组，进行专项研究部署；二是建立台账全面摸排，结合疫情防控等专项工作，加强对流动人口出租房屋的管理；三是加强宣传引导，提高辖区居民法律意识，引导居民积极举报违法线索，形成治安防控合力。4个乡镇在收到检察建议后有效整改，使检察建议发挥应有的作用，防补基层治理过程中的漏洞，实现了双赢、多赢、共赢的效果。

【民事公益诉讼惩罚性赔偿请求案获法院支持】 12月23日，区检察院提起的段某某、王某某等6人生产、销售有毒、有害食品刑事附带民事公益诉讼案件依法公开审理。该案是北京市首例对食品安全领域刑事附带民事公益诉讼惩罚性赔偿的案件，区人民法院判决支持检察机关的全部诉讼请求。

（常赵杰）

法 院

【概 况】 2020年，区人民法院在市高院指导下，在区委及区委政法委坚强领导下，在区人大及其常委会和区政协有力监督下，在区政府及社会各界大力支持下，坚持以习近平新时代中国特色社会主义思想为指导，坚持副中心理念和副中心标准，全力做好疫情防控，稳步开展审执工作，深入推进司法改革，持续锻造人才队伍，躬身践行司法为民，案件质量显著提升，审判质效位居前列，转型跨越升级迈出坚实步伐。2020年，区人民法院作为全市法院唯一被推荐单位获评全国优秀法院。

审判质效继续走在前列。2020年受理各类案件57681件，审结52238件，法官人均结案479件，是全市法院平均值的1.5倍，结收比100.26%，审判质效综合指数位居全市前列。区人民法院加大长期未结案件清理力度，全年清理长期未结案件1120件，一年以上不足两年案件降至102件，两年以上不足三年剩余6件，三年以上案件清零，长期未结案件数量同比下降56.63%。

服务保障副中心彰显担当作为。靶向突破，妥善审执涉副中心案件6100余件，全力保障重点工程、重大项目建设进程，助力环球影城、人民大学通州校区等重点项目“拔钉”攻坚，为城市绿心开园、北京ONE解危、漷马路建设、梁各庄棚改建言献策。综合施策，审结行政案件696件，受理涉市级机关行政案件365件，行政生效案件发改率全市最低。疫情防控阻击战体现为民本色。精准对接，安排数百名党员干警奔赴防疫前线，荣获北京市青年突击队称号。立足本职，运用智慧手段推行网上立案、线上开庭，方便人民群众。纾困解难，调研涉疫情相关民生案件，提升疫情防控法治水平，助力复工复产。

推动司法改革高质量深化展现工作实效。勇担重任，民事繁简分流、夜间法庭、诉源治理基层共建点、道交纠纷一站式调处等改革创新工作见成效，

“诉源治理＋多元解纷”副中心特色区域治理链条被列入通州区重点改革项目。多措并举，压实院庭长办案机制，统一类案裁判尺度，改革案件评查机制，案件质量显著提升。

人才队伍高质量建设夯实职业根基。政治引领，坚持党对政法工作的绝对领导，培树党建品牌、创新党建形式，严格教育整顿。固本培元，科学建立人才培养工作机制，增强队伍活力，锻造综合素质。2020年，区人民法院“分层培育＋靶向跟踪”工作机制获北京法院人才工作精品一等奖。

【疫情防控】 年初，新冠疫情来袭，区法院第一时间启动应急预案，11次党会专题部署，及时安排全员核酸检测，实现区人民法院和服务对象“双干净、双安全”（在疫情防控中保证法院干警和诉讼群众的干净和安全）。370余名党员脱产下沉，258名干警社区报到，法警编队赴西客站、首都机场、新发地市场等防疫最前线，出色完成任务，荣获北京市青年突击队称号。审执工作不停摆，全年网上立案2.6万余件，线上开庭近2.5万次，高效化解审理多起涉疫情纠纷案件，切实维护疫情防控社会秩序。举办专题新闻发布会，发布商事诉讼指引和复工复产典型案例，服务保障“六稳”“六保”。充分调研涉疫情民生案件，形成10万余字的案件办理指引，13个成果在市、区两级调研评比中获奖，多措并举为特殊时期的法治建设贡献力量。

【案例入选】 3月，区人民法院审结的刘某某编造、故意传播虚假信息案入选最高人民法院发布的第一批10个依法惩处妨害疫情防控犯罪典型案例，并于6月被最高院《刑事审判参考》遴选为第1328号指导案例。该案系北京市首例造谣传谣妨害新冠肺炎疫情防控犯罪案件。2月28日，区人民法院以编造、故意传播虚假信息罪判处被告人刘某某有期徒刑八个月。该起案例的入选，是对区人民法院在充分发挥刑事审判职能，依法及时、从严惩处妨害疫情防控犯罪方面工作的肯定。

【优化营商环境】 4月，区人民法院就优化营商环境工作向区人大常委会做专题汇报，会议高度肯定区人民法院优化营商环境工作。区人民法院从前端优化服务、中端提速增效、后端加强执法、外端搭建平台4个维度全面推进优化营商环境工作，举办工作培训会、召开新闻发布会弘扬营商法治理念；优化诉讼流程，切实提高商事审判效率；推进破产办理，完善市场退出机制，多措并举推动副中心法治营商环境建设。

【“运河星空”夜间法庭试点工作】 4月7日，区人民法院正式启动“运河星空”夜间法庭计划。夜间法庭是践行以人民为中心司法理念的务实举措，是人民法院参与社会综合治理的有效路径。市高院高度重视该项改革任务，专门下发《北京法院夜间法庭试点工作的通知》，在全市开展夜间法庭工作。区人民法院作为试点法院之一，在认真调研、精心组织、广泛动员的基础上开展试点工作，效果良好。20%的案件当庭审结，81%的案件1小时内审结，为此项工作在全市铺开提供了通州经验。

【出台《关于为干警澄清正名的实施办法（试行）》】 7月，为营造风清气正的政治生态，对受到不实举报、诬告陷害的干警进行保护，保障干警依法履行职责，区人民法院结合审判工作和队伍建设实际，出台《北京市通州区人民法院关于为干警澄清正名的实施办法（试行）》。该办法明确了为干警澄清正名工作的适用范围、适用次数、遵循原则、负责部门、开展程序、工作方式等内容，为维护法律权威和司法公信力，维护干警的合法权益提供制度上的依据。

【设立通州区首个诉源治理基层共建点】 9月，为响应习近平总书记从源头治理促进国家治理的总体布局，响应北京市高院关于深入推进诉源治理的号召，区人民法院宋庄法庭联合北京市三中院民一庭与通州区宋庄镇疃里村民委员会签订基层共建协议，并举办诉源治理基层共建点揭牌仪式。疃里村作为通州区首个诉源治理基层共建点试验田，将逐步扩展至副中心其他区域，并将固定点与流动点结合，形成以点带面效应。

【扫黑除恶专项斗争】 2020年，在扫黑除恶专项斗争决胜收官之际，区人民法院将“案件清结”“黑财清底”作为深入开展“六清”行动的主攻方向，实现依法严惩与“打财断血”同步推进，确保打赢扫黑除恶审判、执行两场“攻坚战”。开展扫黑除恶专项斗争以来，区人民法院一审审结两级政法委挂账督办案件27件90人，认定恶势力犯罪8件44人，恶势力“保护伞”1件1人，依法判处追缴、罚没财产2950万元。

【聚焦北京环球度假区司法保障需求进行专项调研】 2020年，为应对可能的诉讼风险，区人民法院靠前站位，围绕度假区建设运营司法需求开展专项调研。先后与通州区文旅区管委会及国际度假区公司座谈，汇总梳理司法需求；赴上海与浦东法院、上海国际旅游度假区警署、上海国际旅游度假区调委会、迪士尼公司等单位学习交流；协调市三中院、知产法院到通州指导预判；对烟火燃放诉讼风险防控开展专项调研。通过调研，针对当前环球度假区建设运营主要面临的征地动迁矛盾尖锐、项目施工争议复杂、开园运营纠纷繁杂等三大司法需求，提出结合城市副中心实际，构建就地化解、专项保障、联调联动“三位一体”司法服务保障机制的建议。

【打造“府院联动＋诉非衔接”行政争议化解新模式】 市级行政机关入驻城市副中心以来，区人民法院坚持党委领导，打造以府院联动为载体，各级党委、政府及重点职能部门共同参与的“府院联动＋诉非衔接”行政争议化解新模式。该模式以诉源共治、诉源精治、诉源法治为原则，依托府院联动，打造集约化行政争议联络调处平台；依托诉非衔接，实现行政争议诉前化解流程再造；依托诉源治理，构建法治政府司法服务供给体系，取得良好效果。

【构建道交纠纷一站式调处机制】 2020年，在市高院立案庭、诉服办、技术处等有关部门的大力支持下，区人民法院作为试点法院与通州交通支队共同构建城市副中心道交纠纷一站式调处机制，依托道交纠纷一体化平台建设，加强多部门协同合作，推动道交纠纷的源头治理和综合化解，助力市域社会治理现代化体系建设。调处中心设立以来，千余人次线上咨询，调解成功率91%，理赔标的1000余万元。

【解决执行难】 2020年，区人民法院新收执行案件13365件，结案13888件，执行工作考核多项核心指标均远高于规定标准达标。全年执行完毕率35.21%，居全市一类法院首位；案拍比5.69%，较上年同比翻倍，综合得分位居全市第一。2020年，区人民法院组建“一体两翼多团队”执行组织架构、创设“一二三”全流程立体化财产处置监管机制、编印《北京市通州区人民法院执行局制度汇编》，多措并举，科学谋划，重塑执行生态迈出坚实步伐，解决执行难工作卓有成效。

【在学术讨论会获佳绩】 2020年末，国家法官学院通报全国法院第三十二届学术讨论会获奖情况，区人民法院有13篇论文获奖，囊括所有奖次等级。其中1篇获全国法院一等奖、北京市特等奖，5篇获全国法院二等奖、北京市一等奖，5篇获全国法院三等奖、北京市二等奖，2篇获北京市优秀奖。获奖论文数量与获奖等级均位居全市法院首位，为区人民法院历史最好成绩。

【开展国家宪法日系列宣传活动】 2020年，为全面落实习近平总书记全面依法治国新理念新思想新战略，在第七个国家宪法日来临之际，区人民法院开展系列国家宪法日宣传活动，全面营造尊崇宪法、遵守宪法的良好法治氛围。开展一次宪法宣誓，编写发布《漫话法律（第三辑）》，组织网络法治公开课，开展法治教育宣传活动，组织一次旁听庭审，进行一次现场普法宣传。

（杨夏倩）

司法行政

【概　况】 2020年，通州区司法局坚持以习近平新时代中国特色社会主义思想为指导，全面贯彻中央及市、区政法工作会议精神和市局司法行政工作部署会精神，坚持党对司法行政工作的绝对领导，坚持以人民为中心的发展理念，围绕城市副中心建设，一手抓疫情防控，一手抓复产复工，深入推进全面依法治区、法治政府、法治社会建设，取得阶段性成效。

【推进公共法律服务体系建设】 3月，制定《通州区关于落实〈北京市关于加快推进公共法律服务体系建设的若干措施〉的实施方案》，并以区依法治区领导小组办公室名义下发，为公共法律服务工作提供制度保障。加强对公共法律服务协同调度平台、实体平台的指导督查，确保规范运行。6月，制定《通州区司法局落实“七有”“五性”工作方案》，建立周统计、月分析、季度评估、年度总结的工作制度，全面提升上线率、咨询率和满意率。依托北京法律服务网开发区公共法律服务网络地图，为人民群众办理法律服务事项提供律师事务所、公证处、司法鉴定机构及其人员的查询服务。

【布局社会矛盾纠纷多元预防调处化解机制】 2020年，将人民调解工作纳入区平安建设和依法行政考核重要内容，强化人民调解工作在纠纷化解中的重要作用。制定《通州区司法局专职人民调解员管理办法（试行）》，梳理出台《通州区村居人民调解委员会设立、变更、注销备案操作规程》，加强行业规范性管理。有序谋划和推进调解组织构建与机制建设，健全诉调、检调、访调、劳调“多调对接”机制。完成政法委年度法治建设领域改革重点课题——社会矛盾多元预防调处化解综合机制建设调研，起草《通州区社会矛盾纠纷多元预防调处化解综合机制建设实施方案》。加强物业、劳争、知产等领域纠纷化解，基层多元化解机制试点——通运街道紫荆全环节社会矛盾多元化解中心9月建成，区众和劳动争议调解工作室挂牌运营，司法部通州知识产权纠纷多元解决机制试点研究启动。成立通州区行政调解专家库，区行政争议多元化解调处中心挂牌运行。研究制定《区司法局区法院关于构建多元解纷诉调对接工作机制的实施意见》，指导法院诉前人民调解会调解员招聘。年内，全区镇街、村居人民调解组织开展矛盾排查30933次，调处化解各类矛盾纠纷888件，成功861件，成功率97%，调解协议涉及金额11639.47万元；办理司法确认案件213件；各行业性、专业性调解组织共调解案件21088件，其中区调解中心调解总数135件，区诉前调委会调解总数20638件，劳动争议调解委员会调解总数315件。

【“七五”普法教育】 2020年，组织全区各普法责任单位开展“七五”普法迎检验收，汇总形成“七五”普法工作档案39盒137卷。以新颁布法律、法规为契机，围绕垃圾分类开展主题宣传月活动，采取张贴挂图、流动式宣传、电视栏目普法、新媒体普法、网络法律知识有奖竞答等方式开展垃圾分类法治宣传，发放宣传材料800余份，录制《大家看法》节目1期，推送主题文章35篇。开展《北京市物业管理条例》宣传，利用微信新媒体推送主题文章10篇，录播《大家看法》电视节目1期，开展网络法律知识有奖竞答，吸引2万余人参与。开展民法典系列学习宣传活动，以民法典为主题开展法律十进活动32场次，发放宣传材料、宣传品7300余份，惠及群众2000余人，利用橱窗、宣传栏等张贴主题挂图1200余份，利用通州普法微信矩阵推送主题文章247篇，通过“法治通州”抖音号发布系列解读短视频14个，在融汇副中心App法治版块推送主题文章16篇，录播《民法典》主题《大家看法》节目2期，利用通州电视台通州新闻后黄金时段播放《民法典》公益宣传片。开展民主法治示范村评价工作，对全区62个北京市民主法治示范村开展自查自评，并针对发现的问题及时督促整改。组织开展通州区国家工作人员线上旁听庭审活动，视频点击量突破22647次。

【提升律师行业管理水平】 3月，有序部署和推动通州区律师行业重点问题专项整治行动，对律师行业涉嫌行贿受贿、虚假诉讼、涉黑涉恶、严重违规收费、违规兼职、外国国籍等6类重点违法违规行为开展专项整治，扎实开展律师执业纪律排查和警示教育工作，累计作出行政处罚案件1件；报告涉黑涉恶案件线索1件；经律所自查注销兼职律师7人。加强律师队伍培训，联合区律师协会开展优化营商环境政策宣讲、招投标业务培训及涉外业务培训等实务培训活动，进一步优化营商环境。

【对困难群体法律援助】 2020年，贯彻落实《通州区司法局落实“七有”“五性”工作方案》，通过增设一个“12348”热线座席、加强值班律师监督管理、建立健全机制等措施，全面提升困难群体法律援助力度。以春节、全国助残日、《保障农民工工资支付条例》实施为契机，开展农民工、残疾人、老年人法律援助宣传活动。畅通多元化申请渠道，建立“直接申请+工作站申请+网上申请+邮寄申请”多元申请方式。法援中心受理案件1317件，解答现场咨询6277人次，“12348”热线咨询13804人次。

【推动公证事业发展】 2020年，主动对接疫情防控，开通“绿色通道”，保障群众疫情期间的正常公证法律服务需求。开通“不可抗力办证”绿色通道，助力副中心中小企业复工复产。开展公证宣传工作，制作公证事项系列宣传普法视频，全面提升公证知晓度。加快公证信息化建设，加强与信息技术部门对接研讨，针对公证处未来信息化建设制定相关方案。开展公证行业专题学习教育活动，加强对新入职业务助理的培训，提升业务水平。年内，累计办理公证事项7075件，解答公证咨询2万余人次。

【社区矫正和安置帮教工作】 2020年，围绕疫情防控主线，落实社区矫正人员各项疫情防控措施，实现社区矫正工作人员和在管社区矫正对象“零感染”“零违法”。依法做好新颁布《中华人民共和国社区矫正法》宣传贯彻实施，保障社区矫正工作平稳有序。加强困难人员教育帮扶，研究制定刑满释放人员安置帮教就业帮扶办法，制定出台《通州区司法局关于社区矫正对象和刑满释放人员应急救助金发放办法》；加强延伸帮教，下发《关于做好春节期间刑满释放人员安置帮教工作的通知》，与区红十字会共同开展特困人员“两节送温暖”活动。

（于瑶）

全面依法治区

【概　况】 2020年，中共北京市通州区委全面依法治区委员会以习近平新时代中国特色社会主义思想为指导，全面贯彻落实中共十九大和十九届二中、三中、四中、五中全会以及第十二届市委历次全会精神，深入学习贯彻习近平法治思想，强化区委对全面依法治区的集中统一领导，统筹做好依法疫情防控、执法、司法、守法等各项工作，为全面提升北京城市副中心建设更具活力和竞争力的“法治首位度”提供有力法治保障。

【把牢依法治区正确方向】 2020年，认真学习宣传贯彻习近平法治思想，研究制定《关于学习宣传贯彻中央全面依法治国工作会议精神的实施方案》。推动《关于深入学习宣传贯彻习近平总书记全面依法治国新理念新思想新战略和重要讲话精神的实施方案》3个方面15项举措贯彻落实。举办全区领导干部依法治区专题培训班和街乡依法行政专题培训，组织开展法院行政诉讼案件在线旁听活动，编印《全面依法治国学习资料汇编二》，进一步增强推进法治通州建设的责任感和使命感，确实把思想和行动统一到党中央决策部署上来。

11月11日，举办通州区依法行政专题培训班（区司法局提供）

【体制机制高效运行】 2020年，成立“十四五”时期法治政府建设专项规划编制工作领导小组，多次召开专家座谈会、征求意见座谈会，形成“十四五”法治政府建设专项规划中期成果。全市率先制定《通州区党政主要负责人履行推进法治建设第一责任人职责清单》，推动党政主要负责人切实履行推进法治建设第一责任人职责。规范法治工作重要决定和方案备案工作，实现法治政府工作职能优化协同高效。加强协作督察，开展通州区党政主要负责人履行推进法治建设第一责任人职责及法治政府建设督察，确保中央决策部署和市委工作安排落到实处。坚持督研结合，开展通州区街道乡镇行政执法专项法治督察，推动各街道乡镇在综合执法下沉背景下积极作为。

【依法防控】 2020年，研究制定依法推进新冠肺炎疫情防控“十条举措”，出台落实北京市帮扶企业系列政策区级“12条”措施及20个配套实施细则，协助企业融资贷款1046亿元，减免房租1.39亿元，在全市率先实现规模以上在建工程100%复工。成立通州区小微企业律师服务团，提供咨询、代理、法治体检等多种形式的法律服务。出台《依法防控双语法治指引》，引导全社会依法行动、依法办事。在全区范围内启动新冠肺炎疫情防控法治研究成果的征集工作，形成《通州区涉疫情法治研究汇编》，推送调研成果获北京政府法制研究会、北京市法学会行政法学研究会颁发的建言一等奖1个，建言二等奖1个，建言三等奖3个，论文优秀奖6个。

【法治政府示范创建】 2020年，行政复议规范化建设获得中央依法治国办全国第一批法治政府示范创建项目正式命名，司法部《中国司法》杂志对通州区典型经验进行刊载，《法治日报》头版对亮点工作进行专题报道，全国十余家媒体平台进行广泛报道，通州区作为代表在北京市法治政府建设专题会上作典型发言，行政复议规范化建设成为通州区法治政府建设“金名片”。将示范效应向基层延伸，在全市率先开展区级法治政府建设示范项目评审活动，累计评出区市场监管局市场远程监测调度指挥中心、区税务局“E导税”线上服务平台、区发改委优化营商环境法治保障、区经信局打造坚固的社会诚信体系、区城管委推动垃圾分类精细化治理、市公安局通州分局出入境智慧大厅6个区级法治政府建设示范创建项目，城市副中心法治政府建设水平得到全面提升。

【推进行政决策科学化、民主化、法治化】 2020年，制定出台《通州区重大行政决策程序实施细则（试行）》，有效解决政府决策过程中法定程序履行不到位，听取公众、企业意见不深入，决策风险评估、决策后评估等制度滞后问题。推进重大决策后评估工作，在全市首次举办重大行政决策案例评审会，为区政府及各部门的重大行政决策活动提供能复制、可借鉴的决策样本。修订《通州区规范性文件管理规定》，从源头上为防止违法文件出台打下坚实基础。

2019 年以来，区政府制定的规范性文件实现同时向市政府和区人大常委会报备。

【推动严格规范公正文明执法】 2020 年，全市率先建立区级包容审慎监管机制，对 211 项执法事项给予企业自我纠错的空间，并实现审慎执法数据网络共享。全面落实行政检查单制度，针对同类职权、同类执法事项采用一张检查清单制，有效提升行政监管效率。全面实施行政执法“三项制度”（全面推行执法“三项制度”即行政执法公示制度、行政执法全过程记录制度、重大执法决定法制审核制度），在区政府网站集中设置执法公示专栏，实现行政处罚、行政许可等执法结果信息网上公开；推行音像加文字记录的行政执法全过程，做到执法全过程留痕和可回溯管理；创新开展行政处罚案卷质量抽验、违法建设强制拆除案审核、法治督察等形式的监督活动。印发《通州区街乡行政执法协调工作若干规定（试行）》，加强街乡与区级执法部门协调配合，协调解决执法争议。

【捍卫社会公平正义】 2020 年，高位启动市域社会治理现代化试点工作，开展“十佳”基层社会治理品牌评选活动。统筹推进北京市政法办案智能管理系统试点运行，实现全流程网上协同办案模式。出台《关于支持检察机关依法开展公益诉讼工作推动通州区法治政府建设实施意见》，纵深推进公益诉讼工作。建立社会矛盾纠纷多元预防调处化解综合机制，打造“诉源治理 + 多元化纠纷化解”社会治理链条。启动“运河星空”夜间法庭计划，打造诉源治理基层共建点。通州法院被最高法院确定为全国法院案件繁简分流改革示范法院，审判质效综合指数连续三年位居全市第一。

【增强法治观念】 2020 年，召开区“八五”普法研讨会，全力做好“八五”普法规划的起草制定。围绕中心服务大局，做好习近平法治思想、《中华人民共和国民法典》、《中华人民共和国宪法》等重点普法工作。推动民主法治示范村（社区）建设，实施农村（社区）“法律明白人”培育工程。坚持开展法治文化阵地建设，依托现有书店打造法韵书香阵地，继续推动三级法治文化阵地建设。落实“谁执法谁普法”普法责任制，原创 rap 歌曲《副中心文明 Style》生动解读《北京市文明行为促进条例》，累计播放量达 40 余万次。开展党员志愿者垃圾分类指导、桶前值守晨夕计划、爱分类主妇联盟新时代文明实践推动日活动，持续开展垃圾分类线上直播活动，总观看人数 15.8 万人次，页面总点击量 38.2 万人次。开通“法治通州”官方抖音号，发布短视频 100 个，阅读总量 35.2 万人次，努力营造全社会尊法学法守法用法的浓厚氛围。

（于瑶）

2021

军 事

北 京 通 州 年 鉴

城市绿心森林公园（摄影 郭建华）

人民武装部

【概　况】 2020年，部党委坚持以中共十九大精神和习近平强军思想为统领，深入学习贯彻习近平主席视察北京卫戍区时重要讲话精神，坚决贯彻卫戍区党委首长决策部署，坚持政治建部、能力强部、依法治部、和谐兴部，全面建设取得新的发展进步。

【党管武装工作】 2020年，始终把加强理论武装摆在首位、紧抓不放，在办公楼、营院全面更新以习近平主席视察卫戍区讲话、“不忘初心、牢记使命”主题教育、十大英模为主要内容的政治环境。结合每周交班会、每月办公会，党委成员分别进行授课辅导，传达解读上级文件精神，跟踪学习疫情防控各项规定，适时开展形势政策教育，确保政治上始终清醒坚定。认真落实党管武装各项制度，将习近平强军思想纳入区委常委会学习，联合区委组织主题党日、祭扫革命先烈活动，将街道乡镇党管武装工作纳入年度绩效考评，促进党管武装工作有效落实。参加卫戍区专武干部集训，取得理论考试全体学员满分的好成绩。

【思想政治教育】 2020年，紧抓思想政治建设不放松，始终在政治立场、政治方向、政治原则、政治道路上同以习近平同志为核心的党中央保持高度一致。按照学懂弄通做实的要求，扎实抓好习近平新时代中国特色社会主义思想和习近平强军思想的学习贯彻，加强对重大现实问题的研究探索，推进习近平重要指示在人武部落地生根、开花结果。巩固深化两个主题教育活动成果，进一步强化“四个意识”，坚定“四个自信”，担当起新时代使命任务。深入开展疫情防控相关政治教育，确保部队自身安全稳定。

【民兵整组工作】 2020年，进一步拓宽民兵整组范围，探索在高科技企业、互联网企业、军地技术通用企业编兵的路子，扎实抓好应急保障、专业救援等重点队伍和新质力量建设，打造应急应战的“拳头”力量。组织中建二局民兵工程抢修分队授旗仪式；针对通州民兵可能担负的任务实际，与辖区4个单位建立联训机制，参加公安、武警及现役部队开展的联训联演活动，借台唱戏、借装组训，提高民兵训练层次。采取小兵种大集中、大兵种小集中的方法，区分训练对象，成建制组织各级各类轮训，二季度组织民兵防汛演练，切实提高民兵遂行多样化任务的能力。

【征兵工作】 2020年，牢固树立“征兵就是备战，征好兵就是保打赢”理念，主动克服疫情影响，提前预判形势，采取线上与线下相结合的方式，广泛开展征兵宣传活动，通过广播、微信群、校园网等多种手段，普及征集标准、优待政策和报名程序，协调区电视台和《通州时讯》等主流媒体播放征兵宣传片、刊登征兵政策。在严格落实疫情防控要求的前提下，严密组织上站体检、役前训练、新兵运送等活动，走实征兵工作每个环节步骤。协调区政府研究出台大学生征集优待政策，有效提高大学生征集比例。

（范雨鑫）

人民防空

【概　况】　2020年，在区委、区政府正确领导和市人防办指导下，通州区人民防空办公室围绕区委、区政府中心工作，坚持人防为民，走融合发展之路，完成各项工作任务，促进人防事业健康发展，为城市副中心建设保驾护航。

【公共安全宣传教育】　2020年，推进人防进社区工作。提前制定《通州区人防办2020年防空和防灾减灾工作进社区实施方案》。完成人防进社区50个指标任务。北京城市副中心人防体验馆竣工并投入运行。疫情期间对人防办配置到社区的防空防灾应急物资、设备使用情况进行调研，效果较好。“5·12”防灾减灾日宣传效果明显。

12月14日，北京城市副中心人防体验馆竣工验收现场　（区人防办提供　杨超山 拍摄）

【指挥通信建设】　2020年，按照计划定期对移动指挥车、街乡镇指挥调度设备、应急视频设备及指挥中心设备进行日常加电运行测试，完成警报器的日常维护工作，及时排除发现的问题，确保通信设备正常运行。清明节，区人防办在向抗击疫情斗争中牺牲的烈士和逝世同胞哀悼活动中，完成警报鸣响任务，鸣响率100%，对进一步激发群众的爱国热情发挥了重要作用。

【应急值守备勤工作】　2020年，区人防办同市人防办通信站对视频会议系统、IP电话、文电系统、手持和车载北斗卫星、800兆电台、固定和移动短波电台、手持和车载海事卫星电话等通信设备进行测试，确保正常通联。在元旦、春节、清明节、全国“两会”等时间节点，抽调多名通信骨干参与应急值守备勤任务，为应急通信提供强有力的保障。完成各项应急值守备勤任务。

【人防工程使用】　2020年，完成194项行政审批。按要求完成《2020年市政府工作报告重点工作分工方案》中涉及的工作任务。

【市民热线接诉即办工作】　2020年，区人防办围绕“七有”（“七有”指幼有所育、学有所教、劳有所得、病有所医、老有所养、住有所居、弱有所扶）、“五性”（“五性”指便利性、宜居性、多样性、公正性、安全性）要求，本着服务群众的原则，对于百姓诉求，做到积极主动、耐心处理、多方协调，主动出现场核实，多次约谈开发商和物业，在职权范围内积极协调，所有诉求均按投诉处理时限给予答复，努力做到民有所呼，我有所应，我有所为。受理群众诉求66件，街乡吹哨报道18次。

【疏解整治促提升工作】　2020年，按照市、区两级安全生产工作的总体要求，制定下发《通州区地下空间安全生产三年专项行动方案》，新修订《人防工程防汛预案》，持续推进疏解整治促提升专项行动任务，其间，开展人防工程安全生产专项执法检查行动、综合整治和安全隐患大排查专项行动。与各乡镇、街道办事处、各人防工程使用单位签订安全管理责任书和防汛责任书。

【人防工程维护维修】 2020年，维护维修工程91处，确保工程达到应有防护效能。

【人防工程质量监督】 疫情期间积极主动，精准服务，助力企业复工复产。做好建设项目人防工程复工的信息梳理工作，加强疫情防控期间的质量服务指导工作，整体把控人防工程质量验收工作。工作中严格按标准办事，按流程办事；加强工程过程的抽查、抽测，确保工程监督到位。

【行政审批】 2020年，在行政审批工作中，坚持规矩意识，明确各环节内容，依法依规进行审批。梳理流程，根据市、区两级工作要求，完善“北京市行政审批和公共服务事项目录管理系统”中各审批事项的信息内容，对单位的6项行政审批事项进行梳理，明确审批依据、权限、办理时限，咨询窗口，监督途径等多方面内容，并与市人防办相关处室沟通，做到市、区两级内容统一。依法行政，严格按照相关法律法规进行审批，确保审批开展规范有序。政务公开，对于梳理的流程、操作规范、相关表格等结合区政府电子政务建设进行信息公开，审批结果进行双公示，主动接受社会各界监督。高标准审批，严格按照市区规范制度标准进行行政审批。

【助力复工复产】 疫情期间，认真学习贯彻习近平总书记关于疫情防控工作的重要指示批示，全面落实中央及市委、区委对疫情防控工作的安排部署，采取切实有效措施，落实疫情防控工作。为相关单位提供应急帐篷、防毒面具等物资支持防疫工作；抽调13名干部下沉支援社区防控一线；按要求落实核酸检测和疫苗接种工作；为全区人防工程使用单位减免使用费368万元，全力支持复工复产。

（杨丽君）

2021

功能区

北京通州年鉴

城市绿心森林公园（摄影 郭建华）

综　述

【概　况】 2020年通州园克服疫情不利影响，围绕转型发展主线，调整产业结构，优化产业布局，主要聚焦重点功能组团，突出抓好项目建设，加快体制机制改革，持续完善配套设施，不断优化发展环境，推动地区经济发展。全年7个园区（开发区东区、西区、南区、北区，永乐开发区，聚富苑，种业园区）完成工业总产值254.47亿元，总收入403.59亿元，工业企业收入366.26亿元，利润总额45.02亿元，税收合计26.14亿元。

【北京城市副中心设计小镇建设】 北京城市副中心设计小镇位于副中心东南部，原为张家湾工业开发区，占地面积约5.4平方千米。市委、市政府的规划目标是全力打造“设计小镇、智慧小镇、活力小镇”，推动传统老工业园区向现代高科技园区转型升级。2019年12月26日，举办设计小镇入驻企业签约活动，33家企业落户创新中心；截至2020年12月，累计承接106家企业，产业类型主要为人工智能、大数据、互联网、区块链等高精尖产业。规划设计方面，70公顷（0.7平方千米）启动区规划综合实施方案编制完成；5.4平方千米的规划研究充分融合前期研究成果，即将形成方案初稿。空间盘活方面，围绕铜牛、创新中心等5个重点地块，创新实施5种土地开发模式。其中，创新中心、经开智汇园完成100%股权收购；铜牛一期利用EPC（设计、采购、施工）模式完成改造，创新中心和未来设计园区开园。招商引资方面，审批落地106家，注册资金总额约17亿元，设计类占比35.7%。其中，中建科技（中国建设科技集团）、北京建院（北京市建筑设计研究院有限公司）、新加坡CPG（新加坡CPG集团）等落户；首都创新设计院（首都创新设计研究院有限公司）、上海同济等领军企业达成入驻意向。产业政策方面，制定发布《关于加快推进张家湾设计小镇设计与城市科技产业发展若干措施》。重大活动方面，举办北京国际设计周活动和建筑双年展开幕式，国际设计周永久会址、中国红星奖博物馆落地。环境配套方面，完成张凤路、京津公路、张梁路等10条主次支路提级改造工程。编制完成《设计小镇应用场景建设三年方案》，与铁塔集团合作，将设计小镇打造成为全市第一个全5G覆盖的特色小镇。在创新中心重点打造智慧商务、智慧安防、智慧生活、海绵城市4个应用场景。在未来设计园区搭建3D打印研究与共享平台等，促进设计产业协同创新发展。

【国家网安园（通州园）建设】 园区规划方面，启动区规划综合实施方案通过副中心管委审查，开展起步区“1+N”总体规划方案编制。国有土地回购方面，确定首钢集团414亩和北汽集团199亩采取收储的方式进行回收，完成土地价格预评估。项目导入方面，累计引进网安类企业34家，新注册及迁入企业16家。11月3日，国家网络安全产业园区（通州园）正式开园。

【甘李药业挂牌上市】 6月29日，甘李药业股份有限公司（以下简称“甘李药业”）在上海证券交易所主板挂牌上市，股票简称甘李药业。甘李药业此次公开发行的股票规模较大。甘李药业股份有限公司注册地址在通州区，公司成立于1998年，是一家集科研、开发、生产、销售于一体的高科技生物制药企业。公司主要从事重组胰岛素类似物原料药及注射剂的研发、生产和销售。公司产品覆盖中国大陆地区全部省、自治区、直辖市，成为国内胰岛素类似物的领跑品牌。自2005年起，甘李药业在东南亚、拉丁美洲、中东、北非等地区及俄罗斯30多个国家陆续建立国际化商业网络，并于2018年与国际制药巨头诺华旗下的山德士签署战略合作协议，进军欧美市场。甘李药业的上市使公司步入全新的发展平台，为实现跨越式发展奠定了坚实的基础。

【合作签约】 7月8日，由通州区政府主办，中关村通州园管委会和北京通州投资发展有限公司承办的“北京城市副中心张家湾设计小镇战略合作签约仪式”在通州会议中心举行。签约仪式上，通州区政府与中国建设科技集团，北京通州投资发展有限公司与中设投资有限公司分别签订战略合作框架协议。中国建设科技集团将携所属中国建筑设计研究院有限公司、中国城市建设研究院有限公司、新加坡CPG集团、中国建筑标准设计研究院有限公司、中国城市发展规划设计咨询有限公司、亚太建设科技信息研究院等6家所属二级企业的分子公司入驻张家湾设计小镇，将以高水平的规划设计和高质量的建设管理，协助通州区政府将设计小镇打造为建设科技产业高地，为发展创新设计和城市科技产业提供助力。双方表示，将以此次签约为契机，进一步加强沟通对接、建立工作机制，推动张家湾设计小镇产业升级，同时在城市更新、产业园区、片区开发、智慧城市、生态环保等更多领域探索合作机会，进一步推动北京城市副中心产业高质量发展。北京通州投资发展有限公司与中国建设科技集团全资子企业中设投资有限公司签订战略合作框架协议后，双方将在投资设计小镇内北泡轻钢南侧地块，合作建设CCTC北京建设科创设计中心。

7月8日，北京城市副中心设计小镇战略合作签约仪式在通州会议中心举行

（中关村通州园提供）

9月5日，2020年中国国际服务贸易交易会北京城市副中心主题日活动在亚洲金融大厦举办，活动以“共筑、共创、共享”为主题，聚焦金融、文化旅游、高端商务等服务领域，内容包括主题推介、政策解读、洽谈签约等丰富多彩的活动。在副中心主题日活动中，涉及研发创新、文化创意、规划设计、电子商务等多个产业的18个重点项目进行现场签约，为城市副中心经济社会发展注入新的动力。其中，中关村通州园管委会与北京清华同衡规划设计研究院有限公司、上海同济城市规划设计研究院有限公司、北京洛可可科技有限公司、中国建筑集团有限公司4家设计产业头部企业签约。该次新签约的设计类头部企业，将进一步助力张家湾小镇设计产业发展壮大，推动设计产业资本、人才、技术等优质资源不断聚集。

【国家网络安全产业园区（通州园）开园】 11月3日，国家网络安全产业园区（通州园）正式开园。标志着国家网络安全产业园区海淀园、通州园、经开区信创园三园区全部开园。市委常委、副市长殷勇出席开园仪式并致辞。仪式上，通州区政府与首钢集团、北汽集团签署有关合作协议。中关村通州园管委会与西北工业大学签订北京研究院项目合作协议。杭州海康威视数字技术股份有限公司、作业帮教育科技有限公司、重庆忽米网络科技有限公司和蚂蚁科技集团股份有限公司与通州区达成战略合作。未来将分别在安全防控、网络安全教育培训、工业互联网和金融安全领域开展合作。技德系统、数智云、国电投智慧能源科技有限公司、无糖信息科技有限公司、锦行网络科技有限公司、四叶草科技有限公司等6家企业签约入驻。现场为获“2020年度通州区高精尖产业发展资金网安专项奖”的企业颁发奖牌。

【北京城市副中心设计小镇创新中心开园】 12月24日，以“数智引领，创新未来”为主题的北京城市副中心设计小镇创新中心开园仪式在设计小镇创新中心举行。北京城市副中心设计小镇创新中心位于张

12月24日，北京城市副中心应用场景产业联盟揭牌 （中关村通州园提供）

家湾设计小镇规划范围西北侧，作为设计小镇先行启动区，是设计小镇首个以城市科技和创新设计为产业定位的特色园区。项目总占地面积约15万平方米，总规划建筑面积约24万平方米，包括26栋办公楼及配套用房。北京市副市长、城市副中心党工委书记、管委会主任隋振江及市委办局、通州区及副中心党工委管委会、北京建院等相关领导共同启动开园。开园仪式上，中关村通州园管委会与北京潞城安寓房地产经纪有限公司签订住房保障协议；通州科创公司与中关村软件园签订合作协议；北京副中心应用场景产业联盟揭牌；首次公开发布《北京城市副中心促进张家湾设计小镇产业发展暂行办法》。

【北京未来设计园区开园】 12月24日，北京未来设计园区开园仪式在张家湾设计小镇铜牛地块举行。北京未来设计园区位于设计小镇启动区范围内，是张家湾设计小镇的示范样板工程，致力于打造城市设计、城市科技和设计文化融合的示范区。项目

12月24日，北京未来设计园区启动仪式举行 （中关村通州园提供）

占地面积7.8万平方米，一期面积约1.3万平方米已改造完成，包括共享办公大厅、创新办公楼和设计师餐厅。

【2020中国设计红星奖颁奖活动】 12月9日，2020中国设计红星奖颁奖活动在北京国际财富中心举行。副市长、北京城市副中心党工委书记、管委会主任隋振江，中国工业设计协会战略咨询委员会主任朱焘，市政府副秘书长刘印春等领导和专家出席活动，为获奖者颁奖，并共同启动2021中国设计红星奖。2020年，中国设计红星奖有来自国内外5000余家单位超过7000件产（作）品参评，参评单位数量和产（作）品数量较上年分别增长28%和18%。经过40余位专家评委专业、客观、公正的评审，有400余项产（作）品获奖，其中，金奖11项、银奖15项，并评出了最佳团队奖1项、最佳新人奖1项、原创奖优秀设计师奖1项、未来之星奖3项。该次大会上正式宣布“2021中国设计红星奖启动暨中国设计红星奖博物馆落地张家湾设计小镇”。

12月9日，举办2020中国设计红星奖颁奖典礼 （中关村通州园提供）

【建筑双年展2020先导展开幕式】 9月21日，由北京市建筑设计研究院有限公司和北京歌华文化发展集团有限公司联合主办，北京建院建筑文化传播有限公司、北京歌华文化科技创新中心有限公司、北京国际设计周有限公司联合承办的2020北京国际设计周产业合作单元暨北京城市建筑双年展2020先导展开幕式在北京城市副中心设计小镇举办。展览以“多元·共生”为主题，旨在扩展学科的边界，在城市与文化的领域中探讨建筑的意义和未来，思考建筑与科技、艺术融合的新的可能性。开幕活动上，北京歌华文化发展集团有限公司和北京市建筑

设计研究院有限公司签署战略合作协议。市规委、市建筑设计研究院等单位的相关领导、建筑师参加“一城——北京城、一湾——张家湾、一展——北京为什么需要建筑双年展”为主题的对话研讨活动。签约仪式结束后，中国建筑学会、中国勘察设计协会等相关部门领导共同启动“北京城市建筑双年展2020先导展”开幕大门，标志着该届展览正式拉开帷幕。启动仪式结束后，市委常委、宣传部部长、北京国际设计周组委会主席杜飞进，副市长、市政府党组成员隋振江，北京奥运城市发展促进会副会长蒋效愚，市委宣传部副部长、北京国际设计周组委会秘书长赵磊，城市副中心党工委常务副书记、管委会常务副主任、通州区委书记曾赞荣，北京冬奥组委文化活动部副部长高天和北京市文资中心等北京国际设计周组委会的成员单位领导、部分国家驻华使馆代表等共同参观了“北京城市建筑双年展2020先导展”，了解国际杰出的城市和建筑案例、科技应用和艺术装置、宜居可持续发展技术及城市转型升级等方面取得的阶段性成果。“北京城市建筑双年展2020先导展”总策展人邵韦平对展览进行介绍。该次展览位于北京城市副中心张家湾光华路6号北京未来设计园区（原北京铜牛股份有限公司），展出时间由9月21日持续到10月6日，展览涵盖十个主题，从城市、建筑、艺术、科技4个维度，以有形实物、架上展示、视频及图片等形式，展现城市建筑设计与科技等产业的融合发展，建立设计领域的国际交流合作机制，推动国内设计机构与国际设计组织开展广泛协作，推进国际化城市设计创新服务平台建设。活动期间举办了“北京城市建筑双年展2020先导展系列活动”，旨在搭建国际城市发展领域交流平台与互联通道。

9月21日，2020北京国际设计周产业合作单元暨北京城市建筑双年展2020先导展开幕式在北京城市副中心张家湾设计小镇举办

（中关村通州园提供）

【加大重点项目推介导入力度】 2020年，建立项目转移承接机制，制定《中关村通州园项目推介导入工作方案》，组建项目导入团队，导入高科技企业46家，26家企业有明确落地意向。前沿创新中心建设方面，引入航天长峰、普能微电子等4家企业，并联合中关村举办国际前沿科技创新大赛工业互联网与智慧城市领域TOP10大赛。深化结对发展，推动政策互联。深化与海淀区的产业对接，协商制定产业结对协同合作实施方案。注册创新协同新技术研究院；旷视科技有限公司、明略软件系统有限公司正研究落户；华高控股集团有限公司等意向落地设计小镇。尖端芯片方面，协助31家企业迁移注册，其中，15家落地设计小镇。加快区级重点项目党群服务中心建设。

【优化园区营商环境】 2020年，通州园新认定中关村高新技术企业123家，累计认定中关村高新技术企业615家。深入推进一般制造业疏解，北京乌取吉冈服装有限公司等3家企业完成整体退出，获430万元疏解奖励资金。北京中丽制机工程技术有限公司等6家公司获得中关村国家自主创新示范区提升创新能力优化创新环境支持资金支持。北京凌天智能装备集团股份有限公司等2家企业获2020年中关村示范区重大高精尖成果产业化项目资金支持。申报科技部第三批中小企业创新创业“科技资源支撑型”特色载体项目，获得中央财政专项支持资金5000万元，北京通州投资发展有限公司的“经开·智汇园”等8个项目获得第一批2500万元科技资源支撑型特色载体专项支持资金。北京新光凯乐汽车冷型件股份有限公司的“面向自动驾驶领域的核心冷成型件研发及智能制造项目”等36个项目获1960万元高精尖产业发展支持资金。北京硕佰医药科技有限责任公司等72家企业获得中关村科技型小微企业研发费用补贴470余万元。开展诚信文化教育，推进信用园区建设。制定诚信建设万里行活动方案，开展信用进园区主题宣传，推荐设计小镇和网安园作为试点，进行园区整体信用状况评价试点。

【与亦庄协同工作】 2020年，会同区发展改革委就台马地区光机电基地、环保园区、物流园区等园区内的闲置、空置及可上市土地资源与亦庄开发区进行摸底对接。梳理台马地区（台湖镇、马驹桥镇）4个分园合同协议等遗留问题，为进一步理顺4个分园的财权与事权工作奠定坚实基础。

【园区人才建设】 2020年，引进紧缺型人才11人，引进非京籍毕业生105人。新增4家园区类博士后科研工作站分站。年内，市人力资源和社会保障局发布《关于批准北京燕东微电子有限公司等58家单位设立园区类博士后科研工作站分站的通知》，其中，北京博科测试系统股份有限公司、北京卓立汉光仪器有限公司、北京中农富通园艺有限公司、中际联合（北京）科技股份有限公司4家企业入选博士后科研工作站名单，通州园博士后科研工作站分站有14家。甘李药业股份有限公司等20家企业获通州区高层次人才政府特殊津贴和购房补助167.9万元，蒙牛高科乳制品（北京）有限责任公司马海然等19家企业的高级人才获通州区“灯塔计划”人才奖励资金1290万元。

（郭庆云）

运河商务区

【概　况】 运河商务区位于千年大运河北首、百里长安街东端，地处北京城市副中心五河交汇处，京杭大运河贯穿其中。北至通燕高速、西至新华南北路、南至运河大街、东至东六环，是北京城市副中心建设的先行区、示范区。

运河商务区规划占地面积20.38平方千米。其中，运河商务区启动区（3.06平方千米）总建筑面积674万平方米；新城金融服务园区（2.9平方千米）总建筑面积214万平方米；0101街区（副中心交通枢纽1.86平方千米）地上建筑规模262万平方米。3个开发区域总占地面积7.82平方千米，总建筑面积1150万平方米（由于部分地区规划实施方案正在编制，数据未包括部分区域地下建筑面积）。除上述3个开发区域外，其余为城市建成区。

2020年，面对疫情常态化防控新形势，在区委、区政府的正确领导下，运河商务区管委会始终坚持以习近平新时代中国特色社会主义思想为指导，全面贯彻中共十九大和十九届二中、三中、四中、五中全会精神，抓住“两区”建设机遇，努力提升园区治理能力和服务水平，持续开创运河商务区高质量发展新局面。

（郑文超）

【基础设施建设】 针对2020年度建设任务进行总体布局，确定全年基础设施（道路）建设编制计划时间节点，细化分解任务。运河商务区大市政管线基本建设完成；运河220千伏变电站和岳庄110千伏变电站建设完成并投入使用；区域燃气建设有序推进，重点区域实现通气，东关大道燃气管线工程建设完工；冷热电三联供能源中心投入使用；区域绿化工作持续推进；北京城市副中心站项目开工建设；市政配套综合服务中心运营良好。

【路政设施建设】 2020年，通盛南路（原东关大道）等11条主要道路实现通车；3座跨河桥梁中新华北路跨通惠河桥和北关大道跨通惠河桥实现竣工通车；2个环隧工程中北环环隧建设完成，部分通车试运行，南环环隧东半环主体结构完工；29条城市支路工程按进度建设，其中响闸路、观音庵南街、惠济路、惠济东路4条示范路完成铺装，粮市街、江米店街管线施工完成；完成5处5G基础设施建设，完成14个点位的无障碍环境建设，启动智慧园区建设方案前期工作。

【园区服务保障、综合协调】 2020年，将协调服务的范围扩展到所有建设企业，确保运河商务区水、电、气、热、路以及绿化等基础设施协调共进、统筹建设。全年组织协调会、工作对接例会等40余次，协调解决重点、难点问题200余个，发出协调配合等函件50余件。

（杨晓斌）

【固投及建安投资】 2020年，京杭广场、绿地等14个项目全部取得施工许可证。实现京杭广场、绿地等6个项目全部竣工。侨商总部基地、富力等4个项目部分楼座竣工。全年完工建筑面积378.88万平方米，其中地上面积258.71万平方米、地下面积120.17万平方米。商业面积55.74万平方米、办公面积133.29万平方米、公寓面积65.25万平方米、住宅面积11.71万平方米、酒店面积3.41万平方米、地下车库等面积109.48万平方米。全年各开发项目完成全社会投资41.2亿元，其中建安投资23.7亿元。

【前期手续办理】 配合连廊通道及中间地带建设单位办理地上连廊及地下通道相关手续。2020年新签订地下通道建设管理协议4条，协助建设单位设计招标、多规合一、立项、规划许可证及施工证等前期规划手续的办理，配合富力、运河壹号、富润万嘉、侨商总部基地、复地联合体等项目办理相关材料的审核工作。

严格执行《运河商务区建设项目规划建设管理规定》（十四项对接）。组织相关行政审批部门及北京北投通城建设开发有限公司对侨商西区Ⅲ－01、05地块，富华水乡北区Ⅴ－01、Ⅴ－02地块，复地Ⅷ－08－2地块办理规划许可前涉及的设计专项进行图纸审议，并由专业审核团队给出审核意见和建议。确保运河商务区开发项目与地块红线内外地铁站、连廊通道、市政、园林、广告灯光以及能源网络等专项设计顺利衔接。

组织外立面专家审查会。完成《通州区运河商务区外立面工程管理规定（暂行）》的补充修订工作，对管理制度和各项技术指标进行完善细化。全年组织专家审查会4次，分别为复地项目（Ⅷ－05地块、Ⅸ－02地块）、远洋（Ⅱ－07）地块、珠江北区项目。对施工图审查、安全性评审、视觉和性能样板等关键节点进行梳理，确保楼宇的单体品质和整体效果符合设计要求。

【区域规划提升】 2020年，配合市规划自然委组建运河商务区起步区及周边区域提升工作专班进行专题研究，收集并提供区域内项目的规划设计图、效果图、道路市政规划图，同时，组织开展多次实地考察，对部分急需提升和整合的内容，明确设计思路并提出可行性建议。

更新瓮城遗址广场设计方案。结合城市副中心党工委专题会研究意见，进行新一轮方案设计。新方案尊重文物遗迹，将总建筑面积由5.6万平方米缩减至约2.1万平方米，由地下三层调整为地下二层，绿化覆盖率提升至约65%。

开展0402街区道路及市政配套建设规划。推动珠江河畔项目周边三条道路及市政配套建设，完成区域内地形测绘工作，对用地各项指标详细核实，并对部分道路区域产权征收等问题进行专题研究。

【智慧消防平台设计建设】 2020年，完成智慧消防平台设计和软件功能开发，完成保利大都汇、新光大中心、绿地和富力运河十号等建成项目区域的智慧消防设备安装工作并调试接通，完成机房设备及大屏幕的安装工作，该系统通过专家验收评审，实现上线试运行。

（冯宇）

【产业项目引入情况】 2020年，立足“总部＋金融”产业功能定位，集聚了一批优质项目。其中总部企业12家、金融企业25家（绿色金融3家、财富管理10家、金融科技3家，其他金融企业9家）、其他类企业69家，其中全球顶尖的金融信息服务及解决方案提供商和首个世界500强外资项目——路孚特金融科技信息服务（中国）集团有限公司完成注册，全国首家外商独资货币经纪公司——上田八木货币经纪（中国）有限公司落户运河商务区。

【深化园区结对工作】 2020年，深化与朝阳CBD管委会、西城金融街服务局结对合作机制，吸引符合运河商务区功能定位的5家优质企业落地发展，其中朝阳区推荐企业3家（国药集团北京联合美迪医疗器械有限公司、北京华夏希望教育书报刊发行有限公司、北京人多多科技开发有限公司），西城区推荐企业2家（北京环境交易所有限公司、北京全国棉花交易市场集团有限公司）。

【园区税收情况】 2020年，新设运河商务区税务街乡编码，建立纳税企业库。全年完成税收39.86亿元，同比增长33.3%，占全区税费收入16.4%，形成区级财力10.56亿元。

【为企业服务】 2020年，以产业项目为中心，不断优化营商环境，健全招商对接、落地服务、企业发展等管家服务机制。在项目选址方面，向意向企业推荐园区楼宇；协助三峡集团、中国邮政储蓄银行北京分行和中国农业银行股份有限公司北京市分行完成楼宇购置工作；协助上田八木货币经纪（中国）有限公司、路孚特金融科技信息服务（中国）集团有限公司、业之峰诺华家居装饰集团股份有限公司等30家企业完成楼宇租赁工作；在准入评估方面，为入区企业讲解流程和政策并辅导资料提交等准入工作；在企业注册方面，提供政务协调；协助提供注册地址和银行账户开立；在税务方面，协调税务部门提供政策减免核实等税务服务工作。

【产业项目研究】 2020年，开展《资产管理平台公司运营专题研究项目》专题研究工作，强化顶层设计，提出实施建议。7月10日，区政府专题会议研究并同意北京通州科技创新投资发展有限公司作为政府资产管理平台公司参与启动合资公司、产业基金设立、试点地块经营权回收的摸底和资金测算等运河商务区运营管理工作。完成《城市副中心站产业功能定位项目》研究工作，通过专家组评审。

【服务业扩大开放综合试点工作】 2020年，探索服务业扩大开放制度创新，"新建楼宇项目住所证明"新举措入选商务部印发的《北京市服务业扩大开放综合试点第三批最佳实践案例》中最佳实践案例，成为向全国推广的好经验、好做法。极大便利新建楼宇开展项目招商和产业集聚工作，登记注册周期比常规手续缩短1～2年。

【产业空间利用情况】 2020年，坚持空间换产业的招商思路，严把项目准入门槛，引入符合园区功能定位的重点企业。三峡集团、中国邮政储蓄银行北京分行和中国农业银行股份有限公司北京市分行等3家重点企业购置商业办公楼宇19.31万平方米；北京富华东方房地产开发公司和华夏人寿保险股份有限公司自持经营办公楼面积10.83万平方米；北京绿色金融与可持续发展研究院、路孚特金融科技信息服务（中国）集团有限公司和业之峰诺华家居装饰集团股份有限公司等30家租赁办公用房5.1万平方米。

（潘武亮）

【完善建设管理体系】 《通州运河商务区建设管理操作指南汇编》涵盖"封闭管理、运营管理、深基坑工程管理、施工噪声控制管理、外立面工程管理、围挡建设管理、安全生产监管体系、产业项目规划建设管理、施工现场临建房屋管理、施工现场生活区标准化、建设项目差别化管理"等11个方面的工作，便于各职能部门及各参建单位、项目管理人员全面掌握，明确工作流程，提高办事效率。

2020年，建立会议制度、检查制度、通报制度、约谈制度、培训制度五项长效制度。通过加强执法检查，完善服务功能，形成工作合力，确保运河商务区封闭管理范围内建设施工的安全、文明、高效、有序。组织召开现场办公室例会15次，协调解决问题98个；组织检查情况通报会15次，通报检查问题181个，行政处罚65.35万元；组织安全生产、疫情防控等各类指导培训5次，汇总编辑现场管理办公室工作情况简报9期，运河商务区检查情况通报15期。

【疫情防控】 2020年，落实疫情防控措施要求，加强对在施项目、入驻企业的管理，落实24小时值班值守制度，实行“日报告”和“零报告”制度，开展全员排查，核实人员信息、检测体温，动态更新返京人员信息，对返京人员每天进行体温检测，会同区卫健委、区住建委召开疫情防控培训会并现场指导，委托区卫健委进行专业培训。动态摸排人员情况，返京人员按要求隔离观察，同时进行疫情防控督导。梳理各单位节后复工存在的实际困难，协助各参建单位配备必要的防护物品、设施；协调入驻企业在源头岛基地改建运河商务区新冠病毒防控集中隔离区。

【防汛和应急管理工作】 印发《2020年运河商务区防汛工作预案》，组织专题会进行部署，开展防汛物资、应急预案制定、防汛应急演练、汛期值班等检查，对检查发现的问题督促责任单位整改。组织施工单位开展42次防汛实战演练，进行各种应急演练20余次。做好极端天气预警处置工作，严格落实工地“六个百分百”（环保规定的六个百分百内容分别是：1、施工工地周边100%围挡；2、物料堆放100%覆盖；3、出入车辆100%冲洗；4、施工现场地面100%硬化；5、拆迁工地100%湿法作业；6、渣土车辆100%密闭运输）。

【责任制落实情况】 2020年，在重要节日、重大活动、极端天气、重要节点等期间，组织各职能部门，采取“四不两直”方式，开展施工现场各类专项检查，对发现的问题建立督查台账，指定专人负责办理督办。全年办理领导批办事项486件，做到事事有落实、件件有回音。

【运营管理和环境品质提升工作】 2020年，不断完善运营维护和保安人员服务的招标程序及管理考核制度，处理基础设备设施故障37次，北关隧道交通高峰启动疏导应急预案36次。保障北环环隧、北关隧道、综合服务中心等设备设施的安全、节能、高效运行，北关隧道及北环环隧全年车流量652万辆次。落实市委书记蔡奇调研城市副中心的重要指示精神，组织实施运河商务区环境整治提升专项行动，完成北关大道非机动车道步道砖品质提升2742平方米；修补粉刷围挡基座4159平方米；更换东关大道、北关北路、盐滩路、赵登禹大街金色交通护栏1905米。

【施工现场管理工作】 基础设施运营情况。督查北京北投通城建设开发有限公司落实封闭管理各项目工作，不断完善施工现场车辆人员出入、公共环境卫生巡查、保安队伍建设、源头岛基地管理等。要求北京北投通城建设开发有限公司严格执行封闭管理制度，完善服务工作机制，着重增强封闭管理保安队伍的服务水平、业务能力。每月组织源头岛入驻单位召开工作会，全年组织安全联合检查16次、日常安全文明检查30次，确保区域建设管理工作文明有序。建设现场封闭管理情况。督查北京北投通城建设开发有限公司专职人员对各参建项目建设现场施工情况进行日常巡查工作，及时对道路塌陷、基坑预警等问题组织岩土专家研究、制定解决方案。依据《通州运河商务区产业项目规划建设管理操作指南》的有关要求，对5个项目的6个地块16个楼宇施工现场进行核验，形成5个项目的“十四项”验收情况说明；组织3名现场管理工程师，对建设项目安全文明施工进行督查指导，督查整改问题982个，组织岩土专家召开4次基坑安全论证会，4次现场检查；组织幕墙专家对5个项目的楼宇外立面图纸进行审查，对9个楼宇外立面施工进展进行现场检查，督查整改40个问题。大宗材料运输管理工作。建立运河商务区大宗材料运输管理台账，包含项目名称、办理事项、车辆信息、申报单位、办结日期，按要求核查项目资料，加快办理进度，明细办理台账。全年受理初审7家单位，办理191辆渣土车、130辆混凝土车通行相关审核手续。安全生产工作。举办运河商务区2020年建设工程动员部署暨安全生产表彰和培训大会，对先进单位和个人进行表彰，同时邀请区住建委、区应急管理局、区消防支队、区卫健委以“建筑安全、疫情防控”

为主要内容进行讲解授课，强化安全教育。全国文明城区复审迎检工作。组织各参建单位在公共区域张贴宣传海报营造氛围；统筹建设项目施工围挡合理设置“创森”宣传公益画面；严格督查各参建单位加大宣传力度，加强工地标准化管理，确保建筑施工围挡、围墙设置规范，宣传画面对标达标，顺利完成复审迎检工作。

【由接诉即办向“未诉先办”转变】 2020年，在原有接诉即办工作人员的基础上，抽调5名精干力量充实接诉即办工作队伍，健全由主要领导牵头抓总、主管领导牵头督办、分管领导密切配合、职能部门认真处理、全体机关干部通力配合的“12345”工作专班。结合全区域实际情况，建立每日会商制度、24小时值守制度、群众诉求跟踪问效等制度。承办“12345”诉求263件，涉及类型为物业管理类、商务型公寓类、扰民费发放等。自“12345”工作专班成立以来，以月度为单位，在市级三率考核中，全部工单的“三率”（响应率、解决率、满意率）均为100%；在区级排名中，由原来的倒数转变为并列第一。经“12345”工作专班努力，配合“运河商务区市民诉求热线电话”的开通，现市民拨打“12345”的诉求量有了大幅度下降。“12345”工作专班在始终秉承接诉即办工作态度的基础上，想群众之所想，急群众之所急，向前站一步，开启“未诉先办”模式，得到百姓点赞。“12345”市民热线工作由接诉即办向“未诉先办”转变。

（蔺海）

【举办“运河潮起，沟通未来”一站式服务】 9月起，区新城中心区管委会每周五举办“运河潮起，沟通未来”一站式服务对接会或专题论坛。通过举办论坛、实地调研及开会研究等多种形式，运河商务区各类企业与职能部门充分对接，共同学习、了解最新政策解读、调研其他区域先进经验、研究解决工作中的难题，推进运河商务区各项工作顺利进行。举办专题活动15期，上千人参与其中，数十家企业从中获益。

【打造“运河范儿”品牌】 运河商务区公众号于9月正式上线，推送微信公众号文章180篇，其中原创文章42篇；总阅读人数62565人，总阅读量107030次；单篇最高阅读量5902次，增加了区域影响力，营造了良好的营商环境。

（高飞）

【参观接待工作】 2020年，外省市、区有关部门，区人大代表、政协委员到运河商务区参观，全年接待社会各界考察、调研92次，全面营造了全区百姓参与，支持北京城市副中心建设的社会氛围。

【完善机构改革组织架构】 2020年，成立运河商务区顾问委员会，构建战略咨询机构和战略资源交互平台；成立运河商务区工作理事会，作为运河商务区运营管理最高决策机构；调整内设机构，增设“12345”专班、招商专班、产业发展专班、运营管理专班；完成通州区新城中心区建设管理委员会、通州区国际医疗服务区建设管理委员会、通州区新城金融服务园区管理委员会等3个园区人员的物理整合工作。

（郑文超）

【重点工程项目建设】 2020年，北关大道跨北运河桥、南环环隧等项目建设取得突破性进展，220千伏变电站外电源沟道工程稳步推进。

北环环隧主隧道全长为1.5千米，净宽14.15米，出入口通道长1.2千米，净宽6米，两条连接通道长0.25千米。主隧道为三层结构，负一层为城市地下联系隧道，负二层为设备夹层，负三层为管廊层。管廊层包含电力、电信、给水、再生水、热力、气力垃圾输送等专业管线。2020年6月19日通过规划验收，2020年6月29日完成竣工验收备案，2020年7月1日北环环隧正式通车。

源头岛消防站项目，项目总用地面积240平方米，建筑面积600平方米，该小型消防站消防车辆配置为2辆。2020年底完成验收工作交付消防支队使用。

运河商务区支路建设。运河核心区市政配套工程，永顺东一路，永顺一街，新华东路，北关中路道路、给水、排水、再生水工程，4条道路地下管线全部完成，步行街铺装试验段全部完成；新华东路铺装完成15%，永顺一街、永顺东一路全部完成。

北关中路（受场地占压影响）。运河核心区市政配套工程北关北路、北关北街、芦庄南街、北关西路、北关南街、永顺北街道路、给水、排水、再生水工程，北关北街段、芦庄南街、北关南街、永顺北街、地下管线（除受场地限制外）全部完成；永顺北街（石材铺装完成），北关北街完成铺装75%，北关南街完成铺装35%（其他受场地限制）。运河核心区市政配套工程，东上园一路、上园南街、上园中街、上园北一街、上园北二街、上园路、西上园一路道路、给水、排水、再生水工程，上园南街、上园中街、上园北一街、上园北二街、上园路、西上园一路道路工程完成；计划东上园一路地块占压2021年3月交付场地施工。运河核心区市政配套工程，永顺东街道路、给水、排水、再生水工程，永顺东街全长444米. 永顺东段（北关大道—北关中路）完成；（北关中路—新华南北路）段地块占用未施工。

【副中心建设项目】 2020年，职工周转房项目位于通州区潞城镇东部，北至大营南街，南至郎清街，西至畅和西路，东至春明西路，毗邻大运河森林公园，环境优美，与规划建设中的城市绿心隔河相望。项目总用地面积53.2公顷，平均容积率1.61，居住用地绿化率30%，托幼用地绿化率20%，达到绿建三星标准。设有配套商业等公共设施8.4万平方米，2所北海幼儿园，1栋托老所，规划道路6条，设施齐全，交通方便。建成后可提供职工住房7964套。该项目分为七个标段，2017年6月30日开工，其中C2标段2020年4月28日竣工，A1、B1、B3标段2020年4月30日竣工，A2、B2标段2020年6月24日竣工，C1标段2020年9月22日竣工。

东方厂周边棚改安置房项目位于北京城市副中心02组团02街区，东临六环路西辅路，南临玉带河，西临现状居住区金隅七零九零小区，北至梨园南街。项目规划范围内用地隶属于永顺镇乔庄村、小圣庙村、上营村，张家湾镇上马头村。项目投资总额约为78亿元。规划总用地面积约为44.49公顷，总建筑面积约129万平方米，地上约75万平方米，规划住宅总户数7785套。安置房住宅分A、B、C三个区，按照区政府相关会议和棚改实施方案，项目A区主要为永顺镇集体土地上住宅拆迁安置区，B区为张家湾镇集体土地上住宅拆迁安置与张辛庄成套住宅安置区，C区主要为六化建成套住宅及国有土地住宅安置区。2018年12月26日开工，东方厂周边棚户区改造安置房项目A区2019年11月24日主体结构完成正负零施工，2020年5月26日主体结构封顶，2020年11月15日外立面亮相。东方厂周边棚户区改造安置房项目B区2018年12月26日开工，2019年11月26日主体结构出正负零。2020年6月19日主体结构封顶，2020年11月30日外立面亮相。东方厂周边棚户区改造安置房项目C区2018年12月26日开工，2020年8月22日主体结构封顶。

古月佳园置换房项目工程位于通州新城0604街区，北至兆善大街，南至运河东大街，西临春明西路，东临减运沟。包括1—17号住宅楼、1所配套幼儿园、3个商业配套、地下车库；总建筑面积约47.3万平方米，共17栋住宅楼，涉及2944户。装配式结构，全装修。项目2020年6月22日开工，2020年8月31日完成土护降工程，2020年11月15日地下结构主体结构封顶。

路县故城遗址保护展示工程位于路县遗址公园内，西至遗址公园中轴路，南至东古城街，东至镜河西侧。项目建筑面积20130平方米，其中，地上建筑面积8500平方米，地下建筑面积11630平方米。建设用地面积18312平方米。于2020年10月13日土护降开工。

运潮北路项目位于通州区潞城镇召里安置房周边道路。道路起止：召里西一路—通济路。道路标准：城市支路。道路长度为706.073米，红线宽度为30米。该项目按正式手续流程建设。2019年10月25日取得立项，2019年12月17日取得工程规证，2020年2月27日取得施工许可证并开工。2020年4月30日工程完工。

召里西路项目位于通州区潞城镇召里安置房周边道路。道路起止：召里大街—运潮北路。道路标准：城市支路。道路长度为289.112米，红线宽度为15米。

该项目按正式手续流程建设。2019 年 10 月 25 日取得立项，2019 年 12 月 17 日取得工程规证，2020 年 2 月 27 日取得施工许可证并开工。2020 年 4 月 30 日工程完工。

基础设施项目在施工程为二期道路。

二期道路（即北京城市副中心行政办公区道路网配套道路工程）包括玉带河大街、创新路、仕贤街等 22 条道路，总长度约 16.6 千米，总投资约 8.8 亿元。开累完成总工程量 79%，其中，雨水工程开累完成总工程量 79%，污水工程开累完成总工程量 79%，附属工程开累完成总工程量 79%，路面工程开累完成总工程量 79%。开累完成纳统产值 4.48 亿元，其中，2020 年累计完成纳统产值 1.48 亿元。截至年底，完成 17 条道路工程质量验收，移交并开通 8 条道路，其他 9 条道路具备移交条件，待相关单位现场检查合格后完成移交。

（李广娇）

北京通州文化旅游区

【概　况】 北京通州文化旅游区成立于 2011 年，功能定位为集合主题游乐、影视、音乐、演出、体验等各种娱乐功能，建设成中国元素与现代时尚文化相融合的高端文化旅游目的地，成为提升首都文化旅游品质的功能区和集聚文化功能、完善消费功能的重要空间载体。在中央批复的副中心控规中，文化旅游区是行政办公、商务服务、文化旅游三大城市功能承载地之一，是北京市新一轮服务业扩大开放综合示范区和重点区域，被定义为新型文化旅游融合发展示范区。按照区委、区政府的工作要求和安排部署，文化旅游区以构建副中心“高精尖”经济结构的重要支点、打造副中心的城市文化新名片为目标，相继开展拆迁、征地、安置、规划以及产业研究等相关工作。在协调手续办理，推动项目开工的同时，北京通州文化旅游区还承担着施工现场的安全监管、扬尘管控、工程施工组织调动等各项管理和保障性工作。2 月 20 日，区委办公室印发《中共北京市通州区委办公室、北京市通州区人民政府办公室关于调整北京城市副中心园区管理机构设置有关问题的通知》，提出整合园区管理机构，厘清与行政主管部门、属地和平台企业的关系，探索实行大部门制、扁平化管理、社会化招聘、绩效考核、市场化薪酬等机制，明确由北京通州文化旅游区管理委员会统一管理宋庄文化创意产业集聚区建设管委会。

【主题公园项目服务】 2020 年，文化旅游区协助环球项目做好方案深化调整、对接和手续办理等各项工作。主题公园及度假区一期核心工程（包含 11 个项目 115 个单体）全部完工，进入开业筹备阶段。协调环球项目与配套项目交叉施工，协调环球项目能源供应、烟花爆竹燃放、冷焰火储存运输、撬装加油站项目消防验收等重点问题。

12 月 3 日，举办 2020（第七届）中国主题公园和度假区峰会　（北京通州文化旅游区提供）

【基础设施建设】 2020 年，北京通州文化旅游区 20 条约 22.5 千米综合管廊全部开工并累计完成结构 21 千米，环球开园需完成的 32 条道路工程完成约93%，园区内环球项目配套市政管线中压燃气、次高压燃气、10千伏电力、供水、再生水、雨水、污水、通信全部建成。

【园区规划】 2020年，在推进控规深化方案编制工作的同时，同步开展城市设计、修建性详细规划、公共空间、地下空间规划、优化交通保障、规划实施单元、规划综合实施方案等7个专题的规划深化研究工作并依次上报完成审议。协调完成国际人才社区、首旅拟选址地块和拟上市地块的规划综合实施方案的编制和报批工作。

【"两区"建设】 2020年，按照打造新型文体旅游融合发展示范区和国家文旅商融合发展示范区的定位，紧抓北京市服务业扩大开放综合示范区的重大战略机遇，研究制定"两区"文旅协调组工作方案。围绕信息网络传播视听节目许可证、游戏版号以及设立允许外商投资文艺表演团体等重点开放领域，梳理政策清单、项目清单、资源清单、活动清单等，挂图作战，责任到人。同时，在区国际招商专班的领导下，不断推动国际化招商工作，探索引入外资经济。

【招商引资】 2020年，首旅集团工商注册迁入文化旅游区，盛唐时代总部在园区内注册。在中国国际服务贸易交易会上签约中国青旅集团有限公司、北京微梦创科网络技术有限公司、北京盛唐时代文化传播有限公司、北京空速动漫文化有限公司4家公司，初步构建头部企业云集的产业集群。疫情期间搭建云招商、云服务模式，当好企业"云管家"，共同搭建服务"云平台"，为北京首都旅游集团有限责任公司、北京首寰文化旅游投资有限公司、北京国际度假区有限公司、北京盛唐时代文化传播有限公司等重点企业提供"1对1"管家服务。

【疫情防控与复工复产】 2020年，全员参与疫情防控，疫情防控措施检查4000余家次，发现整改问题5700余项，督促参建单位坚持"三防"（防输入、防扩散、防输出）、"四早"（早发现、早报告、早隔离、早治疗）、"九严格"（一是严格社区封闭式管理和健康监测；二是严格公共交通体温监测和公共场所测温验码等措施；三是严格进出京管控，境外入京人员，全部集中观察和核酸检测，中高风险街乡、新发地市场相关人员，禁止出京；四是严格发热就诊人员等高风险人员的管控；五是严格医疗卫生系统防控和院感控制；六是严格落实应检尽检、愿检尽检的措施；七是严格农贸市场、餐饮、食堂等重点场所防控；八是严格落实四方责任，坚持单位和个人健康监测报告制度；九是严格个人卫生管理，提倡勤洗手、常通风、戴口罩、不聚集等健康行为）的管控要求，在全区率先完成文化旅游区64个备案项目100%复工的任务。为环球主题公园建设打下了坚实的基础。

【安全生产与扬尘治理】 2020年，贯彻落实通州区安全生产专项整治"1+3+9"工作方案，坚持日检查、周统计、季度召开安全大会，严检查、督整改、抓落实、闭环式管理。对各施工工地进行全覆盖式日常巡查检查，检查企业6134家次，发现消除各类安全隐患问题11158项，形成施工现场检查情况书面通报45期，约谈企业54家次。2020年，出动扬尘检查人数3145人次，检查项目9153家次，发现并整改项目3975项、扬尘问题9613个。环球项目实现1亿多安全工时，完成建筑面积103万平方米施工，构建安全文明有序的建设现场施工环境。

【一级开发】 2020年，协调区委政法委、区人民法院、区住建委征收中心、区审计局、区规自分局等区属相关部门及属地乡镇大力推进"拔钉子"专项行动。协调推进重点项目供地，全年完成通马路交通枢纽、环球影城北交通枢纽的土地上市工作，完成施园公交首末站、西区公交中心站、急救中心通州部等重点项目的土地移交，保障各重点项目按期开工；协调推进征地工作，全年协调完成文化旅游区A1地块、C2地块、D9地块等重点地块的征地批复及征地结案；协调重点项目推进，全年协调推进647胡家垡场站、中石油长江加油站"拆一还一"、交通运输职业学院新校区选址等重点项目。

【接诉即办】 2020年，重点做好接诉即办、“未诉先办”相关工作。严格落实日签批、周调度、月汇报、季总结、必见面、全回访、严考核等制度，层层压实责任，确保群众诉求得到解决；组建“12345”接诉即办工作专班，深入一线，及时了解、及时处理、及时反馈群众诉求，全年接办工单近600件，全部办结，响应率100%。

（李慧君）

【北京宋庄文化创意产业集聚区】 北京宋庄文化创意产业集聚区是北京市政府于2006年首批认定的全市十个文化创意产业集聚区之一，规划面积14.6平方千米，其中通州新城范围内10.3平方千米。2020年，宋庄集聚区在区委、区政府及文化旅游区管委会党组的正确领导下，围绕建设“新型文体旅游融合发展示范区”的重要使命，提高站位、狠抓落实，完成年度工作任务。宋庄集聚区注册企业完成税收4120万元，同比减少2407万元，同比下降36.88%。根据园区机构改革工作方案，宋庄集聚区管委会由文化旅游区管委会整合管理，机构物理整合工作已完成，园区所属公司整合重组期间由所在乡镇政府实施整体管理。经宋庄镇党委会同意，聘请第三方审计并指派专人摸清情况、接管集聚区公司。3月，宋庄集聚区管委会与宋庄镇政府指派的接管人员启动集聚区公司交接工作，于7月完成资产盘点、移交工作。8月，与文旅区同步调整党组织设置，转移党员组织关系，宋庄集聚区管委会9名党员全部转入文化旅游区管委会党支部，进一步促进人员整合。

【中国艺术品交易中心项目】 该项目是北京城市副中心及大运河文化带的重点项目，总用地面积13.70万平方米，其中建设用地面积6.59万平方米，规划建筑面积25.94万平方米，其中地上建筑面积16.47万平方米。项目总投资估算25.59亿元（不含地下建筑）。北京市国有文化资产管理中心、北京市文化投资发展集团有限责任公司及下属企业北京市文化置业有限公司为该项目责任执行单位。3月，由市住建委组织重新招标，将总包分成2个标段，在不同时间段进行招投标工作。6月，该项目2个标段取得施工许可证，开始施工。截至年底，该项目现场临建、道路围挡布置建设完成，土方开挖累计完成95%，基坑支护完成98%。

【北京安贞医院通州院区项目】 集聚区B1、C1地块及规划八路以北2个地块是安贞医院通州院区项目选址地块，总建设用地面积308亩，其中北区占地139.74亩，南区占地168.26亩，总建筑规模37万平方米。8月，通过市发改委项目建议书（代可研报告）评审工作，9月底完成项目招标图编制工作，截至年底，项目土方工程累计完成59.45万立方米（共计100万立方米），护坡工程、降水工程正在稳步推进。

【六合村壹万套住房项目】 北京城市副中心六合村壹万套住房项目选址宋庄集聚区土地一级开发A2、A3、B2、B3、C2、C3六个地块，其中A2地块为六合新村二期定向安置房选址地块。该项目整体取得“一会一函”、前期工作函、项目整体规划指标，项目整体规划实施方案（方案册）及启动区设计方案取得市政府批示。截至年底，项目B地块开始施工并进入地上结构施工，共有13栋楼施工至转换层。

【土地一级开发工作】 加强与重点项目单位的沟通，做好重点项目服务保障工作。通过参加副中心工程办、市规自委通州分局召开的工程协调会，协调、上报关于地块拆迁及市政配套等相关问题；协助北京宋庄文化创意产业集聚区投资开发有限公司加快土地一级开发进程。年内，集聚区公司开展重点项目内剩余拆迁户的洽谈、裁决工作，完成55户滞留户的签约工作。根据集聚区公司的申请，集聚区管委会向区土储分中心申请专项资金19笔，并协助办理各类拆迁手续，确保重点项目拆迁工作顺利开展。

【服务和管理】 通过“行政力量＋市场”方式分类施策盘活存量资源，协助集聚区公司对公共服务平台、华威楼、办公楼、白庙厂房等存量资源进行梳理，对存量资源进行升级改造，对接引入优质企业和项目；优化企业管理服务工作，起草集聚区入驻企业管理办法，进一步规范集聚区入驻企业审批流程与服务标准；争取政策支持，向区市场监管局申请注册地址500个，并制定完善相关标准，引入文化类企业；引导企业创新交易模式，做好产业政策宣传引导。通过微信公众号等线上模式以及服贸会、文博会等线下模式，做好宣传推介工作。引导园区内企业采用“艺术品＋直播”的方式，借助线上平台扩大艺术品销售额，提升对外影响力。引导企业转型，“梦艺宫”与故宫20多家产品研发工场签约，以品牌效应带动园区产业升级与发展。

【疫情防控及安全生产管理工作】 2020年，根据市、区政府的相关工作部署，制定工作方案，强化办公区域安全管理的同时，加强对重点项目施工单位的常态化疫情防控宣传、巡查工作，及时转发宣传上级下发的各项防疫政策要求，做好防汛、防尘、防火相关工作部署及常态化疫情防控工作；做好文化安全宣传引导工作，通过悬挂横幅、微信公众号发布信息等形式，在园区内开展防范非法集资、治乱清险等宣传教育，维护园区经济金融安全和社会稳定。

（黄林娜）

城市绿心森林公园（摄影 郭建华）

2021

经济管理

北 京 通 州 年 鉴

综合调控

【强化综合调度】 成立综合经济运行统筹调度领导小组，针对不同行业、不同领域、不同环节开展高效高频统筹调度，全力将疫情影响降到最低，地区生产总值于上半年实现转正，是全市率先实现正增长的三个区之一，初步核算，全年实现1103亿元，同比增长3.4%。应对留抵退税、台马（台湖镇、马驹桥镇）税源划转等政策性因素叠加疫情影响的空前压力，稳税基扩税源，多部门联动做好税源户服务，全年实现一般公共预算收入76.8亿元。

【投资规模居全市首位】 在全市率先实现规模以上在建工程100%复工，住建领域复工项目数全市第一。高位高频密集调度，设立投资计划、规划设计、征地拆迁、工程推进4个专班，全面承接市级赋权30个事项，深化联审联批机制，实现多部门“多规合一”意见无缝衔接，企业投资项目核准办理流程压缩5个工作环节，项目手续办理由28个工作日缩短至14个工作日；出台4项加快工程建设的创新政策，提出“4个超常规”工作措施，为重大项目推进奠定基础。在加速复工和重大项目持续加快的有力支撑下，全年固定资产投资、建安投资分别增长8.7%和5.6%，总量始终保持全市双第一、增速实现双增长。

【复工复产】 建立复工复产组统筹、行业主体牵头、属地主责的工作体系和日报告、周调度机制，扎实做好复工复产防控，全面清理阻碍复工复产的前置审批条件，全力协调解决防疫物资短缺、人员返京难、原材料不足等问题，截至6月份，规模以上企业、商超、餐饮及商务楼宇全部实现复产复工、复商复市。全力做好政策落实、融资支持、纾困解难，在全面落实市级支持中小微企业发展的“16条”和“新9条”措施基础上，第一时间出台区级“12条”政策及20个配套实施细则，累计为中小微企业办理各类贷款1.1万余笔、1046亿元，累计减免房租1.7亿元、核准延期纳税4.77亿元、减免社会保险费27.26亿元，提前兑现通八条奖励资金1.1亿元，推动罗克佳华科创板上市、甘李药业上交所主板上市。

【就业形势总体稳定】 成立保供稳价工作专班，建立市、区、镇、企四级保供监测机制、“点对点”监测断货补货机制及多个粮、油价格监测网点，切实保障居民菜篮子、米袋子安全稳定。坚持就业是民生之本，全面落实各类援企稳岗政策，累计为企业申请政策资金1.25亿元，同步出台区级层面阶段性就业创业补贴政策；全面拓宽就业渠道、加大岗位供给，举办各类招聘会309场，提供就业岗位10.4万个次，成立重大项目用工对接专班，环球影城度假区、城市绿心等重大项目招录当地就业人员约850名。全区就业人员48.5万人，较上年末增加4.2万人；新增就业2.3万人，其中就业困难人员1.6万人，大幅超额完成年度任务；应届毕业生就业率达到96.8%；城镇登记失业率控制在3.5%以内。

【培育新动能】 2020年，新设市场主体1.9万余户，同比增长8.7%，增量居全市第三，其中新设注册资本亿元以上企业200户，居全市第四。金融资源加速汇聚，28家驻区银行中10家达到分行级别，全年有30余家金融机构及关联企业工商、税务双落户，并在多个业态上实现突破，全国首家外商独资货币经纪公司上田八木获批筹，全市首家国有银行科技子公司农银金科、首家持牌公募基金汇泉基金完成注册，副中心首家央企商业保理机构国机保理获批设立。金融主导产业地位日渐显现，全年实现税收15.6亿元，同比增长71.7%，占税收总额比重从上年末的3.3%提升至6.6%。总部经济发展能级提升，路孚特中国区总部、国网电动汽车科创平台等实现落地。人力资源产业园签约入驻企业51家，全国前

10名人力资源企业有5家入驻。持续拉动新消费，组织开展“欢乐通州欢乐购”等一系列特色促销活动，持续打造夜间经济示范区，大力发展电商经济，通过公共网络实现零售额同比增长27.3%，在新消费和一系列促消费活动拉动下，全年社会消费品零售总额实现529.3亿元。全面扩大新开放，国家服务业扩大开放综合示范区建设深入推进，运河商务区和张家湾设计小镇及周边10.87平方千米纳入自由贸易试验区国际商务服务片区，通州组团实施方案正式发布，举办2020年中国国际服务贸易交易会副中心专场推介活动，签约项目30个。优化升级新服务，率先探索构建包容审慎监管体系，搭建“线上＋线下”相呼应的企业家之家，企业服务平台上线运营，城市会客厅加快建设；开展区领导及乡镇领导对重点企业的集中大走访，累计走访服务重点企业500余家次，确定四级管家为156家重点企业提供“一对一”管家式服务。持续打造新场景，围绕智慧大运河、数字城市绿心等重点领域，应用场景建设不断加快。加快推进新基建，交付完成5G基站986个，实现155平方千米内5G信号全覆盖。

【社会事业】 公共服务更加优质。教育方面，北京五幼副中心园等19所幼儿园及北京学校小学部、通运小学等投入使用，首师大附中通州校区、景山学校通州校区主体结构完工，杨庄小学、北京二中通州校区、玉桥小学全面开工。卫生事业方面，北大人民医院通州院区竣工，友谊医院通州院区二期、安贞医院通州院区等工程加快推进，北苑、中仓等4家社区医疗中心投入使用，建成9个院前急救工作站，建立友谊医院徐辛庄社区卫生服务中心紧密型医联体，分级诊疗就医格局加快构建。文体事业方面，充分利用公共文化服务设施开展惠民演出2000余场，大运河文化旅游景区文旅项目方案编制完成，路县故城遗址博物馆开工建设，“三庙一塔”周边环境整治提升工程主体完工，开展点亮夜京城、运河夜游活动等，形成富有特色的运河市集氛围；潞城全民健身中心、区体育场升级改造等项目加紧推进，举办“运河杯”定向越野系列赛、2020通州徒步大会等赛事活动。民生保障更加有力。居民人均可支配收入实现45845元，同比增长3.7%。聚焦“七有五性”，全力推进“七有五性”三年行动计划实施，141个项目加快推进。创新开展“小微项目惠民生”工程资金支持计划，三批共实施小微项目203个，一批群众反映强烈的问题得以有效解决。社会保障和社会救助水平不断提高，全民参保计划持续深化，各项社会保险待遇按时调整、及时足额发放；上调低保标准6.4%，特困供养率达60.9%，较上年提高16个百分点，建立基层临时救助储备金制度，为50户94人发放临时救助金22.7万元；养老服务设施加快建设，完成7家乡镇养老院升级改造工程，新建养老驿站20家、养老助餐点15家。住房保障力度持续加大，建设筹集各类政策性住房8590套，竣工保障性住房12460套。不断提升居民生活品质，首个社区级家园中心——中仓家园中心主体结构完工，新建提升各类生活性服务业网点147个，创建食品安全示范区，食品、药品安全抽检合格率分别达到98.79%和99.13%。

【区域发展】 老城双修持续推进。全年确定的95项老城双修项目加快推进。宜居品质不断提升，完成32条背街小巷整治提升和178条道路的通信架空线、18条道路的电力架空线入地改造，实施15个老旧小区改造项目。市政和公共服务设施短板加快补齐，开展7个老旧小区充电桩建设、30余个老旧小区供水管网改造和4个自备井置换工程，为老旧小区加装电梯20部，其中17部实现运行，居住小区内教育、无偿文体设施等配套设施实现100%移交。加快推动老城平房棚改自主式腾退，启动老城7个片区1231户棚改。镇村建设大力开展。特色小镇建设步伐加快，张家湾设计小镇5个示范项目加快推进，铜牛地块一期开工建设，完成10条主次支路提级改造工程，台湖演艺小镇临时会客厅、演艺综合体、新华联演艺中心、国际图书城升级改造等项目加快推进实施，宋庄艺术小镇“两点一线”改造提升项目全面开展。配套设施进一步完善，实施各类乡村公路养护工程122.6千米，创建美丽乡村路14条，新增村卫生室13所，村级供水站消毒设备安装运行率达到100%。美丽乡村建设深入推进，完成112个村庄的美丽乡村建设，长效管护机制进一步健全。大力发展富民农业产业，重点打造于家务、西集现代农业产业园，开展于家务乡果村、西集镇沙古堆村、漷县镇柏庄村等市级“一村一品+”试点建设。全面完成低收入农户脱低，累计完成脱低876户、2004人，3个低收入村均达到摘帽标准。深化农村土地制度改革，9个乡镇完成镇级联营公司组建。京津冀协同不断深入。与北三县协同发展规划批复实施。“轨道上的京津冀”加快建设，京唐城际铁路全面进场施工，地铁22号线（平谷线）启动建设。高品质区域生态空间加速构建，以万亩银杏林、樱花公园为特色的潮白河森林生态景观带（四期）加快建设，跨界污染源巡查持续推进，第三个三年治污行动方案稳步实施，北运河、潮白河流域河道水质持续提升，北运河京津冀沿线通航加快推进，甘棠船闸、榆林庄船闸及武窑桥改建进入全面施工阶段。公共服务持续辐射延伸，与北三县签订养老合作协议，养老护理员培训项目完成签约。产业协同迈出新步伐，举办与北三县项目洽谈推介会，签约项目33个。

（王现龙）

【完成年度计划编制工作】 2020年，完成《关于北京市通州区2020年国民经济和社会发展计划执行情况与2021年国民经济和社会发展计划草案的报告》的编制工作，并经区六届人大七次会议审议通过。

【编制区委财经委2020年工作要点】 2020年，对全区2020年度经济领域工作的重点、难点、焦点问题进行全面梳理谋划，从统筹实现经济运行平稳有序、科学开展顶层谋划和重大问题研究、督促落实重点经济工作3方面，提出27项重点工作。

（刘婷婷）

【完成《北京城市副中心（通州区）国民经济和社会发展第十四个五年规划和二〇三五年远景目标纲要》编制】 北京城市副中心（通州区）“十四五”规划是城市副中心控规批复后编制的第一个五年规划，是首次市区联合编制的区域性国民经济和社会发展五年规划，在北京的五年规划编制史上具有开创性意义。

（李悦）

【“三个一批”加快文化旅游区市政基础设施建设】 争取一批支持资金，保障重大项目建设。从市政府固定资产投资先后争取6.6亿元支持九棵树中路、颐瑞东路、曹园南大街等17个项目建设。办结一批项目手续，缩短工程审批时限。围绕立项、概算等关键手续节点，完成颐瑞中路、公共绿地建设工程（一期）、环球影城消防站等11个项目批复。调度一批项目建设，促进有效投资落地。实行日报告、周小结调度机制，压茬推进项目开工建设，续建项目全部复工，云景东路、将军府东路等5个项目实现新开工。

（冯颖静）

【疫情防控】 2020年，面对疫情，迅速成立通州复产复工防控组，制定工作方案，建立会商调度、信息日报、督察督办等系列制度。全面落实全区77栋商务楼宇主体责任“双楼长”制度；连续向市、区防控组报送疫情防控和复工复产情况280余天，重点时期形成重点专报20余期，重点督查、舆论办理70余次。

【优化营商环境】 2020年，通过不断加大统筹协调力度，通州区新一轮深化“放管服”改革任务以及三年行动计划2020年等涉及的99项任务完成率达99%。

【聚焦重点领域】 2020年，包容审慎监管机制落地见效；“线上+线下”相互呼应的企业家之家初具雏形，人力资源产业园影响力不断提升；企业服务平台政策通全面上线；政务服务182项服务事项实现属地办理；行政复议规范化建设入选中央依法治国办第一批全国法治政府建设示范项目；“新建楼宇项目住所证明方式”入选商务部服务业扩大开放最佳实践案例。

【聚焦重点企业】 2020年，制定出台《通州区重点企业“服务包”常态化工作机制》，形成“1+4”服务体系，5项工作落实机制，筛选156家重点企业。全区走访服务企业2000余家次，“一对一”为企业定制专项服务措施，协调解决500余项企业诉求。“服务包”机制同时成为疫情防控服务企业的重要抓手，高效率指导企业做好疫情防控。疫情期间，为120

余家重点企业协调消杀用品4465千克，发放一次性口罩5万只，协助申报信贷资金40余亿元。

【发挥区级专班作用】 2020年，通州区开展规划研究，高标准、高质量完成现代化经济体系建设课题和“十四五”产业发展专项规划的研究编制；不断发挥区级产业提升专班作用，做好属地职责，协助中国长江三峡集团有限公司二、三级总部，北京绿色交易所有限公司，北京首都旅游集团有限公司等一批企业落户副中心。

【统筹推进亦庄协同】 2020年，充分发挥协同机制作用，多次召开调度会对台马（台湖镇、马驹桥镇）地区的重大问题进行专题研究；有序开展250项行政职权交接；动态梳理产业和基础设施项目清单库；按照“清单管理＋项目推进”的工作思路，形成4张重点项目清单，包括新场景14项、新基建15项、新开放5项以及新消费6项；着力推进“两区”建设，梳理“十四五”时期“两区”重大项目清单，聚焦产业发展、基础设施、配套服务三大类项目库84项，作为“两区”建设重要支撑。

（张明阳）

【保障重点工程建设】 2020年，针对环球影城、城市绿心、架空线入地、老旧小区改造中与能源类相关的重点项目，区发改委前期主动接洽，后期紧密跟踪资金到账情况，积极协调，力保项目有序推进。完成能源审批类项目20个，审批金额152021万元；核准类项目19个，核准金额68541万元；备案类项目10个，备案金额4259万元。

【推进一批新能源项目落地实施】 2020年，完成北京城市副中心城市绿心起步区地源热泵供热、供冷系统，通州国际种业科技园区研发中心地源热泵等5个地源热泵类项目核准；北京加增食品科技有限公司光伏发电项目、田家府服务区分布式光伏发电项目、北京二商希杰食品有限责任公司光伏发电三期工程等4个分布式光伏发电项目备案。

【节能宣传周系列活动】 6—12月，开展全区节能宣传周系列活动。根据市发展改革委关于开展2020年北京市节能宣传周活动的部署，立足北京城市副中心定位，以“节能降耗齐参与 共建绿色副中心”为主题开展活动，活动内容包括节能降耗进农村、节能办公进机关、节能环保进商圈、节能宣传进社区、节能知识线上竞答、节约能源手抄报、节能·云健步行活动、节能法律法规线上培训等。

（杨光）

【文化旅游区公共绿地（环球影城外围）建设工程取得实施方案的批复】 通州区文化旅游区公共绿地（环球影城外围）建设工程位于北京市通州区文化旅游区内，北至万盛南街，南至京哈高速，西至九棵树西路，东至东六环。项目总面积390.99亩，总投资11080.07万元。建设内容主要包括绿化工程、庭院工程、给排水工程和电气工程等，项目实施能够改善道路沿线生态环境，提升北京城市副中心形象，同时为环球影城及文化旅游区的发展奠定良好的基础。

【职工周转房南区公园绿地取得实施方案的批复】 通州区职工周转房南区公园绿地位于通州区潞城镇，东至规划春明西路，西至规划畅和西路，南至云帆路，北至规划路和职工周转房，总面积约12.3公顷，总投资4778万元。建设内容主要包括绿化工程、庭院工程、给排水工程及配套公共服务设施，项目实施能够提升区域绿化服务覆盖率，改善环境质量，并为入住职工周转房小区的工作人员提供更多自然、健康、和谐、可持续的休闲游憩空间，同时有利于推进北京市新一轮百万亩造林绿化行动。

（张艳丽）

【编制“七有”“五性”提升三年行动计划】 2020年，为落实中共十九大提出的“七有”要求，满足城市副中心人民群众“五性”需求，以治本提升为基础、对标指标为参考，抓住人民群众对城市副中心美好生活的新期待与远郊区县薄弱底子之间的矛盾，聚焦一批补短板项目，突破一批政策瓶颈，解决一批历史遗留问题，攻坚一批疑难杂症，形成“七有”“五性”三年行动计划。一是围绕“七有”“五性”需求，通过“12345”集中诉求梳理一批、基层调研包装一批、社情民意征集一批、部门规划落实一批，形成“三年项目库”，2020—2022年计划集中推动实施266个项目。二是基于“七有”“五性”

及社会评价13个方面指标，综合考虑未来三年全区人口增长等相关因素科学确定目标，结合近期新冠肺炎疫情在通州区民生领域中所造成的关联影响，做好抵御系统风险的长期思想准备和工作准备的要求，落实“六稳”“六保”，细化梳理94项专项任务。三是聚焦“七有”“五性”推进过程中面临的体制机制不适应、统筹协调力度不强、融合发展水平不高等关键问题，从畅通群众需求感知、创新融合发展、强化能力保障、完善统筹协调4个方面深化改革创新，统筹提出15项具体机制，确保“七有”“五性”目标任务落实。

【“小微项目惠民生”资金支持计划】 为深入推动“疏整促”向纵深发展，聚焦百姓集中诉求，通州区4月全面启动“小微项目惠民生”资金支持计划，2020年实施2批162个项目，涉及市民服务热线工单1700余件，支持农村管理类项目64项，城市建设类81项，住房类17项。修复各类破损道路13.58万平方米；增加生态停车场1.7万平方米，解决停车位933个；增加电动自行车车棚291个；增加文体活动广场3646平方米；增加小微绿地7199.56平方米；修缮屋顶防水13676.29平方米，涉及51个村，80个小区，惠及居（村）民11万户。截至年底，第一批小微项目59个完工，18个开工；第二批小微项目7个开工，1个完工。

【“疏整促”专项行动】 2020年，“疏整促”专项行动开展以来，始终以服务百姓、便利生活为核心，以增加有效供给、提升服务质量、改善消费环境为重点，下大力气推进便民商业网点建设、背街小巷整治等工作。累计布局便民服务设施372处，实现社区覆盖率100%；开展13个老旧小区的整治提升，累计完成172条背街小巷环境精细化整治提升任务，涌现了永顺果园区域、玉桥粮食局直属库平房区域、永顺南街分巷等一批特色鲜明、清朗有序、宜居宜游的文明街巷。

【通州区“七有”“五性”提升项目】 2020年，坚持以常态化管理与定期督办调度为抓手，全面推进“七有”“五性”提升项目建设，北海幼儿园、中西医结合医院、永乐花园经适房、汇禧润福艺术家养老公寓、东郊森林公园提升工程（二期）等58个项目完工，北京学校、景山学校通州校区、北京胸科医院危房改建工程、西集镇养老照料中心、东方厂棚户区改造安置房项目、环球影城消防站等50个项目正在按计划落实施工进度，有效补齐“七有”“五性”设施短板，提升通州区公共服务水平。

【推进城市更新】 2020年，按照统筹协调、分类指导、分项施策的思路，持续推进城市有机更新。老旧小区综合整治。强化统筹协调和聚焦重点发力，有序推进2个老旧小区的综合整治；背街小巷整治：坚持“共建、共治、共享”社会多方参与机制，推动32条背街小巷环境整治提升。城乡接合部综合整治。通过市、区、镇挂账督办113个重点村，同部署、同推进、同检查，实现以重点地区集中整治带动全区城乡接合部地区的全面整治。留白增绿。因地制宜、见缝插绿，完成土地复垦9.87公顷、园林绿化204.32公顷、“战略留白”临时绿化351公顷。

【完成18个市级专项任务】 截至12月31日，拆除违法建设、棚户区改造、“留白增绿”、土地复垦、疏解一般制造业、无证无照经营整治、建设提升基本便民商业网点等7个专项超额完成全年任务，其中拆除违法建设销账479.81万平方米、腾退698.01公顷，排名全市第一；全区160个占道经营整治、3个培训机构压缩、2个老旧小区综合整治、32条背街小巷整治、13个城乡接合部地区安全隐患问题综合整治等5个专项均完成全年任务；“开墙打洞”、“散乱污”企业、群租房、地下空间、直管公房整治及违规户外广告设施治理等6个专项保持动态清零。

（宋黎佳）

财 政

【概　况】 2020年，区财政坚持以习近平新时代中国特色社会主义思想为指导，深入贯彻中共十九大和十九届二中、三中、四中、五中全会精神，坚定贯彻新发展理念，落实高质量发展要求，牢固树立副中心意识，全面落实区委、区政府的各项决策部署，坚持稳中求进、以保促稳，紧抓党建引领、疫情防控，扎实做好“六稳”工作、落实“六保”任务，推进财源建设、优化支出结构、深化财政改革、强化绩效管理，更加有效发挥财政职能作用，为城市副中心建设和全区经济社会发展提供坚持有力的服务保障。

【预算执行情况】 2020年，全力克服疫情、减税降费和台马（台湖镇、马驹桥镇）税源户区划调整的叠加影响，充分发挥组收专班作用，狠抓重点行业、重点企业和重点税源征收，用好区领导调度收支制度和“双十联”协税护税机制，全力推动应收尽收、应征尽征、均衡入库。一般公共预算总收入373.66亿元，政府性基金预算总收入353.18亿元，国有资本经营预算总收入3.95亿元。

8月25日，召开通州区2021年部门预算编制工作大会（区财政局提供）

【财政支出情况】 2020年，坚决贯彻过“紧日子”思想，大力统筹市、区两级资金，强化部门预算执行主体责任，狠抓重点单位和重点项目支出，全力保基本、保运行、保民生、保重点，有力保障疫情防控、环境整治、城市治理、民生事业、公共服务等方面副中心建设发展的资金需求。

一般公共预算总支出373.66亿元，其中一般公共预算支出306.89亿元，完成区六届人大常委会第三十三次会议批准调整预算的98.8%；上解市级支出25.46亿元；上年市级结转6.51亿元，上年区级结转30.87亿元；补充预算稳定调节基金3.93亿元。一般公共预算主要支出科目如下：一般公共服务支出27.61亿元，主要用于保障党政机关正常运转，提升政府公共服务水平等；公共安全支出18.99亿元，主要用于扫黑除恶专项行动，保障科技创安、雪亮工程建设，改造升级乡村道路卡点设施，提升外围卡点路口查控水平等；教育支出48.08亿元，主要用于推动运河小学等学校建设、加大学前教育投入、落实课程改革计划等；科学技术支出0.94亿元，主要用于支持科技创新、扶植科技创新人才、推进科普发展等；文化旅游体育与传媒支出4.49亿元，主要用于普及文化创新、建设大运河文化带、举办体育赛事等；社会保障和就业支出36.57亿元，主要用于落实城乡居民基本养老保险、基础养老金等社会保障及救助政策，落实就业补贴政策，提高就业稳定性等；卫生健康支出29.82亿元，主要用于医药卫生体制改革、保障基本和重大公共卫生服务等；节能环保支出6.99亿元，主要用于疏解一般制造业“散乱污”、工业大院清理、燃气锅炉低氮改造补助、治理扬尘尾气等；城乡社区支出55.63亿元，主要用于道路清扫保洁、垃圾处理、背街小巷整治及其他城乡社区环境卫生综合整治等；农林水支出57.68亿元，主要用于美丽乡村建设、新一轮百万亩造林工程、绿地公园养护、水环境综合治理等；交通运输支出2.03亿元，主要用于小公共运营补助、综合检查站建设运维等；资源勘探支出4.05亿元，主要用于副中心建设基金及成立科技创新资金；住房保障支出9.72亿元，主要用于住房公积金及农村危房改造等。

政府性基金预算总支出353.18亿元，其中政府性基金预算支出215.39亿元，完成调整预算的103.9%；上解支出53.22亿元；政府性基金预算调出44.01亿元；结余结转40.56亿元。政府性基金预算主要支出科目如下：城乡社区支出114.75亿元，主要用于土地开发成本返还、城乡基础设施、全区重点工程、征地拆迁补偿以及卫生、教育、民政及其他社会事业基础设施建设等；社会保障和就业支出0.15亿元，主要是大中型水库移民后期扶持基金支出；抗疫特别国债支出100亿元；其他支出0.49亿元，主要是彩票公益金支出，用于支持居家养老服务、困难家庭入住社会福利机构等。

国有资本经营预算总支出3.95亿元。社会保险基金预算总支出29.90亿元。

【财源建设】 2020年，深化改革成立财源建设中心和金融建设与发展中心，推动“通八条”及《通州区重点企业发展专项扶持资金实施细则》落地，建立新增企业流转单、企业迁入迁出定期通报和信息共享机制，设立通州区财税数据共享平台、中小微企业扶持服务平台和城市会客厅，加强企业迁出预警，做好企业“服务包”政策落地、留区税源增长、完善财源机制、财源项目储备、企业预警挽留等工作，有效发挥财源建设专班和工作机制作用。走访服务企业1500余户、解决诉求270件，挽留企业3家；兑现“通八条”政策奖励资金1.1亿元；申报通州区成为全国金融服务综合改革试点城市，首开“单独核算北京城市副中心债务额度”特殊政策落地先河。财源建设全市排名第四。盘活财政存量资金132.6亿元、部门预算结余结转资金25.7亿元，存量资金使用效益显著提高。

【财政政策惠企利民】 2020年，全面落实对企减税降费、减租降息政策，制定《公平竞争审查工作规程》，打好风险补偿、资本金注入、财政奖补、政府采购“绿色通道”等政策工具“组合拳”，停征1672家中小微企业特种设备检测费业务、275家中小微企业污水处理费，全年减免企业房租1.7亿元。创新采用“集采联销”工作模式，提前两个月完成全年扶贫采购目标，采购资金规模及完成比例均全市排名第一。政府采购投诉实行线上线下双受理，协议定点服务供应商及采购代理机构注册全流程网上办，精简政府采购管理系统审批环节18个，实现由“最少跑一次”到“一次不用跑”。实行代理记账许可告知承诺审批，代理记账事项实现“零跑腿”，0.5个工作日完成审核审批。获批全国金融服务综合改革试点城市，获得中央奖励资金3000万元，带动企业融资50亿元左右。

【绩效管理】 2020年，深入贯彻绩效成本理念，制定出台《党政机关课题经费管理办法》《加快财政投资项目评审措施》《区级财政支出绩效评价结果应用办法》《预算绩效管理问责办法》《政府购买服务项目预算审核操作规则（试行）》等规章制度，首次试点绿地养护、道路清扫保洁、垃圾收集清运转等6个项目全成本预算绩效管理，实行评审7日办结制，财政管理规范化、精细化、制度化建设得到加强。50万元以上项目全部纳入绩效跟踪，压缩课题费达20%以上，环卫、园林6项定额标准在预算编制中运用，节约6000万元，事前评估项目审减资金约7亿元，特别国债绩效评价90个项目、93.90亿元，财政评审项目651个、审减金额17.8亿元、审减率18.2%，部门决算工作、财政综合管理受到市局通报表彰，项目绩效跟踪及评价工作全市排名第五。

【债务管理】 2020年，严控新增隐性债务、稳步消化存量，将一般债券和专项债券纳入预算管理，定期向区人大常委会报告债务限额管理和政府举债情况，合法合规使用新增债务，严守不发生系统性风险底线。制订《政府债券全生命周期管理办法》，从严规范政府举债融资机制，探索建立“借、用、管、还、控”一体化政府债券全生命周期闭环管理体系，到期债券本金及利息全部按时偿还。

【财政资金监管】 2020年，创新中央直达资金区级财政管理模式，出台资金管理和绩效管理办法，采取边支出、边核查、边自查、边审计、边整改、边绩效“六边行动”，实行周协调、旬调度、月报告制度，持续强化全方位、全过程财政监管，推动资金安全高效使用、“一竿子插到底”。建立财政与人大、审计、监察等监督力量的协调联动机制和内部控制制度，邀请人大代表全程参与绩效评估工作，全过程绩效管理实现预算部门全覆盖，“双随机一公开”监管频次加密，财政所有权力清单全部按要求公布。组织开展疫情防控专项资金、转移支付资金、会计信息等专项监督检查，及时妥善处置预算执行动态监控系统预警信息。主动公开政府信息178条、受理答复依申请公开6件，政府预决算和债务信息全部按标准及时公开。

【疫情防控】 2020年，紧急启动资金应急拨付程序，开通拨付绿色通道，保证防疫资金随到随拨，确保4.7亿元防疫资金全部拨付疫情防控一线，主要用于疫情防控物资采购、集中隔离观察点建设、疫情防控重点保障企业财政贴息等，全面做到核酸检测应检尽检、愿检尽检，全力做好政策落实、融资支持、助企纾困，为打赢疫情防控阻击战提供坚实资金保障。安排区内10家疫情防控重点保障企业财政贴息资金1314.5万元，给企业贷款18.5亿元。争取中央抗疫特别国债资金100亿元，第一时间全部直达企业，提前完成拨付任务，直达资金管理经验做法被推荐为全国典型案例。

（温柏翼）

税　务

【概　况】 2020年，区税务局严守组收目标平稳实现、征管纳服有序运行、基础工作扎实细致三条主线和办公场所安全运行、办税秩序平稳顺畅、干部队伍和谐稳定三条底线，围绕中心、服务大局。累计完成各项税费收入243.8亿元，减收17.7亿元，同比下降6.8%。在完成收入任务的同时，全面落实支持疫情防控和经济社会发展税费优惠政策，并将政策落实情况纳入纪检监督、督察审计、风险核查的重要内容，确保政策高质量落地。累计办理退税23亿元，办理延期申报8209户次，核准延期缴纳税款11.44亿元，有效帮扶企业纾困解难，为服务“六稳”“六保”大局作出积极贡献。年内，受新冠疫情暴发、台马（台湖镇、马驹桥镇）地区税源划转、减税降费持续加力等因素影响，组收形势困难重重。区税务局上下讲政治，顾大局，齐心协力应对组收压力，完成收入任务，为抗击疫情和经济社会发展提供了坚实的财力保障。

【疫情防控】 2020年，压实疫情防控“四方责任”（属地、部门、单位、个人），实现700余名干部职工零感染，保障税务干部和纳税人的生命安全和身体健康。有序组织九类重点人群接种疫苗工作。同时，协助地方开展联防联控，562名党员利用休息时间，主动向社区报到，参加志愿服务，538名干部轮番下沉到防疫一线，开展全脱产执勤。

【个人所得税汇算清缴】 2020年，严格落实网格化管理责任，以扣缴义务人为抓手，创新提示提醒方式，不断优化办税服务和退补税流程，完成个人所得税汇算清缴阶段性任务。完成个税纳税申报23.67万人，涉及扣缴单位2.35万户，申报率达100.82%，位列北京市第七。其中，申报补税人数1.58万人，申报补税金额7997.6万元，补税率98.75%，位列北京市第二。

【企业社保费征收职责划转工作】 2020年，加强与区人社、医保、财政等有关部门的沟通协作，对内开展全员培训，对外优化缴费服务，落实“无声、无痛、无缝”的划转要求。办理上门业务4986笔，解答上门咨询3522人次，接听咨询电话11390个，对缴费人开展提示辅导近26万次，各项社保费征收工作平稳有序。

【征管体系建设】 2020年，完成开发区扩围税源户迁移，累计清理80批次2万户纳税人的待办事项。调整厅所职责分工，优化重构个人股权转让、手续费审批等流程环节。加强网络安全和信息化建设，组建由41名精锐业务骨干组成的电子税务局业务运维专班，常态化监控运行指标。试点“分区办公”工作模式，改造完成张家湾、永乐店、梨园、台湖4个税务所并投入使用，取消固定管户关系，实施岗位角色管理。全面开展从税源建设基础工作，有序推进集群登记、楼宇经济、税源网格化的基础管理，建立企业入驻退出的信息共享机制。

【依法治税】 2020年，将法治政府建设要求纳入重点工作，全面履行税收职能，持续规范执法行为，不断提高税务干部法治思维和依法行政能力。持续推进“三项制度”（行政执法公示制度、执法全过程记录制度、重大执法决定法制审核制度）工作开展，编制公示权力责任清单。发挥公职律师作用，提出法律意见4件、民事合同合法性审核150件、重大执法决定法制审核10件。不断完善内控机制建设，制定防控措施49条。开展疑点数据核查工作，完成线上核查疑点553条，线下核实5197条。

【风险防控】 2020年，开展增值税发票风险防控专项行动，通过打击与防范相促进、治标与治本相结合的综合整治，有效遏制虚开势头，发票虚开金额从最初占比全市三分之一、排名第一，降至专普票涉嫌虚开金额“双0”的低值。开发特色风险模型，建立数据自动抽取机制，通过循环扫描和自动阻断措施，有效提升风险识别精准度。开展风控任务153批次，查补税款1624万元。

【税费分级分类管理】 2020年，强化土地增值税管理，更新167个土地增值税项目情况。精减增量房申报资料，优化契税缴纳服务，相关做法在全市推广。践行“绿水青山”理念，全面落实环保税、水资源税政策，累计入库环保税1.11亿元，同比增长44.9%。加强非居民税收后续管理，实现九成以上跨境税收业务网上办，针对环球影城项目非居民税收特点，实施个性化政策指导和风险提示，相关服务举措被中国新闻网、中央广播电视总台等媒体广泛报道。加强出口退税日常管理。累计办理出口退税1.55亿元。与12家有形市场签订委托代征协议，代征个体商户1885户，强化有形市场管理。

【服务“两区”建设】 2020年，成立服务“两区”建设工作领导小组，统筹加强税收支持力度，形成与区属相关部门常态化沟通机制。研发上线复工复产小程序，利用“答问卷赢红包”的方式开展问卷调查，吸引公众积极参与，帮扶区内企业应对疫情影响、渡过危机难关。按照数据服务大局要加力要求，用好税收数据的“金山银库”，形成复工复产专项分析成果11篇，获得各级领导肯定批示20人次，回应各级领导关切。认真落实市区两级财源重点工作，依托全区协税护税机制，牵头制定全区财税数据共享方案，推动全区18个委办局、11个乡镇和5个园区对8大类、33项数据内容共享互通，为财源建设提供翔实数据支撑。

【优化税收营商环境】 2020年，扎实开展便民办税春风行动，推进“好差评”服务功能上线，有效与纳税人开展良性互动。完成1154户迎评样本企业的跟踪服务，查找存在问题和薄弱环节，促进提升服务效能。巩固“税银互动”成果，持续向银行推荐“白名单”信用企业，帮助辖区826户企业获得贷款3.93亿元。便捷办税水平不断提升，拓展“非接触式”办税服务，全市首创“E”导税服务平台，在北京市税务局网上办清单基础上，增加8类31项网上受理业务，并为确需上门办理的业务开设远程核验功能，业务平均等候时长下降56.2%。大力推行“票e送”免费邮寄，为9.7万户次纳税人解决用票难题，免费配送发票721万份，使用率较上年提升33.68%。抓好“看得见”的服务，创建“京税通”直播课堂，围绕政策解读、电子税务局操作等主题开展直播培训22期，实时互动超6万人次。继续扩大“通州小税”品牌影响，接连推出“通州小税带你学、教你办、说热点”等系列视频，微信公众号阅读量近42万人次，粉丝量较上年增长8%。上线区级在线咨询系统，开通可视化远程协助功能，全年受理各渠道涉税咨询22万余次，“好差评”满意率99.8%，咨询受理量居全市第三。

2月27日，通州区税务局非接触办税助力企业复产复工，图为税务干部网络辅导纳税人

（区税务局提供　刘健 摄影）

（宋雪）

审　计

【概　况】 2020年，北京市通州区审计局实有53人。设有办公室、人事教育科、综合科、内审指导科、投资审计科、财政审计科、经济责任审计科、民生保障审计科等8个科室；下设专项审计工作中心1个事业单位。

【审计计划编制】 2020年，通州区审计局安排国家重大政策措施落实情况跟踪审计、财政预算执行审计、经济责任审计、领导干部自然资源资产离任审计、政府投资项目审计、国有企业审计、专项资金审计等3大板块、7大类别审计项目。包括审计项目26个，子项目88个，其中由区审计局独立实施的审计项目17个、子项目88个，由审计署、市审计局统一组织实施的审计项目9个。

【投资审计】 2020年，完成对东方化工厂（即城市绿心）周边棚户区改造项目前期投入资金的专项审计工作；完成对富华水乡项目1#、2#、3#楼工程项目成本和北京轻铁京东经济发展中心资产负债及损益情况的相关审计工作；对于家务回族乡定向安置房、杨庄一级开发等的成果报告进行日常抽查复核、阶段性复核和最终报告复核；着力加强对政府投资项目的管理。包括对杨庄小学建设工程、永顺城市公园建设工程（一期）等项目组织开展审计工作，对100多个项目的进度、资金管理使用情况及审计发现的问题等进行综合分析。

【财政审计】 2020年，撰写并向区政府提交《通州区关于清理拖欠民营企业中小企业账款跟踪审计报告中涉及问题的整改情况汇报》；制定《北京市通州区2019年度区级预算执行和决算草案情况审计工作方案》，编制审计实施方案并完成财政审计工作；开展应对新冠肺炎疫情防控资金和捐赠款物专项审计；牵头负责通州区2020年各季度重大政策措施落实情况跟踪审计（含北京市新增财政资金直达基层直接惠企利民情况专项审计）；撰写并向区政府提交《北京市通州区审计局关于北京市通州区2018年度预算执行及其他财政收支审计工作报告审议意见办理情况的报告》；开展并完成区属国有企业国有资产管理情况审计；开展并完成北京市通州区永顺镇人民政府党委书记邓忠义、镇长邓小民任职期间经济责任审计；完成北京市通州区2019年度区级预算执行和决算草案情况审计的整改工作；撰写并向区人大财经委提交《关于北京市通州区2019年区属国有企业国有资产管理情况的审计报告》。该次审计结果采用审计报告和审计问题清单相结合的方式，发现审计问题42个，提出审计意见42条，审计建议4条。

【经济责任审计】 2020年，落实全覆盖要求，重新梳理审计对象库，分别确定各类领导干部的审计周期和审计形式；强化计划管理，加强与组织部沟通协调，将任中比例从2015年的23%提高到2020年的78%；探索审计两统筹。对1个乡镇同期开展经责审计和自然资源资产审计；深化审计内容，规范经责审计报告模板；有序推进国企领导人员经济责任审计。

【内部审计】 2020年，印发2020年度通州区内部审计工作指导意见，明确服务方法和目标；多举措宣传贯彻落实《北京市内部审计规定》，丰富宣传服务方法；统筹安排内审项目监督检查工作，形成一审多果；组织召开通州区内审工作分组交流座谈会；指导帮助区教委、台湖镇、园林局、水务局等单位修改完善内审管理制度。组织内审单位参加北京市内部审计协会的《北京市内部审计协会2020年内部审计理论研讨实施方案》论文的申报工作；完成通州区内审协会的年审、年检工作；撰写内审工作信息6篇，其中采用5篇。

【民生保障审计】 2020年，完成应对新冠肺炎疫情防控资金和捐赠款物专项审计（防疫专项审计）；完成民生专项资金绩效审计；完成2019年度大运河森林公园、东郊森林公园和西海子公园专项资金绩效审计，以及区发改委领导任期经济责任审计，负责园林、社保局等十几家一级单位预算执行和决算草案审计的大数据审计，参与一季度和二季度重大政策跟踪审计；坚持整改跟踪到底，加大对审计成果运用的跟进。

（田佳宁）

统　计

【概　况】 2020年，通州局队立足“一核两翼”和京津冀协同发展大局，围绕北京城市副中心建设，鼓足干劲、奋发进取，进一步以改革的思维、创新的举措开展工作，发挥区域经济社会发展数据中心、研究中心和监测评价中心的作用，使统计服务工作进一步提升。

通州局队及时调整分析思路、形式和内容，聚焦副中心建设、产业功能疏解、结构调整、人口调控、节能降耗、民生改善等热点问题。全年局队撰写统计分析339篇、编发各类信息1083条，被市局及区政府网站等采用信息734篇，有12篇调研分析被区领导批示。在2020年度全市优秀统计分析报告评比，各区及北京经济技术开发区局队组中，《疫情凸显经济韧性　稳中向好趋势明显》获（各区组）形势类一等奖，《从“政策高地”到“投资福地”副中心“金招牌”在闪光》获（各区组）专题类一等奖。发布专刊（统计报告、统计专刊、城市副中心专刊）累计64篇，提供给市区两级领导及相关部门，为领导和相关部门及时掌握副中心建设推进情况及科学决策提供参考依据，发挥统计参谋助手作用。

【统计管理体制改革】 2020年，通州局队按照区委关于统计体制改革的整体部署和要求，结合各项重点工作及基层所结构现状，提出分层次、分步骤实施方案，科学统筹规划，有序落实基层统计所下沉街道乡镇人、财、物各项工作。

【优化“北京通州统计”官方微信公众号】 2020年，通州局队进一步优化官方微信公众号“北京通州统计”，在手机端增加数据查询、检索报表指南等功能，方便读者获取统计数据。全年推送136期推文和198篇图文消息，单篇最高阅读量3086人次，总阅读量8.8万人次。在国家统计局2020年发布的10次排行榜中，“北京通州统计”次次入榜。其中，3次上榜全国统计调查系统微信公众号综合影响力50强，7次上榜全国市级50强，更加便捷、高效地提供统计服务。

【统计大数据综合应用系统投入使用】 通州局队2019年12月启动“北京大数据行动计划”，2020年11月统计大数据综合应用系统验收，正式投入运行。系统有效整合2011年至2020年通州统计数据，与统计联网直报平台对接，实现数据资源开放共享全覆盖，协助开展城市规划、社会管理、经济发展、百姓生活等领域的数据分析调研，增强应用大数据思维解决综合问题的能力。

【构建北京城市副中心统计监测指标体系】 2020年，按照市委、市政府相关要求，市统计局联合通州区构建北京城市副中心统计监测指标体系，包括季度监测和年度监测两套指标体系，指标体系报常务副市长崔述强、副市长隋振江审定通过。城市副中心发展统计监测，既要能够体现短期工作进展，及时为各方工作提供抓手，也要能够评价城市副中心在较长时期的发展成果，综合反映经济社会各领域发展全貌。

【“四经普”数据产品开发】 2020年，通州局队搜集、整理、汇总“四经普”数据，形成通州区全部二三产单位的主要经济数据的“四经普”主要数据公报；出版《北京市通州区第四次全国经济普查年鉴》，推进普查数据在各街道乡镇和全区各部门共享共用；深度挖掘普查数据，完成9篇“四经普”课题研究工作，涉及产业结构和各行业现行状态，既有分析、展望，又有评价、建议，提高统计资政辅政水平。

【完成第七次全国人口普查】 2020年，按照《国务院关于开展第七次会议全国人口普查的通知》、《北京市人民政府办公厅关于开展第七次全国人口普查的通知》和《关于开展第七次全国人口普查的通知》文件精神，通州局队高度重视，梳理重点，统筹安排，稳步有序完成通州区第七次全国人口普查工作。

【统计执法工作】 2020年，统计执法始终以“双随机、一公开”为原则，坚决执行执法检查结果“双公示”制度，将执法、服务、宣传相结合，坚持严格执法、文明执法、理性执法。通州局队完成执法检查任务327家，其中常规执法58家、专项执法259家，催报10家。对违法行为轻微的16家单位做出简易处罚处理，并对检查中发现统计违法行为较为严重的4家单位进行立案处理。

【开展诚信单位认定工作】 2020年，为切实推进依法统计、诚信统计，树立诚信统计的示范典型，引导统计调查对象自觉遵守统计法律法规。通州局队开展诚信统计单位认定，坚持公平、公正、公开的原则，由单位自愿申报，局队科室、所联合开展督导检查，并征求区各委办局意见。最终筛选出统计台账完备、统计报表积极、数据质量过关的3家诚信单位。

【开展专项调查】 2020年度，通州局队完成北京市统计局专项调查处部署的7项调查：北京百姓健康生活调查、北京市城乡居民垃圾分类意识及现状调查、北京企业发展状况调查、北京市重要民生实事项目线索调查、北京市小微企业融资状况调查、疫情期间小微企业生产经营情况调查和相关电话访谈、北京市中小微企业生产经营情况监测与调查；完成1项本地区自主调查项目：2020年通州区群众安全感民意调查项目。

（董可静）

市场监督管理

【概　况】 2020年，通州区市场监督管理局在通州区委、区政府和北京市市场监督管理局的正确领导下，坚决贯彻落实市区两级各项工作部署及疫情防控工作相关精神，发挥职能作用，确保疫情防控、深化改革、监管执法、服务发展等各项工作取得实效，为副中心高质量发展提供有力支撑和坚实保障。

截至12月31日，通州区实有市场主体182600户，同比增长9.97%。总量全市排名第三，增幅排名第四。注册资本总量1.44万亿元，同比增长24.27%。其中企业137934户，占75.54%，同比增长14.8%；内资企业136697户，同比增长14.8%（外资企业1237户，同比增长14.86%）；个体工商户44301户，同比下降2.66%；农民专业合作社338户，同比下降4.52%；代表机构26户，同比增长18.18%。全年新设市场主体19610户。

【试点市场主体登记告知承诺制度】 2月15日，登记部门根据申请和信用承诺对市场主体登记进行形式审查，直接作出审批，确认市场主体资格和一般经营资格，提升登记便利化，实现“零等待”办结。收到经申请人签章的告知承诺书及约定材料后，经审查申请材料齐全、符合法定形式的，即时审批通过。

【开展食品安全示范区追踪评价】 3月，北京市食品药品安全委员会正式确认通州区成为北京市食品安全示范区。10月，北京市食品药品安全委员会办公室组织对各区创建工作的追踪评价。通过对21类133个点位的实际检查，通州区在示范区追踪评价中的各项指标保持较高的通过率。

【发布27条举措助力营商环境提升】 4月23日，出台8方面、27条“一揽子”优化营商环境措施，进一步优化服务流程，从落实市场主体告知承诺制，压缩企业开办时限，优化经营范围审核和企业注销程序，探索营业执照和食品药品经营许可证“一次受理、一次审批、一次发证”等方面，再一次提升副中心营商环境。

【在全市率先发布特种设备监督检查清单】 4月27日，依据《特种设备现场安全监督检查规则》向社会公开特种设备日常检查清单，公开2020年度需要进行日常监督检查的196家市场主体名单，并向社会公示具体检查的内容、方式及标准。

【精准服务文化旅游区建设】 10月29日，重点围绕特种设备、食品安全、知识产权等9大领域与环球项目运营方签署合作机制，精准对接，以解决问题为导向，主动服务保障重点工程建设。成立环球主题公园工作专班，制定《北京环球度假区建设服务保障工作方案》，建立长效工作机制。参与《园内大型游乐设施安全监管改革方案》起草工作，获国家市场监管总局批复同意，成为全国年度首例改革获批项目。

10月29日，北京环球度假区项目服务合作机制签约仪式　　（区市场监管局提供）

【创新“五证办照”模式】 2020年，经开发商自主申请并作出承诺后，允许未取得房屋所有权证的新建项目使用“五证”（国有土地使用证、建设用地规划许可证、建设工程规划许可证、建设工程施工许可证、商品房预售许可证）作为住所证明文件为入驻企业办理营业执照。“五证办照”模式入选商务部服务业扩大开放最佳实践案例。

【建立迁出企业预警及挽留机制】 2020年，建立重点纳税企业项目库，视情况对高质量预警外迁单位进行挽留。

【加强副中心重点企业落户】 2020年，做好副中心产业发展和市级机关配套商业的服务保障，为首旅集团、朗清园配套商业、北京城市副中心站交通综合枢纽建设管理有限公司、华夏银行副中心分行、中美绿色基金、北京绿色交易所等项目开辟绿色通道，全力支持26家重点企业项目落户通州。

【上线一站式公共服务平台政策通】 2020年，为通州区13万家企业提供服务，实现信息数据整合利用、帮扶政策精准定向推送、企业补助奖励资金线上申请、重点企业宣传推广和贷款融资服务等功能。免费为年纳税额20万元以上的重点企业，宣传和推广基本信息、主要产品、联系方式等企业名片。

【推进村级生活性网点执照办理】 2020年，以各村为主要承办单位，设立总公司，并依据村民个体需求设立若干分公司，主要经营范围为超市、早点、菜店等便民网点，总公司对分公司有监督、指导等职责，推动消除无证无照经营行为。

【完善简易注销机制】 2020年，与税务部门实现清税信息的互通共享，符合条件的企业清算时，无需提交纸质清税证明文件，仅需提交注销登记申请书、清算报告等材料，同时设置注销清税专窗，将简易注销免费公告时间由45天缩短至20天，落实“首问责任制”和“一次性告知”制度，企业清税注销“一人负责、一次问清”，节约退出时间。

【严厉打击违法行为】 截至2020年12月31日，办理各类案件7738件，罚没款2.7亿元。其中，查处涉疫案件172件，罚没款807.96万余元，涉刑移送案件10件。

【出台包容审慎监管意见和首违不罚清单】 2020年，在北京市率先推出《关于服务北京城市副中心高质量发展实施包容审慎监管的意见》和《通州区市场主体轻微违法行为首次违反不予处罚清单》（1.0版）及（2.0版），对51起轻微违法行为免予处罚，营造公平、透明、可预期的法治环境。

【疫情防控】 2020年，加强食品溯源、产地预警、冷链物流等各环节管理，建立完善冰鲜冷冻食品疫情防控常态化长效机制，摸排全区256个冷库。督导全区各类市场主体落实消杀、测温、验码、通风等防控措施，累计检查市场4565家次、商户12329户次、商场超市11346家次、食杂店27539户次、餐饮单位22433家次。开展各类从业人员摸排，累计摸排近7万人。截至12月31日，开展食品样品核酸检测、从业人员核酸检测、环境样品核酸检测。组织冷链环节重点从业人员接种新冠疫苗。

2月28日，区市场监管局检查疫情期间防疫商品质量（区市场监管局提供）

【成立区农贸市场疫情防控专班】 2020年，由区市场监管局牵头成立八里桥农产品中心批发市场疫情防控专班，同时在有农贸市场的10镇1乡2街道均成立由主管领导为负责人的农贸市场疫情防控专班。

【推动京津冀协调发展】 2020年，开展“通武廊医疗卫生协调联动国家基本公共服务标准化试点项目”。以三地医疗卫生协同标准体系为抓手，打造优势互补医疗卫生服务新格局，建立三地数据共享平台。该项目通过国家市场监管总局、发改委和财政部审批立项并正式启动。该试点项目作为国家首批基本公共服务标准化试点项目中的首个区域协调联动试点，以代谢性疾病管理为重点，由“通武廊”三地政府共同承担。

【产品质量安全监管】 2020年，强化产品质量专项检查，对防疫物资、限速类商品、消防产品、建筑材料、成品油、车用尿素等重点产品开展执法检查。加强抽检力度，抽检各类商品429组，截至2020年12月31日，一般商品（不包括成品油）不合格率为30.5%，成品油合格率100%。

【药品抽检】 2020年，抽检涉及片剂、胶囊剂、颗粒剂、中药饮片等众多剂型，抽检数量不低于230批次。抽检过程中对辖区药店、医疗机构全覆盖检查，其中“飞行检查”比率不低于20%。同时对选定药品进行检查抽样，查看抽样药品的进货票据、进销货台账，对所抽检药品的进货时间、单价、数量等进行详细登记并封存样品，查看库房的温湿度记录，中药饮片的日常维护保养记录。

【“疏整促”行动】 2020年，继续保持155平方千米范围内街巷“开墙打洞”动态清零，销账无证无照经营397户，完成比率100%。同时以防反弹促提升为重点继续巩固治理成果。

【蓝天保卫战】 2020年，将餐饮油烟纳入餐饮业量化评级管理，对排放超标餐饮单位实施降级处理。加大对车用油品、尿素及燃煤等行业监管力度，全年抽取涂料、胶黏剂、汽柴油等样品179组，合格率100%。

【信用体系建设】 2020年，强化企业信用分级分类监管，对辖区内407家药品零售企业，3732家餐饮服务单位完成量化分级评定。落实信用联合奖惩制度，为守信企业在多项政务服务上开辟绿色通道，“信易批”政策惠及企业20户。提高“黑名单”企业随机抽查比例和频次。协助区人民法院对120余户失信主体实行联合惩戒或限制措施，与税务部门联合清理长期未经营企业1863户。

【公平竞争审查工作】 2020年，全面清理2019年12月31日前通州区制发的妨碍统一市场和公平竞争的政策措施。经通州区34家委办局协同，有1744件政策措施文件进入梳理范围，其中涉及市场主体经济活动、需要进行公平竞争审查的政策措施文件271件，经区政府审定，最终修改3件，废止26件，保留242件。

【“双随机、一公开”监管】 2020年，发挥联席会议机制作用，推进跨部门联合“双随机、一公开”抽查工作。组织房地产经纪机构定向抽查、在用计量器具定向抽查、通州区告知承诺制登记市场主体抽查等43次定向抽查，抽查16640户企业，并向社会公示结果。

【市场远程监测指挥平台建设】 2020年，采用大数据、人工智能、物联网、视联网、3D等先进技术，以通州区市场监管业务为主线，利用各经营单位已有摄像监控系统，从而达到资源利用最大化。截至年底，市场远程监测指挥中心改造完毕，系统平台硬件设施全部调试完毕。软件架构完成设计，企业客户端App小范围推广试用。

【无传销创建工作】 2020年，新增无传销社区、村36个，截至12月31日，累计无传销社区、村48个，无传销街道3个。同时加强“无传销网络平台”建设，强化对线上禁传阵地的宣传，加强5家无传销网络平台的建设，利用网络平台强化禁传宣传效果。

【特种设备安全监管】 持续开展超期特种设备专项整治，截至2020年12月31日，检查特种设备使用单位172家次，各类特种设备588台（套）；检验检测各类特种设备15528台（套），压力管道1.1万米；完成疫情防控期间定点医院、隔离场所特种设备安全保障工作。做好中小微企业检验费用免收工作，惠及中小微企业1413家，免除特检费用460万余元。

【涉企违规收费专项整治行动】 2020年，督导依法合规收费，保障惠企政策落实。检查转供电企业12家，其中11家完成降电价5%的要求，无违规收费问题。

【全国文明城区复审工作】 2020年，区常态办组织全区实地点位暗访巡查工作，对市场监管局负责的超市和农贸市场等实地点位开展暗访。制作文明城区宣传公益海报4000份，广泛张贴在农贸市场、主要商圈的餐饮单位和便利店等场所。

【“街巷吹哨、部门报到”工作】 2020年，以夯实基层执法一线力量为基础，以“街乡吹哨 部门报到”平台为载体，以基层所为依托，推动执法重心下移，形成管理执法有效衔接，努力破解基层治理“最后一千米”难题。受理办结“街乡吹哨、部门报到”平台吹哨件127件。

【引导企业、单位开展标准化工作】 截至2020年12月31日，企业在标准信息公开服务平台自我声明公开标准1030项，现行有效标准869项，其中企业标准840项，国家标准17项，行业标准12项，地方标准0项。提供咨询服务和服务企业变更注册信息470余家次。

（贾静）

国有资产监督管理

【概　况】 2020年，区国资委党委带领全系统广大干部职工，在切实履行疫情防控工作任务的同时，稳步推进资产监管、国企改革、党的建设、保安全、保稳定等各项工作。截至年底，国资委一级监管企业12户，全部独立法人单位64户。监管企业资产总额437亿元，负债总额248亿元，净资产总额189亿元，平均资产负债率57%；监管企业实现营业收入12.48亿元。

【疫情防控工作】 新冠肺炎疫情发生以来，国资委认真贯彻落实区委、区政府疫情防控工作的决策部署，以高度的责任感和紧迫感，有效应对疫情。强化整体摸排，系统相关人员7745人，无疑似病例发生。特殊时期，发挥党员的先锋模范作用。114个点位累计派出下沉干部723人，上浮机场火车站62人，组成近400人的志愿服务队支援物业小区防疫，安排747班次、1047人次接送机场返京人员集中运送至隔离地。全系统6个物业企业、1个公交运输企业、65个商业超市、1个批发市场，都是民生保障的行业企业，既要保民生又要防疫情，成为国资系统防疫工作的“主战场”，涌现出一大批先进人物和感人事迹。其中，北京通盛达交通运输经营管理公司获得北京市抗击新冠肺炎疫情先进集体称号。此外，全系统推进中小微企业房屋租金减免。截至2020年底，国资公司等7家监管企业减免房租2987家，减免租金3745万元，充分体现区属国企的责任和担当。

【复工复产】 2020年，区国资委坚持一手抓疫情防控，一手抓复工复产。为保障城市副中心重点项目建设，国资系统全力开展“不见面”协调，严格落实程序、标准，一企一策有序复工复产。在城市建设领域。国资公司累计完成50个土地移交项目，承担安置房建设工程，全面推进北大人民医院等代建项目，为副中心建设累计融资192亿元。大运河（北京）水务建设投资管理有限公司参与水环境治理工作，实现碧水污水处理厂、南水北调通州水厂、张家湾再生水厂、12座乡镇再生水厂平稳运营，六片区水环境治理项目稳步推进。在商业商务领域。商资公司推进国家级人力资源产业园入驻工作，签约商户入驻50家，租赁面积20173平方米；承接区政府“菜篮子”进社区工程，“品农果蔬”经营网点基本覆盖副中心全区域。在民生保障领域。北京通盛达交通运输经营管理公司不断优化区域交通环境，对49条运营线路进行优化调整，完成400余辆清洁能源公交车全面升级换代。在新兴产业领域。北京通州房地产开发有限责任公司作为区政府指定的项目对接平台，正在落实推进三支基金有关工作。大运河（北京）水务建设投资管理有限公司全力推进行政办公区二期管线建设，加强与中国水环境集团战略合作，打造再生水数字化智能管控系统，实现行政办公区再生水安全稳定供给。

【深化国企改革】 加快推进国资国企改革重组。围绕服务副中心建设的核心目标，对城市建设、城市服务、民生保障、科技创新、文化旅游、金融服务等产业板块的运营现状、发展方向、改革路径进行系统梳理，形成整体谋划、分块整合、分步实施的改革思路。打造副中心区域功能平台。按照区委、区政府部署，完成慧谷公司功能转型，组建成立北京通州科技创新投资发展有限公司，并在副中心建设中开始发挥作用。稳步推动国企领导人员管理体制改革。按照《关于调整区属国有企业领导人员管理体制的意见》要求，协助区委组织部落实调整后的区属国企领导人员管理体制，规范对北京通州投资发展有限公司及北京通州科技创新投资发展有限公司相关领导人员任命管理。全面开展全区国企公司制改革。研究制定《通州区国有企业公司制改革工作方案》并以区政府名义印发，在全区范围内开展全民所有制企业公司制改革。扎实做好区属国有资产划转接收工作，为下一步实施资源整合做好准备。开展国企改革实践探索。对接公交集团，推动区属公交改革；结合大运河打造国家AAAAA级文化旅游景区，探索重组成立文旅行业专业平台企业，打造旅游文化板块；加强与中关村发展集团合作，以打造张家湾设计小镇和北京光谷科技园开发建设有限公司参股转型为契机，探索建立服务创新的政企合作新机制。加快推进国企基础性改革工作。包括推动系统内10家经营类事业单位改革，完成机构编制撤销工作；推进国企退休人员社会化管理工作，完成社保增减员人数7689人；稳步推进系统内“僵尸企业”注销清算工作。

【监管机制建设】 全面推进国资系统资产梳理工作。开展清产核资和研究优化利用土地房产资源，“通州区国资委监管企业土地及房屋资产优化利用研究课题”初步完成土地房屋资源统计、规划核查、资产评价、租赁管理办法研究、资产运营监管系统内部测试等工作，为后续改革工作摸清底数。进一步加强国资监管制度建设。根据新的国资委“三定方案”，梳理调整国资委机关科室职能；对国资监管和国企改革发展重大事项，严格履行决策及审批程序；制定《关于规范国有企业经营性房屋、土地出租管理工作的意见》，确保企业出租经营依法合规；制定《通州区国资委监管企业工资总额管理办法》《国有企业负责人履职待遇、业务支出管理实施细则》，不断优化绩效考核过程；将国有资本收益纳入绩效考核体系，促进企业发展的导向功能更为突出。

【履行国企社会职责】 有效强化吹哨报到、接诉即办工作。不断优化工作体系，建立“任务单”工作模式，一单服务到底，2020年接哨33单，全部落实。提高认识站位，强化接诉即办工作，促进问题的解决，全年“12345”热线诉求收到1210条案件线索，响应率100%、解决率54%、满意率74%。落实《北京市生活垃圾管理条例》《北京市物业管理条例》《北京市生活垃圾管理条例》《北京市物业管理条例》的宣传落实，全年投放各类垃圾桶900余个，配备分拣人员120余人，开展垃圾分类宣传工作50余次。全面参与创城、创森、精准扶贫工作。开展“万企帮万村”精准扶贫行动，动员12家区属国有企业到受援地区参与精准扶贫，向受援地捐款225万元；利用企业实体销售渠道开展消费扶贫，2020年完成消费扶贫额5225万元，北京市通州商业资产运营公司所属北京市通州区糖业烟酒公司获得全国脱贫攻坚先进单位称号。

【保安全保稳定】 2020年，从国资委党委到各级企业领导班子，都高度重视保安全、保稳定工作。全系统在安全生产、综合治理、应急管理、信访等方面的工作，都取得新的成绩。各部门、各企业不断完善安全生产责任制，深入开展安全大检查，建立隐患排查整改长效机制，注重各项公共安全和应急管理工作，进一步强化信访工作，在企业改革、城市拆迁、疏解整治、利益分配等矛盾集中的关键环节，做到全面洞察、预防为主、信息反馈及时、应急处置到位，有力维护全区社会稳定。

（冯禹）

私营个体经济发展

【概　况】　通州区私营个体经济协会按照区局和市协会2020年工作部署，坚持为政府服务、为会员服务、为社会服务的方针，发挥枢纽型社会组织作用，以促进私营个体经济发展为重点，不断强化副中心非公党建工作。

【疫情防控宣传】　2020年，向私个协会员发出倡议书。以邮件、微信等方式发送至理事单位和会员单位，在严格人员管控、稳妥复工复产、做好科学防控方面提出要求，并及时与复工复产企业加强联系，指导企业做好消毒、测温、防护，确保疫情防控措施到位。

【个体工商户复工复产专项调查统计】　2020年，为保障调查数据真实准确，对调查对象进行寻访，保质保量完成每日跟踪调查统计上报工作，调查统计累计跟踪60天，并将调查统计情况报至专项调研组。

【搭建融资服务平台】　2020年，充分发挥融资服务平台的资源优势，联合北京银行（通州支行）、中信银行（通州支行）、交通银行（通州支行）分别在宋庄市场所、潞城区市场所召开银企对接会，50余家私营企业负责人参会。通过银企对接会使金融部门从会员企业需求和实际出发，推出更多适合私营企业的融资产品，帮助企业高质量发展。

【非公经济组织党建工作】　2020年，动员各分会负责人和主管非公党建工作的负责人，认真落实非公党建工作，突出党支部规范化建设工作，定期与分会进行沟通联络，了解掌握工作开展情况，解决分会在实际工作中遇到的问题，逐步形成上下联动、齐抓共管的合力。深入示范点进行规范指导，基本达到“一规一表一册一网”和“五有”党支部标准，并下发《关于非公党支部规范化建设工作提示》，要求各分会指导非公企业落实“一规一表一册一网”，建设有队伍、有活动、有阵地、有制度、有保障的“五有”党支部。

【义务帮助会员年报工作】　2020年，充分发挥协会服务职能，召开理事会、小组长会议，通过电话、会议部署等方式通知辖区个体工商户、企业进行年报，并将年报程序形成文字，向会员公示，协助会员填写年报所需材料。

【发挥“小个专”党建引领带动作用】　2020年，制定《北京市通州区市场监督管理局2020年推进小微企业个体工商户专业市场党建工作落实方案》，动态掌握“小个专”党建总体情况，开展商务楼宇党建提升专项行动，着力推进商务楼宇党建工作、提高“两个覆盖”（党的组织覆盖和党的工作覆盖。党的组织覆盖是指具有正式党员3名以上应该建立党支部的，全部建立了党组织。党的工作覆盖是指辖区所有的单位，无论是否建立党组织，党的工作均应覆盖到，要开展正常工作，确保党的政策方针全部落实到位）质量。

【“小个专”党建工作研究】　2020年，参与区委组织部开展的“两新”组织党建大调研工作，完成《城市副中心“小个专”党建工作的实践与探索》《党建引领副中心专业市场规范化建设的思考与探索》调研报告；向市局报送辖区4家单位“党建引领非公企业先进文化，助力首都文化中心建设”工作经验材料。

（贾静）

投资促进

【概　况】 2020年，通州区“高精尖”产业招商项目276个，计划投资总额超过1560亿元，其中外资项目23个，计划投资总额约70.6亿元；亿元以上企业注册资本金与注册企业数量均居全市第一。重点“高精尖”产业招商项目按产业板块划分：行政办公3个，计划投资额超过1亿元；科技创新97个，计划投资总额超过682.44亿元；商务服务113个，计划投资总额超过539亿元；文化旅游42个，计划总投资额超过324.2亿元；医疗健康9个，约13.7亿元；教育类4个；其他类6个；金融科技2个。全部项目中，通州区新引进“高精尖”重点企业221个，注册资金总额超过880亿元，注册资金亿元以上的34个。全部企业按行业划分：行政办公4个，商务服务45个，文化旅游15个，科技创新116个，总部类18个，金融类17个，金融科技6个。

【“高精尖”项目落地】 2020年，全球知名金融信息供应商路孚特金融科技信息服务（中国）集团有限公司注册落户，成为城市副中心首个世界500强总部项目。三峡集团下属15家二三级子公司迁址落地，其中13家迁入运河商务区办公，成为副中心首个落地的央企二三级总部集群重点项目。中央债务结算中心二级公司——中债金科信息技术有限公司、国家电网集团下属国网电动汽车科创平台公司项目等项目注册落地。中国铀业有限公司总部基地签约。光大集团下属独角兽企业特斯联公司总部落地，并参与副中心建设。北投集团、北京市保障性住房建设投资中心、首旅集团等一批市属国企总部落地发展。北京、华夏、农商3家市属银行全部实现在副中心设立一级分行，首家持牌公募基金管理公司——汇泉基金完成注册，四大国有银行在京设立的唯一一家金融科技公司——农银金科注册成立。家居装饰行业龙头企业业之峰集团将上市主体搬到通州。全球领先的人工智能语言服务商传神科技落户副中心，并在副中心搭建智能语音产业生态系统。

【召开产业发展促进委员会会议和“高精尖”项目推进专题会】 2020年，召开3次产业发展促进委员会会议，研议各类产业项目8项，协调相关工作事项14项。加强全区招商统筹和项目统计工作，定期形成项目专报。同时，召开多次“高精尖”项目推进专题会，协调解决重点“高精尖”项目和重点在谈项目的落地问题。研议中电科和信通院等项目目标地块上市问题。协助路孚特金科完成工商登记注册手续并领取营业执照。

【实施产业高质量发展顶层设计】 2020年，研究编制《通州区产业高质量发展指标体系》，经区政府第64期常务会议审议通过。该《指标体系》设定三级指标，成为副中心大力推动产业高质量发展的重要抓手，有利于全面评估产业高质量发展的态势和程度，实现对重点产业领域的把控与预测，进一步找准产业高质量发展的着力点和政策措施。同时，围绕《指标体系》，按季度形成工作专报，调动各方力量共促产业发展。《指标体系》部分指标被“十四五”规划采用，助推全区产业高质量发展。

【举办“科创金融十七条”政策说明会】 1月17日上午，由区金融办、区投促中心联合主办的北京畅融工程·“科创金融十七条”副中心专场说明会在通州会议中心举办，80余人参加。副区长苏国斌介绍通州区金融产业的有关情况，北京市金融发展促进中心、北京证监局、人民银行北京营管部相关专家进行政策解读。此次活动是在副中心落实好“科创金融十七条”工作的良好开端，为银政企三方搭建起扩大交流的坚实平台，有利于三方进一步深化合作、互惠互赢、共谋发展。

【与建行通州分行签订战略合作协议】 5月9日，区投促中心与中国建设银行股份有限公司北京通州分行签订战略合作协议。此次签订战略合作协议，旨在进一步密切双方的战略合作关系，在城市副中心重点项目建设、区内产业建设、区内重点企业发展方面开展全方位的合作，实现优势互补，助力通州区经济发展。

【与中建一局三公司签订战略合作协议】 6月18日，按照通州区委区政府的统一安排，区投促中心与中建一局集团第三建筑有限公司签订战略合作协议。双方在环境治理、市政基础设施、棚户区改造、智慧城市等领域合作，共同推动北京城市副中心高质量发展。

【朝阳区·通州区经济高质量发展暨招商引资大会召开】 8月19日上午，朝阳区·通州区经济高质量发展暨招商引资大会在万科时代中心·十里项目举办，150余家中央企业、市属企业、重点外资和民营企业代表参加现场活动。该次大会为副中心与朝阳区企业搭建对接交流的平台，是通州、朝阳两区深化结对机制的重要成果。会上，国药集团联合美迪公司、松下电器北京空调分公司、广州松下空调北京分公司、北京人多多科技公司等朝阳区优质企业集中入驻北京城市副中心。

【举办招商推介暨长三角企业家闭门座谈会】 10月20日，区投促中心、区金融办、中关村通州园等相关部门联合组织召开招商推介暨座谈会，60余家长三角地区顶尖资本和企业参会。此次活动是北京城市副中心第一次专程到外地做招商推介活动，开创了由区领导带队，主动出击，专业化服务，为外地企业与通州区政府搭建“直通车”平台。座谈会上，副区长苏国斌、区长助理林巍对北京城市副中心营商环境进行推介，中关村通州园管委会对中关村科技园区通州园特别是张家湾设计小镇、国家网络安全产业园进行详细介绍。著名财经专家吴晓波出席座谈会并发言。

【举办在京知名企业走进城市副中心活动】 11月12日，由北京市投促中心、区人民政府主办，区投促中心承办的“在京知名企业走进城市副中心”在通州阳光富华酒店举行。美国苹果公司、英国博然思维集团、德国北德集团、法国威利雅集团、日本三井物产、韩国希杰等国内外200余家在京知名企业代表齐聚通州，深入了解城市副中心的投资营商环境，共话发展，实现共赢。推介会上，区委书记曾赞荣和北市投促中心党组书记、主任周旭先后致辞，全面介绍北京和城市副中心的规划定位、建设发展情况以及发展优势。随后，《北京城市副中心鼓励成长型中小企业发展奖励办法》在会上发布，重点扶持成长型中小企业，对区域经济贡献突出者的成长型中小企业给予分档奖励。会上还介绍了城市副中心基本情况和投资环境以及运河商务区、文化旅游区、张家湾设计小镇等重点区域项目。

【召开“政银企”培训交流座谈会】 11月17日下午，由区投促中心主办的持续优化营商环境系列活动“政银企”培训交流座谈会在通州区太阳花酒店举行。座谈会围绕《北京城市副中心鼓励成长型中小企业发展奖励办法》《北京城市副中心招商引资中介奖励办法》的扶持方式和标准及奖励等方面进行详细解读，同时搭建政企交流平台，让参会企业代表进一步了解北京城市副中心。

【召开北京城市副中心招商推介暨珠三角企业家闭门座谈会】 11月24日，由区人民政府主办，区投促中心承办的北京城市副中心招商推介暨珠三角企业家闭门座谈会在深圳举行，120余家行业领军企业的创始人及主要负责人参加会议，涵盖人工智能、大数据、云计算、大健康、资产管理、智能制造等众多领域。活动中，副区长苏国斌全面介绍副中心及重点区域的规划定位、建设发展情况以及发展优势，并对副中心支持产业发展的系列优惠政策进行推介，同时邀请海闻教授做专题演讲。交流环节，企业家和投资人围绕企业发展、选址考虑因素以及对北京城市副中心的建议等话题深入探讨，踊跃发言。

【举办走进通州企业家健步行活动】 12月4日上午，区投促中心联合区体育局、副中心投资建设集团和北京农商银行通州分行共同举办“2020第一届‘北京农商银行杯’走进通州企业家健步行活动”，百名通州企业家参加。活动地点定在绿心森林公园东南角雨洪区的樱花庭院，长度约3千米。通过健步走活动，提高企业家的身体素质，让企业家更加深入地了解副中心建设、了解未来发展趋势，为企业之间提供更加广阔的交流渠道。

【召开安徽企业家闭门座谈会】 12月15日，由区政府主办，区投促中心承办的北京城市副中心招商推介暨安徽企业家闭门座谈会在安徽召开，科大讯飞股份有限公司、亚美光电技术股份有限公司、一拓通信科技集团股份有限公司等上市公司，中融国际信托、中信银行、国元证券、诺亚财富等知名金融机构以及百余家行业领军企业的创始人或主要负责人参加会议，涵盖人工智能、大数据、云计算、大健康、资产管理、智能制造等众多领域。通过此次座谈会，让大家更全面地了解北京城市副中心的战略定位、产业规划和政策优势。

（贾一彤）

国有资本运营

【概　况】 2020年，国资公司围绕北京城市副中心建设，全力推进各类工程项目建设，重点工程项目进展显著。

八里桥片区棚户区改造项目：2020年签约19户，发放4户搬迁补偿款3000余万元；按照区政府意见保留的规划方案编制完成项目实施方案，测算项目成本约92.1亿元。文化旅游区土地一级开发项目：国际人才社区项目，通马路综合交通枢纽，环球影城北综合交通枢纽项目取得拨地钉桩报告、水评、交评批复，完成成本审核并取得成本预审会议纪要、多规合一审查意见、地价专家会、移动信号塔迁改等上市前期工作；文旅区7、8、9号地块项目完成规划综合实施方案编制，待取得批复后开展后续工作；代收转付各类费用1.35亿元；收回10片区安置房2.4亿元。通州宾馆项目：项目取得“多规合一”协同平台综合会商意见函；完成结构检测、安全鉴定并取得相关检测报告，项目外立面方案通过副中心实施处专家评审会；再次开展通州宾馆股权转让相关工作，完成审计、造价咨询及评估，取得区国资委同意股权转让方案的批复，后续工作正在有序推进中。文化旅游区10片区安置房项目：完成前期30栋住宅楼装修施工及楼内机电设备安装并通电亮灯调试，正在施工的8栋住宅楼主体结构全部完成；取得节能批复、供电方案，完成土地权属审查工作，正在办理工程规划许可证及土地协议出让手续。帅府·潞苑项目：该项目完成土方和护坡施工，正在进行地基处理和基础底板结构施工；项目方案通过规自委通州分局“多规合一”平台审查，项目于2020年12月30日开盘。核心区3号地杨坨安置房：取得国有土地使用证，完成地籍核查审核；计划于2021年3月中旬启动产权证发放工作。铝材厂项目：与规自委就铝材地块产权变更方式进行沟通及上报工作；按照区拆违办及玉桥街道办事处要求，配合完成铝材地块卫星图斑核实以及违建台账；硬科技项目拟建设及引入企业，新注册及迁址通州区企业32家。

【融资保障】 2020年，国资公司围绕做好融资工作，主动担当作为，进一步提高思想认识，围绕北京城市副中心建设，以更加有力的措施，更加精准的服务，承担区委、区政府有关工作。截至2020年12月底，国资公司融资192.45亿元，余额为105.9175亿元，提供担保11.9749亿元。另受理首创中小企业项目250个，金额20.3亿元，小额创业担保贷款项目20个，金额520万元，农担中小企业在保项目4个，金额

3300万元。疫情期间，公司为缓解通州区中小企业资金难的问题，主动将担保费由原来的1.7%降至1.5%，降费合计240万元。同时对抗疫做出贡献的企业出台免除3‰评审费的优惠政策，合计6.6万元。免收商户租金138万余元。为通州区中小企业的发展提供有力支持，也为通州区经济的稳步复苏做出积极贡献。

【疫情防控】 2020年，面对新型冠状病毒肺炎疫情蔓延的严峻形势，国资公司党委坚持守土有责、守土尽责、守土担责，强化国企担当，以强烈的政治责任感、使命感，坚决扛起疫情防控责任。派出10批次、367人次下沉乡镇街道防疫一线；2批次、8名党员群众到北京火车站进行上浮工作。北京通州房地产开发有限责任公司下辖北京市通州兴华物业管理公司37个物业服务点位，管理面积约242万平方米，管理户数25349户。公司全体干部职工，于1月26日（正月初二）放弃节假日，克服困难坚决高质量完成各项工作任务，在确保小区疫情防控安全的同时做好便民服务工作。开展帮扶活动14次，配送生活必需品104份。国润酒店被指定为医学隔离观察点，自2020年2月1日至7月13日，国润酒店配合市政府、区政府累计接待医学观察人员5批次1574人，提供住房14756间（夜），用餐17215人次。在接待隔离人员的105天里，充分发挥国企担当，完成隔离人员接待服务工作。

【“12345”接诉即办】 2020年，抽调专业能力较强人员，成立接诉即办工作专班，通过围绕重点问题、解决难点案件，有效提升国资公司接诉即办工作的“三率”（响应率、解决率、满意率），使接诉即办、信访工作水平有新的提高。接到并反馈接诉即办案件1287件次，解决率达70%，主要涉及物业管理类、公园管理类、拆迁安置类、房屋产权类等，所有投诉均得到妥善处理。通过接诉即办工作的开展，切实解决小区垃圾分类推进难、疫情防控不到位、房产证办理困难及老旧小区治理难等关系到百姓切身利益的问题，让群众的身边事办得更快、办得更好，从而不断增强人民群众的获得感、幸福感、安全感。

（姚雪峰）

城市绿心森林公园（摄影 郭建华）

2021

农业与农村

北京通州年鉴

综　述

【概　况】 2020年，全区上下坚持以乡村振兴战略落实为抓手，对标对表市农业农村局对“三农”领域提出的各项工作要求，扎实推进各项工作的落实。保障“菜篮子”有效供给。加快恢复农业产能，实现“菜篮子”稳产保供目标。

农产品质量安全持续向好。完成国家农产品质量安全县创建迎检验收工作。发展富民农业产业，融合发展迈上新台阶。高定位推动农业产业转型升级。打造一村一品新格局，通州区于家务乡果村、西集镇沙古堆村、漷县镇柏庄村为市级“一村一品+”试点。深化农村改革，激发农村发展活力。深化农村“三资”监管改革。深化农村产权制度改革。深化农村土地制度改革。扎实推进美丽乡村建设，补齐民生短板。深化农村人居环境深化整治，健全长效机制建设。着力重点民生工程，推进村庄建设。结合“十四五”专项规划，推进示范村创建。“煤改电”长效机制工作。推进低收入农户“脱低”工作收官。高标准完成低收入农户动态管理工作。加强资金支持，推动低收入农户增收及低收入村产业项目发展。

【春季管理及备耕工作】 2020年，组织协调各业务站对冬小麦墒情、苗情、生长情况进行调查，下发《关于做好当前冬小麦抗旱工作通知》、《关于做好2020年冬小麦春季田间管理技术意见的通知》，以及《通州区小麦春季管理意见》和《通州区小麦春季植保工作意见》，为农户搞好冬小麦春季管理提供技术保障。对全区春白地面积和各乡镇种子、化肥、农药等农资准备情况进行摸底调查，准确掌握春种和备耕工作情况。

【“三夏三秋”服务】 2020年，制定“三夏三秋”工作意见，对“三夏三秋”工作进行安排和部署，成立“三夏三秋”工作协调小组，制定并下发冬小麦、夏玉米生产技术规程和植保工作意见。做好收、种、管情况调查及各项技术服务工作，建立“三夏三秋”工作情况通报制度和各种自然灾害调查统计上报工作机制，及时沟通情况，解决“三夏三秋”期间各种技术问题，完成“三夏三秋”各项工作。全区秋播冬小麦面积10137.6亩。

6月18日，“三夏”小麦收割
（区农业农村局提供）

【农情信息报送】 2020年，累计上报农业农村部《秋冬种作物播种情况调查表》《秋粮收获情况调查表》《全年主要农业技术推广面积预计表》等各类农情报表187套，上报全区农业生产、技术服务等农情信息30余条，上报市农业农村局“三夏三秋”生产进度表40余套，完成农业局粮经种植档案网上调查统计汇总5次，为农业农村部、市农业局全面掌握粮食生产情况提供基础数据。

【执法监督】 通州区农业农村局及其7个执法单位，全年以整体排查、个别抽查、夜间突击检查等形式，对全区范围内的农资生产经营部门进行详细检查，净化农业投入品市场，从源头上保证农产品质量安全。截至年底，查处各类违法案件160起，结案160起，罚没款141108.4元。在2020年全国渔业行政执法案卷评查工作中，渔政站的行政处罚案卷获评为优秀案卷，全年未出现一例行政复议和行政诉讼案件。

【日常执法检查】 依托市农业农村局开发的“双随机”抽查摇号系统，按照风险分级、量化监管的工作原则，针对A、B、C不同风险等级的监管对象设置合理的抽查比例与频次，每月月初进行“双随机”抽查，由执法人员填报抽查结果，定期在北京市农业执法网和北京通州网站对抽查结果进行公开；与市场监管局一起制定《联合“双随机”检查工作方案》，并组织开展多次联合“双随机”检查。截至年底，通州区各执法单位依托“双随机”平台完成摇号检查228次，有效维护农业生产秩序。

【农业执法队伍规范化建设】 2020年，根据区依法行政领导小组办公室的工作部署，严格按照权责法定、精简效能、统一规范原则深入推进行政执法岗位目录制度，依据权力清单和法定职责梳理的行政执法事项，做到权责清晰，事项齐全；对照职权职责和实际执法活动合理设置岗位，做到科学整合、高效精简；依照履行权利方式确定岗位类别，确定监督执法和政务服务两类岗位。按照一人关联一岗的要求完成全区农业行政执法人员与岗位的关联，并及时根据人员调整情况对系统进行动态维护，确保执法人员履行岗位职责、行使岗位权力状况可监督、可评价。进一步推进农业执法队伍的规范化建设，为农业综合执法改革奠定基础。

【行政执法衔接】 2020年，根据《北京市通州区人民政府关于向街道办事处和乡镇人民政府下放部分行政执法职权并实行综合执法的实施方案》的分工安排，主动与街道办事处和乡镇人民政府进行协调，共同就划转的行政权力、工作机构、执法人员、执法装备，相关的行政复议和行政诉讼案件、现行有效的制度规范等进行主动对接并完成《行政执法事项交接清单》，完成与相关单位的职权交接工作。

【扶持壮大村级集体经济试点工作】 2020年，在继续扶持8个试点村的基础上，从2018—2019年集体经营性收入低于10万元的村中遴选15个作为经济发展村开展扶持工作。拨付中央、区级财政扶持资金350万元，指导各项目村因地制宜、政策集成，利用各类资金资产资源，探索多种发展路径，以发展林下经济、设施农业、光伏发电、乡村旅游等产业项目发展集体经济。2020年23个项目村集体经营性收入稳步增长，总经营性收入为1317.17万元，同比增长116.67%，增收任务顺利完成。

【建立健全“村地区管”机制】 2020年，按照市级要求，在多轮征求各有关部门及乡镇意见，并在区委、区政府相关会议审议的基础上，制发《北京市通州区人民政府关于“村地区管”的实施意见》；建立农村土地经营权流转联席会会议审议制度，并纳入“四议一审两公开”管理范围，涉地经济合同严格做到“六必审”（“六必审”：合法合规必审、规划用途必审、条款规范必审、价款合理必审、乙方资质必审、违约责任必审）；健全农村产权流转交易服务体系，与合同联预审机制做好衔接，农用地对流转规模达到20亩（含20亩）以上的，进入农村产权流转交易市场公开交易，进一步规范农村集体土地管理。

（王天宇）

农村经济管理

【概　况】 2020年，以实施乡村振兴战略为总抓手，以维护农民合法权益和促进农民增收为目标，践行新发展理念，深入推进农村“三资”监管改革、农村集体产权制度改革、农村土地制度改革，加强农民专业合作社规范管理、农村社会事务管理。

【农村土地承包经营权确权登记颁证工作】 在完善土地承包信息数据库的基础上，部署启动土地承包经营权证发放工作。截至2020年底，全区有9个乡镇335个村开展土地承包经营权证书发放工作，累计颁证8万余本，颁证率98%。

【农村土地经营权有序流转】 依据土地流转相关法律法规和政策，对基层组织土地流转工作进行指导和规范，助力平原造林工作。督促乡镇、村认真履行主体责任，加强对土地承包和流转工作的监督管理。2020年，全区累计流转土地面积34.9万亩，占确权土地总面积的76%。

【完善“三资”监管信息系统】 不断完善“三资”监管信息系统，实现对农村集体“三资”的全方位管理。2020年，信息系统监管村级大额资金使用16917笔，金额201.84亿元，否决不合理资金使用760笔，金额20.67亿元；监管资产处置226笔，否决不合理资产处置16笔；监管资产购置944笔，否决不合理资产购置63笔；监管经济合同签订2771份，否决不合理经济合同89份；监管土地流转申请241次，否决不合理土地流转合同20份，涉及耕地面积1763.8亩。

【规范农村集体经济合同管理】 2020年，开展农村集体经济合同自查自纠工作，重点对涉地经济合同进行全面清查及问题整改。全区有村级经济合同17556份，金额327.5亿元（收入）。其中涉地经济合同14334份，金额163.4亿元（收入）；问题合同3233份，金额67.4亿元（收入）；整改3231份，金额67.3亿元，整改率99.9%。

【农村集体资产年度清查】 按照市区部署，组织开展2018年度和2019年度农村集体资产清查工作。据统计，核实2018年镇村两级资产总额469.63亿元，资源总面积103.96万亩；核实2019年资产总额505.52亿元，资源总面积104.07万亩。

【深化乡镇土地股份联合社（联营公司）建设】 2020年，以股份合作、乡镇统筹、集体持有、市场运作、共享发展、长期受益为基本原则，指导台湖镇、张家湾镇、西集镇、马驹桥镇、于家务乡、潞城镇、宋庄镇、漷县镇、永乐店镇9个乡镇全部完成镇级联营公司的组建。

【农村产权流转交易市场】 推进乡镇级农村产权交易服务站建设，加强与北京农交所合作机制，为促进农村集体资产增值保值、增加农民收入搭建平台。2020年，全区完成农村产权招投标事项19宗，预案价6577.6万元，成交价6623.87万元，合同期内为村集体增收节资约46.27万元。

【农民专业合作社】 推进国家和市区级示范社建设，对国家级示范社实施动态监测和运行分析，实现优胜劣汰。2020年，全区有94家合作社正常经营，其中，国家级示范社8家、市级示范社11家、区级示范社16家。指导北京专平林下农业专业合作社、振龙园农民合作社等6家合作社完成高效设施蔬菜产业集群建设项目申报工作，计划从设施提档升级、加工冷藏及运销平台等方面推进合作社特色产业集群建设。

【村级公益金审计】 2020年，组织各乡镇开展2019年度村级公益事业专项补助资金审计工作，11个乡镇中，有472个村完成公益金审计工作，审计金额10732.43万元，未发现问题情况；剩余2个村的村委会资金账户不能正常运转，无法进行公益金审计。

【农村集体经济组织换届换证】 截至2020年，有389个村完成换届，465个村完成换证。此外，组织376个农村社区股份合作社开展登记证书换证工作，完成登记证换证372个，完成率98.9%。

【统计分析和低收入监测】 按照全市统一部署，完成2019年及2020年收益分配统计报表的审核、上报和分析工作。根据统计结果显示，2020年全区农村集体经济总收入18.81亿元；镇村两级集体资产总额为550.36亿元，所有者权益总额为216.72亿元。全区农户所得总额为117亿元，汇总分配人口为37.51万人，人均所得为31194元，同比增长2.6%。

（安玥凝）

种植业

【概　况】 2020年，通州区以稳定提高蔬菜播种面积，保障市场供应为主线。通州区新建钢架大棚997.68亩，其中单栋钢架大棚749.15亩，联栋大棚248.53亩。部分新建大棚做到当年安装，当年投入生产，当年供应市场。2020年蔬菜播面9.28万亩（不含草莓和西甜瓜），蔬菜产量24.89万吨。工厂化蔬菜生产的企业4家，分别是北京方圆平安生物科技股份有限公司、绿源永乐（北京）农业科技发展有限公司、北京恒通晟业农业科技有限公司和北京二商希杰食品有限责任公司，生产面积16.96万平方米，产量5.04万吨／年，主要生产品种为豆芽和蘑菇。蔬菜多种渠道进入流通市场：地头销售51%、批发市场23%、菜市场16%，10%蔬菜产品进入农超对接、会员制、电商和采摘等。为做好农业面源污染防治工作，开展化学农药减量、化肥减量、农药市场监管与服务等各项内容。通过落实各项防控措施，2020年全区农药利用率45.2%，统防统治和绿色防控覆盖率分别为61.3%和65.2%，测土配方施肥技术覆盖率达到98%以上，肥料利用率达到40%，为农产品质量安全、农业生态安全提供保障。

【化学农药减量】 持续提升监测预警水平。设立12个病虫草鼠害发生情况监测点。为应对草地贪夜蛾迁入危害，在全区涉农乡镇设立177个性诱监测点，布控性诱捕器240套，实现区内粮食作物性诱监测全覆盖，开展化学药剂防治130亩次；同时组织各级技术人员参加线上线下技术培训5次，共计170人次。推进绿色防控工作。依托区内农资经营店建立8家植物诊所，针对病虫害进行问诊开出处方，直接面向种植户推荐至少三种绿色防控技术措施，回收处方单2517份。依托北京市农药减量使用管理系统运行平台，经各乡镇农业主管部门确认，惠及补贴对象1059个，覆盖面积2.5万亩；开具绿色防控处方3186个，销售绿色防控产品覆盖7.6万亩次。加强推进统防统治进程。针对重大迁飞性害虫开展重点地块的物资补贴，促进0.6万亩次统防统治工作开展；通过专业化服务组织，利用天敌释放、生物农药等绿控技术对番茄、甜瓜、黄瓜等10多种农作物，开展非化学防治措施，实施示范面积2500亩次；开展蔬菜病虫害全程专业化服务示范，提供各项技术服务1万余亩次。

【化肥减量】 持续开展农户施肥调查，掌握施肥样本，为开展科学施肥提供依据。推广应用测土配方施肥技术。为农户提供施肥建议卡800份，全区推广施用配方肥2200吨、缓释肥400吨，建立6个测土配方施肥示范基地，示范面积600亩。示范推广高效施肥技术。示范推广以滴灌、微灌施肥为核心的水肥一体化技术，示范面积100亩；开展复合肥微生物菌剂试验示范3项。开展耕地质量长期定位监测。持续通过20个监测点进行监测，监测类型为粮田、蔬菜、果树，监测点位面积3000亩。加强肥料市场监管。全年组织执法活动28次，出动执法人员56人次，检查门市数量92家次。开展化肥减量技术宣传培训。组织科技培训1次，为农民提供田间技术指导服务38次，发放宣传500份。科技书籍50册。

【农药市场监管、技术指导与服务】 协助做好农药市场监管工作。指导农药经营单位84家次，指导服务基地110个次，检查农药库房110个次，出动执法人员117人次。同时进行禁限用农药名录、农药废弃包装回收的宣传。配合北京市农药检定所抽取农药样品25个，区质检站抽取农药样品20个。做好区内农药使用技术指导与服务。通州区设立农药使用监测点12个，通过《蔬菜、大田农药使用动态监测项目》实施对农药施用情况进行监测，农药使用监测基地使用农药品种80种，蔬菜监测基地使用农药68种。推进农药包装、农膜等废弃物回收处置工作。20家农药经营部门进行废弃物日常收集、分类整理、保管转运和集中处置等项工作，全年累计回收废弃农药废弃物47.15吨、农膜等废弃物87.73吨，均完成无害化处理工作。

【粮食及其他作物种植】 2020年，全年粮食种植面积40041.9亩，比上年增加1213.3亩，总产17048.7吨，比上年增加819.5吨。其中夏粮种植面积10137.6亩，比上年减少822.6亩；总产3855.3吨，比上年减少193.4吨。秋粮种植面积29904.3亩，比上年增加2035.9亩；总产13193.4吨，比上年增加1012.9吨；其中玉米种植面积28285.6亩，比上年增加1326.9亩，总产12524.7吨，比上年增加617.6吨；大豆种植面积557.3亩，总产99.7吨；薯类种植面积1054.4亩，总产568.1吨。小麦、玉米种植面积、总产量与上年相比均有较大幅度变化。

（王天宇）

养 殖 业

【概　况】 2020年，通州区有备案畜禽养殖场10家，其中，奶牛场6家，肉羊场1家，肉鸡场1家，肉鸭场2家。截至12月底，全区家畜存栏1.76万头（只），累计出栏家畜0.79万头（只）；全区家禽存栏2.96万只，累计出栏家禽106.98万只；累计鸡蛋产量96.14吨；累计牛奶产量3.5万吨。截至12月底，成鱼产量3301吨，观赏鱼产量36198万尾。

【生猪产业优化及供应保障】 2020年，为全力做好生猪稳产保供相关工作，新建一家基础母猪1500头、年存栏1.7万头、出栏3万头的现代化科技化生猪规模养殖场。截至12月底，生猪存栏5490头，累计出栏993头。

【畜禽粪污资源化利用评估】 6月，农业农村部畜牧兽医局评估组一行到通州区开展畜禽粪污资源

北京市畜牧业环境监测站常规监测

（区农业农村局提供）

化利用第三方评估工作。对北京市通州区种羊繁育推广中心等10家养殖场进行检查，各养殖场均通过评估。

【农产品质量安全】 2020年，联合农产品质量安全部门印制渔业质量安全承诺书和明白纸。联合区渔政站、区水产技术推广站和检测机构开展产品抽样检测工作，完成农业农村部16个产品抽样，区级150个产品抽样（定量50个，定性100个）。配合农业农村部完成2个奶站的生鲜乳例行监测、国标指标监测，以及对3个饲料生产企业的抽查。组织区动监所配合市饲料监察所完成各季度饲料、生鲜乳质量安全监测抽样工作。

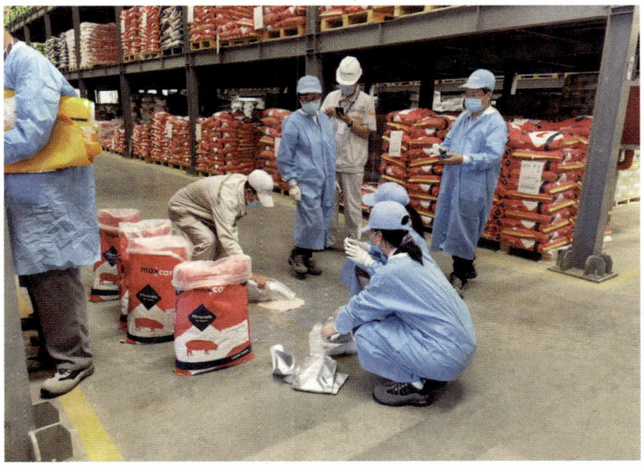

9月8日，农业农村部饲料抽检

（区农业农村局提供）

【疫情防控期间养殖业保障工作】 疫情防控期间，对蒙牛乳业（北京）有限责任公司进行摸底调查，摸清企业的开复工情况以及用工需求、产销情况、实际困难等。根据市农业农村局要求，对畜禽备案养殖场和水产养殖场进行调查，主要了解疫情期间农业生产情况、存在问题和困难、需市农业农村局协调解决事项等。根据区农业农村局制定的《北京市通州区农业农村局关于农业生产企业园区和种植养殖户做好新型冠状病毒感染肺炎疫情防控工作的指导意见》，督促各乡镇加强对返京人员管理，坚持日报告、“零报告”。根据市发改委《关于做好疫情防控重点保障物资生产企业名单管理工作的通知》要求，申报相关饲料生产企业名单，并享受税收优惠政策。根据市畜牧总站《关于开展2020年畜牧业农机需求调查工作的通知》要求，组织畜禽养殖场和饲料生产加工企业，对疫情期间购置的农机设备进行申报。

（王天宇）

农业机械

【概　况】 2020年，全区拥有农机总动力11.6万千瓦。小麦联合收割机55台，玉米联合收获机59台，拖拉机488台，其中大中型拖拉机395台，小型拖拉机93台。拖拉机配套农具1068台（件/套），其中大中型配套农具814台（件），小型配套农具254台（件）。收获机械128台，植保机械249台，农副产品加工机械75台，渔业机械4671台，畜牧业机械173台，青贮收货机14台，全区卷帘机5616台，微耕机1319台，农用排灌机械5199台。

【落实国补机具政策】 2020年，按照通州区农业产业结构调整和城市副中心建设要求，区农机服务中心贯彻落实国补机具政策，加大购机补贴政策的实施力度，加快提升农业重点产业机械化水平，发展都市农业急需的农业机械与设备，推进落实市农业农村局各项农机补贴工作。区农机服务中心向各乡镇农业主管部门发放北京市农机补贴宣传材料约1000份。召开农机补贴工作培训会，讲解农机补贴政策与流程并解答相关疑问。建立通州区农机购置补贴信息公开专栏。将北京市农机补贴文件信息材料全部在全区农机购置补贴信息公开专栏中公布，公布38条相关信息。审核通过农机补贴机具49台（套），涉及补贴资金154.78万元，其中涉及中央补贴资金107.11万元，市级补贴资金47.67万元。开展农业机械报废更新补贴试点工作。农机中心根据《北京市农业机械报废更新补贴试点方案》和《北京市报废农机回收企认定指导标准》的文件的要求，主动联系机动车报废回收企业，于9月1日确定农机报废回收定点单位，并将相关文件及定点回收单位的信息发布在通州区农机补贴信息平台上和发送给全区各乡镇农业主管部门。

【农机安全生产】 2020年，区农机服务中心狠抓农机安全生产工作，在宣传教育、规范管理、从严整治上下功夫。成立农机安全监督领导小组，全面落实安全生产责任制，农机安全和监管得到加强。抓检查督办。在春耕、“三夏”、“三秋”期间成立巡查组，对投入的各类农机具进行安全技术状态检查，保障安全生产。抓年检审验。采取送检下乡，服务上门的工作方式，为农民机手提供主动服务，对所有在册的符合年检条件的，特别是国补机具逐台进行预约上门年检，消除农机安全隐患。截至年底，拖拉机和收割机注册登记24台、注销登记56台，公告注销6台，补领换领行驶证7台，变更登记5台，登记事项更正9台，车辆转入1台，检验拖拉机和联合收割机258台，检验率达到95.86%。

“三夏”农机检查

（区农业农村局提供）

【新型农机技术推广】 2020年，区农机服务中心逐步加大新型农机的推广，进一步优化农机装备结构，为设施农业建设提供保障。深入了解农民对农机服务的需求，引进适应农业生产的农机新技术、新机具。逐步增加中小型机械、高科技含量机械、复合作业机械。逐步淘汰不适应农业需要的机具，引导农民购买使用效益较好的高端复式作业机具，降低农民的劳动强度，提高农业生产效率。

【推广自动控制卷膜器】 2020年，区农机服务中心为全面推进非道路移动农业机械污染物减排控制工作，切实保护农业生态环境。按照《北京市农业农村局关于做好2020年度拖拉机和联合收割机污染物减排控制装置加装工作的通知》要求，结合实际情况，制定印发《2020年度拖拉机和联合收割机污染物减排控制装置加装工作的实施方案》。根据市农业农村局及市监理总站的工作部署，核准、制定加装台账，对通州区登记注册并享受过农机购置补贴政策的拖拉机进行污染物减排装置加装工作，加装任务数量为57台。核准加装清单，确认加装对象，完成农机减排控制装置的招投标工作，并对加装流程、产品信息、政策咨询方式等信息进行全面指导。

【农机培训】 2020年，区农机中心联合农机学校，坚持服务大局、服务“三农”的宗旨，采取主动送教下乡的方式对全区农机驾驶操作人员进行系统的培训和考试，培训内容包括农机生产法律法规、农机驾驶操作知识、农机使用维护和保养、安全作业常识等。

（王天宇）

新农村建设

【概　况】　新农村建设继续深入推进美丽乡村创建工作，按照市委书记蔡奇调研全市乡村振兴战略时提出的“四线两区”全部纳入美丽乡村建设范围、全面启动建设工作的要求，全区把握打基础、补短板、强弱项的工作思路，重点在农村人居环境面貌改善、科学编制村庄规划、探索乡村振兴示范路径上开展工作，并取得一定成效。2020年，农村人居环境整治为疫情防控保驾护航，做到疫情防控、环境整治双推进、双见效。年底，通过农村人居环境整治三年行动收官验收，近百个美丽乡村创建通过市级验收，乡村振兴示范村创建通过全市阶段性评估，进一步巩固“无煤化”工作成果。

【农村人居环境整治及美丽乡村建设工作】　2020年，在农村人居环境提升方面。多年影响农村环境的顽疾实现彻底治理，农村几十年来累积形成的脏乱差现象得到极大改观，百姓的生活习惯也发生转变。

在村庄建设方面。完成全区344个村庄的规划编制工作，同步完成一批村庄的建设实施方案编制工作。启动一批村庄的基础设施建设工作，在统筹推进村庄“补短板”基础设施工程的基础上，结合地区发展实际和百姓需求，在全市首创“一事一议”项目及“小微工程”项目，分类管理、分类实施，解决“一揽子”百姓身边的难题。针对美丽乡村建设项目面积大、项目散、推进慢等特点，创新项目管理“四统一”模式，对手续办理、造价咨询、质量把控、资金安全等工作全方位把控。

在乡村振兴示范村创建方面。按照市里提出的鼓励创新、长远考虑、集中打造的原则，在于家务、西集、永乐店3个乡镇中确定16个市级示范村庄，划分3个示范创建片区，各片区正在以产业兴旺、生态宜居、乡风文明、治理有效、生活富裕为创建目标，结合实际、因地制宜、分类实施、集中连片地打造培育示范典型，部分村庄在环境建设、村容村貌提升、乡风文明、基础设施配套、产业发展等方面初步形成示范效果，为全区其他村庄提供可推广、可借鉴的示范样本。

【“煤改电”长效管护工作】　2020年，进一步完善全区平房住户取暖“煤改电”长效管护机制，对设备运行情况、企业售后情况、用户使用情况、用电安全等工作进行巡查，联合区人力社保局通过网络平台开展通州区综合协管员岗位技能提升的培训，在全区范围内完成4.3万户的“煤改电”设备电子智能检测平台安装工作，实现对“煤改电”住户冬季取暖期间设备的使用运行、设备维修及企业售后服务质量的智能化监督管理。

【低收入村摘帽】　截至2020年底，全区3个低收入村（西集镇耿楼村、车屯村、吕家湾村）实现摘帽，876户、2004人实现脱低。低收入户人均可支配收入为16932元，超过11160元标准线，增幅15.3%。

【农村宅基地管理和改革工作】　2020年，按照农村宅基地管理和改革工作职能划转的有关要求，在新农村建设服务中心设立宅基地指导科（事业科室），负责通州区宅基地管理和改革的相关工作。牵头制定《通州区农村宅基地及房屋建设管理的若干规定（试行）》，对区域内11个乡镇，符合填报要求的376个村开展宅基地管理与利用年报统计工作。

（王媛媛）

林 业

【概　况】 北京市通州区园林绿化局（简称区园林绿化局），挂北京市通州区园林绿化委员会办公室（简称区绿化办）牌子。负责区园林绿化工作，设5个内设机构以及18个局属基层单位。

【规划编制】 2020年，编制《城市副中心“十四五”时期园林绿化发展规划》《通州区园林绿化空间规划》《通州区绿道系统规划》等多个上位规划，重新修订、印发《北京城市副中心城镇绿地养护管理工作意见》《北京城市副中心公共绿地养护管理工作办法》《北京城市副中心公共绿地养护管理考评工作办法》等文件。

【新一轮百万亩造林】 2020年，高标准实施新一轮百万亩造林工程，启动、实施张家湾公园三期、潮白河森林生态景观带四期等22个绿化项目，完成新增造林2万亩的主体栽植工作，进一步充实、完善副中心“两带、一环、一心”的生态格局，持续推进环城绿色休闲游憩环闭环。初步完成2021年百万亩造林工程的选址工作，力争在增补绿块、串联绿道、重点提升等方面落实建设任务1.3万亩。

截至2020年底，森林覆盖率达到33.02%，城区绿化覆盖率达到51.02%，城区人均公园绿地面积达到19.31平方米，城区公园绿地500米服务半径覆盖率达到91.35%。全区生态环境有效改善。

【绿化工程建设】 2020年，逐渐完善“两带一环一心”绿色空间格局。东部一带中，完成以潮白河森林生态景观带（四期）为代表的3个项目约4791亩，与之前的项目补足3.5万亩生态景观带建设，以万亩银杏林、樱花公园为特色，率先实现京津冀生态协同发展；西部一带中，台湖镇2020年景观生态林建设工程等2个项目约1024亩，结合原有项目形成2.6万亩生态绿带，进一步加强中心城区和副中心的生态联系。持续推进2个在建公园的施工建设，其中张家湾公园一期实现开园迎宾；城市绿心森林公园，在9月完成开园。

【城镇绿化美化建设】 2020年，创建首都绿化美化花园式单位13个、花园式社区10个、首都绿色村庄20个、森林城镇2个，有299个村建有“村头一片林”，占村庄总量的81.47%。

【绿道网格体系】 2020年，完善通怀路、壁富路、六环西辅路等风景林荫路20条；建设北运河绿道、运潮减河等绿道300余千米，完成潮白河绿道、北运河绿道互联互通400千米。完成京榆旧线、京津公路等20条路的月季和部分地被的栽植工作。

【林地绿地精细化管理】 2020年，明确管护主体、提高管护标准、创新管护机制。155平方千米范围内公共绿地由园林绿化局统筹管理，155平方千米范围外平原生态林园林绿化局监管，属地政府具体管理。155平方千米范围内绿化养护工作出台副中心工作标准，加强日常巡查、养护考核、每季度区政府通报，养护工作多次位列全北京前列。

在大运河森林公园、西海子公园等地突出重点区域，持续强化环境管控，补植地被近15万平方米，有效减少地表裸露；重点做好宋梁路、减河公园等景观道路，通燕高速、六环路等重要通道的生态景观管理，擦亮副中心名片，进一步确保副中心内城市森林景观景不断线，绿不断链。

【集体林场改革】 2020年，通州区本着“试点先行，逐步推进”的原则，在全市率先开展林场组建工作，理顺机制、破解难题。12月，通州区在北京市集体林场现场工作会，介绍先进经验和做法。完成9个乡镇的集体林场组建，集体林场组建任务100%完成。全区21.16万亩生态林将全部移交集体林场养护，每年实现绿岗就业5000余个，将实现森林城市建设成果更好的惠民、利民、富民。

【森林资源管理】 2020年，受理并完成林政审批1700余件；初步完成通州区第9次园林绿化资源专业调查工作；进一步做好140株古树养护管理工作；实时更新森林督查暨森林资源管理“一张图”；稳步推进森林资源智慧管理监督平台建设运行。

【森林防火】 2020年，全面严格落实森林防火行政首长负责制，加强可燃物清理，加大社会宣传和巡查防控力度，签订区级责任书21份、乡镇级责任书673份。加强监督检查，全年各级派出检查组达50支，300多人次，认真梳理工作漏洞，及时进行整改。通州区实现连续34年无重大森林火警、火灾。

【林木有害生物防治】 2020年，检查网格点位3500个，飞防166架次，预防控制面积约24.9万亩次。通过全覆盖网格化巡查飞防等工作，通州区对林业有害生物保持测报准确率91%以上、无公害防治率95%以上，控制成灾率在1‰以下，确保全区绿色景观完整、生态安全、社会稳定。

【林业行政执法】 2020年，加强林业执法力度，立案12件，包括林业行政案件10件、刑事案件2件，收缴涉案野生动物2条；抓获犯罪嫌疑人2人，有效打击破坏森林资源违法犯罪活动，维护林业秩序，促进林业生态安全。

【林业产业】 2020年，围绕服务北京城市副中心建设和京津冀一体化协同发展的工作目标，依托“通州大樱桃”“张家湾葡萄”两个国家级地理标志，打造通州产业品牌。果树生产总面积约4万亩，产量约3000万千克，产值约3亿元；登记在册苗圃总面积5.2万余亩，其中规模化苗圃38个，面积2.9万余亩；其他在册苗圃140个，面积2.3万余亩。实现1000余人就业；花卉种植面积2744亩，产值5530余万元，大中型花卉企业达4个；养蜂户23户，专业合作社2个，蜂群1038群。

【野生动物保护】 2020年，全区范围内有野生鸟类135种，各类鸟类11万只次。救助野生动物120次，累计救助野生动物120余只。市区两级监测站4家、巡查监测单位23家。

（牛兴 祝悦）

城市绿心森林公园（摄影 郭建华）

2021

工业 信息化

北京通州年鉴

工　业

【概　况】　2020年区域工业完成总产值596.4亿元，同比下降0.6%；营业收入746.8亿元，同比下降3.3%；增加值189.0亿元，同比增长3.7%；利润总额54.4亿元，同比下降9.0%；上缴税金44.1亿元，同比下降12.0%。其中全区规模以上工业企业完成总产值576.8亿元，同比下降4.9%，占区域工业总产值的比重为96.7%。

经济运行特点：一是总体运行趋稳，降幅继续收窄。由于新冠疫情造成市场需求不足、供应链不畅、人员流动不畅、物流不畅，工业企业订单不足、经营成本上升、资金周转困难等叠加因素影响，一季度区域工业形成22.7%的巨大降幅，致使2020年工业主要经济指标一直延续下行态势。但从二季度开始，由于国家各项政策综合发力，全区工业企业产能加快恢复，三季度末基本趋于正常，到年底产值降幅逐步回调到接近往年的水平。二是涉及保障民生的工业产业运行比较正常。2020年通州区涉及保障民生的都市产业产值增速为6.6%，是六大产业中唯一正增长的产业，主要原因是农副食品加工业同比增长65.6%，烟草制品业同比增长9.2%，共同拉高4.4个百分点。另外产值增速同比下降的五大产业，从二季度开始，降幅呈现缓慢收窄态势，除汽车与交通设备产业外降幅均收窄为个位数。三是全新的高精尖产业体系亟待建立。经过近几年的疏解整治促提升工作，通州区域内绝大多数低端制造业企业关停退出，疏解整治成效显著，但提升工作还任重道远。截至年底，从经济指标完成情况看，全区工业经济结构仍然很不合理，六大产业总量排名第一的还是都市产业，占全区规模工业的比重高达31.5%。因此，亟须引进发展高精尖产业，建立符合北京城市副中心定位的工业经济结构。

（金绍光）

【疫情防控和复工复产】　2020年，按照市委、市政府关于统筹做好疫情防控和经济发展工作的统一部署，根据通州区新型冠状病毒感染肺炎疫情防控工作领导小组的安排，有效落实通州区工业企业疫情防控、复工复产和生产经营等主体责任，统筹兼顾，全力做好疫情防控和复工复产工作。成立区工业复产工作小组、工作协调推进组，负责统筹做好全区企业复产防控工作，督促企业落实疫情防控和生产经营主体责任；协调解决企业复产面临资金、人员返京、防疫物资、疫情防控等困难和问题；根据疫情防控要求，制定《关于做好工业企业疫情防控、复工复产工作意见》及实施方案，明确疫情防控、复产复工、安全生产等相关职责。严格落实四方责任，动员企业复工复产。区经济和信息化局、区应急管理局、区卫健委组成联合督查指导组，按照复工复产疫情防控指引，加强对全区规模以上工业企业疫情落实情况的抽查检查，确保企业疫情防控措施落实到位；区经济和信息化局、中关村通州园管委会共同成立5个检查组，对工业园区内工业企业疫情防控、复工复产、安全生产等进行督促检查，实现疫情防控、生产经营两不误、双促进。根据区复工复产防控组的工作安排，区工业复产小组迅速组织人员下沉到各乡镇、街道、企业，了解并帮助复工复产企业遇到的员工无法正常到岗、防疫物资短缺、物流运输不畅等困难和问题。全面落实国家、北京市“19条”“16条”的相关政策，落实好通州区“12条”等政策措施，制定《通州区减轻防疫用品生产企业负担专项资金实施细则》，制定《通州区鼓励园中园减免中小微企业房租的实施细则》，组织符合条件的企业申报市级、区级相关扶持、补贴项目，为60家企业申请扶持、补贴资金440.3126万元，并全部及时拨付至企业。按照市委、市政府的工作部署，快速提升通州区防疫物资产能，为区内3家防疫物资生产企业开通绿色审批通道，协调企业产能提升过程中遇到的困难和问题，及时为原材料（熔喷布等）短缺企业申请调拨原材料，同时加强政府采购力度，将企业生产的防疫产品纳入区政府防疫物资采购目录，满足通州区的口罩供货需求。成立工业、软件和信息服务业中小微企业常态化服务工作领导小组，设立12个工作小组，联合属地政府做好全区工业、软件和信息服务业中小微企业的服务工作，保障企业正常生产经营。加强复工复产日报工作，对企业复工率、员工到岗率、身体健康情况等进行追踪，形成日报上报区有关部门。开展疫情防控期间安全生产指导，制定《关于做好疫情防控期间复产复工安全生产工作的通知》，向全区制造业企业发放“安全生产指导工作记录表”，与各乡镇、电信企业及时分享防控指引，将疫情防控与企业复产复工同步推进。至5月，企业复工复产率达到100%。

【固定资产投资项目管理】 2020年，围绕北京城市副中心建设需要，大力发展价值高端、技术高新、体量轻型、生产清洁的高精尖产业，面对新情况、新问题，主动适应，细致服务。完成非政府投资工业和信息化领域固定资产投资项目备案79个，总投资134.78亿元。

【高精尖产业发展】 根据《通州区高精尖产业发展资金管理办法（试行）》，制定《通州区高精尖产业发展资金管理办法（试行）实施细则（2020版）》，有36个高精尖项目通过评审，获得支持资金1960万元。推进高精尖项目库建设。进一步完善高精尖项目库，主要以国高新、村高新企业为主，将根据每年新增的国高新、村高新企业情况，及时更新高精尖项目库，随时与相关负责人保持联系。2020年，在库项目16个。按所属领域分，3个生物健康项目、2个新能源汽车项目、4个智能装备项目、5个软件和信息服务业项目、1个节能环保项目、1个科技服务业项目；按项目进展分，12个在建项目、4个前期项目。持续推进网安园建设工作。根据区委区政府相关要求，按照《通州区高精尖产业发展资金管理办法》相关规定，将网络安全产业园区专项政策纳入通州区2020年度高精尖产业发展重点支持项目中。对网络安全产业园区内企业在房租、社保等方面给予补贴；对开展网络安全产业相关业务、开展的网络安全高端论坛等进行奖励。

（鲁云乐）

【疏解整治】 稳步疏解一般制造业。贯彻落实《北京市经济和信息化局关于印发〈北京市2020年依法依规促进一般制造业企业退出工作方案〉的函》和《通州区疏解整治促提升专项行动2020年工作方案》等文件精神，制定《通州区2020年依法依规促进一般制造业企业退出工作方案》，明确全区2020年计划疏解企业13家，组织各属地、园区全面评估退出工作的社会稳定、法律风险，并制定预防措施和应急措施，出现问题及时启动管控预案，确保疏解工作的平稳推进。2020年，完成16家企业疏解工作，超额完成2020年市区两级一般制造业疏解工作。贯彻落实《通州区全面清理整治工业大院三年行动计划》工作要求，扎实开展工业大院清理整治工作，制定《通州区2020年工业大院清理整治工作方案》。落实相关职能部门职责，细化目标任务，将工作层层分解到部门、村，实施网格化管理，加强环境监管与整治，将工作责任落实到人。2020年，通州区3家工业大院均完成清理整治工作，并通过市级联合验收。

（刘书标）

【社会信用体系建设】 2020年，推进社会信用体系建设工作。整治企业失信行为。及时核查区域内制售防疫物资的信用情况，列入诚信档案，确保通州区在疫情防控期间未发生一起因制售假冒伪劣防疫物资、抬价销售等失信行为。贯彻落实国家《优化营商环境条例》和《北京市优化营商环境条例》，并将社会信用体系建设工作纳入区委绩效考核范畴。建立以信用为基础的新型监管模式，加强事前承诺，事中事后监管工作的落实，制定《北京市通州区关于加快推进社会信用体系建设构建以信用为基础的新型监管机制的实施方案》；完成信用通州网站的升级改造及信用信息和数据的归集整理更新工作，在信用通州网站上传1200余份信用承诺书进行公示，发布900余条信用风险提示，开展480余件信用修复；确立区市场监督管理局、区税务局等6部门为第一批分级分类监管部门；开展“信易贷”“信易批”“信易阅”“信易租”“信易＋服务高精尖企业”“信易＋医疗卫生”等“信易＋”专项行动。组织开展诚信主题宣传教育、信用进社区活动、公益性信用修复活动、信用领跑行动等诚信建设万里行“五进”系列活动，选拔推出通州区信用应用之星、信用服务之星、通州区诚信个人，不断推进市民学信、知信、用信、守信的行动自觉。开展“双公示”工作，确保全量准确报送双百指标得到落实。通州区发布双公示信用信息13198项，其中行政许可7701项，行政处罚5497项。发布“红黑名单”，开展联合奖惩。发布红名单企业18667个，黑名单企业330个，失信被执行人30人，联合激励案例4345个，联合惩戒案例1900个。

（魏永刚）

【工业领域空气重污染应急】 修订《北京市通州区空气重污染应急工业分预案（2020年）》；按照区大气办通知要求，指导42家清单内企业制定“一厂一策”方案；2020年启动空气重污染黄色预警1次，走访3次，各乡镇、街道办事处出动人员280余人次，车辆94辆次，检查企业210余家次。

（刘书标）

【减轻企业负担】 2020年，加强全区清欠工作开展，印发《通州区2020年清理拖欠民营企业中小企业账款工作方案》。通州区完成清欠17笔，金额7066.3万元，清偿进度为75.9%，张家湾镇、梨园镇、宋庄镇和区水务局均全部清偿。截至12月底，未清偿欠款还有12笔，金额2238.27万元，其中分歧欠款9笔，金额1106.13万元，诉讼欠款3笔，金额1132.14万元，仅涉及区国资委下属国有企业。

【促进中小微企业发展】 充分利用中小企业服务平台，加强政策宣传，让中小企业及时了解政策信息，全年平台发布各类政策信息79条。按照市人力社保局《关于精准支持重点行业中小微企业稳定就业工作的通知》精神和区人社局的相关工作安排，做好重点行业中小微企业稳定就业工作。在负责的科技型工业企业、软件信息化企业的统计审核上报工作中，审核、推荐上报18家符合条件的企业。

（刘建波）

【产业扶贫工作】 2020年，提高站位，认真落实产业扶贫工作。向内蒙古科右中旗工业和信息化局拨付扶贫项目补助资金100万元，用于内蒙古花仙子农业科技有限公司的帮扶项目。为各受援地大力引进优质企业，拉动投资。上半年，奈曼旗、翁牛特旗和科右中旗引进企业6家，计划投资2.1亿元，完成5000万元。加强两地产业对接，分别同西藏拉萨市城关区、内蒙古兴安盟科右中旗、内蒙古赤峰市翁牛特旗、通辽市奈曼旗开展产业对接、对口支援等合作交流活动。

（刘书标）

信 息 化

【概　况】 2020年，区经济和信息化局认真贯彻落实中央及市委、市政府建设北京城市副中心决策部署和整体工作要求，聚焦疫情防控，大力推进信息基础设施建设，持续开展政务信息系统入云工作，完善三级目录体系建设，不断提升通州区政务信息化水平，为副中心智慧城市稳定建设保驾护航。

【智慧城市建设】 落实《政府投资信息化项目管理办法》相关要求，对信息化项目进行前置评审，促使各单位信息化项目遵守数据资源整合的标准和技术规范，满足互联互通、共建共享、经济适用的要求。2020年，受理65个信息化项目的申报材料，涉及资金4.9亿元。持续推进区内各政务信息系统入云工作，完成29家单位47个政务信息系统入云工作。开展数据共享和开放工作。按照北京市大数据行动计划要求和全市统一部署，梳理32家部门的职责目录和部分数据系统目录，在市级目录链进行共享，同时梳理完成42项开放数据集。搭建企业复工平台，通过对全区规上工业企业疫情防控方案及员工信息进行登记备案，对返工情况全程监测，精准识别企业最新复产复工情况，有效降低疫情输入风险。

【5G建设】 2020年，推进5G基础设施建设。相继发布《推进副中心5G产业发展三年行动计划（2020—2022）》《通州区智慧灯杆建设导则》等文件，统筹协调各运营商有序开展建设工作。投资2.4亿元建成5G基站1024个，实现副中心155平方千米范围及通州区重点项目区域全覆盖。（魏锐）

【政务外网运行】 2020年，按照《通州区政务专网管理办法》，对区级政务外网进行运行维护及安全保障。不断完善各类制度规范，提升通州区政务外网及政务数据中心机房运维保障能力。全年政务外网新接入单位12个。加强日常巡检和周末、节假日巡检，随时解决处置接入单位网络故障。采取远程和现场解决等方式，为各接入单位提供技术支持，包括机房设备调试，机房基础设施维护，政务系统服务器上架、下架及调试等工作。根据网络安全形势，随时进行安全策略调整和变更，确保政务外网安全稳定运行。完成老旧网络设备更新及重要网络节点双链路建设工作，提高网络的可靠性和健壮性，确保重要节点和重要信息系统不间断运行。

（樊家耀）

【政务网络信息安全】 2020年，开展通州区电子政务网络安全检查工作，对发现问题发出整改建议。对重要信息系统进行等级保护测评，对发现的安全隐患和漏洞及时进行修复；完成全国“两会”期间政务网络和信息系统安全保障工作；开展政务外网应急演练、区政府门户网站应急演练、区政务协同办公系统应急演练。

【政府网站集约化平台运行】 2020年，区政府网站总体运行良好，日均浏览量为1.7万多人次，各站点信息更新全年总量1.7万余条。开展通州区政府网站页面规范化设计和功能优化工作，完成包括页面规范化调整、网站无障碍服务功能优化、检索功能优化、便民服务功能优化、信息公开专栏整合等工作，对区政府网站进行全面提升，为网民提供更加友好的界面、人性化的设计和服务内容。

（王超）

【区级办公系统运行】 2020年，区政务办公系统平稳运行，平台累计单位注册数量161家，发文总量606110份，根据各单位提出的新需求，随时调整、优化办公系统流程，保障全区各单位公文交换和公文流转，提高办公效率。加强日常办公系统的管理维护，对政务办公系统软硬件、服务器等设备定期巡检，协调解决各单位办公系统故障问题，解决各类用户问题1133条，优化更新32次，服务器巡检11次。

（樊家耀）

部分重点企业选介

【甘李药业股份有限公司】 甘李药业股份有限公司（以下简称“甘李药业”）作为中国第一家掌握产业化生产重组胰岛素类似物技术的高科技生物制药企业，具备完整胰岛素研发管线。

公司拥有5个胰岛素类似物品种以及1个人胰岛素品种，产品覆盖长效、速效、预混3个胰岛素功能细分市场。同时，公司产品覆盖相关医疗器械，包括可重复使用的胰岛素注射笔（秀霖笔）和一次性注射笔用针头（秀霖针）。

自2005年起，甘李药业陆续在全球20多个国家和地区建立国际化商业网络，并于2014年在欧美等发达国家开展商业合作。甘李药业的国际业务主要分为北美、欧洲、亚太区、拉美区、俄语区、中东北非区及撒哈拉以南非洲区等7大区域。2020年，甘李药业国际化进程加速，就中东及非洲区域，甘李与土耳其、黎巴嫩、尼日尔等多个新兴国家建立商业合作。

2020年初，全国抗疫形势严峻，甘李药业向北京市红十字会捐赠100万元用于新冠肺炎防控工作，同时充分发挥自身资源优势，紧急采购、调配海内外近58万元的紧急防疫医疗物资，驰援京津冀地区361家医院，为疫情防控关键时期提供必要的物资保障。

5月，作为国内首家门冬胰岛素获批上市的公司，甘李药业打破了门冬胰岛素长期被垄断的局面，预示着中国拥有首个自主研发、临床疗效与安全性比肩进口门冬胰岛素的产品。

6月29日，甘李药业在上海证券交易所主板正式挂牌上市。

6月29日，甘李药业股份有限公司首次公开发行A股上市仪式 （中关村通州园提供）

9月，作为甘李药业首个获得美国FDA注册批准的产品，秀霖针为实现甘李布局全球市场起到积极的推动作用，是甘李药业欧美市场开拓的又一里程碑。9月11日，甘李药业宣布美国食品药品监督管理局（FDA）授予GLR2007孤儿药资格认定。GLR2007是一款细胞周期蛋白依赖性激酶4/6（CDK4/6）抑制剂，用于治疗多形性胶质母细胞瘤（GBM）。同月，由北京市科学技术委员会等多部门联合组织的2020年第一批（总第十二批）北京市新技术新产品（服务）公示认定结果：甘李药业自主研发生产的精蛋白锌重组赖脯胰岛素混合注射液（25R），凭借技术的先进性和产品的创新性，获得北京市新技术新产品荣誉（服务）认定。

9月17日，甘李药业取得哈萨克斯坦卫生部(Ministry of Health of Kazakhstan)下发的甘精胰岛素注射液药品注册批件，这是甘李药业国际化布局的又一重大进展。取得此次药品注册批件意味着甘李药业的长秀霖（甘精胰岛素）产品正式获准在哈萨克斯坦上市销售。12月，甘李药业的甘精胰岛素注射液出口黎巴嫩，这是在黎巴嫩公共卫生局（Ministry of Public Health）取得甘精药品注册批件以来的首次商业发货，标志着甘李药业甘精胰岛素产品在黎巴嫩的正式商业化。

10月，甘李药业获得2020中国化学制药行业生物生化制品优秀产品品牌。

11月，第56届欧洲糖尿病研究学会（EASD）年会采取线上会议的方式召开。甘李药业首次亮相大会，通过专家讲座、宣传手册、视频、科教资料等多种形式，向海外专家全面展示甘李国际化布局战略。

12月，获得CSR先锋奖、金紫荆奖，获金融界“金智奖”“2020医药生物产业价值投资10强”等称号。12月2日，甘李药业临沂生产基地一期项目工程主体结构的封顶庆典。甘李药业临沂生产基地是打开国际市场的利刃，位于山东省临沂市经济技术开发区，一期项目占地面积约362亩，建筑面积约23万平方米。致力于打造世界一流的现代化生产基地。12月14日，甘李药业三代胰岛素类似物门冬胰岛素30注射液——锐秀霖30注册上市。同月，甘李药业胰岛素产品在14个国家上市，同时在欧美等众多法规国家处于临床、注册的推进阶段。

（宫燕）

【金通资产经营管理公司】 2020年公司总收入3640万元，同比减少184万元（按照规定减免中小微企业房租517万元）；总支出4512万元，同比增加954万元（疫情期间防疫费用支出410余万元）；全年亏损872万元，比年初计划减少亏损941万元；上缴税金387万元。

受疫情影响，在租赁行业整体收益呈下降趋势的环境下，公司通过开展网络竞价和线下比价的方式，保障了租赁收入。公司系统收取房屋、土地租金2522.2万元，与上年同期的2949.2万元同比下降15%，如剔除减免租金的因素，2020年租赁收入同比增长3%。

冷冻小区棚改。2019年末，经区政府研究决定，冷冻小区两栋危楼由原来制定的老旧小区综合治理政策调整为棚户区改造政策，确定区保中心为该项目实施主体，北投集团为实施单位。2020年7月20日，由梨园镇政府和北投集团主导，公布老城棚改一期梨园片区《原北京冷冻机厂简易楼房腾退与补偿方案（征求意见稿）》，正式启动冷冻简易楼棚改工作。同时，专业服务机构开始对简易楼内238间房屋进行入户登记。截至年底，完成入户登记调查200间，另有38间等待下一步解决。

“绿心”工程征收。2020年在区征收中心和玉桥街道办事处的主导下，公司及权属北方亿立对东方厂周边国有土地上自管的住宅及非宅征收项目全力投入，针对政策宣传、入户调查、房屋类别认定、签约补偿等各环节做了大量的工作，并取得显著成果。截至年底，在29户平房住宅中，签约28户，签约率达到97%；非宅签约11户，因政策原因未签约8户。

继续完成企事业单位注销工作。2020年，公司持续推进国有企业供给侧结构性改革，截至年底，北京市通州富康水利机械修造厂下设的2家分厂和北京振兴电子技术开发公司经营部等3家企业完成工商注销。北京齐天乐园、北京市通州区企业改制服务中心等5家自收自支事业单位通过区编办注销。拟破产的9家企业有8家将相关材料报送区人民法院等待立案。

拆迁服务所转企工作接近尾声。根据区委、区政府关于从事生产经营活动事业单位改革的指导精神，金通资产经营管理公司拟定的《北京市通州区城市房屋拆迁服务所转企改革实施方案》得到区国资委的批复。8月，公司成立专项工作领导小组，聘请3家专业服务机构，正式启动拆迁服务所转企工作。截至年底，《北京市通州区城市房屋拆迁服务所资产清查自查报告》和《北京市通州区城市房屋拆迁服务所资产清查专项财务审计报告》报区国资委审核。

老旧小区管理。公司管理非经营性资产45万平方米，分布在44处不同点位，均为原改制破产企业遗留下来的老旧小区。公司系统全年投入近200万元，其中，投入近80万元完成7600平方米的防水工程及各项修缮；投入120万元对京洲园小区拆违后进行升级改造，包括更换上下水管道、路面硬化、安装路灯等，使居民切身感受到生活品质的大幅提升。

离退休人员管理。截至年底，公司管理离、退休人员4567人，发放洗理费、生活补贴、取暖补贴、丧葬费和抚恤金等1168.9万元。

疫情期间，为退休人员的安全考虑，尽量减少接触，离退办通过网络、视频等方式为403名退休人员变更定点医疗机构和开具证明，为不能回京人员办理异地安置手续，确保他们在异地产生的门诊、住院费用能够及时报销。

完成第一阶段退休人员社会化管理工作。根据《通州区区属国有企业退休人员移交属地社保所管理工作方案》的具体要求，为确保年初的4587名退休人员人事档案、养老关系和医疗关系等移交至本人户籍所在的街道、乡镇社保所实行社会化管理，离退办做了大量的解释工作，不仅将一些因担心待遇降低和没有保障拒不配合的退休职工，通过告知书形式给他们吃颗“定心丸”，还提前与各区社保局疏通养老和医疗增员通道。截至年底，离退办将3034名退休人员的养老、医疗关系转到本人户籍所在地的社保所，将3269份人事档案送往定点机构进行数字化扫描。

（陈志强）

【北京市通州烟草公司】 2020年，通州烟草党组加强组织领导，成立以区局（公司）党组书记为组长的应对新型冠状病毒感染肺炎疫情工作领导小组，成立工作机构，印发《关于积极做好新型冠状病毒感染的肺炎疫情防控工作》等通知，对疫情防控工作重点进行有效部署和调整，召开通州烟草应对新型冠状病毒感染肺炎疫情工作领导小组会议20期。

压实各级责任，统筹发力，保障疫情防控和复工复产“两手抓、两不误”。疫情期间，通过电话预约和网上服务，办理证件延续和变更事项458件、新办实地核查78件；利用电话采集持证户经营信息，推出线上送法入户服务；依法依规及时妥善处理“12313”“12345”举报投诉57起；查获涉烟案件52起，其中“双五”（查获烟量五万支或案值五万元以上的）案件8起，查获违法卷烟116.66万支，2人被刑拘。疫情期间实现卷烟销量22443箱，同比增幅12.33%，增幅排名全市第五。

2020年销售卷烟68527箱，同比增长1.83%；单箱销售额30605元，同比增长2%；重点骨干品牌销售60968箱，同比增长2.7%；低焦油销售14116箱，同比增长12.7%；细支卷烟销售7759箱，同比增长21.5%；实现利税49117.11万元，同比增长6.93%；费用率1.34%，同比下降16.25个百分点。

以建设严格规范、精准打击的市场监管体系为目标，加大涉烟违法案件查处力度，保持辖区市场净化水平。全年查获涉烟违法案件202起，查获违法卷烟421.78万支，其中假、私卷烟68.3万支，真烟353.48万支，5万元以上重大案件13起，5人被刑拘。以“绿篱”行动为抓手，加大卷烟非法流入整治力度，发挥执法协作机制，加强边界地域重点监管，强化情报线索共享，提高打击效能，通过专项行动查获违法案件76起。强化物流寄递环节监管，开展专项调研，对215家物流寄递站点建立动态监管档案，查获违法案件12起。

推进依申请政务服务事项“线上办”，压缩办结时限，简化连锁便利店烟草经营审批手续，推进依申请政务服务事项告知承诺制。完成烟草专卖零售许可证换版换证工作，实现辖区零售许可证电子证生成全覆盖。加强许可证后续监管，集中为连锁经营店闭店办理歇业手续，依法依规清理长期不经营、新办证未经营零售户94户。打通“一网通办”服务最后一千米，首次实现行政许可业务网上办理、邮寄送达等服务，全年累计办理行政许可业务2290件。

扎实推进创新工作开展，开展“企业精益改善管理诊断年”活动，通过对标管理和管理诊断方法，深度挖掘管理中的短板和瓶颈问题，全年开展“主动”管理诊断25次、“被动”管理诊断14次，完善业务流程5项，修订固化制度22项。开展精益项目2项、QC小组活动7项、OPL一点课22个、一页纸改进4个、合理化建议17项，其中，《提升诚信互助小组一类烟销量增长率》分别获得北京质量协会QC小组成果发表会三等奖和北京烟草2020年优秀QC成果三等奖、《提升云POS终端信息系统使用达标率》获北京烟草2020年优秀QC成果鼓励奖。承办北京烟草企业管理现场会。

（李婧）

2021

建筑业 房地产业

北 京 通 州 年 鉴

城市绿心森林公园（摄影 郭建华）

综 述

【概 况】 2020年，区住建委紧跟全市工作大局，坚决贯彻落实区委、区政府各项决策部署，深入践行高质量发展要求，勇担城乡建设主责主业，住房和城乡建设事业再攀高峰。截至12月31日，在监工程532项，其中房建工程总面积2327.52万平方米，管廊工程总长度4.48万米，道路工程总长度53.6万米，地铁26.4万平方米。商品房在途项目124个（地块数量），开复工面积1566.8万平方米，同比增长20.2%，通州区商品房开复工面积连续8年保持在千万平方米以上。新建、收购、改建等方式建设筹集政策性住房11985套，其中租赁型住房3637套，任务完成率达127.5%；基本建成（含竣工）12702套。

（丁海滨 罗慧敏 潘岩）

建筑业

【概 况】 截至12月31日，通州区资质有效期内建筑企业863家。通州区建筑企业首次申请资质获批98家，增项资质获批48家、升级资质获批3家、迁出企业6家、资质证书变更163家。

（宋友香）

【复工复产】 区住建委对标副中心建设需要，全速推进建筑工程复工复产，于3月24日实现2020年续建的30项主责市级重点工程复工，3月31日实现300项规模以上工程复工，复工量位居全市第一，高出全市平均复工率13个百分点。统筹全区各行业在建工程项目，成立住建、园林、水务等多部门共同参与的联合检查组，加强复工项目随机抽查和问题公示，确保疫情防控和施工安全在可控状态。精准对接复工需求，协调解决手续办理、物资调配等困难。加快复工审批，实行住建、卫健、属地“三方联合”现场验收，一天即可办结；及时精简复工手续，实行告知承诺加事后监管模式，即办即结。强化复工人员保障，利用“返岗直通车”解决用工难题，为采取“点对点、一站式”运送劳务人员返京的项目发放一次性补贴260余万元。保障复工物资供应，印发《关于恢复生产保障重点工程物资供应的通知》，向属地政府发送《关于有序推进通州区预拌混凝土企业复工复产的函》，向各项目推送《大宗建材企业库存及复产情况》信息，保证疫情期间建材供应充足。为开复工工地解决防疫物资，发放口罩、体温枪、智能体温计等防疫物资5.9万件（套），84消毒液3.25吨。

（丁海滨）

【建设工程监管】 2020年，质量监管方面，以老百姓密切关注的房屋质量问题为基础，开展保障性住房、外墙外保温、医学观察点房屋质量、主体结构质量、冬季施工质量等各类专项检查6项，开展日常工程质量抽查551项次。推动工程质量潜在缺陷保险制度，促成7个项目投保，源头降低房屋质量矛盾纠纷。推进消防验收及线上备案工作，受理消防验收138项，消防验收备案87项。安全监管方面，高度重视关键时期、重要节点建设施工领域的安全生产专项抽查及安全生产保障工作，制定安全检查专项工作方案及指导意见等。购买专家技术服务，进行危大工程施工现场检查、建筑起重设备检测、执法人员培训、施工管理人员培训和应急抢险技术支持，提高工程监管的专业性和科学性，确保重大隐患零失控。招投标方面。聚集围串标、挂靠承揽等不良现象，探索谋划副中心建设工程高质量招标工作举措，起草《北京城市副中心工程建设项目高质量招标工作暂行办法》。

（李云胜　徐远）

【提升施工现场扬尘管控精度】　2020年，规范施工现场扬尘检查、监测、考核、公示各环节，综合运用六方环境联合交底验收、第三方驻场检查、红黄牌警示告诫等固有治尘机制，综合运用诚信、舆论、环保税等手段，全力控尘治尘，北京环球度假区项目扬尘治理工作获得市领导点名表扬。坚持智慧创安，科技抑尘，建立“互联网＋监管”模式下建设工程综合监管平台，实现与上级行业管理及环保、执法部门互联互通、信息共享。牵头建立渣土车及混凝土等大宗建材运输联合审核监管机制，允许符合条件的项目白天依法依规运输渣土及混凝土等大宗建材，有效解决“晚11点前不准上路”“晚10点后不准施工”的政策两头堵问题。做好中央生态环境保护督察工作，明确各方职责，创新实施环境类信访举报快速处置和隐患排查快速处置工作机制，第一时间查实、取证、整治，落实整改问题17件。在协调部署、宣传引导、监督检查方面多端发力，有序推动施工现场垃圾分类治理工作，实现建设工程垃圾减量化、资源化、无害化目标。

（傅刚）

【增添工程服务保障温度】　2020年，持续压减审批时限，提升政务服务保障水平，工程建设领域营商环境不断优化。简易低风险审批由5个工作日压缩至3个工作日，实现“共享一个平台，只有一个环节”。除建筑规模、建设单位和施工单位变更之外的其他施工许可变更一律改为告知承诺审批制，办理时限由5个工作日缩减到短短几分钟。认真研究施工许可审批政策和事中事后监管工作，探索可举一反三的问题处理方法和典型案例，北京电视台、《通州时讯》多次专题报道施工许可快速审批经验。秉承高标准、畅途径、重承诺、严监管原则，全面推行“达标免检”制度，实行包容审慎执法，有效促进工程建设“放开干”和监管部门“精准管”。

（刘占兰）

【资质审批告知承诺制】　根据《关于实行建筑工程、市政公用工程施工总承包资质审批告知承诺制的通知》文件精神，文件要求自2019年12月10日起开始实施建筑工程、市政公用工程施工总承包资质审批告知承诺制。因为系统等客观因素，正式受理承诺制审批是从2020年7月1日开始。截至2020年12月31日，通州区建筑企业承诺制审批首次申请资质获批21家、增项资质获批17家。

（宋友香）

房地产开发

【概　况】　2020年，保持房地产市场稳定是实现住有所居的基础，事关百姓切身利益，特别是在疫情严重冲击房地产市场的情况下，坚持防控疫情和积极复工两手抓，取得优异的成绩。通州区商品房开复工面积1566.8万平方米，同比增长20.2%，连续8年保持在千万平方米以上，新增入市预售、现售商品房20464套。

【动态监管房地产开发项目】　2020年，持续强监管，加强日监测、月统计、季分析，研判市场变化趋势。规范市场秩序，针对房地产开发企业、经纪公司及租赁企业违规行为，行政处罚23起，罚金合计370.7万元。

【开展房屋深度核查工作】 2020年，牵头与北京市测绘设计研究院开展深度房屋核查工作并于年底完成，为《城市副中心“十四五”时期住房保障和职住平衡规划》编制等工作提供有力的数据支撑；同时，本着因区施策的原则，先于全市其他区县完成《通州区建立和完善房地产市场平稳健康发展长效机制的工作方案》的制定工作。

【群租房整治】 2020年，全面落实北京市违法群租房整治专班和通州区疫情防控工作部署，按照防疫为主，防治结合的工作思路，遵循依法妥善安置、先行挂账管理的治理原则，以医院周边和“12345”投诉集中的小区为工作重点，将违法群租房整治纳入社区（村）疫情防控体系，切实抓好违法群租房整治工作，持续推动群租房整治动态清零。全年整治违法群租房421户。

【实现房地产市场稳控】 2020年，坚持“一房一价”的定价原则，续建项目“比前期”，新建项目“比周边”，实行每日房价监控措施，坚持“房住不炒”，抑制投资炒房行为。

【关注住宅小区配套设施难点问题】 2020年，针对住宅小区配套设施“交不出去，接不过来，使用不上”的难点问题，依据前期制定的《通州区新建商品住宅小区配套设施管理暂行办法》（以下简称《办法》）。针对《办法》出台后的新建居住项目，按照从建到交，从交到收的“一个协议、四个确认单、一个证明书”全流程操作规则，全区6个新建居住项目均签订预移交协议。《办法》出台前，建设且备案《项目建设方案》的商品住宅小区88个，其公共服务配套设施无偿移交面积约36.76万平方米，截至年底交付约36.1万平方米，移交率达98.2%。

【预售许可网上填报系统试运行】 9月7日，预售许可网上填报系统开通试运行，开发企业新申请预售许可时，登录北京市房地产交易权属管理系统，通过“预售许可材料网上申报”模块填报有关事项、上传相关材料，完成预售许可网上申请。

【预售许可初审及现房销售备案情况】 根据市级工作部署，督促满足预售条件的企业进行预售初审报送市里审批，截至2020年12月，办理预售初审25件，其中住宅9948套、商业办公3666套，公寓96套。办理现房销售备案118件，其中住宅2466套、商业274套、办公1125套、库房225套、公寓24套，车位2640套。

【房地产经纪备案情况】 2020年，在通州区注册并经建委备案的房地产经纪机构（含分支机构）355家，其中经纪机构196家，分支机构159家。自2017年4月始，全市除机构地址和非备案证明事项变更、撤销业务外，暂停其他房地产经纪机构备案工作，故新增机构备案为0件；变更（重新）备案、撤销备案办理6件。

【住房租赁企业信息登记情况】 按照《关于规范互联网发布本市住房租赁信息的通知》精神，自2019年11月起，通州区开展住房租赁企业信息登记工作。2020年，在通州区注册并经建委信息登记的住房租赁企业217家。

【房地产市场综合执法】 2020年，为持续整顿房地产市场秩序，持续开展各类房地产市场专项执法工作，商品房销售、房屋租赁中介领域、限购政策执行、租赁合同执法、小产权房、群租房、扫黑除恶执法工作有序推进。截至年底，对商品房销售项目进行144次检查，对房屋租赁中介机构进行586次检查；对11家开发企业和12家租赁中介机构进行立案处罚，处罚金370.7万元；对1家经纪机构做出暂停网签的行政限制。

（罗慧敏）

2021

商 贸

北 京 通 州 年 鉴

城市绿心森林公园（摄影 郭建华）

综 述

【概　况】 2020年，全区总消费额实现950.4亿元，同比下降5.4%，高于全市1.5个百分点。其中服务消费实现421.1亿元，同比增长1.8%，高于全市6.7个百分点；社会消费品零售总额实现529.3亿元，同比下降10.4%；持续提升生活性服务业品质，累计新建和规范提升各类生活性服务业网点147个，城市社区便民商业网点功能覆盖率达到100%。完成3家市场疏解提升工作任务，涉及商户364户，从业人员500人。

【疫情保障工作】 2020年，成立8个应急防控工作小组，先后制定《通州区商务局新型冠状病毒感染肺炎疫情民用防护物资采购工作方案（试行）》《通州区商务局新型冠状病毒感染肺炎防护物资发放管理办法》等一系列制度，全面安排部署商务系统疫情防控工作。建立三级保供监测机制和“点对点”监测补货机制等5项工作机制，采取“49家大型连锁超市+17家农产品市场+1435家便利店菜店+6辆蔬菜直通车+170余个电商无接触配送服务站”的保供模式，高质高效完成成品粮1615.1吨、方便面64.6万袋、蔬菜1130.5吨、鸡蛋60.6吨、奶粉4.1吨的政府储备任务，有力保障全区居民生活需求，确保市场供应有序稳定。

【复产复工】 2020年，制定《关于疫情防控期间对采取房租减免措施的大型商场给予一定资金奖励的实施方案》，审定6个项目，拨付奖励金额202.968万元。为通州区8家企业申请市级奖励资金，累计金额102万元。印发7个行业防控工作措施，指导帮助便利店、社区菜店等生活必需品保供企业复产复工千余家；为企业调拨防疫物资，组织行业从业重点人员进行核算检查和疫苗接种工作。

【促进消费举措】 2020年，制定并出台《2020年通州区促进消费提档升级工作措施》《新消费 爱生活 北京消费季“欢乐通州 欢乐购”活动方案》，持续拉动新消费、激发各领域消费活力；开展通州区首届跨年消费节、运河休闲消费节活动，为消费市场迎来开门红；启动“新消费 爱生活 北京消费季‘欢乐通州 欢乐购’”系列活动，提振市场信心，丰富市场供给；通州北苑商圈在全市52个商圈活跃度排名第15位。支持东郎电影创意产业园区、小堡文化广场等夜间场景打造；东郎（通州）电影创意产业园在2020年9月被评为北京市首批10条深夜食堂特色餐饮街区之一。

【推动总部经济发展】 2020年，举办“2020年服贸会北京城市副中心主题日”活动；会上有18个项目签约，协议投资额约116.27亿元；落实外资外贸“服务包”，梳理直接参与防疫的重点企业，征集专项再贷款需求，协助11家企业获得贷款资金额度42.7亿元；认定总部企业2家；制定稳外资工作实施意见，完成服务贸易创新发展课题。

【保障安全稳定工作】 2020年，组织开展商业企业安全生产及疫情防控线上线下宣传培训，指导经营单位开展应急疏散演练。开展安全生产三级标准化达标创建；强化与属地多部门联合检查，形成行业管理合力；继续深入开展“安全生产专项整治三年行动工作(2020—2023)”专项工作；全力推动创城、创森、创卫、创慢、消费扶贫等工作开展。

【应急救灾物资的存储、调拨】 2020年，做好应急救灾物资的存储、轮换、调拨，按照《通州区区级救灾储备物资调拨机制（试行）》有关规定，认真做好救灾储备物资调运工作；制定《通州区区级救灾物资储备管理办法》，规范救灾物资调拨手续，组织救灾物资调拨工作，2020年度调拨救灾帐篷588顶，折叠桌椅162套，组织救灾物资增储。

【落实粮食安全区长责任制】 2020年，储备粮轮换工作有条不紊，高标准完成政策性粮食库存检查工作；加强对粮食收储库及粮食加工企业进行全覆盖安全检查，全年检查企业55家次，出动检查人员146人次；做好粮食应急预警机制，落实粮食应急保障责任，增加粮食应急配送网点，确保粮油市场货源充足，供需平衡。

（郎冀轩）

对外及对港澳台经济贸易

【概　况】 2020年，通州区新设立外商投资企业96家，增资企业26家。注册资金合计90264.37万美元，合同利用外资88735.17万美元。通州区实际利用外资39笔，共计56528.13万美元。

【境外投资备案】 截至2020年底，通州区有境外投资备案企业158家。2020年，通州区13家主体企业境外投资，5家主体办理变更。其中新设主体企业的国别（地区）为俄罗斯、开曼群岛、莫桑比克、澳大利亚、法国、乌兹别克斯坦各1家及中国香港7家；变更主体国别（地区）为美国2家、摩洛哥1家、莫桑比克1家及中国香港1家。

【服务外包合同备案登记】 2020年，通州区新审核合同数74笔，累计合同金额9390万美元，累计审核执行合同352笔，累计执行金额6474万美元。

【对外贸易经营者备案登记】 2020年，通州区对外贸易经营者备案登记及变更的企业共726家，其中新备案对外贸易企业484家，变更企业205家，注销23家，遗失补办14家。

【出口信用保险】 2020年，中国信保为通州区137家外贸出口企业提供出口信用保险服务，其中自付费投保企业9家，享受政府免费保单企业128家，小微企业占比超过90%。出口信用保险覆盖率达到22.45%。中国信保全年支持通州全区企业出口12.90亿美元，赔付通州区1家出口企业合计5.97万美元。

【外商投资企业年度信息报告】 自2020年1月1日至6月30日期间，通州区共有606家外商投资企业登录国家企业信用信息公示系统完成企业年度信息报告。

（郎冀轩）

服务业扩大开放

【概　况】 2020年，北京城市副中心打造北京市服务业扩大开放综合试点先导区持续推进，通州区以开放改革为动力，坚持全区统筹、部门协同，采取“产业＋政策＋区域”的“云团式”推进模式，依托运河商务区、文化旅游区、张家湾设计小镇等核心承载区，聚焦行政办公、文化和旅游、高端商务，积极探索金融创新，高质量推进市区两级各项任务有序落实。在简政放权、优化政务服务、创新监管服务模式等方面推出一系列新举措，推动服务业多个领域实现创新突破。持续巩固“一库四机制”做法，推动聚集一批新业态、新模式，服务业扩大开放综合试点先导区示范带动作用初见成效。

【最佳实践案例推介】 6月16日，通州区优化监管模式创新案例“新建楼宇项目住所证明新方式”入选商务部2020年印发的北京市服务业扩大开放综合试点第三批7个最佳实践案例，并面向全国复制推广。通州区在加快推进服务业扩大开放综合试点先导区建设中，深入挖掘工作亮点及特色，推出多个试点经验做法及实践案例。

【服务业扩大开放先导区宣传片全市首发】 8月18日，通州区“厚积薄发 砥砺前行 全面创建服务业扩大开放先导区”宣传片全市首发，区长赵磊对服务业扩大开放进行云上宣传，重点推介城市副中心紧抓时代机遇，打造服务业扩大开放综合试点先导区形成的产业特色、开放成效、政策和营商环境优势。

【市区商务局加强对接联动】 9月28日，中国（北京）自由贸易试验区国际商务服务片区挂牌仪式在通州区阳光富华酒店举行。通州区是国际商务服务片区（48.34平方千米）三大组团之一，占地面积10.87平方千米，主要包括运河商务区和张家湾设计小镇。区委书记曾赞荣为片区挂牌并发表重要讲话。区商务局与市商务局加强对接联动，推进并完成北京自由贸易试验区通州组团片区范围、政策诉求等申报工作，充分发挥服务业扩大开放和自由贸易试验区的“双轮驱动”作用，提升北京城市副中心开放水平。

重点商贸企业选介

【北京市通州商业资产运营公司】 2020年，商资公司在区委、区政府和区国资委的正确领导下，以党的政治建设为统领，面对疫情迎难而上，身兼职责努力奋斗，完成公司既定任务。年内实现营业收入2.51亿元，上缴税金2063万元，同比增长37%。实现利润总额663万元，上缴国有资本收益52万元。账面资产总额15.7亿元，同比增长21.7%。国有资本保值增值率101%。

面对疫情，各党政工团响应公司党委号召，抽调本单位职工支援美园物业完成防疫任务，选派12批，计765人次；外派4名年轻骨干参与北京西站疫情防控；响应区委组织部号召组织12批300余人次支援各防控点位。基层单位烟酒公司扛起“抗疫情、保供应、稳价格”的国企责任，协助区商务局承载起全区疫情防控物资的运输、配送重任；基层单位美园物业全面开展“敲门行动”，守住守牢守好社区“最后一道防线”；基层单位小楼饭店为中仓社区志愿者提供免费暖心午餐，得到北京电视台、《通州时讯》、通州电视台等多家媒体的报道；基层单位通佰产业园压实楼长职责，第一时间对厢式电梯和出入口限制、实行严格测温机制、调整营业时间、暂停大型活动等防疫措施；基层单位多源商贸公司面对租赁商户众多、人员分散的情况，采取全方位精准防控，构筑群防群治的严密防线。

面对疫情冲击，公司适时转变营销模式，基层单位天鹅湖幼儿园高端发展定位受限，经多方协调努力，转变为委托通州区教委承办的普惠制幼儿园，获补贴3673万元，为通州区学龄前儿童开辟出400个学前班学位。美园物业转变经营理念，由“公司输血”转变为“自身造血”，争取到项目补贴资金

120 万元。

公司打造新产业发展模式，构建基础商业网络。通州人力资源产业园采用“政府＋企业＋专业机构”的运营模式，年累计出租面积 2.02 万平方米，签约企业 50 家，实现利税 462 万元。推进人民商场解约与腾退工作，腾退面积约 2.2 万平方米。“通糖 1949”“品农果蔬”按照统一品牌、统一管理的经营方针，打造一刻钟生活服务圈，有服务网点 60 个，经营范围覆盖北京城市副中心 155 平方千米全区域。对接外部优质资本，继续代理中粮长城葡萄酒业务，达成合作共赢。采取可行方案解决历史遗留问题，经区政府、区国资委批示，在国资公司所属通政公司支持下京杭府广场项目基本解决近 10 年的场地面积返还问题，收回资金 2.6 亿元。

2020 年是脱贫攻坚战收官之年，商资公司出资 29.7 万元对于家务回族乡吴寺村实行三年帮扶计划。在通州区内建立西藏拉萨城关区及内蒙古翁牛特旗、奈曼旗、科尔沁右翼中旗 4 家体验店，销售西藏和内蒙古特色产品，全年扶贫直接销售总额为 9070 万余元，为西藏教育事业捐款 55681.4 元。成立北京市“双创”中心通州第二分中心。基层单位烟酒公司被中共中央、国务院评为全国脱攻坚先进集体。

通奈扶贫协作特色农产品营销中心
（通州商业资产运营公司提供）

公司对二级企业进行调整、合并、重组，撤销合并二级企业北京银地大厦、北京市博智自行车修配厂，以优质资本带动企业高效发展。2020 年，商资公司被市委组织部、市委老干部局授予北京市老干部工作先进集体称号；被北京市人力资源和社会保障局、北京市总工会、北京企业联合会／北京市企业家协会、北京市工商业联合会授予北京市构建和谐劳动关系先进单位称号。

（司艳）

【通州区煤炭公司】 2020 年，通州区煤炭公司围绕经营目标，研判形势，优化管理，克服困难，开拓市场，统筹疫情防控和复工复产，不断推动企业健康发展。公司下属基层单位 6 个，即北京万方缘物业管理中心、通县节能技术推广站、北京温馨假日快捷酒店、通州区煤炭公司驻山西办事处、北京通煤创艺文化传媒有限公司、潞华通美（北京）文化科技有限公司［因业务发展需要北京通煤网讯科技有限公司于 5 月 11 日更名为潞华通美（北京）文化科技有限公司］。合作单位 2 个，即北京通煤盛昌燃料有限公司、北京通煤科信检测技术服务有限公司。注销单位 1 个，即北京蓝迪盛世建筑装饰材料科技中心。

2020 年，受新冠疫情影响，公司上半年业务处于停滞状态，导致营业收入下降；主营业务收入 1245.4 万元，其他收入 352.9 万元。

年内，区属重点工程“源创产业研发楼”项目取得突破性进展，该项目于 5 月 19 日取得施工许可证，8 月 18 日正式破土开工。该项目正处于底板、地下二层结构施工以及局部地下一层结构施工阶段。截至 12 月底项目投资 1200 万元。

疫情期间，北京万方缘物业管理中心全体员工在疫情面前，以实际行动践行初心使命，坚决筑牢疫防控“最后一道防线”。

区煤炭公司展现国企担当。充分发挥党员先锋模范作用。公司机关全体党员干部下沉到物业所辖 4 个社区参与门岗值守，累计查验人员 12.9 万人次、车辆 7.5 万次。增强大局意识，积极参与通州区疫情防控工作。选派 31 名机关干部下沉到街道社区参与值守达 1025 人次，选派 3 名干部参加区委政法委、区委社工委组织的首批 17 天在鄂返京人员 4000 余人次的转运工作。

北京通煤创艺文化传媒有限公司受疫情影响，原有的拍摄计划被迫暂停，公司集中力量运营新媒体平台，制作头条和抖音号《影视艺考训练营》72期、发布40期，《通州故事》6期，《行走的梓瑞》12期。与宿迁市宿豫区委组织部成功对接，中标宿豫区《宿北大战》纪录片项目，《宿北大战》开机新闻发布会于12月1日在宿迁市宿豫区电视台演播大厅举办。

北京通煤科信检测技术服务有限公司中标区生态环境局河流断面及排污口水质监测、餐饮油烟检测以及执法应急监测等业务；完成东直门中医院建筑室内空气验收检测；疫情期间配合区卫健委快速启用郎府卫生院，3天时间完成室内空气质量验收采样检测工作；4月工地复工时期，非道路检测采样员加班加点下工地，实现收入67万元，非道路检测收入195万元。拓展北京其他行政区的检测市场，连续两年承担大兴区疾病控制中心44个村庄生活饮用水的现场采样和现场检测工作。

潞华通美（北京）文化科技有限公司创新社区服务内容，结合疫情防控、垃圾分类等工作要求，加大通州区新华街道五彩袖标志愿者服务组织的宣传推介，形成特色，做出亮点，得到街道、社区领导的肯定。拓展企业宣传片拍摄制作业务。拍摄制作《新时代心力量我是副中心国企人》25集系列短片，把新媒体镜头聚焦先进典型，传播国企发展正能量。

（纪强）

【北京市通州区供销合作总社】 2020年，通州区供销合作总社秉承服务“三农”宗旨，聚焦主责主业，统筹推进常态化疫情防控和经济运行发展，全系统实现收入5807.5万元，利润总额1500万元，税费总额上缴854万元，净资产收益率实现9.38%，资产负债率实现82%。

面对突如其来的新冠肺炎疫情，通州区社党委全力落实四方责任，派驻专人充实西集镇、马驹桥镇、中仓街道、玉桥街道等乡镇社区防控薄弱环节；践行国企责任担当，4天时间紧急改造6套自有房屋院落作为疫情隔离点，免费提供给西集、郎府2个卫生院使用；在防疫物资紧缺非常时期，为西集镇结对村、马驹桥镇、宋庄镇等多地区捐赠防疫物资；参与区级党员干部下沉社区工作11批，累计下沉80余人次；组织抗疫捐款、无偿献血等活动。

2020年，按照全国总社部署和《北京市供销合作社培育壮大工程实施方案》要求，改造升级薄弱基层社3个，其中郎府供销合作社大院建设项目，一期改造项目商业大楼面积5800平方米，主体结构封顶；西集供销社吉星商场项目，主楼建筑面积3000平方米，配套用房建筑面积718.9平方米，整幢大楼提质改造升级；宋庄供销社科技产业园，在上年创收基础上扩大招商。新增基层社社员133人。筹建农业生产服务中心1家、庄稼医院1家。

在决胜脱贫攻坚战中，实施科教扶贫。9月19日，通州区供销社农业培训基地正式成立，完成选址和前期设计方案，正在加紧进行升级改造。助力消费扶贫。从区扶贫办认证的北京通州糖业烟酒公司和北京市双创中心采购扶贫产品。落实对口帮扶。按照“万企帮万村”工作任务，对口帮扶内蒙古兴安盟科右中旗下的5个嘎查，至2020年，3年拨付帮扶资金45万元。

在构建发展新格局中，深入推进改革强社，搭建科学合理组织架构体系，实现对基层社的“管供销事业”和对企业的“管社有资产”双向目标。强化管控社有资产，公开招租、市场竞价、严格制度、合法维权、清退低端产业出租等多项措施，租金收入比2019年略有增加，实现社有资产的保值增值。深入推进以企兴社，所属的北京世欣通达小额贷款有限公司，在全市范围内开展小额贷款业务。深入推进从严治社。切实将党的领导融入企业治理各环节，持续巩固深化巡察整改成效，结合“不忘初心，牢记使命”主题教育活动取得成果，不断强化企业管理和自身制度化建设。深入推进安全进社。全年投资安责险、安防监控系统、消防器材等4万余元，对重点资产实行远程监控，确保全年无各类安全生产责任事故发生。

（博丽杰）

【中国烟草总公司北京市公司物流中心】 中国烟草总公司北京市公司物流中心（简称物流中心）成立于2004年7月，隶属于北京市烟草专卖局（公司），是以负责全市卷烟零售户所需卷烟的仓储、分拣和配送工作为特色的国有企业。中心位于通州区梨园镇大稿村，占地面积7.5万平方米，总建筑面积3.1万平方米，总投资1.98亿元。下设1室9部：办公室、企业管理部、人力资源部、纪检监察部（党建工作办公室）、财务部、安全保卫部、后勤保障部、工程技术部、配送运营部、仓储分拣部。全年累计入库卷烟79.87万箱，累计出库卷烟80.69万箱，累计分拣、配送卷烟2.02亿条（约80.75万箱）；累计分拣配送127.16万户次；累计配送车辆安全行驶247.94万千米。

全力做好疫情防控期间卷烟配送工作。制定工作方案，保障市场供应。结合疫情防控工作实际，按照上级相关要求，提前谋划，主动应对，制定《北京烟草疫情防控期间卷烟配送工作方案》，全面做好应对新型冠状病毒感染肺炎疫情工作，确保高质量、高效能做好全市卷烟物流送货保障和市场供应工作；密切关注疫情动态，做好人员防护工作。组织配送人员认真学习疫情防控相关制度和文件精神，严格遵守防控要求，严格执行“三个确保”原则，确保疫情防控全员覆盖、无遗漏，每一名干部职工健康安全，确保零售客户收到“放心烟”；强化统筹安排，提升工作效率。疫情期间中心加强研判、科学安排、合理调度、优化配送路线，努力减少送货员外出作业时长和工作强度，配齐物资保防护。配送环节坚持“一车一装一发”方式，统一调配车辆及送货人员，错峰发车、协同作业，送货量大的线路安排多车同时送货，使分拣后的卷烟在第一时间送达零售客户；严格执行“无接触配送”模式。配送人员按照“无接触配送”模式，以拍照形式做好确认和备案，按时、保质、保量将卷烟送到零售客户手中，最大限度保障配送人员和广大零售客户的身体健康和生命安全。

根据中烟商务物流有限责任公司总体部署，为进一步推进湖北中烟工业有限责任公司有序复工复产，作为首批接收湖北中烟卷烟的商业物流企业之一，物流中心严格落实疫情防控措施，积极沟通对接卷烟到货安排。3月19日上午，第一批湖北中烟卷烟到货，完成全部卷烟到货入库工作。

2020年，物流中心配合市局（公司）计划处组织召开科技项目验收会，对“北京烟草物流中心就地技术升级的研究与应用”和“物流园区车辆及人员智能化管理研究与应用”两个科技项目进行验收。验收委员会一致对所有项目的完成情况表示认可，认为项目达到立项要求，实现预计目标，研究内容充实，技术资料齐全，用户使用效果反映良好，同意全部通过验收。截至年底，中心全部完成2020年度5个科技项目的验收工作。2020年，市局（公司）计划处组织科技项目验收委员会，对物流中心工程技术部负责的“笼车管理及暂存区智能调度系统”“小规格分拣线设计与优化策略的研究”两个项目进行验收。验收委员会成员一致认为项目文档资料齐全，自试运行以来功能达到立项要求，同意两个项目通过验收。

（李涵嵋）

【北京市通州区粮油贸易有限责任公司】 2020年，自开展疫情防控以来，狠抓重点部位管控，对办公场所实行来往人员登记、测量体温制度，对公共区域食堂、卫生间等采取通风、消杀措施。落实疫情零报告、日报告制度，发布疫情通知、防控态势和政策措施等，有力消除社会恐慌。按照集团部署，公司收到湖北省驰援北京市捐赠物资代储入库工作，经过持续奋战，完成总计19车，13个种类，352.05吨物资入库任务。公司坚持落实包仓责任制，深化储粮精细化管理。加强储粮损耗管控。2020年公司出库储粮9.2万吨，形成损耗477吨，损耗率为0.52%。推进5S管理开展。在年初召开5S管理推广动员会，介绍大杜社示范库样板区经验，推动5S管理项目在公司所属粮库全面展开。完成智能粮库升级改造工作。大杜社和永乐店两个储备库使用系统管理、基础设施、储粮管理和出入库管理4大模块。其余模块也将逐步开放使用，上述工作的完成，有效提升粮食仓储管理水平，开创仓储管理工作的新局面。加强储粮质量检测。按时按质完成中央及市、区储备粮品质检测工作，通过检测质量全部符合标准。

公司克服新冠肺炎疫情等不利因素带来的影响，全力推动贸易经营，实现稳定恢复良好的态势。截至2020年底，销售各类粮食77.27万吨，实现销售收入16.48亿元。以销定采，自主收购玉米41.8万吨，销往山东等地区。参与中储粮、国储粮竞拍。全年拍得各类粮食22.32万吨，分别销往南方市场和当地大米加工企业。根据徐辛庄粮库属地，宋庄镇文化创意产业集聚区的产业定位，利用原有特色建筑风貌，充分挖掘粮仓历史文化，利用老旧库区，拓展文化空间，实现转型升级。徐辛庄文创园项目，经过两年时间改造，园区整体规划完成，水、电、暖各种配套设施齐全，园区成立物业部、招商部、财务部等相关部门。截至年底，正在进行招商工作。截至2020年底，完成830名退休人员的社会化管理工作，并进行数据采集，移交电子档案，有力推动退休人员社会化管理进程。全面做好北京市永和信诚粮油供应有限公司的撤并工作。由于北京市永和信诚粮油供应有限公司供应量逐年减少，企业难以维持盈利，申请注销。完成业务结算、业务衔接以及部分职工的安置分流。

疫情期间及时对外租场地进行拉网式逐一排查，排查43户租赁单位，签订疫情防控责任书，并做好来往人员体温检测、记录等工作，建立返京人员隔离情况台账，并实施动态管理。以“强化安全发展观念、提升全民安全素质”为主题的安全生产月活动为契机，通过走现场、看设备、查防火，重点对外租库点和人员密集场地进行检查，全年开展安全检查30余次，发现安全隐患17处，全部整改完毕。开展安全教育培训。邀请消防处的老师对全体员工进行安全知识培训，并在公司各基层粮库分别开展安全消防演习，有效提高全员的安全意识和自救能力。

（杨新星）

2021

金 融

北 京 通 州 年 鉴

城市绿心森林公园（摄影 郭建华）

综 述

【概　况】 2020年，副中心金融业克服疫情等不利影响，金融增加值首次突破百亿元，同比增长32%，占GDP比重达9.6%，创历史新高。金融业实现税收15.6亿元，同比增长70%。金融产业地位正从区域重点产业向支柱产业加速演进，成为副中心五大行业之一。

【产业集聚效应】 2020年，新引进金融类机构42家，累计注册资本228亿元。28家驻区银行中，分行级别由原有7家提升为11家。全国首家外资独资货币经纪机构——上田八木货币经纪（中国）有限公司获批落户副中心，汇泉基金、华夏理财实现开业，路孚特金融科技、北投保理、国机保理获批，北投融资担保和中投保科技融资担保设立展业，实现了货币经纪、持牌公募基金管理、银行财富管理、融资担保等业态上的零的突破。

【金融功能定位】 2020年以来，北京、华夏、农商三家市属银行全部实现在副中心设立一级分行，三峡集团二三级子公司、北投集团金融版块、五道口金融学院、北京财富管理研究院等一批项目签约落地，财富管理中心初现雏形。北京绿色交易所、中美绿色基金、北京绿色金融与可持续发展研究院、中英绿色科技投资基金和产业园等项目的导入，为发展绿色金融持续孕育新动能。农银金融科技、中债金科、融和云链科技公司等先后设立，金融科技发展实现新突破。

【金融影响力】 2020全球财富管理论坛吸引150多家国内外主流媒体参与报道，发布新闻报道7898篇，累计总曝光量约为8255.7万人次。副中心金融专题展在服贸会主会场成功举办，展览期间，总流量超1万人次。外资银行北京行副中心站活动聚集“世界目光”，来自全球11个国家和地区的32家外资银行代表通过实地走访、座谈交流等形式，进一步提升副中心金融业的国际聚集力。上田八木货币经纪（中国）有限公司批筹发布、国寿投资与北投集团北京城市副中心产业发展基金签约、华夏理财子公司开业暨ESG高端论坛等系列重大活动，充分展现了副中心金融发展新形象。

9月5—6日，2020全球财富管理论坛在北京国际财富管理中心举办　　（金融服务办公室提供）

【服务实体经济作用】 2020年，在新冠疫情影响下，积极落实金融稳企业、保就业政策，与市金融局、人行营管部和驻区银行建立长效沟通机制，搜集整理驻区企业融资需求，推动银行机构用好再贷款、再贴现政策，协调指导驻区银行为7家企业办理6100万元无还本续贷业务，9家企业办理9277万元贷款延期还本付息业务，发放906笔支小再贷款8.28亿元，开展132笔首贷业务近31.62亿元，91笔无还本续贷业务近6亿元，87笔延期还本付息超10.6亿元。积极出台惠企纾困政策，研究制定《通州区融资担保机构贯彻落实新冠病毒疫情期间促进中小微企业持续健康发展若干措施操作指引》《通州区中小微企业贷款风险补偿资金操作规程》等文件，为驻区融资担保机构提供担保费率补偿、银行机构提供风险补偿，帮助中小微企业渡过疫情难关，稳定社会经济大局。

【顶层设计和配套政策】 紧盯当前制约通州区金融产业发展问题，积极发挥参谋助手作用，研究提出《副中心促进金融业发展若干措施》《服务业扩大开放金融政策诉求》《关于通州区金融服务实体经济的工作建议》《北京自贸区金融政策诉求》等政策需求，利用政策红利推动副中心产业集聚。制定《通州区打造国际财富管理中心实施方案》《关于成立打造财富管理中心工作小组的方案》《关于进一步促进金融业税收稳定增长的工作方案》等方案，全方位、多角度地研究分析副中心金融业高质量发展的问题及路径，进一步明晰副中心金融业高质量发展的思路。

（周亚琼）

中国工商银行股份有限公司北京通州支行

【概　况】 中国工商银行股份有限公司北京通州支行位于通州区新华西街47号，2020年全行有在职员工479人，支行下辖8个部室、1个中心、1个附属机构、19家网点。代理人民银行国库业务和发行基金保管库业务。2020年，通州支行认真贯彻落实习近平新时代中国特色社会主义思想和中共十九大各项决策部署，精准把握“大、全、稳、新、优、强”的发展方位，以打造“全面领先型银行”为目标，全力建设“强、优、精、实、廉”的“五有”核心班子队伍，充分发挥“聚民心、暖民心、顺民心、强民心、利民心”的“五心”凝聚作用，奋勇先行，创先争优。保持稳中求进工作总基调，坚持疫情防控和经营发展“两手抓、两不误”，持续加强党建和人才队伍建设，不断提升支行核心竞争力，各项工作取得较好成效。

【经营状况】 通州支行紧抓副中心建设机遇，认真贯彻总分行的决策部署，坚持“三比三看三提高”（与市场同业比，看自己的优势和差距，提高市场战斗力；与兄弟单位比，看自己在集团中的位置，提高对集团的贡献度；与自己比，看自己的进步率，提高经营业绩的成长性）的工作方法，坚定目标、压实责任、聚焦实业、厚积薄发，全力推动各项业务均衡发展。截至2020年末，通州支行实现拨备前利润10.29亿元，同比增长5451.46万元；近三年储蓄存款时点增量连续冲破30亿元、40亿元、50亿元，呈现逐年递进式增长趋势，实现跨越式发展。

【政务服务】 2020年，通州支行依托区域优势，全方位助力副中心建设发展。与人力社保局合作，跟进国家人力资源产业园建设进程，成为唯一一家入驻该园区的服务银行；与金融办密切合作，副中心唯一落地的公募基金公司在支行开立基本结算账户；持续深化与区内各培训机构的合作，与通州区民办教育服务中心达成“教培云”资金监管合作；与“通投”达成全面合作意向，拟签署战略融资合作协议；持续深化“科创投”的业务合作，成为创新中心银行服务区首家入驻银行。9月28日北京自贸区正式挂牌当天，通州支行完成该片区首笔跨境金融业务，开启银企合作新征程。

【渠道建设】 2020年，在行政办公区核心区域建设清风路支行，打造该区域国有银行首家智慧旗舰网点；在商务服务区重点区域建设北关支行，北京自贸区赋能提供卓越金融服务支持；在文化旅游区建设环球影城支行，为国内外游客提供优质金融服务，进一步夯实支行渠道基础。同时，支行认真做好服务管理工作，2020年，未出现有责监管投诉、重大投诉事件，实现四季度客户忠诚度、费力度、满意度均为100%，持续提升网点服务质态。张家湾支行成功争创总行四星级网点，不断增强网点区域内竞争力。

（毕永振）

中国建设银行股份有限公司北京通州分行

【概　况】　中国建设银行股份有限公司北京通州分行隶属于中国建设银行股份有限公司北京市分行，位于北京市通州区玉带河西街25号，下设12个部室（含营业部），16个营业网点。营业网点为：潞河支行、运河支行、光谷支行、财满街支行、瑞都国际支行、群芳中三街支行、玉桥东路支行、玉带河东街支行、云景里支行、鱼市口支行、汇鸿家园支行、物资学院路支行、杨庄路支行、新华西街支行、玉桥支行、张家湾支行。年内在岗人员381人，平均年龄35岁，其中本科及以上学历人员313人，党员146人。

2020年，实现本外币账面利润8.28亿元。中间业务收入2.87亿元。本外币全口径存款时点余额635.3亿元；一般性存款余额581.21亿元。本外币各项贷款时点余额334.76亿元；五级分类不良贷款余额0.16亿元，不良率0.05%。

【疫情防控】　2020年，研究传达疫情防控工作22次，召开疫情防控领导小组会议18次。主动承担国有大行责任，做好“六稳”“六保”，为人行再贷款名单及人行营管部名单客户提供授信7亿元，投放3.17亿元。充分发挥普惠金融优势，疫情以来共办理“云义贷”501笔、贷款余额4.07亿元；累计为381笔小微企业客户办理贷款延期本金1.31亿元。

【三大战略】　2020年，“裕农通”服务点实现100%全覆盖，服务农村市场的“窗口”和“触角”布局完成。脱贫攻坚持续有力，“扶贫爱心卡”发卡已经覆盖了全区17个乡镇、街道办事处、28家委办局，累计发卡46748张。“安寓”项目累计收房913套。积极配合分行推进北京市政府行政办公大厅政务系统（智能型政务服务大厅）搭建工作。实现区财政局授权支付业务电子化模板更新上线。

【风险排查】　扎实做好涉赌涉诈风险排查与整治，滚动排查对公账户11901户，个人账户595户，商户排查63个；对20户对公涉案账户，18户个人涉案账户进行管控处理。

（孟宪赟）

中国农业银行股份有限公司北京城市副中心分行

【概 况】 中国农业银行股份有限公司北京城市副中心分行位于通州区八里桥南街1号院9号楼，下设16个营业网点。城市副中心分行坚持以习近平新时代中国特色社会主义思想为指导，认真落实总分行党委各项决策部署和监管部门要求，以党建为统领，紧跟城市副中心建设步伐，统筹做好疫情防控、服务实体经济和经营管理工作，各项工作取得新发展新成效。2020年，各项存款余额534.8亿元，较年初增加102.9亿元；各项贷款余额132.6亿元，较年初增加3.2亿元。

【服务地区经济建设】 城市副中心分行聚焦副中心战略规划，全力支持建设融资、民生工程项目、民营和小微企业发展。联合上级行为副中心量身定制资源整理贷款，用于张家湾设计小镇、宋庄艺术小镇等多个重点建设项目的资源整合。面对突如其来的新冠疫情，城市副中心分行积极响应国家号召，大力发展普惠金融业务，支持企业复工复产金融需求，在基层网点成立普惠金融服务突击队，为辖内小微企业、农户提供高效的金融服务。2020年累计发放防疫贷款2亿元，为近300户小微企业发放线上贷款，金额近6亿元，为30余户涉农企业及农户发放农村生产经营贷款，金额8000余万元。

【金融服务脱贫攻坚】 城市副中心分行积极对接农产保供企业的金融需求，2020年发放产业扶贫贷款4亿元，间接带动陕西蒲城多名建档立卡困难农户增收脱贫。通过农业银行“掌银扶贫商城”开展脱贫攻坚消费扶贫活动，第一时间为武强县筹措帮扶资金，用于支持当地卫生健康知识培训及农民科教知识培训项目，携手武强县开创乡村振兴和区域经济崛起的崭新局面。2020年，城市副中心分行社会责任考核在北京分行排名第一。

【优化网点服务】 2020年，持续改善网点经营环境，对辖内9家营业网点进行改造，提升客户体验感。优化网点人员岗位和金融机具配置，充实厅堂工作人员，增设超级柜台等金融机具，持续提升网点服务水平。优化网点适老化服务设施，增设爱心座椅，优化无障碍通道，常备轮椅、老花镜、急救包等设施，提升硬件设施的适老化服务功能与使用体验。

（王潇）

中国银行股份有限公司北京通州分行

【概　况】 中国银行股份有限公司北京通州分行位于通州区车站路44号，内设10个部门，下辖10个营业网点，分别是通州分行营业部、通州九棵树支行、通州新华西街支行、通州果园支行、通州马驹桥支行、通州光机电支行、青年路支行、朝阳北路支行、广渠东路支行、通州土桥支行。主要经营范围有人民币结算业务、公司银行服务、个人银行服务、传统／特色贷款融资等。通州分行坚决贯彻总分行工作要求，坚持“落实国家战略，抢抓副中心发展机遇”的工作总基调，以资产业务为抓手，带动各项业务健康持续发展，打造新时代副中心一流银行。

【打造风控体系】 通州分行一直贯彻“内控为先”的经营理念，确立了“一个体系、三个维度”的整体工作思路。扎实开展“方圆2020—合规主题教育”活动，一把手结合内外部合规防控形势、总分行合规政策讲合规教育专题课，努力推进合规文化建设，完善内控管理机制，发挥监督检查作用，围绕提高内控水平，增强风险意识，培养合规习惯，提升内控管理实效，开展系列工作。通过组织征文比赛、合规教育宣传作品竞赛、内控合规日等教育活动，营造通州分行良好的合规文化氛围。

【推进六稳六保】 疫情发生以来，通州分行充分发挥国有大行担当，落实中央和总分行提出的工作要求，扎实推进“六稳”“六保”工作，凝聚全行力量保障金融服务。疫情期间多次为区内企业办理境外防疫物资采购，为北京市政府完成7笔应急支付业务，累计付款1.38亿元。

（谭琛）

中国农业发展银行北京市通州区支行

【概　况】 中国农业发展银行北京市通州区支行成立于1997年3月，位于通州区新华北路55号，内设3个部室。2020年，面对新冠肺炎疫情的复杂形势，通州区支行在稳步发展各项业务的同时，坚决贯彻落实党中央、总分行全力服务疫情防控的工作部署，坚持党建统领，凝聚全行力量，主动作为，精准发力，履职尽责，积极发挥农业政策性银行的金融服务作用。

【疫情防控】 认真贯彻党中央、北京市及总分行疫情防控要求，高效落实疫情防控和复工复产信贷政策，向全国及省级疫情防控企业提供优惠利率，提高办贷效率，全年共投放疫情防控专项贷款、复工复产贷款、农业小企业贷款15.98亿元。通过精准投放贷款，有效保障12万吨粮食、0.2万吨肉类等重要生活物资及时供应疫情严重地区和首都市场，进一步缓解地区疫情防控压力，助力企业复工复产，确保首都重要物资供应和价格稳定。

【服务乡村振兴】 2020年，为粮棉油龙头企业提供政策性金融服务，全年累计投放粮棉市场化收购贷款22亿元，支持企业收购粮棉64万吨，助力企业提升产能、扩大规模、增强保供稳价能力。进一步加大对生猪产业链和农业小微企业的金融支持，服务首都“肉案子”“菜篮子”工程，全年累计投放生猪产业链贷款和小微企业贷款 1.03 亿元，切实保障肉类和蔬菜等重要农产品的有效供给。在聚焦主业的同时，不断加大对农村农业重点领域的金融支持，全年累计投放农业农村基础设施贷款 23.8 亿元，进一步推进首都棚户区改造，全力服务乡村振兴，巩固拓展脱贫攻坚成果。

（张钰培）

北京银行股份有限公司通州支行

【概　况】 北京银行股份有限公司通州支行成立于 2004 年 4 月，位于中山大街 59 号北京 ONE 一层。2020 年，通州支行坚持党建引领，以党建促发展，以客户为中心，以产品为抓手，夯实基础管理、加强风险把控、提升服务水平，各项业务实现稳步发展。

【疫情防控】 2020 年，通州支行践行社会公益责任，捐款助力一线抗击疫情。在抗击新冠肺炎疫情的关键时期，通州支行在总、分行的指导下，为助力一线抗击疫情，先后两次通过北京市通州区红十字会进行疫情防控捐款，累计 90 万元，专项用于新冠肺炎疫情防控所需物资、耗材及一线医护人员慰问。

【助力地区建设】 2020 年，通州支行支持通州区经济开发区西区南扩区三、五、六期棚户区改造项目（简称梁各庄棚改）。支行以高效、便捷、全面的服务做好棚改项目金融服务工作，项目涉及 616 户的资金发放。

【金融服务】 2020 年，北京银行城市副中心分行与北京市住房公积金管理中心通州管理部共同合作打造的全市首家住房公积金 e 通厅示范点正式运营。e 通厅旨在为广大客户打造一个以“一流从业队伍、一流技术设备、一流服务环境”为目标的创新型示范点，利用现代化金融科技实现“网上办”“自助办”“指尖办”“智能办”，同时提供全流程一站式通达的金融服务，进一步促进营商环境，便捷百姓服务。

（陈雨菲）

北京农村商业银行通州分行

【概　况】 2019 年 12 月，经北京银保监局批准，北京农商银行通州支行正式升级为通州分行，2020 年 6 月举行揭牌仪式。通州分行一直不改服务实体经济初心，持续加大对基础设施、涉农、中小微、民生等重点领域资源投入力度，借助非首都功能疏解、城市副中心建设等政府重点工作，深度融入地方主流经济，提升金融服务能力，全面履行社会责任，切实做好区域内的金融服务工作，品牌形象和社会影响力持续提升。截至 2020 年底，通州分行共有营业网点 35 个，在职员工 592 人，资产总额达到

793.8亿元，各项存款余额792.79亿元，占通州区存款市场份额13.37%，各项贷款余额158.9亿元，占通州区贷款市场份额6%。

【支持城市副中心建设】 随着京津冀一体化的不断推进和城市副中心建设的加速进行，通州分行持续提高区域内金融服务力度，全力支持潞城地区拆迁工作，积极介入区域内水务、园林、基础建设等重点项目，为行政办公区、城市绿心、北京学校等项目提供全方位的金融服务。大力支持副中心基础设施建设，为运河核心区冷热电三联产项目、乡镇再生水厂建设运营项目、北控集团通州口岸项目、中交集团疃里集体租赁住房项目等重点项目审批贷款额度38.95亿元，累计投放15.4亿元。

【全面做好普惠金融工作】 主动服务属地实体经济，将普惠金融业务作为一项政治任务对待，通州分行认真贯彻执行人民银行、银保监会及市委、市政府与总行关于专项再贷款以及“稳企业、保就业”重要政策的各项要求，周密部署、积极落实，坚决履行金融机构的社会职责，克服疫情影响，做好疫情期间小微企业的融资需求对接工作，建立营销管理台账，确保每个名单、每个客户都有对接、跟踪，2020年累计实现普惠小微贷款投放86户、31601.21万元，其中新增普惠小微信用贷款2990万元。

【服务渠道多样便捷】 北京农商银行通州分行拥有区域内数量最多的35家物理营业网点，平均每5家银行网点就有该行1家，为地区金融服务主力银行。该行金融便利店数量由年初139家增加到184家，其中新增8家社区便利店，覆盖180个行政村，受益百姓26万多人。当地百姓足不出户即可办理小额存取款、转账、汇款、查询余额、补登存折、缴纳电费、燃气费、电费等业务，2020年便利店共交易64万笔，比2019年同期增长14万笔，增幅28%；交易金额3.7亿元，比2019年同期增长1亿元，增幅37%，有效解决辖内偏远地区金融服务盲区问题，切实履行服务全区百姓的社会责任。农商行通州分行的690台ATM机、自助终端、网银体验机、存折补登机等自助设备为广大百姓提供服务，方便了客户办理业务，有效支持了区域经济建设。

【养老金融业务】 2020年，大力拓展养老金融业务，着力打造为老服务特色品牌银行形象，截至年末，累计为60岁以上的北京户籍老人及外地常住北京老人发放养老助残卡31.4万张，2020年新增发卡2.6万张，发放养老助残券23.6万人次、金额3663.4万元。为辖内养老驿站安装养老助残POS机58台，减免对公开户手续费，协助驿站开展为老服务，同时发展养老助残折扣商户累计164户，布放区域遍布通州区街道社区及乡镇，搭建满足老年人方便、安全、便捷的养老助残卡受理渠道。

【助农惠农到基层】 惠农、便民始终是农商银行的主要工作，通州分行代理发放农村地区各项政策性资金，包括大家最为熟知的农村地区无保障人员养老金、城乡居民养老保险、民政部门各项低保金、抚恤金等30余项政策性资金，每年发放金额超过15亿元。

（岳俊磊）

中国人民财产保险股份有限公司北京市通州支公司

【概　况】 中国人民财产保险股份有限公司北京市通州支公司是中国人民财产保险股份有限公司北京市分公司的分支机构，位于通州区玉带河大街4号，是通州区内历史最悠久、业务规模最大、综合实力最强的财产保险公司。2020年，通州支公司以集团“温暖工程”、“卓越保险战略”和“1+7”战略为工作指引，持续提升承保和理赔服务水平，提供风险保障1568.98亿元，实现保费收入3.32亿元，同比增长3.35%。其中机动车辆保险在受新冠疫情的冲击和车险综合改革的不利影响下，公司统筹疫情防控和经营发展，密切关注市场变化，及时调整经营策略，加快创新发展力度，实现机动车保险全年保费收入2.99亿元，增速优于市场。

【安全生产责任险】 安全生产责任险是由安监局牵头，保险公司落地推广的险种。2020年，通州支公司持续加强安责险推广力度，优化配套服务，向投保企业提供风险排查服务和风险预警设施，为受疫情影响的安责险客户延长保险期限，有效防范和降低企业经营风险，保障企业和员工利益。共为通州区357家企业提供保险服务，风险保障36.4亿元，保费收入75.84万元。

【打造理赔服务品牌】 通过“中国人保财险拇指理赔”小程序以及“北京人保财险”公众号实现实时视频查勘定损、在线报案等线上化处理方式，实现“事故现场定责任，分开定损不相约，线上授权直接赔”的理赔新体验；以“管家式”服务帮助客户在家完成万元以下小额人伤理赔；依托人保万家实体服务网点，支持“异地出险、就地理赔”服务，实现全国通赔免奔波。

【政策性农业保险业务】 通州支公司持续加强对永乐店镇、漷县镇农户的承保理赔服务。2020年为700户次农企、农户提供风险保障9579.4万元，涉及大棚、果树、小麦、玉米等14个险种，支付赔款546万元。面对冻灾等严重自然灾害发生时，及时赶赴现场进行损失情况鉴定，做好理赔及后续服务，确保第一时间将赔款支付给受损农户，践行了“人民保险服务人民”的初心使命。

（董延瑞）

城市绿心森林公园（摄影 郭建华）

2021

旅　游

北京通州年鉴

综 述

【概　况】 2020年，通州区文化和旅游局以习近平新时代中国特色社会主义思想为指引，围绕副中心和通州区委、区政府中心工作，坚持善谋实干、务实高效的工作作风，补短板、强保障、兴文化、促旅游，统筹做好疫情防控和业务工作，深入推进文化旅游机构职能和体制机制融合，高品质打造以运河文化为代表的文化旅游产品，产业发展保障机制日趋完善，开放式文物场所向旅游景区逐步转化，大运河国家AAAAA级旅游景区创建工作进展顺利，旅游市场秩序不断向好，文化旅游各项工作稳步推进。

【产业发展】 2020年，完成《“十四五”时期北京城市副中心（通州区）文化旅游产业发展思路和措施研究》中期评审以及《通州区“十四五”时期文化旅游业发展规划》初稿，启动《通州区文化旅游发展总体规划》编制工作，并对全区文化旅游资源、文化设施开展摸底调查。推动乡村民宿产业提质增效，提前做好环球影城主题公园开园的服务保障工作，牵头起草《关于促进通州区乡村民宿发展的实施意见》，依托历史文化底蕴、美丽乡村景观、独特的地理位置、良好河流资源，打造精品乡村民宿项目，满足不同游客的个性化文化旅游需求。

【公共文化服务体系建设】 2020年，强化基层文化空间智能升级，移交10处公共文化设施，人均公共文化服务设施建筑面积为0.9平方米。受疫情影响，运河文化庙会停办，各项惠民演出、培训不能如期举办，区文化和旅游局及时调整工作思路，变线下艺术培训为线上培训，新增“空中小课堂”“空中大舞台”“抗疫时光”等版块，利用网络云平台完成“众志成城战疫情系列文艺作品展”14期，开启形式多样、内容丰富的互动参与式文化活动。在确保安全健康的前提下，采取实名预约、人员限流、总量控制、防止聚集等方式，有序开放通州区公共文化服务设施，完成惠民演出2000余场。

（魏鑫）

旅游景点

【概　况】 截至2020年，乡村旅游经营户37家，与上年相比无变化；通州区旅游总收入42亿元，比上年下降50.1%；接待游客38.3万人次，比上年下降40.5%。通州区有国家A级旅游景区4家，其中国家AAAA级旅游景区2家，包括大运河森林公园、韩美林艺术馆；国家AAA级旅游景区2家，包括运河公园、中国民兵武器装备陈列馆。

【大运河国家AAAAA级旅游景区创建】 2020年，编制完成北京（通州）大运河文化旅游景区文旅项目方案、《北京（通州）大运河文化旅游景区创建国家AAAAA级旅游景区提升改造阶段任务分工方案（第一轮）》、《通州“三庙一塔”景区综合提升改造项目》方案，启动“三庙一塔”景区整体提升工程，围绕创建国家AAAAA重点区域进行优化、完善旅游配套设施建设，提升旅游服务品质等工作。

【文物古迹保护利用】 2020年，投入文物保护资金7900万元，对张家湾城墙及通运桥、通州近代学校建筑群——潞河中学等文物进行保护修复，包括文物修缮和环境整治工程9个，安技防工程1个，防直击雷工程3个，考古工程1个，电子信息类项目4个，展览展示项目3个。制定平津战役指挥部旧址展览展示与外部环境整治方案，促进文物保护利用。

【推出多条特色主题旅游线路】 2020年，高品质做好环球影城主题公园公共服务配套，深入挖掘运河文化、传承通州文脉，推出运河文化、通州记忆等23条特色主题旅游线路，多角度打造网红景点打卡地。

【完善旅游公共服务设施】 2020年，提升文化旅游设施配套，推进优质的文化资源转为特色的旅游产品，推动有条件的文物保护单位向旅游转化开放，加强文化配套服务项目开发，提升文化项目的旅游附加值。加快出台《关于促进通州区乡村民宿发展的实施意见》。进一步完善演艺项目、公园景区、宾馆酒店等文化旅游服务设施配套。

2020年，争取市级专项资金250万元，改造固定旅游卫生间7座，购置移动卫生间48座，增添标识牌277.333平方米。完成27家文化和旅游场所的无障碍坡道、无障碍卫生间、无障碍客房、无障碍电梯设施改造升级。制定下发《通州区等级旅游景区、宾馆饭店实施生活垃圾强制分类的工作方案》，推动等级旅游景区、宾馆饭店垃圾分类全覆盖，有效提升全区文化旅游公共服务设施精细化、便利化水平。

（魏鑫）

旅游活动

【“5·19”中国旅游日主题宣传活动】 5月19日，区文化和旅游局、区互联网信息办公室在大运河森林公园联合举办以“乐享大运河，畅爽副中心”为主题的“5·19”中国旅游日宣传活动。在疫情防控常态化背景下，组织部分有代表性的文化旅游企业参加活动，通过发放旅游宣传资料、宣讲旅游法规、现场答疑等形式，推介通州文化旅游资源，宣传通州文化旅游品牌，助力文化旅游企业有序复工复产，进一步激活文化旅游市场活力。

“5·19”中国旅游日主题宣传活动
（区文化和旅游局提供）

【“欢乐通州·欢乐购”消费季活动】 6月6日，“欢乐通州·欢乐购”运河市集展卖活动在运河公园启动，20多家优秀文旅企业代表携经典非遗、文创产品参加，围绕京彩、京券、京品、京韵、京味、京炫六大主题，集餐饮、购物、旅游、非遗为一体，吸引大量市民咨询、参观、购买。此次“欢乐通州·欢乐购”消费季活动持续到国庆黄金周，通过活动开展，有序推动复商复市，加速消费人气回暖回升。

6月6日，“欢乐通州·欢乐购”运河市集活动
（区文化和旅游局提供）

【开展对口帮扶活动】 8月23日，区文化和旅游局携图书馆、文物管理所，赴内蒙古翁牛特旗、奈曼旗、科右中旗开展对口帮扶，实地了解“三旗”文旅企业、景区景点、特色村落建设情况，召开座谈会，针对文化旅游产业对口帮扶需求进行座谈，帮助各旗梳理文化旅游造血的工作思路，破解工作难题。举行赠书仪式，向各旗赠送图书联谊卡以及《通州故事丛书》《大运河传奇》等图书画册。活动有效促进各旗文化旅游发展共识，增进友谊，深化文化旅游对口帮扶成果。

8月23日，赴奈曼旗开展内蒙古“三旗”对口帮扶活动
（区文化和旅游局提供）

【通州区参加第十六届海峡旅游博览会和第六届中国（厦门）国际休闲旅游博览会】 8月28—30日，区文化和旅游局带领重点文旅企业参加第十六届海峡旅游博览会和第六届中国（厦门）国际休闲旅游博览会。博览会期间，各地旅游企业之间通过洽谈交流，达成发展共识，签订合作意向。区文化和旅游局以现场咨询和发放宣传材料等形式，推介通州文化旅游资源，展示近年来通州旅游产业发展成果，提升通州区文化旅游知名度。

【运河口袋市集活动举办】 9月12—16日，运河口袋市集活动在运河文化广场举办。该次活动设立非物质文化遗产区、特色产品区等9大主题区域，集美景、美食、演艺等为一体，为市民带来一场新风尚、新体验的消费狂欢盛宴。活动延续“欢乐通州欢乐购”的主题，结合季节消费热点推出系列促销活动，促进全区消费市场回暖。该次活动参展商以非遗、文创、旅游类企业为主，汇聚中粮、首农等商业品牌102个，5天累计客流3万多人，交易额192万余元。

【创建大运河国家AAAAA级旅游景区大会召开】 10月18日，北京（通州）大运河文化旅游景区创建国家AAAAA级旅游景区大会在北京国际财富会议中心召开。AAAAA领导小组成员单位、区文化和旅游产业发展研究智库专家、运河沿线4省2市重点媒体以及通州区市民代表参加大会。通州区文旅行业、各新闻媒体、志愿者代表共同发起保护大运河倡议。大会通过AAAAA文旅十大项目宣传片、十大企业展示墙，充分展示通州区文旅产业发展成果、非遗保护成果和特色美景、好物。由国家和市、区重点媒体代表组成的采风团到运河公园、大运河森林公园、城市绿心公园，对大运河国家AAAAA级旅游景区创建核心区域和景区宣传情况进行参观考察。区文化和旅游局通过多种创建大运河国家AAAAA级旅游景区落地宣传活动，将进一步做精做细旅游景区产品及服务，完善大运河文化旅游景区软硬件设施，优化整体形象及营销系统，确保各项任务推进和完成，铸造大运河旅游名牌。

10 月 18 日，北京（通州）大运河文化旅游景区国家 AAAAA 级旅游景区大会召开
（区文化和旅游局提供）

11 月 19 日，参加 2020 海南世界休闲旅游博览会
（区文化和旅游局提供）

【通州及北三县文化旅游推介活动启动】 10 月 31 日，通州区及北三县文化旅游推介活动启动。活动采用“线路规划＋网红体验＋资源采集＋大 V 直播＋网媒加持”五位一体的宣传推广手段，邀请网红大 V、新闻媒体记者、摄影师及影像达人、旅行社代表到北三县采风，探美景、品美食，增进彼此了解。根据北三县文旅资源特点，推出科技智慧三河游、异域风情大厂游、古今穿越香河游 3 条不同风格的文化旅游线路，挖掘 9 处网红打卡地。活动融入高科技智慧旅游版块，首次开辟北三县 360VR 全景漫游云展厅，模拟三维空间的虚拟世界。活动中，通州区还联合北三县文旅政务微博平台，专门开设相关话题，同时直播四地文旅资源和活动情况。

【“通州文旅”亮相 2020 中国国际旅游交易会】 11 月 16 日，区文化和旅游局参加在上海举办的 2020 中国国际旅游交易会。工作人员以现场咨询和发放宣传材料等形式，推介通州文化旅游资源，展示通州区近年来旅游产业发展成果，推介通州文化和旅游产品、品牌，开展业务洽谈。各企业代表参加中国旅游推广联盟推介会、首届健康旅游发展大会等系列活动，共谋发展思路，共话发展前景。

【通州区参展 2020 海南世界休闲旅游博览会】 11 月 19 日，第五届海南世界休闲旅游博览会在海口国际会展中心开幕，展览面积 3 万平方米，参展单位近 350 家，区文化和旅游局参展并多角度推介通州区文化旅游资源。琳琅满目的展品及宣传品吸引众多游客驻足，展示通州区多样的旅游资源，提升通州区旅游品牌知名度。

【2020“通武廊”文旅产业大会召开】 11 月 27 日，2020“通武廊”文化和旅游产业发展大会在廊坊市召开。京津冀三地政府、“通武廊”文旅部门以及三地文化旅游协会、大运河文化研究会、摄影家协会代表和专家学者参加大会。大会签署《“通武廊”运河文化保护传承利用交流合作机制》，对“通武廊”文旅杰出贡献人物进行表彰。大会期间，“通武廊”文化旅游创意产品展暨第八届廊坊特色文化博览会、2020“印象北运河”主题摄影展、京津冀（廊坊）京东大鼓书会、“月来月有戏”精品演出等主题活动一同亮相。

【“通州文旅”亮相 2020 中国东盟博览会旅游展】 12 月 8—10 日，2020 中国东盟博览会旅游展在桂林国际会展中心举行。该次旅游展设置“一带一路”主题馆、境外旅游专业馆、国际旅游商品馆、旅游消费馆、广西旅游形象馆和国内旅游专业馆，涵盖旅游形象、旅游商品、旅游消费、旅游科技、旅游胜地建设和智慧文博 6 大类型。区文化和旅游局参加此次展会，并参加各项推介、洽谈活动，现场以咨询和发放宣传材料等形式，推介通州文化旅游资源。

【香河县与通州区文化和旅游协同发展工作推进会召开】 12 月 23 日，香河县与通州区文化和旅游协同发展工作推进会在通州区召开。该次会议由通州区文化和旅游局、廊坊市文化广电和旅游局、香河县人民政府主办，香河县文化广电和旅游局承办。活动以“河美与共、一脉香通”为主题，通州、廊坊两地政府及文化旅游协会、文旅企业代表参加会议，共同推进两地文化和旅游协同发展。会议期间，两地文化和旅游部门签署《香河县与通州区文化和旅游协同发展战略合作框架协议》，同时启动两地2021年文化旅游系列活动。两地还分别进行文化和旅游资源推介，举办2020年香河县文化旅游产业发展大会成果展和通州区大运河文化旅游图片展。

12月23日，香河县与通州区文化和旅游协同发展工作推进会（区文化和旅游局提供）

（魏鑫）

行业管理

【检查宾馆酒店防疫措施落实情况】 2月4日，区委常委、宣传部部长汤一原带队，深入太阳花酒店、如家快捷酒店果园店、七天快捷酒店果园环岛店、秋果酒店，实地检查新冠疫情防控和社会运行保障，督导检查疫情防控工作。检查中，汤一原肯定各酒店采取的防控措施，并强调要加强行业管理人员、企业一线员工的自身防护，针对企业自身情况，制定相应的防控措施，结合最新发布的防疫指引，及时传达到每个一线防控人员。

【做好隔离观察点24小时保障】 2月5日，区文化和旅游局联合区卫健委、区公安分局对隔离观察点备选酒店进行实地考察，确定格林豪泰酒店次渠店作为外地返京无固定居所人员的集中隔离观察点。区文旅局、公安分局、卫健委等部门每天在观察点值守，做好人员入住登记、健康监测、安全及服务保障等工作。区文化和旅游局制定《通州区文化和旅游局医学健康观察点工作方案》，52名机关干部主动请战，参与隔离观察点24小时值守。值班人员每日到前台签到，按班次填写值班记录，建立台账，包括客人入住和离店时间信息、离店去向、客人在店健康状况、每日回收垃圾时间等，24小时对酒店区域进行巡逻、把守。

【逐步恢复市内组团旅游业务】 4月17日，区文化和旅游局向区内旅行社下发《关于恢复本市旅行社在本市行政区域内组团旅游业务的通知》，并逐步引导区内旅行社开展市内组团旅游业务以及全市正规“一日游”业务。要求各旅行社推出精品旅游线路，落实疫情防控要求，制定假期惠民措施，让游客度过一个安全祥和的五一小长假。

【开展“五一”前夕假日安全、疫情防控专项检查】 “五一”前夕，区文化和旅游局处级干部分别带队，组成5个检查小组，对通州区内星级饭店、社会旅馆、景区、文化文物场所进行安全生产、假日旅游、春季防火、疫情防控四大专项检查。检查覆盖全部行业类别，出动检查人员22人次，检查企业35家次。

【开展第33个世界无烟日活动】 5月31日，区文化和旅游局组织开展第33个世界无烟日活动。下发《关于做好第33个世界无烟日活动宣传工作的通知》，向各企业发放宣传海报、手册，参加宾馆酒店、等级旅游景区无烟日活动宣传，对各企业无烟日活动宣传工作进行检查，对检查中存在的问题和不足提出整改要求。

【安全生产检查】 2020年，结合安全生产月、疫情防控、消防安全、假日旅游、防汛、烟花爆竹禁放等工作，开展领导带队夜查11次，专项检查9次、联合检查8次、日常安全检查企业891家次，督促整改安全问题32处，约谈文化和旅游企业16家。开展“双随机”执法检查7次，检查旅游企业17家次，检查导游1名，日常旅游市场秩序检查企业51家次，检查旅游团队16个，检查导游14名。组织开展防汛应急演练1次，发布各类预警信息19条，安全宣传3次，发放文化和旅游安全宣传材料6000余份，全年无安全生产责任事故发生。

（魏鑫）

城市绿心森林公园（摄影 郭建华）

2021

交通 邮电

北 京 通 州 年 鉴

公路建设与养护

【概　况】 2020年，在市交通委、通州区委、区政府的领导下，通州公路分局坚持建设和服务保障两大目标任务，围绕城市副中心建设大局，践行总书记视察北京特别是视察通州重要讲话精神，坚定信心、攻坚克难，以勇挑重担的责任担当和不忘初心、奋发有为的使命追求，锐意创新、抢抓机遇、趁势而上，全年实施大修工程2项，提级改造1项，交通综合治理2项，推进9项新改建工程，完成投资4.9亿元，完成公路建设、养护和管理等各项工作任务。

【副中心配套基础设施项目的前期工作】 2020年，取得宋梁路北延（潞苑北大街—京平高速）初步设计及概算批复，日新路可研、初步设计及工程规划许可证等，武窑桥取得“一会三函”、项目建议书（代可研）批复、施工图审查意见、施工图预算等。围绕京津冀一体化、城市副中心建设以及通州分区规划等任务，推动环球保障项目日新路和大运河通航保障项目武窑桥两项工程开工建设。

【重点项目工程】 2020年，借助市交通委、区政府领导靠前指挥的高位协调优势，分局集中发力，强力推进，高标准落实重点工程项目。2020年度新改建道路工程全面推进，分局结合工程开展情况，统筹规划，专项工程专人负责，抓基建、抓实效，截至年底，各道路工程均取得一定进展，其中宋梁路北延道路工程、九德路二期道路工程、马大路提级改造工程完工，全路段通行。孔兴路、通清路、漷马路、漷台路、武窑桥、日新路全面开工，推进建设。

【提升路况质量】 2020年，践行提高行车舒适度的养护理念，着力提升路况质量。结合全区路网状况，合理使用养护资金，统筹安排项目，实施开展徐尹路、通怀路、京滨线、通武线、唐通线5条道路的中修工程，凤德路等10条道路小修工程，通胡路等5条道路无障碍整治专项工程的项目管理工作。在保证质量的前提下加快施工进度，减少施工对周边居民和交通的影响，改善道路整体环境。

【推进路域环境美化】 2020年，推进路域环境美化，打造副中心公路“畅、安、舒、美”新形象。为提升公路整体形象，给广大群众提供良好的出行环境，对国道路面病害进行全面修复；对老化、破损的人行步道和盲道进行更换；对路口尤其是公交站台处进行人性化处理；使整体路容路貌得到很大的提升，附属设施和周边环境相融合，给行人出行带来便利。

【公路路政执法】 2020年，以系统管理为抓手，全面提升公路路政工作成效。针对副中心各类基础设施集中建设，加大对涉路违法行为的查处力度，全年办理路政行政处罚案件161件，处罚金额64.27万元，其中非超处罚118件，处罚金额46.95万元；外业处罚43件，处罚金额17.32万元。对35项行政许可项目施工情况进行监管，及时发现施工中存在的问题，发放责令改正通知书及监理通知单，对存在安全隐患较大的项目，加大巡视频率，加强对第三方监测单位的考核，全年未发生安全事故。继续保持对超限车辆的高限处罚，与交管、运管等部门深入开展车辆超限联合治理工作，充分发挥综合检查站的职能，加大对违法超限车辆的发现和治理。

【提升路网运维水平】 2020年，以专业服务为切口，全面提升路网运维水平。完成公路路网交通信息采集与发布设施投资48万元（含3处交调设备及国市道交调设备标识更新），治超专项计划投资1139万元，年底前完工进入试运行，设施建设稳步推进。利用路网运行监测平台，每月对进出行政办公区、进出副中心155平方千米、重载路线、高速口周边、重要景点（保障路线）及进出京道路的交通量变化情况进行分析研究，形成《交通量运行简报》，对每月道路的交通量状况进行总结。结合建成的外场设备，通过软硬件相结合的方式，掌握道路运行状态及道路基础设施状况，每周编写路网管理周报，对路网运行及业务数据进行分析，为出行者提供综合信息服务、为管理者提供精细化的决策支持。

【乡村公路发展】 2020年，通州区列养乡村公路总里程1743.36千米，其中乡级公路1079.52千米，村级公路663.84千米，桥梁404座。全年投资2.8亿元，使用区财政预算资金1.56亿元。其中道路大修及桥梁改造投资1.6亿元，日常养护2733万元，中小修2600万元，安全生命防护1950万元，桥梁预防性养护730万元。全年各类养护工程122.6千米，占总里程的7%，超额完成市级5%的指标。按照《北京市美丽乡村路创建活动实施方案（2020—2022年）》的要求，启动“美丽乡村路”示范路建设工作，制定《通州区美丽乡村路三年创建计划表》，全年申报创建“美丽乡村路”14条共42千米。按照《通州区2020年农村公路人居环境深化整治专项工作方案》要求，制定《通州公路分局美丽乡村公路建设工作方案》，开展乡村公路路域环境治理工作。努力推动路网结构转型升级，全面提升综合服务和保障水平，以首都标准首善要求推动副中心乡村公路高质量发展。

【加强应急体系建设】 2020年，加强应急体系建设，提高服务保障能力。结合副中心特点，把握重点，立足于应对极端天气和突发事件，修订应急保障预案，细化各专养路段的专项预案，将重点部位责任落实到每个人。坚决落实市防汛抗旱指挥部决策部署，响应通州区防汛应急办的指示，根据科学预报、云图分析，提前做出预判，严防死守，应对多次强降雨天气，未发生积水断路问题，确保管养设施安全度汛，完成全年的防汛任务。

【重大活动保障任务】 2020年，增强责任意识，完成重大活动保障任务。以规划建设应急保障站点为基础，重点提升副中心155平方千米范围道路养护管理精细化水平，完善副中心应急保障体系，成立副中心城市道路养护管理专班，有效提高行政办公区道路通行保障能力。完成政治保障项目6次，保障天数63天，其中主要包括京榆旧线白庙检查站进京站点交通疏导、全国“两会”道路保障、新发地疫情期间配合交管部门做好出京道路卡口保障工作、通州区创文明城区、创建全国卫生城市及中央环境督察组下沉通州等保障任务，出动保障人员3688人次，出动工程车413辆次，出动清扫车422台班，出动洒水车102台班，其他工程机械84台班。

【桥梁运维】 2020年，桥梁状态良好运行顺畅。粉刷桥栏杆25035延米、实施桥梁维护修复工程40座，完成栏杆修复93.2延米、伸缩缝止水带更换18延米、修复伸缩缝保护带3.4平方米，更换桥梁信息牌142块，更换桥梁轴载、限载标志块432块。

（霍冲）

交通运输

【概　况】　2020年，全区有郊区客运企业1家，运营线路68条，新清能源车辆628辆。出租汽车企业11家，巡游出租汽车2095辆。区域电动出租车企业1家，运营车辆500辆。旅游客运企业2家，运营车辆11辆。汽车租赁企业33家，车辆6694辆。游船企业2家，游船179艘。道路货运经营企业2484家，营运车辆17591辆。其中危险化学品运输企业28家，运输车辆889辆，从业人员2501人；驾培机构11家，教练车1038辆、教练员1099人。机动车维修企业350户，其中一类汽车维修36户，二类汽车维修75户，三类汽车维修231户，二类摩托车维修8户。完成各类行政许可事项20310件。

【疫情防控】　1月21日，区交通局召开疫情防控专题会，部署交通运输行业和局系统疫情防控工作，成立区交通局疫情防控领导小组，主要领导担任组长。及时制定交通局关于加强新型冠状病毒感染肺炎疫情防控工作方案，成立综合协调组、行业防控组、进京交通防控组、系统防控组、宣传舆情组，各部门按分工严格落实防控措施。建立内部信息日报告制度。2020年，区交通局以守住一环、盯紧一线、控好一群、扶好一业为工作主线严格落实疫情防控，实现进京通道关口“零输入”，交通运输系统“零感染”；累计摸排运输企业300余家、公交和出租司售人员47万余人次；组织交通运输系统人员和场所核酸监测；发放出租企业补贴279.7万元，减收出租驾驶员承包金1890.46万元。

【疫情防控时期至北三县过境公交运输保障】　2月，区交通局协调市公交集团客五分公司将811路、813路等6条跨省市公交线路调整为市区内区间运营线路。要求企业对线路运营情况进行监测，根据客流变化合理安排运营时间、发车班次。督促企业严格按标准做好车辆消毒通风和司乘人员防护措施落实，上岗期间全程佩戴口罩。1月23日至2月3日，对65处场站、停车场进行消毒11轮次，消毒运营车辆27707辆次、对司乘人员身体状况监测摸排39200余人次。

【区内公共交通节后单日客运量首次出现明显上升趋势】　2月3日，全区公共交通8139班次、乘客数量8.006万人次，较上一日分别增长15.1%和30.6%。出租行业运营车次1347次、客运量1781人次，较上一日分别增长35%和35.4%。轨道交通总进站量19205人次、总出站量22057人次，合计为41262人次，较上一日分别增长28.3%、12.6%、19.4%。9个进京公路综检站执法检查车辆4228辆次，较上一日增长30.2%。区交通局提前筹备返京高峰期公共交通疫情防控和运输服务保障，制定《交通行业管理关于疫情防控及返京大客流的工作方案》，协调公交、出租企业根据客流量、站内人员密度、车辆满载率等，合理调配和保证运力投入。

【首批燃油出租车“油改电”加快推进】　2月，区交通局开展对到期报废车辆进行入户现场核查，首批涉及企业1家、31辆车，组织驾驶员分批分时段依次到企业交车，逐车核查计价器、空车待租和停运标志、价标、门徽、顶灯、营运证等运营设施是否按要求拆除，符合退出运营市场标准的进行报废处理。同时，压缩办理流程，帮助企业加快车辆更新报审程序，现场指导填报相关表格，录入核查信息，及时上传市交通委审核平台，确保20个工作日内全部更新为纯电动车上路运营。

【交通综合治理实施方案印发】　3月2日，《2020年通州区交通综合治理行动计划》印发实施，治理任务40项，其中优化交通供给18项，调控出行需求4项，强化综合治理18项，包括推动6号线通运门站，通州北关站C口，亦庄火车站B、C口开通，做好征地、拆迁，公交线路优化调整，实施40千米慢行系统建设，推进九棵树西路、东六环入地改造建设，实施20处堵点改造和22处交通乱点治理等。

【配合九棵树中路开通同步优化调整5条公交线路】 3月18日，区交通局协调优化566、T109、通7、通10、通65共5条线路，涉及调整曹园村南行、田家府等站位8座，新增地铁万盛东站1座，既满足德邑新时空周边百姓出行需求，又与地铁7号线万盛东站形成有效接驳。

【区内交通运输企业复工复产情况】 至4月上旬，重点货运企业1107家、复工856家（复工率77.3%）、车辆5056辆（占比56.9%）；危运输企业28家全部复工（复工率100%）、车辆408辆（占比79.9%）；机动车维修企业复工153家（复工率52.8%）、复工员工1850人次；运营出租企业12家、车辆2428辆（占比95.8%）。

【落实客运行业支持政策】 4月，区交通局协调巡游出租企业落实北京市关于应对疫情影响出租汽车行业支持政策，要求企业及个体工商户对2020年1月24日至4月30日期间处于运营状态的巡游出租车，每月既有的燃油补贴、岗位补贴全额发放；对采用承包经营的驾驶员，按照单班车70元／日、双班车及纯电动巡游出租车110元／日的标准减收承包金。结合企业需求建议，与区财政、国资委研商区域运营电动小客车鼓励运营和郊区客运补贴政策，确保平稳。

【北运河（通州段）冬春航期后重新开航】 北运河（通州段）通航线路全长11.4千米，途径运河商务区、运河文化广场、大运河森林公园等副中心重要城市节点。4月26日，开通A线（2号码头—漕运码头）往返航线1条，投入运营电动船舶3艘，全程航时约60分钟，票价优惠价格60元，每日安排4个班次（9：30、10：30各一班；下午2：00、3：30各一班），疫情期间具体班次视实际售票情况调整。另外在漕运码头投入摆渡船7艘、非自航船舶87艘，供游客在森林公园两岸摆渡和水上游览。区交通局严格把关开航程序，仔细审核企业开航申请、通航水域划定、船检证书、船员适任证书等材料。对码头救生设备、消防设备、系缆设备和防污染设施进行安全检查，逐一对游船的安全性能、船容船貌进行检验。并联合区疾控中心强化疫情防控检查，指导企业落实防疫各项制度，游船一客一消毒，采取限载措施严格控制游船同乘人数（自航船舶上座率不超过50%，非自航船4人船限乘3人、6人船限乘4人）。

【公共交通满载率调整】 4月30日起，根据全市疫情防控应急响应级别由一级降为二级，地面公交、轨道交通满载率作出相应调整，地面公交满载率由50%上调至75%，轨道交通满载率由50%上调至65%。

【优化北三县公交接驳线路】 6月下旬，结合疫情防控工作要求和复产复工后百姓公交出行需求逐步优化公交客运班线11条。其中，恢复与燕郊地区连接的公交，分别为811路，日均140班次；813路，日均290班次；814路，日均200班次；815路，日均280班次；818路，日均500班次；893路，日均80班次；894路，日均60班次。恢复与大厂地区连接的公交3条，分别为822路，日均120班次；817路，日均120班次；910路，日均84班次。恢复与香河地区连接的公交1条，为810路，日均140班次。恢复与廊坊市区地区连接的公交1条，为805路，日均100班次。

【市郊铁路京承线开通筹备工作加快推进】 6月，为保障市郊铁路京承线6月30日如期开通运营，区交通局牵头制定通州西站交通接驳改造方案，国铁北京局、市公交集团及区内有关单位组织实施包括五里店西路拓宽和架空线入地改造、公交场站建设、站区周边环境提升等工作。其中新建接驳公交场站面积约4300平方米，占地面积约4300平方米，满足29辆公交车驻车条件，设置接驳公交线路1条、出租车临时停靠站1处。

【新开和调整5条市郊铁路京承线接驳公交线路】 6月30日，新开通副中心接驳临线（通州西站公交场站—地铁潞城站），根据通州西站到发列车时间设置发车频次，中途设置地铁郝家府站、地铁东夏园站、东夏园路口东站，与行政办公区进行接驳。7月3日，优化调整4条公交线路，分别为591路（乔庄—通州西站）增设颐瑞中二路北口、通州西站；810路（香河总站—通州西站）增设青海城小区、通州西站；938路（香河总站—通州西站）增设通州西站；将原803路与柴厂屯通勤快车进行整合为T103路（柴厂屯—通州西站）。

【液化石油气运输专项整治】 9月，区交通局联合通州交通支队组织全区28家危险品运输企业逐一签订《运输液化气瓶承诺书》，要求企业再次开展地毯式自检自查工作，严禁违规储存和运输不合格气瓶，执法部门加大入户检查力度，重点检查规章制度是否落实、相关台账记录是否规范、运输车辆及人员资质是否合格、一线员工是否熟悉安全操作流程并能熟练操作等企业安全主体责任落实情况。

【冷链物流运输疫情防控】 10月中旬，区交通局对辖区内冷链运输企业底数进行统计排查，建立企业管理台账和信息传递机制。组织全区166家冷链物流企业召开疫情防控工作会，逐一签订《冷链物流企业疫情防控承诺书》，督促企业严格落实实名登记制度、验视制度、可疑物品报告制度，增加运输车辆的消杀频次，严格落实物资转运防疫措施，降低通过物流运输传播病毒的风险。通过“道路运输车辆动态信息服务平台”加强车辆动态监管和运行轨迹检查，扩大日抽查范围。

【“一防三保”专项治超联合执法行动】 4—10月，区交通局联合通州交通支队、通州公路分局、区生态环境局开展“一防三保”治理货车超限超载专项行动，持续有力推进整治货车超限超载等违法运输行为。重点打击“百吨王”、非法占地囤积砂石、高速入口货车闯卡逃检、货车非法改装和从事非法运输、施工工地、违规渣土车道路扬尘等违法行为。专项行动期间组织区域内流动治超55次，京津冀联合执法4次，开展联合入户检查2次，对非现场违法货运单位处罚4家，流动治超查处各类违法车辆130辆。

【北运河停航期间船舶管理】 11月3日，运河游船全面停航。区交通局实施安全管理，保证船舶在规定码头、停泊区内统一停泊、系固牢靠，对船舶进行检查维修保养和季节性安全防护，开展码头、游船消防安全巡检，清理船体、码头环境卫生，规范保管船舶适任证书、船名牌，救生、消防、防污染等设施器材，完善规章制度，组织员工教育培训。

【交通运输行业安全风险评估】 11月5日，区交通局组织召开2020年安全风险评估工作培训会，邀请专家对普货运输、危险化学品运输、旅游客运、出租汽车、汽车租赁、水域游船和机动车维修行业400余家企业进行指导培训。重点针对小微企业和非小微企业安全风险云服务系统使用流程和如何编制企业风险辨识评估报告、应急资源调查报告以及应急能力评估报告进行详细讲解，同时针对企业在系统使用中遇到的难点和问题进行逐一解答。

【绿心公园再增1条公交接驳线路】 区交通局协调市公交集团对317路公交线路进行优化调整，11月7日首车，线路由怡乐南街公交场站发出，沿317原线至梨园南街东口，经绿心区域内上码头路、绿心路至绿心公园南门。新增设站位3座，分别为“上码头”“绿心公园西门”“绿心公园南门”。

【约谈超限运输货运企业】 11月25日，区交通局约谈辖区36家多次涉嫌超限运输企业，通报50辆货物运输车辆违法超限运输情况，传达北京市治理车辆超限超载工作领导小组办公室印发《关于抄告违法超限超载车辆信息的函》文件精神及工作要求。

【新开4条“村村通”公交线路】 区交通局协调区属客运公司落实“村村通”公交提升方案，12月15日新开通75、通76、通77、通78路共4条“村村通”公交线路，新增运营里程20.8千米，运营时间为每日6:30至11:00和14：00至18:30，发车间隔60分钟，每条线路日发车班次20班，解决潞城镇贾后疃村、西集镇老庄户村、永乐店镇南堤寺、漷县镇梁家务等途经站点百姓乘车出行问题。

【马朱路治超非现场执法设施建成使用】 12月中旬，区交通局新建马朱路治超非现场执法设施投入使用，设施统一接入市区治超监管平台，实现称重数据实时传输和共享，路政、公安交管等部门同步采集违法超限超载车辆信息，对超限超载货车实施精准打击。马朱路日均交通量28448辆／天，大型和特大型、集装箱车占比12%，该设施覆盖道路全断面，可对货运车辆进行24小时自动称重检测，高清摄像头抓拍的检测车型、车牌、轴数、重量等数据作为执法依据。

【交通运输行业重点人群和环境核酸监测】 12月，区交通局成立核酸检测和疫苗接种领导小组，制定工作方案，设立物资保障组、人员登记组、现场指挥组，做好人员组织调度；防疫物资储备发放；摸排统计上报公交、出租、驾培、轨道、货运、汽修、铁路道口及9个综检站从事公共服务或一线人员情况，制作详细摸排对象花名册；在核酸检测和接种疫苗现场，安排专人进行秩序引导和撤离等工作。确定监测重点人群为冷链食品道路运输、出租车网约车从业人员。外环境监测为冷链食品道路运输企业、地面公交交通工具或场站、旅游大巴车等。至12月底，组织交通运输系统人员和场所核酸监测。

【优化调整公交线路】 2020年，计划优化调整公交线路10条，至12月底，新开和优化调整公交线路41条，超额完成该项实事任务3.1倍，其中新开线路13条、优化调整线路28条，具体包括566路、T109路、通7路、通10路、通65路共5条线路接驳地铁7号线，810路、938路、T103路、591路、副中心接驳临线共5条线路接驳通州西站，T116路、312路、822路共3条线路接驳绿心公园，专203路、804路共2条线路保障行政办公区南区保障房公交出行，372路、专173路共2条线路缓解德邑新时空居民公交出行难题，其余新开调整线路还有专157路、专158路、专159路，包括810路、T111路、824路、T113路、804路、T112路等。

【规范驾培行业】 2020年，区交通局出动执法人员242人次，累计检查驾培企业121户次，看护、巡查投诉点位、线路51次，开展安全生产暨疫情防控专项检查55户次，接续完成“双随机”检查66户次，参加驾培行业“12345”问题联合执法行动1次，教育清理疑似“黑驾培”3起次，教育劝回异地驾培36起次，清除安全生产隐患16个，下达责令改正通知书61份，约谈驾培企业6次，办理线上服务事项17项，核实处理“12345”投诉件3起、信访件1起，问题解决率100%，满意率100%。

【机动车维修行业事中事后监管】 2020年，区交通局开展入户检查1095户次，处罚214起（同比上涨24.2%、37.2%），“双随机”检查117户、136户次；责令改正323起；7—12月，入户核查备案企业247户次，劝说无法整改的企业主动注销26户，引导24家未备案企业完成备案，引导79家企业合理变更经营类别和范围，89家企业健全电子维修档案，39家企业规范结算清单。

【优化调整公交车辆结构】 2020年，区交通局协调市公交集团、郊区客运企业新增和更新电驱动公交车280辆，淘汰柴油公交车139辆；报废燃油出租车668辆，完成全年任务105%；累计382辆巡游燃油出租车“油改电”。

【优化调整货运车辆结构】 2020年，区交通局注销203家货运企业道路运输经营许可及304辆货运车辆道路运输证，淘汰剩余国Ⅲ排放标准营运性柴油货车995辆。

【机动车维修企业在用喷烤漆房标准化治理改造】 2020年，上报至区交通局的备案喷烤漆企业58家109台漆房，至12月底，10家企业18台漆房退出或拆除，12家21台漆房改造完成，21家41台漆房签订漆房改造合同，其他15家企业29台漆房正在准备改造合同。

【办理市民热线服务事项】 2020年，区交通局制定实施《交通局进一步强化接诉即办工作意见》、《交通局首问负责制实施意见》、《交通局“12345”市民热线“七步工作法”》、信息汇总机制、科局长办件和会商制、重点件党组成员认领制等工作机制，办理流程进一步规范并形成闭环。处理“12345”市民热线投诉1210单，较2019年增长102.3%，处理部门报到街乡吹哨系统19件，较好解决群众区域公交线路需求、驾校复工复产及退费纠纷等问题。

【办理行政许可事项】 2020年，区交通局优化“一网、一门、一次”政务服务，推出小客车指标申请业务“网上办”、延迟早晚工作时间“弹性办”、预约“分流办”、窗口靠前“移动办”、周六也能“现场办”5项新举措；完成无障碍环境建设整改，增设无障碍卫生间、交流设备、标识等；启用新版审批系统并对12个事项免收纸质材料。累计接待各种咨询4万余人次，办理政务服务事项20310件，同比增长62.1%，其中小客车指标业务18472件，比上年同期下降10.3%；为办事人提供复印3.8万余份，免费邮寄330余件，政务服务全部无超时、无差错、无投诉。

【信息化赋能内部监督】 2020年，区交通局基于通州区OA政务协同办公系统，开通vpdn（通政通）业务，实现手机端办公，开发启用新模块，包括合同申请、合同审核、用印申请、用印审核、用车申请、用车审核、资金使用申请、资金使用审核、请销假申请、请销假审核、公文批办等模块，实现重点部位风险防范和全过程留痕管理。

【运政执法】 2020年，区交通局开展执法检查17.2万余起、行政处罚4829起，分别是2019年的1.5倍、1.6倍，在全市交通运输综合执法检查中排名郊区局第二，交通运输行业保持安全稳定有序的发展态势。

【“黑车”治理】 2020年，区交通局牵头开展联合执法90次，开展市区两级联动3次，参与街乡吹哨35次，在各进京检查站开展联合执法18次。全年检查车辆3252辆，查扣各类非法营运车辆1479辆，做出处罚1473起，罚没款1705.4万元，与上年同期相比，处罚数同比增长78.11%，罚没款金额同比增长81.31%，执法总量在全市交通运输系统排名第一。同时按照区委政法委“联合处罚，证据互认”的相关工作意见，强化联动处罚，执法形成闭环。

【渣土车专项整治】 2020年，区交通局联合市政、环保等部门开展渣土车专项整治，查处违规渣土车943起，较2019年增长94%，居5个发展新区前列。

【治理公路超限超载】 2020年，区交通局加强综检站内部管理，治超持续保持高压态势，9个综检站检测货车475万辆次，流动治超76次，查获超限车辆7227辆次。各站平均24小时值守率100%、卸载率99.8%、超限率0.14%；检测量、值守率、卸载率较2019年分别增长44%、7%、11%；超限率降低39%，在全市治超专项绩效考核中取得满分。各站路政移交交警处罚116件，运政无证和非改处罚953件，路政非现场违法行为处罚163件。

【京津冀联合治超常态化】 2020年，区交通局与河北廊坊、天津武清三地治超办联合开展专项执法行动9次，出动执法人员891人次、执法车辆154辆次，查处超限超载违法车辆42辆次。

【综检站建设】 2020年，区交通局落实《北京市公路综合检查站建设规划（2019—2035年）》，调整罗庄站土地利用总体规划，综合实施方案通过专家评审；宋庄站、首都环线东站完成项目选址。完善综检站管理制度，实施对第三方管理服务质量考核，后勤保障水平提高，运行管理进一步规范。

【进京综检站污水处理设施建设完成】 2020年，区交通局启动对高各庄、白庙北、西集、牛牧屯、永乐、应寺6处进京综检站污水处理设施升级改造工程，10月30日完工，各站出水水质全部达标，解决污水直排问题，每年可减少污水直排约6.2万吨。

【9处进京公路综合检查站监控视频接入“雪亮工程”】 2020年，区交通局对综检站视频监控平台进行升级改造，增加视频输出网关，接入“雪亮工程”。

【建立副中心交通运行监测与评价体系】 2020年，区交通局开展副中心交通运行月度、季度、半年和全年监测评价。大数据监测显示，2020年通州区道路交通保持“基本畅通”，整体运行情况好于上年。其中，道路交通指数，工作日高峰平均道路交通指数3.50，较2019年3.67降低4.6%，反映道路整体运行情况好于上年。出行时间指数，工作日高峰时段小汽车出行时间指数及地面公交出行时间指数分别为1.97分钟/千米、2.89分钟/千米，较2019年分别降低4.3%、9.8%，反映出行速度有所提升。道路运行速度，全年全路网平均道路运行速度达30.68千米/小时，较2019年增长5.1%。工作日高峰时段地面公交运行速度为21.03千米/小时，较2019年增长11.41%。地面公交与小汽车速度比，工作日高峰时段地面公交与小汽车运行速度比为0.69 ：1，较2019年同比增长5.9%。2020年上半年，受疫情影响，民众出行行为有所减少，交通拥堵趋势得到较大缓解，下半年受复工复产不断推进，学校相继开学，民众出行量不断增加等因素影响，道路运行速度有所减缓，整体来看，全年通州区交通运行总体平稳、有序、畅通。

【交通综合治理】 2020年，区交通局牵头完成《通州区交通综合治理行动计划》等57项治理任务，较2019年多13项，累计召开会议、现场调度18次。牵头开展慢行交通综合评价指标数据采集和考核，完成9项指标数据测算，慢行交通综合指数全部达标。轨道交通网建设加快。市郊铁路通密线开通运营，通州西站交通接驳设施完成改造。6号线二期工程完成搬迁。京唐城际铁路施工进展顺利。17号线主体结构封顶并实现区间贯通。22号线（平谷线）取得实施规划方案批复。地面公交网进一步优化。通胡南路南公交场站用地腾退移交。新增连接中心城区定制公交线路10条，累计定制公交线路61条。新开和优化调整常规公交线路41条，其中12条接驳地铁7号线、通州西站、绿心公园；2条保障行政办公区南区保障房公交出行；4条新开“村村通”。新增和更新电驱动公交车和出租车749辆。慢行交通系统得到较大提升。完成40千米慢行系统改造。小中河、潮白河北环路2条绿道完成主体建设。慢行交通指数≥6，全市按照6+1模式评比，通州区9项指标全部达标，非机动车道宽度达标率相对较好。道路工程完成既定目标。广渠路东延实现通车。六环路入地改造、副中心综合交通枢纽启动主体工程建设。宋梁路北延等3条道路改造、将军府路等3条次支路建设竣工通车，京洲西路等一批微循环道路加快施工，潞马路等6条道路开工建设。停车治理工作超额完成。启动20处停车场约400个车位有偿错时共享，超额完成任务指标12处。路侧停车电子收费重点区域全面覆盖，新建路侧停车电子收费泊位1430个，累计完成电子收费泊位3698个，服务车次637.84万次，停车费缴库1605.13万元，实缴率93.39%，为全市第一。道路交通运输秩序治理重拳出击。“黑车”查处数量居全市首位，累计开展区级集中联合执法70余次，公安系统查处黑摩的500余辆次，交通运输系统查处各类“黑车”非法运营1473起，罚款1700余万元。完成中山街小学等4所学校周边交通治理，拥堵问题有效缓解。交通秩序整治力度加强，处罚违法停车24万余笔，闯禁行2万余笔，占用应急车道违法行为400余笔。交通、交管、运政等8部门依托9个公路综检站联合执法，检测货车470万辆，查获超限7000余辆。

【北运河通州段全线通航节点工程和前期筹备工作】 2020年，区交通局完成武窑桥改建工程征拆，实现进场施工；完成航路规划与航标布置、航道管理、安全应急救助研究。

【环球度假区开园前交通保障】 2020年，区交通局牵头推进道路建设、公交接驳、出租保障、综合执法等工作。涉及通州区12项任务，依托市区环球影城开园工程专班机制，成立区环球影城项目开园前交通保障专班，副区长倪德才任组长，副组长单位包括区交通局、区文旅区管委、区文景街道、通州交通支队、通州公安分局、梨园镇等14家单位。专班每2周调度1次，区交通局负责综合协调，其他单位依据工作方案做好各自牵头和配合工作。至12月底，应对大车流分流引流及远端交通管控和应急、地面公交运营保障和应急、出租车运营保障、文旅区智慧园区建设4项工作按进度计划形成初步方案制定。

【谋划“十四五”时期交通发展方向和目标】 2020年，区交通局编制《城市副中心“十四五”时期交通发展建设规划》并取得终期成果。研究制定包含绿色出行比例、交通指数、城区路网密度、公交站点500米半径覆盖率等12项指标的指标体系以及涵盖道路、停车设施、公交场站等领域200余项任务的重点任务项目库。

（陈颖）

邮　政

【概　况】　中国邮政集团公司北京市通州区分公司（以下简称通州邮政分公司）位于通州区运河西大街174号。2020年3月，北京市邮政分公司实施组织架构改革，按照相关工作要求，中国邮政集团公司北京市通州区分公司更名为中国邮政集团有限公司北京市通州区分公司。通州邮政分公司在册职工1030人，原机构设置由五部一室改为九部一室，分别为寄递部、市场营销部、服务质量部、党委党建工作部、财务部、渠道平台部、运营管理部、金融业务部、集邮与文化传媒部及综合办公室，下辖9个邮政支局，23个邮政所，2个主题邮局，代理邮政金融业务网点23个。设置区内邮路18条，投递道段130条，投递里程4793.7千米，信筒信箱437处，村邮站479个，承担全区906平方千米160余万人口的邮政通信服务工作。主要经营国内、国际函件，包裹，特快专递，报刊，集邮，邮政储蓄、汇兑、综合理财、代销保险、中邮保险、代收付业务（代收代缴、代发工资）等业务。

【网点建设】　2020年，通州邮政分公司整合资源，加大网点建设。完成12个网点装修改造、微整治网点11个，参与城市副中心无障碍环境集中整治工作，完成无障碍设施建设柜台改造8个；新接收统建配套局所2处，不断改善营业场所环境，加大网点建设改造力度，提升局所服务形象，为客户创造良好用邮环境。

【绿色邮政建设】　2020年，通州邮政分公司完成绿色包装更新工作，对下属网点全覆盖，使用新型绿色包装箱和45毫米绿色环保胶带；推广科学打包法，根据箱子大小和实际重量，采用一字、十字、工字和井字封装法，杜绝无理由过度封装和使用胶带，实现邮政包装减量、瘦身、循环回收使用；持续推进绿色投递，更新新能源邮政生产用车13辆，新能源车辆占比50%，以实际行动践行绿色邮政发展理念，加快绿色邮政建设，绿色发展理念贯彻到底。

【战疫情保畅通】　2020年，受疫情影响，社会快递纷纷停工歇业，通州邮政分公司全体职工上下一心，众志成城，在人员严重不足、邮件进出口量猛增的情况下，全力做好疫情防控工作，确保邮政服务畅通，保障人民群众的用邮需求。疫情期间，免费寄递防疫物资，累计收寄救灾物资38次，医疗用品3227件，邮件重量累计44.5吨，构筑企业疫情防控的最牢防线，履职尽责彰显“国家队”的使命与担当。

2月3日，疫情期间克服投递困难，在小区门口进行投递　（通州邮政分公司提供）

【安全防范】　2020年，通州邮政分公司加强技防建设，全部营业、投递场地配置安装安防设备，完成对金融网点远程监控。完善《2020年车辆交通安全考核细则》，严格防范驾驶员交通违法行为，定期深入最小单元，组织召开交通安全例会。实现25年交通安全无事故，连续25年被评为北京市交通安全先进单位。

【规范服务质量】 2020年，通州邮政分公司执行“三项基本制度”（交接验收，勾挑核对平，衡合拢）和“两个服务规范”（收寄标准规范和服务用语规范）将邮政营业、投递服务管理工作落到实处。制定《通州区分公司服务质量监督管理实施细则》《通州区分公司服务质量监督检查综合评价办法》，围绕以服务为核心，以制度为支撑建立健全服务质量监督检查工作激励和约束机制，全面提升服务能力。

【邮政渠道“扫黄打非”工作】 2020年，通州邮政分公司加大对非法出版物的查堵力度，做到“查、堵、截、控”，强化窗口收寄环节规章制度的落实，严格执行收寄验视制度，推广“画像法”，严把收寄关，确保邮政企业“扫黄打非”工作取得实效，2020年获得北京市“扫黄打非”暨文化市场管理工作先进集体称号。

【教材寄递服务】 2020年，受疫情影响，北京市中小学将采取网上授课的方式进行教学，通州邮政分公司与通州区教委沟通，为西集中心小学、小务中心小学、北京小学等8所学校提供上门寄递教材服务，给无法返京的同学寄递教材，让学生通过邮政服务感受到学校的关怀。

【便民服务】 2020年，通州邮政分公司与区物业协会进一步深化便民合作项目，对代收代投服务进行沟通，就共同推进便民深化服务合作达成一致：成立“邮政＋物业”便民服务项目团队，组建微信联系群，指定专人进行业务对接，加强定期沟通。因地制宜，做好项目整体布局规划，以物业代收代投服务为切入点，深化服务延伸合作，确保合作有效落地。总结经验，固化成果，尽快形成合作便民服务模式及推广落地。共同探索建立“邮政＋物业”综合便民服务平台，由线下延伸到线上，由寄递拓展到其他业务领域。年内，开设2个便民服务点。

【惠农寄递项目】 2020年，通州邮政分公司响应助农、惠农、扶农国家号召，助推地方经济发展，解决疫情期间农产品滞销问题，与聚隆农业、通宇仁合、西集大樱桃散户集群市场等多家合作社合作，推出“西集大樱桃惠农项目”，在邮政电商分销平台将区域农产品“西集大樱桃”进行推广，帮助农户销售樱桃，销售2851单，累计5212.5千克。

【疫情防控“常态化”管理】 2020年，组织落实区委、区政府分级管控措施及要求，做好疫情值班值守和每日疫情日报告、零报告制度。做好防疫物资采购发放，投入资金43.34万元，购置测温仪、口罩等防疫物品。做好常态化机制，严格落实防控责任，做好设备消毒和登记测量工作。完成全员核酸检测，实现零感染。

（赵玉红）

通 信

【概　况】 中国联合网络通信有限公司北京市通州区分公司（以下简称“通州联通”）隶属于中国联合网络通信有限公司北京市分公司（以下简称“北京联通”），位于北京市通州区云景东路18号，有全口径员工545人，员工年龄分布均衡、合理，平均年龄36岁。通州联通内设7个部门，下辖5个行业网格、6个营服中心、8个营业厅，是通州地区的主导通信运营商。

2020年，通州联通应对新冠肺炎疫情的严重冲击，坚持以习近平新时代中国特色社会主义思想和中共十九大、十九届历次全会精神为指导，发挥政治核心作用，凝心聚力抓党建，融入中心促发展，以高质量党建引领高质量发展，在助力区域疫情防控、提供重要通信保障、投身区域智慧城市建设等方面，为北京城市副中心建设做出突出贡献，获得全国文明单位称号。

【疫情防控】 疫情期间，通州联通坚守政治责任，开通面向全区企事业单位和广大百姓的通信服务绿色通道，重保疫情防控的指挥线，全力保障城市副中心党政军机关等部门的通信网络，运用大数据、物联网、云计算等互联网利器做好疫情防控工作，完成梨园等乡镇街道视频会议系统、百余所校园电子测温系统等重点项目；抢扩医疗救治的生命线，为区卫健委、潞河、胸科、妇幼等医院升级设备，完成牛堡屯疫情隔离点专线组网、区核酸检测信息采集统计平台搭建；守护百姓生活的民生线，重点营业厅疫情期间不停营业，全体客服人员实行不间断值班制度，近百名装维工程师提供无休上门通信装机及维修服务。以联通速度助力疫情防控和时间赛跑，以联通服务为抗击疫情架设桥梁。

【落实网络强国战略】 2020年，落实新基建要求，加速5G建设，副中心室外区域5G连续覆盖；市行政办公区网络运转平稳；完成朗清园、绿心公园、环球影城等市重点项目通信设施建设。加快10G汇聚设备建设，优化设备布局，提升千兆宽带网络接入能力；加快开展接入网光衰整治，完成6000余户弱光ONU修复。

【助力社会治理现代化】 2020年，承建通州区村、社区“两委”换届选举平台，助力选举风清气正；打造通州区党建引领“双报到、双积分”平台，助力社区疫情防控和桶前值守志愿者招募；承接漷县、梨园、永顺等乡镇接诉即办服务热线，有效降低居民投诉；为潞河医院升级全市首个医院院前远程急救标杆项目，获得市区两级领导认可。

【重要通信保障】 2020年，高标准、高质量完成市委及市政府云外事视频会议、北京市政府与福建省政府为京闽科技合作“云签约”视频会议、HICOOL全球创业者峰会等重大通信保障工作，受到市、区两级政府的认可与肯定，为副中心建设提供有力保障。

【践行央企社会责任】 2020年，作为首都文明单位标兵，不断推进文明水平建设，提高全员文明素质。参与红绿灯志愿活动、环境整治、疫情期间社区职守、垃圾分类桶前职守、开展义务劳动等志愿活动200余人次；向贫困地区、疫情地区志愿捐款1.04万元；通过企业集中购买、组织员工购买等多种形式采购扶贫产品4.49万元，助力扶贫工作。

（乔蕾）

2021

生态环境

北京通州年鉴

城市绿心森林公园（摄影 郭建华）

大运河森林公园建设

【概　况】 2020年，公园游客量165.1万人次；接待省、市、区参观考察团队97次，2006人。接待旅游团体各类中小型群众性活动2次，560人。

【垃圾分类】 4月，公园制定《大运河森林公园管理处垃圾分类实施方案》，在管理处投放分类垃圾桶20个，在园区内投放分类垃圾桶1830个，建设垃圾桶分类存放站6处，每片区域的垃圾桶有专人负责对投放垃圾的游客进行正确引导，对错误投放的垃圾进行分拣，每个站点的垃圾均有专业资质的垃圾清运公司对垃圾进行分类清运。截至10月初，清运其他垃圾559桶、可回收垃圾73桶、厨余垃圾40桶。对保洁人员开展垃圾分类相关知识培训7次，面向游客开展垃圾分类知识宣传活动13次，垃圾分类工作逐步进入常态化。

【防治杨柳飞絮】 3—5月，公园集中对园内杨柳飞絮进行防治。3月中旬起，公园对现有的老、残、病等杨柳树雌株逐步更新改造，进行雌雄株的辨别，结合实际情况对4054株杨柳树进行修剪；4月中下旬开始对树冠进行高压喷水，将地面和路面出现的集聚飞絮利用洒水车、人工洒水将地面湿化，利用人工清扫、清扫车辆及时对飘落地面的飞絮进行清扫、收集，防止处理不当引发火灾，取得可观的防治效果。

【宣传活动】 2020年，组织开展保护野生动物讲座1次，配合区文旅局开展2020年“5·19”中国旅游日暨乐游大运河·畅爽副中心为主题的现场宣传活动，配合区科委开展科普日暨科普之夏启动仪式宣传活动，开展“爱绿一起”生态文明教育宣传活动20次。开展文明引导、防疫宣传活动30余次，并按照疫情防控工作要求，结合公园实际，制作宣传广播6个。

【景观提升】 2020年，利用十余种地被品种对裸露较为严重的多处地点进行合理地被补植，补植总面积约4.1万平方米。截至10月，公园修剪大小乔木、花灌木等5.3万株，累计处理绿化垃圾约23700吨，喷药2600余箱，对公园病虫害进行有效防治，切实保证植物成活率，使公园整体景观效果显著提升。

【节日摆花工程】 2020年，公园在主通道、漕运码头等多处重要节点开展“五一”“十一”节日摆花工程。摆花面积约8000平方米，布置主题立体花坛5座，地栽花120万株，花境4组，花箱130个，道旗362面，灯笼1250个，选用花材均50余种，内容涵盖“祝福祖国”“和平发展”“鱼塘花镜”“红飘带”“繁花似锦”“运河情”等主题构思，充分表达对祖国的祝福及热爱。

【基础设施建设及维护】 4—5月，公园对园内约6600立方米损坏严重的木栈道进行更换及维修，并对全园所有座椅进行更换、喷漆等安全维护工作，提升公园景观质量。新建6座生态卫生间，缓解游客如厕压力；在固定卫生间原有基础上加装蓄水池，缓解卫生间冲水困难的问题，从根本上提升卫生间保洁水平，为游客提供更为舒适的游园环境。

（牛兴　祝悦）

潮白河环境保护与治理

【概　况】 潮白河森林生态景观带建设工程是北京城市副中心东部生态绿苻上的大尺度森林，是京津冀生态建设协同发展的先行示范区，是环首都森林湿地环构建的典型示范区，同时也是北京城市副中心绿色引领的创新示范区。潮白河森林生态景观带项目，先期建设区域位于通州区宋庄镇、潞城镇、西集镇，主要沿潮白河大堤外侧带状分布，北至平港沟桥，南至津哈高速，分四期建设，建设总面积约31298亩，新增绿化面积19144亩，于2017年至2020年分四期工程进行建设。

项目一期工程位于宋庄镇，总建设面积6736.7亩（新增4474.7亩，改造2262亩），总投资估算约3亿元。该工程为“一会三函”项目，于2018年9月启动实施，截至年底完成全部工程内容。

项目二期工程位于潞城镇、西集镇2个乡镇，建设面积15494.9亩（新增5600.5亩，改造9894.4亩），计划投资约9.3亿元。该工程为“一会三函”项目，于2018年10月启动实施，截至年底，该项目的绿化栽植工程、土建园路工程、水电管线工程基本完成，正在进行扫尾工作。

项目三期工程位于宋庄镇、西集镇，建设面积6593.7亩，均为新增地块，取得实施方案批复，批复投资63345万元，项目于2019年3月完成施工招标启动实施，该项目完成主体绿化面积5279亩，正在进行剩余工程内容建设，计划2021年6月完工。

项目四期工程位于通州区宋庄镇、潞城镇、西集镇，建设面积2472.82亩，均为新增地块，取得实施方案批复，批复投资20928万元，项目于2020年5月完成施工招标启动实施，完成大树栽植1650亩，占比66.7%，计划2021年12月完工。

【京津冀协同发展】 北京城市副中心东部生态绿带是沿潮白河与廊坊北三县地区的生态绿带，宽度不小于3千米，长约50千米，总占地面积约320平方千米。东部生态绿带旨在携手廊坊北三县地区共同推进绿色空间建设，突出生态功能，构筑大尺度平原森林、河流湿地的生态背景，形成健康稳定的生态系统，起到水源涵养、区域气候调节、生物多样性等作用。

【生态环境建设】 总体项目按照北京城市副中心景观生态林带的基本要求，新旧造林地块相互融合，形成相互通达的生态廊道，构建大规模、连片、完整的生态空间。大规模的造林地块形成量大聚集的生态效应，注重景观完整性，实现集中连片，成带连网，营造自然协调、功能完备的森林景观。构建蓝绿交织、生境丰富的生态底本，成为功能多元的生态游憩体系。

（牛兴　祝悦）

环境保护

【概　况】　2020年，通州区围绕副中心战略布局，认真落实党中央、国务院和市、区关于加强生态文明建设和生态环境保护的决策部署，牢固树立节能减排、绿色发展理念，举全区之力深入实施以空气质量改善、水环境提升、土壤环境安全为目标的污染防治攻坚战行动计划，形成各类污染物排放全面下降、生态环境质量持续转好、环境安全持续良好稳定、绿色发展生活方式深入人心的良好局面，蓝绿交织、水城共融的美丽副中心建设再上新台阶。空气质量改善取得历史性突破，2020年细颗粒物累计浓度首次低于全市均值，以37微克／立方米的成绩实现历史性“摘帽”；同比改善19.6%，位列全市第一。可吸入颗粒物、氮氧化物浓度首次达到国家二级标准。全区降尘量降至5.4吨／平方千米·月，同比下降21.7%，超额完成任务。声环境保持稳定，建成区区域环境噪声平均值为54.4分贝，比2019年上升0.4分贝，网格达标率100%，达标区域人口覆盖占比100%。27条路段的道路交通噪声平均值68.8分贝，与2019年持平，达标路段占比为88.9%。

【大气污染防治】　2020年，空气质量改善取得历史性突破。细颗粒物（$PM_{2.5}$）年均浓度首次实现“30+”，为37微克／立方米，首次低于全市平均水平（38微克／立方米），同比改善19.6%，改善率全市排名首位、浓度全市排名并列第十一位，实现历史性“摘帽”。可吸入颗粒物、二氧化氮浓度首次达到国家二级标准（70微克／立方米、40微克／立方米），分别为68、34微克／立方米。二氧化硫年均浓度为4微克／立方米，连续四年保持在个位数，达到国际先进水平。“蓝天”成色持续提升，“好天”同比上年大幅增加。累计优良天数为261天，占比71.3%，同比增加35天。

【固定源执法监管】　2020年，针对固定源累计出动执法人员30025人次，检查单位5352家10701次，立案处罚1228起，发放决定书935起。“12369”处罚系统、市局OA系统录入率为100%。移送移交公安机关环境违法案件4起，查封扣押案件206起。立案处罚数全市第一、处罚金额全市第三，五类重大案件办理全市第一。处罚起数、处罚金额同比增长73.5%和46.7%。

进一步巩固无煤化治理成果。组织各街镇开展散煤清理专项排查，检查点位78684个。

“散乱污”动态清零。以问题为导向，统筹兼顾，整体施策。以专项、行业、区域为重点采用集中及日常巡查模式，开展专项摸排清理整治。

油烟监管、改造、试点稳步推进。加快推进设备改造及监测验收，对5个小区，12个排口进行居民住户餐饮油烟治理模式试点，油烟有组织排放净化率达95%。监督检查餐饮企业2898家次，监测2281家。对违法行为立案处罚161起。完成油烟净化设施改造1626家，联网单位1063家。

纵深治理重点挥发性有机物排放单位。加强汽修、家具、印刷等挥发性有机物排放企业检查，全年检查企业1193家次，检测83家次。协助家具、印刷行业开展“一厂一策”深度治理工作培训，累计完成7家单位“一厂一策”治理。

涉水专项成效明显。联合水务、农村农业、城管部门进行河湖专项执法14次。饮用水水源保护区执法检查132家次。强化企业排污口规范化管理，对未经处置直排地表企业定期检测，涉重金属企业执法检查7家次，监测3家次；农药、酒饮行业执法检查17家次，检测8家次；加强城镇污水处理厂

生态补偿监测——杨洼闸点位采样
（区生态环境局提供）

执法检查120家次，农村生活污水设施执法检查72家次，检测1600余家次。

土壤重点单位实现全周期监管。通过日常监管、专项检查、联合执法等方式，加强土壤调查名录内地块、污染地块、土壤重点监管单位进行检查，出动执法人员616人次，检查221家次，实现疑似地块、重点单位全覆盖。

持证排污、按证监管。严格落实企业责任。完成全区1700余家单位核查并分类规范处置。进一步推进持证排污、按证排污，出动执法人员483人次，检查企业199家次，对取证后未按要求进行自行监测的违法行为立案查处68起。

规范危废管控。明确目标、建立台账、靠前指导、规范细节，对一般产废单位、危废经营单位、固体废物堆存场所、医疗废物等检查1077次，查处违法行为立案处罚315起。对4家土壤重点监管单位开展专项执法检查82家次，对1家重点监管单位因未开展自行监测进行立案处罚。加强处置企业管理及监管力度。

点穴执法有效助力大气治理。对8个乡镇（街道）开展“点穴式”专项执法工作29次，检查污染源3089家次，监测307家次，超标2家。发现环境问题71个，对21起环境违法行为进行立案处罚。

环境突发事件处置能力大幅提升。应急储备、仪器维护、应急演练各项工作有序开展，风险源、危废废物、医疗废物应急预案备案52份实现全覆盖，有效提升责任主体对应急工作的重视程度和有效防控的意识与能力。

“双随机一公开”规范有效。开展各自部门“双随机”检查10次，累计抽查795家次，发现问题2个，立案处罚2起，罚款金额3万元。统筹推进部门联合“双随机”工作，实现“进一次门、查多项事”，有效避免多头执法、标准不一，进一步减轻企业负担，真正形成监管执法合力，完成2次联合23家次“双随机”检查任务。

工地扬尘实现精细科学管控。充分利用扬尘在线系统加强施工扬尘管控，结合雪亮工程，精准定位问题点位，证据留痕。年度检查累计检查648家次，发现问题128个，立案处罚106起。

有害垃圾分类宣传与固废、危废执法。执法检查187次，劝诫3次，参加联合执法5次，开展有害垃圾分类宣传活动15次。检查57家次固体废物集中式处置场所，检测4家次，均符合排放要求。

辐射监管能力稳步提升。全部涉辐射企业均纳入台账进行监管。组织召开辐射单位专项培训会，参加核工业北京化工冶金研究院组织的应急演练活动。配合市放废中心开展联合执法。开展辐射专项执法检查156家次，立案1起，全年下发限期改正通知书47件，均完成整改。督促市级下达问题整改，制定《通州区辐射安全隐患排查三年行动监督检查实施方案》。

医疗机构监管日趋规范。针对医疗废物管理、医疗废水处理，进一步规范污染治理措施和环保管理措施。成为全市首个实现医废规范运输处置全覆盖、污水处理设施全覆盖辖区。

包容审慎机制优化监管方式。优化营商环境，包容审慎执法，建立正面清单，按照围绕一张清单表，发挥两种监管优势，多举措创新服务，助力企业复工复产，通过在线监控、用电核查、电话指导、网络培训等方式，进一步查清底数，帮扶企业，疏通监管漏洞。

持续推进网格化监管规范开展，完成网格化人员队伍下沉属地政府管理工作，加强综合监管平台使用情况监督与指导。各街乡镇上报案件282527件，其中定点污染源上报事件161777件；环境保护上报事件120750件，年内整体结案率100%。

【移动源执法监管】 2020年，从在用车、老旧车、非道路移动机械、油气油品等方面入手，坚持“换、限、查、管”并举，提升监管效能，严厉打击排放超标行为。全年针对移动源监管累计出动执法组6922组，29925执法人次，检查各类车辆510817辆，重型柴油车路检处罚量、非道路移动机械处罚量、油气处罚量均为全市排名第一；氮氧化物处罚量全市排名第二。

严格落实生态环境部门检测、交管部门处罚。在区内9个检查站和主要道路采取24小时执法或机动24小时执法检查方式，对进京、过境柴油车进行排放执法检查。全年人工检查柴油车496265辆，筛查超标38425辆，移交交管部门处罚27114辆。

落实超标柴油车闭环管理。实现区内所有办证检查站的24小时环保核查工作。对于列入北京市排放超标重型柴油车数据库的外埠车辆，进京环保审核窗口在其复检合格前不予出具进京证环保合格结果，全年进行环保核查并发放环保凭证50.16万份，其中柴油车28.37万份，劝返1154辆。

推进非现场执法工作。完成固定遥感设备升级，试运行以来筛选并上传入库市局平台柴油超标车4723辆，筛查推送数量全市第一。移动遥感检测有效数据13.17万辆，固定遥感检测有效数据1593万辆，固定遥感、移动遥感及举报等超标累计上网3083辆，复检合格下网506辆。遥感处罚累计结案25件。

加强在用车排放监管。将所有“黑名单”数据库中重点车辆纳入执法监管范围。按照全市“双高”车辆台账，梳理通州区内“双高”单位和车辆信息，精准打击高排放车辆，督促淘汰更新。成立马驹桥执法专班，根据车辆行驶和入场情况，开展错峰和夜间执法检查。开展条例宣贯，帮助企业完善自保体系，签订环保承诺书和责任书，强化企业及相关负责人的主体责任。督促指导柴油车及天然气汽车超过10辆的重点企业，完善车辆维护、燃料和车用尿素添加使用台账，使用检测设备开展OBD、NOX和车用尿素溶液比例快速抽测工作，提高NOX快速抽测比例。开展出租汽车、租赁汽车、驾校教练汽车以及从事运输经营的轻型汽油车辆专项执法检查。累计检查各类车辆14552辆，进行环保处罚1189辆，淘汰高排放国三车4697辆。

严格执行低排区政策。做好政策宣贯和落实，对重点行业、重点区域加大监管力度，未经过编码登记的非道路移动机械禁止使用。开展水务、园林行业专项执法，与区住建、交通、城管等部门对重点工地进行联合执法20次。做好非道路移动机械的管理登记和标识发放工作，制作并发放材料2000余份，加派人员负责受理问询，梳理机械备案登记情况，严格审核标准。完善网络平台登记模式，将摸排调查和编码登记工作与通州区现有管理措施相结合。对排放超标或未登记的机械依法进行处罚，并定期汇总通报非道路移动机械排放超标和违反《关于划定禁止使用高排放非道路移动机械区域的通告》规定进入低排区等违法行为处罚明细等情况，倒逼各行业老旧燃油工程机械、内燃机车加快淘汰更新，推进使用新能源非道路移动机械。年内，累计检查4279台，立案处罚235台。生态环境部小程序审核8470件，发放号牌7439件，审核发放二维码11267件。

油气油品监督管理。完成区内汽油油品清净性摸底检测，40家重点站汽油油品清净性抽样检测全部合格。开展储运油系统挥发性有机物专项执法检查，对储油库进行油气密闭收集系统泄漏点浓度检测3次，检测点位45个，未发现超标问题。全年检查加油站1013家次，检测油气回收300家次，检测后处理装置排放浓度44家次，储油库15座次，油罐车19辆次，立案处罚14家。处罚件数和金额均为全市第一。

检验检测机构监管。加强网络数据监控及分析，对比分析过程数据、视频图像和检测报告。完善整合机动车排放检验档案，按照相关环保标准规定的期限对排放检验的数据信息进行保存。全年巡查检测场489场次，累计抽查车辆9645辆，抽查上线检测车辆4538辆，倒查老旧车2068辆。

加强移动源协同执法。牵头组织召开北三县移动源协同治理工作会，邀请三河市、香河县、大厂县生态环境分局相关部门负责人，共同参会研讨。对三地共同实施的机动车条例进行学习和讨论，三地分别通报移动源治理工作现状和重点工作进展，建立三地移动源治理工作群，将通州区内超标车辆信息通报给车辆属地生态环境部门。9月4日，京津冀三地人大共同带队到应寺检查站进行检查，对通州区生态环境部门车辆现场执法工作表示肯定。

【大气监督】 2020年，坚持整改成效“回头看”，紧扣强化督查反馈问题，严格落实问题销号、考核挂钩机制，形成主动改、坚决改、彻底改的良好格局。全年办结生态环境部强化督查反馈通报问题7件。结合工作实际，开展文旅区、扬尘污染管控、核心区域等各类重点专项督查15次，针对重点区域大气精细化管理加严标准、持续监督。针对$PM_{2.5}$、TSP全市排名靠后且存在问题多、整改不到位的属地开展下沉检查8次，共同检视问题、分析成因，压实属地主体责任。不断完善大气督查考核机制，实施大气污染防治专项监督综合评分并计入区委综合考评。全年检查大气点位4592处，发现问题2868处，均进行问题移交或督查督办要求限期整改，完成12次月排名通报及4次季度常委会通报，进一步压实大气治理主体责任。持续提高信息化系统监管效能，扩大监控污染源范围，提高环境治理的系统化、科学化、精准化水平。全年接转系统发现大气问题296件，均反馈有关属地及职能部门查处整改，并完成现场复核。

【两级督察问题整改】 2020年，全面推进中央及市两级督察整改，持续调度第一轮两级环境保护督察整改落实情况基础上，多措并举推动第二轮中央生态环境保护督察期间群众信访问题办理。开展区级农村生态环境专项督查，通过现场检查城乡接合部生活垃圾处置、水环境污染、挂账村综合环境等重点整改任务点位180处，发现问题并督办75处。编制印发《通州区迎接第二轮中央生态环境保护督察工作方案》，组织召开中央生态环境保护督察整改工作会商会5次，第一轮中央环境保护督察群众信访未办结问题整改落实会1次，第二轮中央生态环境保护督察迎检筹备工作推进会、对接会和动员部署会各1次，第二轮中央生态环境保护督察期间群众信访问题工作调度会13次。针对第一轮中央环境保护督察期间群众信访重点问题下发预警通知4次，对7家单位进行约谈。督导相关责任单位履职尽责，确保问题整改到位，群众诉求得到彻底解决。

【行政审批】 2020年，继续聚焦“放管服”改革，落实“六稳”“六保”任务，用好用活“优化营商环境4.0版”政策，通过“帮、放、管、服”等创新举措，全心服务企业发展。豁免行政事项约240件，压缩335个审批服务事项时限，简化118类项目的环评类别，举办各类环保政策培训8次，累计接待群众来电来访8000余次。办理行政事项5841件，其中建设项目审批108件、建设项目验收18件、建设项目备案4562件、排污许可证163件、排污许可登记926件、辐射安全许可证64件，行政事项办理同比2019年增长53%。

【排污许可】 4月17日，通州区提前完成2020年固定污染源排污许可清理整顿工作。8月20日，通州区比国家规定时限提前40天完成固定污染源排污许可全覆盖工作，实现固定污染源台账内发证登记企业双清零，开启“持证排污”监管新模式。生态环境部下发《关于表扬2020年全国固定污染源排污许可全覆盖工作中表现突出集体和个人的通知》，区生态环境局获评突出集体，曹金刚获评优秀个人。

【信访调处】 2020年，接办环境投诉举报928件，办结率100%。“12345”市民热线575件、“12369”环保举报热线149件、其他渠道接办204件，均按要求办结。吹哨报到66件，办结率100%。

【信息化建设】 2020年，通州区建设完成全市首家“24小时指挥中心”。以问题导向、重点突出、标本兼治、依法依规为原则，统筹环境智能监管系统，建立起环境类隐患排查快速处置机制，构建快速巡查、快速反应、快速处置的调度体系。依托智慧、高效的生态环境综合管理平台，指挥中心可帮助生态环境部门精准掌握城市环境状况，推动相关行业主管部门及属地落实生态环境保护职责，进一步提升通州区环境类问题管控水平。完成移交单651单，其中雪亮视频监控平台381单，餐饮油烟在线监测系统163单，大气颗粒物自动监测系统52单，河流水质自动监测系统46单，污染源在线监控管理系统9单，均按时限处理完成并存档。

对新增5个街道完成大气监测设备安装，保证对各乡镇考核的准确性，全面评估各属地空气环境质量，更好地为管理决策提供服务。

区生态环境局利用北京市环境保护科学研究院开发的道路扬尘动态管控及效果评估精细化管理平台，实现秒级监测数据实时接入、基于GIS的地图展示、超标推送、汇总统计、系统管理等功能，建立道路扬尘“发现—上报—推送—反馈—解决”的动态管控机制。每月对通州区内300个重点工地及各街乡镇累计不少于85条道路开展尘负荷监测，并将监测结果进行排名通报，与日常扬尘管控措施落实情况相结合，进一步对通州区扬尘治理提供数据支持。

开展挥发性有机物污染走航监测项目。利用移动监测车开展挥发性有机物组分及$PM_{2.5}$、氮氧化物、臭氧等污染物走航监测与分析，包括区域摸底排查、污染物高点诊断分析、高值点位定向溯源分析等，并及时输出一系列的例行走航监测报告。结合走航监测结果与大气臭氧、颗粒物来源分析结果，协同分析污染来源和污染程度，为制定针对性的管控方案提供理论基础，为管控成效评估提供有力依据。

【依法行政】 2020年，审核行政处罚案件431件，所有案卷经2次复审。组织行政处罚听证会，所有案件均按法定程序研究讨论。全年未出现败诉或因行政复议、诉讼被撤销或变更行政行为的情况。参加2020年全市生态环境系统行政处罚案卷评查工作及通州区执法单位行政处罚案卷评查工作，2次提交12本参评案卷均被评为优秀卷。落实通州区2020年度“平安北京”建设工作日常考核细则，做好法宣工作，配合区司法局、相关乡镇街道开展“4·15”国家安全日、“12·4”国家宪法日等普法宣传活动8次。开展生态环境损害赔偿试点，深入学习《北京市生态环境损害赔偿制度改革工作实施方案》及八项配套制度。通州区实现生态环境损害赔偿“破零”。

【水源地管理】 2020年，建章立制，制定《通州区集中式水源保护区管理规范》，固化任务，压实责任；完成集中式饮用水水源保护区环境状况调查评估，其中区级综合评分结果为优秀；高效完成27个水源地保护区划定并取得市政府批复。

【主要污染物减排】 2020年，减排降碳成效显著，完成氮氧化物下降11.1%、挥发性有机物下降6.2%、化学需氧量减排207吨、氨氮减排49吨，完成全年任务。

（丁媛）

环境监测

【地表水环境质量监测】 对通州区9个地表水考核断面按月监测，年均值达标，2020年度改善率为19.5%，全市排名第一。黑臭水体采取交叉监测的方式，对朝阳区、丰台区、顺义区、昌平区、海淀区总计30条段90个点位的黑臭水体进行监测，大兴区、朝阳区、顺义区对通州区53条段黑臭水体进行监测，交叉监测结果显示，通州区黑臭水体无反弹。

【空气质量监测】 大气降水全年监测26次，pH年均值为6.77，无酸雨发生。

【饮用水源地环境质量监测】 对1个区级饮用水源地、19个乡镇水源地饮用水按季度进行监测，93项指标年均值均满足地下水Ⅲ级标准，达标率100%。

【声环境质量监测】 116个区域环境噪声平均值54.4分贝，比2019年上升0.4分贝，网格达标率100%，达标区域人口覆盖占比100%。27条路段的道路交通噪声平均值68.8分贝，与2019年持平，达标路段占比为88.9% 。

【土壤环境质量监测】 对6个固体废物集中处理设施周边、13家污水集中处理设施周边、2个工业园区周边实施土壤监测，监测结果均符合相关标准要求。

农村环境质量监测：对宋庄镇喇嘛庄村、大兴庄村开展饮用水水质季度监测和土壤环境年度监测工作，监测结果表明，地下饮用水水质状况总体良好，各项指标均符合地下水III类标准，水质达标率100%。土壤环境质量状况总体良好，属清洁土壤。

【生态补偿监测】 2020年，对39个乡镇跨界断面每周开展监测，并根据月均值计算各乡镇应缴纳的生态补偿金额。全年核算补偿金2574.7万元，较2019年（5257.3万元）减少51.0%，其中总缴纳1707万元，总获得867.7万元。2020年区内断面年均值达标率66.7%，比2019年提高18.6%。区内断面化学需氧量达标率为91.2%、氨氮达标率为70.8%、总磷达标率为66.7%。

【疫情防控期间水环境安全监测】 2020年，疫情防控期间开展水环境安全监测，完成辖区内19家饮用水源地水质、5家重点医疗机构等排水预警监测和监督指导监测。

（丁媛）

保护与监控

【水环境质量】 全区饮用水源水质持续符合国家和北京市要求；地下水水质总体保持稳定；国家和北京市地表水断面逐年实现改善，2020年改善率达到19.5%，全市排名第一。2020年地表水水质圆满收官。国考断面全年达标。乡镇出境断面整治成效明显。25个乡镇断面中，5个断面截污整治，15个断面达到V类以上水质。

【饮用水水源地保护】 完成区级饮用水源地环境调查评估报告。编制完成乡镇级、乡镇及以下集中式水源地环境状况调查报告，并针对存在的问题开展专项整改。按季度完成“千吨万人”饮用水水源监测工作。补充划分“千吨万人”水源地27个。按要求完成区级集中式生活饮用水安全状况信息公开。

【水环境治理】 强化城镇生活污染防治。全年累计处理污水量7871.04万吨，完成再生水利用17212.14万吨，铺设污水管道41.32千米、再生水管线14.17千米，改造雨污合流管线12千米。累计处理清运粪便18747车次，无害化处理粪便83678.81吨，无害化处理率达100%。深化工业污染防治。100%完成排污许可台账内企业核发工作任务。加强排污许可证证后监管，检查67家排污许可单位，对取得排污许可证后未按要求进行自行监测的违法行为进行立案处罚，查处63起。推进农村污染防治。按市级任务要求完成41个村污水治理；持续推进农村公厕提升改造和新建工作，累计完成700余座农村公厕提升改造和新建工作。推动京津冀联保联治。“通武廊”三地围绕主要污染物浓度变化趋势、自动监测子站运行情况等进行分析，按月将入境断面水质情况信息共享。

【黑臭水体整治】 53条段黑臭水体基本实现长治久清，完成全年两次黑臭水体交叉监测和数据上报工作。实行常态化管护机制，PPP项目黑臭水体治理工程均开展运营维护。开展小微水体整治，经市河长办现场核查，基本达到“五无”（无集中漂浮物、无违法建设、无垃圾渣土、无污水排入、无臭味）标准100处。

强化全区涉水污染防治专项执法。强化工业企业执法。实施流域专项执法检查，涉水处罚立案11起，责令限改11起。强化联合执法机制。开展联合执法56次，巡查河道近2000千米，各相关部门出动执法人员212人次，劝导桥上垂钓等不文明行为67起，查处非法捕捞案件5起，行政处罚5人，撒网4顶。强化市容环境执法。针对餐厨垃圾和污水乱倒、乱堆物料、无照经营等影响市容行为开展执法检查，累计出动执法人员500人次，出动车辆345车次，检查点位280处。

【水污染防治】 谋划实施《通州区入河排口管理及全流域水污染综合防治体系建设项目》，动态更新全区入河排口，建立26条主要河流范围，入河排口台账628个，其中有水排口台账60个。初步建立全区所有河道沟渠入河排污口台账5218个；构建污染源—污水处理设施—入河排污口—在线监控设施—水污染治理等5级水环境监管体系。深化流域协作共治。建立北京、通州、三河、香河生态环境、水务四地联动机制，开展潮白河水体分点分段式排查和检测，分析水质污染成因，联合行动处理处置污染源2处，拆除2座共5万吨不达标污水处理设施，新建10万吨污水处理厂达到北京市地方标准。启动水量协调机制，利用各地管控的6座闸坝设施，补充潮白河下段吴村断面生态基流，减少富营养化和污染物滞存现状，保障潮白河全线水质稳定达到V类水质；建立市、区生态环保、水务四方联动机制，实施北运河、凉水河、港沟河、凤港减河生态补水和水质保障工作，按月对流域8个断面进行监测，并实现数据共享。

【土壤环境质量监督】 2020年，污染地块安全利用率，受污染耕地安全利用率均稳定保持100%。

重点防治土壤源头污染。严防工业污染，加强工业固体废物监察执法，出动执法人员1295人次，巡查相关企业685家次，查处固体废物及危险废物违法行为201起。废物综合利用和处置设施建设方面成效明显。加强农业面源污染防治，指导落实化肥减量、农药减量。持续管控建设用地环境风险。完成2017—2019年关停企业原址用地筛查工作，筛查原址用地1445块，无新增疑似污染地块。动态更新通州区疑似污染地块台账、建设用地土壤污染状况调查名录、污染地块台账、建设用地土壤污染风险管控和修复名录。持续开展风险管控及农村环境综合整治。市级下达的17个村庄农村环境综合整治任务中，畜禽粪便综合利用情况、生活污水处理率、生活垃圾处理率、饮用水卫生合格率均已达标。

（丁媛）

2021

城乡建设

北京通州年鉴

城市绿心森林公园（摄影 郭建华）

综 述

【概　况】 2020年，充分发挥副中心党工委管委会高位统筹、集中调度的优势，狠抓规划编制、项目审批、征地拆迁、工程调度，各项节点任务按期完成，初步展现出和谐宜居之城的独特魅力。紧盯目标节点，坚持更高标准、更强力度、更快节奏，重点工程和重大项目建设取得新进展。充分利用副中心党工委管委会体制机制优势，深化市级赋权，加快手续办理，大力开展“拔钉子”行动，388项重点工程建设按期推进。城市绿心森林公园正式开园迎客，广渠路东延地下道路建成通车，环球主题公园（一期）基本完工。城市绿心三大公共建筑、副中心综合交通枢纽、东六环入地、地铁17号线、通州堰等工程加快推进。人民大学通州校区、地铁1号线八通线贯通工程、东夏园综合交通枢纽等一批重点项目开工建设。

规划和国土资源管理

【概　况】 2020年，市规划自然资源委通州分局深入贯彻落实十九届五中全会精神，围绕市委、市政府及区委、区政府、市规划和自然资源委、副中心党工委管委会及分局党组的工作部署要求及北京城市副中心建设这一中心，提高政治站位，严格执行城总规、副中心控规，推进专项实施方案，落实改革措施，持续优化营商环境，推进“多规合一”平台高效运转，提高审批效率，统筹协调，密切沟通，完成各项任务。

【北京城市副中心各层级规划编制工作】 2020年，深化落实副中心控规指示精神，加快竖向传导，推进各层级规划编制工作。一是完成副中心12个组团深化方案区级征求意见工作，补充相关材料，做好拓展区规划与乡镇国土空间规划对接。二是统筹乡镇国土空间规划编制工作，其中《通州区宋庄镇国土空间规划及控制性详细规划（街区层面）（2020年—2035年）》《通州区台湖镇国土空间规划及控制性详细规划（街区层面）（2020年—2035年）》形成阶段性成果，其余7个乡镇国土空间规划有序推进。三是高效完成344个美丽乡村规划的编制工作，并全部通过市、区各级会议审议，形成稳定成果。四是结合副中心建设，推进重点项目综合实施方案的编制及研究工作。

【推动建立副中心责任双师体系】 2020年，落实市、区工作要求，全流程推进副中心责任规划师和建筑师相关工作，研究制定工作方案，搭建工作机制，创建覆盖副中心及拓展区906平方千米的“12+9+1”工作模式；组建全市等级最高、人数最多、专业最广、高校和国际团队联合体最多的责任双师队伍；举办见面会、启动大会等活动，多次被人民网、北京电视台等50余家主流公众媒体广泛传播，并被《北京信息》等政府官方平台同步刊载；完成70余次属地对接会与规划宣讲会、120余次咨询审查、300余次现状调研，形成副中心“全域全覆盖”的现状体检和片区画像手册；开展新芽项目，梳理副中心新芽项目库（132个），聚焦乡村振兴、城市更新、社区治理，推进重点项目落地。

【推进副中心规划建设管理工作】 落实市级工作部署，研究制定通州区委城市工作委员会2020年工作要点，并组织召开年度全体会议。

【推进重点领域及地区研究工作】 一是强化科学引领，开展通州区国土空间近期建设规划（2021年—2025年）、北京市副中心（通州区）“十四五”时期新型城镇化示范区建设规划、探索建立高质量实施副中心控规的保障机制等专题研究工作。二是聚焦副中心品质打造，围绕文化醇厚的重点地区，开展南大街及周边地区、张家湾古镇等区域的规划综合实施方案研究工作；深挖资源潜力，紧抓带动力强的重要节点，着力做好宋庄小堡艺术区详细城市设计深化方案编制工作。

【重点功能区规划编制和专项研究】 2020年，编制完成文化旅游区规划综合实施方案并通过第8次副中心党工委会议审议。张家湾设计小镇70公顷启动区规划综合实施方案编制完成并准备公示，5.4平方千米规划综合实施方案形成阶段性成果。围绕2021年环球影城开园和大运河文化带以及大运河国家AAAAA级旅游景区创建工作，开展重点地区专项专题研究，一方面配合副中心规自局组织开展北京城市副中心大运河沿线景观风貌方案征集和运河二号地规划综合实施方案编制工作，另一方面为保障2021年环球影城开园需求，牵头组织开展北京城市副中心周边精品民宿、精品酒店选址研究工作。

【重点项目选址】 2020年，服务首都功能疏解和“七有五性”建设要求，做好各类项目选址工作。市属国企总部选址工作基本稳定，结合企业需求，推进项目落地，加快推进规划综合实施方案编制。

【综合实施方案编制】 全力推进市区重大项目库、2020年供地计划等项目的规划编制工作，同步推动自有用地项目及棚改项目的编制进度，完成公共服务类项目规划综合实施方案研究，共计80余项。2020年，11个项目取得规划综合实施方案的批复和审查意见。

【新一轮百万亩造林选址】 2020年，依据副中心控规和相关规划，新一轮百万亩造林和调整地块核实复函26个，涉及造林地块约2.2万亩。

【优化营商环境】 2020年，常态化做好优化营商环境政策服务。充分利用“通州区优化营商环境政策宣传”群，及时发布最新政策，并主动向建设单位进行宣传解读；广泛宣传《北京地区建设工程规划设计通则》《建设工程规划设计技术文件办理指南》等指导文件，以“最多跑一次”为工作准绳，一次性告知建设单位、设计单位办理建筑许可的相关要求；印发《社会投资简易低风险工程“一表式”申请和受理指南》手册，指导企业和群众深入了解北京市优化营商环境举措；派驻政务服务大厅工作人员热情接待咨询群众，主动服务，解答各类业务咨询2400余人次（平均11件／工作日）；在区不动产政务服务大厅推行抵押网上预审、全程网办、不动产权利证书证明电子化、小微企业登记费减免退费等改革新举措，办理网上业务18574件，占比26.1%；不断提升行政服务水平，派驻政务服务大厅工作人员实行“早晚弹性办、午间不间断”的延时服务制度，为市民提供更好、更快捷、更便利的服务，日办结率达到96.91%，居于全市前列。截至年底，通州区新增5个简低项目取得规划许可。窗口受理行政许可及其他事项612件（平均2.47件／工作日），校对、制作、核发规划审批决定553件（平均2.23件／工作日）。

【方案审查与行政许可办理】 2020年，办理完成城市绿心三大公共建筑共享配套设施项目、北京卫生职业学院新院区建设项目、北京城市副中心行政办公区二期启动区FZX-0901-0167地块建设项目等设计方案审查意见函15件。

【“多规合一”协同平台】 2020年，核发房屋建筑类“多规合一”审核意见73个，其中初审意见37个，会商意见26个，供地审核意见10个，为供地和房建类项目办理手续提供服务保障。核发市政交通类项目“多规合一”协同意见98项，初审意见16项，高效推动副中心基础设施的建设。

【土地入市交易】 2020年，通过土地市场供应经营性用地2宗，总用地面积9.38公顷，建设用地9.38公顷，建筑规模19.42万平方米，成交总额20.13亿元。工业用地1宗，总用地面积10.61公顷，建设用地10.61公顷，建筑规模12.73万平方米，成交总额0.95亿元。

【划拨供应建设用地】 2020年，通州区划拨供应建设用地17宗，总用地面积约29.53公顷，总建筑面积约28.44万平方米。

【市政交通专题研究】 2020年，开展4项专题研究，均结题。开展《通州梨园城铁站周边交通与空间环境综合改善研究》，转相关部门开展后续实施工作。开展桥梁设计总体方案研究，报副中心发改局建议纳入年度实施计划。开展供地项目的市政交通实施计划方案与行动计划研究，报副中心发改局建议纳入年度实施计划。开展《北京城市副中心综合交通规划实施方案》专题研究，内容涵盖《副中心城市轨道近期方案与用地开发协调性分析》《北京城市副中心道路规划实施方案》《北京城市副中心停车系统规划实施方案》《北京城市副中心学校周边交通环境提升策略方案研究》《北京城市副中心自行车通行环境提升规划》等6个专题，报副中心发改局建议纳入年度实施计划。

【轨道交通站点一体化】 2020年，为推进轨道交通线网规划及一体化工作落地，制定《通州分局关于轨道交通线网规划和一体化重点任务工作方案》，成立局内工作专班。以轨道线网第三期建设规划、“轨道＋土地”等重点任务为着力点，以永顺站、新通州西＋通顺路站为项目试点，深入研究轨道车站一体化功能要求及管控机制，开展一系列相关工作。

【不动产涉房登记】 2020年，完成各类房屋登记业务71037件。其中，完成房屋登记发证48616件，发证面积1172.36万平方米，登记金额1174亿元。其中，商品房办理12936件，发证面积139.65万平方米，登记金额351.47亿元。

【不动产涉地登记】 2020年，办理不动产涉地登记业务884件，其中办理土地登记35件，面积2143657平方米；办理土地及房屋初始、变更、转移、换证登记411件，涉及土地面积13329903平方米，涉及房屋面积2168072平方米；土地注销登记58件，面积1400188平方米；办理抵押权登记380件，涉及土地面积1716291平方米，涉及房屋面积802384平方米。完成涉地登记发证285件，发证面积668.39万平方米，登记金额615.24亿元。

【历史遗留项目】 8月，解决涉及1730余户11.7万平方米的集体土地建房问题。成立区历史遗留项目工作办公室，有效化解上营回迁楼、杨坨安置房、北京ONE等9个历史积压问题项目，截至年底，上营回迁楼、北苑乙55号院2号楼项目已解决，为1581套房屋办理个人房本。“12345”市民热线诉求办理工作成效显著，解决率比上年同期提升37.9%，满意率提升51.2%。

【规划核验】 2020年，办理建设工程规划核验122件，规划核验面积6464370.36平方米；办理市政线性工程规划核验备案24件，备案管线长度18016.29米；出具道路工程项目技术核验意见函11件。

【规划自然资源执法工作】 2020年，全面完成通州区农村乱占耕地建房问题图斑17763宗，农村乱占耕地建房问题摸底排查上报工作。会同区农业农村局开展3次区级联合检查，针对问题，采取联合发文、专题调度等措施，督促属地快速整改，坚决落实长效监管机制，全面巩固“大棚房”问题清理整治成果。有序开展自然资源部2019年四季度、2020年一至三季度卫片和北京市1—9月卫片的整改工作。截至年底，完成91宗一般违法项目整改，剩余9宗正在督促属地加快整改。开展无违建创建工作，配合区级牵头部门完成569027个、建筑面积8226.16万平方米手续待核查图斑的分类工作。推进规自领域专项整改和专项巡视问题整改工作。针对巡视发现的2016年以来597宗土地违法案件中存在未执行到位问题，通过向区政府请示报告，致函属地督促整改，召开专题调度会议等方式，逐步压实属地责任，确保完成整改任务。截至年底，农印厂违法建设项目和于家务乡永乐店地区水产站项目基本拆除到位。印发《通州区违建别墅问题清查整治专项行动工作方案》，完成位于重点区域的2宗违建别墅项目拆除工作和市级现场验收和系统上报核销工作。全年协助出具涉嫌违法建设规划审批情况认定函277份；协助审查村、社区“两委”换届候选人资格96批次，7000余人次。

【涉地信访和违法举报线索办理情况】 2020年，办理信访投诉请求278件次，其中来信176件次，来访36件次，网信63件次，复查3件次。办理“12345”市民热线工单1118件，主要涉及房屋登记、规划审批、行政执法类诉求。

【土地储备开发】 2020年，在施项目40个，总占地面积约2777.6公顷。在施面积2328.26公顷，其中，联储项目2个，用地面积约898.19公顷，包括运河3号地、文化旅游区项目；分中心为主体项目16个，用地面积约1036公顷；企业为主体项目11个，用地面积约为394.07公顷。

【融资及还款】 2020年，筹措到位资金22.55亿元，其中，收到市级资金4.33亿元，收回回笼资金9.22亿元，新增政府债券9亿元，归还政府债券20.57亿元。

【第三次全国国土调查】 2020年，在初始调查7.9万个图斑的基础上，严格按照程序，确保统一时点更新成果质量。按时间节点要求向市三调办报送统一时点更新调查成果，更新图斑33453个，外业拍摄举证照片18万余张，8月11日将更新成果提交国家三调办核查。

【自然资源督察】 按照《国家自然资源督察例行督察意见书》相关要求，2020年度通州区对2019年度督察意见书及督促整改函涉及的4019个问题进行基础台账进行梳理，分类制定整改方案，逐一明确整改措施、牵头单位、责任单位和整改时限，同时采取月报制度上报整改进度。通过管理平台与实地核查相结合的技术手段，实现动态跟踪全区督查工作进展情况，对整改的项目及时填报督察系统，定期更新整改情况，并对上报整改到位地块加强监管，避免违法行为的反复性，提高自然资源督察整改的通过率。

【测绘地理信息服务】 2020年，加强通州区城市基础测绘和测绘成果管理及应用工作，及时为城市副中心建设总体规划和重点测绘项目提供1：500大比例地形图，发挥测绘服务先行作用。高质量服务好城市副中心规划建设任务，服务副中心城市建设，围绕行政办公、商务服务、文化旅游三大主导功能，在北京城市副中心行政办公区、城市绿心、文化旅游区、环渤海经济区域完成各个工程项目。参与通州区重点区域基础设施建设，完成北京市保障性住房建设投资中心（一万套）地块启动区普通拨地、监督测量，张湾三、五、六期一级开发项目，铜牛未来设计园普测拨地等重点项目。

【信息化建设】 2020年，开展多项信息化工作。完成3处1局新办公区网络信息化建设，实现新办公区互联网、政务外网、政务内网三网物理隔离，独立办公。持续推进副中心规建管区级平台搭建工作，初步拟定《北京城市副中心重点区域修建性详规报批三维模型数据制作技术规范》，协调相关部门数据收集工作，完善平台数据库。完成分局正版操作系统及办公软件安装工作，正版化覆盖率约90%。加强网络及机房安全保障，对分局各办公区网络实行7×24小时监控，确保分局网络安全无事故。完善分局无纸化办公，实现从主要领导到各科室负责人全覆盖，提升分局日常无纸化办公效率。

【地籍管理】 2020年，严格执行地籍调查和土地权属核查工作标准，认真做好地籍调查和土地权属核查工作。办结地籍调查、土地权属核查328件，同时加大对重点上市地块的保障力度，克服困难，严格按照上市工作节点要求完成宋庄、漷县、文旅区等上市地块的权属核查工作。

【地名工作】 2020年，根据地名工作任务，完成地名建筑物名称核准11件，道路命名6件。

【城建档案管理】 2020年，完成工程竣工档案预验收82项、693栋，开具预验收合格意见123件（其中建安工程76件、市政工程47件）；工程竣工档案接收9项、68栋、编制案卷433册；各类档案利用434人次、2273卷，出具证明234件；完成档案数字化整理6763卷。

（邵琳萍）

重点工程

【概　况】 2020年，围绕疏解整治促提升、促进京津冀一体化和服务行政办公区的功能定位，区住建委主要承担12项市级项目和9项区级项目的协调任务。总里程约140千米。其中，环球主题公园增设六环路立交节点工程和环球主题公园增设京哈高速立交节点工程两工程于2020年底具备通车条件；广渠路东延工程、地铁17号线工程、东夏园交通枢纽工程、京唐城际铁路工程和地铁6号线二期工程等5项工程完成通州区段内拆迁任务，施工进展顺利。

【地铁17号线工程】 市级项目。该工程通州段长8.7千米，通州段设置4座车站、1座停车场（北神树站、次渠北站、次渠站、亦庄站前区南站，次渠南停车场），占地299.44亩，沿线涉及台湖镇光机电管委会、高端总部基地管委会。截至2020年底，实现洞通。

【地铁6号线二期工程】 市级项目。该工程通州段长12.4千米，通州段设车站7座、车辆段1座，占地458.57亩，沿线涉及永顺镇、潞城镇。截至2020年底，该工程搬迁工作全部完成，车辆段正在建设中，施工进展顺利。

【广渠路东延工程】 市级项目。该工程通州段全长约7.6千米，占用集体土地188.95亩，沿线涉及北苑街道办事处、梨园镇、玉桥街道办事处、永顺镇、潞城镇。截至2020年底，广渠路东延工程60米道路施工红线内拆迁工作基本完成，实现主体结构完工。

【京哈高速、六环路立交桥工程】 市级项目。环球主题公园增设六环路立交节点工程、环球主题公园增设京哈高速立交节点工程是经市政府集体审议通过的“一会三函”项目，该工程主要涉及台湖镇和文化旅游区。截至2020年底，实现工程竣工。

东六环立交　（区住房和城乡建设委员会提供）

【京唐城际铁路工程】 市级项目。该工程通州段长9.22千米，占地807.22亩，沿线涉及宋庄镇、西集、潞城镇。2020年底，实现主体结构完工。

【东六环改造工程】 市级项目。该工程南起京哈高速，向北至终点潞苑北大街，道路全长约16千米，主体工程于2019年11月30日开工建设。截至2020年底，始发井完成结构施工，正在进行盾构机的组装工作；竖井和接收井正在进行主体结构施工。

【通马路工程】 市级项目。该工程北起京哈高速公路，南至京津高速公路，全长约6千米，占地

898.34亩，其中梨园镇占地58.38亩、建筑物占地面积1.34亩，台湖镇占地839.96亩、建筑物占地面积135.7亩。截至2020年底，该工程与公联公司及台湖镇政府签订工作委托协议。集体土地涉及产权人10户，签约7户，部分场地具备进场施工条件。

【副中心交通枢纽工程】 市级项目。该工程东至东六环外路县故城遗址区，北起京哈南侧路，南至杨坨中路、杨坨一街区域，西至大运河，总用地规模约61公顷。工程建成后可使车站、城际铁路、轨道交通与城市功能有机融合，打造站城一体、产城融合的北京新门户。截至2020年底，该工程完成芙蓉路道路导改工作，正在进行土方、工法试验桩、地下连续墙试成槽工程施工。

【东夏园交通枢纽工程】 市级项目。该工程位于通州区潞城镇，建设内容包括枢纽主体、两条道路及一处连接廊道，占地74亩。截至2020年底，施工单位全面进场施工，正在进行保护区围护结构和部分土方施工。

【轨道交通22号线（平谷线）工程】 市级项目。该工程为京津冀首条区域快线，全线长81千米，通州区段长15.6千米，设6座车站，沿线主要涉及永顺镇、潞城镇、通运街道、潞源街道、新华街道。截至2020年底，该工程取得近期实施规划方案的批复，正在进行环评稳评工作。

【京哈高速加宽工程项目】 市级项目。该工程起点东五环五方桥，终点东六环施园桥，全长12千米，路线维持现状京哈高速的平纵条件，进行双侧加宽。工程主要位于朝阳区和通州区内。截至2020年底，取得前期手续，文旅区范围内实现进场施工，预计2022年底建成通车。

（王学勤　李雪敏）

【朝阳北路东延一期】 区级项目。工程西起通顺路，东至东六环西侧路，全长3.6千米，设计标准为城市主干路。该项目建设单位为北京新城基业投资发展有限公司，区住建委负责前期手续的办理、管线施工及协调征地拆迁工作。截至2020年底，征地完成90%、拆迁完成95%，施工完成85%。

【潞苑三街】 区级项目。工程西起潞通新路，东至东六环西侧路，全长约1.83千米，设计标准为城市次干路。该项目于2016年1月启动，由北京新城基业投资发展有限公司负责建设实施，区住建委负责前期手续的办理及协调征地拆迁工作。截至2020年底拆迁完成50%，征地工作正在办理土地权属审查。施工完成50%

【漷小路一期】 区级项目。漷小路位于通州区南部，北起漷县，南至市界。是通州南部地区一条重要的南北向公路，同时也是通州南部地区与河北廊坊市联系的一条重要对外通道，是贯穿漷县镇、永乐店镇中心区、德仁务片区和永乐经济开发区之间一条重要的联络线。该次设计漷小路北起漷兴三街，南至恒兴二街，道路全长19.21千米。该项目于2014年8月启动，由北京新城基业投资发展有限公司负责建设实施，区住建委负责前期手续办理、管线施工及征地拆迁的协调工作。截至2020年底，拆迁完成95%、施工进展方面漷县镇区完成工程进度95%，德仁务片区完成85%，永乐经济技术开发区完成51%，永乐店镇区完成95%。

【孔兴路北延】 区级项目。工程南起京津公路，北至孔庄北，全长4.86千米，设计标准为一级公路。该项目于2016年12月启动，由区公路分局负责前期手续办理及建设实施，区住建委负责拆迁征地的协调工作。截至年底，征地完成土地权属审查，拆迁完成80%。

【朝阳北路东延二期】 区级项目。该项目西起东六环西侧路，东至任李路，全长约4.3千米，红线宽度60米，设计标准为城市主干路。该项目于2017年启动，由北京新城基业投资发展有限公司负责建设实施，区住建委负责前期手续办理、管线施工及协调征地拆迁工作。截至2020年底，拆迁完成15%，部分路段做进场施工准备，部分路段因副中心行政办公区整体规划调整，正在做线路调整。征地工作暂未启动。

【九德路二期】 区级项目。从潞西路至九漷路，全长7.8千米，设计标准为二级公路。该项目于

2017年1月启动，由通州区公路分局负责建造实施，通州区住建委负责前期手续办理及拆迁征地的协调工作。截至年底，拆迁工作全部完成，征地工作正在办理土地权属审查。

【北京五中通州分校周边道路】 区级项目。该项目包括三条道路，一是潞邑二路（南起潞苑南一街，北至潞苑南大街，全长258米，红线宽度40米），设计标准为城市主干路；二是潞苑南一街（西起潞邑二路，东至东六环西侧路，全长557米，红线宽度40米），设计标准为城市主干路；三是潞邑东路（南起潞苑南一街，北至潞苑南大街，全长446米，红线宽度25米），设计标准为城市支路。全长1.4千米。该项目于2017年3月启动，由北京新城基业投资发展有限公司负责建设实施，区住建委负责协调征地拆迁工作。该项目2018年8月进场施工，其中潞邑东路于8月底实现主路通车，潞邑二路、潞苑南一街预计2021年6月底完工。

【西潞苑二街】 区级项目。该项目西起潞苑东路，东至东六环西侧路，全长约1.6千米，红线宽度30米，设计标准为城市次干路。该项目于2017年7月启动，由北京新城基业投资发展有限公司负责建设实施，区住建委负责协调征地拆迁工作。截至2020年底，拆迁完成20%。征地工作正在办理土地权属审查。

【漷台路】 区级项目。工程西起张采路，东至G103国道，全长约7.58千米，设计标准为二级公路。该项目于2017年12月启动，由区公路分局负责前期手续的办理及建造实施，区住建委负责拆迁征地的协调工作。截至2020年底，拆迁完成70%。征地工作正在办理土地权属审查。

（韩璐）

市政建设

【概　况】 2020年，在区委、区政府的坚强领导下，区城市管理委坚持以习近平新时代中国特色社会主义思想为指导，全面贯彻中共十九大和十九届二中、三中、四中、五中全会精神，紧跟战略决策、全面创新思维，统筹新冠疫情防控和城市管理各项任务，为副中心发展聚力、为城市运行护航，为城乡环境面貌增色、为城市治理提效。

【静态交通秩序治理】 2020年，全面梳理副中心道路停车“有位失管”情况，持续推进道路电子收费改革工作，优化营商环境，鼓励更多停车资源对社会开放，逐步解决车多场少、停车难、乱停车等交通难题。全年新增路侧停车电子收费泊位1430个，泊位达3685个，通过加大宣传、完善规划施划、开展违法停车执法等手段，实缴率在全市排名第一；完成万达广场等20处公共建筑停车设施有偿错时共享，增加停车资源有效供给。

玉桥东一路建成的集充电和路侧停车电子收费于一体的停车泊位

（区住房和城乡建设委员会提供）

【开展交通疏堵治理】 2020年，落实市委书记蔡奇在调研市郊铁路专题会议上的指示精神，完成通州西站接驳工程；推进友谊医院过街天桥工作，减少人车交织；完成中山街小学、史家小学通州分校等4所学校周边交通综合治理，持续完善95所学校门前道路交通安全设施；推进朝阳北路、梨园路、云景东路、乔庄北街等20处重点路口疏堵治理，提高路口通行效率；对行政办公区、城市绿心、重点通勤线路等区域的信号配时进行优化，让出行更加智慧便捷。同步完善交通骨架，推进玉桥西路、后场西路2条城市主干路工程，实施京洲西路、潞苑四街、朝晖南路、怡乐西一路4条微循环道路建设，完成水仙东路、玉桥东二路、潞通新路二期等项目，打造“内联外通”的交通格局。

通州区城市管理委承建市郊铁路副中心线道路接驳工程完工 （区城管委提供）

【优化绿色出行环境】 2020年，围绕老城区、行政办公区等重点区域，大力推进40千米慢行系统建设，启动永顺慢行系统示范区建设，真正做到还路于民；提高绿色出行交通接驳体验，启动通州梨园站周边交通与空间环境综合改善项目，营造舒适有序的绿色交通出行环境。协调2家共享单车单位，在副中心155平方千米投放约3.4万辆单车单位，与已市场化运转的原公共自行车融合发展，满足居民骑行需求。

【重大节日景观布置】 2020年，在主要大街中央护栏上以及东关大桥、玉带河大桥上摆放花钵5702盆，为城市打造一道靓丽的风景线；节日期间，开启运河沿岸、新华大街、通济路、通燕高速等区域景观亮化，开启北运河大桥灯光秀，在长达170米的水幕上利用高科技水幕全息技术通过22台激光投影机投射出通州八景和“山河无恙，家国梦圆，万家团圆，祝福祖国”主题灯光秀；在新华大街、通胡大街、通济路等20条主要道路及东关大桥、北苑桥、天成桥等3个重要节点悬挂灯笼4万余盏。

国庆期间展映大运河灯光秀

（区城管委提供）

【开展违规户外广告牌匾治理】 2020年，持续推进通州区违规户外广告牌匾标识治理工作，清理违规户外广告牌匾标识447块，实现“动态清零”，走在全市前列。

【“有路无灯”建设】 2020年，完成44条道路约42千米“有路无灯”建设，新增灯杆1652基，副中心范围内4.5米以上道路“有路无灯”问题基本解决。

【电力设施建设】 2020年，完成永顺小学35千伏电力工程、运河商务区110千伏岳庄站10千伏配套切改、“三庙一塔”（文庙、紫清宫、佑圣教寺，燃灯佛舍利塔）3条道路1124米电力架空线入地，实现500千伏北京东工程完成全部铁塔进场，500千伏通州北变电站开工建设；全年完成37条、84千米10千伏线路迁改，有力保障广渠路东延、杨庄小学等重点项目施工。

【加密充电桩布局】 2020年，按照多组团覆盖的建设思路，计划在关注度较高的文化旅游区、绿心、公共停车场等区域新增充电桩800个，实际建设1000余个。截至年底，通州区充电桩建设总数约6300个，155平方千米范围内实现0.9千米服务半径，其他区域实现5千米服务半径。

在北京市首个精细化提升的小区天桥湾进行充电站的加装（区城管委提供）

【供热运行保障】 2020 年，对 109 座供暖锅炉房开展安全检查工作，检查出安全隐患 539 项，完成整改 284 项，其余 255 项列入“冬病夏治”计划；成立 3 支区属应急抢险队伍，24 小时备勤，及时做好各类突发事件的应急处置工作；克服道路穿越复杂等困难，10 月 29 日实现杨坨南安置房项目供热管线全线贯通，确保杨坨南安置房北、中、南区 2980 户居民温暖过冬。截至 2020 年底，通州区累计投资 7 亿元，对 122 个小区，约 1000 万平方米供热面积和 1784 千米供热管线进行改造，惠及居民 14 万户。

投用后的河东 5 号调峰热源厂服务北京城市副中心市民供热（区城管委提供）

热力检修人员下到 40 摄氏度高温管道中巡检供热管网（区城管委提供）

【完成 2019 年地下综合管廊和地下管线统计工作】 经统计，2019 年度通州区达到纳统要求的综合管廊总长 12.8 千米，其中，运河商务区综合管廊干线管沟全长 1.5 千米，行政办公区一期综合管廊总长 11.3 千米；2019 年度通州区达到纳统要求的地下管线总长 6332.36 千米，其中，天然气 235 千米、供热一次管线 577 千米、雨水管线 439.4 千米、污水 467.8 千米、自来水 726.72 千米、园林绿化 896 千米、再生水 64.35 千米、供电 26 千米、路灯 2021.26 千米、交通信号灯 192.47 千米、通信 686.36 千米。

【搭建地下管线数字化管理系统三维平台】 2020 年，地下管线数字化管理系统三维平台搭建完成，该平台包括地下管线安全管理平台、地下管线基础数据管理系统、地下管线应急与移动指挥平台以及地下管线查询服务和更新管理平台几大模块。是国内首次将 AR 可视可感应技术应用于地下管线管理，开创了地下管线地上地下一体化三维管理新模式，实现了地下管线应用的“透视眼”，解决了以往管线隐藏在地下难以查看、真实情况难以掌握的情况，可为道路施工、应急抢险等工作提供更加快捷精准服务。

全国首例将 AR 增强现实技术应用到地下管线系统（区城管委提供）

【城市基础运行保障】 2020 年，完成 1190 千米的地下管线数据核实和修补测普查更新，完成城市部件的更新采集 11.6 万处，完善数据精准度；将多重巡查和 24 小时不间断巡查相结合，全年巡查发现解决设施丢失、故障等各类问题近 2 万个，高标准完成 204 座公交站厅的无障碍改造，完成 252 条市

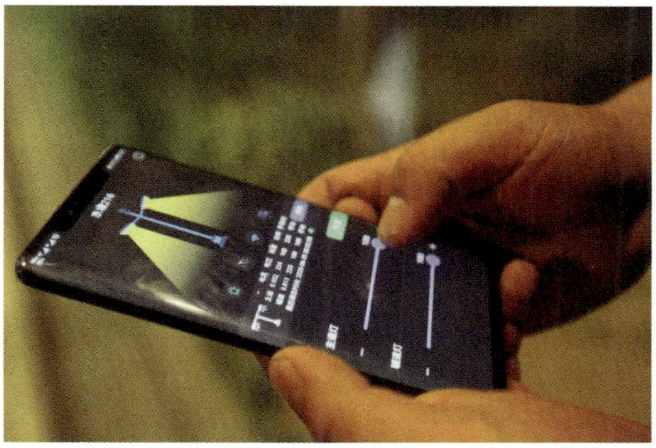

路灯控制智能化　　　　　　（区城管委提供）

政道路约598万平方米、21座跨河桥、9座过街天桥和1座跨铁路桥的维护养护，完成181条道路、49个无物业小区及街巷路灯、8座桥梁和55座楼体夜景照明设施的维护管理工作，保障城市管委管理的路灯亮灯率达99%。

【“12345”市民服务热线工作】 2020年，狠抓区级“12345”接诉即办，完善基层治理体系，推动《全区接诉即办工作奖励激励和责任追究办法》落实，创新“12345”市民热线＋网格化工作模式，有效打通抓落实“最后一千米”。全年派送案件约20.26万件，撰写区级日报（日通报）366期、周报52期，月报12期，为各级领导“靶向”决策提供数据支撑；利用网格三级平台，处置事件48.4万件，以实际行动践行从接诉即办到主动治理的转变。

（孟晓云）

城市绿心森林公园（摄影 郭建华）

2021

城乡管理

北 京 通 州 年 鉴

综　述

【概　况】 2020年，集中开展整秩序、优环境、强服务等系列工作，强化科技支撑，城乡环境更加整洁美丽、居民生活更加舒适便捷。

【疏解整治】 2020年，坚持疏解整治与优化提升同步发力，“疏整促”专项行动顺利收官。拆除违法建设479万平方米，腾退土地695公顷，均居全市第一。实施留白增绿351公顷，占道经营整治160个，疏解一般制造业、棚户区改造等工作，超额完成年度任务。开墙打洞、群租房等专项整治保持动态清零。以增强群众获得感为着力点，新建提升各类生活性服务业网点147个，城市社区网点覆盖率达到100%。

【改善人居环境】 2020年，坚持新老融合、城乡统筹改善人居环境，城乡居民生活品质持续提高。扎实推进老城双修，南大街历史片区启动入户登记，第一个社区级家园中心（中仓）实现主体结构竣工。32条背街小巷完成整治提升，15个老旧小区改造加快实施，首个引入社会资本参与老旧小区建设项目投入运营，“三庙一塔”等重点区域周边环境整治全面完成。美丽乡村建设扎实推进，在市级人居环境考核检查中排名前列。

房屋管理

【清理整治普通地下室】 2020年，区住建委利用人防、技防手段相结合的方式，完成普通地下室散租住人和经营性宿舍的动态清零工作，全年普通地下室备案17处。按照“疏整促”的工作要求，处理普通地下室“12345”市民热线42件，电话投诉16次，处理业主上访1次，专项检查86次、现场整改6处、限期整改13处、约谈10余次，动态清理整治普通地下室16处，完成处罚7处，涉及金额6500元。以上整改均完成，对存在违规使用的普通地下室发现一处，清理一处。

【城镇房屋安全检查工作】 2020年，为全面掌握通州区城镇房屋安全状况，及时发现和解除安全隐患，根据通州区实际情况，制定《2020年度通州区城镇房屋安全检查工作实施方案》，报送80处危险房屋，其中78处为直管公房，于主汛期前全部完成解危工作，2处单位自管房屋分别为金通公司、北京日化二厂，其中日化二厂完成人员清退任务，纳入棚户区改造任务；金通公司冷冻厂宿舍有50户，常住人数80余人，纳入棚改计划，区住建委要求产权单位对该房屋进行动态监测。全年房屋安全类检查54次、专项检查36次、现场整改20处、限期整改7处，高层建筑消防专项检查26次，现场整改16处、限期整改2处，以上整改均完成，对存在影响房屋安全结构的行为，发现一处，整治一处。

【城镇房屋系统防汛工作】 2020年，针对几次较大降雨，出动雨中查房人员480人次，雨中查平房4200间，楼房420栋，修补苫盖平房25间。220人参加查房，并采取漏雨房屋苫盖及雨水疏通、塌顶房屋拆建工作。雨后，立即组织房管所所有工作人员，对直管公房漏雨情况进行全面检查，并对漏雨情况严重的房屋，连夜组织维修，确保居民的住房安全。

（朱笛）

【北京环球影城主题公园一期竣工】 北京环球影城主题公园一期共计14个项目，总建筑面积65.2万平方米，总造价120.89亿元。包括北京环球主题公园和配套设施建设。北京环球主题公园包括七大景区，分别为功夫熊猫盖世之地、变形金刚基地、小黄人乐园、哈利·波特的魔法世界、侏罗纪世界努布拉岛、好莱坞和未来水世界。各个景区将为观众栩栩如生地呈现深受欢迎的电影故事和角色，并配有游乐设施、娱乐表演、特色商店和餐饮。建设还包括环球大酒店和诺金酒店项目，2018年10月第一批项目开工建设，预计2021年3月最后一个项目竣工。

【通州区首寰度假酒店项目竣工】 工程位于北京市通州区文化旅游区1003街区，建筑面积116569.7平方米，包括酒店和入口安检亭等18个单体。工程总造价101216.4809万元。2019年4月10日开工，2020年8月28日竣工。北京首寰文化旅游投资有限公司建设，清华大学建筑设计研究院有限公司设计，北京住总第一开发建设有限公司施工，北京中城建建设监理有限公司监理。

【副中心机关配送中心等项目竣工】 工程位于北京市通州区潞城镇，工程规模33393平方米，包括3个建筑单体。结构类型钢结构。工程总造价20589.951584万元。2018年2月12日开工，2020年12月11日竣工。北京城市副中心行政办公区工程建设办公室建设，中国建筑设计研究院有限公司设计，北京建工集团有限责任公司施工，泛华建设集团有限公司监理。

【副中心职工周转房等14项竣工】 工程位于北京市通州区通州新城0902，工程规模140610平方米，共包括14个建筑单体。结构类型剪力墙。工程总造价63853.767016万元。2018年4月9日开工，2020年4月30日竣工。北京城市副中心投资建设集团有限公司建设，中国建筑设计研究院有限公司设计，上海宝冶集团有限公司施工，北京方圆工程监理有限公司监理。

（李云胜）

【台湖公租房一、二标段建成】 工程位于通州区台湖镇两站一街区域，总建筑面积约40.2万平方米，包括1#－11#、14#－18#、27#－42#公租房，19#－26#、43#－49#配套公建，P1、P2、P4－P7配电室，C1、C2、C4－C8地下车库。公租房地下1层至地下2层、地上14层至28层，装配式剪力墙结构；配套公建及配电室地上1层至3层，框架剪力墙结构。工程总投资约16.5亿元。2016年7月开工，2019年9月实体工程基本完成。北京市保障性住房建设投资中心建设，中国建筑设计研究院有限公司、北京市建筑设计研究院有限公司设计，北京城乡建设集团有限责任公司、北京城建集团有限责任公司施工，中船重工海鑫工程管理（北京）有限公司监理。

台湖公租房　（区住房和城乡建设委员会提供）

【奕城酒店公司改建项目竣工】 工程位于北京市通州区环科中路2号院29号楼，建筑面积10623平方米，包括29号楼3－8层101及1层101部分。框架结构，工程总投资300万元。2020年4月5日开工，2020年8月24日竣工。北京奕城酒店管理有限公司建设，中安恒慧建设集团有限公司施工，北京华贸中天建筑规划设计有限公司设计。

【于家务乡经适房竣工】 工程位于通州区于家务乡渠头村，包括A-06地块：1-5号住宅楼、6号变配电室、7号地下车库。其中1号、2号、4号住宅楼地下1层、地上18层，剪力墙结构；3号住宅楼地下1层、地上9层，剪力墙结构；5号住宅楼地上9层，剪力墙结构；6号变配电室地上1层，框剪结构；7号地下车库地下1层、地上1层，框剪结构。A-24地块：1-7号住宅楼、8号变配电室、9号垃圾房及公厕、10号地下车库，其中1号住宅楼地下1层、地上14层，剪力墙结构；2号、6号、7号住宅楼地下1层、地上18层，剪力墙结构；3号、4号、5号住宅楼地下1层、地上11层，剪力墙结构；8号变配电室地上1层，框剪结构；9号垃圾房及公厕地上1层，框剪结构；10号地下车库地下1层、地上1层，框剪结构；22-11地块11号住宅楼地下1层、地上10层，剪力墙结构。工程总造价67493万元。2015年5月开工，2020年9月竣工。北京紫峰房地产开发有限公司建设，北京中联环建文建筑设计有限公司设计，北京建工博海建设有限公司、中铁电气化局集团北京建筑工程有限公司施工，北京双圆工程咨询监理有限公司监理。

【潞城镇0602地块项目】 工程位于通州区潞城镇召里村，包括1-5号住宅楼，6、7号配套公建，9号地下车库，总建筑面积约15.3万平方米。其中1号、2号楼地下2层、地上28层，3号楼地下2层、地上23-25层，4号、5号楼地下2层，地上27层，剪力墙结构。6号楼地下2层，地上1层，7号楼地下1层，地上1层，框架结构。9号楼地下2层，框架剪力墙结构。工程总投资184774.19万元。工程2013年5月开工，2020年9月竣工。北京潞城建设开发有限公司建设，中国建筑标准设计研究院有限公司设计，湖北远大建设集团有限公司施工，北京市潞运建设工程监理服务中心监理。

【后北营安置房竣工】 工程位于通州新城0604街区，东至运潮南路、南至兆善大街、西至通济路、北至运潮南路。包括东侧二期地块1-9号住宅楼、10号配套设施、11-13号配电室、14号配套设施、1号地下车库；西北角地块1-7号住宅楼、8-9号配套设施、1-2号配电室、开闭所、2号地下车库，建筑面积57.6万平方米。其中东侧二期地块1-4号住宅楼地上28层，5号住宅楼地上27层（部分17层），6号、8号住宅楼地上27层，7号住宅楼地上23层，9号住宅楼地上26层，10号配套设施地上3层，11-13号配电室地上1层；西北角地块1号、4号、5号住宅楼地上27层，2号、3号住宅楼地上28层，6号住宅楼地上18层，7号住宅楼地上19层；以上均为地下3层。14号配套设施地上1层；1号地下车库地下2层、地上1层；8号配套设施地上2层；9号配套设施地下1层、地上2层；1-2号配电室地下1层、地上1层；开闭所地下1层、地上2层；2号地下车库地下2层、地上1层。框架剪力墙结构。工程总投资385608万元，2017年6月8日开工，2019年10月12日完成单位工程质量竣工验收。北京城市副中心投资建设集团有限公司建设，中国建筑设计院有限公司、北京市建筑设计研究院有限公司设计，北京建工集团有限责任公司、北京城建集团有限责任公司、北京城建道桥建设集团有限公司、中国建筑一局（集团）有限公司施工，北京市潞运建设工程监理服务中心、北京方圆工程监理有限公司、北京赛瑞斯国际工程咨询有限公司、北京伟泽工程项目管理有限公司监理。

【杨坨三号地安置房（北区）竣工】 工程位于通州新城 0506 街区，东至东六环铺路、南至杨坨东街、西至杨坨中路、北至杨坨四街。包括 7–14 号住宅楼，配套 3 号楼、开闭站及地下车库，建筑面积 18.9 万平方米。714 号住宅楼及配套 3 号楼均为地下 4 层；其中 7 号、9 号、13 号、14 号住宅楼地上 21 层；8 号、12 号住宅楼地上 24 层；10 号住宅楼地上 17 层；11 号住宅楼地上 8 层；配套 3 号楼地上 2 层。开闭站地下 1 层、地上 1 层；地下车库地下 3 层、地上 1 层。框架剪力墙结构，工程总投资 177117 万元。2017 年 3 月 9 日开工，2019 年 8 月 30 日完成单位工程质量竣工验收。北京城市副中心投资建设集团有限公司建设，北京市勘察设计研究院有限公司基坑设计，北京市弘都城市规划建筑设计院主体结构设计，北京住总集团有限责任公司施工，北京百事百达工程管理有限公司监理。

（潘岩）

杨坨三号地北区

（区住房和城乡建设委员会提供）

城镇住房制度改革

【政策性住房情况】 2020 年，通过新建、收购、改建等方式建设筹集政策性住房 11985 套。其中租赁型住房 3637 套（任务完成率达 127.5%）：台湖镇集体土地租赁住房项目 1100 套，于 2020 年 12 月开工建设并上报；张家湾镇南火垡集体土地租赁住房项目 1100 套，于 2020 年 12 月开工建设并上报；燕东公司收购通州区剩余经适房、限价房房源用做公租房 63 套，于 2020 年 9 月签订收购合同并上报；区住保中心收购于家务中心区 A05、A08 地块剩余安置房 1132 套，于 2020 年 12 月签订收购合同并上报；环科中路 2 号院 29 号楼 1 层 101（部分）及 3 至 8 层 101 装修工程（城家公寓）242 套，于 2020 年 4 月开工并上报。产权型住房项目 8348 套：东方厂周边棚户区改造安置房项目 4220 套，于 2020 年 1 月开工建设并上报；台湖镇 YZ00–0405–0099、YZ00–0405–0104 地块共有产权房项目 1850 套，于 2020 年 2 月开工建设并上报；马驹桥镇 C01、C–07、C–09 地块共有产权房项目 1312 套，于 2020 年 4 月开工建设并上报；西集镇西集村 TZ07–0103–0019、0029 地块 R2 二类居住用地、TZ07–0103–0020 地块 B1 商业用地共有产权房项目 966 套，于 2020 年 6 月开工建设并上报。

【住房建成情况】 2020 年，基本建成（含竣工）12702 套：台湖公租房项目 4722 套，于 2020 年 7 月上报基本建成；通州区于家务乡 A–06 等地块居住用地、A–11 地块托幼用地、A–27 地块社会停车场库用地、A-28地块商业金融用地（配建经济适用住房）项目658套，于2020年9月上报竣工；北京市通州区潞城镇棚户区改造土地开发项目A区杨坨三号地安置房项目1238套，于2020年4月上报基本建成；北京市通州区潞城镇棚户区改造土地开发项目BCD区后北营东侧二期地块及西北角地块安置房项目4390套，于2020年4月上报基本建成；潞城镇0602地块安置房项目1452套，于2020年4月上报基本建成；通州区环科中路2号院29号楼1层101（部分）及3至8层101装修工程（城家公寓）242套，于2020年12月上报竣工。

（潘岩）

交通管理

【概　况】　2020年，通州交通支队认真贯彻区委、区政府工作部署，严密做好疫情防控工作，坚持党建引领，强化主业意识，持续推进交通管理各项工作。

【疫情防控】　2020年，严格执行“内防扩散、外防输入”总体思路，以外围检查站为依托，加强与治安、防疫等部门沟通配合，强化进京车辆盘查核录。疫情初期，共核查湖北籍车辆109辆、湖北籍人员700余人，劝返不合格车辆1800余辆。强化落实专项疏导措施，按照“一岗一策”的工作要求，加大警力投入，做好管界医院、隔离点、疫苗接种点周边交通秩序维护疏导工作。

2月18日，交通支队到白庙检查站检查疫情防控情况　（区交通支队提供）

【特勤警卫】　针对性优化特勤警卫方案，强化落实安全防控措施，重点抓好全国“两会”、服贸会及中秋、十一“双节”等重大安保活动。严密组织各项特勤警卫任务和核心办公区周边交通安保，切实做到“一勤一方案、一勤一部署”，合理选择勤务路线，完成“两会”代表团抵离京、市级领导调研一系列交通警卫任务。全年共执行特勤警卫任务398次，其中一级5次、二级15次、三级378次，其他174次。

【秩序整治】　认真分析路面警情、敏感舆情，加大警力投入，精准发动，持续开展货车、酒后、摩托车违法等严重违法行为整治。强化警察意识，淡化警种意识，主动配合公安分局组织力量持续对城铁周边、西门路口、东夏园地区等重点路口开展秩序整顿。坚持组织力量定期参与黑车治理、环保执法等环境整治行动，净化交通环境。将“12345”派单等群众关注的重点问题直接纳入秩序整顿工作计划，开展专项整顿，集中解决群众反映的套牌车、僵尸车、违法停车等焦点问题。充分发挥交警进社区机制作用，提前深入社区了解群众交通安全需求，及时解决社区交通秩序问题。全年共处罚各类违法行为944212起。

【源头监管】　2020年，针对重大事故、隐患突出单位，会同区环境局、城管执法局、城管委等执法部门组织研约谈会8次，约谈重点单位56家，要求相关单位强化内部管理，杜绝违法问题。加大安监执法力度，全年共走访社会单位8056家，约谈重点交通违法和“两客一危”企业1668家，对1414家存在安全隐患单位发放限改通知书，对限期不改的296家单位进行停车整顿，罚款31家，罚款金额31万元。

（杨浩）

城管综合执法

【概　况】 2020年，区城管执法局在区委、区政府的坚强领导下，在市城管执法局的精心指导下，围绕北京城市副中心建设大局，把握强班子带队伍，重管理严执法，保中心为人民三个关键点，始终坚持全面履职能、主动有作为，反复抓落实、实现高标准的工作思路，持续抓好城管队伍建设和城乡环境秩序综合治理，大力解决群众各类诉求，城乡环境秩序持续健康发展。全年，处罚各类违法行为10350起，罚款2560.2万元。在全市城管系统综合考核中排名第二。

【疫情防控】 2020年，坚决落实区委、区政府和市城管执法局关于疫情防控工作精神和决策部署，牵头开展通州区“三类场所”疫情防控监督执法检查工作。将对“三类场所”疫情防控的督导检查工作纳入区级防控体系，由区14个督导组统筹实施，充分发挥区级层面督查督导的高位协调作用，切实提升街乡镇思想重视意识，确保防控工作稳步开展。全年，开展执法检查34193家次，上账单位3049家，发现解决问题5924个；区联合督导组检查“三类场所”9989家次，发现整改问题2412起。对复工复产高风险商务楼宇开展执法检查5685次，发现整改问题550起，全区57家风险楼宇实现全覆盖。

【城乡环境综合治理】 2020年，围绕占道经营、无照经营、非法运营、非法小广告、无障碍环境建设、大气污染防治等问题开展专项执法，切实提升环境综合治理水平。160处占道经营市级挂账重点点位按时完成销账，2018年至2020年全区582处市级占道经营重点点位全部完成销账，并实现动态清零。处罚影响街面环境秩序问题2407起，罚款96.67万元。处罚违规运输车辆2593起，罚款319.81万元，处罚违规施工问题1178起，罚款2116.11万元。

【违法建设专项治理】 2020年，充分发挥区两违联席办公室牵头拉总作用，全年拆除违法建设479.83万平方米、腾退占地698.03公顷，拆除销账量和腾退土地面积均为全市第一，潞源街道完成“基本无违法建设街道”创建工作，两次获得市委书记蔡奇在月度点评会上表扬。完成106批次、13340人次村（居）“两委”换届候选人、村（居）监会成员审查工作。完成全区569027块、8226.16万平方米手续待核查图斑的分类认定，确定各街乡镇创建时序，为基本无违法建设区创建工作打下基础。

（于鹏）

园林绿化

【概　况】　截至2020年底，即至“十三五”末，全区森林总面积达到45.08万亩；森林覆盖率由28.39%（“十三五”初期，以下相同）提高到33.02%；人均公园绿地面积由12.82平方米／人提高到19.31平方米／人；居住区公园绿地500米服务半径覆盖率由72.53%提高到91.35%；绿化覆盖率由32.29%提升至51.02%；创建首都绿化美化花园式单位13个、花园式社区10个、首都绿色村庄20个、森林城镇2个，不断将通州区创建国家级森林城市工作推向前进。

【创建国家森林城市】　2020年，突出创森水平特色，对标对表创森体系，对全区园林绿化现状进行“增、补、填”，推进城区绿化等重点工作。开展各类创森宣传活动，逐步营造全民知晓、全民参与的良好氛围，推进知晓率、支持率、满意度达标。打造13处精品示范观摩点，形成创森迎检精品路线，为各级领导专家展示通州区国家森林城市的各项建设成果。接待国家林草局在内的各级领导及专家调研、检查4次，均获得充分肯定。

【公园建设与管理】　2020年，启动、实施张家湾公园三期、潮白河森林生态景观带四期等22个绿化项目，启动实施7个城市公园和镇域公园建设，全区范围内逐渐形成级配合理、均衡分布的城乡公园绿地体系。疫情期间，按照市园林绿化局及区委、区政府关于公园游园工作要求，及时收集并持续报送每日公园游人量信息，为各级领导抓疫情防控和游客服务工作的统筹决策提供可靠依据。经与市园林绿化局沟通，选定具有代表性的24个公园，每天报送当天公园游人量、瞬时在园最大游人量、瞬时最大承载量、日最大承载量等内容。

【城镇绿化美化】　大力推进村庄绿化美化工作，建成国家森林乡村38个，首都森林城镇2个，首都绿色村庄105个，有299个村建有“村头一片林”，占村庄总量的81.47%。

2020年，建成通怀路、壁富路、六环西辅路等风景林荫路20条；完成京榆旧线、京津公路等20条路的月季和部分地被的栽植工作；建设北运河绿道、运潮减河等绿道100余千米，完成潮白河绿道、北运河绿道互联互通400千米。

2020年，结合全市疏整促专项工作和低端产业腾退工作，完成留白增绿、战略留白7000余亩，完成屋顶绿化新建工程建设面积3407平方米，建设小微绿地52152平方米，收缴代征绿地7处，通过见缝插绿，着力在群众身边增绿、补绿，达到净化空气、改善小环境等作用。

【疫情防控】　党组主要领导挂帅成立疫情防控组织机构，出台防控工作方案及应急预案，明确主体责任，强调工作职责，带领全局党员干部全力投入疫情防控工作中。局党组第一时间行动，全力配合好全区整体工作。累计组织研究防疫工作专题会议12次，选派65名党员干部参与4个社区联防联控工作，选派4名党员干部参与全区疫情防控督察工作，选派1人加入首都机场境外防控最前线，组织全局党员干部参加义务献血、捐款和社区志愿服务，共同构筑疫情防控和群众服务的坚实堡垒。加强全区野生动物资源监管和疫源疫病监测工作，配合市场监管局对辖区内野生动物经营场所开展巡查工作。公园景区采取“一米线”“入园扫码”“提前预约”等措施，保障人民群众的游园需求；施工现场采取封闭管理、保障防疫物资等防控措施，并在重要时间节点组织相关部门和街乡联防联控。

【“12345”接诉即办】　2020年，坚持党建引领，通过成立机构、加强培训、树立“12345”选人用人导向等一系列措施，压实各方责任，切实做好“送上门来的群众工作”。全年办理工单826件，得分93.86分，在超过300件的委办局中，排名第2名。

并获得北京市2019—2020年度接诉即办工作先进集体称号。

（牛兴　祝悦）

环境卫生

【概　况】 2020年，通州区城乡环境建设管理工作坚持高标准、高起点，以问题为导向，以脏乱点整治为抓手，开展环境拉练67次，近1.4万处台账任务全部办结；建立生活垃圾分类联席会议制度，搭建生活垃圾分类移动端“潞晓分”，垃圾分类居民参与率和正确投放率分别达到91.5%、79.38%；完成“三庙一塔”周边环境整治提升，完成32条背街小巷的整治提升，梨园中街一巷、潞河中学北街被评为2020年十大“北京最美街巷”；持续加大50个城乡接合部重点村环境问题整改，全区城乡环境总成绩、城市环境总体满意度连续两年位列五个发展新区第一。

【重点区域环境综合提升工程】 2020年，开展潞河中学周边区域环境综合提升工程，涉及周边17栋楼1127户，建筑面积约8.5万平方米，截至年底完成总工程量的60%；开展文化旅游区周边环境综合提升工程，主要涉及太玉园东区，小区占地面积15.34万平方米，共计43栋楼3575户，建筑面积约29万平方米，截至年底完，成总工程量的40%；完成“三庙一塔”周边环境整治提升工程，工程占地面积约5000平方米，共粉饰建筑立面1551.02平方米，围墙围栏粉刷1373.87平方米，绿化用地整理5180.2平方米，绿化种植乔木135株、灌木133株、其他矮灌木及地被种植4670平方米，灌溉管线敷设271.5延米，地面铺装硬化740.03平方米，利用拆违后空地完成居民休闲活动口袋公园1处。

学校周边交通环境治理　　（区城管委提供）

【完成32条背街小巷精细化整治提升】 2020年，对标中心城区标准，对标副中心规划，聚集群众生活需要，制定《通州区背街小巷精细化整治提升三年（2020—2022年）行动方案》。其中，2020年32条整治提升任务全部完成。整治提升后的梨园中街一巷、潞河中学北街被评为2020年十大“北京最美街巷”，邮局东侧路入围2020年“北京最美街巷”评选。

【重点课题研究和专项规划编制】 11月，《“十四五”时期北京城市副中心（通州区）构建有效城市治理体系课题研究》通过终期评审，编制工作完成；《通州区“十四五”时期城市治理专项规划》修改完善41次，并形成征求意见稿，预计2021年9月前完成编制工作。

【垃圾分类工作】 2020年，建立生活垃圾分类联席会议制度，设立通州区生活垃圾分类推进工作指挥部，全面推进各项工作进程。通过搭建生活垃圾分类移动端“潞晓分”、科学设置集中投放分类桶、专人值守、强化公开公示、厨余垃圾专收专运等多举措，科学有序推进垃圾分类工作的落实。全年开展联合执法检查3061场次，发放垃圾分类宣传手册46.8万余本，开展宣传活动13240余场，入户宣传11340余场，活动辐射276.5万余人次；原有桶站6328座投放点，撤并至3871座，撤并率38.8%；市级480座驿站建设完成301座，149台车辆和21座密闭站全部完成升级改造；志愿者、小巷管家、在职干部职工等多方力量值守，确保桶前值守全覆盖，有效提升垃圾分类居民参与率和正确投放率，分别达到91.5%、79.38%。

在北苑街道投用的垃圾分类投放站前，垃圾分类指导员为市民指导如何使用通州区垃圾分类系统“潞晓分”进行正确分类　　（区城管委提供）

【生活垃圾末端处理】　2020年，全区日均产生其他垃圾约为1522.96吨，厨余垃圾约为249.44吨，粪便约为233.06吨。其中，其他垃圾统一进入再生能源发电厂进行无害化焚烧处理，全年无害化处理源生垃圾55374.81吨；厨余（餐厨）垃圾除马驹桥镇、台湖镇（上述两镇进入董村综合处理厂消纳处理）外统一进入有机质资源生态站进行生化无害化处理，随着5月1日垃圾分类工作的实施，通州区厨余垃圾量出现明显增幅，全年处理厨余（餐厨）垃圾92265.31吨，产沼4761150.8立方米；粪便垃圾统一进入有机质资源生态处理站进行厌氧发酵无害化处理，全年无害化处理粪便垃圾85145.65吨。

环卫工人正在对厨余垃圾分类进行打分
（区城管委提供）

【农村环卫设施建设】　2020年，结合“美丽乡村”相关工作要求，编制《通州农村地区生活垃圾、粪便、餐厨收运及处理设施规划建设实施方案》及《通州区农村地区生活垃圾收集及转运处理实施指南》，明确751个地区环卫基础设施建设任务和目标，推进各乡镇环卫设施建设进程。其中，永乐店镇转运站完成选址、规划、设计及方案编制等相关工作，其余乡镇正在进行选址、对接规划方案等工作。

【建筑垃圾许可办理及监管情况】　2020年，办理建筑垃圾消纳许可317件，其中新办279件、延期38件；办理建筑垃圾准运许可216件，发放准运许可证1416张；办理从事生活垃圾经营性清扫、收集、运输服务审批（只限于从事建筑垃圾经营性运输服务）48件，规范备案车辆164辆；办理设置建筑垃圾消纳场所许可3件，备案回填绿化利用点213个。

【农村应急填埋场整治及渗滤液综合处理】　2020年，农村应急填埋设施开始筛分整治工作，并制定完成筛分整治方案。2020年度抽运渗滤液898车次，共计17616.64吨。潞城、马驹桥西、张家湾、永乐店、西集、于家务、马驹桥东7个应急填埋设施完成筛分整治任务，共计筛出筛上物167953.43立方米，腐蚀土146135.31立方米，无机物138584.83立方米，相关筛出物均被有效处理。漷县、宋庄启动筛分整治，预计于2021年年中完成相关工作。

【市区两级环境脏乱点整治】　2020年，严格环境考评，持续开展环境拉练67次，连续44期在报纸上进行曝光，形成环境整治高压态势，狠抓市区两级环境脏乱点整治，进一步健全协调机制，近1.4万处台账任务全部办结。

【城乡接合部重点村环境整治】 2020年，持续加大50个城乡接合部重点村环境问题整改，清理乱堆乱放物料、卫生死角4612处，清理乱倒垃圾、暴露垃圾近911吨，清除村内外乱贴乱画非法广告2.83万处（张），清理街巷占道经营、店外堆物256处，完善环卫设施配置桶箱32614（个）处，修缮公共厕所62座，修复照明设施196盏，规范治理拆除广告牌匾192块，拆除垃圾池、不规范垃圾收集点69处。全区城乡环境总成绩、城市环境总体满意度连续两年位列五个发展新区第一。

（孟晓云）

水务

【概　况】 2020年，区水务局对标水务发展规划和北京城市副中心高质量发展要求，推进各项水环境治理工作进程，不断完善城乡水务基础设施体系，为“十四五”开局奠定良好基础。一是重点工程。完成环球主题公园度假区景观水系工程建设，张家湾再生水厂配套管网工程再生水管线正式通水，保障北京环球影城主题公园如期开园。主动对接城市绿心森林公园用水需求，碧水再生水厂清水池建设基本完工，实现与河东再生水厂双水源双路供应再生水。完成固定资产投资10.53亿元，支付抗疫特别国债资金8.97亿元。二是水污染治理。全区处理污水12057.74万吨，污水处理率达到91.4%。全面推进第三个三年治污行动计划，新建污水管线42.63千米，改造雨污水合流管线12千米，完成128个村庄的村外截污工程。三是城乡供水保障。全区自备井消毒设备安装、运行实现全覆盖。美丽乡村建设饮用水提升工程第一批中4个乡镇供水管线工程开工建设。出台《通州区农村供水工程水费收缴工作方案》；会同区发展改革委员会、区财政局、区农业农村局4个部门完成全区“两田一园”农业水价综合改革自验工作，并通过市级复核。四是河道协同保护。全力推进“通州堰”分洪体系建设，温榆河综合治理工程完工；宋庄蓄滞洪区二期工程完成总工程量的90%，北运河治理工程完成35%。不断加强河长制管护职能。各镇街级河长巡河率始终保持在100%，村级河长巡河率达99.9%。全年整改水环境问题6014处，完成100处小微水体专项治理；完成11处市级“四乱”问题整改，与廊坊市北三县建立河道管理合作机制。推动北运河（通州段）全线游船通航，甘棠船闸工程完成21%。榆林庄船闸工程完成71%。五是节水型社会建设。坚持计划用水、总量控制，实施水资源消耗总量和效率“双控”管理。2020年新水用量、再生水利用量、万元GDP水耗全部实现市政府绩效考核目标。

（谷雨）

【水务规划】 2020年，完成《城市副中心（通州区）“十四五”时期水务发展与水系建设规划》中期稿编制，发布《通州区河道管理范围和保护范围报告》，划定通州区范围内河道117条，涉及河道总长度613.9千米。编制完成《通州区防洪排涝规划》。

【前期工作】 工程项目前期手续办理。取得河东资源循环利用中心一期等工程立项批复4项；取得港沟河治理工程、环球主题公园度假区景观水系工程初步设计概算批复2项。河东资源循环利用中心一期工程完成社会资本招商。非工程项目方面。PPP调整退出工作方案经区政府审议通过报市政府，并取得市领导签批意见；牵头组织落实北运河通州段全线游船通航工作，全力保障如期通航。编制全区水务储备项目库。配合市水务局及相关区级部门，编制北京城市副中心控规项目滚动储备项目库、北京城市副中心（通州区）“十四五”水务规划项目库、水务基本建设项目建议计划等，储备通州区重大水务项目。完成23项工程的统计联网月报、市重点建设项目信息系统月报及水务基建月报等共7个系统报表任务，充分发挥好统计信息咨询、监督、服务功能。

（许冬梅）

【法制宣传】 做好疫情期间“世界水日”“中国水周”宣传和全国城市节水宣传周活动。制作节水短视频7个、电子宣传口号46个、电子挂图2份，结合电视、报纸等宣传载体，发挥微信公众号等新媒体作用，扩大线上宣传覆盖面。组织开展“我为节水画幅画”“美丽河湖随手拍”等线上活动，并择优展示。围绕“12·4”国家宪法日宪法宣传周，深入开展宣传教育活动，发放涉水宣传画册及宣传单张600余份，各类宣传品100余份，接受群众咨询200余人次，为宣传普及相关法律法规起到积极作用。

5月15日，节水办、水政监察大队在大运河森林公园西门开展节水宣传活动

（区水务局提供）

【行政执法】 2020年，承接市级职权2项，完成职权交接22项，下放部分行政执法职权22项。做好北京市行政执法相关法律法规培训工作，并严格执行。制定区水务局行政处罚案件内部审核制度，加强依法履职。开展节水、排水、取用水等多个专项行动，全年查处案件29件，开具日常执法巡查单和执法检查单共计2898份。“五一”“十一”等重要假期前后，与区公安分局、城管、园林、生态环境、交通支队、消防支队等8家单位联合开展河道环境整治执法行动，出动执法人员973人次，发现问题482处，立案查处68件，劝导桥上垂钓等不文明行为414起，有效规范市民亲水活动。

【优化营商环境】 2月，根据市水务局相关通知制发区水务局疫情期间停征部分中小微企业污水处理费的补充通知。8月对申办流程及材料内容进行相应调整。区水务局全年受理中小微企业污水处理费停征申请297件，其中276件通过审核，为企业减免649万元污水处理服务费。研究制定《通州区水务局公平竞争审查工作制度》并严格贯彻落实。在全市水务系统率先制定包容审慎执法清单，涉及8项行政职权。

（纪斌）

【水资源利用情况】 2020年，全区总用水37513.72万立方米，其中用再生水18703.33万立方米，用地下水18810.39万立方米。农业用地下水3998万立方米；工业用地下水748.44万立方米；建筑用水166.02万立方米；家庭居民生活用地下水10254.91万立方米；公共服务用地下水3299.82万立方米；环境和生态用水19046.53万立方米，其中用地下水343.2万立方米，用再生水18703.33万立方米。

【地下水位监测情况】 2020年受疫情影响，全区地下水位人工观测井由原来38眼减少到16眼，全部为农田灌溉井。据市水文总站提供的观测数据，2020年地下水位年末实测值为7.85米，与2019年同期7.90米相比上升0.05米。

（高淑红）

【机井核查建档】 2020年经核查，通州区有各类机井11651眼，其中第四系井11645眼，基岩井6眼。乡镇集中供水厂23处，机井226眼；城镇自建供水设施672处，机井903眼；村庄供水站405处，机井851眼；农业机井7616眼，园林绿化机井1633眼；水源热泵井137眼，地热井6眼，观测井279眼。

（闵硕）

【取水许可管理】 2020年，开凿机井批准40件，取水许可审批办理94件。截至2020年底，地下水许可水量为1.619亿立方米，现有取水许可证957个。

（李新）

【取用水管理专项整治行动】 2020年，完成取水登记项目1264项，登记取水口9369个，其中在建已建9213个，报废156个；安装计量设施1153项，其中740项为远传水表。

（安志彬）

【生产建设项目水影响评价与水土保持工作】 2020年，完成16个生产建设项目水影响评价报告技术审查，出具水影响评价技术审查意见38件；完成108个建设项目水影响评价报告审批。108个建设项目计划水土保持总投资200351.3万元，防治责任范围2652.5公顷，预测减少水土流失量4.96万吨，设计雨水集蓄利用67处，设计雨水集蓄利用量14589立方米。完成18个建设项目水土保持设施验收，水土保持总投资21294.5万元，防治责任范围613公顷，减少水土流失量0.12万吨，雨水集蓄利用13处，雨水集蓄利用6533立方米。

（邓艳霞　柳晨）

【供水管理】 副中心自备井置换工程和老旧小区供水管网改造工程超额完成。截至2020年底，通州区完成4个自备井单位的自备井置换工作和40个老旧小区的供水管网改造工程，大幅超额完成市级重要民生实事任务“完成12个老旧小区内部供水管网改造”的目标要求。单村供水站全部安装消毒设备并运行。截至2020年6月，通州区为11个乡镇305个村主供水站更新安装412台消毒设备，农村地区全部喝上安全水、放心水。乡镇地区农村单位供水站完成定价并开始收费。全区11个乡镇393个村庄完成定价工作，11个乡镇开始水费收缴工作，促进了居民节水意识。全区乡镇集中水厂改革工作启动。3月，正式启动区水务局下属水务所运营管理的14座乡镇集中水厂改革工作，2020年底，《通州区水务局基层水务所经营水厂运营管理改革运作项目方案》通过区深改委审议，区国资委选定第三方审计机构准备启动清产核资工作。

（高乐）

【再生水利用】 2020年，年度再生水利用量18703.33万立方米，包括河湖补水178237343立方米、丰子沟及环球项目3196870立方米、电力工业4619731立方米、生活用水321765立方米、绿化灌溉490784立方米和道路浇洒166807立方米。

（刘志楠）

【污水治理】 2020年，全区建成污水处理厂站（再生水厂）169座，设计污水处理能力51.41万吨／日，实际污水处理量32.94万吨／日；在建污水处理厂（站）3座，设计污水处理能力6.40万吨／日。全区污水处理率完成91.4%。

（张香）

【管线建设情况】 2020年，完成新建污水管线42.63千米，新建再生水26.06千米，改造雨污合流管线12千米，全部超额完成年度目标。

（王彩霞）

【美丽乡村建设饮用水提升及污水治理】 2020年，饮用水提升工作方面，属地乡镇政府完成9个乡镇260个村的饮用水水质提升工程及8个乡镇42个村的供水管线改造工程实施方案编制，部分村庄进场施工。污水治理工作方面，市固定资产投资支持的第一批40个村取得发改部门立项审批并完成招标工作，部分村庄进场施工；市固定资产投资支持的第二批40个村通过区政府审议，完成市水务局技术审查，正在逐步推进项目前期立项工作。

（赵媛）

【排水管理】 2020年，开展排水管线疏通掏挖工作。全面落实《北京市2020年清管行动工作方案》工作要求，区水务局供排水事务中心组织人员对管辖范围内477千米排水管线、10638座检查井、13座雨水泵站进行彻底清掏疏通。开展排水管线非开挖修复工作。12月1日至22日对西大街管道检查

6月，供排水事务中心雨水口安装垃圾截流装置及防臭截污装置 （区水务局提供）

出的管道破裂、腐蚀异物穿入、变形的结构问题进行非开挖整段修复（FIPP），该工程修复管径D400排水管线511米，有效保障了排水管线的使用功能和管道内部结构完整。安装垃圾截流装置。安装垃圾截流装置5941套，有效避免地面垃圾、污物随着雨水冲刷流入河中，造成水体污染。

（柳金龙）

【节水管理】 2020年，有效控制区域用水总量。全年实际新水用水量为1.88亿立方米，万元地区生产总值新水耗水量同比下降3.8%。计划用水管理。为全区4个街道、11个乡镇，575个村庄、2515户用水单位合理分配用新水用水指标，并进行公告，稳步提升全区计划用水覆盖率。严格执行单月预警双月考核制度，发出预警通知单736户次，发放超定额用水加价通知单449户次，累计收取超额用水加价费267769.82元。节水型社会建设。开展城镇节水器具普及、节水载体创建、用水计量设施完善、节水宣传等工作。全年创建节水型单位190家，创建节水型村庄5个，换装节水型花洒9000套，安装智能远传计量设施92套。节水宣传。5月全国城市节约用水宣传周期间，开展“养成节水好习惯，树立绿色新风尚”的节水主题宣传活动，并创新宣传方式，通过校园节水征文、公众号宣传等多种形式开展宣传。

（翟光耀）

【碧水再生水厂清水池及配套设施工程】 该工程于9月30日具备通水条件，满足城市绿心河道及景观补水、绿化灌溉需求。该项目对再生水进行调配，主要用于城市绿心、环球影城和三河电厂。截至2020年底，向城市绿心森林公园供给再生水71692立方米，用于绿化灌溉、河湖环境。

（刘志楠）

【通州区港沟河治理工程】 该工程拆迁涉及永乐店镇、漷县镇2个乡镇18个村，治理河道总长度13.34千米，新建节制闸2座，新建排涝泵站1座。拆迁腾退土地78.67公顷，占用平原造林9.67公顷，占用规划林地约30公顷。截至2020年底，永乐店镇、漷县镇腾退土地上林勘工作等全部完成，永乐店镇、漷县镇涉及的18个村中16村拆迁协议签订完成。

【通州区城北水网建设工程（一期）——翟减沟综合治理工程】 该工程治理范围为潮白河右堤高各庄闸至翟减沟入运潮减河小邓闸，治理总长度11.86千米。通过巡河路改造、适度绿化、补植等措施，新增水面16.97公顷、绿化44.59公顷、绿道3.53千米。截至2020年底，完成项目管理、监理、施工招标工作，大邓各庄等4个村完成树木伐移。

【宋庄蓄滞洪区二期建设工程拆迁工作】 该工程位于通州区北部宋庄镇境内，距北关闸约7千米，西至温榆河右岸，东至小中河左岸，南至富豪村路，北至窑平路，项目总用地约146.67公顷。作为北京城市副中心防洪体系的重要组成部分，工程设计总蓄滞洪量900万立方米，可有效保障北京城市副中心防洪标准实现100年一遇，同时实现区域水系连通，改善城北水网水质，促进区域协调发展。区水务局所承担的拆迁工作涉及征占土地118.39公顷，树木29万棵，于2020年3月全部完成。

【凉水河（水南桥—新河闸）堤防巡河路工程】 通州区凉水河（马驹桥闸—入北运河口段）治理工程（一期）完工后，凉水河整体景观得到较大改观，但水南桥—新河闸段巡河路破损严重，影响河道水质安全及周边出行。区水务局将此堤防巡河路工程翻新改造6.23千米，将原土路进行结构层拆除变为沥青柏油路，增设限高杆、减速慢行标识牌，做到应设尽设，且改造后的防汛道路公路等级参照四级公路设计，实现便利出行和河道安全管护双赢。

【通州南部城区外环路污水和再生水管线工程】 通州南部城区外环路污水和再生水管线及其附属设施（检查井、截流井、阀门井等），沿万盛南街、群芳南街、土桥路（张采路）及砖厂中路（乔庄南路）新建D400～D1600毫米污水管线总长9.38千米，沿土桥路（张采路）及砖厂中路（乔庄南路）新建DN100～DN800毫米再生水管线总长2.37千米，基本完工。

【北运河（通州段）综合治理工程】 北运河（通州段）综合治理工程涉及张家湾、漷县、西集、潞城4个乡镇，扩挖河道主槽28.7千米，加高堤防29千米。区水务局负责工程拆迁工作，截至2020年底，拆迁腾退土地488.49公顷。

【通州区两河水网减运沟综合治理工程】 该工程起点为运潮减河，终点为北运河，治理总长度约4.63千米，主要建设内容包括河道整治工程、建构筑工程、水生态修复工程、景观提升工程及信息化管理控制系统建设等。该段承担了城市副中心通济路以东约7.36平方千米的排水任务，实施后可实现减运沟规划的50年一遇排涝标准，保证副中心防洪排涝安全，增加河道亲水性，恢复河道生态系统，有利于营造水清、岸绿、人水和谐的水环境。截至2020年底，开展部分拆迁工作及施工、监理三方协议的签订，预计2021年底完成主体工程建设。

（王守实）

【水务工程质量管理】 2020年，完成监督的工程项目18项，其中跨年度续建工程15项，项目涉及总投资约为4.64亿元（2020年度），涉及施工单位17家，涉及监理单位14家，施工高峰期工作面50多个，主要有城市绿心园林绿化建设工程（玉带河东支沟生态治理工程）、通州区西集镇移民安置村（林屯、老庄户、郎西）排水工程等。交底18次，体系检查18次，飞检10次。分部工程核备79项，单位工程核备17项。参加重要部位验收15次，形成检查记录62份，提出实体整改意见5条，约谈相关单位6次。全年工程项目质量处于受控状态。

（缪学文）

【安全监督管理】 2020年，受理备案工程项目11项，涉及施工单位8家、监理单位7家，行业管理城乡供水企业21家、再生水企业22家和水利基础设备设施运营事业单位21家。组织开展春节、全国“两会”专项检查、消防隐患大排查等10项专项检查行动；安全生产督查检查队开展检查367次，局领导带队检查21次，安全科与水政监察大队联合执法检查7次。开展9个专项整治行动，排查整治各类隐患79处。完成国家安全发展示范城市创建任务区级初次验收。

（韩德卫）

【水旱灾害防御】 按照区政府专题会议纪要（第114期）的有关要求，5月，区防汛抗旱指挥部及办公室划转到区应急管理局，完成区级防汛抗旱职能转隶，水务局牵头组建水务防汛专项指挥部，建立新的水旱灾害防御工作体系。2020年汛情特点：一是汛期降雨量总体较少，无明显旱情出现。全年累计降水量448.9毫米。汛期累计降水量314.1毫米，比上年同期291.4毫米多22.7毫米，比常年同期396.9毫米少近21%。二是汛期强对流天气多发频发，占汛期降雨日数的80%左右。强对流天气集中在5月底至8月初，特别是8月2日夜间通州区北部、东北部出现持续性云内闪，并伴有7级以上短时大风、冰雹，个别站点瞬时风速达到11～13级。三是出现2次区域性暴雨天气过程。8月12日，全市迎来汛期最强降雨，城区平均降雨92.8毫米，达到暴雨级别，通州区平均降雨41.6毫米。23日傍晚到24日凌晨，通州区迎来汛期最强降雨天气，全区普降暴雨，局地大暴雨，平均降雨量80.3毫米，永乐店镇柴厂屯村138.8毫米。局属11座下凹式立交桥提前布控到位，对城区易积滞水点、重点水利设施等防御部位提前预置预备物资、力量。汛期累计出动大中型排水抢险单元69组，另备2组次机动抢险单元，抽排雨水约2.4万立方米。整体来看，2020年通州区汛情总体平稳，水利工程和供排水设施运行安全，无洪涝灾害事件发生。

（高珊珊）

【河长制工作】 2020年，镇级河长巡河率全年均保持100%，村级河长巡河率达到99.9%。区级河长巡河45次，约311.9千米；乡镇（街道）级河长巡河2200次，约6069.3千米；村级河长巡河51399次，约106536.2千米。开展"清河行动"及"清四乱"专项行动。提前完成"治理不少于80处小微水体"的市级年度考核任务。将全区整改的82处"四乱"问题点位纳入第三方巡视检查范围，并整改完成11处市级认定的"四乱"问题。编制《通州区"河长制"巡查整改工作意见（试行）》，对日常管护类问题和专项整治类问题进行分类，通过分类考核，推动全区河道、沟渠日常管护水平提高。对通州区的河道沟渠开展河湖水生态环境检查。检查范围覆盖16个乡镇（街道），26条区级重点河道，168条乡管沟渠，总计874.51千米。整改水环境问题6376处，其中垃圾渣土问题5511处，污水直排问题456处，其他问题409处。将河长制工作情况纳入乡镇街道党（工）委书记月度点评会，由区委书记以区总河长身份进行督导，同时将河长制考评工作列入2020年全区政府绩效考核。

（张立彬）

【海绵城市建设】 截至2020年底，海绵城市建设试点区完成建筑与小区、公园绿地、道路、防洪排涝等海绵新建及改造工程115项，试点区年径流总量控制率达到84.5%；全区建成区的海绵达标面积为13.50平方千米，达标面积比例为21.86%；副中心排水分区155个，达标排水分区14个，完成2020年城市建成区海绵城市建设要求。海绵城市建设三年实施方案通过区政府常务会审议。27项海绵城市建设PPP项目整体完工，支出中央补助资金2.92亿元。

（蔡殿卿）

【移民人口核定及资金发放情况】 2020年，全区登记农业移民2509人，比上年度新增40人、减少59人；农转非移民1027人，新增48人、减少105人。2020年发放农业移民资金1504760元、农转非移民资金575120元，均发放到人。

【移民安置村教育帮扶情况】 2020年，移民安置镇教育帮扶111个村，有符合条件学生457人，高职或大专130人，本科299人，研究生28人，发放资金82.6万元。

【专项资金使用情况】 2020年，专项资金安排2个工程项目，总投资58.69万元，涉及漷县镇罗庄村、靛庄村，均完工。

【中央扶持资金工程情况】 2020年，安排7个水库移民后扶资金工程项目总投资1727.26万元，涉及宋庄镇、潞城镇等6个镇8个村，计划于2021年6月实施完成。

（武立雄）

【工程建设运行与管理工作】 2020年，完成马驹桥湿地公园建设项目（一期）等38项工程水影响评价的联合审批、通州文化旅游区东六环西侧路（施园街—张采路）道路涉河工程等9项防洪评价审批、永乐花园经适房项目周边市政工程过凤河工程等8项河湖管理和保护范围内建设项目及有关活动行政许可事项审批、通州区海绵城市试点工程（五标）等8项工程开工备案、12座消防取水码头建设工程及验收。同时，按照行业规范及管理要求完成通州区81座水务权属桥梁检测及14座大中型水闸安全鉴定。

（蔡殿卿）

【北京市自来水集团有限责任公司通州分公司】 2020年，公司完成供水总量5960万立方米；销售水量4636万立方米，收费率100.83%，漏损率9.8%；水质综合合格率、管网压力合格率、修漏及时率均100%；节约能源0.5吨标准煤；全年未出现安全生产责任事故和死亡责任事故。

成立防控领导小组，下设7个专项保障组，制定完善公司疫情防控工作方案。细化工程建设专项防控方案，严格施工现场管控和人员管理。

严格落实集团三级水质检测制度，完成副中心行政办公区重要节假日期间供水水质检测保障工作；

按要求完成供水部、二水厂和甘棠水厂的原水及出厂水日检、月检检测任务；定期巡查甘棠水厂出厂水水质及工艺运行情况；二水厂投入使用4台紫外线设备；完成公司危险化学品储存室技防和物防改造及登记备案审批。

完成干线修漏99处（其中明漏65个，工程漏22个，暗漏12个），修漏换管70米，故障换表773块，干线维修2815次，上门服务零活小修108次，解决水压问题255次，冲管放水219次，修漏及时率达到100%。

确保水厂生产平稳有序。完成公司2个水厂春、秋季电检和设备维修工作。利用两个夜间停止供水6小时间隙，完成二水厂配水横管漏水的抢修；完成对二水厂高效池及沉淀池出水在线浊度仪的维护保养、加药间PAM加药系统改造和污泥板框压滤机运行参数调整，排除设备故障，保障正常生产。完成对供水部滤池修缮和流量计更换；完成傍河1井、水源7井、水源16井潜水泵更新、厂内暖气管道改造、12个井室环境整治和安防监控改造。

超额完成自备井置换和老旧小区改造年度任务，受益人口3.6万余人。完成3个自备井置换，置换水量约207立方米／日；完成40个老旧小区供水管线改造，改造管网31千米；完成30处DMA小区的改造工作。

编制行政办公区C6、修理厂等项目供水方案；完成行政办公区和宋梁路以东片区重点管线工程建设6次施工图纸联审及保障房北区、大营职工周转房部分地块供水管线的验收，并配合北京市自来水集团禹通市政工程有限公司完成管线冲洗工作；审查北京学校及大营职工周转房周边直埋管线冲洗方案、行政办公区二期管线冲洗方案；制定《行政办公区一期给水管线控闸方案》。

完成城市副中心东北部供水抢修站点方案的编制，上报集团总经理办公会审议通过；协调主管副区长主持召开专题会，与市规自委通州分局沟通协调，推进土地划转及地块控规调整问题。配合广渠路东延道路工程组织实施完成西滨河路DN800、通三铁路DN800、芙蓉路DN800等6处给水管线切改，编制开关闸方案，对施工方案进行审查修订；实施文旅区管廊给水管线勾头工程，保障北京环球主题公园及度假区按期通水。

组织“一站式”服务大厅窗口服务人员，开展市水务局下发的给排水3.0新政文件的培训。完成迎接国务院大督察明察暗访工作。高效处置“12345”电子派单1902件，多次召开专题会传达集团、区政府接诉即办最新工作要求，研究部署公司相关工作落实举措，解决吉祥园21号楼居民反映水黄、西顺城街用户反映水压低等问题；收到吉祥园居民代表及北投集团、北京市公联公路联络线有限责任公司、潞源街道办事处等7家单位送来锦旗8面。同时，进一步规范公司接诉即办任务办理流程，落实各相关部门责任，加强接单、办理、评价的全过程管理，不断提升响应率、解决率、满意率。

（张小莉）

供 电

【概　况】 国网北京通州供电公司（简称通州供电公司）成立于1958年，2015年12月，国网公司将通州公司升格为大型重点供电企业，是北京市电力公司授权经营的区域供电企业，主要负责通州地区906.28平方千米的电网规划建设、运行管理、电力销售和供电服务。设有11个职能部门、9个业务支撑机构及10个乡镇供电所。有变电站48座，其中500千伏变电站1座（容量4800兆伏安），220千伏变电站8座（容量3960兆伏安），110千伏变电站32座（容量3552兆伏安），35千伏变电站7座（容量192.6兆伏安）。35～110千伏线路495.07千米，10千伏线路5341千米、配电变压器8609台。售电量70.85亿千瓦时，同比增长2.96%。综合线损率3.68%；电费回收率100%。地区电网历史最大负荷174.09万万千瓦，发生于2020年12月30日20时26分。

截至年底，通州供电公司有全口径用工1235人，全民职工387人，其中博士研究生1人，硕士研究生学历112人，大学本科学历183人，专科学历65人；高级职称42人，中级职称84人；高级技师130人，技师52人，高级工35人，中级工38人。

【电网规划与建设】 2020年，认真领会并落实北京供电公司“12912”国网战略落地方案，突出区位特色确立战略路径，实施副中心先行示范区战略落地方案。紧抓环球主题公园等重大标志性项目落地契机，完成“十四五”电力规划编制，形成9大专项规划成果，与区政府完成电力发展战略合作协议签订。

践行“电力先行官”使命，全力服务地区重大项目，连续奋战88天，完成城市绿心配套电力工程，有力保障国庆开园。提前投运环球影城一期过渡用电及全部配套外电源，超前满足客户需求；建成国内最大智慧有序充电站，为区域发展注入绿色动能。启动架空入地三年行动计划，成立以公司为主的区级架空入地领导小组，完成5条道路拔杆撤线，实现首战告捷。完成500千伏通州北、220千伏梨园站前期办理，实现500千伏北京东工程全部铁塔进场。220千伏副中心站投产，完成副中心站配套切改工程施工、110千伏田府站建设。投产220千伏顺商顺坝迁改、岳庄输变电工程芦庄南街电力隧道、35千伏西双西咸线临时迁改、岳庄站10千伏配套切改等4项工程。

【安全生产】 2020年，面对各种重大风险挑战和复杂繁重任务，通州供电公司始终把安全工作摆在首位。大力开展配网故障压降专项行动，发现并治理隐患5650处，配网故障同比压降30.3%，多户报修同比降低35.6%。探索输电通道运维新模式，实施“谁施工、谁看护”“政企协同、联合执法”等举措，外力故障同比减少40%，运维成本节约81.8%。面对用电负荷连续突破历史极值，迅速激增近20%的挑战，通州供电公司上下昼夜奋战，确保地区电网平稳、百姓用电安全、城市运行稳定，经受了两轮次六天寒潮考验。完成全国“两会”、服贸会、十九届五中全会等10项特、一级供电保障工作，完成二级及以下保电活动72项，累计保障用户368个，安全保障天数共计259天。完成防疫重要用户供电保障工作，累计保障用户31个，安全保障天数共计332天。组织网络安全专项监督检查7次，隐患排查12次，网络安全水平不断提升。组建冬奥保障团队，从常态沟通、手册编制、设备排查等方面全方位确保筹备工作万无一失。

10月30日，通州供电公司工作人员开展老城地区电力架空线入地作业
（通州供电公司提供 洪雷 拍摄）

10月22日，通州供电公司工作人员开展环球影城充电桩检查工作
（通州供电公司提供 洪雷 拍摄）

【营销与优质服务】 营业区域内，2020年底拥有客户73.37万户，其中第一产业0.27万户，第二产业0.62万户，第三产业5.10万户，居民客户67.38万户。累计完成高压接电容量83.26万千伏安，完成“三零”（零上门、零审批、零投资）服务8236项，节省客户投资2800万元，其中小微企业接电375项。完成“三省”（省力、省时、省线）服务送电18项，节省客户投资625万元。

面对两轮次疫情冲击，第一时间响应国家号召。建立“火速接电绿色通道”，郎府医院、白庙检查站等重点防疫站点配套工程均提前竣工送电。第一时间落实国家“降低工商业电价5%”政策，全年减免大工业、一般工商业企业电费。实施疫情防控期间居民欠费不停电，惠及客户67.9万户。提升优质服务管理水平。健全接诉即办机制，整合全渠道各业务工单管理，实现接单、派单、预警、督办、回单全流程闭环管理，客户投诉降低69.39%，“12345”排名保持前列。有力开展综合能源建设。超额完成综合能源全年1700万元营收指标，形成城市副中心特色的“1+1+N”体系工作成果。编制《北京城市副中心重点区域综合能源规划》，搭建数字孪生的信息物理系统，开展多项“供电＋能效”服务示范工程。推进营销重点项目建设，在环球度假区建成现状最大规模的智慧充电站，共计901个充电桩，融合有序充电、车联网平台，满足客户灵活充电需求，为园区提供光伏车棚、储能电站等服务。

【科技与信息化】 2020年，结合文旅区用能特点及需求，试点高弹性数字电网建设，擦亮副中心能源互联网建设新名片；率先在北京公司范围内开展电力复工复产监测，得到区委书记曾赞荣批示肯定。落实通州区关于运用电力数据掌握全区企业复工情况的重要部署，运用国内先进电力模型算法，深挖电力大数据价值，开展年度电力与经济相关性分析，为政府决策提供更加全面、高效的电力大数据决策支撑。依托能源大数据中心构建通州区“城市大脑”智慧能源版块，构建能源数据汇聚、电力数据透视、融入智慧城市管理三类应用，一个板块、三类应用、多个场景的“1+3+N”智慧能源管理中心。同时，推进热力数据等外部政企数据接入公司数据中台，利用现有市政专网，实现由“城市大脑”向公司能源大数据中心进行数据推送，由能源大数据中心将数据接入数据中台。截至年底，完成通州区131处锅炉房、226处热力站基础信息接入，涉及小区797处。投运全景业务运营中心，打造成为企业数字化转型与对外交流的最佳窗口。独家保留互联网办公室，组建环球供电服务中心，成立综合能源事业部，为公司提供有力机制保障。创新柔性组织应用，组建综合能源事业部，实施科技创新揭榜挂帅制，充分释放员工活力。大力推广综合能源，打造充电服务“天桥湾模式”。在公司办公大楼投运智能楼宇系统，为降损增效提供可视化平台。试点北斗卫星在输电巡视方面应用，打造“电力天眼”。

（王宇曦）

燃　气

【概　况】　截至2020年底，通州区有16家拥有燃气经营许可证的企业；市政管道天然气实现镇镇通，全区燃气管网铺设总长度约2218.28千米，建成各类燃气调压站（箱）1501座，管道燃气用户519863万户；9个乡镇103个村实现“煤改气”；全区液化石油气惠民气送气工程基本实现全覆盖，总体运行情况良好。

【“煤改气”相关工作】　2020年，成立“煤改气”长效机制指挥部，编制“煤改气”长效机制专项指挥部实施方案，开展“煤改气”户外燃气设施及用户燃气安全使用情况专项检查，发现安全隐患249处，整改完毕194处，剩余55处正在整改中；及时发放“煤改气”用气补贴，2018—2019年度自采暖冬季补贴已发放，正在进行2019—2020年度补贴资金的审核及发放工作；做好“煤改气”村庄供暖季前设备维护保障工作，供暖过程中公布设备、燃气供应企业服务电话，设立24小时监督投诉电话，对涉及的问题明确工作时限和要求，逐一督查，做到接诉即办；完成5.6万余户“煤改气”工程后续资料整理归档工作。

【开展燃气管线工程】　2020年，对接文化旅游区管线建设及环球影城项目并实现通气；完成东关大道燃气管线工程；完成北京学校、黄城根小学、职工周转房北区、职工周转房南区通气工作；开展老楼通气1450户。

【燃气安全检查】　2020年，对通州区燃气经营企业开展日常检查370余次，发现隐患问题130个，全部整改完毕；全国“两会”、国庆等重大活动节日期间对燃气企业进行安全生产大检查，发现并整改隐患问题3个；疫情防控期间，对通州区医学观察点进行安全检查18次，重点保障单位检查4次；联合通运街道、宋庄镇、梨园镇对其辖区内使用液化石油气的餐馆及幼儿园开展执法检查，检查餐饮场所10家，下达限期整改通知单8份，发放燃气安全使用手册40余本。

【燃气安全宣传培训】　2020年，利用录制视频、下发电子文件材料形式对通州区燃气企业进行安全学习培训2次，开展燃气安全宣传进社区、进企业活动6次，向农村“煤改气”居民发放《安全使用手册》5.5万份，组织燃气企业开展应急演练15次，切实提升燃气企业处置突发燃气事故能力。

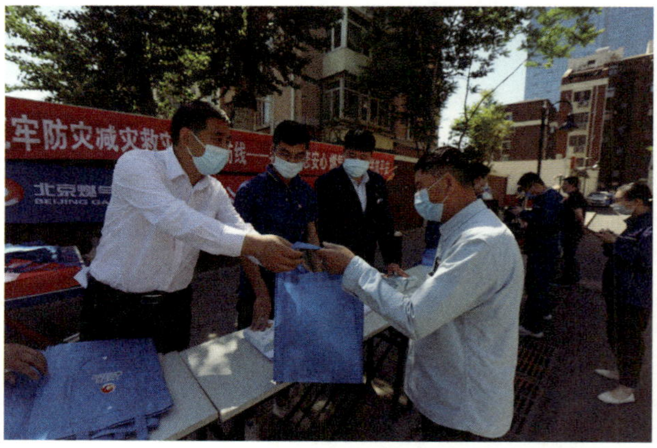

做好疫情防控前提下，开展防灾减灾日燃气安全宣传活动　（区城管委提供）

【优化燃气报装程序】　2020年，持续优化营商环境，有序推进“小微工程”1.0、2.0、3.0版，做到从报装到通气只需“2个环节，3项材料、4个工作日”，显著提高了用户办理效率。

【完成液化气瓶集散中心建设】　2020年，对北京市通州京凉液化气站原有充装厂站进行改造，建设1座集散中心，可供4000只液化气瓶储存。

（孟晓云）

防震减灾

【概　况】 2020年区地震局扎实推进监测预报、震害防御工作体系建设，完成全年各项工作任务。2020年，区地震局被北京市地震局评为2020年度区地震监测预报工作先进单位。

【召开全区防震抗震工作会】 7月28日，召开全区防震抗震工作会，副区长倪德才出席会议并讲话。会议详细介绍了“7·12”唐山古冶5.1级地震震情处置及2020年震情趋势，传达北京市防震抗震工作会议精神，总结2019年全区防震减灾工作，部署2020年重点工作。

【地震测报体系建设】 年内，开展观测环境保护工作，对区属驻外8处前兆观测台站开展检查。9月，与北京防灾科技有限公司签约购买技术服务，充分利用学院附属公司科技优势辅助数据分析，在保密的基础上实现基础数据京冀实时共享。9月，启动漷中台和马桥台压磁设备数字化传输升级改造项目和徐辛庄、大东台设备改造调研，漷中台、马桥台实现云端数据实时查看。落实会商制度，截至12月底，制作会商报告65期，形成年中、年度区域地震趋势会商报告各1份。

【宣教活动】 5月12日，以“提升基层应急能力，筑牢防灾减灾救灾的人民防线”为主题，区地震局分别在地震安全示范村宋庄镇疃里村和北苑街道万达广场开展宣教演练活动，发放宣传品1000余份，近600名群众参与活动。防灾减灾日期间，区地震局联合大运通州网开展防震减灾微信有奖答题线上活动，根据后台统计数据，有25263人参加答题活动。8月，配合北京市地震局开展2020年度北京市中小学创客大赛。与区教委配合，收到书法、手抄本、绘画、手工等与防震减灾相关的科普作品百余幅。年内，区地震局下沉干部在中仓街道西营社区和永顺西富河社区参与疫情防控执勤的过程中，也向社区居民开展防震减灾知识宣传。宣传活动期间发放《防震避震简明手册》及宣传品2500余份，提升社区居民的防灾意识和自救避险能力。

（蔡轶）

消　防

【概　况】 通州区消防救援支队下设16个职能科室及应急通信与车辆勤务站，下辖漷县、梨园、潞城、马驹桥、商务园、宋庄、台湖、西集、新华街、永乐店、玉桥、张家湾12个消防救援站，潞源特勤站，前营、马驹桥中心镇、源头岛3个小型消防站，各防车辆79辆。年内，马驹桥中心镇、源头岛2座小型消防站正式揭牌启用。

2020年在区委、区政府的坚强领导下，在公安分局的直接领导下，在各相关委办局、乡镇、街道办事处的大力支持下，通州区消防救援支队始终坚持以习近平新时代中国特色社会主义思想为指导，以总书记授旗训词精神为引领，勠力同心、锐意进取、攻坚克难，以“钉钉子”精神狠抓各项工作，完成全国“两会”、服贸会等重要活动消防安保任务，实现社会面火灾形势和队伍管理“双稳定”。

高效遂行各类灭火和应急救援任务2823起，其中，火灾扑救1507起，抢险救援965起，社会救助351起。累计出动消防车6935辆次、指战员36507人次，营救遇险群众246人，疏散被困人员51人，直接抢救财产价值53.1万元。

“711”宋庄房屋倒塌，指战员正在抢救被困人员（区消防救援支队提供）

【隐患综合治理】 2020年，以消防安全专项整治三年行动为抓手，开展施工现场、打通生命通道、厂库房、电动自行车等领域的专项整治，累计检查单位1.56万家，发现隐患2.09万余处，罚款528.87万元，查封280家，“三停”（停产、停业、停止使用）123家；对漷县、马驹桥等厂库房密集区域开展5波次的检查，“两断三清”（断水断电、清设备清产品清原料）102处、疏解清退9处、媒体曝光11处，推动90%以上的居民小区完成消防车通道标识划线。

1月8日，通州支队联合属地政府开展打通“生命通道”治理行动 （区消防救援支队提供）

【整治薄弱环节】 2020年，消防支队主动靠前，牵头纵深推进液化石油气专项整治，以专项排查、错时检查、暗访抽查、联合督查及餐饮场所液化石油气筛查为抓手，以城乡接合部、“六小”单位、施工现场和液化气充装站为重点，累计检查涉气单位829家次，督促整改相关隐患1119处，罚款14.2万元，查封12处，“三停”11家，清理违规使用液化石油气瓶304个；联合公安、城管、市场监管等部门组成6个暗访组，开展为期60天的暗访抽查，累计核查单位1169家次，核查隐患问题646处，关停、取缔81处，53人被拘留，打击非法储存“黑窝点”16处，移交167处未排查上账的隐患问题，有效推进工作落实。

【物防技防保障】 2020年，推动将“安装电动自行车户外充电装置”纳入2020年度政府为民办实事工程，争取区委政法委拨付720余万元专项资金，为63个重点村和2个重点社区安装充电车棚79个、充电口6000个，辐射带动全区安装电动自行车充电桩536套、1.8万余个充电点位。安装独立式感烟报警装置2万余个，推动属地和社会单位安装简易喷淋750余套，物防技能基础有效夯实。

【强化宣传】 2020年，建立支队融媒体中心，提升“两微、一抖、一央、一快手”新媒体平台运营水平，全年发布媒体信息1421条，各类视频、动画400余个；推出《兴龙说消防》系列节目，自主拍摄14部系列火灾警示片，播放量超57万次，形成品牌效应；联合区融媒体中心开展“点亮屏幕、助力平安”系列宣传，借助全区93块户外大屏播放火灾警示片206场次，覆盖群众10余万人次；联合区委宣传部向各街道乡镇下发3部火灾警示教育片，印发30万份致通州百姓的一封消防安全提示信，投入500名志愿者开展“1+1”行动入户宣传（防火安全家行动、新时代文明实践志愿服务活动）。建成通州消防文化主题公园和消防科普教育基地，举行第30届“119”消防宣传月系列活动，全年开展各类场地式宣传活动200余次，发放材料9万份、宣传群众20余万人。

"119"消防宣传月系列活动
（区消防救援支队提供）

【强化实操实训】 2020年，对"一警六员"强化实操实训，制作移动式消火栓、简易火盆14套，对503家单位7000人完成消火栓"出真水"、灭火器"灭真火"实操实训考核，巩固基层消防安全力量。

【消防基础设施建设】 2020年，坚持基建驱动，建成并投入马驹桥中心镇和源头岛小型消防站，完成4座消防站选址，实现环球影城消防站开工建设，全力推进副中心消防指挥中心及特勤消防站外立面和二次结构施工；完成玉桥、马驹桥、西集等3个老旧消防站实施改造升级。

坚持水源驱动，结合"美丽乡村"战略工程，按照属地主建、财政拨款、消防验收的模式，在农村缺水地区规划建设105座消防水池水鹤，已建成41座；分别在北运河、温榆河等天然流域建成12座取水码头，消防取水难题有效缓解。

坚持装备驱动，依托支队机关、商务园消防站、永乐店消防站分别建立三大器材装备储备库，争取区财政1129万元打包购置4座小型消防站器材、地震救援装备及7辆消防车、1辆通信保障车、3架无人机、1台灭火机器人和22类308件水域救援装备。

（王潇）

【通州区消防协会】 通州区消防协会是北京消防协会第三届、第四届常务理事单位，连续两次获评AAAAA级社会组织，2020年有团体会员68家，并有中仓、张家湾、漷县、西集等4个地区基层活动片组。是年，疫情期间，协会以民生需求为本，以公益宣传为主，并配合会员单位，在疫情有所缓解、确保参与人员安全的前提下，积极开展力所能及的消防安全宣教活动，受教育人数达58340人次，有效普及消防安全知识，充分发挥社会组织的桥梁和纽带作用，为维护疫情期间的公共安全做出积极贡献，取得良好的社会效果。

2020年，为更好地配合全区119消防宣传工作部署，协会在疫情有所缓解的形势下，确保参展人员做好安全防护并保证人员不密集的前提下，继续秉承协会"点""面"结合和"送展上门"的组展方针，在马驹桥物流、北京工业大学、北京财贸学院、潞河医院等防火重点单位和西集、张家湾、漷县、中仓4个基层活动片组中组织消防安全流动展览和消防安全知识义务咨询等活动，受教育人数51740人次，有效普及消防安全知识，推进会员单位消防安全工作水平的提升，对从业人员的综合素质起到良好的推动作用。

11月8日，协会与西集镇安监科联合组织消防安全宣教活动，群众参观流动展览
（区消防协会提供）

2020年，为努力促进参培人员消防安全知识向能力的即时转换，协会在开展消防安全流动展览的同时，参与并指导北京财贸职业学院、北京工业大学通州校区、北京恒基客运有限公司等单位开展消防知识咨询和消防知识演练等消防宣教活动，受教育人数达6600人次，为消防知识的普及，为营造良好的消防安全氛围，为疫情中提高公共安全系数做出积极努力。

9月12日，协会协助副会长单位北京众想鑫隆百货市场有限公司通州市场开展"鑫隆杯"全民舞蹈暨垃圾分类知识大赛活动，会长王玉增、秘书长周承维出席开幕式并发言。此活动为期5天，仅在公休日进行，持续组织了5场次，有18支代表队的236人参与活动。活动不仅树立和强化了垃圾分类等环保理念，同时普及了家庭用电、用气等消防安全知识。使社会群众和社区居民在载歌载舞中学到消防知识，得到参赛人员和参观人员的热烈欢迎。是月，协会参与北京消防协会“中德启锐杯”首届119消防知识竞赛公益活动，全市诸多行业的26支代表队参加竞赛，经过网上注册、填报相关资料、并进行网上的初赛，包括通州区消防协会的11支代表队在初赛中脱颖而出。在11月6日举行的现场决赛中，协会获得优秀奖。11月8日，协会与西集镇安监科联合组织消防安全宣教活动，协会秘书长周承维宣讲火灾预防和初期火灾扑救以及避险逃生等消防知识，并向参加活动的农村群众发放“自我保护掌中宝”“消防安全进农村”等宣传册300余册，

9月12日，协会协助北京众想鑫隆百货市场有限公司开展“鑫隆杯”全民舞蹈暨垃圾分类知识大赛活动 （区消防协会提供）

发放消防购物袋300余个，并开展消防知识义务咨询。12月15日，协会会长王玉增、秘书长周承维应邀参加宋庄镇疃里村消防活动基地筹建活动，提出建设性的意见。

（郭淑云）

2021

科 技

北京通州年鉴

城市绿心森林公园（摄影 郭建华）

综　述

【概　况】 2020年，区科委围绕全国科技创新中心和北京城市副中心定位，聚焦实施创新驱动发展战略，全面深化科技体制改革，不断优化营商环境，打造创新创业优良生态，科技服务质量明显提高，技术创新能力显著提升，科技对经济社会发展的支撑引领作用持续增强。

【主要工作】 国家级创新创业特色载体落地。推进应用场景建设。2020年，围绕新型冠状病毒防疫抗疫研究方向和生物医药科技创新。立项实施科技计划项目31项。全区高新技术企业保有量达到1040家。技术合同成交总额达到379.1亿元，同比增长77.5%。首都科技条件平台通州工作站成员单位保有量191家。经市级认定的重点实验室、工程（技术）研究中心、科技研究开发机构等创新平台增至48家；国家及市、区级众创空间达到24家。

（郇奇洋）

科技创新

【国家级创新创业特色载体落地】 2020年，在市科委、中关村通州园支持下，申报科技部等三部委中小企业创新创业升级特色载体项目，推动中关村通州园获批国家级中小企业创新创业升级特色载体。

【立项实施科技计划】 2020年，围绕防疫形势，加强科技支撑引领作用，围绕新型冠状病毒防疫抗疫研究方向和生物医药科技创新，立项实施科技计划项目31项。

【应用场景建设】 2020年，与市科委联合制定《北京城市副中心加快新场景建设行动方案（2021—2023年）》，经区委常委会审议，方案包含3大类12项重点场景35项重点任务。研究制定“智慧大运河（通州段）”“数字城市绿心”等8个重点应用场景工作方案，收集应用场景重点任务34项，需求70项。

【应用场景发布会】 7月30日，在北京市新场景发布会上，发布首批副中心应用场景项目6项，总投资额超过3.8亿元，分别是“智慧平安小区”、“智能＋智慧绿心”、“智能＋智慧社区”、“台湖演艺小镇三维数字空间中心”、“张家湾设计小镇创新中心智慧园区”和“张家湾智慧未来设计园区”。项目重点聚焦产业发展、城市管理、民生服务等领域和张家湾设计小镇、城市绿心等区域。10月13日，北京市科委和通州区政府联合发布智慧交通领域应用场景项目——城市副中心智慧交通综合管理平台。通过本场景牵引带动作用，推动公共数据开放，打造城市副中心交通管理智能化体系建设和出行服务质量提升示范应用场景。探索大数据优化交通综合治理的新路径，为培育数字经济新生态提供“新引擎”。

（毕铮）

【科技创新人才队伍建设】 2020年，开展通州区海外高层次人才引进计划（简称“灯塔计划”）和通州区高层次人才发展支持计划（简称“运河计划”）科技领军人才在岗人员的核查和专项资金监管，发放年度扶持资金1130万元，促进科技领军人才的培养和发展。

【创新创业平台建设】 2020年，经市级认定的重点实验室、工程（技术）研究中心、科技研究开发机构等创新平台增至48家；国家及市、区级众创空间达到24家；实施通州区扶持高层次人才创新创业平台专项，立项支持9项，支持资金410万元。

（康连元）

科技成果

【科技政策法规宣传培训】 2020年，利用线上线下相结合的方式，广泛开展科技政策法规宣传、培训，组织科技政策培训10次，参训人员650余人次。培训内容主要包括科技创新支持、高新技术企业认定、技术合同认定登记、众创空间发展等方面政策法规。

（司雨杰）

【高新技术企业服务】 2020年，辅导高新技术企业认定申报4批，534家企业申报，同比增长41%。高新技术企业保有量达到1040家。

（温兴茂）

【首都科技条件平台通州工作站建设】 2020年，首都科技条件平台通州工作站推进“一站多点”服务站建设，发展2个服务点。组织举办首都科技条件平台通州工作站“百家重点实验室进千家企业”对接活动2次，组织开展线上科技政策宣讲会5次，征集企业科技需求70余项，新增成员单位30家，新增科技人才20名，促成高校科技成果落地通州24项。组织辅导区内5家企业申请首都科技创新券，申请并兑现创新券资金4.5万元。

（闫实）

【区域协同创新】 2020年，组织召开通宝唐协同创新工作联席会，联合组织通宝唐科技企业家“北领online”线上培训，三地各50名优秀科技企业家参加培训；开展“走进北大，看机器人在先进制造业中的应用”、“走进中关村”交流学习活动，三地联合举办通宝唐企业家“走进中科院”专题研修班，编制《通宝唐区域创新平台共享共用目录》，三地共33家平台载体纳入该《目录》；编制《通宝唐科技政策法规汇编》，推进互学互鉴。

（康连元）

【技术合同认定登记】 2020年，深入企业有针对性地开展技术合同登记培训和一对一的服务指导，提供专业化、全流程、高效率的登记服务。全区年度技术合同成交额379.1亿元，同比增长77.5%，超额完成年度市级考核绩效任务。

（耿大乐）

【2020年通州区科技周活动】 8月23日，2020年通州区科技活动周在九棵树文化产业园区正式启动。北京市科委二级巡视员王建新，通州区政府副区长苏国斌出席启动仪式。该届科技周活动创新地采用线下线上融合的方式，通过连线互通，线上线下同步推进的形式，从线上对科技创新成果进行展览展示，在线下线上同时组织线上直播、线上讲座、户外科学探秘等丰富多彩的科普惠民系列活动29场。中仓街道西上园社区分会场、于家务乡北辛店村分会场、云游湿地户外科普行分会场、文旺阁科普基地分会场等6个分会场与主会场启动仪式同步推进，通过视频连线，主会场观看分会场举办的垃圾分类

我先行主题科普活动、"疫情防护 关爱你我"科普讲座活动、空气炮线互动科学实验活动、古桥密码主题科普活动、云游湿地户外科普直播活动、线上科学实验秀6场精彩的活动实况。

【科普服务】 2020年，围绕资源建设、线上活动组织策划，优化科普传播渠道，构建区级线上线下相结合的科普传播体系的核心思路，立项26项。依托文旺阁木作博物馆开展榫卯结构、犁的力学性能，屋顶的科学原理等科普内容开发，开展燃灯佛舍利塔探秘活动；依托通州区丰富的水资源，设计云科学课、湿地讲堂直播，源头岛、小中河、温榆河、北运河、通惠河五条路线开展现场讲解和湿地体验；依托大运河森林公园，组织开展森林探秘之旅科普系列活动；各项活动突出通州特色，受到参与群众的一致好评。

（毕铮）

知识产权

【概　况】 2020年，通州区知识产权局围绕通州区委、区政府及北京市知识产权局知识产权战略，充分发挥知识产权联席会作用，以提升全区知识产权创新、运用、保护、管理和服务能力为重要任务，提高政治站位，切实增强责任感、紧迫感和担当意识，不断促进知识产权创造运用能力的提升。

【商标注册情况】 截至12月31日，通州区商标有效注册量104664件，驰名商标12件。2020年，新增注册商标23512件，驰名商标无变化。

【地理标志情况】 截至12月31日，通州区原产地地理标志1件(成员企业9户)。7月31日完成地理标志换标宣传和新标更换指导工作。

【开展知识产权系列宣传活动】 2020年，开展知识产权维权保护线上宣传，制作5集知识产权动漫宣传片在通州科技资源平台推出，在通州政务服务大厅利用大屏幕滚动播放知识产权动漫宣传片及字幕，向全区企业宣传知识产权知识。在17个市场监管所设置知识产权专业书籍专栏角，根据全市疫情防控特点加强知识产权宣传工作。

【举办"4·26"宣传周活动】 2020年，响应北京市"助力疫情防控，服务首都高质量发展"为主题的"4·26"知识产权宣传周活动，围绕"知识产权与健康中国"的宣传主题，在线上和线下开展知识产权宣传活动。

【区级知识产权管理部门建设】 2020年，健全完善乡镇（街道）、园区知识产权工作体系，建立知识产权服务中心、工作站及重点企业联系人制度，形成覆盖全区的知识产权管理和工作体系。挂牌成立通州区知识产权公共服务区中心，并上墙公示相关制度。

【中小学知识产权教育工作】 2020年，联合区教委开展2020年通州区中小学知识产权教育示范学校评选工作，并举办2020年通州区中小学知识产权教育示范学校授牌仪式。

【颁布通州区知识产权促进办法】 2020年，重新修订原《北京市通州区知识产权（专利）促进暂行办法》为《通州区知识产权促进办法》，自2021年1月1日开始施行。

【知识产权试点示范培育】 2020年，加强试点示范政策宣传，试点示范培育咨询辅导，指导帮助企业建章立制开展知识产权工作。30余家企业通过政务服务事项平台网上申报2020年度北京市知识产权试点示范单位。3家企业申报北京市发明专利奖。

【专利资助奖励政策落实】 2020年，受理238家企业、7名个人共1800件专利授权资助申请，受理17家国家知识产权优势企业、2家北京市知识产权示范单位、28家北京市知识产权试点单位、2项中国专利奖优秀奖、24家知识产权规范化管理认证单位奖励申请，受理65家企业专利技术产业化项目资助申请。

【专利申请】 2020年累计申请国内专利8602件。其中，发明专利2133件、实用新型5238件、外观设计1231件；PCT国际专利申请44件。累计国内专利授权5722件。其中，发明专利453件、实用新型4075件、外观设计1194件。发明专利拥有量达到2505件。

【专项资金落实到位】 2020年，对261家企业、18名个人共2305件授权专利进行资助，资助金额578.625万元。对4家国家知识产权优势企业，33家北京知识产权试点单位，1家北京知识产权示范单位、15家知识产权贯标认证单位，1项中国专利奖优秀奖获得者，2项北京市发明专利二等奖、1项三等奖获得者，10所通州区知识产权教育试点校，6所通州区知识产权教育示范校进行奖励，奖励金额262万元。对1家知识产权服务机构，2项企业专利导航、预警、战略制订项目进行资助，资助金额18万元。完成2019年度专利实施项目专家评审会及立项决策，支持实施项目24项，支持金额491.375万元。

【体制机制建设】 2020年，通州区知识产权联席会议从原来17家成员单位调整为30家，并修订完成《北京市通州区知识产权联席会议制度》《北京市通州区知识产权联席会议成员单位工作职责》，充分发挥知识产权联席会议职能和作用，完善议事会商、沟通对话和情况通报等机制，统筹协调，形成合力。

【推进知识产权质押融资贷款工作】 2020年，为解决企业因疫情原因造成的资金短缺问题，推进知识产权质押融资贷款，助力企业复工复产，分别在宋庄镇、潞城镇、运河商务园区举办3次重点企业优化营商环境政企及银企对接会。企业利用现有知识产权实施商标和专利质押贷款，获得资金支持，5家企业完成专利质押贷款手续和登记备案工作，贷款金额4390万元，2021年将享受通州区质押贴息补助。

【推进中小学知识产权普及教育】 2020年，为通州区中小学发放《青少年知识产权普及教育丛书》600本。

【商标注册服务】 2020年，通州商标受理窗口受理商标申请498件，其中注册申请202件，后续申请296件。

【开展试点示范企业培育】 2020年，深入企业35家次，提供咨询辅导服务，指导帮助企业建章立制开展知识产权工作。组织开展国家知识产权优势示范企业申报工作，共17家企业申报。组织完成2020年度北京市知识产权试点示范单位申报工作，共28家企业申报试点单位，通过27家；5家企业申报示范单位，通过5家。

【推进企业知识产权“贯标”工作】 2020年，加大《企业知识产权管理规范》国家标准的推行力度，鼓励和支持企业开展“贯标”工作，全年30家企业通过“贯标”认证。

【加强企业知识产权培训指导服务】 2020年，利用网络、微信、集中培训等方式开展线上线下培训，围绕政策法规、战略运用、质押贷款、贯标、管理实务等内容，组织企业参加培训6次，培训人员350余人次。

【打击侵犯注册商标专用权违法行为】 截至12月31日，查处商标侵权案件56件，罚款158.46万元。查处29起群众举报涉及“口罩”等防疫物资涉嫌侵犯注册商标专用权案件，没收侵权口罩565个，罚款93万元。处罚代理“火神山”等不良影响商标注册代理机构3家，罚款5万元。1件注册商标专用权案入选北京市公布的“侵权假冒十大典型案件”。

（宋薇　贾静）

气 象

【概　况】 2020年，区气象局贯彻习近平总书记对气象工作的重要指示精神，全面落实区委、区政府工作部署，以副中心标准严格要求，靠前站位，扎实推进疫情防控工作，进一步提升预报预警服务能力，推进融入型党建，树立安全生产责任意识，有序开展各项工作。

组织全体干部职工有序开展疫情防控工作，20余名党员干部职工下沉社区值守200余天1100余次，24小时参与疫情防控工作。把执行党的路线方针政策与“建设蓝绿交织、清新明亮、水城共融、多组团集约紧凑发展的生态城市”结合。一是加强对中央及市、区重大决策部署贯彻落实，精心做好通州区气象事业发展“十四五”规划编制；二是加强对重要天气过程监测，让重大工程建设单位第一时间获取气象灾害预警信息，及时应对；三是与环保部门配合，加强对区环境、大气治理的有效融合与服务；四是在副中心办公区安装5套智能气象设备，并与通州区城市大脑智慧管理平台数据对接；五是广泛开展通州区重要气象灾害风险隐患点调研，为城市副中心安全运行保驾护航。

（张明远）

【气候评价】 2020年度的气候特点：气温偏低，降水量偏少；1—3月日照时数缺测，年日照时数缺测。2020年度平均气温为12.7℃，比常年13.4℃偏低0.7℃。其中1月、8月、11月平均气温与常年接近，2月、4月、5月、7月、9月平均气温较常年偏低，10月、12月平均气温比常年明显偏低，3月、6月平均气温比常年偏高。年极端最高气温为38.5℃，出现在7月24日；年极端最低气温为−13.7℃，出现在12月30日。年降水量为437.5毫米，比常年512.4毫米偏少1成多。年内降水分布不均，6—7月、10月、12月降水量比常年偏少，3—5月、8—9月比常年偏多，1—2月、11月降水量比常年明显偏多。年度最长连续无降水日数47天。日最大降水量97.9毫米，出现在8月24日。1—3月日照时数缺测，年度日照时数无法统计，常年值为2399.7小时。

（赵岩）

【气象宣传】 在“3·23”世界气象日、“5·12”全国防灾减灾日、通州区科技活动周，利用网络、多媒体平台进行主题宣传及防灾减灾科普宣传，把气象灾害预警信号作为科普宣传重点，引导公众正确认识和理解预警信号，增强全社会防灾减灾意识，提高气象灾害防范和应对能力。在“通州气象”“清水通州”微信公众号宣传气候与水密不可分，在《通州时讯》开辟专版宣传世界气象日和世界水日的同一个主题“气候和水”。同时，通过微信公众号、今日头条定期发布气象科普文章，宣传气象科技发展成就和科技创新成果，弘扬科学精神，普及科学知识。线上气象科普成为2020年校园科普宣传的新亮点。梨园镇大稿新村小学六年级学生组队参加北京市第十六届中小学生气象知识竞赛之校园巅峰赛，进入决赛，并取得第七名的成绩。在气象为农服务中融入科普宣传，继续对区特色农产品张家湾葡萄进行气候品质评估，为提高农业质量效益和竞争力，实现传统农业向现代农业转型保驾护航。

（高晓容）

【气象服务】 2020年，通州区气象局认真履行各项观测职责，4月完成观测业务自动化改革，9月完成温雨多融合业务升级改造，10月完成探测环境评估，12月完成《气象设施和气象探测环境专项保护规划（2016—2020年）》延期工作。所有探测设备运行稳定，探测数据准确可靠，超出考核标准要求。围绕北京城市副中心建设服务需求，开展预报服务精细化专项提升工作。完成防汛、扫雪铲冰、一氧化碳中毒、重大工程建设100天、台湖江场危险化学品爆炸泄露应急处置等多项属地气象服务保障工作。完成北京大运河文化节、文化和自然遗产日、七夕文化节等十余项大型活动的气象保障任务，服务的主动性和准确性获得主办方高度肯定。

2020年，发布预警信号174期、天气快报86期、重要天气报告18期、重大及应急活动服务专报182期、天气预报366期、专项气象服务322期。同时，通过手机短信、微信等方式，向社会公众提供未来两天天气预报、预警信号发布情况、未来七天天气趋势及月气候预测，手机短信累计发布500余万人次。

（王雅琪）

【气象行政】 2020年，不断优化营商环境，深入推进“放改服”改革，推行“早晚弹性办、预约办”延时服务，落实全流程网上审批，压减政务服务事项办理时限，精简受理前审核材料，持续推动审批服务便民化。履行气象部门行业安全监管职责，结合疫情防控实际，创新监管方式，加强事中事后监管，通过非现场监管、智能监管、联合监管等方式保障北京城市副中心防雷安全、施放气球安全。全年开展气象执法检查156次，做出一般程序行政处罚1件，与北苑街道、于家务回族乡、西集镇等17个乡镇、街道开展联合执法检查，做到行业安全管理主动服务基层。加强气象防灾减灾普法宣传，以进社区、进企业等形式开展“法律十进”活动，多渠道宣传疫情防控及气象相关法律法规，营造良好的法治环境。

（宋明）

城市绿心森林公园（摄影 郭建华）

2021

教　育

北　京　通　州　年　鉴

综 述

【概 况】 2020年，通州区委教育工委、区教委在区委、区政府的正确领导下，始终坚持以习近平新时代中国特色社会主义思想为指导，全面贯彻中共十九大和十九届二中、三中、四中、五中全会精神，立足北京城市副中心建设发展大局，统筹推进新冠疫情防控和教育事业发展，完成全年各项工作任务。

【教育系统疫情防控工作】 2020年，始终把确保师生生命安全和身体健康放在第一位，严格落实校园疫情防控工作要求，构建起区、片、校、班四级防控工作体系，全年实现校园内师生零感染。坚持校园封闭管理和校内闭环管理相结合，落实常态化疫情防控，完善防控设备设施，为学校安装体感测温设备260套，设立校医室和隔离观察室556间，加装洗手池2492个，改造厕所136个。全市率先选聘派驻69名卫生健康副校长，保障师生健康安全、教育教学有序开展。深入开展新时代爱国卫生运动，做好校园环境整治、传染病防控等工作。

【双线教育有效开展】 2020年，搭建多元教育资源云平台，组织骨干教师面向中小学生开设线上“名师课堂”，提供有线直播、网络点播等多样化课程。组织特级校长录制学校管理课程，开展“运河计划”教育领域人才线上教学展示活动50余节。遴选256名优秀教师、骨干研修员录制网络课程近2000节，覆盖全学段、全学科，同步在副中心融媒体、通州区教育云平台、通州区电视台中考高考专题频道、创先泰克等平台上线播出，课程点击量达700余万次，全面落实了“停课不停学”。推出《心语之约》线上心理健康系列微课程，1.2万余人次网上点击学习，舒缓了疫情期间师生、家长焦虑。

【强化教育顶层设计】 2020年，推进“十三五”规划收官，做好“十三五”时期教育现代化发展评估总结。编制“十四五”教育规划，围绕基础教育优质均衡示范区、教育体制机制创新引领区、教育开放融通先行区、教育协同发展先导区建设，依托教育质量提升、教育资源布局调整、基本建设保障等重点项目，抓好各项指标落实，推动通州教育突破发展。

【学前教育加快发展】 2020年，新开北京五幼、北海幼儿园副中心园等幼儿园20所，扩充学前学位6200个。新审批民办幼儿园（点）171个，转化学前学位3.6万个，关停无证园131所，全区无证园基本消除。民办非普惠园转普惠园120所（点），全区学前教育普惠率升至92%，超额完成第三期学前教育行动计划任务指标。持续规范办园行为，开展保教专题培训，分批次组织片区教研。组织学前督查队伍开展常态化督查、跟进式指导。全市率先上线“通州区民办教育服务平台”，实现全区普惠园、普惠政策线上全面公开。

【中小学教育均衡优质发展】 2020年，提升百年校、挖掘特色校、扶持农村校、保障优质校四大工程持续推进。获批“基于教学改革、融合信息技术的新型教与学模式”国家级实验区、北京市普通高中新课程新教材实施示范区，潞河中学、人大附中通州校区成为新课程新教材实施市级示范校，“新两区”为深入推进教学模式变革、加快多样化发展赢得新机遇。学校发展共同体和中小学城乡一体化“手拉手”项目持续深化，校际深度交流互动频繁。开展第十一届“春华杯”课堂教学评优活动，组织市区联合巡视指导，强化学科质量调研。坚持毕业年级目标管理和“双线”全过程服务，促进教育质量提升。高考重点线上线率42.1%，较上年提升6.2个百分点。中考全区高分段学生占比排名全市第六，低分段学生控制度全市第二，农村中学生进入全区前一百比例接近30%，区域教育均衡发展水平显著提升。

【体艺特色更加凸显】 2020年，制定并落实加强中小学体育增强学生体质健康二十条措施试点学校工作实施方案，首批在潞河中学、实验一小等学校试点。组队参加市运会，荣获中学B组团体总分第二名。启动《通州区新冠肺炎疫情防控期间中小学校体育工作实施方案》。9所学校被评为全国青少年校园篮球特色学校，5所被评为全国青少年校园排球特色学校。6所学校被评为北京市冰雪特色学校，7所学校被评为奥林匹克示范学校。新推荐全国青少年校园足球特色学校1所，北京市青少年校园足球特色学校7所，全国足球特色幼儿园10所。开展“运河之花”展示活动。组织参加京美杯评优活动，40篇教科研论文获市级奖项。

【德育工作成果显著】 2020年，建设创新人才培养基地，开展创客教育实践、翱翔培养计划、雏鹰建言行动、模拟政协等活动。持续实施“1+3”项目，开展ASR全学科阅读项目，组织线上阅读争霸赛，建设书香校园。印发2万余册《生态文明教育垃圾分类读本》，开展“益启分”垃圾分类系列主题实践活动，多渠道宣传垃圾分类知识6000余条，组织校级活动3000余次、线上线下培训290余场，覆盖人群5000余人。师生生态文明素养进一步提高。开展全区中学初一年级“四个一”（军事博物馆、国家博物馆、首都博物馆、抗日战争纪念馆各走进一次）军博参观活动，组织居家劳动、研究性学习，参与网上夏令营，综合社会实践及开放性科学实践形式进一步丰富。北京新城职业学校“悠扬”艺术团德育品牌通过“一校一品”德育品牌复评验收。组织班主任基本功展示交流，评出25名通州区“优秀德育干部”“十佳班主任”。10个班级获评北京市先进班集体，258名学生获评北京市三好学生、市优秀学生干部。

【国际教育、特殊教育、民族教育等扎实推进】 2020年，北京德闳国际学校主体楼建设基本完成，正在进行内部装修及场馆建设，绿化完成50%。凯文学校项目规划实施方案通过副中心规划处技术审查会。持续关注特殊儿童成长，完善特教网络教育资源，推出《特绘之声》绘本阅读视频微课71节。召开融合教育工作推进会，为10所成员校授牌，进一步明确融合教育服务实体职责任务。完成24所学校随班就读学生工作方案审查，拨付390万元支持学校特教工作。落实《学校民族团结教育指导纲要（试行）》，组织开展民族团结教育活动。

【接诉即办】 2020年，落实教育系统接诉即办工作实施方案，建立日汇报、周调度、月通报工作机制，印发教育系统接诉即办工作手册，编制“通州区教委接诉即办组织分工思维导图”，工作流程进一步优化。持续扩容教育咨询热线“62512345”，全年总接听电话51183通，呼出16495通，新增案件派转机制，派转案件565件，直接答复占比率98.9%，及时回应群众关切。开设北京首个教育咨询社区工作服务站，实现家门口解决群众问题。全年接收接诉即办工单4457件，诉求总量与2019年相比上涨25.9%，全年总得分89.81，在各委办局居19位，千件以上诉求量单位排名第二。全年接收信访件172个。

【教育基础设施建设】 2020年，通运小学、北京学校小学部投入使用，增加义务教育学位2880个。首师大附中、景山学校通州校区主体结构完工；杨庄小学教学楼主体结构封顶；北京二中通州校区、玉桥小学改扩建工程实现开工；物资学院附属中小学等项目加快前期工作。多举措改善办学条件，利用国债资金，完成89所学校操场改造提升，49所幼儿园活动场地实现更新，基础层改造面积82.55万平方米，面层改造面积49.05万平方米。为学校加装空调2551台，实现全区教室空调全覆盖。提前2个月完成全年无障碍设施改造任务，打造1个无障碍改造精品单位、14个示范单位，122个改造点位全部验收合格。首批推进永乐店中心小学等7所学校、384间教室的照明设备改造，改善教室采光照明条件。实施营养配餐工程，严把准入标准，建立招投标入围餐饮企业名库及动态调整机制，开展督学入校蹲点就餐及入企大督导，完善“学校、家委会、伙委会、供餐公司、责任督学”共同参与的学生餐管理服务体系，确保学生配餐质量、食品安全。启动厕所清洁行动，全区学校消除旱厕，每间厕所达到“厕所革命”标准。通过改善学生在校学习生活体验，增强学生获得感。

【对口支援、区域协作】 2020年，向内蒙古派驻干部教师11人，援疆教师16人。赴内蒙古三旗开展调研对接，与当地教育部门签订对口帮扶协议3份，区内41所学校与内蒙古61所学校建立长期结对帮扶关系，339人赴内蒙古送教讲学，接收挂职锻炼、跟岗研修干部教师263人，举办培训班315班次，当地参与教师9417人次。资助内蒙古三旗贫困生16人。支援拉萨城关区海萨小学阶梯教室和图书阅览室改造。与三河市签署教育协同发展框架协议，未来在校际交流、干部教师互派、资源共享等方面加深合作。

【招生入学工作】 2020年，提前开展招生专项调研和适龄儿童数据信息采集工作，研判入学形势。完善义务教育入学政策。优化疫情防控期间入学工作流程，利用微信公众号、教育咨询中心网站、服务热线等多途径，方便学生家长了解、咨询入学信息，最大程度减少线下环节，避免人员聚集。2020年，全区小学入学人数15647人，较上年增加1730人、增幅12%，比当年小学毕业生多6544人，超出72%。初中入学人数8141人，较2019年增加572人、增幅8%，比当年初中毕业生多2631人，超出48%。通过新开中小学2所、31所学校扩班151个、建设快装校舍5061.73平方米增班40个、适当增加班容量等举措，增加义务教育学位10510个，基本满足新增学位需求。

【财务审计】 严格执行2020年预算，完成全年支出进度。开展项目资金需求调研，建立项目储备库。优先保障重点项目经费，统筹财政、银行、企业等部门，确保六个亿特殊国债按时合规拨付。加强专项资金管理，做好项目论证、预算评审，开展事前绩效评估，健全绩效评价工作体系，提高财政资金使用效益。制发特殊转移支付机制资金管理办法、政府采购管理规定、货物类采购实施细则，进一步完善教育系统内控制度。落实“三免两补”资助政策，实现精准帮扶，全年资助学生9.3万余名，资助金额近1800万元。进一步完善审计工作制度，修订《北京市通州区教育系统基层单位主要领导干部经济责任审计管理办法》，调整《通州区治理教育乱收费联席会议制度》。全年完成审计项目50项，审计总金额264840万元，提出审计建议211条，均建立台账、挂账整改，确保审计效果。

【法治安全】 2020年，强化依法治教、依法治校。围绕《中华人民共和国宪法》、《中华人民共和国民法典》和疫情防控、《中华人民共和国未成年人保护法》、《中华人民共和国未成年人犯罪法》、《北京市未成年人保护条例》开展法治宣传教育，全体教师参与“依法治教”网络在线学习，组织9万名学生参与第七届法律知识网络答题活动，2.5万名学生参与第五届学宪法讲宪法系列活动，参加人数全市最多。为全区中小学配备法治副校长，实现100%全覆盖。综合性法治实践基地建成。2个单位获评市级“七五普法先进集体”。推进教育行政执法工作，全年执法检查1668次，人均执法量166件次。落实行政执法公示和“双公示”工作，依法公示98项行政审批工作。全面完成166家平安校园创建任务和133家平安校园复检工作。为教育系统各单位配备保安1210名，摸排全区保洁、宿管等非教学人员及民办学校教职员工8100余名。印发落实《通州区教育系统三年隐患排查整改行动方案》，完善消防、燃气使用、危化品管理、学校用教用工等八大台账管理，实施隐患动态管理。组织开展全区所有学校电气安全检查，扎实开展液化石油气罐使用排查整改，及时发现并消除安全隐患。

【干部队伍建设】 2020年，与北京教育学院联合开展“促进城市副中心教育优质发展”战略合作，研制《北京城市副中心基于职级制的中小学校长素养提升规划（2020—2025）》，启动项目3个，组建北京城市副中心中小学校长职级制度研究实践基地，成立通州区特级校长工作室4个。评选表彰通州区名校长4名。获批中小学校党组织领导的校长负责制试点区，党组织发挥领导作用的学校治理体系持续完善。深化校长职级制改革，建立与之匹配的选拔任用、考核评价、薪酬管理制度，校长岗位专业化水平进一步提升。2020年选拔任用正科级干部12人，副科级干部10人，交流轮岗正科级干部8人，副科级干部10人。完成第二批校长职级评审，认定高级校长19名、中级校长7名，截至年底，高级校长58人、中级校长28人。出台《通州区中小学校长绩效工资分配办法（试行）》，完成职级制校长绩效工资补发工作，校长队伍活力进一步激发。

【人事制度改革】 2020年，实施绩效工资改革。制定并施行《通州区关于进一步完善义务教育学校绩效工资分配制度的实施方案》。设置"校长基金"，扩大校长在奖励激励分配中的自主权，重视教师能力和实际工作量考核，教师收入分配体系进一步优化，教师队伍活力持续激发，有效带动教师队伍提升。深化区管校聘改革。获批北京市教师"区管校聘"首批改革试点区，159名教师统筹调配至52所中小学、幼儿园任教，集团内、城乡间教师交流轮岗更为顺畅频繁，农村薄弱校、结构性缺编学校师资压力进一步缓解。在全市率先研发启用线上面试平台，招聘毕业生344人，调入优秀在职教师60人。其中，硕士研究生及以上学历168人，占比41.6%。启动两批社会化人才招聘，择优录用467人，全部安排至教学一线，有效弥补了编制不足。

【教师培训】 2020年，名师、名校长、名园长等"三名"工作室开展活动301次；依托北京教科院开展骨干教师送教到校活动121次；借助北师大互联网+助力全面深化教育改革项目开展活动173次；8所学校加入北京教育学院"协同创新学校计划"，开展培训56次；组织教师参与市级高端研修近2500人次，教师队伍整体素质显著提升。新认定高级教师236人，一级教师418人，二级教师备案611人，三级教师备案146人。拟认定正高级14人，均通过市级评委会评审，现已公示。新评选出北京市学科教学带头人19名，北京市骨干教师170名，北京市中小学骨干班主任28名，乡村任教满30年优秀乡村教师7名，乡村任教满20年优秀乡村教师21名。

【党组织建设】 2020年，发挥党员先锋作用，组织教育系统党员干部300余人次下沉社区，深入抗疫一线。号召教育系统3799名党员捐款377778元助力支援抗疫。完成121名基层党组织书记抓党建工作述职评议考核，64名党组织书记评议为"好"。发挥书记工作室基层治理功能，开展线上工作室研修。抓好党员队伍建设，新接收预备党员166名，培训发展对象220名和入党积极分子246名，充实教育系统党组织力量。以打造党建品牌为切入点，深化"一十百千"党建工程。认定"发现党建"等6个品牌为党建示范品牌、"民族花儿向阳开"等13个品牌为党建优秀品牌。强化党建课题研究，基层党组织创造力进一步激发。全年承担市级重大党建研究课题2项、一般课题1项、区级课题1项，参与市级重大研究课题1项。党建案例研究工作成果显著，9项案例荣获市级奖项，全市排名第五。微党课"红色基因薪火相传"，代表北京市参加中组部组织的全国红色教育微党课推荐活动。

【全面从严治党工作】 2020年，进一步压实主体责任，区委教育工委领导班子成员制定个性化主体责任清单9份，基层党组织书记和党组织成员个性化主体责任清单369份。深入开展党性、党风、党纪和廉洁从政教育，拒腐防变思想防线进一步筑牢。组织党员干部学习党纪条规，观看警示教育片，开展反腐倡廉教育活动。召开党员干部警示教育大会，严肃处理违法违纪干部。贯彻落实中央八项规定精神，坚决防止"四风"反弹。与区纪委联合开展"运河清风进校园"系列宣传活动，让廉洁清风吹进校园。

【思想建设】 2020年，理论学习中心组开展学习活动20次，教育系统"学习强国"排名稳居全区前列。完成全国文明城区年度复审工作，精神文明建设工作进一步加强。以培育和践行社会主义核心价值观为主线，评选表彰160名通州区美德少年、136个最美家庭。征集评选出100首优秀童谣作品，组织7所学校参加“童心向党”歌咏活动。培育选树道德典型，3名教师入选月度“通州榜样”，其中永乐店中学校长杜福栋、培智学校教师李荣华2人进入年榜。扎实推进中共十九大及十九届二中、三中、四中、五中全会精神落实，“教育的魅力”优秀教师宣讲团持续宣讲。签订意识形态责任书158份，意识形态责任制进一步落实。微信微博发布信息700余篇，完成活动宣传报道80项，各级各类媒体报道教育新闻100余次。教委微信公众号综合排名始终保持全市前列。策划区域教育特色等4项专题报道，展示教育发展成果和师生风采，副中心教育形象呈现新面貌。

【工会工作】 2020年，严格执行《基层工会经费收支管理办法》，印发《通州区教育工会2020年财务及经费管理制度汇编》，开展基层工会经费收支预决算工作。打造智慧工会，做好会员管理、职工互助保障等系统管理工作，发挥互联网服务教职工作用。深化职工之家体系建设，拨付30多万元支持新建学校建家工作。持续做好职工互助保障工作，实现会员享有5项以上职工互助保障计划。全年六大险种理赔及京卡二次报销5145人次，累计金额1245739.15元。评选164名抗疫最美女教工。组织“聚人心、增活力”普惠性文体活动，开展片区活动23次，11638人参加，活动覆盖面、参与度进一步提高。深化民办工会组织建设，全年新建民办工会组织106个。实施工会干部能力提升计划，开展工会主席、经审委员、财务人员等业务培训，工会干部服务教职工能力持续提高。

【团委、少先队工作】 2020年，新成立教工团支部17个、少先队大队2个、校级少工委77个，全区中小学校级少工委覆盖率100%，居全市第一。完成500名新团员入团培养工作。组织团队干部，围绕抗疫精神宣讲等主题推出57节微课，实施“红领巾战疫行动”，搭建线上展示交流平台。开展“你好少代会”视频征集和“副中心红领巾说八少”活动，少代会精神深入落实。设计党团校课程24节，向团中央报送2节精品团课。完成2000余名毕业年级团员团组织关系转接，转接率93%，全市排名第一。推送“红领巾宣讲台”“副中心少年说”等节目300余期，3000多名队员音频作品在电台播出。30余件视频打卡作品在“学习强国”等平台推送。活动信息在“全国少工委”“北京日报客户端”等10余个媒体平台推送宣传近百次，副中心共青团、少先队影响力大幅提升。全系统师生实名注册志愿者28292人、志愿服务队157支，开展志愿服务项目2462项，完成志愿服务总时长226万余小时。团员回社区报到人数98%，开展校内外垃圾分类志愿服务2000余人次、共计2万余小时。教育系统志愿者工作扎实开展。

【教育督导】 2020年，聘请21位中小学责任督学、112位幼儿园责任督学。责任督学针对春秋季开学、初高三试开学、非毕业年级试开学、中高考考点疫情防控、中小学生用餐情况、心理健康教育等先后12次对120所中小学（包括完小）、303所幼儿园展开地毯式督导，实现督导全覆盖，督学提交督导报告单975次，形成专项督导报告，挂账督促学校幼儿园整改，促进依法办学、规范办园。组织61位专家完成60所幼儿园办园质量督导评估工作，其中B级40所、C级20所。制定《通州区学校幼儿园学年度绩效考核实施方案（试行）》，并完成123家单位绩效考核。完成学前教育发展状况监测数据的审核上报工作。组织20所学校853名师生参与完成2020年国家义务教育质量监测工作。

（李瑶　白文会）

【开展专项督导】 7月6日，通州区教委组织10余名挂牌责任督学，深入潞河中学、张家湾中学等5所高考考点及备用考点开展专项督导，主要检查疫情防控方案、应对疫情突发事件、极端天气等预案的制定、培训、演练情况；考点周边秩序维护工作；涉考工作人员是否进行核酸检测情况；考点和备用考点的防疫物资准备情况；考点是否增加1～2名疫情防控专职工作人员等。专项督导采用移动智慧督导方式，利用“蓝信”平台及时反馈并整改。

【完成督导评估】 2020年，通州区教委完成对60所幼儿园进行督导评估。组织全区310所幼儿园（包括分园、分址、分部）完成北京市幼儿园办园质量督导评估自评工作，10月21日至11月12日，组织63名督评专家分为6组对14所公办园和46所民办园进行实地督导评估，经过区级评估，市级抽查审核和社会公示，40所幼儿园认定评估等级为B，20所幼儿园认定评估等级为C。

【开展疫情专项督导】 4月至12月，通州区教委组织138名中小学幼儿园挂牌责任督学完成市区两级专项督导13次，提交督导报告单1654份，形成专项督导报告6份。内容涉及初高考疫情防控、中小学幼儿园春秋两季开学准备工作、暑假有关工作、中小学幼儿园安全卫生工作、心理健康教育、学生在校用餐情况等。

（李壬戌）

学前教育

【概　况】 2020年，通州区幼儿园227所，入园幼儿32071人，离园幼儿8977人，在园幼儿51553人。其中，教育部门办园45所，在园幼儿15582人；民办幼儿园140所，在园幼儿31956人；其他部门办园（含村办）42所，在园幼儿4015人。全区幼教职工8353人。其中，园长419人，专任教师3880人，保育员（含保健医）2028人，其他2026人。专任教师中，本科学历1252人，专科2252人。教师中，高级教师职称18人。全区北京市市级示范园6所、北京市一级一类园13所，北京市早期教育基地8个，北京市学前儿童特殊教育基地4个。

9月10日，举行北京市第五幼儿园城市副中心园开园典礼暨教师节慰问活动

（区教育委员会提供　白文会　拍摄）

【新增12所民办幼儿园】 1月3日，北京市通州区合美滨江帝景幼儿园（非营利性）、北京市通州区德爱六合幼儿园（非营利性）、北京阳光溪语幼儿园有限公司（营利性）3所幼儿园经通州区教委发展规划审批设立，成为通州区民办幼儿园。3月20日，通州区教委经工委会批准同意设立北京市通州区育童幼儿园等9所民办幼儿园，取得办学许可证。其中，北京市通州区育童幼儿园、北京市通州区吧哩岛幼儿园、北京市通州区小牛顿幼儿园、北京市通州区美嘉万盛幼儿园、北京市通州区德爱通惠幼儿园等6所幼儿园为普惠幼儿园，北京京运青青藤幼儿园有限公司、北京华杉慧童幼儿园有限公司、北京市通州区思玛特幼儿园3所幼儿园为非普惠幼儿园。此项工作是为落实《通州区无证幼儿治理转化工作方案》要求，全面推进通州区无证幼儿园治理转化工作。

（白文会　姜宁）

【北京财贸学院与新城东里幼儿园建立实习基地】 11月25日，北京财贸学院学前教育专业师生走进新城东里幼儿园，召开实习工作启动会。会上，学院领导与园长签订学前教育实习基地建设协议，并共同为基地挂牌。实习基地的建设为培养高素质学前教育人才提供保障。

（史新杰）

【推进无证幼儿园分类治理工作】 2020年，通州区教委推进无证幼儿园分类治理工作。分7批次转化116所为普惠过渡期幼儿园，涉及14262名幼儿，累计拨付生均定额补助资金7762.03万元，其中第一批转化9所，涉及2085名幼儿，拨付1634.89万元；第二批转化20所，涉及3077名幼儿，拨付1961.205万元；第三批转化15所，涉及2832名幼儿，拨付1685.04万元；第四批转化17所，涉及1969名幼儿，拨付993.14万元；第五批转化10所，涉及1111名幼儿，拨付356.745万元；第六批转化37所，涉及2198名幼儿，拨付892.84万元；第七批转化8所，涉及990名幼儿，拨付238.17万元。

（李维深）

【规范管理民办园】 2020年，通州区教委就无证园转化、师资情况摸底、疫情后复园、平安校园建设、督导质量评估指导、天然气安全等方面对全区民办幼儿园开展全员实地指导检查。分批次组织新审批民办幼儿园管理者及卫生保健管理人员专业知识培训，提升民办幼儿园各岗位人员专业理论和业务能力，46所民办幼儿园一次性全员通过质量督导评估。制定规范园所收费备案标准，完善对民办幼儿园收、退费管理规程。

（刘森）

基础教育

【概　况】 2020年，通州区小学82所（公办校77所、民办校5所），教学班1970个。招生15470人，毕业8989人，在校生74881人，在校生中北京市户籍学生48185人。教职工4659人，其中专任教师4292人。中学43所（完中9所、高级中学2所、初中15所、九年一贯制学校12所、十二年一贯制学校5所）。教学班840个（初中601个、高中239个），招生11032人（初中7570人、高中3462人），毕业7817人（初中5237人、高中2580人），在校生29448人（初中20761人、高中8687人），在校生中北京市户籍学生24665人（初中16639人，高中8026人）。教职工5062人，其中专任教师3979人。特殊教育学校1所，在校生167人。校外教育单位1个，教职工73人，专任教师54人，在校生1250人。教育部门办中小学专任教师学历合格率99%，教职工中高级教师职称1178人。中小学占地总面积3595481.62平方米，总建筑面积322905.69平方米，固定资产总值344662.2915万元，图书3091288册。小学电子图书16934册，音视频16545小时；中学电子图书274879册，音视频19643小时。全年教育投入512954万元，其中，国家拨款495764万元，自筹经费17190万元。

【30名师生代表走进区政协会议】 1月2日，政协通州区六届四次会议开幕。大会特别邀请运河中学、潞河中学、通州六中等29所学校的30名师生代表，模拟政协活动，提案涉及经济、政治、文化、社会、教育、生态等各方面热点焦点问题。1月4日，政协北京市通州区第六届委员会联组讨论会召开。潞河中学、通州区第六中学、张家湾中学的11名师生参加围绕“七有五性”等民生问题的联组讨论会。

（白文会）

【2246名考生参加新高考“云”测试】 3月3日，2246名考生参加新高考“云”测试。开考前30分钟通过网络发放考卷试题，由学生自主打印，家长作为现场“监考员”监督考试并及时向学校报告考生情况。此前，通州区教委研究制定2020年新高考适应性测试实施方案，明确责任分工，各中学制定校级实施方案，召开家长、学生视频会议，细化工

作流程，保障每一名学生参加考试；8 所高中校每校配备 1 名联络员，深入学校跟进督导测试筹备情况，及时处理突发情况。

（李继龙）

【名师国际化素质提升高端培训项目开班】 5 月 6 日，通州区名师国际化素质提升高端培训项目开班。开班仪式上，通州区教师研修中心（分院）领导简要介绍项目谋划的背景和培训目标，德保罗大学教授 Donna Kiel 介绍课程情况以及相关培训安排。培训的主题是“改变教学方法基于脑科学的教学”和“STEM 跨学科领域课程设计与教学”。在项目推进过程中，基于疫情影响，采取线上线下相结合的混合式研修形式开展培训。通州区教委在中小学、幼儿园遴选 100 名的骨干教师参加为期 10 天的项目培训。

5 月 6 日，名师国际化素质提升高端培训项目开班　（通州区教育委员会提供　朱桂友　拍摄）

（朱桂友）

【3 名学生进入国家级奖学金候选人名单】 5 月 6 日，潞河中学初二年级学生于硕、北苑小学四年级学生冷尔谦、第六中学初三年级学生张梦瑶等 3 人进入第十四届宋庆龄奖学金获奖候选人。宋庆龄奖学金是面向义务教育阶段中小学生设立的国家级奖学金，旨在弘扬宋庆龄爱国主义精神，树立优秀少年儿童榜样。该届奖学金共奖励 1542 名优秀学生，其中北京市有 40 名学生进入候选名单。

（王川）

【杨庄小学新建工程全面开工】 5 月 30 日，通州区杨庄小学新建工程实现全面开工。杨庄小学项目为 2020 年区政府折子工程，位于永顺镇杨庄村，通州新城 0404 街区 TZ−0404−0204 地块，东至 TZ00−0404−0210 地块，南至广渠路，西至黄瓜园路，北至黄瓜园中街。项目总建筑面积 41610 平方米（其中地上建筑面积 26632 平方米、地下建筑面积 14978 平方米）。建设内容为新建教学楼、宿舍楼、实验楼、观演厅、风雨操场等。规划建设 48 个教学班，可提供学位 1920 个。

5 月 30 日，杨庄小学新建工程全面开工　（区教育委员会提供　曹希林　拍摄）

（曹希林）

【开展“益启分”垃圾分类活动】 6 月 12 日，通州区教委开展小学“益启分”垃圾分类主题教育实践活动暨卡通形象设计征集活动。北京市史家小学通州分校、永乐店镇中心小学等 46 所学校推荐上交 136 件作品，经过初评、复评阶段的遴选，其中 45 件作品分别获得特等奖和一、二、三获奖。通州区教委结合实际情况出版《垃圾分类指导手册》，向全区 110 所中小学发放，指导学生及家庭日常分类活动。

（韩振伟）

【人大附中通州校区“1+3”项目试验班启动招生】 7 月 4 日，中国人民大学附属中学通州校区“1+3”项目试验班启动招生。面向城六区和通州区一般公办初中初二年级学生招收 80 人，录取进入试验班学生需参加初中学业水平考试，合格后免中考直升本校高中，连续完成初三及高中共4年学习。该项目为北京市“1+3”培养试验学校项目，开设包括运河中医药文化在内的特色系列课程。

【2所学校入选“中英伙伴学校交流计划”项目校】 7月6日，北京市通州区运河中学和北京市史家小学通州分校入选第五批“中英伙伴学校交流计划”项目学校，全市共7所学校入选。“中英伙伴学校交流计划”项目是中国教育国际交流协会在教育部指导下的执行项目，2015年9月18日在英国伦敦正式启动。项目旨在丰富中英人文交流及中小学校际合作的内容，促进两国青少年相互交流学习。

（韩晓峰）

【高考工作完成】 7月7日至10日，通州区2382名考生走进考场。通州区设置潞河中学、运河中学西校区、人大附中通州校区、北京二中通州校区4个考点120个考场，每个考点设置3个备用考场，另设置张家湾中学为备用考点。按照疫情防控要求，每个考场编排考生20人。通州区制定《2020年通州区高考、中考疫情防控方案》和《2020年通州区高考、中考疫情防控应急预案》，成立考试疫情防控领导小组，下设健康监测组、专业指导组等6个专项工作组，每个考点安排1名疾控人员担任防疫副主考和2名专职负责防疫常规工作和卫生应急救援的组织协调。各考点均配备一次性医用口罩、一次性手套、水银体温计、手持式体温检测仪、大通量无接触体温检测、免洗手消毒纸巾、含氯消毒剂、季铵盐类消毒剂、一次性隔离衣或防护服、一次性工作帽、一次性鞋套、医用防护口罩、防护面屏或护目镜等设备。

（白文会）

【启动线上英才培养项目】 7月11日，通州区教委启动通州区2021届高三英才培养项目。英才项目由通州区教师研修中心发起，受通州区教委领导，覆盖新高三暑期、秋季、寒假、春季、高考后强基集训等高三备考全过程，旨在通过系统性的培优拔尖，帮助高三学生实现全学科的课程优化，以点带面、提纲挈领，项目实施动态评价机制，全面激发出学生的学习潜能。

（马耀国）

【中考工作完成】 7月17—19日，通州区有4941名考生参加考试，设置通州区潞河中学、通州区第二中学等16个考点，每个考场编排考生20人，编排考场265个，每个考点另设置3个备用考场。设置北京二中通州校区、通州区梨园学校2个备用考点。按照《2020年通州区高考、中考疫情防控方案》和《2020年通州区高考、中考疫情防控应急预案》要求，考前对所有参与考试的工作人员，全部进行核酸检测，每个考点安排1名疾控人员担任防疫副主考，2名专业医护人员，共同专职负责防疫常规工作和卫生应急救援的组织协调。每个考点安排1辆专业医用救护车驻守。

（王志伟）

【培训学习活动】 7月19日，翁牛特旗、奈曼旗、科右中旗的60位干部教师到副中心，开启为期一周的培训学习活动。活动中，中国科学院大学、北京师范大学、北京市基教研中心的多位专家以及朝阳、丰台、大兴等区教师研修中心的教师，为学员们带来教师专业发展、学校特色课程建设、大数据与人工智能等课程，助力学员提升专业素养；开展走访名校、文化考察等活动。7月24日举行结业典礼。2018年以来，通州区与对口帮扶三个地区通过常态化智力支撑模式，形成多层次、多形式、全方位的协作支援格局，2018年、2019年连续两年举办内蒙古“三旗”骨干教师、校长和研修员的培训项目。

【首家教育咨询社区服务站落成】 7月28日，通州区教委在通运街道紫荆雅园社区建成首家教育咨询社区服务站。服务站着眼于拓宽教育阵地，主要为学生及家长提供个性化的家庭教育咨询、心理健康指导。教育咨询社区服务站的设立，是区教委在创新服务模式、扩大延伸教育服务阵地上的一次探索和尝试，有助于家庭、学校和社会在教育领域实现三方联动和共建共享，广大社区居民能够就近就便得到务实可行的家庭教育指导和政策咨询解答，提高副中心教育公共服务能力，以及社会精细化管理与服务水平。

（白文会）

【开展支教培训活动】 8月17—20日，由通州区教师研修中心党总支书记带队，一行13人赴内蒙古奈曼旗开展支教活动。活动中，通州区教师研修中心、奈曼旗教师进修学校领导代表两校签署2020年通州区教师研修中心支持奈曼旗教师进修学校教育发展协议。通州区教师研修中心根据奈曼旗教育科技体育局在二部、教师培训需求，提前谋划，精心准备，开设中小学校长班、高中教师培训班、班主任培训班、幼儿园园长班、骨干教师班等5个班13门课程。奈曼旗52个学区210名幼儿园园长、副园长及保教干部，51个学区的182名德育干部和班主任，奈曼旗中小学校长、副校长100余人参加培训活动。

（闫德胜）

【举办线上争霸赛活动】 8月18—28日，通州区教委举办全区初一、初二学生开展"读"占鳌头——2020年通州区ASR全学科阅读达人线上争霸赛活动。11天的活动，7000多名学生报名参加，经过10天初赛激烈比拼，1473名学生顺利通关晋级决赛，最终400名学生在全学科阅读线上达人争霸赛决赛中胜出，参加比赛闯关的学生达到44344人次。活动涵盖语文、数学、历史、地理等主要学科，全面展示学生知识、视野、思维水平、动手能力、表达能力和团队精神，活动通过线上方式，采用知识闯关形式进行，北京电视台、中国教育电视台、中国教育报、腾讯网、千龙网等多家媒体予以宣传报道。

（李晓泉）

【开展教育研究帮扶活动】 8月25—29日，通州区教委组织通州区教师研修中心"名师工作室"主持人代表闫景荣等5人赴翁牛特旗教师教育研究中心深入开展对口帮扶工作。活动中，参与人员分别为翁旗基础教育英语、数学和道德与法治学科教师做核心素养下学科教学改革的专题培训和"名师工作室建设"指导工作。既有学科教育教学改革前沿动态，又有精彩的教学案例剖析，既有名师工作室的缘起、运行机制等理论介绍，也有学科工作室目标制定、团队建设、发展规划、成长档案、工作成效等具体细节分享，生动形象地把通州研修人对于核心素养下教育教学改革的思考和名师工作室的建设经验毫无保留地介绍给翁牛特旗教育人。

（李红梅）

【高招录取工作】 截至8月30日，通州区2020年高招录取工作结束。经市高招办批准，通州区有2618名考生（不含潞河中学新疆班考生）被录取，前期高职自主招生录取456人（不参加高考），统录中统考生录取2162人。统录被录取的统考生中本科1944人，专科218人；本科零批次强基计划5人，其他本科单独考试招生5人，本科提前批艺术类A段32人，本科提前批艺术B段美术类117人，本科提前批艺术B段非美术类20人，本科提前批普通类A段251人，本科提前批普通类B段130人，本科特殊类型1人，本科普通批1383人，专科提前批艺术美术类6人，专科提前批艺术非美术类1人，专科提前批普通类25人，专科普通批186人。

（王洪建）

【聘任卫生健康副校长】 9月2日，通州区教委与卫健委联手，为辖区内的中小学校聘任卫生健康副校长。来自公立医院、疾病预防控制中心、卫生计生执法监督机构、社区卫生服务中心等部门的69名专业医务工作者成为卫生健康副校长。各校卫生健康副校长的主要工作职责和任务：一是协助制定学校卫生工作规划和计划，贯彻执行《学校卫生工作条例》，指导学校开设健康教育课程，参与、指导、督查学校卫生管理工作，协助组织开展卫生相关应急演练与突发公共卫生事件处置，提高师生健康意识和应急处置能力；二是根据学校实际情况，结合学生身心发展特点，指导学校开展有针对性的健康教育，建立以学校卫生专业技术人员为主、班主任为辅的卫生辅导员队伍，共同推进学校健康教育，用专业知识影响师生及家长，普及健康知识，提高健康素养；三是落实"七个一"，即每月至少一次到学校现场指导学校卫生工作，每季度至少为学校全校师生上一次健康教育辅导课，每学期至少参加一次学校行政例会，研究学校卫生工作管理、课程设置、健康校园建设、常规工作落实情况等多方面工作，每学期召开一次与教师、学生和家长的座谈会或知识讲座，每学年为中小学保健医、主管卫生工作的教师至少进行一次专业培训，每学年向学校提交一次工作计划和工作总结，每年梳理一次学校卫生工作管理制度，并根据实际情况进行修改和完善；四是抓好学校传染病防控、饮用水卫生安全、心理健康、环境卫生等重点卫生工作的落实，促进学生体质健康状况不断改善，促使近视率、患龋率、肥胖率检出的增长幅度得到抑制或逐步下降。

9月2日，聘任卫生健康副校长
（区教育委员会提供 白文会 拍摄）

（白文会）

【与三河市四校合作共同体学访交流活动】 9月25日，北京市通州区运河中学与河北省三河市第七中学、第九中学、第十中学、第一实验中学共同开展合作共同体学访交流活动。活动中，各校领导听取该校教学、德育、党建等工作汇报；五校之间就学校党建工作、学校管理、安全工作等问题开展互动交流。

（刘凌）

【召开战略合作启动会】 10月16日，通州区委教育工委、区教委与北京教育学院（北京教育党校）五年战略合作启动会召开。会上，北京教育学院副院长和通州区委教育工委书记共同签订《关于联合开展促进北京城市副中心教育优质发展的战略合作框架协议》，北京教育学院（北京教育党校）北京市基础教育党建研究中心常务副主任就协议内容和工作方案进行解读。战略合作重点聚焦新时代加强党对基础教育的全面领导、基于职级制的中小学校长素养提升两大序列；开展新时代加强党对基础教育的全面领导的研究、实践与培训，建立北京城市副中心中小学校长职级制度研究实践基地，研制《北京城市副中心基于职级制的中小学校长素养提升规划（2020—2025）》等三方面内容；双方在五年内持续推进课题研究、专项培训、平台建设等工作，依托北京教育学院（北京教育党校）基础教育党建研究中心和校长学院，聘请中央党校、北京市委党校和高校科研院所资深专家、北京市中小学特级校长、书记等共同开展专业指导，提供专业支撑与支持。为北京市通州区首批特级校长徐华等4位校长建立特级校长工作室。北京市委教育工委副书记李奕与北京教育学院党委书记、北京教育党校常务副校长肖韵竹共同为城市副中心中小学校长职级制度研究实践基地揭牌，与会领导向通州区4位特级校长颁发证书和特级校长工作室铜牌，向特级校长工作室理论导师颁发聘书。通州区中小学、幼儿园、职业学校党政正职及通州区优秀青年教师领导力提升培训班学员300余人参加活动。

（王川）

【承办书法艺术进校园活动】 10月26日，通州区教委承办北京书法艺术进校园培训项目。启动会上，北京市书协秘书长就书法艺术进校园活动做回溯与展望。杨广馨开始培训第一课“行书的演变及临习”。通州区书法协会、通州区教委、通州区教师研修中心（分院）相关领导参加此次启动会。此次培训共计8天，有14名知名书法家、书法教育专家为通州区42名专兼职书法教师进行培训。

（王伟）

【召开“119”消防宣传月启动会】 11月9—10日，通州区教委在北京运河安华消防安全教育体验馆组织召开区教育系统“119”消防宣传月启动会暨校长安全培训会。培训主要围绕消防、地震、恐怖事件等校园安全工作内容，特别邀请公安部门实施培训。区教委法治安全科对近期校园消防工作、燃气使用管理、危险化学品安全治理、封闭管理、值班值守等工作以及“119”消防宣传日宣传教育及演练活动进行动员部署。全区各乡镇、街道教委办主任，各中小学、幼儿园、职业学校、成人学校、直属单位主管安全工作的领导、负责人及专职安全员等600余人参加培训会。

（邵勐）

【举办研修员示范课展示活动】 11月18日至12月30日，通州区教委举办研修员下水示范课展示活动。活动围绕“示范引领 指导服务 助力发展”主题，25位研修员逐一走上讲台为学生授课，展示风采，为基层学校做好示范引领与服务工作。每次活动中，分别安排示范课展示、互动研修、领导或专家点评等环节。授课内容涉及中小学语文、数学、历史、道德与法治、音乐、美术、英语、地理、物理、团队活动等学科。

（肖月）

【举行教育协同发展框架协议签约仪式】 11月19日，通州区教委与三河市教育和体育局在三河市教体局举行教育协同发展框架协议签约仪式。签约仪式上，在观看三河市教体系统宣传短片后，三河市教体局局长简要回顾自2017年通武廊教育联盟建立以来，地区间及学校间开展的合作交流情况，对未来的教育协同发展提出希望。三河市第一中学、三河市第四小学、通州区运河中学、北京教育科学研究学院通州区第一实验小学校长分别就近三年来学校间的交流合作进行总结。通州区教委和三河市教育和体育局领导代表两地教育部门签署教育协同发展框架协议。此次签订的框架协议内容主要是中小学和幼儿园将通过“手拉手”和“联盟校”等形式，推动校际交流、深度融合；双方互派干部教师进行挂职跟岗；加强师资培训和教研活动交流；增进信息资源共享；促进学生跨区域交流；探索合作办学的有效路径；构建更加高效的协同联络工作机制。通州区教委、三河市教体局及两地教育部门相关科室负责人、部分学校代表参加活动。

11月19日，举行教育协同发展框架协议签约仪式　（区教育委员会提供　韩晓峰　拍摄）

（韩晓峰）

【承办京津冀车辆模型邀请赛】 11月21日，通州区教委承办2020年京津冀车辆模型邀请赛暨北京市青少年车辆模型比赛。车模项目设置1/27MINI—Z遥控车竞速赛、1/10安全行车计时赛、1/24遥控车竞速赛、二对二遥控车台球挑战赛、橡筋动力车拼装定点、四驱车拼装竞速赛、幻影F1三项全能团体赛、创意汽车绘画赛8个比赛项目，航天项目为火箭助推遥控模型滑翔机，项目设置包含准入门槛低的普及项目及全国公开赛比赛项目。与往年不同的是，2020年的赛事增加安全行车项目。副中心12支参赛队伍100余名学生与来自京津冀三地的800余名学生同台竞技。此次活动由北京市体育局、北京市体育总会主办，北京市体育总会秘书处、通州区教委和北京市模型协会联合承办。截至年底，全区有近40所中小学开展车辆模型课程和活动。

（吴秀玉）

【新课程新教材实施市级示范区建设启动会】 11月23日，通州区普通高中新课程新教材实施市级示范区建设启动会在教师研修中心召开。会上，区教委领导解读示范区实施方案。基于北京城市副中心功能定位，示范区建设将重点围绕课程管理、课程建构、教与学方式以及教研支撑4个方面进行突破性探索；潞河中学、人大附中通州校区校长先后就示范校实施方案进行交流发言；区教委书记向裴娣娜、赵学勤、张熙、王凯等专家学者颁发特聘专家聘书；裴娣娜教授以《角色、身份和责任》为题，结合示范区建设，从区域层面分析通州区高中教育发展的阶段特征以及新时代面临的挑战。从高点站位诠释教育教学改革的实践逻辑和具体路径，为示范区建设提供新思路。北京师范大学、北京市教委基教二处、北京教育科学研究院教育督导与教育质量评价研究中心、基础教育研究所、课程教材发展研究中心、通州区委教育工委等专家领导及全区各中学的领导、教师研修中心相关研修员等200余人参加会议。

（张旭东）

【联合主办首届同课异构教学研讨活动】 11月26日，通州区教委与北京教科院基教研中心联合开展“基于情境式教学、提高学生探究能力”——北京城市副中心首届同课异构教学研讨活动。活动设置小学、初中、高中三个分会场，分别由通州区贡院小学、潞河中学、中国人民大学附属中学通州校区同步承办，围绕基于情境式教学，提高学生探究能力主题进行交流研讨，东城、西城、海淀、朝阳及通州等14个区71所学校91位教师齐聚城市副中心现场竞技，市级专家当场点评，其中小学研讨活动涉及11个区27所学校，涵盖语文、数学、体育、美术、书法、道法等9个学科27节课，中学涉及全市27所学校，包括语文、数学、体育、化学、道法、信息技术等10个学科37节课，高中涉及全市22所学校，涉及语文、数学、政治、化学、生物、地理、历史等10个学科27节课。活动主要采取直播和线下参与两种方式。北京教育科学研究院基础教育研究中心、通州区教委、通州区教师研修中心（分院）领导，各学科各学段市级教研员，各区县教研员、教师代表等参加活动。

（谢海明）

【举办经典诵读大赛】 11月27日，通州区教委举行中华优秀传统文化系列活动之“通州之声 天籁之音”第四届经典诵读大赛现场决赛。大赛以《通州区国学启蒙教育经典诵读评价量表》为标准，以通州区“三十二”诵读策略为原则，以基调准、行腔正、情感真、效果好为基点，以“三美”即音声之美、意境之美、人格之美为依据进行打分，现场决出后南仓小学、通州区幼儿园、运河中学等10所学校的诵读曲目为新锐组的特等奖，潞河中学、次渠中学等15所学校获得一等奖，北京市史家小学通州分校、漷县镇觅子店幼儿园、北理工附中通州校区等6所学校的经典曲目获得经典咏流传铜牌。全区61所实验学校的传统文化负责人和诵读曲目指导教师160人参加此次大赛活动。此次大赛历经初赛、启动遴选、决赛3个阶段，有54所学校的86件作品参赛。在线上初赛的基础上，遴选出30个诵读曲目进入决赛。2014年举行首届经典诵读大赛。

（王洪霞）

【举办车辆模型竞赛活动】 11月28日，通州区教委举办“驾驭未来，畅行通州”通州区中小学车辆模型竞赛活动。车模比赛设置橡筋动力车拼装定点赛、四驱车拼装竞速赛、幻影F1三项全能团体赛、1/24遥控车竞速赛、1/27遥控车竞速赛、MINIQ遥控车竞速赛、遥控2vs2台球赛（团体赛项目）等7个项目，设置所有项目与北京市和全国公开赛项目设置同步。全区39支队伍、500余名师生参加活动。

11月28日，举办车辆模型竞赛活动
（区教育委员会提供 吴秀玉 拍摄）

（吴秀玉）

【举办援蒙干部高级研修班】 11月30日至12月7日，通州区教委举办支援内蒙古翁牛特旗学校干部高级研修班（二期）。培训中，有北京师范大学、首都师范大学等高校教授的理论讲座，北京市教育科研专家进行科研指导，北京第十二中学特级教师、北京第八十中高级教师、对外贸易大学附属中学特级校长等带来的教育一线的实践经验。通州区教师研修中心相关领导分别从新时代的教育与学生核心素养培养、干部专业发展、卓越教师成长等方面，从宏观和微观的角度介绍通州干部教师培训特色经验。内蒙古翁牛特旗38名学员参加培训活动。

（白文会）

【举办冬奥知识竞赛】 12月5日，通州区教委举办第三届通州区中小学生冬奥知识竞赛。该次冬奥知识竞赛内容包括冬奥会历史发展、比赛项目、奥运文化及中国在历届冬奥会上所取得的成绩等，全区41支代表队205名选手参加初赛，选拔比赛按学段分为高中组、初中组、小学组进行。潞河中学、次渠中学、永顺镇中心小学分获各组冠军，代表通州区参加北京市冬奥知识竞赛。

（董宝玉）

【举办个人项目展演活动】 12月12—13日，通州区教委举办中小学2020年“运河之花”个人项目展演活动。内容包括声乐、钢琴、舞蹈等3个展演项目，分别按小学1至2年级、小学3至4年级、小学5至6年级、初中、高中进行分组。最终产生钢琴类金奖23个，银奖75个，铜奖67个；声乐类金奖22个，银奖67个，铜奖85个；舞蹈类金奖34个，银奖58个，铜奖62个。全区90余所学校选拔的近650名学生参加，历经校级个人项目展示和区级展示2个阶段。

【举办小学生智力运动会】 12月19日，通州区教委举办“小游戏 大智慧”小学生智力运动会。活动内容主要包括猜词游戏、逻辑数独、魔方和七巧板创意作品等，活动形式主要为团体竞赛和个人竞赛。全区有39所小学的336名学生参加活动。

（吴秀玉）

【开展垃圾分类系列主题教育活动】 2020年，开展垃圾分类系列主题教育活动。将垃圾分类与人工智能、编程等信息化高科技手段相结合，设计编程游戏，引入智能机器人研发、垃圾收集分类机等科技小作品。开展“畅享科技魅力分”享绿色生活等垃圾分类嘉年华等特色品牌活动，设立益启分活动吉祥物，开展垃圾分类我来投、制作垃圾分类怪兽盒子等体验活动。学校开展生态文明小卫士、优秀垃圾分类监督员等评选活动，举办垃圾分类童谣征集、变废为宝创意大赛，激励学生积极践行垃圾分类。

（韩晓峰）

【治理校外培训机构】 2020年，通州区教委推进校外培训机构精准治理，校外培训机构全部完成整改任务。先后与通州区永顺镇、北苑街道、梨园镇、中仓街道、新华街道、潞城镇、玉桥街道、台湖镇、通运街道等属地联合检查176次，发整改通知128份，取缔居民区内无证无照办学19家，对符合条件的68家机构引导办理办学许可证。联合属地对培训机构疫情防控工作进行联合检查，统计人员流动情况。完成校外培训机构复工复产工作部署、实施，联合通州区疾控中心、通州区中小学生保健所，按培训机构复产复工标准检查培训机构复工准备工作，检查机构28家，整改后达到复工条件。完成9家学科类培训机构资金监管工作。

（刘森）

职业与成人教育

【概　况】 2020年，通州区职业高中2所，其中，教育部门办1所、民办1所，开设专业11类。招生272人，毕业121人，在校生489人。教职工140人，其中专任教师116人。职业高中学校（非学校产权）占地总面积247799平方米，（学校产权）建筑总面积49636平方米，（非学校产权）建筑总面积29210平方米，图书室藏书115469册，固定资产总值14530.14万元。成人教育单位12个，其中成人教育中心1个、区教委辖管乡镇成人学校11个。开设外语、计算机、农业技术、驾驶、文明素质等培训科目。教职工36人（不含外聘教师），其中专任教师20人。区教委辖属乡镇成校占地总面积89154平方米，建筑总面积35275平方米，图书馆藏书48194册，计算机484台，固定资产总值1533.741758万元。

【组织同课异构录像课展示交流活动】 9月18日，通州区职成名师工作室组织同课异构录像课展示交流活动。活动分为同课异构录像课展示、教师说课、教师交流研讨及专家点评三部分。教师们采用不同的构思、不同的教学策略、不同的教法，以不同的教学风格演绎同一教学内容。北京教育学院信息科学与技术教育学院、通州区教师研修中心技活职成部研修员、北京新城职业学校相关领导及职成名师工作室全体成员参加活动。该次活动是上学年通州、朝阳、海淀三区参与的同课异构活动的第二部分——录像课（非现场）研讨活动。

（邵德玉）

【全民终身学习活动周开幕】 11月18日，通州区第十六届全民终身学习活动周开幕，活动主题为“全民智学促治理，素质提升增效能”。开幕式上，对2020年“首都市民学习之星”4人，“通州区市民学习之星”86人，学习型家庭101个，社区教育先进工作者38人进行表彰，为2所北京市优秀成人继续教育院校、4个北京市终身学习品牌项目以及13个通州区社区教育优秀培训项目颁牌。开幕式当天举办第五届通州区社区教育书画培训成果展，有近280个社区教育优秀作品参展。活动周期间全区各街镇、职业学校、成人学校等单位安排1000余场学习活动。具体活动内容包括组织广大从业人员、社区居民、老年人群参加全民终身学习；开展“网课送到家”“微课到手机”的教育培训和学习服务活动；宣传“市民学习之星”的学习成果和感人事迹；持续开展好书推荐、好书诵读、书友会、书香之家、读书之城、智能学习等线上线下活动。北京市教委职成处、通州区教委、区成教中心、区妇联相关领导及市级、区级获奖个人和单位代表100余人参加开幕式。截至年底，建成市、区级市民终身学习示范基地37个，各类学习型组织的创建率达96%以上，培育认定学习型街道、乡镇15个，学习型社区、村145个，其他类型学习型组织821个，“市民学习品牌”26个，市、区级“市民学习之星”635人。区妇联、区教委牵头引导的家庭教育和家风建设工

11月18日，通州区第十六届全民终身学习活动周开幕

（区教育委员会提供　侯洋　拍摄）

程，组织各类家风家训主题培训活动，累计认定学习型家庭3586个、最美家庭322个、平安家庭61个，累计开展家庭创建主题活动、教育咨询服务等活动6399次，参与人次突破8万人。

（侯洋）

【联合开展演讲竞赛活动】 12月10—11日，通州区教委和通州区建设学习型新城区领导小组联合开展“我为祖国喝彩”演讲竞赛活动。全区中小学、幼儿园以及职业学校的200余名教师从感恩祖国、感恩社会、和谐家庭、敬业奉献、为人师表等多方面讲述自己的教育故事。活动最终评选出北京教科院通州区第一实验小学、马桥中心幼儿园等45名教师获得一等奖，其余参赛教师分获二、三等奖和优秀奖。北京市教委职成处、通州区教委相关领导以及部分学校校长和乡镇成人学校校长参加活动。

（刘琼）

【职成教育改革发展】 2020年，持续推进“3+2”中高职衔接办学改革试验，北京新城职业学校与北京交通运输职业学院合作，新增“汽车检测与维修技术”中高职衔接办学项目，累计开展8个合作办学项目。新开设4个企业订单班，旅游服务与管理、娱乐设施运营与维护2个专业与环球影城签订人才储备班协议，产教融合、校企合作水平进一步提高。

12月10—11日，联合开展创建学习型学校系列活动之“我为祖国喝彩”演讲竞赛决赛

（区教育委员会提供　刘琼　拍摄）

做好职高毕业生就业服务，全年就业率达98.9%。深化对口支援，承接12名内蒙古建档立卡、品学兼优学生到通州就读。扎实开展成人教育、社区教育，全年开展线上线下各类培训2000余次，8万余人次参与其中。遴选区级社区教育优秀培训项目13个，评选区级社区教育先进工作者38名。培育认定区级学习型家庭101个，市、区级市民学习之星90人。被认定北京市终身学习品牌项目4个，北京市优秀成人继续教育院校2所。举办第十六届全民终身学习活动周和第二十三届全国推广普通话宣传周，市民多层次、多元化学习需求进一步得到有效满足。

（李瑶　白文会）

高等教育

北京物资学院

【概　况】 2020年，北京物资学院占地面积43.20万平方米，建筑面积28.64万平方米，其中，产权建筑面积27.60万平方米、非产权建筑面积1.04万平方米。教育经费投入49293.9万元，其中国家拨款42443.9万元，事业收入5765.6万元，经营收入29.3万元，其他收入1055.1万元。固定资产总值108128.78万元，其中，教学、科研仪器设备资产值30571.50万元。图书馆建筑面积13258平方米，馆藏图书128.03万册，电子图书193.31万册。拥有计算机5912台，多媒体教室224个，信息化设备资产9912.02万元，网络信息点11374个，校园网出口总带宽5300Mbps，电子邮件系统用户11684个，上网课程932门，数字资源量20TB，管理信息系统数据总量3500GB。

设有10个教学院部，开设28个本科专业，覆盖6个学科门类；拥有6个一级学科硕士学位授权点，下设17个二级学科，专业硕士学位授权点8个。拥有国家级一流本科专业建设点2个，国家级人才培养模式创新实验区1个，国家级实验教学示范中心1个；北京市属高校重点建设一流专业1个，北京市一流本科专业建设点6个，北京市科研平台5个。教职工778人，其中专任教师497人，包括正高级80人、副高级192人；硕士研究生导师186人。学历教育学生中毕业生2248人，其中，硕士研究生355人，普通本科生1542人；成人教育本专科生351人（本科生279人、专科生72人），本科毕业生就业率96.03%。招生2564人，其中，学历教育学生中全日制研究生489人（博士研究生2人，硕士研究生487人），普通本科生1610人，成人教育本专科生467人（本科生383人、专科生84人）。
在校生8594人，其中，学历教育学生中全日制研究生1130人，普通本科生6133人，成人教育本专科生1331人（本科生1175人、专科生156人）。留学生毕（结）业52人，招生75人，在校生123人。2020年，学校携落实高等教育分类发展规划、人才培养机制转变等重大任务，应对疫情“大考”、迎接建校四十周年，在建设有特色高水平应用型大学的道路上克服困难、砥砺前行。

【疫情防控】 始终把全体师生的生命安全和身体健康放在第一位，坚决贯彻落实上级系列决策部署，应对疫情考验，推动疫情防控与学校事业发展“两不误”。针对多校区具体情况，建立“一校多区”“一园两区”防控工作体系。广大党员、领导干部和师生、校友主动投身志愿服务第一线，保证疫情防控工作全方位、无死角、全覆盖，确保学校师生员工“零疫情”“零感染”。成立“突发公共卫生事件下的物流与供应链管理”项目研究小组，出版《突发公共卫生事件下的物流与供应链管理》和《突发公共卫生事件下的新技术应用与应急管理》两本书籍，为疫情下的相关产业运行出谋划策。

【学科和专业建设】 优化优势学科布局，谋划发展新兴交叉学科。申报北京市高精尖学科建设通过评审。马克思主义理论、应用统计、国际商务、交通运输、电子信息、法律6个学位授权点通过北京市评审。获批增设大数据管理与应用本科专业。金融学、电子商务、质量管理工程、人力资源管理、法学5个专业获批北京市一流本科专业建设点。“仓储与库存管理”课程获评首批国家级一流课程。“仓储与库存管理”“物流学”“统计学”“综合商务英语”4门课程获批北京市优质本科课程。《物联网技术》《国际贸易实务》《配送中心规划与运作管理》3本教材获北京市优质本科教材。与北京市发改委、商委等部门协同完成北京市粮食和物资储备十四五规划重点课题。

【师资建设】 制定《北京物资学院高层次人才引进与管理办法（试行）》《北京物资学院破格晋升教师高级专业技术职务暂行办法》，深化教师评聘制度改革。聘任产业界导师289名，试水校内外联合指导制度。获批北京市青年名师1名、“北京市先进工作者”1名。

【人才培养】 改革创新人才培养制度，调整本科生、研究生培养模式，构建应用型人才培养体系。深化产教融合育人机制，与相关企业合作共建“京东学院”和“期货学院”，探索校企合作“双元制”培养。制定实施新时代深化思想政治理论课改革创新实施方案，推进课程思政建设。与北京2022冬奥会物流部对接并签署战略合作协议，培训奥运物流实习生，联合进行奥运物流领域的科研工作。“物流管理本科育人团队”获批北京高校优秀本科育人团队。学生获得市级及以上奖项216项。舞剧《运》参演团队获市委书记蔡奇回信鼓励。

【疫情防控期间毕业生行李托寄工作】 6月，随着新冠疫情的反复，北京市疫情防控进入特殊时期，面对复杂的疫情防控形势，学校按照紧急预案启动部署毕业生行李打包和托寄工作。约有500名教职工加入毕业生离校服务工作先锋队，主动参与毕业生行李打包托寄工作。从6月22日开始，历时半个月，学校教职工及少数已返校学生志愿者为近2000名毕业生打包托寄行李物品一万余件，目的地涵盖全国近百个城市。

（丁兆博）

学校选介

【北京市通州区幼儿园】　北京市通州区幼儿园为教育部门办园类别，日托制。始建于1949年10月，前身为河北省通县专区保育院，招收烈士遗孤和干部子女，寄宿制。1953年9月改为河北省通县专区幼儿园；1958年改为北京市通县幼儿园；1988年7月撤销寄宿制，改为日托制；1997年撤县换区，改为北京市通州区幼儿园。原址位于通州区中山街103号，占地面积达6090平方米，建筑面积1932平方米，共12个教学班。

2008年8月，通州区幼儿园迁入中山街36号，占地5200方米，建筑面积4842平方米，共15个教学班。2013年4月被评定为北京市一级一类幼儿园，2018年12月被评为通州区示范幼儿园和通州区优质幼儿园，2020年12月被评为全国足球特色幼儿园。2017年12月，接收后南仓富力金禧小区配套园为小班部，2019年9月启用，招收小班幼儿258人。至此，园所分为中山街中大班部、后南仓富力金禧小区小班部，两址办园，占地面积共8260平方米、校舍建筑面积6942平方米。全年教育经费投入448.06万元，固定资产总值852.49万元。图书室藏书0.5万册。拥有音乐、游戏2个专用教室，普通教室23个。计算机62台，学校信息化经费投入42.41万元，校园网出口总带宽100Mbps，数字资源量1500GB。教职工91人，均为专科以上学历，包括教师71人、保健医5人、行政后勤15人；正高级职称1人，副高级职称6人，中级职称22人。开设22个教学班，其中，小班8个、中班8个、大班6个。幼儿入园247人，离园185人，在园696人。

2020年，通州区幼儿园秉承“尊重生命、服务生活、健康成长”的办园理念，在党支部的领导下，严格落实防控新冠病毒肺炎疫情的工作要求，努力改善办园条件，依托课题研究，开展教科研工作，被评为北京市健康促进幼儿园先进单位、全国足球特色幼儿园。

严格落实防疫工作要求，保障幼儿正常开园。根据《幼儿园复园工作评估要点》，幼儿园制定“四案九制”，完成防疫物资储备、户外洗手池安装、应急处置演练等，通过市区级复园检查评估。重师德教育，加强两支队伍建设。园长张海燕获得通州区名校长、北京市先进工作者称号；教师王兆曼获得区级“新星杯”，郝秀莹、张乃会被评为市骨干教师。

加强课题引领，狠抓教科研工作。通过园本培训、园本教研、专家培训、核心小组活动，开展“劳动与劳动教育的解读”“课题研究报告撰写”“园本教研的人点场”等专题培训。重视劳动教育，开展“幼儿园劳动教育园本课程构建的实践研究”“户外活动促进幼儿探索性行为发展的实践研究”，参与区级课题“成熟期教师输出式培训实践研究”并成为实验校，提升教师教科研能力和专业水平。

发挥北京市幼儿教育资源的辐射作用，推进京津冀地区教育协同发展。通州区幼儿园与河北省三河市2所幼儿园确定拉手联盟校意向，并接待内蒙古奈曼旗幼儿园1名教师到园跟岗实习。同时，开展联片教研活动，发挥区内辐射带动作用。北京财贸职业学院学前教育专业实习教育基地和区教育系统关工委家园社共育咨询站。

改善办园条件，提升办园品位。分园安装主题墙饰，总园多功能教室添置LED大屏；对幼儿户外活动场地进行绿化和改造，种植苗木，铺设橡胶场地；对总分园油烟净化设备进行升级改造。

开展丰富主题活动，家园共育，促进幼儿健康成长。开展幼儿体检、视力测查、氟化泡沫等卫生保健工作，并与中国儿童少年基金会等机构，共同开展爱牙护牙、保护视力、垃圾分类等主题活动，提高师幼、家长对健康的认识，养成科学、文明、健康的生活习惯。组织幼儿参加通州区第四届经典诵读大赛决赛，节目《区幼宝宝颂美德》荣获特等奖。

10月23日，“爱芽行动试点校”签约仪式在通州区幼儿园举行。活动是由中国儿童少年基金会携手通州区幼儿园共同发起的公益护牙主题活动。以爱牙活动为契机，旨在提高师幼、家长对健康的认识，养成科学、文明、健康的生活习惯，培养身心健康的幼儿。

10月23日，中国儿童少年基金会爱芽行动试点校签约仪式举行

（区幼儿园提供 赵亚丽 拍摄）

11月17日，通州区幼儿园户外操场改造项目竣工，通州区教委基建科、通州区幼儿园，以及监理、施工、设计等五方人员，现场对改造后的户外操场，进行实地勘察验收。新的户外操场地面采用天然橡胶铺设，即保障幼儿活动的安全，又靓丽多彩，深受教师和家长的认可、幼儿的喜爱。

12月10日，通州区幼儿园开展以“集体教育活动中的教师有效提问与回应”为主题的连片教研活动。通过三节不同年龄班、不同领域的教育活动展示和研讨，针对教师在活动中与幼儿互动回应的实际问题，逐一进行分析解答，有效提升教师开展教育活动的水平，同时也促进幼儿园集体教学活动的时效性。临河里、大杜社、淘乐思等14家幼儿园，共计100余名教师参加教研活动。

11月6日，通州区幼儿园——垃圾分类活动进校园

（区幼儿园提供 贾明 拍摄）

11月17日，户外操场改造项目竣工并投入使用

（区幼儿园提供 黄长生 拍摄）

（赵亚丽 黄长生 朱琳）

【北京市北海幼儿园城市副中心园】 2020年，北京市北海幼儿园城市副中心园为教育部门办园类别，日托制，保障副中心公务人员子女入园。北京市北海幼儿园城市副中心园一园两址，分别为北京市北海幼儿园城市副中心园一分园、北京市北海幼儿园城市副中心园二分园。两个校区占地面积15202.4平方米、建筑面积26619平方米。全年教育经费投入4961121.3元，固定资产总值2355.3万元。图书室藏书0.095万册。学校信息化经费投入884800元，校园网出口总带宽1G。拥有计算机89台。幼儿园设有2个儿童资源库、美工教室和科学屋等专用教室4个，普通教室24个。正式在编教职工10人，其中，中级职称1人。专任教师9人，本科学历9人，专科学历1人。开设16个教学班。其中，小班7个，中班6个、大班3个。幼儿入园255人，在园195人。

2020年，北京市北海幼儿园城市副中心园以习近平总书记系列重要讲话及全国教育大会精神为引领，以全国贯彻落实学前教育三年行动计划为依据，在《幼儿园教育指导纲要》《3～6岁儿童学习与发展指南》精神引领下，在坚持立德树人根本任务的前提下，做好北京市北海幼儿园城市副中心园的各项开园准备工作及开园后的日常工作。在疫情常态化背景下，积极探索、梳理防控工作的有效经验。在确保幼儿的生命、健康安全的前提下，探索幼儿到园的日常工作流程。在研究、反思的基础上深入推进学前教育改革，深化主体性教育，支持人人在快乐发展中做真正的自己。全力支持副中心建设，发挥北幼精神的传递、辐射作用。稳抓思想道德建设，通过"道德讲堂""政治学习""党员学习"等活动，提升教师思想政治素养。不断完善制度，提高管理效能，用"行政教研""行政会议"等活动加强干部队伍建设。同时，关注教师专业成长，通过"实践研究""分岗培训""培训大会"等活动提升教师专业素养，促进研究成果的推广与运用。扎实做好日常工作，关注幼儿长远发展。通过"主题游戏""升旗仪式"等活动，发掘、探索支持幼儿自主发展的有效路径。在多种渠道的交流活动中，传播、拓展

12月28日，北京市北海幼儿园城市副中心园正式开园
（北京市北海幼儿园城市副中心园提供 居硕 拍摄）

教育理念，全面提升日常工作水平，构建良好的教育生态环境。

12月28日，北京市北海幼儿园城市副中心园开园，开园当日，北海幼儿园城市副中心园一分园和二分园迎来213名小朋友。

（居硕）

【北京市通州区中山街小学】 北京市通州区中山街小学位于通州区新华西街16号，是一所公立全日制小学。学校始建于1912年，原名京兆师范学校附属小学，校址在宛平县卢沟桥。1920年随京兆师范学校迁通县新城北街73号。1928年、1935年、1945年、1958年先后四次改名为河北省立第十师范附属小学、冀东师范附属小学、河北省通县师范附属小学、河北省通县师范第一附属小学。1961年河北省将通县师范移交给北京市，学校变更为北京市通县师范第一附属小学。1969年通师归属通县，学校改名为通县中山街小学。1973年附设初中，改称通县中山街学校。1978年撤销初中，恢复校名通县中山街小学。1997年9月28日随通县撤县设区，北京市通县中山街小学更名为北京市通州区中山街小学。2020年，学校占地面积7048平方米，校舍建筑面积5789平方米，运动场地面积3804平方米。图书馆藏书32221册。固定资产总值2687.46万元，全年教育经费投入3912.12万元。学校信息化经费

投入8.18万元，拥有计算机583台，网络多媒体教室43个，校园网出口总带宽8000Mbps，数字资源量1500GB，“信息技术”课程1课时／周。教职工102人，包括高级职称11人、中级职称46人。专任教师95人，包括北京市骨干教师4人、北京市学科教学带头人1人；本科以上学历99人。开设教学班28个。毕业193人，招生222人，在校生1227人。

2020年，学校以“发展每个孩子，开启美好人生”为办学宗旨，以“建设质量优异、队伍优秀、特色鲜明的副中心最优质小学”为目标，提高管理效能，建设有为团队，推进深度教研，深化爱美教育，构建全员育人、全学科育人、全过程育人的办学格局。

开展多元化活动，强化队伍建设。以“精神引领、团队共进、多元培训、任务驱动”为路径，侧重“两提升两建设”。成立“晴槐”名师工作室、“爱美”班主任工作坊，打造“槐园红色先锋”，发挥党员骨干教师示范引领作用；启动青年教师培养工程，实施师德师风、教学能力、专业能力、科研能力“一德三能”培养，举办“成长规划”“我的三观”“教育故事”“书写足迹档案”等交流活动，助推青年教师成长；开展“槐园杯”个人、团队评优活动，建设互助共进美言善行的有为团队。

聚焦“深度学习”，推进课堂教学改革。承办“华夏之光”北京市语文整合教学展示、共同体课堂教学展示等活动，参与“变教为学”改革、“吴正宪特级教师工作站”、“基于教学改革、融合信息技术的新型教与学模式”、“线上线下混合式”等项目研究，构建以学生成长为核心的学习中心课堂。疫情期间，学校语文、数学、英语、科学、道法学科59名教师线上授课520节。

坚持活动育人，发展艺术教育特色。以养成教育和主题实践活动为重点，借助“习惯养成”“活动育人”“团队建设”“家校协同”等途径，举办“节约粮食 从我做起”灯笼节，开展“光盘‘食’尚”争章、“迎双节，念节粮”、“废纸的新家”等主题教育活动和“智慧修心”“玫瑰课堂”“心情晴雨·积极调节”特色活动。学校金帆管乐团在通州区文化馆举行专场音乐会；“韵之灵”合唱团通过柯达伊音乐教学法夯实学生音乐基础；舞蹈、啦啦操、跳皮筋、机器人、篮球、足球、跆拳道等社团满足学生不同兴趣需要。依托家校项目，疫情期间根据学生年龄特点和家长需求，开展“智慧修心之自助与求助”课程，对一至六年级分别开设“幼小衔接关键期，如何陪伴孩子顺利度过”“如何陪娃高效写作业”“好习惯的养成：注意力的培养”“做情绪管理训练型父母，收获高情商孩子”“孩子沉迷电子产品，家长如何科学引导”“迎接青春期不迷茫”等线上讲座，构建全方位育人格局，培养“乐观、乐学、乐群、乐行”的健美少年。学校被评为2018至2020年度首都文明校园。

1月14日，举行金帆管乐团专场音乐会
（区中山街小学提供 吴琦 拍摄）

8月14日至10月9日，北京市通州区中山街小学对学校操场2261平方米基础层和面层进行提升改造。主要为原有建筑拆除、雨污水工程、建筑工程、电气工程等。操场面层工程，采用符合新国标（GB 3624-2018）环保无毒无害材料铺设，主要实施540平方米13毫米厚塑胶面层和1721平方米8毫米PU面层。操场全部为蓝色跑道和绿色圆心。针对不同工期和进度，邀请家委会成员作为家长代表，到校参与检测和验收等工作。该次投入资金1753262.34元。

10月31日至11月27日，中山街小学以“世界勤俭日”为契机，举办第四届灯笼节。灯笼节以“勤俭节约，从我做起”为主题，利用各种废弃物品制作灯笼，在灯笼上写下节约承诺。学校三至六年级

10 月 31 日至 11 月 27 日，中心街小学举办第四届灯笼节　　（区中山街小学提供　赵同　拍摄）

学生制作节粮灯笼 670 个，悬挂在楼道内形成节约宣传长廊。首届灯笼节从 2017 年开始，分别以“创意新年　有你有我”“经典传承，有你有我”“悬灯结彩　爱满校园”为主题。

2020 年，北京市通州区中山街小学开展支教帮扶活动。8 月 26—28 日，学校 3 位市级骨干教师，赴内蒙古翁牛特旗梧桐花镇中心小学开展支教活动。其间，进行教学讲座 9 次，教学研讨 3 次，促进梧桐花中心小学教育教学水平的提升。10 月 11—26 日，内蒙古翁牛特旗干部教师一行 4 人，在中山街小学进行为期 4 周的跟岗学习。其间，深入课堂教学一线，重点围绕观摩教学、德育、党务工作开展活动，分别与教育教学、党务干部教师进行交流研讨。

（吴琦　张立新　赵同　穆健）

【北京黄城根小学通州校区】　北京黄城根小学通州校区始建于 2019 年，是一所由西城区政府与通州区政府共同承办的优质资源引进校。2020 年，学校总占地面积 20928 平方米，校舍建筑面积 38074 平方米，运动场地面积 5000 平方米，图书馆藏书 4 万册。固定资产总值 6000 万元。学校拥有计算机 246 台，网络多媒体教室 40 间，校园网出口总带宽 8000Mbps，“信息技术”课程 1 课时 / 周。教职工 54 人，包括高级职称 3 人、中级职称 13 人。专任教师 54 人，本科以上学历 53 人，硕士以上学历 27 人，开设教学班 19 个。毕业 63 人、招生 255 人、在校生 677 人，随班就读学生 1 人。

黄城根小学通州校区遵循“崇尚自然、以人为本、注重发展”的办学理念，践行“学以求真，行以至善”的校训，落实“传承、融合、发展、创新”的目标定位，在管理上坚持与黄城根小学总校“同心、同构、同形、同质”，在教学上主动探索发展模式，通过多种形式，奏响“输血、换血、造血”三部曲，着力打造原汁原味的黄小课堂，让每一名学生都能享受到高质量的小学教育。自建校起，黄小通州校区携手集团总校，通过教师间换区执教、跨区教研等多种方式，为教师搭建交流教学经验、提升教学能力的平台，力图让每一位教师通过持续地教研活动，淬炼技能，站稳讲台。立足城市副中心本土优质教育资源，通过多种教研活动，搭建区域内教师专业成长的平台，力图最大程度激发学校发展的内驱力。探索校本教研路径，创新校本教研模式，加强骨干培养，致力于整体提升通州校区教师队伍的专业素质。

学校过多种形式开展师德主题教育活动，健全完善师德师风考核机制，每年度评选“我心中的好老师”。注重班主任队伍建设。完成班主任职级制聘任工作，签订班主任职级制责任书，本着“专家引领、理论自学、主题教研、自我反思、同伴互助”的理念制定班主任提升计划，加快班主任队伍建设，评选出 6 位优秀班主任。10 月 13 日，北京黄城根小学通州校区携手黄城根小学教育集团正式启动“青蓝工程”，着力打造专家引领、名师示范、同伴互助、

10 月 13 日，启动“青蓝工程”
（北京黄城根小学通州校区提供　冯怡　王静秋　拍摄）

自我发展的青年教师成长之路。依托集团总校优质师资队伍，采用师徒结对的形式，为青年教师制定成长计划，选择观念新、教法新、科研能力强的市骨干、市学科带头人作为教学指导教师。导师每月细致地指导一份教学设计、指导一次课堂教学、指导一节优秀课例，帮助青年教师从“入格”到“合格”再到“出格”，迅速成才。截至年底，结对子 14 对。

重视学生养成教育，围绕国庆节、中秋节主题教育活动厚植学生爱国主义情怀；通过开展“四个一”“八个好”“学守则懂规范正行为”专题教育活动，培养学生良好行为习惯；抓住两个“关键小事”，培养文明用餐、光盘行动、节约粮食、垃圾分类新风尚；依托法治副校长、卫生副校长进校园系列教育活动，提升学生疫情防控、传染病预防、个人卫生、防暴恐等安全教育活动。疫情停课不停学期间，学校依托互联网平台，结合学生延学期间的生活实际特点和学生培养目标，围绕五大教育主题，即爱国主义教育、生命教育、安全教育、心理健康教育、中华优秀传统文化教育，从一个核心、二个平台、三个交流、四个活动、五个效果开展系列的“云端”德育教育活动。被评为第五批市级文明校园、市级“零酒驾”创建示范单位。

黄小通州校区代表新一批报审学校完成“平安校园”创建工作的区级评审验收，受到区教委、区公安分局等部门的一致好评；邀请属地派出所、交管部门和消防部门到校开展学生交通安全知识宣传、防暴综合实战演练、反诈骗宣讲、消防演练等活动；开展家校合作“护苗团”，每日学生上下学时进行交通疏导，为孩子们保驾护航；协调建设单位共同协助学校对水、电、气、校舍安全、消防设备设施进行隐患排查整改活动，保证师生的在校安全；把好食品安全关口，受市场监管部门的推荐，北京电视台对学校的食品加工及操作间环境等进行全面的采访报道，受到各级部门的较高评价。

（李盼盼　冯怡　孔德硕　胡玉强　王静秋）

【北京市通州区通运小学】 北京市通州区通运小学位于通州区紫运南里一区六号楼，始建于 2020 年，设计规模 24 个教学班，1080 个学位。学校占地面积 18815.09 平方米，校舍建筑面积 20957.16 平方米，运动场地面积 5288 平方米。图书馆藏书约 2 万册。固定资产总值 5400 万元，全年教育经费投入 3600 万元。学校信息化经费投入 300 万元，拥有计算机 100 台，网络多媒体教室 18 个，校园网出口总带宽 1000Mbps，“信息技术”课程 1 课时 / 周。教职工 28 人，其中包括高级职称 1 人、中级职称 11 人。专任教师 17 人，包括北京市骨干教师 2 人；本科以上学历 28 人。开设教学班 6 个。2020 年招生 223 人、在校生 223 人，无随班就读学生。

建校之年，学校明确坚持“规范办学、内涵发展、特色建设”的思路，以为党育才，为国育人，打造人民满意的学校为根本，以“通古今　志博明　运合兴”为核心价值观和校训，以“通古博今以达变，品正志明为国兴”为办学理念，以“为生命播种一颗淳真有爱的种子”为办学目标，以培育“通古博今、志正博明、运合中兴的通运少年”为育人目标，以“建设成为一所富有通韵、怀有志气、真有合力、定有兴运的优质学校”为发展愿景。

致力于学生的全面发展。在办学理念和办学目标的引领下，围绕“家国情怀正德”“经典阅读通智”“体育活动强身”“艺术之美养心”“劳动实践增技”五大版块，开展以“多彩种子”为主题的系列学生活动，促进学生全面发展。

着力引领教师专业成长。学校以“素养提升”“教研科研”“制度规范”推动保障教师发展，以“青悠文化”凝心聚力。“青悠”源于“青青子衿，悠悠我心”，“青悠之心”古有对良才的渴望，今有教师对教育梦想的追求。学校成立“青悠”系列教研组，丰富“青悠文化”内涵，将“青悠文化”具化在教师团队的担当和坚韧、灵动和活力、融通和创新中，展现通运教师的风格和魅力。

努力提高教育教学水平。学校以“立足根本、发展个性、激发潜能”为原则，坚持将国家、地方、校本三级课程整体推进，从“基础、拓展、创新”三个维度出发，以“语言与阅读、科学与创新、生命与健康、艺术与审美、修身与立志”五大领域为支撑，把培养学生的综合素养作为目标，初步构建学校课程体系。学校致力于以“青悠文化”为基调，为学生塑造“通古博今以达变，品正志明为国兴”的人生底色，在课程体系下培养多元发展的通运少年。

9月1日，北京市通州区通运小学举行开学第一课“国旗伴我成长”暨通运小学2020年开学典礼。9月21日，通运小学与三河市马起乏小学、孤山小学、蓝天小学开展交流活动。3所小学的校长介绍学校的办学目标 、理念、文化建设及内涵。三河市马起乏小学、孤山小学、蓝天小学分别与通运小学进行签约，学校间将多层面、多维度、多形式开展共建活动，为推动京津冀教育协同发展做出自己的贡献。

9月1日，北京市通州区通运小学举行开学典礼
（区通运小学提供 刘雪 刘禹泽 拍摄）

（陈丹丹　刘雪　刘禹泽　马梦寻）

【北京市通州区潞河中学】 2020年，北京市通州区潞河中学占地面积17.06万平方米、建筑面积10.0216万平方米、运动场地面积2万平方米，绿化用地面积6万平方米。图书馆藏书15.3万册，包括电子图书2.8万册。固定资产总值52315万元。全年教育经费投入22566万元。学校信息化经费投入约100万元，拥有计算机2600台，多媒体教室8个，校园网出口总宽带700Mbps，数字资源量2500GB，“信息技术”课程初中1课时/周、高中2课时/周。教职工378人，其中，正高级职称8人，高级职称154人、中级职称135人；专任教师306人，包括特级教师15人、市学科教学带头人5人、市骨干教师19人、市骨干班主任2人；本科及以上学历366人。开设教学班82个，其中，初中班32个、高中班50个。毕业892人，其中，初中349人、高中543人；招生1023人（初中402人、高中621人）；在校生3140人（初中1242人、高中1898人），包括寄宿生595人。高中录取分数线544分（通州区统招），应届高考本科上线率100%。

2020年，北京市通州区潞河中学坚持疫情防控与事业发展两手抓、两不误，学校凝结各方力量，汇聚各方智慧，改革创新，锐意进取，全面提升教育教学质量，推进学校各项事业高速发展，办人民满意教育。作为北京市11所普通高中新课程新教材实施市级示范校之一，学校制定和实施工作方案，打造课程实施和评价体系，通过全区课程工作现场会展示学校促进学生全面可持续发展的课程建设理念，进一步提升课程建设能力、实施水平和影响力，辐射带动区域内其他高中校开展课程改革。

9—12月，对学校体育场、第二运动场、紫藤广场、天钦楼、男生公寓楼、女生公寓楼、女生宿舍楼及外教楼等进行修缮，并于12月竣工验收，并正式交付使用。此次体育场改造面积26006.14平方米，第二运动场改造面积3787.6平方米，小足球场1026平方米，女生公寓楼改造外立面面积2186.15平方米，男生公寓楼改造外立面面积1983.66平方米，

9—12月，北京市通州区潞河中学操场、楼宇修缮工程竣工并投入使用
（区潞河中学提供 张娜　拍摄）

外教楼改造外立面面积 662.82 平方米，丁香楼改造外立面面积 1421.57 平方米，紫藤广场 1472.48 平方米，天钦楼 3247 平方米。

2020 年，北京市通州区潞河中学被评为北京市普通高中新课程新教材实施示范校、第二届全国文明校园。陈礼旺、崔启林、孙航老师参与的凉山支教帮扶团队获中宣部、教育部颁发的“2020 最美教师团队”荣誉。

（刘晓蕾　张娜）

【北京市通州区第二中学】 北京市通州区第二中学始建于清光绪三十年（1904 年），即为当年基督教会成立的安士学道院，1926 年更名为富育女子学校，1960 年起男女合校，1974 年增设高中班，成为完全中学。按照通州区教委规划，自 2017 年停招高中学生，开始招收小学生，通州二中是一所九年一贯制学校。占地面积 39854.45 平方米，校舍建筑面积 18628 平方米，运动场地面积 12800 平方米。图书馆（室）藏书 75010 册。固定资产总值 5500 万元，全年教育经费投入 8716.83 万元。学校信息化经费投入 16 万元，拥有计算机 390 台，网络多媒体教室 60 个，校园网出口总带宽 10Gb，数字资源量 2TB，“信息技术”课程 1 课时 / 周。教职工 204 人，包括高级职称 54 人、中级职称 77 人。专任教师 159 人，包括北京市骨干教师 1 人；本科以上学历 199 人。开设教学班 54 个（小学 18 个、初中 36 个）。毕业 379 人（初中 379 人）；招生 785 人（小学 262 人、初中 523 人）；在校生 2288 人（小学 810 人、初中 1478 人），随班就读学生 5 人。

2020 年，学校不断加强领导，落实责任，坚持疫情防控与事业发展两手抓、两促进，不断提高师生素养，提升办学品质，努力办新时代人民满意学校。在校长的带领下，通州二中全体师生凝心聚力，同心同德，埋头苦干，攻坚克难。疫情期间，全体干部教师日夜奋战，统筹做好疫情防控和教育教学管理工作。制定实施试开学“时间表”和“路线图”，迅速落实疫情防控方案和预案，实现全体初三师生如期开学，出色完成中考组考工作。严谨优良的工作作风，赢得市委常委、市教育工委、通州区委领导的高度评价。学校被评为 2020 年通州区学校卫生工作优秀集体。

学校坚持以师生需求为导向，在用餐方式改革、饮水机添置、饮水系统升级、空调安装、宿舍住宿条件改善、厕所改造、车位施划、办公椅更换、防疫物资添置、校园标识设置、操场改造、古建翻修、教职工活动开展及职评人性化考量等方面都达到很好效果。以人为本的思想，温暖务实的行动，使全校师生幸福感、获得感大幅提升，工作和学习热情得到激发，学校满满的正能量迅速聚集和弘扬。

在上级领导的正确引领和关心支持下，在全体师生的共同努力下，学校有 101 个学生考入潞河以上示范高中，有 70% 以上学生升入北京示范高中，被评为 2020 届初三毕业班工作成绩进步学校，18 名初三毕业班老师被评为全区优秀教师和优秀班主任。

正值“十四五”规划开局之年，学校规划起草小组在了解校情校史的基础上，通过干部教师访谈，干部问卷调查，专家指导培训，梳理办学理念，逐步厘清学校的办学方向。学校树立“学校发展、师生幸福”共同愿景，确立“以人为本、追求卓越”办学理念，明确“副中心名校”办学目标，明确“学生全面健康成长、教师科学幸福工作、学校和谐内涵发展”办学宗旨，以“知感恩、懂负责、会选择、爱生活”为校训，坚持“身心健康、全面发展”的育人目标、“德才兼备威信高、管理有方效果好”的干部培养目标、“重德善教创佳绩、专业精深有成就”的教师培养目标。

12 月 4 日，通州区“运河计划”领军人才通州区第二中学发展共同体系列活动之教职工积极心理学建设启动会暨通州区第二中学师生积极心理学建设启动会，在学校报告厅举行，由此拉开师生积极心理建设的大幕。邀请知名心理专家尹静老师为初一年级全体学生开展以“阳光照进梦想　灌溉青春年华”为主题的团辅活动，为全体教师作“培养积极心态提升教师职业幸福感”专题讲座，以提高师生

12 月 4 日，学校师生积极心理学建设启动
（北京市通州区第二中学提供　邓婷婷　拍摄）

心理健康水平，提升学生学业幸福感和教师职业幸福感。

（张艳　邓婷婷）

【北京理工大学附属中学通州校区】　2016 年，北京市通州区潞州中学更名为北京理工大学附属中学通州校区，升级为优质高中，进入快速发展期。学校依托优秀的专家团队和海淀区优质教育资源，通过与海淀本部实行文化理念统一、管理机制统一、课程设置统一、教育教学质量统一的办学模式，努力办通州百姓家门口的好学校。2017—2020 年连续四年被评为通州区高考优秀校，2020 年获评通州区中考两超优秀校，同时学校的特色教育也得到长足发展，连续两年获评通州区科技示范校，艺术、体育优秀校。

2020 年，北京理工大学附属中学通州校区占地面积 7.40 万平方米，建筑面积 3.7 万平方米，运动场面积 2.55 万平方米，绿化面积 8000 平方米。图书馆藏书 5.3 万册，拥有计算机 678 台，多媒体教室 61 间，校园出口总带宽 8000 兆。教职工 178 人，其中，副高级职称 67 人，中级职称 55 人。专任教师 130 人，包括北京市骨干教师 1 人、通州区骨干教师 12 人、通州区青年骨干教师 6 人；研究生 31 人，占教职工总数的 17.4%。开设教学班 37 个，其中，初中班 21 个、高中班 16 个。毕业生 413 人，其中，初中 195 人，高中 218 人；招生 503 人（初中 264 人，高中 239 人）；在校生 1318 人（初中 753 人，高中 565 人），包括寄宿生 634 人，随班就读 3 人。

学校开启教师专业素养提升工程，构架“三通道”“五层级”的教师培训体系，教师的内动力被激活，专业素养和创新力得到快速提升，教师与学生成为学习的共同体，为学生未来发展保驾护航。以初中优秀传统文化课程为代表的品牌课程，极大地提升义务教育的办学质量；以高中特色美术课程为代表的 20 余门校本课程充分显示学校课程的品质与特色，为学生生涯规划、发掘潜能、发展优势提供宽阔的平台；未来城市实验室、智客空间（科技楼）、规模宏大的图书馆、数字书法教室、史地资源教室、数字化理化生实验室等十几个专业教室，为学生创新发展提供优良保障；符合国际田联规定标准的 400 米操场、占地 4200 平方米的气膜馆、篮球场、形体教室，为学生健康成长提供宽敞的空间；香醇典雅的咖啡厅，书香四溢的苔花读书社为师生提供文化交流、精神碰撞和品质休闲的场所；拥有独立卫生间的学生宿舍生活设施齐备，为学生营造舒适的温馨家园。

学校硬件设施升级——气膜馆
（北京理工大学附属中学通州校区提供　张为民　拍摄）

2019 年首开的复语课程，以日语、俄语、西班牙语小语种学习为主体，以复语学习为特色，以培养非通用语种预备人才为创新点，以培育具有国际视野和较强跨文化交往能力的优秀人才为目标，致力于为学生提供双语及多元文化教育，拓宽学生视野，提前做好升学规划，成就国际化英才。

学校秉承“用中华精神培育人、用唯美教育涵养人、用特色创新发展人”的教育理念，创设丰富的校园文化；通过丰富多彩的特色活动，提高学生的核心素养；通过传统节日与特色活动的完美融合，继承弘扬中华传统文化，培养“明理、乐学、活泼、善思”的学生。师生幸福成长，连续两年获得京城最具幸福感领军中学荣誉。

9月，北京理工大学附属中学通州校区与三河市第三中学签订学校友好合作协议书，与三河市第二实验中学递交校际交流意向书。自2018年学校与内蒙古自治区通辽市奈曼旗实验中学、奈曼旗第二中学建立帮扶关系，三年来，学校派出6批34人次，远赴内蒙古传经送课。2020年，两校进行4次大规模相互交流。

9月，跨区支援互助
（北京理工大学附属中学通州校区提供 张为民拍摄）

2020年，公交班车（西线）由原来的2辆增至3辆，交通线路由原来的单线拓展为东西双线，满足师生就近乘车的需求。

（白庆林　张为民）

【中国人民大学附属中学通州校区】 中国人民大学附属中学通州校区（简称人大附中通州校区）始建于1915年冬，校名为通县女子师范讲习所，1918年改称京兆女子师范学校，1928年改为河北省立第六女子师范学校，1933年改名河北省通县女子师范学校，学校经历多次更名和几度迁址，直至1962年回归北京市通县，校名为北京市通县师范学校（东校），1963年3月，北京市通县人民政府在京兆女子师范学校原址改建通县第三中学（初中），1972年成为完全中学，1997年9月，通县撤县划区，学校更名为北京市通州区第三中学，2003年学校停止初中招生，2005年成为独立高中，2011年1月，根据首都城市副中心建设需要，学校从核心区迁至北京育才通州分校，借址办学，2011年8月底，迁入现址（通州区潞城镇胡各庄村南1号），合并潞城镇胡各庄中学和南刘中学2所初中校，成为完全中学，为了深入实施京津冀协同发展，打造与北京城市副中心相适应的教育体系，北京市加大统筹力度，推进人大附中发挥优质教育资源优势，利用通州现有办学资源，举办优质学校，实现北京城市副中心优质教育资源快速增长，人大附中在市、区政府工作部署下，2016年5月10日正式承办通州区第三中学，组建人大附中通州校区。

2020年，学校总占地面积52770平方米，校舍建筑面积98亩，绿化面积1.2万平方米，室外操场面积20129平方米，室内篮球体育馆1200平方米，图书馆藏书10万册。固定资产总值41374.572443万元，全年教育经费投入15097.655636万元。学校信息化经费投入206.2754万元，拥有计算机709台，网络多媒体教室70个，校园网出口总带宽3250Mbps，数字资源量4000GB，“信息技术”课程2课时／周。学校教职工236人，包括高级职称94人、中级职称71人。专任教师195人，包括北京市学科教学带头人1人，区级骨干教师23人，区级青年骨干教师3人，大学本科以上学历230人。开设教学班46个（初中23个、高中23个）。毕业421人（初中247人、高中174人），招生672人（初中287人、高中385人），在校生1688人（初中796人、高中892人），包括寄宿生780人，随班就读学生0人。高中录取分数线501分（顺义区），应届高考本科上线率90.5%。

在疫情期间，停课不停学、线上线下开展教育教学活动，人大附中通州校区1月21日最早成立防疫领导小组，建立健全防疫机制和应急体系，压实四方责任，细化防疫方案、制度与细则，党员干部24小时带班、值班，提前备齐、备足防疫物资和软硬件设备，校园每天定时进行全面消杀，认真组织疫情防控应急演练，专人负责各楼层开窗通风、闭环管理和一米线人际距离，线上线下教育教学无缝衔接，全力做好中高考考点筹备工作，通过公众号给2020届中高考学生及家长的温馨提示，为考生搭建700多米长的红色防疫通道。在市区各部门领导的精心指导、巡查和协调下，学校完成区教委安排的中高考考点工作，并取得优异的成绩。

以庆祝中华人民共和国成立70周年为契机，开展中华传统文化、爱国主义精神教育。以中华传统文化教育为切入点，深入开展“培养和弘扬中华民族精神”主题活动课活动。上好爱国主义教育第一课，抓好文明礼仪月。以疫情防控为契机，培养学生爱国、爱校、爱家精神，弘扬中华民族优秀传统。继续贯彻《中华人民共和国预防未成年人犯罪法》、《北京市中小学生人身伤害事故预防与处理条例》和《北京市未成年人保护条例》等法律法规。每月组织一次法治报告，举办安全知识讲座和疏散演习，进行防火、防盗、防溺水、防食物中毒、防交通事故和防意外伤害的教育，提高学生的安全意识和自我保护能力。开展法治教育，聘请法治副校长、“青春船长，法治启航”志愿者。

“1+3”项目基于“立德树人、育人为本”的课程设计理念，构建“魅力课程体系”，通过三类课程特色（成长导师、阅读行动和学科融合），进行1+3＞4的创新。中美合作“国际高中课程项目”以用世界语言讲好中国故事为愿景，致力于培养具有家国情怀、全球视野、责任担当、坚强意志，会沟通合作、创新创造和申辩反思的国际化复合型人才。与美国AP（Advanced Placement Program）课程中的数学、物理、英语、经济学等优质课程融合，聘请具有教授上述课程资质、丰富教学经验的外籍教师授课。立德树人，五育并举。差异化教学，个性化辅导。混合式学习，融合式创新。双导师制，项目制研修。

北大教育学院陈向明教授及其团队引领学校青年教师，开展为期半年的“课例研究与教师专业发展”培训，项目结项后在北京大学教育学院进行专题展示，受到《中国教育报》等多家媒体报道，参加研修的36名教师获得区级一、二、三等奖18人，市级奖项3人，国家级奖项5人，其他获奖32人次。北京教科院院长方中雄带领专家团队一对一指导教师发展；北师大心理学院教授进校指导教师心理发展；北师大应用戏剧与表达性艺术教育研究中心主任马利文教授对教师进行教育戏剧培训。2020学年，有教师逾30人次执教全国、市区级示范课，教师队伍整体水平提升很快，受到广泛好评与赞誉。

2020年，学校获评2020届毕业班工作优秀学校、被评为中小学英语阅读素养的发展研究“学科创新平台实践基地”、教育部人文社会科学重点研究基地“十三五”重大项目——《中国外语教育理论与实践创新研究》优秀实验基地、2019年度“希望中国”青少年教育戏剧全国年度终评示范学校和通州区实践育人“彩虹计划”实践基地、“北京市普通高中新课程新教材实施示范校”，继续保持北京市“红十字示范学校”和“五星级健康促进校”荣誉。

5月25日，中国人民大学附属中学通州校区“525”心理文化节主题是“为生命赋能”，学校心理组遵守严谨的防疫工作要求，在避免聚集的基础上，组织心理文化节活动。疫情是一次同学们从未经历过的重大事件，为了将这宝贵的生命经验转化为自我成长的内在资源，学校选择“为生命赋能”主题，让同学们通过对展板的阅览，开启“反思”的意识，对个人“情绪状态”“时间管理”“学习情况”“亲子关系”“对生命的新认识”等板块的内容进行梳理。

9月9日，在北京学校报告厅举行第二届青蓝工程师徒结对仪式。为更好发挥学校优秀教师传帮带的积极作用，引导青年教师向优秀教师、骨干教师、特级教师方向发展，促进青年教师快速、健康成长，北京学校和中国人民大学附属中学通州校区持续开展“青蓝工程——师徒结对”活动，结交61对师徒。青蓝工程采用“师徒成长共同体”、“专家引领与沙龙研讨”、“教师基本功大赛”和“年会分享与风采展示”等方式开展培训。首届青蓝工程始于2019年，结交81对师徒。

9月9日，中国人民大学附属中学通州校区举行青蓝工程师徒结对仪式
（中国人民大学附属中学通州校区提供 邓丕来 胡晓征 拍摄）

2020年，中国人民大学附属中学通州校区获得多项殊荣。5月，“北京市普通高中新课程新教材实施示范校”挂牌；9月，被教育部认定为“第三批国防教育特色学校”；10月，在北京市中小学新任教师第四届“启航杯”教学风采展示活动中，人大附中通州校区教师刘媛获得一等奖，韩晴、孟南昆、石寅霞、王馨雅获得二等奖，李婧岩、李绚丽、王宇、杨美丽、张舒获得三等奖，徐冠琼获得优秀奖；11月，北京市学习科学学会授予人大附中通州校区“友善抗疫榜样单位”称号，程岚、杨茜获得“友善实践先锋”称号，王益芹等8人获得“友善抗疫榜样”称号；学校荣获通州区2020年度“中小学知识产权教育示范学校”、2020届毕业班工作优秀学校称号，被评为中小学英语阅读素养的发展研究“学科创新平台实践基地”、教育部人文社会科学重点研究基地“十三五”重大项目——《中国外语教育理论与实践创新研究》优秀实验基地、2019年度“希望中国”青少年教育戏剧全国年度终评示范学校。

（邓丕来　贾景会　胡晓征　程岚）

【北京市通州区培智学校】 1984年，在通县公园下坡小学办学，成立智力残疾儿童辅读班，暑期招收中轻度智力残疾儿童组织办学，起始规模仅2个班级，23名学生，11名教师；1986年通县县委文教部正式授牌通县培智学校，将南仓街小学改建为通县培智学校，原公园下坡小学的4个辅读班迁入办学；1991年3月，由于政策规划，学校暂借用葛布店北里9号楼办学；1993年9月至2020年，通县培智学校迁入运河西大街教学楼办学，其间，于2010年5月，投入资金在现址扩建3层3566平方米的新教学楼和833平方米的2层综合楼。2020年，北京市通州区培智学校占地面积1.13万平方米，校舍建筑面积0.72万平方米，运动场地面积0.21万平方米。图书馆（室）藏书8321册。固定资产总值2865.27万元，全年教育经费投入2536.53万元。学校信息化经费投入58万元，拥有计算机112台，网络多媒体教室22个，数字资源量3614GB，“信息技术”课程2课时／周。教职工61人，包括高级职称7人、中级职称28人。专任教师57人，包括特级教师1人、北京市骨干教师1人；大学本科以上学历55人。开设教学班18个（小学阶段13个、初中阶段5个）。毕业17人（全部为初中阶段学生）；招生12人（全部为小学阶段学生）；在校生165人（小学阶段117人、初中阶段48人）。

2020年，学校以“仁爱”教育为学校文化建设核心，以“让生命绽放色彩”为办学理念，依托“学会生活、快乐成长”办学特色，为学生提供专业教育与康复课程；以“礼孝”教育为重点，深化养成，提高学生的实践能力和综合素养。

规范培智课程体系。“让生活走进培智教育，让教育改变学生生活”是学校教学工作的终极目标，通过深入课改与实践，逐渐摸索出适合残疾学生的突显“生活化”特色的三段五类多元课程体系，从低到高逐步推进，充分体现课程设置多元化以及从学生实际需求出发的生活化教育理念，引领学生的知识和生活能力向纵深发展，逐步实现让智力障碍学生“会生活、会生存”的目标。并逐步做到规范化、系统化。

深化培智课堂改革。确定课改主题，以点促面提高质量。以“在课堂教学中如何实施个别化计划”为课改主题，在全面推行个别化教育计划基础上，围绕学校在课堂教学改进过程中提出的课堂教学生活化、科研化、规范化、信息化、个别化的要求，从随堂听课到骨干示范课，从春华杯、启慧杯到公开课、研究课、评优课等均实实在在地开展课改实践。

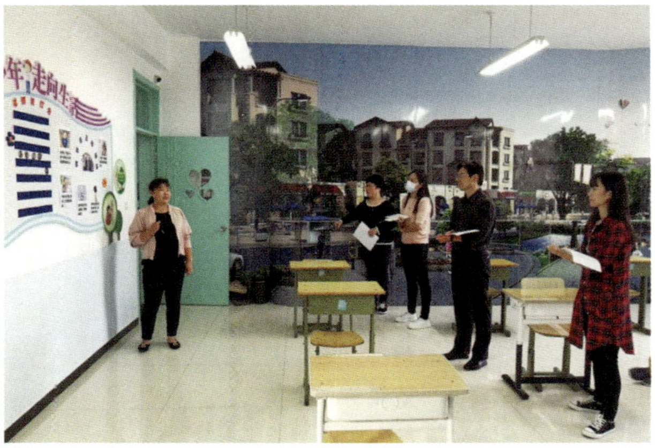

9 月 12 日，班主任主题交流评优活动
（区培智学校提供 李楠 拍摄）

加强家校沟通，形成教育合力。学校开展家校合作抗疫线上沟通活动，充分利用网络微信、QQ 媒介平台、家长视频会议等，做好与家长的沟通、教育、引导工作。少先队坚持做好每月一期的“红领巾小报”，及时展现师生在校的动态信息，并为家长提供适当、有效的教育方法和策略，让家长及时了解到学生在校的表现和学校的系列德育活动。

（李楠）

【成人教育中心】 2020 年，成人教育中心党委切实提高政治站位，按照区委、区政府部署，全面综合施策，落实联防联控措施，89 位党员干部和教职工分 5 组下沉至玉带路社区参加社区防控工作；5 位教师参加区在鄂返京人员转运工作；1 位教师抽调至区委组织部参与一线全区督查检查等。

通过“十三五”教育科研规划等各类课题研究和教师公开课等继续教育活动，提升教师教育教学素养。组织申报通州区社区教育先进工作者 5 人。开展中心第十六届全民终身学习活动周活动。依托“运河讲堂”首都市民文化教育品牌价值，传递正能量，弘扬新时代文明实践精神。组织“持有礼之家 建和谐之美”等主题教育讲座活动 4 次，420 人参与。

10 月 14 日，北京市农广校通州分校手牵手养殖合作社田间学校揭牌。发挥农业广播电视学校的示范引领作用，通过田间学校平台，以农产品实用技术为主，开展农产品质量安全培训，培训 95 人。抓好农民学历教育，在 4 个乡镇开设 8 个中专班，有在籍学生 257 人，结业学生 81 人。扎实推进文化驻乡工程，2 个文艺中专班招收学员 50 人。发挥农广校乡镇工作站阵地优势，组织丰富多彩的培训活动，设置手工制作课、烹饪课、太极课和抖空竹等课程。

2020 年，运用行业教育资源，打造具有通州区特色“一主多元”的可持续发展模式的专、本科教学和发挥远程教育网络教学优势的奥鹏远程教育学习中心。2020 学年开放大学专、本科共招生 330 人，在校生 1438 人；奥鹏远程教育中心专、本科共招生 56 人，在校生 344 人；与中国政法大学深入合作开办的在职公共管理硕士研究生班在校生 21 人、毕业 7 人。

2020 年，该中心推出的“家庭教育公益课堂”获得 2020 年北京市终身学习品牌项目。研发的各类课程紧贴公众学习需求，聚焦北京市垃圾分类工作和亲子关系等热点，发挥社会公益属性，面向社会推出微课网课，方便市民学习。通过发布“北京垃圾分类”等微课，介绍北京市垃圾分类知识，践行绿色生活理念，完成 20 次授课，覆盖 18 个社区，培训社区居民 422 人；推出线上“家校共育父母微课堂”，讲解如何以良好的情绪和状态养育孩子，获得社会关注度，在街道社区开办父母课堂、礼仪课堂等讲座 13 次，累计服务 336 人次。

（郑琛颖）

城市绿心森林公园（摄影 郭建华）

2021

文　化

北京通州年鉴

媒体传播

【概　况】　1月22日，区融媒体中心整体搬入新华东街256号，结束了原广电中心、通州报社三处办公的局面，实现业务整合、人员整合、办公场所整合，媒体融合事业向前迈出标志性一步。2020年，区融媒体中心主动谋划、抢抓机遇，完成全国“两会”、“十一”等重点时期广播电视安全播出保障任务，全年电台播出8760小时，电视3个频道播出7660小时。在北京城市副中心全面推动各领域实现高质量发展的新阶段，区融媒体中心通过紧抓与市级媒体开展深度合作的契机，广播电视工作取得新进展。区融媒体中心新闻宣传工作得到社会各界的一致认可，形成的宣传工作亮点信息9篇被刊载于区两办《通州信息》和《昨日区情》，1篇被市委宣传部《新闻阅评情况》头版刊载，2篇分别被《北京信息》《新闻系统快报》刊载。

9月8日，中国国际服务贸易交易会——通州区融媒体中心直播专场活动总策划及主持
（区融媒体中心提供）

【广播宣传】　北京城市副中心广播107.7调频电台每天播出18小时。从早晨6：00到晚间24时，全天节目设置宗旨是以听众为中心，以听众收听习惯为抓手，为听众提供13个喜闻乐见的特色节目。2020年，为配合区委、区政府的中心工作，FM107.7调频电台把握舆论导向，不断提升宣传质量。截至12月底，播出《早安副中心》《通州新闻》314期，《整点资讯》播出366期。公益广告条数6000条，共计36200分钟，其中抗疫公益广告130条，总时长3510分钟。10月19日与北京人民广播电台107.3城市广播频道，开设《北京城市副中心新闻》频段，每天早上7：30分到8点，下午5：30分到6：00分两个时段进行报道。在早间黄金时段8：00—9：00开设副中心专题节目《运河之上》，记录全国文化中心的示范工程、国际一流和谐宜居之都的标志工程——大运河文化带风貌，展现北京城市副中心京华风范、运河风韵、人文风采、时代风尚。栏目的“内容地方化、个性化、精品化”程度得到进一步提升。为满足副中心听众需求，从10月中旬开始，频道进行改版，新增设《副中心新闻》《运河之上》等一系列宣传副中心发展和建设栏目，每天直播4小时。

【电视报道】　2020年，加强主题宣传。以贯彻落实十九届五中全会、市委十二届十五次全会精神为重点，全方位、多层次进行新闻宣传。按照市区两级宣传部要求，立足副中心站位，以大力宣传副中心形象，及时传递副中心权威声音为工作抓手，策划副中心各领域、各条战线所取得的成就性系列报道，设立《副中心生机勃发》《垃圾分类新时尚》《决战脱贫攻坚》《优化营商环境》《回眸十三五　述说新成就》等新闻版块，加强主题新闻报道，全面展示副中心建设重大建设进展及百姓的幸福感和获得感。做好通州区“两会”宣传工作，针对政协工作重点报道工作亮点和优秀委员风采，并对政协委员人大代表议案建议办理工作进行重点宣传。重点围绕控规实施一周年、在重大工程、高质量建设重要节点、协同发展、投资落地、消费转型升级、产业集群建设、三大特色小镇、美丽乡村建设、创建国家森林城市、水气及环境治理、城市精细化管理、“12345”接诉即办、老城双修、爱国卫生月、通州商业振兴、民生保障、“两区”建设等中心工作进行宣传。

开展抗疫宣传，时刻履行区委、区政府喉舌作用，将疫情防控指示上传下达，大力宣传防控一线感人事迹、宝贵经验，为通州区抗疫全面取得胜利贡献力量。

1月20日，北京首次出现新冠肺炎感染病例的报道，广播、电视快速反应，开展疫情防控宣传引导工作。“通州新闻”平均增加1/3节目时长，围绕市民普遍关注的农贸市场安全、生活必需品供应等热点问题，形成连续多日、多平台的系列报道。疫情防控重点时期，每天菜价信息在报纸和新媒体平台刊发，有效引导市民、防止产生恐慌情绪。区融媒体中心采写、制作疫情防控相关新闻1万余篇，总阅读量超1010余万次；其中，在中央电视台播发1条，在北京电视台播发10条。105篇疫情防控原创稿件被学习强国App北京平台采用，2篇疫情防控稿件阅读量超10万次。

【合作与交流】 2020年，加强对外沟通。加强与副中心管工委及各市级委办局的沟通协作；以时政专题为依托，加强与区委办、政府办、副中心管委会的沟通协调。按照京津冀一体化发展的要求，主动走出去，与北三县开展业务对接和选题策划。在区委宣传部的部署下，与北京广播电视台持续开展深度合作。北京广播电视台新闻节目中心与通州区委宣传部和通州融媒体中心会商研究，制定《北京城市副中心新闻优化提升方案》，从体制机制上实现副中心媒体的全面提升，在完善团队建设、打通供稿机制和开设特别专栏三方面取得突破。

BTV《北京城市副中心新闻》10月19日开播，每周一至周五20：25—20：35在BTV新闻频道直播播出，主持人由北京电视台主播担任。该栏目立足全市，高站位、全视野展现北京城市副中心的建设发展成就。开播以来，新闻选题涵盖城市副中心建设、运河文化、民生保障、环境治理、街乡工作等方面，全面展现城市副中心的发展历程、风貌风采。2020年播出新闻260条，其中，90%为通州区融媒体中心记者自采新闻。《北京城市副中心新闻》栏目开播以来平均收视率为0.35%，比原同时段都市晚高峰的收视率提高约25%。

通州电视台《通州新闻》栏目也于10月19日正式更名为《副中心新闻》，采制的新闻除部分在BTV新闻频道《北京城市副中心新闻》外，部分重点选题还在北京卫视《北京新闻》《特别关注》《北京您早》等新闻栏目同步播出。

为全面提升城市副中心电视新闻采编水平，北京广播电视台新闻节目中心派出5人组的常驻团队在通州区融媒体中心工作，深入策划、采访、摄像、编辑、审核等工作环节进行指导。同时，北京广播电视台加大对副中心采访报道力度，进一步完善通联供稿、合作采访、新闻素材共享机制。此外，从新闻采编、播报、音响、灯光、导播、技术传输和化妆等多方面进行指导，加强对基层编辑记者特别是宣传业务骨干人才的培养。在与市级媒体密切合作的过程中，建立选题会商和专线供稿机制，形成市区两级媒体垂直融合、横向协作、共融共享的内容生产体系。

【时政宣传】 围绕城市副中心建设这个中心和大局，2020年，区融媒体中心立足京津冀协同发展桥头堡这一战略定位，开设《北京城市副中心生机勃发》《协同发展汇新篇》《努力打造改革开放的“北京样板”》等多个专题专栏，全方位、立体化宣传城市副中心发展建设成果，营造城市副中心生机勃发的舆论氛围。全年刊播时政新闻700余篇。

全国“两会”期间，区融媒体中心利用官方微信公众号及融汇副中心App紧跟中央及市级主要媒体，做好大会程序性报道；阐释解读全国“两会”重要文件和重要政策，传递全国“两会”最强音；坚持副中心定位，全方位、多角度展现通州区各级部门“两会”服务保障工作，发布“两会”相关稿件202条。十九届五中全会会议期间，营造良好舆论氛围，多角度、多侧面展现通州区各基层单位对全会的收听收看情况及反响。不同平台利用不同形式解读“十四五”规划，展示“十三五”建设成就，播发相关主题新闻84条。

【组建直升机航拍团队】 2020年，区融媒体组建了直升机航拍团队。选取大运河、城市绿心、张家湾设计小镇、环球影城等地标性点位分阶段多次拍摄，综合展示城市副中心建设进展和成就，实现一次采集、多种产品、多媒体传播，截至年底，完成一次航拍抖音试直播。所形成的7个多小时航拍资料被央视新闻及市级媒体采用。服贸会期间在展区设立“航拍副中心”VR体验区，参观者“身临其境”直观感受城市副中心的今昔变化和发展成就。

【打造媒体矩阵】 10月19日，与市级媒体开展良性、深度合作，打造城市副中心媒体矩阵。《通州时讯》升级改版为《北京城市副中心报》，《通州新闻》更名为《城市副中心新闻》。与此同时，北京电视台新闻频道全新开播《北京城市副中心新闻》专栏，北京城市广播更名为北京城市副中心广播。全域联动、协同作业、共同发声的城市副中心“媒体矩阵”全面起航。

2020年，融汇副中心客户端实现新时代文明实践中心、区级融媒体中心和政务服务中心的贯通，为市民提供移动化的便捷服务。开通看报功能，满足新媒体用户对《北京城市副中心报》的阅览需求。同步直播14场网络直播活动，其中包括7场城市副中心新闻发布会、欢乐通州欢乐购、城市副中心党员桶前值守晨夕计划等，及时准确传递权威声音，服务中心工作。

通过深入挖掘本地新闻资源，新媒体持续推出“刷屏爆款”产品。对外链接更多平台，使城市副中心宣传频率更高、流量更大。《主播说新闻》系列短视频以亲民方式解读重点新闻内容，在通州发布抖音号、快手号的总浏览量达196万次，点赞6.2万余次。11月，北京电视台组织“走进北京网红打卡地”挑战赛活动，区融媒体中心制作的17个打卡短视频最终取得全市排名第三的好成绩，最高点击量超15万次。

2020年全国“两会”期间，北京通州发布公众号策划推出《小布帮打听》栏目，征集市民留言600余条并带至全国“两会”现场，帮助市民答疑解惑。9条“两会日记”短视频，展现全国“两会”现场的生动画面。网民可以随时利用碎片化时间收看全国“两会”相关报道，获取权威信息，总阅读量达131万人次。通州发布微信公众号刊发《一图读懂区政府工作报告》，被27个区内及区外新媒体平台转载，稿件阅读量超3万人次。作为城市副中心重要的官方新媒体发布平台，北京通州发布微信公众号继续保持良好态势。据清博大数据统计结果显示，2020年北京通州发布微信公众号总阅读量比2019年增长63.25%，全年点赞量增长24.27%，全年粉丝增长量达4万+。粉丝不仅包括通州市民，还有20%左右来自河北、天津及其他各省市。截至2020年底，北京通州发布微信公众号连续18个月在北京17区的官方微信月榜中排名首位，稿件总阅读量、头条阅读量、平均阅读量等重要指标均名列前茅，充分体现城市副中心官方新媒体平台的权威性。

【《北京城市副中心报》】 2020年，报纸方面完成两次改版。市委书记蔡奇高度重视城市副中心新闻宣传工作，先后多次对《通州时讯》《北京城市副中心报》的改版工作做出重要指示批示，审定改版方案，提出要求。

做好通州区“两会”宣传工作，全面回顾城市副中心建设过去一年的重大进展及百姓的获得感。重点围绕控规实施、北京城市副中心生机勃发、两件关键小事、高质量建设重要节点和重大工程、协同发展、投资落地、消费转型升级、产业集群建设、美丽乡村建设、创建国家森林城市、水气治理、城市精细化管理、接诉即办、老城双修、民生保障等中心工作进行宣传。疫情中利用网上办公等形式，有效开展抗疫宣传，履行区委、区政府喉舌的职能作用。

在区委宣传部的部署下，与北京日报社开展深度合作，签署合作协议，加大副中心宣传力度，提升新闻质量。《通州时讯》于5月6日第一次改版。10月19日，《通州时讯》正式升级改版为《北京城市副中心报》。《北京城市副中心报》共四版、周五刊，紧扣城市副中心目标定位，进行全新的版面设置。

（张海燕）

文化活动

【概　况】 2020年，举办“探访大运河·云游副中心”文旅资源网络直播活动，在新华社快看抖音号、摄影世界微博和通州八大游微博直播间等几个直播平台同时播出，总播放量突破4700万人次。组织40多家文化旅游企业参加2020年中国国际服务贸易交易会，重点宣传大运河文化旅游景区、环球影城、宋庄艺术小镇、台湖演艺小镇等重点项目，展现通州区当前文化、旅游、科技、金融、媒体、社会服务等多项产业融合发展现状，区文旅局在此次活动中获得文旅融合创新奖。

【开展送书慰问活动】 7月27日，区文化和旅游局、区退役军人事务局携手开展“送书进军营”慰问活动，与部队官兵共坐一堂，共话鱼水情深。该次活动精心挑选军事、政治、历史等贴近部队生活和需求的各类图书1400余册，送到驻通州部队，在建军节之际，为人民子弟兵送上节日问候。

【2020北京大运河文化节启动】 11月7日，由市委宣传部、中国新闻社主办，市委网信办、市发改委、市文旅局、市文联、市广电局、市文物局、市体育局、通州区委、通州区政府承办，大运河北京段沿线各区宣传部和文旅局协办的2020北京大运河文化节开幕。大运河文化节期间，文体融合、文艺创作、非遗展示等8大版块39项主题活动陆续开展，组织“律动运河”系列公众体育活动、大运河北京段“网红打卡地”推介等活动，带领市民线上线下“行走运河”，推出“云上运河”系列直播活动，带领观众“云游”大运河北京段沿线7个区，线上线下总参与人数达3500余万人次。

【大运河（北京段）图片展】 11月8—15日，由区文化和旅游局主办的大运河（北京段）图片展在区博物馆举办。该次展览是2020年北京大运河文化节的系列活动之一，主要包括前言、运河文脉、运河生机、运河新貌及新老对比等5部分，由中外摄影师拍摄的93幅图片组成。展览以大运河北首的历史文脉传承、社会经济发展、城市建设成就和人民安居乐业的现状为展示重点，通过空间和时间两个维度，展现大运河北京段延绵不断的历史文化和蓬勃发展的城市景象。

11月8—15日，通州区文化和旅游局主办的大运河（北京段）图片展

（区文化和旅游局提供）

【开展“12·4”国家宪法日法制宣传活动】 12月4日，区文化和旅游局在同心花园开展“12·4”国家宪法日法制宣传活动。现场发放法治宣传折页、环保袋、法宣纪念品1000余件，向市民宣传以宪法为核心的中国特色社会主义法律体系，进一步营造社会共同关心、参与、支持、维护通州区文化市场管理的浓厚法治舆论氛围。

【通州文化创意产业人才优享活动】 12月10—11日，由区文化和旅游局主办的2020通州区文化创意产业人才优享活动举办。该次活动为期2天，邀请7位业界优秀创业者进行创意分享。该次活动采取线上、线下相结合的方式。安排小市集环节，文创企业进行多方位展示和宣传，搭建资源共享平台，达成发展共识和合作意向。

（魏鑫）

文化设施

【概　况】 2020年，按照公共文化服务体系建设标准，进一步规范公共文化设施，丰富优秀公共文化产品供给，扶持文化活动品牌，全面提升公共文化服务软实力。依托主题文化街区、休闲艺术及民俗文化展演、主题文化商品等相关文化旅游产品，挖掘、整理区域文脉资源，融入旅游产品的开发、设计、生产、消费全过程。

【通州区图书馆】 2020年，通州区图书馆以疫情防控为核心，有序推进复工复产工作。创新开展全民阅读工作，通过“云阅读矩阵”的创新形式，以“瞰、享、阅”相结合打造“云书房、云课堂、云沙龙、微讲堂”等多元化线上活动。开展线上展览、征文、图书推荐、知识答题等活动180场，微信关注量达到33022人次。完善推进基层服务工作，国家公共文化云通州专区更新491条，建设完成25处智能微型图书馆，建立155个流动送书点，流转图书70余万册。通过微信服务号“北运通州”“瞰通州”推送优质地方文献资源145条。

【通州区24小时智能文化空间（车站路店）正式开放】 12月21日，由区文化和旅游局打造的24小时智能文化空间（车站路店）正式开放，现场举行以“点亮智空间，时刻享温暖”为主题的启动仪式。

12月21日，“点亮智空间，时刻享温暖”24小时智能文化空间（车站路店）正式开放

（区文化和旅游局提供）

24小时智能文化空间，是在城市书房基础上，升级打造的智慧化阅读场所，具有多元文化元素，涵盖图书借阅、非遗项目和运河文化作品展示等版块。区文化和旅游局全年打造的智能文化空间有7处，“智能”是此类场所的最大亮点，智能门禁、图书防盗、自助办证借还、远程监控等科技手段，为读者带来24小时智能化自助阅读服务，同时也为智能文化空间运行提供安全保障。

（魏鑫）

文化遗产保护

【概　况】 2020年，区文化和旅游局开展非遗代表性项目和传承人申报工作，第三批非遗传承人工作有序推进。拍摄“抗击疫情 通州非遗人在行动”视频，采访记录如通州运河船工号子、大顺斋糖火烧制作技艺、口技等各类别非遗项目传承人创作的抗疫主题作品、主动捐款、站岗执勤等热忱行动。召开“关于加大对非物质文化遗产保护及扶持力度的提案”扩面协商座谈会及督办的会议，共同为非遗工作做出努力。

【新增两处不可移动文物】 4月，位于永顺镇的小圣庙遗址和漷县镇的觅子店人民公社旧址经过前期的充分调研考察、考古挖掘、专家鉴定等程序，正式公布为不可移动文物。小圣庙建设于明清时期，觅子店人民公社建设于20世纪50年代，均具有较强的历史价值及地域文化特色。至此，通州区不可移动文物增至238处。

【文物保护工程】 5月，区文化和旅游局结合大运河国家AAAAA级旅游景区创建工作，全面启动“三庙一塔”景区改造提升工程，分别从文物本体修缮、景区环境整治、展览展示设计和标识规范、安全保障等方面，实施文庙泮桥及地面铺装修缮、电气线路升级改造、古建筑墙体门窗粉饰、通永道署铁狮、运河出土皇木和石刻文物修复展示、佑胜教寺防雷设施安装、微型消防站建设七大工程，工程完成设计招标并进入施工阶段。

【2020北京·通州非遗专题宣传片开播】 6月9日，区文化和旅游局邀请北京电视台这里是北京栏目对通州特有非物质文化遗产项目进行拍摄，宣传片对通州区的非遗文化历史、非遗工艺进行详细记录。通州区有49个项目被列入区级名录，其中，花丝镶嵌制作技艺、“面人汤”面塑制作技艺2个项目被列入国家级名录，运河船工号子、运河龙灯会等5个项目被列入市级名录。

【举办“2020年文化和自然遗产日”主题活动】 6月13日，通州区“2020年文化和自然遗产日”主题活动在运河公园启动。此次活动由区委宣传部主办，区文化和旅游局承办。活动现场，非遗传承人与文艺工作者表演《船工号子》、诗朗诵《通州赋》、舞蹈《运河情》、京东大鼓《运河味》等精彩节目，展示通州文化遗产千姿百态的风采，让全民共享文化和自然遗产保护成果。活动还推出一批市场认可度高、百姓需求性强的精品非遗商品，在丰富百姓生活的同时，拉动文旅经济升温。

【举办非遗漆器手工活动】 12月5日，区文化和旅游局开展“非遗文化传承——手工漆器”活动。该次活动特邀非遗传承人，为参与活动的少年儿童代表讲解漆器的历史和文化，并带着孩子们一起制作漆器手工。同时，举办丰富多彩的读书分享、文化沙龙、非遗传承等活动，以满足少年儿童多样化的文化需求。

【2020通武廊文化交流季之非遗体验旅游线路推介会举行】 12月23日，由通州区文化和旅游局、天津市武清区文化和旅游局、河北省廊坊市文化广电和旅游局联合主办的通武廊非遗体验旅游线路推介会举办，各地非遗传承人、行业协会、特色景区代表参加活动。推介会分为通州、廊坊、武清三个篇章，围绕“非遗＋旅游”的主旨，开展非遗节目表演及非遗体验旅游线路推介，举办文化专题展览，展示花丝镶嵌、景泰蓝、绢人、家具修复、金漆百宝嵌等14个非遗项目。

（魏鑫）

东郎（通州）电影创意产业园

【概　况】　东郎（通州）电影创意产业园（简称东郎），位于九棵树西路92号，前身为北京隆达轻工控股有限公司旗下北京北泡塑料集团有限公司的旧工业厂房，在历经一年的改造升级后，成为以影视概念为主题、电影产业为特色，聚焦新经济、新媒体，服务首都文化需求的多元化综合型功能产业园区。

【园区特色】　东郎建设新型城市文化空间，连续三年作为北京市文化创意大赛分赛场为北京优秀文创企业服务助力，并对优秀文化企业及个人提供总额100万元办公用房房租减免的优惠支持。大力响应国家《支持实体书店发展的指导意见》，园区内阅青山书店是北京首家开设在产业园区的24小时书店。

东郎拥有具备影音播放功能的综合型剧场，占地400平方米，用于电影放映、小型文艺演出、会议等多种形式的文化活动。

东郎于2020年打造了以影视为主题的精品酒店品牌，充分利用闲置用房，为游客接待工作提质增效。以满足环球影城度假人群的住宿需求为前提，叠合文化空间属性，同时满足周边社群的生活需求。

园区内拥有胡桃里音乐餐吧、以精酿啤酒为主的妙喜酒吧、全国品牌连锁徽菜中餐厅、WE&ME咖啡厅及港式、韩式、日式等各色餐饮。9月15日，入选北京市商务局发布的首批“深夜食堂”特色餐饮街区名单。

【重点活动】　6月6日，由北京市商务局、通州区人民政府联合承办的以“新消费·爱生活北京消费季——欢乐通州欢乐购”大型促消费活动在东郎举行启动仪式。东郎作为通州六大“夜经济”商圈之一，组织20余家入驻企业参与，推出实惠的优质商品和服务，同时推出“夜京城”东郎音乐啤酒嘉年华主题活动，该次活动自6月启动，10月结束。

8月6日，2020北京文化创意大赛通州赛区第四场比赛在东郎举行，园区多家文化企业参赛，并进行文创路演。园区企业小圈优品（北京）文化有限公司推出的“图书IP文创衍生品：米小圈文创”项目获得赛场第二名。

9月9日，通州区文旅局和区网信办等单位主办的“探访大运河·云游副中心”文旅资源网络大V直播活动第五场在东郎园区进行，知名旅游博主“阿贵phoebe”带领线上百万粉丝体验通州夜生活。

11月5日，“动听梨园”抗疫宣传曲及东郎拍摄的MV《希望之光》《风雨之后》正式发布，东郎作为该次抗疫宣传曲MV拍摄方，积极对接影视资源，安排专业导演、制片以及影视后期团队记录、还原疫情期间梨园镇奋战在一线的基层工作者的工作场景。

11月18日，东郎入选北京2020网红打卡地街区园区类推荐榜单，北京电视台、通州电视台等媒体进行实地采访报道。

12月8日下午，由东郎承办的第三届海南国际电影节“她·台前·幕后女性电影论坛——助力女性电影蓬勃发展”论坛在三亚举行。围绕女性电影未来发展方向进行话题探讨及分享，从电影的台前、幕后等多个视角共同为女性电影的创作、市场环境、机遇、困惑带来全新观点与经验。

12月11日，由鲜锋电影、东郎与中影联合主办的“影视出品人／制片人培训班（第十一期）”在东郎园区举行，来自全国的制片人、导演、投资人以及影视制作一线工作人员28人，开启为期3天的研讨交流。

（郎冀轩）

有线电视

【概　况】 2020年，北京歌华有线总公司通州分公司围绕中共十九大及历次全会精神，在严格落实各项防疫措施、同心协力服务人民群众抗击疫情的同时，全力配合通州区副中心智慧城市各项建设工作。通州分公司及下属玉带河营业厅分别获评首都文明单位和首都文明商户。

【服务通州区百姓】 2020年，分公司推进通州区内双向网新建和改造工程，配合区政府对“煤改电”系统进行信息化、智慧化升级改造，解决通州区居民采暖季实际困难，打赢蓝天保卫战。在疫情暴发期间，分公司党员干部参与居家所在社区的疫情管控工作，下属各营业厅站采取各项防疫便民服务举措，保障广大用户安心、放心、舒心地使用有线电视及网络。分公司开展多次捐款、捐物活动，与百姓携手共抗疫情。

【电视网络安全传输】 2020年，分公司牢固树立安全播出是广播电视工作生命线的安全意识，全年进行十余次培训、演练、考核，开展数百次抢修维修行动，有效保障通州区百姓电视网络的日常使用以及完成春节、全国“两会”、国庆等重大事件和节日期间的安全播出工作。

【营维一体用户服务保障工作】 2020年，分公司围绕打造“品质歌华”的任务目标，努力提升“12345”市民热线用户诉求的办理质量和效率，以城市副中心的质量和使命要求自己，在市民热线的评比中取得优异的成绩。同时确立多项行之有效的用户服务措施，逐步实现接诉即办向“未诉先办”转型提升的目标。

【助力副中心智慧城市建设】 2020年，分公司参与区内多项市政工程和重点工程的光缆管线建设工作。分公司推进美丽乡村、智慧社区生活圈以及各类智慧“云”平台的搭建工作，助力城市副中心智慧城市建设。

【支部联建服务当地】 2020年，分公司持续开展“党员双报到，支部联建社区”活动。分公司支部及党员全年开展联建活动，参与社区服务达60余次。配合落实通州区经信局、区委宣传办、精神文明办、创城办等部门倡导的“诚信万里行”“光盘行动”“扫黄打非”等精神文明建设活动。

歌华有线服务进社区

（歌华有线通州分公司提供）

（梁悦）

档　案

【概　况】　2020年，区档案馆围绕北京城市副中心建设和大运河文化带建设工作大局，一手抓疫情防控，一手抓业务发展，积极推进档案管理、服务利用、数字化建设、宣传等工作，区委办公室（区档案局）着力机构改革后半篇文章，制定实施《区委办公室（区档案局）档案行政管理若干工作规程（试行）》《关于加强全区机构改革涉及部门和单位档案工作的若干措施》《关于加强全区行政区划调整成立街道档案工作的若干措施》，开展档案行政执法检查，规范档案管理，档案事业取得稳步发展。

【疫情防控】　2020年，区档案馆先后有18名党员干部下沉防疫一线，支援社区疫情防控工作，3名干部参与北京西站接收“在鄂返通人员”工作。全体党员干部积极回社区报到参与疫情防控480余人次，党员干部与入党积极分子累计捐款14500元，1名党员参与义务献血。区委办公室（区档案局）、区档案馆向区委、区政府提供区防治“非典”指挥部全套档案，助力领导科学决策。区委办公室（区档案局）与区疫情防控工作领导小组联合制发《关于做好北京市通州区新型冠状病毒感染的肺炎疫情防控档案工作的通知》，对全区各单位进行档案指导。

【档案接收】　2020年，接收区园林绿化局移送的国庆70周年游园指挥部档案727件；接收规自委移交原区国土局档案数字化副本1个全宗，16.8GB，3个目录共29344页。

【到期档案开放鉴定】　2020年，完成65个全宗8278卷75409件档案的鉴定初审工作。开放1989年档案6114件，累计开放档案27650件。

【档案利用服务】　2020年，共接待社会各界档案利用者4034人次，利用档案5023卷次，出具各类证明6562份23752页，受理跨馆利用22人次。为服务疫情防控、棚户区改造项目等相关工作，提供档案数字化副本243卷3135件16783页。为区史志办提供照片200余张。

【区档案新馆建设】　9月，市联合督查组对区档案新馆建设开展督查。11月5日，区政府召开专题会议研究档案新馆建设工作，9日，区政府第89次常务会上明确将档案新馆建设规模从地上22700平方米增加到地上32229平方米，总面积46617平方米。

【档案指导和执法检查】　2020年，针对全区机构设置的变化，制发实施《关于加强全区机构改革涉及部门和单位档案工作的若干措施》，及时跟进职能变化单位的档案业务指导，规范档案管理和处置。制发《关于加强全区行政区划调整成立街道档案工作的若干措施》，到新成立的潞源、通运、九棵树、临河里、潞邑、杨庄、文景等街道进行业务指导，使其建立完善档案工作管理体系。对发展改革委、国资委、中仓街道、西集镇等32家单位进行执法检查。

【编制档案“十四五”规划】　区委办公室（区档案局）、区档案馆联合，北京联合大学专家参与，组成编制团队，科学开展北京城市副中心（通州区）“十四五”时期档案事业发展规划编制工作，12月初形成《规划征求意见稿》。

【档案信息化工作】　2020年，完成馆藏档案数据异地备份，核查档案馆藏数字化成果约5万条、16万页，修正、补扫图片4603页，补充和完善目录约1.4万条。

【档案宣传】　2020年，区档案馆通过大运通州网、融汇副中心App等新媒体平台，开通“京华丹心”端口，推出“通州名人展”，“档案见证美丽乡村建设”，

“众志成城 战胜疫情”抗击新冠肺炎摄影展、“艺心抗‘疫’”，“以艺抗‘疫’”书画作品展，“通通龙——战疫有我”系列漫画展等6个网上图片展、各平台累计点击流量近万人次。国际档案日活动期间，区档案局、区档案馆联合区融媒体中心录制“聚焦副中心——档案记录城市发展”专题节目，全方位、多角度地介绍了区档案馆馆藏特色、爱国主义教育基地活动以及服务北京城市副中心建设成果，在通州电视台、大运通州网、融汇副中心等媒体同步播放。新修订《中华人民共和国档案法》施行前夕，区委办公室副主任、区档案局局长李长风，区档案馆馆长刘海涛应邀参加“对话副中心”专题节目录制，深入宣传新修订《中华人民共和国档案法》。编印《档案与文化》杂志第9、10、11三期，约7万字。编辑出版《董树旺先生全家捐赠书画藏品专辑》。

【档案征集】　2020年，征集林殿惠手绘《张湾漕河胜迹图》长卷1幅，中华人民共和国成立70周年游行方阵使用火炬6把，作家刘绍棠档案材料1卷，艺术家抗疫期间书法、绘画作品24幅，抗击新冠肺炎疫情照片40张，通州新闻、专题栏目《对话副中心》视频资料847GB，中国红学会会长冯其庸档案资料312GB。

【举办抗疫作品捐赠仪式】　10月21日，举办“弘扬伟大抗疫精神”书画摄影作品捐赠仪式。区文联摄影协会、区书法家协会、大运通州网的11位艺术家共捐赠23件书画作品、40幅摄影作品和9幅“通通龙——战疫有我”抗疫系列漫画。

【档案记录】　2020年，积极开展各点位疫情防控以及涉及区域内重点工程、拆迁区域等项目的拍摄工作，累计留存照片609张。

（白云）

通州区文学艺术界联合会

【概　况】　2020年，区文联在区委正确领导下，抓班子、带队伍、强党建、促发展，主动作为、创新作为、精准作为，出色完成各项任务，取得优异成绩。

【助力绿心公园开园】　9月29日，区文联组织100多名艺术家、文艺工作者、文艺志愿者，助力“绿心绽放”城市绿心森林公园开园。参与三个版块活动。即第一板块：绿心绽放开场韵律操，文艺志愿者带领现场2000多人冒雨跳起韵律操，展示副中心活力。第二版块：组织开展“千年大运河 魅力副中心”绿墨华彩名家书画展，黄永玉、韩美林等书画大师的作品参加展览。第三版块：组织全区9家文创企业参与绿享生活文化市集展示文创产品。市领导对活动给予高度评价、充分肯定。

【举办首届丝绸文化节】　10月27日，弘扬运河文化、丝绸传统文化，助力副中心残疾人培训就业，展现文艺搭台、丝绸纽带、经济唱戏的独特魅力。

10月27日，举办“千年大运河 魅力副中心”2020通州区大运河丝绸文化节

（区文学艺术界联合会提供）

【摄影月活动】 10月29日，组织中国金像奖摄影家走进副中心采风暨“千年大运河 魅力副中心”摄影月。组织中国金像奖摄影家到副中心采风，拍摄千年运河、最美副中心。

10月29日，中国金像奖摄影名家“千年大运河 魅力副中心”2020年通州区摄影月采风活动
（区文学艺术界联合会提供）

【纪念紫禁城建成600周年活动】 11月8日，由中国美术家协会艺术委员会学术支持，北京市通州区文联、中艺国际展览馆主办的“从历史走向未来——纪念紫禁城建成600周年中国画大展”在故宫太庙举办，展出近百位中国画名家创作的300幅原创精品国画，为紫禁城建成600周年献礼。

【运河清风书画展】 2020年，区文联与区纪委、区监委、区委宣传部联合举行运河清风书画展。加强党风廉政建设，用文艺展现运河清风，为北京城市副中心营造良好的廉政文化氛围。

（崔琪）

2021

卫生

北京通州年鉴

城市绿心森林公园（摄影 郭建华）

综 述

【概 况】 2020年，辖区户籍人口出生率9.05‰、死亡率6.65‰、自然增长率2.4‰。因病死亡人数5197人，占死亡总人数的比率96.01%，死因顺位前十位的排列为恶性肿瘤、心脏病、脑血管病、呼吸系统疾病、损伤和中毒、内分泌、营养和代谢疾病、消化系统疾病、神经系统疾病、泌尿生殖系统疾病。

【改革与管理】 区医疗卫生改革情况。2020年的新冠肺炎疫情对国家公共卫生应急管理体系带来了巨大的挑战。为进一步完善重大疫情防控体制机制，抓紧补短板、堵漏洞、强弱项，推动通州区建立体系健全、权责清晰、运转高效、保障有力的现代化公共卫生应急管理体系，通州区卫健委牵头开展“建立突发公共卫生事件联防联控常态化工作机制”为要点的相关改革工作，制定《关于加强通州区公共卫生应急管理体系建设的实施方案》，同时制定《通州区加强公共卫生应急管理体系建设三年行动计划（2020—2022年）》作为该方案的附件，于2020年9月12日和2020年9月27日分别通过区政府常务会和区委常委会审议后正式印发。

方案提出要改革完善疾病预防控制体系，继续夯实基层公共卫生网底，健全重大疫情救治体系，完善公共卫生应急管理体制机制，强化科技支撑，确保联防联控常态化工作机制不断完善。并设定工作目标：到2022年，全区公共卫生管理领域突出短板基本补齐，各方面体制机制更加完善，集预防、控制、救治、保障于一体的公共卫生应急管理体系基本成形，“通武廊”公共卫生应急联防联控机制进一步完善。到2025年，全区突发公共卫生事件防控能力全面提升，疾病防控、医疗救治、综合保障体系健全有力，城市副中心公共卫生应急管理达到国内先进水平。到2035年，全面建成与国际一流的和谐宜居之都示范区、新型城镇化示范区、京津冀区域协同发展示范区相适应的公共卫生应急管理体系。

区属医院名称、级别及隶属关系的改变等。北京潞河医院增加执业地址，变更为通州区新华南路82号、翠屏西路43-45号、玉带河西街14号楼、张家湾镇后坨村186号；通州区老年病医院主管单位由通州区卫生健康委变为北京潞河医院，机构地址变更为通州区西集镇郎东村559号北楼、运河西大街240号东北角；通州区潞城镇潞城社区卫生服务中心（通州区潞城卫生院）增加执业地址，变更为通州区潞城镇水仙东路、胡各庄大街9号院14号楼一层108、110、113、115房间、含英园一区9号楼三层、四层；通州区新华街道社区卫生服务中心增加执业地址，变更为通州区运河东堤东侧运潮减河南侧交会处3号楼1层东侧、4号楼1层、5号楼1层北侧；通州区宋庄社区卫生服务中心（通州区宋庄卫生院）更名为通州区宋庄镇宋庄社区卫生服务中心（通州区宋庄卫生院）；通州区马驹桥镇马驹桥社区卫生服务中心（通州区第二医院）增加机构名称通州区马驹桥社区医院。

医联体及专科联盟建设情况。潞河医院、东直门医院通州院区、友谊医院通州院区、北大人民医院通州院区4家核心医院及22家社区卫生服务中心和部分社会办一级医院，按照服务半径，建立片区制医联体合作模式。医联体内依托通州区分级诊疗平台实现多发病、慢性病的基层首诊，双向转诊，重点畅通慢性期、恢复期患者向下转诊渠道，逐步实现医联体内的有序转诊。落实核心医院为基层医院预留号源、医联体内检查检验结果共享，完善治疗—康复—长期护理服务链。康复专科联盟，构建以北京市通州区中西医结合医院为中心、各社区卫生服务中心共同组成的连续性康复医疗服务体系，开展学科技术支持、双向转诊等工作，逐步吸纳三级医院康复科，促进分级诊疗制度有效落实。建立病人双向转诊绿色通道，使上级医院下转的康复患者，能够得到规范化康复诊疗服务；同时，负责接诊基层医疗卫生机构上转的康复患者，并将联合区残联共同有序开展区内社区康复和家庭康复服务工作。

11 月 27 日，北京市通州区中医健康社区建设试点项目暨关爱健康东方空间启动仪式在梨园社区卫生服务中心下属小街村社区卫生服务站举办

（区卫生健康委提供）

【人才队伍建设与人才引进】　2020 年，通过公开招聘、高级人才引进、外区调入、军转干部安置、随军家属安置、医学定向生分配等途径，引进 191 人。其中，硕士研究生学历 95 人、博士研究生 11 人，中级职称 8 人、副高级职称 3 人，正高级职称 2 人。协助办理高层次人才配偶、子女户口进京等事项，为 33 名紧缺适用人才发放特殊津贴 51.65 万元，为 2017—2019 年 132 名“两高”人才入选者（其中“灯塔”人才 2 名，“运河”人才 130 名）拨付 2020 年度奖励扶持经费 710 万元。

（李珺）

【对口支援】　7 月 23—28 日，科右中旗疾控中心 14 人到通州区疾病预防控制中心进行为期一周的进修学习；7 月和 9 月接收翁牛特旗和科右中旗疾控中心各 1 人进行 1 个月的进修学习；10 月 21—23 日派出 2 人赴拉萨市城关区开展健康扶贫通州区新冠疫情防控经验介绍交流；10 月，对口支援内蒙古兴安盟科尔沁右翼中旗、拉萨市城关区、湖北武当山疾控中心应急装备、宣传品等物资共计援助 110656.6 元。2020 年扶贫消费共 17 笔支出 268929.5 元。

【信息化建设】　通州区全民健康信息化项目于 2013 年启动，经过几年的建设，形成了区域内的智慧医疗健康整体框架，以卫生信息专网以及区域数据中心建设作为信息化应用基础保障，区域全民健康信息平台作为区域数据资源整合与互联互通的核心枢纽，社区医疗卫生信息化应用作为落实医改政策的主要抓手的整体布局，主要建设内容：建设完善卫生信息化基础设施体系。形成覆盖全区各级医疗卫生服务机构和管理机构的卫生信息专网，建设牛堡屯区域卫生信息云数据中心主云房，保证硬件网络等基础环境能够适应应用系统建设与发展的需求。搭建以区域全民健康信息平台为核心的资源整合与互联互通体系。参照国家卫生健康委发布的各项标准规范，逐步整合完善以电子健康档案为核心的数据资源库，同时形成综合管理决策支持库，这些数据资源是信息化建设最重要的资产，为后续实现通州区医疗卫生领域精准化健康服务、精细化业务管理、精密化数据分析奠定基础。同时基于平台实现数据综合采集与共享，逐步完善全区医疗卫生信息互联互通机制，为慢病管理、绩效考核、健康服务等方面提供信息化支撑。2015 年通州区参加国家卫健委组织的第三批“区域卫生信息互联互通标准化成熟度测评”，通过国家测评四级乙等评定。完善医疗卫生业务应用体系。参照国家和北京市全民健康信息化建设思路，结合区政府制定的医疗健康信息化发展规划，逐步建设完善新社区医疗卫生管理信息系统、家庭医生服务信息化应用系统、分级诊疗信息系统、远程视频会议系统、卫生行政办公管理系统、绩效考核管理系统、区域影像系统等医疗卫生业务应用，进一步提高卫生管理部门以及医疗卫生服务机构的信息化应用水平。其中，远程医疗信息化应用是通州区全民健康信息化的重点内容，其建设过程可以分为三个阶段，第一个阶段是应用试点阶段，2014年开始在数据中心建设区域远程影像库，在潞河医院与试点社区卫生服务中心之间开展远程影像诊断试点工作；第二阶段是应用推广阶段，2016年开始，在总结前一阶段试点成果的基础，开始在全区范围内推广远程影像协作应用，同时建设覆盖各医疗机构的远程视频系统，支撑远程视频会议、远程影像诊断、远程会诊交流等业务应用；当前阶段为应用深化阶段，结合区域医联体、互联网医院建设等方面的政策要求，重点加强远程医疗的智能化水平，结合最新的技术手段扩展远程医疗信息化应用的内涵与外延，完善面向医疗机构、面向居民和患者的远程医疗服务。

【经费管理】 2020年，全区卫生系统总收入687472.24万元，其中，财政拨款金额及业务收入219499.32万元；总支出697972.36万元。卫生事业专用基金15466.95万元。

【基本建设】 2020年，基建总投资33406.2万元，其中财政投入30342.19万元，单位自筹3064.01万元。全年新建医疗用房中西医结合医院工程（北大人民医院通州区院区）和潞河医院分院（含郎府卫生院）重点工程共13.68万平方米。中西医结合医院工程（北大人民医院通州区院区）基本情况：该工程位于通州区漷县镇中心区，占地面积147亩，建筑面积约12万平方米，床位数800张，概算批复金额8.2亿元，全部为区自筹。工程于2014年8月开工建设，截至年底，完成五方验收，正在进行专项验收。2020年完成18580万元建安投资。潞河医院分院（含郎府卫生院）工程基本情况：该工程位于通州区西集镇中心区。占地面积28亩，建筑面积约1.68万平方米，床位数259张，概算批复金额1.08亿元，全部为区自筹。工程于2017年3月开工建设，截至年底，整体工程完工。2020年完成1642万元建安投资。北京市通州区北苑街道社区卫生服务中心装修改造工程基本情况：租用北苑中山大街56号院1号楼帅府园底商为北京市通州区北苑街道社区卫生服务中心使用，建筑面积2797平方米，地上三层地下一层。拟开科室有全科诊疗科、内科、外科、妇科、口腔科、中医科、中医康复科、检验科、超声科、心电科、放射科等。已完工。北京市通州区新华街道社区卫生服务中心装修改造工程基本情况：中心地址位于通州区新华街道运河东堤东侧运潮减河区域（月亮河度假村内），面积约为1500平方米。正在开业准备中，年底投入使用。中心内设全科医疗科、中医科、口腔科、预防保健科、检验科、放射科、B超科、心电等临床相关科室。已完工。中仓街道社区卫生服务中心内部改造及装修改造工程基本情况：中仓街道社区卫生服务中心位于北京市通州区滨河中路277号，建筑面积1132.97平方米，使用面积970平方米。设立科室有儿童体检、保健诊室、医教科、综合业务科、行政办公室。截至年底，开设预防保健、计划免疫、老年人体检、全科医疗等业务。已完工。通州区玉桥街道社区卫生服务中心装修改造工程基本情况：玉桥街道社区卫生服务中心隶属于通州区卫健委，位于通州区乔庄东站西侧，是一所新建于北京城市副中心核心区域的一级公立性综合社区医院，中心面积1672.62平方米，中心开设有全科、内科、外科、妇科、儿科、中医科、康复科、口腔科、影像科以及检验科等科室。已完工。

（李珺）

医疗与中医工作

【医疗工作】 2020年，辖区医疗卫生机构599家，其中，公立医疗卫生机构477家，民营医疗卫生机构122家。全年出院93889人次，病床使用率55.51%，平均住院日8.1天（不含精神专科医院），全年住院手术50477人次，医护比1∶1.04。

【中医工作】 2020年完成“第二批通州区运河中医药薪火传承工程基层中医传承工作室建设项目”遴选工作，确定13个工作室建设项目，25名工作室继承人；北京中医药大学东直门医院通州院区刘景源工作室落地。基层中医药适宜技术推广：北京市基层中医药服务能力提升工程“十三五”行动计划期间，22家社区卫生服务中心能够提供中药饮片等6类以上中医药技术方法。

8月28日上午，举行北京中医药大学东直门医院通州院区全国名老中医药专家刘景源名医传承工作室揭牌仪式暨刘景源工作室疑难病诊疗中心揭牌仪式 （区卫生健康委提供）

【血液管理】 2020年，向区属医院供应红细胞11580单位，机采血小板2821单位，血浆9678单位。通州区内采血点7个，其中固定采血点4个：通州区中心血站、家乐福、万达、西门；临时采血点3个：马桥、贵友、土桥华远。西门为献血屋，家乐福为方舱，其余为献血车。通州中心血站全年采集血液100570.5单位，其中全血84992单位，机采血小板15578.5单位。全年向东五区（朝阳区、通州区、顺义区、大兴区、平谷区）临床供应红细胞类血液91394单位（包括全血5单位，红细胞类血液91389单位），临床用冰冻血浆83019.5单位，临床用机采血小板16308单位。

（李珺）

疾病预防

【疾病控制】 2020年，甲类传染病无发病及死亡，乙类传染病发病人数1564人，死亡人数5人，发病率排前三位的疾病为肺结核、梅毒、肝炎。结核病患病总人数916人，其中，新发病人数437人，结核死亡人数2人。性病（艾滋病、淋病、梅毒）报告发病人数为499人，死亡人数3人；艾滋病随访且存活2125人，2020年新增181人，死亡1人。人畜共患疾病：狂犬病发病人数为1人，死亡1人；手足口病发病人数261人，无死亡；布病发病人数10人，无死亡。

【慢病防治】 2020年，全区管理高血压患者98915人，规范管理高血压患者70505人，高血压患者规范管理率 71.28%；管理糖尿病患者 42051 人，规范管理糖尿病患者 30033 人，糖尿病患者规范管理率 71.42%。

【精神卫生】 2020 年，全区检出精神障碍患者 3981 人，报告患病率 2.52‰，其中，六类重性精神障碍患者 3514 人。全区随访 14898 人次，其中，家庭访视（包括视频访视）4537 人次，门诊访视 5649 人次，电话访视 4712 人次，危险度评估 14898 人次。在册管理率 94.64%，在册规范管理率 93.57%，规律服药率 85.36%，面访率 87.01%，均达到北京市要求。截至年底，全区免费服药患者人数为 2892 人，其中，领取免费药物的患者 2298 人，办理补助患者人数 594 人，免费服药办理率为 72.64%。

【学校卫生】 2019—2020 学年度全区学生 95375 人，由于新冠疫情的影响，部分学校未完成学生体检工作，实际体检 45045 人。具体结果如下：肥胖（BMI）体检 45045 人，其中肥胖 8644 人，营养不良 2856 人，超重 7084 人。肥胖检出率为 19.19%、营养不良为 6.34%、超重为 15.73%。视力不良：体检 44992 人，检出视力不良 30175 人，检出率为 67.07%。龋齿：体检 44890 人，龋患人数 6414 人，检出率为 14.29%。沙眼：体检 44917 人，检出 9 人，检出率为 0.02%。贫血：体检 44917 人，检出 1100 人，检出率为 2.45%。全年学校未暴发传染病及集体食物中毒等重大公共卫生事件。

【计划免疫】 2020 年，北京市免疫规划疫苗 13 种，接种 634049 人次，报告疑似预防接种异常反应病例 75 例；非免疫规划疫苗 26 种，接种 339413 人次，报告疑似预防接种异常反应病例 39 例。应急接种疫苗 6 种，接种 148 例。流感疫苗接种 134180 剂次。

【职业卫生】 2020 年，全区接触毒害物质单位数 105 家，职工人数 6444 人；全年新增职业病 15 例，其中，职业性尘肺病 13 例，职业性肿瘤 1 例，职业性耳鼻喉口腔疾病 1 例。

【健康促进】 2020 年，各类健康促进示范单位：健康示范食堂（市级 1 家），潞城镇甘棠卫生院职工食堂；健康步道（区级 4 家），于家务延芳广场健康步道、马驹桥镇湿地公园健康步道、宋庄镇双阜头村健康步道、台湖镇中绿带公园健康步道；健康知识一条街（区级 6 家），中仓街道中仓路健康知识一条街、永乐店镇永黄路健康知识一条街、新华街道吉祥路健康知识一条街、通运街道牡丹路健康知识一条街、梨园镇群芳中三街健康知识一条街、宋庄镇白庙村健康知识一条街；健康小屋（区级 3 家），中仓街道四员厅居委会健康小屋、通运街道紫荆雅园居委会健康小屋、西集镇吕家湾村委会健康小屋。培养家庭保健员数量 800 人。全区无烟机关 76 家，无烟医疗机构 567 家，无烟学校 376 家。

（李珺）

基层卫生

【社区卫生】 社区卫生服务中心（站）89 家，其中，政府办 77 家，社会办 12 家；卫生技术人员 2743 人，其中执业（助理）医师 1031 人（含全科医师 531 人），注册护士 842 人，执业（助理）医师中公共卫生类别 93 人。全年诊疗 4325176 人次，其中，家庭卫生服务 1109 人次。截至 12 月 31 日，通州区累计家庭医生签约常住人口 609251 人，常住人口签约率 36.4%（常住人口底数 167.5 万人）。其中，重点人群签约 262240 人，重点人群签约率 97%（重点人群底数 270470 人）。

友谊医院建立了医联体双向转诊机制，并向辖区内各成员单位（社区卫生服务中心）投放专家号

6月30日，通州区三级急救网络初步建成——9家社区急救站完成建站筹备工作
（区卫生健康委提供）

源284个，挂出33个；东直门医院和潞河医院分别对各成员单位进行实地调研，以需求为导向，制定2020年医联体工作实施计划、医联体工作手册及医联体医疗风险防范和分担工作方案，为下一步推进片区医联体间合作指明了方向。东直门医院通州院区的心、脑、肺病重点专科诊疗优势辐射基层，定期安排医师至基层合作单位出诊、查房、带教，加强心脑绿色通道建设，推广专科优势病种特色诊疗技术，提升基层专科诊疗服务能力。受疫情影响，全年核心医院下转4604人次，基层医疗机构上转44人。

全区建立居民电子健康档案1365274份，电子健康档案建档率81.5%(常住人口底数167.5万人)。其中，动态使用健康档案619524份，档案使用率45.4%。

【农村卫生】 2020年，通州辖区村卫生室据医疗机构注册联网系统统计在册346家（均为村办），覆盖率73.62%，可达到一刻钟卫生服务圈。全年诊疗量305386人次。

乡村医生451人，岗位培训5061人次。根据通州区乡村医生培训工作要求，对全体乡村医生开展线下培训，组织60岁以下的乡村医生参加社区卫生服务中心的践习、实习工作。

（李珺）

卫生监督

【食品卫生监测情况】 2020年，食品污染物及其有害因素监测，采集并检测14类305件样品，报告食品安全风险隐患2起；食源性疾病病例监测，全年接报与食品有关的生物性、化学性、有毒动植物性的感染或中毒病例事件10起；食源性疾病主动监测，采集并检测病例样本295份；食源性致病菌检出31例阳性样本，检出率为10.51%；全年开展184例粪便诺如病毒检测，检出2例阳性样本，检出率为1.09%；食源性疾病事件监测，全区调查并报告1起食源性疾病事件；李斯特菌病专项监测，全年接报并处理2起单增李斯特菌感染病例报告。

【生活饮用水监测情况】 2020年，监测生活饮用水样品278件9452项次，其中，城市市政供水出厂水4件、末梢水110件、城市市政二次供水66件、农村集中式供水88件、农村学校集中式供水10件，每件样品检测34项指标，水样总体合格率81.7%（227/278），不合格项目主要是砷、氟化物、锰。城市市政供水系统、二次供水设施水质良好，农村自建集中式供水水质仍无明显提升。农村饮用水尚存在着毒理学指标的氟、砷超标问题，也同时存在偶发的微生物污染和感官性状超标的安全风险。

【公共场所吸烟处罚情况】 投诉举报处理工作：2020年1—6月，通州区卫生健康监督所接到控烟投诉举报案件数 80 起，办结 80 起，办结率 100%。根据《北京市通州区人民政府印发关于向街道办事处和乡镇人民政府下放部分行政执法职权并实行综合执法实施方案的通知》要求，自 2020 年 7 月 1 日起，原由卫生健康部门行使的控制吸烟行政执法权下放至各街道办事处和乡镇人民政府行使，“禁烟场所没有明显禁烟标识”“在禁烟场所内有违法吸烟现象”等违反《北京市控制吸烟条例》的行为由各街道乡镇负责依法查处，“12345”控烟投诉工作由属地直接办理。违法行为查处情况：2020 年 1 月到 6 月，区卫生监督所累计开展控烟监督 2596 户次，其中合格 2563 户次，不合格 33 户次。罚款 32 起，其中处罚单位 3 户次，罚款 1.2 万元，处罚个人 29 人次，罚款 1450 元，处罚金额 1.345 万元。下半年，全区各属地开展联合执法 17 次，出动 1582 人次，执法车辆 233 台次，对全区 2274 家单位进行联合检查，进行行政指导、提示、整改 336 次，开具谈话通知书 8 份，责令改正通知书 6 份，劝阻吸烟行为 53 起，查处违规吸烟问题 22 起，罚款 1100 元。

【医疗卫生监督】 2020 年，传染病消毒被监督单位 596 户，监督 589 户，监督覆盖率 98.83%，合格率 97.62%。处罚 68 起，罚款金额 5.8 万元。放射卫生被监督单位 62 户，监督 62 户，监督覆盖率 100%，合格率 87.1%。处罚 8 起，罚款 0.5 万元。医疗机构被监督单位 578 户，监督 537 户，监督覆盖率 92.91%，合格率 98.79%。处罚 18 起，罚款 0.75 万元。血液管理被监督单位 9 户，监督 9 户，监督覆盖率 100%，合格率 100%。查处非法行医案件 51 件，罚没款 151.63 万元，其中罚款 104.4 万元，没收违法所得 47.23 万元。开展医师多点执业医疗机构 12 家，注册多地点执业的医师 122 人。办理医师多点执业数量 495 人次。

（李珺）

妇幼保健与人口计生

【老龄健康】 截至 2020 年底，全区常住人口 1822075 人，其中户籍人口 819912 人，60 周岁及以上老年人口 302087 人，占常住人口总数的 16.6%。截至 2020 年底，全区户籍人口数中 60 周岁及以上老年人口 206492 人，其中 80 周岁及以上老年人口 27299 人，占户籍人口总数的 13.22%。百岁以上老年人 108 人，其中户籍百岁老人 32 人。老年健康服务体系建设。10 月，北京市友谊医院通州院区和通州区梨园卫生院通过北京市老年友善医院专家组验收，成为老年友善医院，全区老年友善医院达到 3 家。通州区落实国家基本公共卫生服务，加强老年人健康管理，提供针对性的健康管理服务，老年人健康管理率 2020 年达到 70%。

【妇幼卫生】 2020 年，辖区新生儿死亡人数 9 人、死亡率 1.23‰，婴儿死亡人数 14 人，死亡率 1.90‰，5 岁以下儿童死亡人数 21 人、死亡率 2.85‰。2020 年新生儿出生缺陷发生率 28.81‰，主要出生缺陷病种包括先天性心脏病、多指趾、肾积水、马蹄内翻足和单发腭裂。

【计生服务】 年内，通州区婚检率 88.27%（6564/7436），疾病检出率 3.35%。通州区妇幼保健院为辖区备孕夫妇 3223 人提供免费孕前优生健康检查服务。计生关怀。符合计划生育奖励扶助政策 16206 人，发放扶助金 3403.26 万元；符合计划生育伤残扶助政策 764 人，发放扶助金 540.912 万元；符合计划生育特别扶助政策 825 人，发放扶助金 712.8 万元。共计 4656.972 万元。享受独生子女父母奖励 17671 人，奖励费 103.292 万元；享受独生子女父母年老时 1000 元一次性奖励 3040 人，奖励费 304 万元；享受独生子女发生意外伤亡对其父母的经济帮扶60人，帮扶金51.9万元。享受独生子女低保家庭补助794人，发放补助金10.77万元。慰问特殊困难计生家庭476户，发放慰问金71.4万元。享受区级特别扶助对象825人，发放扶助金198万元。

（李珺）

医疗机构选介

首都医科大学附属北京潞河医院

【概　况】 2020年，潞河医院在区委、区政府，市、区两级卫健委和首都医科大学的领导下，秉承“两个以人为本”的办院宗旨，在坚决做好疫情防控的同时，坚持保证辖区百姓基本医疗。潞河医院院感风险防控工作在北京市新冠肺炎疫情防控工作领导小组召开的第二十四次会议上得到肯定。医院继续沿着打造优秀学院型医院的发展方向，持续推进医院各项工作，使医院继续保持稳步、快速发展。

年内，医院业务收入22.4亿元，总成本23.55亿元，其中，人力资源成本占29.94%，耗材成本占31.68%，药品成本占30.99%，其他成本占7.39%，全年总门急诊量188.77万人次，日均门诊量5172人次，总出院人数4.75万人次，门急诊次均诊疗费547.97元，次均住院费24419.99元，全年住院患者中，医保患者占64.23%，外埠患者占35.78%，平均住院日7.37天。受新冠肺炎疫情影响，医院经营收入减少，全年收支基本平衡。

2020年，医院建成北京潞河医院牛堡屯院区，作为通州区定点医院，收治新冠确诊和疑似病人，所有患者均痊愈出院或按照相关规定转至上级医院。医院感染科及PCR实验室改造工作完成，为疫情常态化工作打下良好基础。同时，在院内梳理完成各项防控流程，保证正常医疗工作开展。通州区老年病医院在郎府院区运营。以器官系统为基础，以疾病为核心的学科建设内涵持续提升，医学美容、郎府院区老年医学科病房、应急血透等项目相继开展；疫情防控同时，继续开展医联体工作，临床医疗能力和影响力提高；教学工作持续推进，医学教育与临床实践中心建设项目正式启动；行政管理效能进一步提升。潞河医院成为国家卒中高级中心、北京市首批安宁疗护示范基地。医院获评北京市抗击新冠肺炎疫情先进集体、中国医院协会中国医院抗疫党建先锋团队，1人获评全国抗击新冠肺炎疫情先进个人，1人获评全国先进工作者，5人获评北京市抗击新冠疫情成先进个人。在2020年度北京地区医疗服务能力及重点专科评价报告中排名第五位。

科研课题及成果方面，新增立项课题45项，获批总经费1373.5万元，其中，国家自然科学基金3项，国家卫生健康委能力建设和继续教育专项1项；首都卫生发展科研专项3项，北京市教委科技计划一般项目3项，北京市中医药科技发展资金项目1项；首都医科大学科研培育基金4项，北京合众关爱心脏基金会1项；通州区科技计划项目6项（含子课题94项）；潞河医院青年科研孵育专项20项，潞河医院实验室发展建设专项3项。截至年底，潞河医院总在研课题101项，总在研经费2132.5万元，其中，国家级课题15项、省市级课题14项、校局级课题8项、区级课题23项、院级课题23项、合作课题18项。2020年潞河医院发表论文179篇，其中中文期刊论文112篇（含中文核心期刊论文105篇），SCI论文67篇，累计影响因子为171.764。65项专利获得授权，其中发明专利1项，实用新型

64 项；提交专利申请登记备案 140 项。

临床试验方面，2020 年受理 50 项临床试验立项，其中，Ⅰ期项目 4 项，Ⅱ期项目 11 项，Ⅲ期项目 19 项，国际多中心项目 4 项，合同金额达 1712 万元。启动 33 项临床试验，结题 26 项临床试验。通过实施双人质控、开展质量分析会等举措，全方位提升项目质控，完成 50% 入组患者的质控。新增 2 个科室具备药物临床试验资质，既往具有临床药物试验资质的科室均通过备案。

【郎府院区老年医学中心启用】 3 月 18 日，首都医科大学附属北京潞河医院郎府院区开始启用，老年医学中心迎来病房的第一位患者。院区开设的专业有老年、安宁疗护、血液透析。安宁疗护和老年医学将是医院重点打造的特色学科，血液透析则是为了满足区域内透析患者的需求。

【加速康复外科示范病房落户潞河医院胸外科】 8 月 10 日，中国研究型医院学会加速康复外科专业委员会胸外科学组北京专家组成立仪式暨胸外科 ERAS 示范病房建设项目启动仪式在京举行。潞河医院胸外科被批准成为北京医院、中日友好医院、北医三院等 23 个加速康复（ERAS）示范病房之一；主任孙林被聘为首届专家组委员、副主任医师李卫强被聘为首届青年委员。

【举办首届关节痛主题社区培训会】 8 月 22 日，由北京糖尿病纺织协会主办，潞河医院内分泌代谢与免疫性疾病中心承办的首届以关节疼痛为主题的——“关爱关节，无痛人生”社区培训班采用网络直播的方式举行。潞河医院内分泌代谢与免疫性疾病中心主任赵冬致开幕词。由专业团队中的张宝玉、王媛、李欣、贾晓霞、牟琳、谢艳等多名在风湿免疫及骨代谢领域具有丰富经验的临床医师进行相关知识的探讨与交流。

【肾病中心团队获得坚强后盾奖】 10 月 18 日，北京肾脏病学术年会暨京津冀肾病前沿论坛在北京民生金融中心召开。潞河医院肾脏中心团队获得北京医学会肾脏病分会颁发的坚强后盾奖，肾病中心史亚男医师获得抗疫精英奖。

【消化内科被评为消化内镜染色、放大内镜及 EMR 特色培训基地】 10 月 17—18 日，第二届首都消化内镜论坛在北京召开。潞河医院消化内镜中心被评为消化内镜染色、放大内镜及 EMR 特色培训基地。这将进一步推动潞河医院消化内镜的发展，提高潞河医院消化内镜的诊治水平。

【MMC1+X 项目启动及推进仪式举行】 11 月 24 日，北京潞河医院 MMC1+X 项目启动及推进仪式举行。中国工程院院士、上海交通大学医学院附属瑞金医院院长宁光，首都医科附属安贞医院党委书记纪智礼，通州区卫健委工委书记、卫生健康委主任白玉光等出席该次启动及推进仪式。通过 MMC 项目的运行，让患者在通州区范围内任意一家 MMC 中心都能享受到同质化的代谢病随访和管理服务，让标准化规范化的管理走进基层医院和社区的服务中心，真正实现代谢性疾病的分级诊疗，实现医疗行业的强基层，让更多的老百姓获益，让更多的代谢性疾病患者享受健康生活，助力健康中国行动。

【病理科获得 2020 年度国家病例质控中心基因检测能力验证】 潞河医院病理科以全项优异成绩通过基因突变检测能力验证计划（EGFR/KRAS/NRAS/BRAF）和荧光原位杂交（FISH）检测能力验证计划（乳腺癌 HER2/ 胃癌 HER2/ 肺癌 ALK/ROS1）的所有检测项目，并获得国家级证书。这是潞河医院病理科连续两年通过国家病理质控评价中心（PQCC）室间质评。

【被授予国家“高级卒中中心单位”】 11 月 26 日至 27 日，由国家卫生健康委脑卒中防治工程委员会（简称脑防委）主办的 2020 年脑卒中大会暨脑卒中防治工程总结会在安徽合肥召开。潞河医院为国家“高级卒中中心单位”之一，卒中中心主任耿晓坤代表医院受牌。

（赵娜）

北京市通州区妇幼保健院

【概　况】 北京市通州区妇幼保健院始建于 1982 年，1999 年迁入现址。现已成为集医疗、保健、教学、科研为一体的三级妇幼保健院。编制床位346张，开放床位300张。在岗员工853人，其中，卫生技术人员750人，中高级职称333人，研究生152人。拥有核磁共振、螺旋CT、移动式C型臂等先进诊疗设备。年门急诊量110余万人次，年出院2.5万余人次。其中，产科年分娩孕产妇近1.2万人次，儿科年接诊儿童34万余人次，服务能力和服务水平处于全市先进行列。

多年来，医院获得国家级和北京市母婴优质服务单位、国家级和北京市儿童早期发展示范基地、全国母婴友好医院、北京市妇幼保健专科示范单位等一系列称号。

截至2020年底，医院固定资产净值（即折旧后总价值）7681万元，其中，医疗设备净值为5356万元，有乙类医用设备2台。全年医院总收入41950万元，其中，医疗收入34160万元。医院总占地面积27933.55平方米、总建筑面积26545.17平方米。重症医学床位15张。

医院牵头（或加入）的医联体有北京市通州区次渠社区卫生服务中心、北京市通州区觅子店社区卫生服务中心、北京市通州区永乐店社区卫生服务中心、北京市通州区张家湾社区卫生服务中心、北京市通州区马桥社区卫生服务中心、北京市通州区郎府社区卫生服务中心，专科联盟有河北省廊坊市妇幼保健院。

8月13日，医院通过三级评审现场
（区妇幼保健院提供）

【医疗工作】　全年出院15113人次，床位周转50.38次，床位使用率62.10%，平均住院日4.44天。卫技人员与开放床位之比为2.5∶1，执业医师与床位之比为0.99∶1，病房护士与床位之比为0.5∶1。住院手术11527例，其中，三级手术占10.31%、四级手术占2.3%。剖宫产率47.8%，无孕产妇死亡、新生儿死亡4人、围产儿死亡21人。开展临床路径的科室10个，病种32个，入径率62.55%，完成率93.24%。全年临床用血总量320.5单位，自体输血2人次5单位。预约挂号占门诊总人次的85.69%。本地医保门诊359368人次、次均费用277元，医保出院10585人次、次均费用5489元；异地医保出院199人次、次均费用7016元。

医院药占比（即药品收入占医疗业务总收入的比率）18.71%，其中，门诊药占比19.51%、住院药占比17.50%。门诊抗菌药物处方比例5.64%，急诊抗菌药物处方比例35.30%，住院患者抗菌药物使用率57.48%，抗菌药物使用强度为32.87DDD。对口支援与扶贫协作的单位为内蒙古翁牛特旗妇女儿童医院、内蒙古奈曼旗妇幼保健计划生育服务中心、科右旗妇幼保健和计划生育服务中心。

【科研工作】　2020年获批立项科研项目5项，获资助经费69.76万元，医院匹配经费14万元。年底在研课题11项，年内结题11项，获专利4项。国家级、市级重点学科、专科、实验室等有中医儿科市级专科。

【信息化工作】　2020年，区妇幼保健院立项“北京市通州区妇幼保健院网络安全项目”，并在2020年10月完成设备上线并取得信息系统安全等级保护三级备案证明。信息系统深化建设能够满足未来的医疗行业业务发展和管理需要，是促进各类业务问题解决的有效手段。为方便参保人就医，支持医院提高效率，在保持原有社保卡持卡就医流程不变的前提下，10月医院进行北京市脱卡结算改造，12月配合医保进行托卡结算验收，自2021年起，医院可以持医保电子就医凭证完成挂号、就诊、结算的就医全流程。

【后勤保障工作】　2020年，区妇幼保健院改建主院区预检分诊通道、发热筛查门诊、新冠核酸愿检尽检检测区、产科过渡诊区、过渡病区、PCR实验室、消毒供应中心、污水处理站、儿科院区发热门诊、普通门诊等。

（刘昆莲）

2020 年通州区内医疗机构一览表

序号	医疗机构名称	级别
1	首都医科大学附属北京潞河医院	三级
2	北京市通州区中医医院	三级
3	北京市通州区妇幼保健计划生育服务中心（北京市通州区妇幼保健院）	二级
4	北京市通州区中西医结合医院	二级
5	北京市通州区新华医院	二级
6	北京市通州区老年病医院	二级
7	北京市通州区精神病医院	二级
8	北京市通州区梨园镇梨园社区卫生服务中心（北京市通州区梨园卫生院）	一级
9	北京市通州区永顺镇永顺社区卫生服务中心（北京市通州区永顺卫生院）	一级
10	北京市通州区漷县镇漷县社区卫生服务中心（北京市通州区漷县卫生院）	一级
11	北京市通州区漷县镇觅子店社区卫生服务中心（北京市通州区觅子店卫生院）	一级
12	北京市通州区潞城镇甘棠社区卫生服务中心（北京市通州区甘棠卫生院）	一级
13	北京市通州区张家湾镇张家湾社区卫生服务中心（北京市通州区张家湾卫生院）	一级
14	北京市通州区马驹桥镇马驹桥社区卫生服务中心（北京市通州区第二医院）	一级
15	北京市通州区台湖镇台湖社区卫生服务中心（北京市通州区台湖卫生院）	一级
16	北京市通州区宋庄镇宋庄社区卫生服务中心（北京市通州区宋庄卫生院）	一级
17	北京市通州区宋庄镇徐辛庄社区卫生服务中心（北京市通州区徐辛庄卫生院）	一级
18	北京市通州区西集镇郎府社区卫生服务中心（北京市通州区郎府卫生院）	一级
19	北京市通州区永乐店镇永乐店社区卫生服务中心（北京市通州区永乐店卫生院）	一级
20	北京市通州区于家务回族乡于家务社区卫生服务中心（北京市通州区于家务卫生院）	一级
21	北京市通州区潞城镇潞城社区卫生服务中心（北京市通州区潞城卫生院）	一级
22	北京市通州区张家湾镇牛堡屯社区卫生服务中心（北京市通州区牛堡屯卫生院）	一级
23	北京市通州区马驹桥镇大杜社社区卫生服务中心（北京市通州区大杜社卫生院）	一级
24	北京市通州区台湖镇次渠社区卫生服务中心（北京市通州区次渠卫生院）	一级
25	北京市通州区西集镇西集社区卫生服务中心（北京市通州区西集卫生院）	一级
26	北京市通州区北苑街道社区卫生服务中心	一级
27	北京市通州区中仓街道社区卫生服务中心	一级
28	北京市通州区新华街道社区卫生服务中心	一级
29	北京市通州区玉桥街道社区卫生服务中心	一级
30	北京市通州区 120 紧急救援中心	公共卫生机构
31	北京市通州区疾病预防控制中心	公共卫生机构
32	北京市通州区中心血站	公共卫生机构
33	北京市通州区社区卫生服务管理中心	直属机构
34	北京市通州区农村改水领导小组办公室	直属机构
35	北京市通州区流动人口健康生育服务中心	直属机构
36	北京市通州区卫生和计划生育信息中心	直属机构
37	北京市通州区人口生育药具服务中心	直属机构
38	北京市通州区卫生和计划生育教育服务中心	直属机构
39	北京市通州区老龄事业发展中心	直属机构

2021

体　育

北　京　通　州　年　鉴

城市绿心森林公园（摄影　郭建华）

综　述

【概　况】 2020年，体育工作中坚持看齐中央及区委、区政府具体要求，对标周密部署，始终坚持把习近平总书记对北京城市副中心的讲话要求当作重要工作，始终把"坚持世界眼光、国际标准、中国特色、高点定位，以创造历史、追求艺术的精神"作为开展体育工作的根本遵循和行动指南。全面实施全民健身国家战略，充分发挥体育部门职能，努力打造"健康通州"，大力推广全民健身运动，发展群众体育社会化组织，以发展体育运动促进群众健康，以改善健身环境推广全民健身，满足人民群众对幸福生活的新追求。

【主要工作】 2020年，体育部门立足北京城市副中心建设发展大局，结合疫情阶段工作，努力推进全区体育工作，围绕区委、区政府的中心任务。完善全民健身公共服务体系、提升青少年体育和竞技体育水平、发展体育产业等，努力补足体育事业发展短板。完成折子工程、民生实事项目、疏解整治促提升专项行动、重点工程等体育设施项目。高水平推动控规实施，推动潞城全民健身中心建设，推动美丽乡村建设，完善乡村文体设施；满足群众健身需求，着力建设群众身边的体育场地设施。坚持以人民为中心，推动疏解整治促提升专项行动落实。推动区体育场升级改造项目。不断完善公共体育服务体系，以破解健身难题为重点，研究编制"十四五"规划。强化基层全民健身工作规范化建设、精细化管理和精准化服务。发挥品牌活动效应，不断增加群众参与感、获得感、幸福感。针对年初计划开展的品牌赛事活动和区级赛事活动有序开展赛事活动。宣传引领，加强科学健身指导服务。调整布局促提升，增强竞技体育核心竞争力。有序开展竞体业训工作，增强竞技体育核心竞争力，加强体育传统项目学校建设管理，推动其健康发展。体育产业工作安全有序，加大执法检查力度。落实市政府应对疫情影响措施，促进企业持续健康发展。

（冯晶晶）

体育设施建设

【概　况】 按照《通州区2020年重点工作任务分解台账》文件精神，加强组织领导，明确工作方案，完善责任体系，有效推进了各项重点工作任务落到实处。完成区政府折子工程、民生实事项目、疏解整治促提升专项行动、重点工程项目等工作。按照《北京城市副中心关于进一步加强群众身边体育场地设施建设三年工作方案(2020—2022年)》要求，全力开展有关工作，为通州区快速补齐体育设施短板和体育事业发展形成有力抓手。

【完成区政府折子工程】 2020年，区体育局推动控规实施，全面加快城市副中心建设。协助区规自分局和各镇街，发挥部门职能和专业技能，指导宋庄镇、台湖镇等副中心拓展区规划、完善0102、0202家园中心和张家湾设计小镇各专项规划和重点功能区规划编制工作。推动潞城全民健身中心建设。截至年底，该项目取得前期工作函、设计方案审查意见函和施工准备函（该项目主责单位为市体育局）。推动美丽乡村建设，完善乡村文体设施。完成潞城镇、台湖镇、于家务回族乡、西集镇、永乐店镇等47个村的美丽乡村规划方案联审工作，对其中20个村进行实地踏勘。征求各相关属地体育场地建设需求，涉及9个乡镇、15个行政村的195件全民健身路径和2块足球场体育设施。所有建设项目于年底建设完毕，并投入使用。

【全民健身场地设施建设】　2020年，更新和新建全民健身器材80套（1120件），建设全民健身多功能活动场地15块（篮球场5块，足球场10块）和10千米健走步道。

【疏解整治促提升专项行动】　2020年，区体育局会同通州规自分局、区发改委、区城管委、区住建委和相关镇街形成N+体育的联动机制，围绕美丽乡村建设和老旧小区改造等区重点工作，对疏解腾退空间和背街小巷整治产生的“金角银边”进行全面梳理，因地制宜地打造嵌入式、小型多样、灵活简易的运动健身场地设施。

【区体育场升级改造项目】　2020年，该项目方案通过审查，初步设计图纸、初步设计概算完成。截至年底，该项目取得市发改委前期工作函及市规自委设计方案审查意见函。

（冯晶晶）

群众体育

【概　况】　2020年，不断完善公共体育服务体系。以破解健身难题为重点，研究“十四五”规划，促进全民体育健康发展。强化基层全民健身工作规范化建设、精细化管理和精准化服务。发挥品牌活动效应，不断增加群众参与感、获得感、幸福感。宣传引领，加强科学健身指导服务。

【启动“十四五”时期体育事业发展规划】　2020年，启动北京城市副中心（通州区）“十四五”时期体育事业发展思路和北京城市副中心（通州区）“十四五”时期体育事业专项规划工作，两个课题同步实施，完成前期课题研究开题工作，梳理体育事业发展问题及困难，初步提出和细化各项工作发展路径，形成“十四五”时期落实副中心滚动项目库，前期课题研究完成结题。

【基层全民健身工作】　完成2020年体育特色村评选工作，对于家务回族乡于家务村等10个村进行命名；配合市体育局完成2020年“北京市体育特色乡镇”评选工作，于家务回族乡被评为北京市体育特色乡镇。开展2020年北京市第五次国民体质监测工作，制定并下发通州区第五次国民体质监测方案，开展体质监测队伍组建，完成测试队伍线上、线下市级培训。根据疫情防控要求，对全区12个市级监测点3360名检测指标进行测试，完成测试并上报相关数据；配合市体育局完成全民健身活动状况调查工作。

【暂停举办“2020北京城市副中心马拉松”赛事活动】　2020年，开展马拉松赛事线路的实地踏勘，活动方案及赛事规程拟订工作。同时为扩大马拉松赛事影响力，将半程马拉松升级为全程马拉松，制定完成城市副中心马拉松活动方案。根据市关于疫情期间防疫工作的指示精神，为保障城市副中心马拉松的赛事规模、赛事水平、赛事质量及影响力，经区政府、区新冠肺炎疫情防控工作领导小组根据疫情防控形势，在充分调研后决定暂停举办“2020北京城市副中心马拉松”赛事活动，待适时举办该项赛事活动。

【品牌赛事活动】 2020年，针对年初计划开展的品牌赛事活动和区级赛事活动，随着疫情防控等级下降，做好三级应急响应期间疫情防控和体育赛事活动组织服务工作，满足市民朋友的户外健身需求，于11月14日在城市副中心绿心公园举办“运河杯”定向越野系列赛·北京城市副中心站赛事活动，赛事规模800人左右；11月15日，在大运河森林公园两岸分别举办2020通州徒步大会和骑友嘉年华活动。依托单项协会，先后开展健身操舞、乒乓球、自行车、毽球、武术和陆地冰壶体验赛等6项活动。组队参加市级赛事，先后参加第四届柔力球比赛、健身气功站点联赛、国家体育锻炼标准暨体质促进项目挑战赛、广场舞比赛、第九套广播操、羽毛球公开赛、和谐杯乒乓球赛、社会体育指导员交流展示大会及农民乒乓球、跳绳、篮球、采摘等16项次赛事活动。

11月15日，由北京市通州区体育局、北京市通州区文化和旅游局主办，北京市通州区自行车运动协会承办的2020骑友嘉年华暨北京大运河文化节“骑游大运河，寻觅副中心”活动在北京市通州区大运河漕运码头举办

（区体育局提供　安山　拍摄）

10月25日，在健龙森俱乐部举办2020北京城市副中心毽球邀请赛

（区体育局提供　郎燕庚　拍摄）

11月3日，在奥体公园运河体育中心举办2020年通州区第九届武术（器械）比赛

（区体育局提供　郎燕庚　拍摄）

【健身指导服务】 2020年，倡议各社团、各社会体育指导员在家录制视频资料，通过网络指导健身爱好者健身。向各社团群、社员群及相关微信群推送健身视频、健身知识520余条。加强冰雪宣传，向各乡镇、社团群发送12期冬奥知识视频，制作冬奥会冰雪项目PPT。30人参加晋升一级社会体育指导员培训。7人参加国家级社会体育指导员培训。

（冯晶晶）

竞技体育

【概　况】 2020年，增强竞技体育核心竞争力。有序开展竞体业训工作。加强体育传统项目学校建设管理，推动其健康发展。加强青少年俱乐部的管理，完成青少年体育俱乐部年审工作。做好青少年体育统计年报工作。加强足球、篮球、排球项目的日常训练工作。

【开展竞体业训工作】 2020年，深化内部管理，对通州区布局项目实施项目负责制，从梯队建设、日常训练管理至组织实施参赛，责任到人、任务到人。完成2019—2020年度北京市运动员注册工作，注册22个项目，注册总人数达到1783人，为下一届市运会储备运动员。整合全区资源，完善项目布局，新增射击、射箭、摔跤、网球项目。疫情期间做好“停训不停练”相关工作，认真完成训练计划，有序有效开展复工复训工作，通过创新方式使学生避免出现技术、体能下降，达到保持竞技水平的目标，于8月初恢复体校训练工作，并根据市体育局相关项目竞赛规程，组织相关项目报名参赛工作。

【加强体育传统项目学校建设管理】 2020年，加强通州区体育传统项目学校的建设管理，推动通州区青少年体育运动健康可持续发展，逐步推进青少年体育工作。认真做好二级、三级运动员的审批办证工作。严格按照审批事项，做好申请、审核、审批、授予技术等级称号工作。遵循公开、公正、效率的原则，依照规定的权限、范围、条件、标准、程序和期限进行。全年办理二级运动员35人。

【加强青少年俱乐部的管理】 2020年，完成通州区现有的4所青少年体育俱乐部的年审工作。青少年体育俱乐部的建立，为学校体育工作开拓更为广阔的天地，各俱乐部在培养体育后备人才和引进高水平教练员上积极探索，开拓进取，使青少年体育俱乐部工作进一步提高。

【青少年体育统计年报工作】 根据市体育局青少处《关于做好2020年青少年体育统计年报工作的通知》要求，对通州区1所国家级体育项目传统校、16所市级体育项目传统校、4所青少年体育俱乐部进行数据统计并进行网络数据填报，了解情况、科学决策，为推动青少年体育发展提供依据。

【足球、篮球、排球项目的日常训练工作】 2020年，结合疫情，利用多种手段定时开展训练，通过训练锻炼队员的身体素质，加强排球项目日常训练工作，举办各梯队100多名学生线上训练活动。举办北京城市副中心杯足球冠军赛，参加市足协主办的“北京晚报百队杯”赛事。选拔具有较好篮球运动潜质的优秀运动员，先后注册男女篮球运动员246名，并派出48人参加北京市篮球锦标赛。

【冰雪运动的发展】 为推进通州区冰雪运动的发展，贯彻《北京市人民政府关于加快冰雪运动发展的意见（2016—2022年）》，实现800万人上冰雪任务，推广普及冰雪运动，推动陆地冰壶运动开展，增加冰雪人口，不断满足冰雪爱好者健身需求，营造喜迎冬奥社会氛围，举办了2020年通州区陆地冰壶体验赛。在“两节”期间，协助组织开展运潮减河（东六环至京秦铁路段）天然冰场工作，举办通州区减河公园首届冰雪嘉年华活动。在疫情期间，开展线上宣传活动，推送健身知识、短视频500余条，有力推动广大群众居家健身。7月，通过微信群、公众号向街道乡镇推送冬奥专题——奥运知否视频，向广大群众介绍冰雪项目、场地、设备等相关方面知识。截至年底，推送15期节目。

【加大冰雪运动投入】 2020年，贯彻落实《北京市人民政府关于加快冰雪运动发展的意见（2016—

2022年）》中关于“加大青少年冰雪运动的投入，重点在技能培训、业余训练、竞赛活动、设施建设”等方面的要求。截至年底，通州区冰雪项目运动员注册人数有356人，比上年增加70人。在做好参赛疫情防控的前提下，通州区派出23名运动员参加北京市体育局、北京市教委组织的青少年U系列冠军赛。

【冰上项目运动队的建设及日常训练工作】 2020年，完成冰上项目运动队的建设及日常训练工作。与北京奥通之翼国际体育有限公司和北京东奥冰尚体育公司签订合作协议，为通州区冰上项目运动队提供优秀教练员并进行日常训练。疫情期间俱乐部组织运动队员进行网上培训、训练。通州区有男子冰球队，男子冰壶队，男、女短道速滑队及花样滑冰运动队5支队伍。

【参与赛事】 10月16日，2020年北京市青少年U系列短道速滑冠军赛在昌平区世纪星国际冰雪运动中心开赛，历时3天。其中，短道速滑比赛全市16个区全部报名参赛，参赛运动员达313名。冠军赛与北京市青少年冬季项目锦标赛紧密衔接，从冠军赛选拔优秀选手参加锦标赛，提高了锦标赛的观赏性和比赛质量，冠军赛与锦标赛一起搭建层次分明、结构合理、高效顺畅的青少年冰雪运动竞赛体系，为全市冰雪运动发展提供了良好的载体。通州区派出18名运动员参加比赛，获得男子接力第二名。

12月26—27日，由北京市体育局、北京市教育委员会主办的2020年北京市青少年U系列滑雪冠军赛在北京万科石京龙滑雪场举行，全市16区400名运动员在雪上展开激烈角逐。在做好参赛疫情防控的前提下，通州区派出4名运动员参赛，获得女子U10组第四名。

10月16日，通州区派出运动员参加2020北京市青少年U系列短道速滑冠军赛，比赛在九华山庄举行　　（区体育局提供　何淼　拍摄）

【举办2020年通州区陆地冰壶体验赛】 12月24日，在通州区运河奥体公园网球馆举办2020年通州区陆地冰壶体验赛。来自永顺镇、中仓街道等6个街乡的社会人员及奥通之翼学校学员200人参加活动。比赛由8支代表队夺得前八的名次，其中一等奖1名由“北运河一队”获得，二等奖2名由“奥体一队”“中奥金苗一队”获得，三等奖5名由“奥羽一队”“久和队”“动客羽群队”“永顺镇队”“中仓街道队”获得。

（冯晶晶）

体育产业

【概　况】 2020年，落实市政府应对疫情影响，促进企业持续健康发展。加强对各体育运动项目经营单位的监管和体彩三方公司的监督以及体彩销售网点的检查。加大执法检查力度，严厉打击违规违法经营行为。对全区体育运动项目经营单位开展安全生产风险评估辨识工作。做好彩票销售管理工作。

【安全检查】 2020年，加强疫情工作落实，强化检查。分别制定并向90家体育经营单位和263家体彩销售网点下发《关于做好体育运动项目经营单位疫情防控工作的紧急通知》和《关于做好体育彩票销售网点疫情防控工作的紧急通知》文件，指导各单位开展疫情防控工作，同时，加强对疫情防控知识的宣传。强化对各体育运动项目经营单位和体彩三方公司及体彩销售网点落实疫情防控工作要求检查。稳步开展复工复产。在开展复工复产工作的同时，明确提出具体工作要求。加强监督管理，落实部门责任，加强与属地政府协调，强化部门与属地联动机制。解决企业关切问题，落实各项扶持政策。根据北京市人力社保局、北京市财政局下发的《关于精准支持重点行业中小微企业稳定就业工作的通知》，组织符合要求的体育经营单位申报社保补贴。根据北京市体育局《北京市体育局关于申请受疫情影响滑冰滑雪场所水电补贴的征集公告》文件精神，加强对区内冰雪经营单位的扶持，东奥冰尚（北京）体育发展有限公司申报疫情期间冰雪项目资金补偿。

【执法检查】　2020年，履行安全监督管理职责，对全区体育经营单位，有针对性地实施联合执法行动，以安全检查为重点，开展安全执法检查工作。全年进行安全执法检查285次，检查单位累计537家次，出动执法人员近1200人次。其中，与相关部门及属地开展联合执法检查2次，发现隐患3类37项，对查出隐患问题的单位限期整改，全部隐患均整改完毕，整改率100%，全年未发生安全生产责任事故。

【开展安全生产风险评估辨识工作】　2020年，对全区体育运动项目经营单位开展安全生产风险评估辨识工作，完成54家单位的风险评估工作，并制定各自企业应急预案。

【彩票销售管理工作】　通州区有在册体育彩票经营网点218个，在经营207个。自5月6日恢复经营后，北京隆丰和商贸有限公司（由市体彩中心确定的三方管理机构）在对各网点提供服务的同时，加强对各网点进行安全和疫情防控检查工作，对所有经营网点进行全覆盖检查。对体彩网点开展多次“四不两直”的督查，对发现的问题及时向三方公司通报并要求限期整改。加强彩票网点管理工作，对全区网点定期进行督查，做好彩票销售管理工作，2020年销售额为4.16亿元。

（冯晶晶）

城市绿心森林公园（摄影 郭建华）

2021

社会建设

北 京 通 州 年 鉴

综　述

【概　况】 2020年，区委社会工委区民政局围绕城市副中心建设大局，统筹推动各项业务工作全面发展，全区社会建设和民政事业呈现稳中有进、不断向好的良好态势，为城市副中心建设做出新的贡献。8月14日，召开社会建设工作领导小组第一次会议。会议研究审议通过《通州区社会建设工作领导小组及办公室工作规则》及《2020年通州区社会建设工作要点》，要点共22项重点工作，细化56项具体任务，涉及全区37家单位。

（刘涛　郭玥）

【疫情防控】 2020年，完成在鄂人员、新疆喀什返京旅游人员接转和管理服务工作，接收返通州人员8033人。充分用好社会救助政策，加强对新冠肺炎感染患者和受影响家庭的救助。发挥慈善救助作用，累计接收新冠肺炎疫情防控捐款136.14万元。动员社会组织参与疫情防控工作，全区社会组织开展抗疫活动1200余场次，服务45万余人次，通过慈善组织捐赠资金107.25万元。

4月1日，湖北返京人员西站分流
（区委社会工委区民政局提供）

（刘涛）

【微信公众号发布】 9月27日，“迎国庆党徽耀我心·最美抗疫民政人”通州区委社会工委区民政局抗击疫情主题演讲暨“通州社会建设和民政”微信公众号发布活动在通州区会议中心举行，来自区委社会工委区民政局的7位演讲员，以自身在抗疫过程中的见闻，讲述着民政人的抗疫故事。

（郭玥）

【接诉即办工作】 2020年，坚持“民有所呼，我有所应”，抓好市民热线反映问题的“闻风而动、接诉即办”，推动市民诉求快速解决，制定方案、建立机制、确定流程、压实责任。委局建立主要领导为组长的市民热线诉求办理工作领导小组，制定《北京市通州区委社会工作委员会区民政局关于修订接诉即办工作规程的通知》，全年接收区分转社会建设和民政领域内派单265件，其中处理214件，退回转办51件。214件处理单中，其中市区两级回访7单“未解决、满意”，无“未解决不满意工单”，满意率100%。

（朱志媛）

【征地超转】 2020年，全区有征地超转人员21687名，其中市管超转人员46名，区管征地超转人员20586名。

全年接收4个乡镇的超转人员783名，收缴接收资金1.15亿元，接收宣传工作做到无死角、无遗漏。全年按时、足额发放超转人员生活补助金6.03亿元，为520名超转人员发放清洁能源自采暖补贴84.98万元。为全区有需求的超转人员提供首诊提醒转诊服务1456人次，接听电话来访咨询700多人次。

（谢科）

【基层社会治理创新项目】 2020年，统筹市社会建设转移支付资金683万元，面向街道设置基层社会治理创新项目，各街道围绕市、区重点工作以及破解基层社会治理的热点、难点、焦点问题进行项目申报，项目涉及老旧小区自我服务志愿服务等内容，通过不断探索和实践，不断提升通州区社区治理能力。

【社会工作服务项目】 2020年，在通运、新华、中仓等街道开展专业社会工作岗位5个、示范岗1个；实施社区服务督导项目3个，“三社联动”项目1个；在通运街道推进“优才计划”项目，做好区级高级社区工作者的人才培养，同时带动街道分层分类提升社区工作者社区治理能力，取得实效。

【志愿服务】 2020年，实施垃圾分类志愿服务项目，在30个老旧小区采取微创投的方式，进行垃圾分类宣传动员工作。开展垃圾分类活动117场，桶前值守、指导累计556人次，直接参与4730人次。

（陈蕾）

社区建设

【加强和改进社区民主协商】 2020年，区委社会工委区民政局组织召开社区协商工作座谈会、社区协商工作研讨会，就社区议事协商概述、社区议事协商程序、社区协商典型案例及社区协商政策文件等内容进行探讨交流，编制印发规范性和实操性兼具的《通州区社区议事协商工作指导手册》，组织12个街乡镇38个社区的社区工作者开展4期社区议事协商能力建设主题工作坊。印发《关于开展垃圾分类社区协商工作的通知》，全区建成社区实现100%开展垃圾分类社区协商，协商达1409场次。印发《关于做好2020年社区协商重点工作的通知》，玉桥街道乔庄北街社区、北苑街道玉带路社区和梨园镇新城乐居社区等开展议事厅书法、LOGO设计活动和空间提升，多方参与协商实施完成2个居民关注的实事项目，梳理完成社区协商案例，年内完成8个社区协商议事厅示范点建设。

10月30日，全区社会组织垃圾分类动员活动

（区委社会工委区民政局提供）

【深化楼门院治理】 2020年，印发《2020年楼门院治理示范点建设方案》、《关于拨付2020年通州区楼门院治理示范点资金的通知》和《关于2020年楼门院示范点和议事厅示范点建设专项资金使用管理的通知》等文件，多次实地深入指导社区结合不同居民区特点创造性地开展示范点建设，玉桥街道柳岸芳园社区、中仓街道四员厅社区和新华街道如意社区等进一步强化社区居委会、居住区小院委员会、楼门层长三级自治组织，形成以社区工作者为主的自治队伍。推进楼门院环境治理，动员楼门居民以协商的方法参与到楼门特色装饰中，在楼门院组织开展“最美家庭”、共同合拍楼门院、“全家福”等形式活动，进一步增强居民的归属感、认同感、安全感。利用平时和节假日时间，组织驻区单位和

社区居民轮流开展周末卫生大扫除、社区“邻里节”、社会捐赠、趣味运动会、消防演练、周末卫生大扫除等适合居民参与的活动；组织驻楼党员、居民志愿者、积极分子、驻区单位关心老年人、未成年人、残疾人、困难群体等特殊群众活动开展情况，提升社区的“温度”。推进楼门院治理公示牌建设，协商制定楼门公约，张贴楼门院榜样、楼门院好人好事，充分激发社区正能量。20个建设点位全面实现“管起来、美起来、联起来、亮起来、动起来”的工作目标。

【持续推进社区减负】 2020年，区委社会工委区民政局印发《关于落实北京市社会建设领导小组〈北京市社区工作准入管理办法（试行）〉的通知》、《关于进一步落实社区工作准入制度的通知》、《市级2020年度社区工作任务计划清单》、《北京市社区挂牌保留目录》、《市级部门社区表格（系统）清单（2020年7月）》和《各区（含街道乡镇）社区表格保留清单（2020年7月）》等制度文件，明确社区依法履行职责（19项）、社区依法协助政府工作职责（15项）、7项市区社区表格（系统）保留清单、3项社区开具证明目录和15项社区挂牌保留目录。深入开展社区挂牌清理规范工作，全区160个社区办公服务场所内外规范挂牌工作全部完成。联合区委组织部、区委督查室、第八派驻纪检监察组，先后开展挂牌清理和疫情防控工作表格联合检查，并在每季度对社区工作准入落实情况开展日常全覆盖调研，指导社区严格落实社区工作准入管理。

（曹新亮）

基层自治组织建设

【概　况】 2020年，在区委、区政府的领导下，依法有序推进城市副中心行政区划变更。3月，区政府取得《北京市民政局关于通州区变更部分行政区划的批复》，同意通州区设立文景、九棵树、临河里、杨庄、潞邑5个街道办事处，调整北苑、玉桥街道办事处和永顺、梨园、宋庄、潞城镇、张家湾、台湖镇行政区域范围，撤销永顺、梨园地区办事处。优化小型和大型社区管辖规模，充实社区工作者队伍，加大社工工资待遇、社区活动经费等资金保障力度，改善社区办公条件，提升基层社区工作保障水平。

【城乡基层自治组织建设】 2020年，在全区范围内于7月组织开展村级“民主日”活动，集中召开社区居民会议，调动居民群众参政议政的积极性，提高城乡基层干部的决策水平和解决实际问题的能力，密切党群干群关系。按照区委、区政府要求，分三批次落实社区规模调整工作，经第65次、第68次和第78次区政府常务会审议，新批准设立社区居委会24个、撤销社区居委会7个，对8个规模超5000户社区和20个规模超3000户社区实施拆分和优化调整，并对1个1000户社区管辖规模进行优化整合，直接覆盖社区居民17万余户。

【行政区划管理】 2020年，按照市级批复精神与区委、区政府要求，围绕新设立街道领导干部配备、办公场地落实及装修入住、办公设备、经费需求、职能站所设置等相关问题，多次召开专题会议进行统筹协调、推动落实。9月5日，5个新设立街道党工委、人大街工委、办事处正式揭牌成立。同时，根据行政区划管理条例等相关法律法规要求，依法开展行政区划变更后的界线勘定工作。

（向越）

社区工作者

【概　况】 2020年，通州区有社区工作者2027名，现仨职社区工作者中有党员797人，其中有25人取得硕士研究生学历，1268人取得大学本科学历，696人取得大专学历，有38人取得高中及以下学历，大专以上人数占总人数的98%。有714名社区工作者取得专业技术能力水平证书，持证比例35.23%。从社区工作者年龄分布来看，其中30岁以下412人，31岁至40岁1037人，41岁至50岁481人，50岁以上97人。结合各单位工作实际，根据《通州区社区工作者管理办法》，按照统一政策标准，严格把关招录条件和程序，审批招录方案，按照统一命题、笔试、面试等程序，通州区招录384名社区工作者，按照疫情防控的相关要求，委托用人单位分散组织实施，委局参与招聘过程中的全程监督，确保招录程序工作公正、公平、公开。

【社区工作者培训】 2020年，为大力开展社区工作者队伍建设，建立健全社区工作者管理体制机制，加大社区工作者培训力度，对全区160名社区书记主任开展为期5天的脱产培训，启动持证社区工作者继续教育工作，采取“线上”+“线下”相结合的方式，聘请市社工协会专家开展继续教育培训，为培训人员开展就近培训服务，对全区143名持证社工开展继续教育培训，取得良好效果。推进“优才计划”项目，研究制定项目，推进实施方案，推进“优才计划”项目落地，通过“机制+课程+项目”的运作模式，让社区工作者掌握理论与实践的知识和经验，做好区级高级社区工作者的人才培养，同时带动街道分层分类提升社区工作者社区治理能力，取得实效。慰问先进社区工作者4人。为规范社区工作者管理，提升社区工作者职业水平证书登记管理水平和服务效率，组织开展2020年北京市社会工作者职业水平证书再登记、补登记和补证工作。

【最美社工评选表彰】 2020年，为弘扬社工精神、传播社工理念、树立社工典型，提高群众对社会工作的知晓度、参与度和认同度。根据工作安排，区委社会工委区民政局启动2020年度“寻找最美社工”公益活动，对工作业绩突出，热心社会工作，特别是在参与疫情防控、接诉即办、垃圾分类、物业管理等重点工作中发挥作用明显的社区工作者予以表彰。

（杨岭）

城市绿心森林公园（摄影 郭建华）

2021

社会生活

北京通州年鉴

综 述

【概 况】 2020年，新增就业2.3万人，同比增长10.4%。城乡居民最低生活保障标准提高至1170元，特困供养率同比提高16个百分点。56项为民办实事工程基本完成。与廊坊“北三县”联合培训养老护理员1383名，新建养老驿站20家，升级改造7家乡镇养老院，台湖养老照料中心建设完成。街乡儿童成长驿站、社区村儿童之家实现全覆盖。实施副中心无障碍环境建设三年行动计划，完成7031个点位改造。建设筹集各类政策性住房8590套，竣工保障性住房12460套。

【开展多层次高品质绿化】 2020年，实施新一轮百万亩造林绿化工程，完成造林2.1万亩。建成13处精品示范景观区，张家湾公园（三期）等22项重点工程加快实施，环城绿色休闲游憩环逐渐闭环。建成凉水河、小中河等绿道100余千米，“四廊六环”绿道网络体系更加完善。创建国家森林城市40项指标全部达标，全区森林覆盖率提升至33%。更好满足人民群众对美好生活的向往。

人民生活

【概 况】 2020年，全区城乡居民收入稳步增长，消费结构继续优化。抽样数据显示，全区居民人均可支配收入45845元，比上年增长3.7%；全区居民人均消费支出29697元，比上年下降4.2%；城镇居民人均可支配收入55113元，比上年增长3.8%；城镇居民人均消费支出34532元，比上年下降7.1%。个人存款余额1961.3亿元，较年初增加260.5亿元。

【全区居民家庭人均可支配收入增长3.7%】 2020年，全区居民人均可支配收入45845元，比上年增长3.7%。其中，全区居民人均工资性收入为31762元，同比增长2.6%；人均经营净收入1082元，同比下降5.3%；人均财产净收入5289元，同比增长1%；人均转移净收入7712元，同比增长12.5%。人均工资性收入、经营净收入、财产净收入、转移净收入占可支配收入的比重分别为69.3%、2.4%、11.5%和16.8%，工资依然是居民家庭最重要的收入来源。

【全区居民人均消费性支出比上年下降4.2%】 2020年，通州区居民人均消费支出29697元，比上年下降4.2%，八大类消费支出“两升一平五降”。其中，食品烟酒及交通和通信消费支出分别同比增长5.3%和5.6%，教育、文化娱乐和医疗保健支出降幅较大，分别同比下降31.7%和18.2%。

【城镇居民人均可支配收入增长3.8%】 2020年，城镇居民人均可支配收入55113元，比上年增长3.8%。其中，城镇居民人均工资性收入达到39019元，同比增长2.8%；人均经营净收入737元，同比增长19.2%；人均财产净收入6857元，同比增长2%；人均转移净收入8500元，同比增长9.2%。人均工资性收入、经营净收入、财产净收入、转移净收入占可支配收入的比重分别为70.8%、1.3%、12.5%

和15.4%，工资依然是居民家庭最重要的收入来源。

【城镇居民人均消费性支出比上年下降7.1%】 2020年，城镇居民人均消费支出34532元，比上年下降7.1%，八大类消费支出“两升六降”。其中，食品烟酒及交通和通信消费支出分别同比增长2.9%和4.2%，教育、文化娱乐和医疗保健支出降幅较大，分别同比下降33.7%和20.8%。

（范丽华）

社会组织管理

【概　况】 2020年，区民政局社会组织工作全面落实疫情防控要求，持续深化“放管服”改革，建立“在线咨询、网上申请、一次办好”模式，明确工作职责，创新管理理念，严格依法行政，不断提升行政审批标准化水平，依法依规完成社会组织成立、变更、注销、换证等重点工作。其中民办非企业单位成立登记95个，变更登记30个，注销登记22个，换发证书48个；社会团体成立登记14个，变更登记7个，注销登记10个，换发证书11个。截至年底，通州区发展社会组织6415个，其中登记注册民办非企业单位395个，社会团体103个，备案社区社会组织5917个。

【社会组织年检评估】 2020年，参加年检社会组织358家，年检率100%。民非单位272家，参加评估社会组织49家，其中AAAAA级社会组织1家，AAAA级社会组织15家，AAA级社会组织30家，AA级社会组织1家，A级社会组织1家，1家参评时注销；社会组织累计评估率达96%。

【社会组织监督检查】 2020年，严格执行实地检查走访，实地检查新成立社会组织78家；继续落实新任法人约谈制度。对新成立109家社会组织和变更法定代表人的社会组织法人约谈。

【党建引领社会组织政治方向】 2020年，创新在区级社会组织孵化基地——双创发展服务中心建立社会组织党校和通州区社会组织党建品牌展示区，搭建社会组织党员沟通平台。专项购买党建品牌建设项目。核拨专项资金30万元购买3个专业社工机构的党建品牌建设项目。打造三大特色党建品牌，培育三个有独立党支部、有独立规范党建阵地、有强大的党员队伍和机构成员的机构，用党建引领社会组织政治方向，更好地开展社会组织党建品牌示范创建工作。

【社会组织系列培训】 2020年，为全区社会组织开展“社会组织专题党建培训”“落实社会组织党建‘北京方案’”等系列党建专项培训，要求社会组织必须遵守“1坚持4突出”原则，参与副中心基层社会治理。社会组织参与率超过70%，反响良好，为社会组织建设先进文化、推进人才成长和加强党员队伍建设起到推动作用。

【发展社区社会组织】 2020年，制定《关于加强街乡镇社区社会组织联合会和社会组织服务孵化基地（中心）建设的工作方案》，完善街乡镇级枢纽型社会组织工作体系，进一步明确工作目标、任务、保障措施。激发内生动力，搭建统筹管理社区社会组织枢纽平台。核拨专项资金255万元，规范指导17个街乡镇以购买项目形式成立街乡镇社区社会组织联合会。在全区实现社区社会组织联合会全覆盖，社区社会组织服务全覆盖和社区社会组织规范指导全覆盖。促进联合会和孵化基地充分发挥作用。17家社区社会组织联合会构建17个孵化基地，通过公益创投等形式孵化引导社区居民自发成立各类社区社会组织并在网上完成备案，链接5917个社区社会组织资源，服务领域主要包括垃圾分类、文体科教、志愿服务、治安巡防等，为群众建立方便快捷、合法合规的服务平台，凝聚社会组织服务基层治理的强大合力。

【行业协会商会收费审计】 2020年，与区审计局建立联合工作机制，对现有24家行业协会商会完成主体自查工作，抽取其中6家完成专项延伸审计，未发现行业协会商会违规开展职业资格认定、强制培训收费等违规问题；未发现强制企业入会或收费、只收费不服务或多头重复收费等问题。

（徐颖）

人力资源

【概　况】 2020年，通州区人力社保局保持战略定力，护航重点民生事业发展，在服务大局和涵养民生上不断发力，统筹推动副中心民生高质量发展。

【打赢疫情防控攻坚战】 疫情发生后，区人力社保局迅速成立领导小组，根据办事群众多，人员复杂的工作特点，第一时间制定各项精准防控措施，打造人员信息全监管、扫码测温全覆盖、制度管理全规范、物资保障全方位的“四全”防控网。牵头对辖区356家劳务派遣公司进行摸排，建立相关人员动态监测台账，帮助企业做好防控工作。班子成员靠前指挥，党员干部率先垂范，86人深入社区参与防控，累计志愿服务时长近600小时。

【推动复工复产】 2020年，开展“直通服务联百企”专项行动，为企业解难题，建立“1+5+N”服务机制，每名班子成员主动对接联系区内5家重点企业，向所包街镇内的所有企业提供复工复产服务。对全区规模以上企业进行“一对一”电话摸查，全面了解企业复工复产及用工需求情况，帮助35家重点企业招用员工近600人。开展“点对点”服务，建立市、区、镇、企“四级”联动和跨省协作机制，通过“点对点”包车从京外接回97名员工，解决企业用工的燃眉之急。

【打赢脱贫攻坚战】 2020年，向内蒙古“三旗”（翁牛特旗、奈曼旗、科右中旗）提供岗位信息35016个，举办线上线下招聘会6场，提供就业岗位6573个。向内蒙古“三旗”拨付帮扶资金660万元，帮助贫困人口实现就业6626人，其中来京就业324人。举办劳务协作培训班29期，培训贫困人口3287人。向拉萨城关区拨付资金80万元，用于开展就业创业岗前培训。

【构建人力社保“云服务”体系】 2020年，创新凝聚“云平台”“云服务”“云宣讲”“云培训”等智慧人社“云力量”。疫情期间，“云仲裁”开庭131次，涉及178名劳动者。举办“春风行动”“百日千万”等线上招聘及重点企业专场招聘活动350场。58项就业创业业务实现线上办理。开展大师直播课10期，在线指导3603家企业，科学利用信息化手段，保证疫情期间为群众服务不断线。新冠疫情发生后，产业园区主动作为，以“云上圆桌会”的形式为企业及求职者提供政策答疑。

【维护劳动关系稳定】 2020年，建立疫情期间大规模裁员预警机制，对副中心疏功能、转方式、调结构过程中企业劳动关系问题，受疫情影响可能出现的大规模裁员企业提前预警，先期介入，从源头化解矛盾。健全完善保障农民工工资支付4项制度和3项机制，对出现问题多或涉及项目多的开发商和建筑集团进行约谈，解决工程款、劳务费纠纷合计4.58亿元。2020年度，仲裁共受理劳动人事争议案件7207件，涉案总金额6.69亿元，其中集体案件受理2214件。审结争议案件6979件，支持总金额1.69亿元，结案率为96.8%，审限内结案率为98.9%。

【产业园区项目引进实现量质双提升】 2020年，提升人力资源产业园的承载力和吸引力，签约优质企业13家，截至年底，园区签约企业51家，46家实现入驻办公。北京外企等与环球影城进行项目合作，东方慧博为北投集团提供服务。举办城市副中心人力资源发展高峰论坛，为人力资源服务业专家学者、企业家搭建高效的沟通平台。

【创新事业单位及政聘队伍管理服务模式】 2020年，在闭环式防控措施下，组织事业单位公开招聘6场，为事业单位补充优秀人才677人，含高校毕业生581人。严格事业单位管理，完成全区570余家事业单位岗位设置备案，审核岗位变动743人次。完善事业单位考核及培训机制，首次开展事业单位工作人员奖励工作，组织全区事业单位工作人员参加公共知识培训，承办市级高级研修班，邀请廊坊、武清中小学学科带头人参与研修，深化京津冀合作交流。巩固协管员队伍整合工作成果，将改革的有益经验延伸拓展至整个政府聘用人员管理领域，相关工作获得北京市市长陈吉宁肯定性批示，通州区向全市提供可参考、可复制的“副中心经验”。

（何媛媛）

社会保障

【概　况】 2020年，区人力社保局应对新型冠状病毒肺炎疫情给社保事业带来的重大挑战，各项待遇按时足额支付。落实阶段性减免社会保险费政策，大力推行社保经办“不见面”服务，扎实做好“六稳”工作、全面落实“六保”任务，助力企业复工复产，纾解资金压力，助力辖区经济持续平稳运行。全区各项社会保险参保单位达5.2万家，养老、工伤和失业保险参保规模分别达92.27万人、46.69万人和50.26万人，各项基金收支规模达161.57亿元，完成梨园、台湖、潞城等6个乡镇，21个村，1453名农转非劳动力社会保险费用补缴工作。落实提高一线医务人员薪酬待遇，关心关爱基层医护人员，完善基层医疗绩效工资机制，努力提高基层卫生服务水平。

【提供全方位保障】 2020年，深入落实北京市帮扶企业系列政策及区级“12条”措施，实施社保费“减、免、缓”政策，2—12月，为辖区5万家企业减免三项社会保险38.23亿元；为企业申请失业保险费返还、岗位补贴和社会保险补贴、精准支持中小微企业临时性岗位补贴等13558万元；6410人申请享受阶段性失业补助金和临时生活补助。落实援企稳岗培训政策，大力推进“互联网＋职业技能培训”，审核拨付岗位适应性培训补贴、以工代训补贴和以训稳岗培训补贴5902.17万元，惠及企业职工45534人次。制定出台阶段性就业创业补贴政策，重点在卫生防疫、人居环境提升等公共服务领域开发临时性公益就业岗位，给予每人每月1000元补贴，最长可享受6个月。

【优化社会保险经办服务效能】 2020年，继续开发微信公众号预约机制，根据预约数量合理安排办理时间，减少大厅办事人员等候时间。全年微信公众号累计发送图文200余篇，阅读转发量超100万人次。开展线上“社保大讲堂”直播，在线为用人单位讲解、企业缴费、工伤待遇认定等政策讲解和操作指导，通过微信公众号上线运行“社保知识大讲堂”培训预约平台，累计上万人次参加。

（何媛媛）

【参保规模稳步扩大】 2020年，全区医疗保险参保规模达到101.11万人，同比增长7%。其中，城镇职工基本医疗保险参保68.99万人，同比增长11%；城乡居民基本医疗保险参保32.12万人，与上年同期持平。

【医保基金安全运行】 2020年，医疗（生育）保险基金收支合计75.71亿元，同比增长5%。其中，基金收缴47.66亿元，同比增长7%；基金支出28.05亿元，同比增长7%，总体运行平稳。

【医药费审核结算】 2020年，医疗费用审结1395.19万笔，支付基金26.61亿元，拒付不合理医疗费用82.11万元。其中，审结跨省异地就医直接结算业务9488笔，支付基金1.83亿元，拒付不合理医疗费用4.98万元。

【落实疫情期间医保政策】 2020年，落实确诊和疑似患者医保费用审核拨付、延长慢性病人开药量等20余项医保政策，以及职工基本医疗保险（含生育保险）阶段性减半征收和延长缴费政策。建立24小时对接指导机制，做好救治费用审结，为69名确诊及疑似患者支付医保基金3.8万元。

【打击欺诈骗保专项治理行动】 2020年，研究制定专项治理工作方案，在做好医保经办和定点医药机构专项治理自查自纠和整改落实工作基础上，按照疫情防控工作要求，7月对辖区137家定点医药机构开展远程非现场核查，发现19家医疗机构存在违规和不合理行为，10月开展现场检查，发现39家医疗机构和21家零售药店存在违规或不合理行为，涉及的违规费用全部完成拒付或追回。

【完成定点医药机构协议续签】 2020年，接收140家医药机构报送各类审核材料496份，协助市医保中心与考核合格的53家独立法人定点医疗机构及38家定点零售药店续签医保服务协议；与3家工伤医疗机构续签工伤服务协议；与100家定点医疗机构签订《通州区医疗保险服务补充协议书》；与1家异地持卡结算机构签订市区两级直接结算服务协议。

【国家药品集中采购任务指标全面完成】 2020年，配合区卫生健康委推进实施国家药品集中采购和使用试点工作，辖区涉及一批续约药品采购任务的91家医疗机构完成药品采购数量2769.92万片（支／瓶），完成任务总量的140%；涉及二批集采中标药品总采购任务的94家医疗机构完成药品采购数量3957.54万片（支／瓶），完成任务总量的138%。

【大病保险和医疗救助业务】 2020年，为辖区符合条件的2827名城乡居民和615名城镇特困职工发放大病保险和一次性救助资金3837万元；为5116人次社救对象发放医疗救助资金1183.66万元；为27户因病致贫家庭发放医疗救助资金28.34万元；为195人次退养人员发放医疗救助资金62.92万元。

【完善医保基金监管制度体系建设】 2020年，制定《通州区医疗保障局完善医保基金监管制度体系建设工作方案》，全面梳理医保各项业务94项，对办理依据、办理流程、查验材料、风险点及检查重点等方面做出具体规定，通过完善制度、优化流程，构建起更加科学的监管机制。

【提升医保经办服务效能】 2020年，推行主动办、指导办和延时办。搭建接诉即办工作落实机制，推行科室一把手负责制、首接责任制、分类处理、回访安抚引导等一系列措施；依托“通州医保”微信公众号，及时发布线上线下工作安排、最新业务办理指南、惠民政策解读等各类经办资讯，引导办事人员自助办理日常业务；印发《新冠肺炎疫情防控期间政策解读》，指导医疗机构做好医保患者救治工作，同时，创新开展定点医疗机构菜单式微视频培训，对全区101家定点医疗机构开展培训；开发微信预约功能，提供早晚弹性办、午间不间断和周末不休息延时服务，解决企业和群众“上班没空儿办，下班没处办”的痛点、难点问题。

（白颖）

民 政

社会救助

【概　况】 2020年，社会救助工作以维护困难群众的基本生活权益为出发点和落脚点，建立健全各项保障制度。一是开展“精准救助”服务，为困难群众提供系统、全面、规范的救助服务。二是持续推进社会救助领域专项整治工作，有效防范各类违规违纪问题。三是各项社会救助政策得到落实，城乡低保标准和特困供养水平进一步提高，各类专项救助及临时救助足额发放。

【城乡低保】 2020年，城乡低保标准提高至月人均1170元，全区有城市低保对象1001户1509人，年保障资金2085.44万元；农村低保对象2204户3565人，年保障资金4497.94万元。依据现行政策做好城乡低保（低收入）受理审核、入户调查、公示上墙、审批发放、复审检查等环节的工作，确保实现动态管理下的应保尽保。全年新审批328户679人享受城乡低保待遇，并对城乡低保对象采取半年复审、不定期抽查和社会监督等方式，进一步加大动态管理力度。全年因城乡低保对象去世或收入超标，停发享受304户413人；因城乡低保标准调整或家庭情况变化，调整1693户。全年为低收入家庭中在校学生及重病人员发放生活补贴11.63万元。

【特困供养】 2020年，将生活费标准提高至月人均1755元，照料费最高标准为1320元。特困供养对象有476人，其中集中供养161人、分散供养315人，全年发放生活费及照料费1386.27万元。

【专项救助】 2020年，为114名城乡特困人员发放医疗救助自费金42.96万元；2020—2021年度采暖季，为3699户城乡低保、低收入、分散特困家庭发放采暖补助金420.66万元；为83名困难大学生发放助学金37万元。

【其他救助】 “两节”期间，向全体城乡低保（特困供养）对象发放走访慰问金248.6万元；为54户因病、因灾等特殊原因造成生活暂时困难的家庭发放临时救助金24.35万元；全年为城乡低保（特困供养）对象发放电价补贴30.74万元，发放消费品价格变动补贴417.69万元。

【精准救助】 2020年，推进通州区精准救助工作，投入福彩公益金276万元购买专业社会服务，对困难群体进行入户调查、需求评估和个案帮扶等事务性工作。22个街乡镇全部建立困难群众救助服务所，全区确定个案帮扶对象200户，在救助申请、身心健康、生活关怀、能力提升等方面提供帮助，助力他们摆脱生活困境。建立新申请社会救助对象帮扶台账，定期入户抽查低保、低收入和特困家庭经济状况3955户。结合政策调整，主动发现困难线索，对成年无业重度残疾人、低收入家庭16周岁以下未成年人、符合政策的困境老人等开展入户回访、政策宣传、需求评估，完善救助帮扶台账，增加救助服务有效供给，织密织牢民生兜底保障安全网。

10月29日，通州区精准救助项目启动会
（区民政局提供）

（史航）

【流浪乞讨人员救助】 2020年，按照以人为本，为民解困的工作理念，依据“自愿求助，无偿救助”原则，在重大活动及恶劣天气期间，联合公安、城管等部门开展“寒冬送温暖”“夏季送清凉”等救助行动，街面救助81人次，做到发现一人，救助一人。救助站实行24小时接待服务制，救助各类流浪乞讨人员103人次。对长期滞留流浪乞讨人员托管机构开展常态化巡视监管工作，保障流浪乞讨人员的合法权益。

（孔建军）

【残疾人保障体系】 2020年，逐步健全完善残疾人保障体系。完善在库人员预警信息核实与变更程序，核准应发人员资金实发编制。截至12月，发放困难残疾人生活补贴98522人次，累计发放金额4821.70万元；发放重度残疾人护理补贴63420人次，累计发放金额845.59万元。

（王宁杰）

儿童保护

【概　况】 2020年，通州区民政局深入推进体制机制建设，加大保障力量投入，注重工作成效，深层次构建城市副中心儿童关爱保护体系，全方位开展儿童福利和保护工作。

【儿童关爱保护体系建设】 2020年初，经区政府同意，将原通州区困境儿童和留守儿童关爱保护工作联席会议调整为通州区困境儿童和留守儿童保障工作联席会议，通过联席会议解决孤弃女童佟某和事实无人抚养女童王某的监护救助、助学和生活保障事宜；委托博源拓智儿童公益发展中心制定强制报告制度标准化工作流程；委托北京致诚律师事务所协助制定《关于未成年人救助保护临时安置实施方案》，编制《未成年人实用法律汇编》；委托中鼎社会工作事务所负责监护能力评估和儿童社工社会实务工作能力提升培训。通州区困境儿童关爱保护体系建设全面加强。

【困境儿童帮扶工作】 2020年，通过政府购买服务项目，投入252万元，委托11家包括社会工作、法律援助、心理咨询在内的专业机构，50余名工作人员，参与到困境儿童福利和保护工作中。举办全区儿童督导员、儿童主任及社工业务能力提升培训和社会实务能力提升培训，为全区近700人的儿童服务队伍持续赋能。“通惠明天”通州区儿童福利服务项目于2019年9月启动，充分利用全市博物馆、教育基地、主题公园等公共资源开展普惠服务，截至2020年12月，为全区16个街乡的困境儿童开展形式多样的儿童活动2578场，个案服务2460人次，一户一档累计建档970人。

【儿童福利保障政策落实】 2020年，全区为138名困境儿童（25名机构内集中养育孤弃儿童，4名社会散居孤儿，82名事实无人抚养儿童，27名贫困家庭重病、重残儿童）发放困境儿童生活费和物价补贴159.57万元。“两节”期间，为46名困境儿童发放慰问金23000元。6月，为72名困境儿童发放困境儿童一次性疫情防控生活补贴7.2万元。协调区建委住保办，保障2020年底3名成年孤儿公租房指标下达并入住新房。完成市级福利机构1名成年孤儿安置工作，为其申请保障性住房，联系爱心企业安排其就业。

【社会福利院服务管理】 截至2020年底，区福利院有孤残儿童31名。1名儿童被国外家庭收养。投入55万元，对原感觉统合室进行升级改造，增添声光电等当前主流康复设施，营造良好教育康复环境；引进康教一体化教育思想，开展以“全人、全程、全纳”为核心的教育体系，为孤弃儿童提供全面、有效、有益于身心的发展环境；聘请专业机构对院内儿童档案进行整理、归档，安装档案管理信息系统，实现电子档案动态精准管理。

（李金龙）

殡葬管理

【殡葬惠民】 2020年，核准丧葬补贴申请764件，区、镇（乡）两级财政拨付丧葬补贴资金382万元。深入推进“零百千万”工程，即零元骨灰撒海、百元骨灰盒、千元殡仪服务、万元墓地，全区销售百元骨灰盒155个，提供千元殡仪服务3500次。继续推进落实《北京市通州区节地生态安葬补贴实施细则》。通州区户籍重点优抚对象和享受通州区城乡居民最低生活保障待遇的对象免费使用骨灰格位。

【殡葬便民】 2020年，举行告别仪式1408场次，火化遗体12594具。惠灵山陵园拥有可安置骨灰穴位6139个，出售穴位106个，截至2020年底，累计出售穴位4909个。陵园以创建良好的人文环境为重点，完成陵园的绿化美化工作，维修年久碱化、多处剥离脱落的墓穴基座，做好老、旧墓到期接待改造工作。

【清明祭扫】 受新冠肺炎疫情影响，2020年清明节实行预约、分时、限流祭扫并提供代为祭扫服务。为加强疫情防控，平安文明祭扫，成立清明节群众祭扫服务工作临时指挥部。清明节期间，区殡仪馆、永安公墓、通惠陵园、京运陵园、惠灵山陵园、大甘棠集中埋葬点6处重点祭扫接待点，累计接待预约祭扫群众6.6万人次，机动车辆2.37万辆次，代为祭扫1157次。

【殡葬专项规划】 2020年，按照市民政局关于殡葬设施专项规划工作要求，在市民政局和市规自委的工作指导下，结合市规自委和市民政局等有关单位意见和建议，与区相关委办局、乡镇民政和规划部门以及市民政局总规团队进行沟通校核，完善墓园规划内容，完成通州区殡葬设施专项规划编制工作，10块公益性公墓全部落到镇域总规中。

【殡葬专项摸排】 2020年，制定下发《关于开展安葬（放）设施违规建设经营专项摸排的通知》，召开工作部署会，明确摸排范围、时间安排、具体分工和工作要求。此次摸排结果：通州区有安葬设施280个，其中经营性公墓1个，殡仪馆骨灰堂1个，公益性公墓2个，集中埋葬点276个；全区存在违规超面积墓穴609个。

【殡葬执法】 2020年，加大殡葬领域监管力度，开展丧葬用品经营网点、非法运尸车、墓地、骨灰堂、医院太平间的行政执法检查70余次，并对其中10家违规经营的殡葬网点进行行政处罚；妥善处理线索移送案件。

（马兆东）

婚姻登记

【概　况】 2020年，婚姻登记管理工作依照《中华人民共和国婚姻法》、《婚姻登记条例》和《婚姻登记工作规范》要求，严格按照市、区及通州区委社会工委区民政局防控新型冠状病毒领导小组的决策部署，做好疫情防控工作，坚持依法行政、热情服务的基本原则，继续巩固、提高等级婚姻登记机关创建成果，全年各项工作顺利推进，确保疫情防控期间通州区婚姻登记工作平稳有序、健康安全。全年办理结婚登记6448对，离婚登记4237对，补领婚姻登记2398对，涉外、涉港澳台婚姻登记16对，为行动不便的老人、残疾人、病人提供上门登记服务6次，出具婚姻记录证明10份，配合公证处、公安、检察院、法院、车管所等部门调查当事人婚姻登记资料3000余份，受理当事人查询婚姻档案2500余件，接待群众电话咨询及现场解答5万余人次，上报疫情防控信息800余条。

【新冠病毒防控工作】 为做好疫情防控工作，2020年，区婚姻登记服务中心及时制定方案，成立疫情防控领导小组，通过实行网上预约登记制度，暂停颁证及辅导服务，适当调整登记流程，强化体温测量和“个人轨迹证明”查询环节，与区妇幼保健院建立联合疫情防控机制，加大消杀力度并按需给工作人员配发防护物品，有效保证疫情防控期间通州区婚姻登记工作健康开展，全年登记中心无一人感染新冠病毒或接触病毒密接人员。

【核查增发新能源小客车核查工作】 10月，按照市委常委会会议纪要精神和部署，全市启动实施一次性增发新能源小客车指标配置工作，其中全市民政部门负责家庭申请人亲属关系核查工作，区婚姻登记服务中心为1110人进行核验，完成此项利民工作。

【婚姻健康特色服务】 2020年，为提高通州区新人婚检率，有效降低新生儿出生缺陷，区婚姻登记服务中心继续与区妇幼保健院联合开展免费婚前医学检查工作，在做好新冠病毒防疫措施的基础上，通州区新人广泛参与，婚检率超过 80%，位列全市第二。

【婚姻家庭辅导及颁证服务】 2020 年，区婚姻服务中心与通州区德源社会工作事务所、春晓心理咨询事务所签订政府购买服务合同，受疫情影响，颁证服务采取现场颁证与线上“云颁证”相结合的方式，心理辅导工作改为电话辅导，为 1320 对初婚当事人提供免费颁证服务，为 905 对离婚当事人提供免费心理辅导服务。

【特殊婚姻登记日工作】 5 月 20 日是特殊的结婚登记日，为做好疫情期间特殊婚姻登记日服务工作，区婚姻登记服务中心借鉴往年高峰日经验做法，预先制定工作方案和各项应急预案，切实落实卫生消杀环节，并做好相关引导工作，当日办理结婚登记 302 对，由于准备充分，工作深入，服务周到，未发生一起投诉事件，群众满意率 100%。

【群众信访投诉处理解答工作】 2020 年，区婚姻服务中心对群众拨打“12345”以及来访来信等反映涉及婚姻登记问题全部进行及时答复，群众满意率 100%。

【婚姻法律法规宣传】 2020 年，区婚姻登记处通过多种媒体向全社会宣传婚姻法律法规，并在《通州时讯》《通州新闻》等新闻媒体刊登宣传稿件 10 余篇。同时，不断加大婚姻政策法规宣传，全年向全区群众发放《中华人民共和国婚姻法》、《婚姻登记条例》及婚检、计划生育相关知识等宣传资料 8000 余份，取得良好的宣传效果。

（刘广宇）

捐赠中心

【概　况】 2020 年，通州区救灾捐赠工作在市民政局的指导下，在区民政局的正确领导下，积极开展各项工作，努力提高捐赠保障水平，接收捐赠工作有新突破。北京市通州区接受救灾捐赠事务管理中心为全额拨款事业单位，独立法人单位，管理规范，制度健全。

【接收捐赠】 2020 年，捐赠中心推进扶贫协作和支援合作工作。拟定区民政局扶贫协作和支援合作工作实施方案。与内蒙古赤峰市翁牛特旗、通辽市奈曼旗、兴安盟科尔沁右翼中旗、拉萨市城关区 4 个地区，建立有效对接，实时沟通了解受援地区情况，制定 2020 年度《建档立卡贫困户协议书》。与翁牛特旗对地区发展绿壳蛋鸡扶贫产业进行对接，重点扶持带动当地 690 户、1442 名享受政策的建档立卡的贫困户，产业每年可为贫困户增收超过 3000 元。在科尔沁右翼中旗，用帮扶资金为 34 户 86 名建档立卡贫困人员购买当地母羊羔。充分征求贫困户个人意愿，对于有经营能力的给予自主养殖或委托亲属养殖，无经营能力的，委托养殖大户托管，每年给予一定的养殖效益。在奈曼旗，助力困难户建菌棚、养殖基地。新建的菌棚可以帮助当地 16 户困难户增收，预计每户每年分红收益约 1750 元。沟通协调区民政局社会建设综合科，组织动员社会力量参与帮扶活动，共同助力内蒙古“三旗”打赢脱贫攻坚战。沟通协调区民政局社会福利综合科，助力解决贫困地区农副产品销售问题，计划部署 10 台扶贫智能专柜，鼓励社区服务中心、养老驿站、慈善超市、养老机构参与消费扶贫工作。协调福利机构培训专项资金 4 万元，针对西藏拉萨市城关区制定到区民政局考察学习方案，进行社会福利综合培训，增强福利院标准化管理和服务模式，更好地为基层困难群体服务。针对内蒙古赤峰市翁牛特旗、通辽市奈曼旗、兴安盟科尔沁右翼中旗，捐赠中心计划开展精准扶贫，向建档立卡贫困户实施救助，向内蒙古“三旗”各捐赠帮扶资金 10 万元，共计 30 万元。用于帮扶项目支持，助力打赢脱贫攻坚战。

【捐赠储备】 2020 年，捐赠储备库有捐赠物资：棉被 1900 件、棉衣 498 件、棉大衣 1000 件、毛毯 300 件，春秋夏装 7800 件，厚外套 1500 件，共计 12998 件。

【慈善超市】 2020 年，全区慈善超市均符合全市统一要求的基本功能。慈善超市具备款物募集功能、困难群众救助功能、应急服务保障功能、慈善理念宣传及义工（志愿者）服务功能。

【捐赠站点】 2020年，为居民捐赠物资更加方便迅捷，本着更好地服务百姓、方便就近原则，满足居民“就近捐、随手捐”的意愿，让更多困难群众得到帮助，推动通州区慈善公益事业健康发展，有9家捐赠站点落实“五个一”规范化建设。通州区共计54家捐赠站点。

（穆月鲲）

福彩中心

【概　况】 2020年，全区销售福利彩票18860.904万元。其中，电脑票销售16826.644万元，即开票销售2034.26万元。超额完成北京市福利彩票发行中心下达的销售任务。总销量列全市第四名。

【巡视检查】 2020年，对全区各福彩销售站的水电气安全、环境卫生、防盗、防汛、投注机维护、理性购彩和疫情防控等方面进行巡视检查。特别是在春节、全国“两会”、国庆等重大节会期间，督促区内销售站做好安全自查，坚持“有事上报，无事报平安”制度，提高思想意识，倡导销售站严格履行安全责任，强化社会责任，切实保证全区彩票销售市场的安全与稳定。

【疫情防控】 2020年，配合市、区两级做好全区157家福彩销售站300多名销售站机主与销售员疫情防控工作。及时了解并更新全区销售人员身体状况及出京返京信息，按要求做好隔离防护工作；有序为全区销售站下发防疫物资（17670个口罩、785包消毒纸巾、314个消毒面罩、314张防疫海报、157个体温枪、157盒防护手套、157瓶消毒液、157瓶洗手液），严格按照市福彩中心有关要求，切实保障代销者和购彩者的健康安全，稳妥有序开展恢复福利彩票销售工作。

【促销活动】 2020年，开展福彩各项游戏营销活动。电脑票方面，分别在全区进行“3D”“双色球”游戏营销活动，在提高销量的同时，进一步扩大福利彩票品牌影响力。即开票方面，按照市福彩中心要求，大力开展“庚子鼠”“幸运时刻”“超给力”等即开型福利彩票宣传促销活动，努力开拓福彩即开票新市场。

（陈蕾）

人口管理

【概　况】 2020年，通州区有户籍人口406109户819912人（男人405166人；女414746人），其中非农业人口563221人，农业户口256691人。全年登记出生8284人（男4253人；女4031人），死亡6870人（男3974人；女2896人），迁入16727人（省内迁入10279人；省外迁入6448人），迁出5031人（迁往省内4499人；迁往省外532人）。

（吕伟华）

【流动人口和出租房屋管理】 截至2020年，通州区登记流动人口998322人，办居住证493494人，携带16岁以下儿童27421人。登记出租房屋153501户374196间，建立出租房屋管理站346个（来京人员和出租房屋服务站），配备专职协管员350人。

（杨地）

【户口申报审批】 2020年，通州公安分局办理各类审批户口5244份6074人。

【证件管理】 2020年，通州公安分局办理二代居民身份证85480个，办理临时居民身份证2799个。

（吕伟华）

老龄事业

【落实老年人优待政策】 根据《关于开展通州区老年人能力综合评估培训的通知》，从2020年累计评估总人数6000人，其中居家评估5162人，机构评估838人，有4255人评为重度失能。同时为保证评估机构评估质量，2020年度复查评估481人，其中个人复查评估146人，机构复查评估335人。全年发放老年人困难服务补贴22385人5678400元，发放失能老年人护理补贴补贴72043人42148000元，发放高龄老年人津贴补贴258336人38509200元，办理老年证57个。

【区级养老院重点工程】 截至年底，项目完成主体结构、二次砌筑结构、屋面和外立面工程。经区委 、区政府专题会议研究，拟将原定工程与二次装修工程相结合，深化设计图纸，最终进行一次施工。委托专业机构编制《通州区养老院公建民营实施方案》、《通州区养老院公建民营项目招标文件》、《北京市通州区养老院公建民营合作协议》及《关于运营主体的补充协议》，并征询北京市民政局意见，于2020年9月完成对运营商的招标工作，并与运营商签订《北京市通州区养老院公建民营合作协议》。由局主要领导牵头成立工作专班，随时协调解决工程建设中发现的问题，每周专班人员研究进展情况，每两周协调代建、运营商、施工等单位调度项目建设进展情况并安排下一步工作，同时形成会议纪要向主管区长汇报；主管区长随时组织相关职能部门协调解决问题，每季度至少听取一次项目进展情况，必要时提请区政府常务会议研究调度。

【养老设施建设】 根据《通州区社区养老服务驿站建设运营补助办法（试行）的通知》，2020年完成26家驿站建设任务并运营。超额完成6家驿站建设任务。根据北京市财政局印发《北京市财政局关于下达2018年中央财政社会福利的彩票公益金预算的通知》文件精神，结合养老机构服务质量大检查，以提升基层公办养老机构服务和安全运营为核心，加强建筑改造、设施建设和设备配置，为支持基层公办养老机构提质增效，开展台湖、潞城、梨园、永顺、宋庄、郎府、马驹桥第二社会福利中心等7家敬老院的升级改造工程建设，上述7家敬老院均完成升级改造工程。

【政府购买助老服务项目】 2020年，制定出台《通州区居家养老巡视探访服务实施办法（试行）》，全年累计巡访总人数6390人，累积巡访393708人次，其中入户累积巡访62265人次、电话累积巡访322589人次。为通州区日常生活照料存在困难，有精神慰藉需求，高龄、独居、空巢等老年人提供政府和社会的关爱服务及个性化、精准化的养老服务，使老年人共享改革成果。医养结合项目完成医疗巡诊服务308次，其中门诊延伸服务172次，养老机构受益1356人次，养老驿站受益1473人次，完成康复护理指导、用药指导、带教培训、健康宣教百余次；疫情期间，为养老机构提供核酸采样工作，累计核酸检测101场次，检测人数546人次。围绕疫情防控、老人防跌倒、膳食营养、呼吸道疾病预防、中医养生、护理等专题，为机构内老人提供网课宣讲35次，使通州区上万名老年人受益。

（王宁杰）

消费者权益保护

【概　况】 2020年，通州区市场监管局坚持以人民为中心的发展思想，认真践行消费者至上的理念，牢固树立为消费者服务的意识，强化内部机制，提高调解技巧和水平，妥善解决消费纠纷，围绕接诉即办工作目标及消保维权工作重点发力，依法维权，为全区开展促进消费提档升级、持续优化市场营商环境、复查评审全国文明城区和推动社会信用体系建设等工作提供有力保障。接收投诉举报工单57423件，办结55582件，办结率96.79%。

【举办首届北京城市副中心消费论坛】 10月22日，通州区举办首届北京城市副中心消费论坛。围绕“创建放心消费环境 促进消费提档升级”主题，开展2020年通州区实体店消费满意度“回头看”调查及通州区消费者满意度调查，并针对消费者投诉热点难点问题、如何有效督促实体店落实主体责任以及如何更好地满足消费者对美好生活向往的需求等问题进行深入研究和探讨。国家市场监督管理总局、中国消费者协会等单位8位专家学者进行交流演讲，10家企业代表、18家新闻媒体出席论坛。

首届北京城市副中心消费论坛
（区市场监管局提供）

【完善接诉即办工作机制】 2020年，每日专人专岗盯守平台，确保不押单、不积件，及时督促承办单位迅速核查、规范回复、高效解决，保障一单到底，全程跟踪，确保对内做到无缝衔接，快速流转，力争疫情期间最大程度解决民众合理诉求。制定《北京市通州区市场监督管理局2020年“12345”市民热线接诉即办工作实施意见》并正式发布施行。

【接诉即办平台正式运行2.0版】 2020年，为有效解决承办单位在“12345”工单承办过程中的实际需求，尽早为行政执法提供技术支撑，2020年搭建信息化平台，该平台正式运行并升级至2.0版，最大程度压缩工单流转时间，提高处置效率。同时为数据库建设、分析研判提供更有力支持，使统计分析工作更加细化，更具靶向性。

通州区企业服务平台上线启动仪式
（区市场监管局提供）

【对市场主体开展行政约谈】 2020年，约谈万达广场、苏宁易购、物美等20多家大型商场超市，指导其在春节前促销、广告宣传、售后服务等方面，认真履行法定义务、信守承诺，尤其是在发生消费权益纠纷时，要从维护企业信誉和品牌战略上去思考，切实保护消费者的合法权益不受侵犯，避免事态升级，产生负面影响。

【发布消费警示】 2020年，加大宣传公示力度，拓宽宣传渠道，对损害消费者合法权益的行为，通过大众传播媒介予以揭露、公示。在《中国消费者报》《新京报》《劳动午报》等媒体刊登外宣55次、典型案例35件、消费提示85条，揭露、公示消费者投诉较多的经营者19家。

【强化消费教育引导】 2020年，围绕“凝聚你我力量”为主题，开展“3·15”国际消费者权益日活动，加大消费维权宣传力度，营造安全放心的消费环境。以综合购物中心、特色商业街区等为重点，开展放心消费创建活动，指导重点经营单位主动公开“放心消费”承诺和具体措施，督促企业落实主体责任。

【及时发布投诉分析】 2020年，对“12345”“12315”“96315”投诉渠道受理的消费者投诉进行汇总分析，向社会公开发布《通州区上半年受理消费者投诉分析报告》，梳理消费者反映强烈的热点难点问题，并公开曝光投诉数量排在前十位的企业名单。

【开展“放心消费在社区”活动】 2020年，以加强消费维权宣传、落实经营者主体责任为主要内容，以社区和大型商圈经营者为重点，以线上线下全渠道宣传为手段，通过对社区居民的持续宣传，针对性开展放心消费创建工作，不断优化社区居民消费环境，构建面向社区居民的放心宣传教育网络。活动形式包括精品课堂、发放材料、现场解答咨询、调查问卷等，深入社区23个、大型商圈2个，收集问卷1136份，发放宣传材料1000余份。

（贾静）

残疾人事业

【概　况】 2020年，区残联克服新冠肺炎疫情带来的影响，紧紧围绕北京城市副中心建设发展的新形势、新要求，进一步强化管党治党责任，切实做到以党建统领全区残疾人基本民生保障、就业增收、教育培训、康复托养、文化体育等各项工作。全区有15个街道（乡镇）设立残疾人联合会，575个社区（村）设立残疾人协会。截至年底，户籍人口中有持证残疾人31457人，其中视力残疾3366人、听力残疾1430人、言语残疾146人、肢体残疾20032人、智力残疾3100人、精神残疾2193人、多重残疾1190人。

【疫情防控】 区残联发挥政治引领作用，抽调10名机关工作人员下沉到潞源街道支援社区一线防疫，抽调3名干部到北京西站做好湖北返京人员转运、分流工作，组织开展支持疫情防控捐款活动，发动在职党员积极回社区参与疫情防控。解决全区224户特别困难的残疾人家庭“菜篮子”之忧，为困难残疾人送去防疫物资。残疾人专职工作者、专职委员积极参与基层防疫，为残疾人解难题、办实事。温馨家园、职康站开展各类线上活动、康复课程。

【社会保障】 2020年，区残联努力克服新冠肺炎疫情带来的困难，保障残疾人各项补助正常发放。每月发放养老助残券约2600人，补助金额291万元。为4448名残疾人发放城乡居民养老保险补贴334.95万元。为944名符合条件的残疾人发放自主创业就业保险补贴1045.92万元。为19户困难残疾人家庭发放危旧房一次性补助13.2万元。为4820户困难残疾人家庭提供日常保洁、送餐、出行等居家助残服务。“两节”期间走访慰问6681户困难残疾人家庭，发放慰问金568.7万元。为429名残疾儿童申报儿童节慰问金。为749名残疾人发放机动轮椅车燃油补贴19.47万元。对4659名困难残疾人实施“一人一案”精准帮扶。

【教育就业】 2020年，帮助17名经济困难家庭残疾儿童申领彩票公益金接受学前教育，保障残疾儿童受教育权益。为36名残疾人学生和生活困难的残疾人子女学生发放助学补助13.87万元。为2名残疾人大学生发放实习见习补贴。推进党政机关、事业单位预留岗位定向招录残疾人，建立用人单位按比例安排残疾人就业公示制度，依托国企和央企，新增安置残疾人就业600余人。完成2019年度873家企业安置2254名残疾人就业审核工作。向155家安置了486名残疾人就业的企业发放岗位、保险补贴607.35万元。组织4名盲人参加医疗按摩考试，完成6名盲人医疗按摩师年审。加强对全区22家职康站合规性以及职康项目综合情况检查，确保职康站规范运营，完成2家职康站新建工作。完成17家帮扶性就业基地建设及2家帮扶性就业基地申报市级示范性帮扶性就业基地。新增1家北京市残疾人职业技能培训基地，新增花丝镶嵌及北京绢人制作残疾人非遗传承培训基地。组织148名残疾人参加通州区春风行动暨就业援助月网络课程学习，306名残疾人参加职业技能提升、实用技能培训，为实现残疾人就业创业打基础、创条件。

【康复工作】 2020年，为全区4000名肢体残疾人及家属开展肢体残疾人居家康复在线培训。完成2003名残疾人居家康复培训。717人享受成人康复服务补贴70.62万余元，319名残疾儿童享受康复服务补贴355.13万余元。严控评估时限，缩短残疾人申领辅具收货时间，为1954名残疾人免费配发3791余件辅具。截至年底，全区有成人康复机构9家，其中公立医院3家，民办机构6家；儿童康复机构4家，其中公立医院1家，民办机构3家。为3家公立医院购买康复设备提供资金补贴1886.68万元，使更多的残疾人享受就近就便、科学有效的康复服务。全区康复服务覆盖率达到98%。

【文体活动】 2020年，参加市残联“爱满京华”第十届北京社区（村）残疾人艺术展示活动，参与市残联群众体育大会。开办通州区残疾人书法绘画篆刻爱好者培训班。5月17日，举办以“助残脱贫、决胜小康——爱·筑小康”为主题的全国助残日活动，通过北京电视台、通州电视台等多种媒体展示残疾人文创产业等方面取得的新进展。加强与区融媒体中心的合作，为通州电视台公共频道配备新闻手语主持人。向社会广泛宣传残疾人事业，营造尊重、关心、帮助残疾人的良好社会氛围。

【无障碍环境建设专项行动】 2020年，全面推进全区无障碍环境建设专项任务，共投入资金3.98亿元，加快完善覆盖城市道路、公共交通、公共服务场所等无障碍设施。组织完成18个重点领域，8805个提升点位排查、建账工作，规范工作流程，加强监督检查，统筹协调各委办局及乡镇街道完成7031个上账点位整改。组建监督体验员队伍，动员3093名群众参与北京市无障碍设施满意度调查。加大无障碍提升宣传力度，营造“无障碍通州”良好氛围。在全市无障碍绩效管理测评中，获无障碍环境建设专项行动重点区域二等奖。

（张悦）

红十字事业

【概　况】　2020年，通州区红十字会围绕中央及市委、区委统筹推进疫情防控和经济社会发展重大决策部署，坚持以人民为中心的发展理念，把握人道惠民的工作主线，忠诚履职，主动作为，为打赢疫情防控阻击战，推动城市副中心经济社会高质量发展做出贡献。

【疫情防控】　疫情发生以来，在区委、区政府坚强领导下，区红十字会领导干部带头，全员上岗，制定《通州区红十字会关于认真配合做好新型冠状病毒感染的肺炎疫情防控工作的实施方案》，明确任务分工，全力以赴做好捐赠款物的接收和发放工作。全年累计接收社会捐款551.7万元，并在第一时间拨付给湖北和区内相关部门。其中，为全区抗疫工作拨付社会捐赠资金408.1万元。接收各类防疫物资价值238.8万元，全部用于区内疫情防控工作。其中由中国红十字会、北京市红十字会、北京市红十字基金会支持城市副中心帐篷、口罩、消毒液等防疫物资16批次。疫情防控期间，通州区红十字会通过政府网站、微信公众号主动公示社会捐赠款物接收、使用情况10次，接受区内各监督部门多次采取“四不两直”方式调研，区审计局、市红十字会10次对通州区红十字会疫情防控捐赠款物专项资金使用进行审计，均符合规定，并对通州区红十字会依法依规、扎实高效的工作给予充分肯定。及时启动党员干部下沉社区参与疫情防控工作，安排机关全体工作人员轮换到玉桥街道土桥社区下沉参与疫情防控180余天，受到社区党员及共同执勤志愿者的一致好评。

3月，通州区西集镇村民自发向通州区红十字会捐款，用实际行动支持通州区新冠肺炎疫情防控工作　（区红十字会提供）

【人道救助】　2020年，募集“博爱在京城”善款25笔、合计135.7万元。为区内困难群体排忧解难，实现应救尽救。全年发放救助款物合计347.4万元，

2月，北京四环制药有限公司向通州区红十字会捐款100万元，用于抗击新冠肺炎疫情
（区红十字会提供）

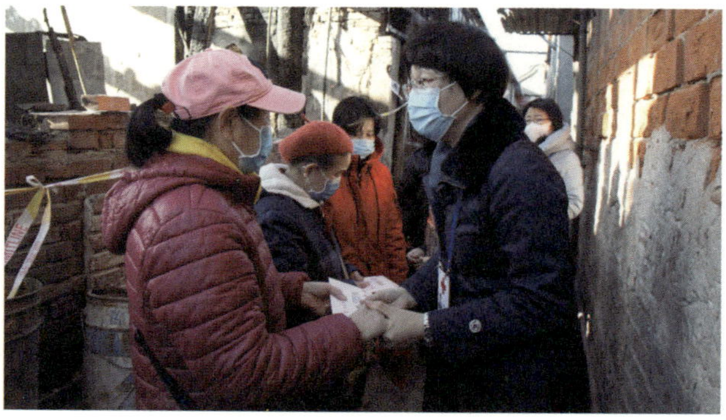

12月24日，区红十字会常务副会长贾立军（右一）带领红十字会工作人员看望慰问区内失火受灾家庭　（区红十字会提供）

3823户困难家庭得到救助。审核并上报2名白血病患儿申请材料，为患儿家庭争取救助基金。持续开展低保家庭大学生助学品牌项目，全年累计发放助学款13.8万元，帮助低保家庭大学生32名。协助当地政府妥善处理突发事件6起，6户受灾家庭得到帮助，其中火灾5户，房屋倒塌1户，发放救助款物10.2万元。

【应急救护培训】 2020年，开展应急救护培训22期，778人取得救护技能证书。开展健康知识和应急救护讲座11期，872人参加健康讲座。为通州区一线环卫工人赠送2000个外伤急救包和2000本急救手册，用于突发意外伤害时的临时处置，并对环卫工人班组长200余人次进行应急救护技能培训，提高环卫工人处置突发意外伤害的能力。

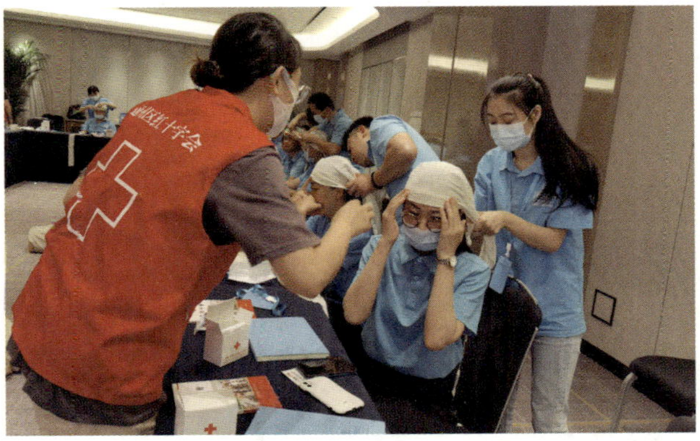

通州区红十字会对区内希尔顿酒店员工开展应急救护技能培训　　（区红十字会提供）

【应急救援物资加大储备】 2020年，投资16.6万元，购置塑钢折叠床400张，救生衣1000件，提升物资储备，提高备灾救灾能力。

【精准帮扶】 2020年，区红十字会帮扶工作队2次到内蒙古开展精准帮扶对接工作，为“三旗”共捐资30万元，用于继续实施“助飞梦想”助学项目，资助400名贫困家庭学生。发动爱心企业家捐赠助学物资合计价值7.2万元，全部用于帮助“三旗”当地学校家庭困难学生。

【文化传播】 2020年，在《中国红十字报》、《城市副中心报》、通州电视台等主要媒体刊发新闻20余条，立足红十字会网站、微博、微信公众号开展

区红十字会赴内蒙古开展“助飞梦想”助学活动　　（区红十字会提供）

正能量宣传，发布文章200余篇。全年推荐2名爱心企业家为通州榜样候选人，其中北京四环制药有限公司董事长顾津被评为6月通州诚实守信榜样，并入围2020年度通州榜样。通州区“生命永恒”工作室被评选为全国红十字先进志愿服务组织。工作室负责人商冬凝被评选为全国红十字优秀志愿者。

【建立红十字事业陈列室】 2020年，在办公区建成200余平方米宣传阵地，其中包括宣传爱心企业家捐献善举的博爱墙、红十字会主题logo的标识墙、宣传区红十字会业务动态的工作展示墙，其中博爱墙为全市首创，成为通州区红十字会对外展示、宣传的重要阵地。利用半年时间，筹划、建成通州区红十字事迹陈列室，成为全市首家宣传红十字工作、传承红十字文化、弘扬红十字精神的陈列室，成为通州区宣传红十字工作的一张新名片。

通州区红十字会建立红十字事业陈列室　　（区红十字会提供）

（许超）

城市绿心森林公园（摄影 郭建华）

2021

街道 乡镇

北京通州年鉴

潞源街道

【概　况】　潞源街道地处北京城市副中心行政办公区核心区，是北京市委、市政府办公驻地，总面积约6.9平方千米，辖区西起东六环，东至宋梁路，南临北运河，北靠运潮减河，四至范围与行政办公区完全重合。潞源地区作为一脉相承的京师源头，有着通州最古老的故城——西汉路县故城遗址，是北京最年轻的街道之一，伴随着城市副中心的建设诞生成长，是副中心政务服务的主要承载区，京津冀协同发展的桥头堡，古今同辉的运河历史文化承载区，新时代基层治理的样板。截至年底，已建成市级机关办公区1.2平方千米、人大附中通州校区、黄城根小学、古月佳园小区、含英园、朗清园等。

【疫情防控】　2020年，建立临时党支部，动员机关干部、下沉干部、在职党员主动“出列”，710余人联合作战，建立社区志愿者队伍参与门岗值守，严把小区卡口，组织四轮入户摸排，建立重点人群台账，构筑起疫情防控的坚固防线。指导团委组建“战疫青春号”志愿服务队，为169户居家观察人员提供“代跑腿”服务。采用智能门磁系统实现居家观察人员全天24小时居家隔离实时监管。精细组织市级机关和重点行业人员核酸采样，闭环转送20余名中高风险地区及境外返京人员，阻断病毒传播途径，辖区无一例确诊。对接辖区中小学幼儿园，提供防疫物资，确保学校顺利复课、开学。指导辖区商业落实防疫政策、开展环境消杀、核酸检测、疫苗接种等工作。做好核酸检测筛查，守好阵地，新发地疫情暴发时，共组织辖区内各类人员4442人进行大规模核酸检测，河北疫情暴发时，连夜组织辖区相关人员进行核酸检测，并常态化做好冷链、物流、商超、餐饮、七小门店等从业人员核酸检测工作，共检测5000余人次。全力做好疫苗接种工作，筹备疫苗接种点。

【党建工作】　2020年，以党支部为单位，累计为69名党员过“政治生日”。以科室为单位，每月选取一名年轻干部进行专题演讲，全年共举行“国旗下演讲”活动7次。深化“大党委”建设，召开党建工作协调委员会工作会议，吸收市监督总站、市建管中心、市住建委信息中心等三家单位为新的成员单位。筹备含英园、朗清园等5个社区党支部成立。高标准完成社区党支部选举，选优配强社区党支部书记。做实“双报到双积分”，累计吸引861名在职党员回社区报到。常态化组织“服务进工地”“桶前值守”“清洁家园”等系列活动，累计4000余人次参与。

【宣传文化】　成立街道宣传思想工作领导小组，每季度定期召开意识形态分析研判会，研究部署地区宣传思想工作，2020年被评为第十五届北京市思想政治工作优秀单位。以创城为契机，全面自查，更新破损横幅、展板、公益广告375处，清除古月佳园主次干路、16栋楼的墙面小广告及37个单元的楼道堆物，修无障碍通道11处，顺利通过2020年全国文明城区测评检查。

【接诉即办】　2020年，置顶接诉即办，逐一复盘、定期会商，提高办件质量，全年共接办“12345”工单535件，平均得分96.12分，全市排名稳中有升，其中3月、4月、12月排名全市第一。

【安全稳定】　2020年，安全生产检查队检查生产经营单位5560家次，发现隐患9288处，下达整改1841处，隐患均及时完成整改。扎实开展安全保障工作，各项重大活动期间，坚持召开每日会商会，上报排查隐患问题，及时整改，实现了辖区“不起火、不冒烟”的目标。因辖区地理位置特殊性，除重大活动期间，街道应急车组搭载视频回传系统24小时对辖区内主要道路进行机动巡查防控，确保辖区内突发情况10分钟应急处置到位。完善部门联合检查机制，排查治理燃气使用场所安全隐患，健全辖区单位《燃气专项基础台账》，根据辖区特点，对闲置地块实行全覆盖、无死角摸排，确保燃气专项整治工作圆满完成。年内，共整治违法群租房21户，其中经入户核实情况属实的“12345”举报7户；摸排发现14户，全部整改完毕。日常保障2辆消防车组24小时前置备勤，每日对铁路周边及河堤沿线杂草进行湿化处理。制定《潞源街道消防安全专项整治三年行动实施方案》，组织开展日常防火工作和可燃物清理专项行动，全年开具消防《责令立即改正通知书》300余份，行政处罚6万余元。为辖区内70岁以上老年人家庭安装联网型独立烟感报警器，2020年已累计安装200个。安装电动自行车充电桩279个，有效降低电动车充电引发火灾的风险。

【信访工作】 2020年，共接待群众来访42件、540余人次，均为行政办公区工程拖欠工人工资问题，经过多部门调解协商，累计为农民工维护权益960余万元，信访事项的受理率、办结率、化解率及群众满意率均为100%。

【环境治理】 网格员定期排查，共建立6份相关台账，更新3份网格图。针对辖区内60余处围挡权属问题，建立相关台账。摸排20条辖区主次干道，汇总372处英文标识牌，进一步明确产权问题。2020年网格考评及时率、处置率、按时结案率、一次完成率每月均排名全区第一。全年道路尘土残存量排名第一，$PM_{2.5}$数值全区排名第二，问题检查率全区最低。2020年全年，共接到环保类预警通知48次，污染过程天气通知1次，环保员共出动702组次，1894人次，检查施工工地1990场次。处理区生态环境督查问题13件处罚率100%。在中央督查组督查期间，共出动59组次，138人次，共检查施工工地269次，裸地27次，夜查6次。其中发现问题124处，均联系责任人完成整改工作。

【智慧城市】 2020年，利用智慧潞源平台，高效处置城市事件，通过网格员撒网式巡查，发现问题后通过智慧潞源App进行城市事件上报，整个事件处置流程形成闭环处理模式。全年共处理事件2158件，通过对事件类型、数量等基础数据整理、大数据信息统计、分析和预判，提高城市管理精细化水平。

【社区建设】 完成含英园东等5个社区居委会筹备、挂牌，党组织选举及初步运行管理等工作，链接社区“老”书记，以“一人带一队”指导新入职社工尽快适应社区工作。完成含英园东等5个社区临时服务用房装修及部分办公家具设备采购。根据辖区居民特点，甄选5家社会组织参与社区治理。完成6家2020年基本便民服务网点的建设任务，满足居民生活服务需求。推进景观绿化改造项目，完成古月佳园绿化改造项目，整理绿化用地38423平方米、栽植绿篱959平方米。不断丰富文体活动，依托党群服务中心，设置街道图书馆、社会组织中心等多项公共服务设施，开展各类线下文化活动150场。组织第三届全民运动会，设置地壶球、定向越野等5场分项运动赛事，提高辖区单位的参与度、向心力。

【民生保障】 街道便民服务中心于5月份加挂北京市统一政务服务标识牌，对朗清园、含英园社区的15名政务服务工作人员进行业务培训，提高为民办事的业务水平。于7月份开始实行延时服务制度，“早晚弹性办”“午间不间断”“周末不休息”。深化“一门”进驻、“一窗”受理，逐渐完善“前台综合受理、后台分类审批、综合窗口出件”的工作模式，严格实行一窗受理、集成服务，实现“一窗通办”。全年共办理业务469件，其中社保类264件，医疗类142件，生育服务类57件，其他业务类型6件。共解答现场咨询、电话咨询200余件。年内，共解决农民工讨薪事件43起，为农民工讨回工资825.72万元。组织开展形式多样的拥军优属活动，开展走访慰问活动4次，同时做好退役军人和其他优抚对象的信息管理、学习培训等工作，持续推进“创建全国双拥模范城方案”的实施。按时保质保量地完成古月佳园东西区16栋楼37个单元的无障碍环境建设工作。12月底，完成辖区内5个社区、28家单位的爱国卫生组织体系建设。

（胡仲琪）

通运街道

【概　况】　通运街道辖区面积约5.5平方千米，北至通胡大街—芙蓉路—运潮减河一线，与永顺镇、潞城镇接壤，东至六环路，与潞源街道办事处接壤，西南至北运河，与中仓、玉桥街道办事处接壤。共有运河湾、运河园、星河、水仙园、紫荆雅园、荔景园、京贸家园、融御、牡丹园、芙蓉10个社区居委会，其中芙蓉、牡丹园、融御为新建居委会。辖区户数20082户，常住人口41840人。规模以上企业27个，房地产企业3个，建筑业企业2个，商业企业3个，工业企业3个，金融业企业1个，服务业企业9个，事业单位6个。

【疫情防控】　新冠肺炎疫情发生后，通运街道第一时间组织街道及社区工作人员开展小区卡口管控、重点人群隔离监测、公共区域消杀、核酸检测、健康宣教、防控物资储备等工作。制定《关于进一步下沉力量落实责任坚决打赢疫情防控阻击战的通知》《通运街道防控新型冠状病毒感染肺炎疫情应急预案》《通运街道冬春季新冠病毒肺炎疫情防控工作方案》《通运街道新冠病毒肺炎疫情常态化防控工作应急预案》多个相关文件指导防疫工作，街道领导干部、各科室严格执行“战区制”，全面下沉社区参与一线防疫工作，落实主体责任，履行相关职能，做好街道层面的对接、统筹、调度工作。为降低防控风险，提高防控效率，率先推进技防手段，分批次在辖区内十个社区所有出入口安装智能门禁，实现出入口“应开尽开”，全力以赴保障居民安全健康，维护辖区秩序安定有序。

【复产复工】　2020年，通过减免商务楼宇房租、建立健全“双楼长”制、为商务楼宇配备红外线测温设备、鼓励多元化经营、复工复产验收等方式，实现辖区108家商务楼宇内企业，7家规模以上工业企业、大型商超，212家规模以下门店、企业，14家在建工地全部复工复产。

【接诉即办】　2020年，共接收“12345”热线市民反映问题2939件。立足于为群众解决问题，建立通运街道接诉即办快速处置资金，制定管理和使用办法，为快速解决群众身边事提供新方法、新思路。建立通运街道“12345”案件处理“三项制度”（“社区吹哨，科室报到”制度、“不满意，不结案”制度、诉求人参与制度），进一步规范案件处理流程，全面提升行政效能和为民服务水平，提高群众诉求办理质量和效率。

【全环节多元化解中心】　2020年，成立全环节多元化解中心，通过引入驻站律师、心理专家、专业社工等专业力量，在居民党员中招募“社区贤达人士”，与区人民法院合作建立“诉源治理基层共建点”，与人民大学联合打造研究生工作站，整合“律师+社工+心理专家+社区贤达+职能部门+法官”各方力量，采取预约制与值班制相结合的方式，定期收集居民诉求，携手化解居民纠纷，形成“预防—化解—问效—再预防”的全环节闭环系统，初步探索了党组织领导下的“自治、法治、德治、贤治”四治融合的新路径。全环节多元化解中心自正式运行以来，开展多次矛盾排查、法律服务、法治宣传活动，化解复杂纠纷20余件，成功率为95%。

【安全保障】　2020年，圆满完成全国“两会”、“灯光秀”、服贸会、十九届五中全会以及中秋、国庆等重点时期安全保障工作，组织各社区志愿者共500余人进行重点点位看护值守，加强活动期间夜间及周末的值班值守工作。开展专项检查及隐患排查1457家次，出动检查人员3501人次，发现安全隐患1815项，均已整改完成。

【城市管理】 2020年，建立健全生活垃圾分类制度体系、统筹建设生活垃圾分类基础设施、多渠道全方位持续加强宣教活动，积极落实生活垃圾分类运营管理，有序推进垃圾分类工作的开展。强化大气污染防治动态化管控，1—12月降尘量均值控制在5.8吨/平方千米·月。加强巡视检查，确保“散乱污”企业动态清零。严格落实“河长制”，完善水环境管理机制。助力海绵城市建设，推动运河湾和荔景园的海绵工程以及紫运北街到桦秀路雨污治理工程顺利完工。确保大型垃圾渣土堆放点动态清零，推动土壤环境质量持续改善。

【社区建设】 2020年，成立业委会4个（运河园、运河嘉园、牡丹园和三元新村），物管会11个，组建率为78.95%。成立街道物业指导中心，搭建物业服务综合管理监督指导平台，努力化解物居矛盾，优化辖区居住小区物业管理现状，降低接诉即办案件量。成立全市首支街道级防疫心理志愿服务队，疏导社区居民情绪，带领居民做线上活动。持续探索专业社会工作本土化路径，实现了社区社工站的全覆盖。以两级平台建设为载体，嵌入融合社会心理服务、社区社会组织培育、家庭学校、社区文化建设等多个专业模块，具有通运特色的多元社会治理格局基本形成。

【民生保障】 2020年，建设居民可进行健康自测的紫荆社区健康小屋和牡丹园社区西侧路健康知识一条街，推动健康促进区建设工作。提升改造无障碍点位301个，完成改造率达100%。完成9个生活性服务业品质任务，超额完成全年任务。新建水仙园养老服务驿站，主要提供居家养老、日间照料、呼叫服务、助餐服务、健康指导、文化娱乐、心理慰藉等养老服务项目，可承接150余人次的为老、助老服务。对辖区146名老人进行巡视探访服务工作，电话问询7696次，上门探访1184次，充分开展老人精准帮扶和个性化服务工作。

（陈思宇）

中仓街道

【概　况】 中仓街道位于北京城市副中心核心区域，属于老城中心区，东起滨河中路毗邻北运河，与通运街道相隔；西至新华南街，与北苑街道相邻；南至京秦铁路，与玉桥街道为邻；北至新华大街，与新华街道为邻。辖区总面积约3.45平方千米，有街巷52条；街道下辖12个社区，1个运河商务区服务站；街道工委下设13个党总支，60个党支部，党员3946名。中仓街道坚持“四有四服务”党建引领，巩固疫情防控常态化工作成果，统筹抓好“两个关键小事”，积极推动接诉即办提质增效，稳步推进“疏解整治促提升”专项行动，全面做好安保维稳、安全生产、创城常态化建设等各项工作。2020年，被评为“首都拥军优属拥政爱民模范单位”，四员厅社区获“市级接诉即办先进集体”称号，莲花寺社区和西上园社区被评为2020年“首都最美志愿服务社区”；武装部张正驰获“北京市退役军人工作先进个人”称号，西上园社区党支部书记张娟获“北京市抗疫先进个人”称号。

【疫情防控】 主动履行属地职能，成立中仓街道社区防控组，建立“领导班子—包社区干部—专项工作组”三级防控体系。严格落实社区封闭式管理，发动胡同主事、社区在（无）职党员、下沉干部等力量4000余人，为无物业小区调配100余名保安，协助完成对12个社区、87处卡口的封闭管理。及时开展密切接触者的追踪管理工作，落实敲门行动，开展核酸检测，完成环境采样。绷紧疫情防控常态化这根弦，坚持人防技防统一，安装电子门禁人脸识别系统，实现128个网格全覆盖，形成精准防控体系。

【党群工作】 2020年，完成12个社区“两委”换届选举筹备工作；创新开展党建引领“双报到、双积分”工作，发布活动777次，发动在职党员7381人次；街道典型做法在3家国家级媒体刊播13条，在11家市级媒体刊播60条；依托新时代文明实践网上平台建立政策宣讲、教育服务等六类志愿服务队伍49支，开展志愿服务143次。

【接诉即办工作】 2020年，“12345”市民热线共接到市民反映问题4243件，均已办结；共吹哨28次，办结率、满意率100%。主要领导阅批工单，落实社区、街道“双派单”制，践行“五大行动”（社工大走访、隐患大排查、问题大解决、作风大改进、能力大提升）、“三必访两必问”（三必访：接单必访；对于处置时限较长的工单，在办理过程中必访；工单办结后必访。两必问：接单后，电话联系或入户面谈，问清来电人诉求事由情况；工单办结后，回访来电人诉求是否解决、是否满意，是否还有其他需要帮助解决的困难）工作模式，形成“闭环式”工作流程，开展了2批共10个区级“小微惠民生”项目，从源头减量，实现“未诉先办”，将问题吸附在社区和街道解决。

【民生保障】 2020年，深入开展“精微计划”服务项目，通过政府购买服务，面向80岁以上低收入人群（有低收入证）、重度残疾人、无收入老人、军烈属家庭、60岁以上空巢老人等特殊人群共计156人，提供送菜、保洁、理发、送医等便民服务。制定《中仓街道协商议事服务方案》，建立楼门、胡同等议事平台，推进协商式服务。完成16家生活性服务业便民网点建设工作。完成四员厅、新华园社区养老服务驿站和中上园、东里社区养老服务驿站助餐点建设。中仓温馨家园（北京市温馨家园改革示范基地）开展助残活动100余场，服务残疾人近4000人次。

【城市管理】 2020年，开展“双网融合、多方共赢”的垃圾分类管理模式。引进企业社会化运营，运河明珠、北人家园小区完成北京市第一批垃圾分类市级示范小区创建工作；完成同心嘉园、北人家园小区的无人值守投放站建设工作；完善55处再生资源回收交投点；整合辖区内200余名拾荒人员参与到可回收物收集环节，为再生资源企业协调用地3000余平方米。高标准完成2条精治类道路、4条达标类道路的精细化治理。拆违3000余平方米，按计划推进“存量违建手续待核查图斑”举证工作。做好群租房、地桩地锁、占道经营、“散乱污”企业等动态清零工作。

【平安建设】 2020年，完成疫情防控值守部署、“两节”期间烟花爆竹禁放、全国“两会”、2020年中国国际服务贸易交易会等重点期间的安保维稳工作。签订“禁放承诺书”700余份。巡视、看护辖区内京哈线铁路北侧累计近600千米、4000余小时。对运河通源、东里市场集中开展为期1个月的农贸市场消防安全专项整治行动。落实“党政同责、一岗双责”安全生产主体责任，与12个社区和50余家重点单位签订“安全工作责任书”，出动执法检查力量150余人，开展社会面火灾防控等安全生产大检查，消除液化石油气隐患323处。

【社区建设】 2020年，组建物管会（业委会）50个，物管会党支部49个，实现党的组织和工作全覆盖；引进4家物业企业对无物业小区实施区域化连片打造，共同接管面积145336平方米；潞河园小区、西营前街小区成立业主大会。中仓小区社区级家园中心完成主体结构施工。中仓小区上下水完成改造1362户，改造比率约达84%。4个老旧小区改造项目进展良好，其中新街下坡项目具备竣工验收条件。10月21日正式启动南大街居民自主式腾退工作，有序组织入户清登，入户率约98.7%；创新“见证人”制度，94名居民自愿报名见证项目腾退入户和报告送达。创新志愿者积分兑换模式，鼓励居民积极参与社区治理，累计志愿服务时长达196508小时。成立中仓街道社会动员中心，协助12个社区培育孵化社区社会组织206支。

（袁源）

新华街道

【概　况】 新华街道地处运河商务区，东至芙蓉路，南至新华东街、通胡大街，西至新华北路，北至温榆河、运潮减河，辖区面积4.31平方千米，下辖如意、天桥湾、盛业家园、京贸国际城、京贸北区和河畔雅园6个社区（其中京贸北区和河畔雅园2个社区居委会分别于2020年3月和4月设立），共有常住居民9510户、户籍人口22979人。原东大街、贡院、司空、新建和北关5个拆迁社区居委会于2020年5月撤销。辖区内2.02平方千米为运河商务区内的商务楼宇和施工工地，占街道总面积的45%，另外，新光大、保利、侨商、富华水乡南、北区、复地、绿地、绿地中央城、运河壹号、京杭府、万科、远洋、智富等13个开发项目也在该辖区内。其中，京杭广场、绿地一、二期和侨商中心3个项目，共计15栋楼宇以及富华水乡南区的部分项目已经完工并交付使用。已交付新华属地管理的商务楼宇总体量为：写字楼2733套、公寓3251户、市场经济主体5191户。

【疫情防控】 坚持常态化调度工作机制，强化科学统筹，在全区率先制发8色人员“出入卡”和“车证”，引入“热成像测温”智能设备，成为北京后续小区封闭管理的雏形缩影。针对各阶段重点，先后三次开展地毯式摸排和敲门行动，累计摸排达3万户次、7.5万人次，完成重点行业、重点人群、海鲜肉类等标本415件的核酸检测工作。充分发挥“双楼长”作用，加强对商务楼宇、“三类场所”、“七小门店”的防疫检查力度，累计检查经营主体近4000家次，确保“四方责任”压紧压实，辖区实现100%安全有序复产复工。

【基层党建】 坚持党建引领推进物业条例落实、“吹哨报到”、“双报到、双积分”等工作，创新成立物业企业联合会，进一步强化基层党组织对业委会（物管会）、物业服务企业参与基层治理的领导，已组建完成物管会7个，组建率60%，党组织覆盖率达80%，共商共治水平不断提高。成立运河商务区联合党委，创新打造运河商务区党群服务中心，初步形成“一核、两翼、三平台、四驱动”的党建工作体系。建立和完善党员分类管理、拆迁分散党员管理工作机制，妥善有序做好拆迁社区党组织撤销和党员关系转出工作，不断强化服务功能，保障党员权利。

【安全保障】 以推进市域社会治理现代化工作为契机，聚焦提升公共安全风险防范化解能力，积极创新工作举措，整合综治中心大数据平台、网格中心、社会动员中心资源，形成“多网合一”的治理合力，强化应急管理与社会风险预判，切实提升社会治理效能。

【生态和人居环境】 全面落实《北京市生活垃圾管理条例》，提前建设完成垃圾投放站点102个、方舱51个，实行“入户宣传—桶前值守—分类指导—中转监管”的全流程管理体系，辖区天桥湾小区获评北京市生活垃圾分类示范小区。全面落实背街小巷整治提升及民生实事工程，高质量完成建设路、如意路精细化整治工作。全力推进无违建街道创建工作，完成共计9366.87平方米违法建筑的拆除及销账工作，完成率675.4%。

【接诉即办】 坚持党建引领，层层压实责任，构建“党工委抓总、六办纵向到底、社区支部横向到边，党建协调委员会统筹兜底”的接诉即办组织基础；动态更新街道《12345职责清单》，制定《接诉即办考评奖惩工作暂行办法》，落实首办责任制，“双否、单否”案件二次处理机制，实现高效接诉即办；

与运河商务区管委、北投通城配合建立“联合决策—跨单位科长对接—社区一线社工上门办理”的协调长效机制，每周五开展“一站式服务对接会”，探索建立城市管理者、建设者、建设成果受益者等政企居（民）三方交流沟通长效机制，复杂疑难问题处置效率进一步提高。2020年度，市级直派案件平均成绩排名全市第66、区内第2，市级直派＋区级分转成绩综合排名全区第1。

【社区建设】 全面贯彻《北京市物业管理条例》，为3个老旧小区引进服务企业，为居民提供菜单式服务。研究制定《新华街道住宅小区（公寓）物业管理达标考核工作方案》，强化街道对物业服务企业的监督管理，激励物业企业提升服务质量。进一步做实、做强社区力量，加快社区规模调整。试点建立3个商务公寓工作站，实现辖区业主管理全覆盖。

【民生保障】 持续深化便民服务大厅“一门、一网、一次”改革，综合设置5个服务窗口，实行“前台综合受理、后台分类审批、综合窗口出件”工作模式，全力推进集成服务、一窗通办。推行延时服务制度，实施“早晚弹性办、午间不间断、周末不休息”服务举措，切实为群众提供高效、便民的政务服务。深入落实援企稳岗政策，开展稳就业保就业行动，为辖区失业人员提供就业岗位1203个。扎实推动无障碍设施和养老驿站建设，完成1处养老服务驿站和2处助餐点点位建设，并实现常态化运营。不断完善公共服务设施配套建设，新建10家生活性服务网点。充分发挥街道劳动争议调解职能，为农民工讨薪建立快立、快查、快结的“绿色通道”，全年受理劳动争议案件53起，涉及金额达3208万元，切实兜住民生底线。

（张晴）

北苑街道

【概　况】 北苑街道位于通州老城区，东起新华北路、新华南路中心线，西南至京通快速路——北苑南路，南至运河西大街中心线，北至通惠河中心线。辖区面积约为6.1平方千米，设有13个社区，98个楼院小区，28987户居民，常住人口65981人。

【党建工作】 2020年，充分发挥党建协调委员会统筹协调功能，夯实区域化党建基础，通过共商共治解决辖区群众关心的物业管理等基层治理难题。积极推进物管会党组织建设工作，已建立业委会（物管会）党支部47个，覆盖了44个物业管理单元，党组织覆盖率达到96.5%。以解决问题为导向，推动人居环境治理水平和物业管理水平实现“双提升”。以党建“双向积分”模式为抓手，建立垃圾分类及物业管理奖励激励机制，探索在“双向积分”平台增设“垃圾分类”专项模块，对精准投放的党员群众和积极主动参与垃圾分类的志愿者进行积分，不定期给予专项反馈奖励，充分调动群众志愿者主动参与垃圾分类工作，桶前值守率达100%。做好无物业小区“三率”（业委会、物管会组建率，物业服务覆盖率，党组织覆盖率）提升工作，截至2020年12月底，雅丽世居1个物业管理单元成立业委会，完成51个物业管理单元的物管会组建工作，业委会（物管会）组建率达到80%，共54个物业管理单元完成物业覆盖，覆盖率为83.08%。

【宣传工作】 全力打造全媒体平台，统筹内外宣传力量。通过“两微一报多群”（“苑闻其祥”微信公众号、微博，新苑报，多个微信群）开展“北苑防控”、见“圾”行事、“新时代文明实践”系列报道，走进基层搜集优秀人物、感人事迹、亮点工作，将好的经验做法主动向市、区级推送，将好的工作经验在辖区推广，实现“线下＋线上”全方位、多维度、宽领域的宣传，营造浓厚氛围。

【公共文化示范区建设】 街道文体中心疫情期间保证一周开放7天，实行错时服务制，为辖区居民提供便利。通过提供专业文化培训、开展演艺赛事等，将文体活动、演艺赛事、培训讲座、文化志愿服务等统一打包纳入群众文化品牌体系。挂牌成立区文化馆和区图书馆分馆，实现人才、师资、设备等资源共建共享，实现图书资源建设、流通服务网络全面覆盖。与区图书馆形成工作合力，采取“订单”式服务方式，通过这种百姓“点单”、政府“配餐”的形式，实现精准服务，吸引了各年龄段读者的广泛参与。

【疏解整治促提升】 2020年，拆除违法建筑61处，53156.73平方米，其中49处已经销账，共销账9702.16平方米（建设面积），超额完成销账面积1702.16平方米。高标准推进9条背街小巷的提升工作和36条背街小巷的日常维护工作，完成市级验收。治理占道经营19处、无证无照经营2处。新增12家生活性便民服务网点，超额完成八大类生活性便民服务网点新增任务。

【生态环境】 加强大气污染防治，细化完善14个基础台账，完成子站周边污染源摸排，完成裸地苫盖69646平方米。出动近5000人次，检查点位2889处，发现问题81处，均已责令整改。检查施工工地扬尘180家次，整治问题50处。辖区108家餐饮企业全部完成提标改造工作。回收燃煤0.05吨，帮助6户居民加入“煤改电”续建，使惠民工程落到实处。1—12月，$PM_{2.5}$累计浓度43微克／立方米，全区排名第1。

【民生保障】 落实社会保障政策，为114名老年人发放养老服务补贴16.46万元；为375名失能老年人发放失能护理补贴197.66万元；为2028名高龄老人发放高龄老人津贴280.82万元；核发低保金227.40万元，特困供养金38.39万元；办理医疗救助90人次，救助金24.76万元；核发残疾人生活补贴、护理补贴共计100.12万元；为129名严重精神障碍患者监护人发放补贴28.62万元。优化政务服务，自主研发公众号和微信小程序，开通灵活就业申请、退休申请、城乡居民基本医疗保险参保、定点医疗机构变更等线上业务5大类19个细分项，依托互联网与“北苑街道政务服务平台”互通，累计办理线上业务202人次，实现“全程网办、全网通办”。社保大厅开展“早晚弹性办”“午间不间断”“周末不休息”服务，切实解决企业和群众办事“上班没空办”“下班没处办”的痛点难点问题。做好劳动就业服务，疫情期间开设2场网络招聘会，实现就业392人；开设线上免费培训班，累计培训72人次。

【安全生产】 加强国家安全发展示范城市创建工作，持续推进城市安全隐患治理三年行动，年度挂账隐患整改率100%。针对人员密集场所，建筑施工、危险化学品、有限空间等重点行业领域，建立常态化检查机制，共检查各类生产经营单位4517家次，排查安全隐患3982项，已完成整改3971项，需限期整改11项，隐患核销率达到99.7%，检查覆盖率达到98.6%。抓好燃气安全专项排查整治工作，出动320人次，联合多部门对危化品、特种设备、建筑施工、地下空间、燃气、图书行业等多个重点领域127家生产经营单位开展11次专项安全隐患排查，切实抓好安全生产，杜绝安全事故发生。

【疫情防控】 2020年，召开新冠疫情防控工作领导小组会议85次，确保市、区决策部署迅速落实。充分发挥党建引领作用，组织区级下沉干部支援社区一线954人次，动员党员、志愿者回社区参加疫情防控工作2189人次。疫情期间，以“摸得准、看得住、方法巧、措施实”为目标，通过网格化管理、地毯式摸排，精准掌握返京人员情况。率先研发微信小程序，无缝并轨“京心相助”，提高摸排效率，助力科学防疫。在112个小区设立133个封闭点位，发动1246名志愿者值守，累计服务时长12.57万小时，落实测温、验证、扫码、登记等常态化防控措施，做好24小时封闭管理工作，有效切断疫情传播途径。强化人防、技防措施，确保居家观察人员足不出户。圆满完成红旗宾馆集中隔离点管理任务，“手递手”做好高风险地区人员转送工作，做到全流程闭环管理。通过进社区、进楼门等形式发放、张贴《致居民一封信》、防控指引、宣传海报共计7万余张，制作宣传条幅198条，普及防疫知识，引导辖区居民、企业落实防控措施。新发地疫情期间，街道摸排发现天时名苑确诊病例后，迅速启动战时机制，连夜制定处置措施，抽调机关干部包楼包户，全面做好封闭管理、核酸检测、病毒消杀和生活保障工作。设立采样场所、检测点位，连续奋战9个昼夜，圆满完成常住居民核酸检测工作，有效切断传播风险，相关做法被学习强国、《北京日报》等媒体报道。疫情期间，接收区卫健委转发“疑似密接”“在京就医”“境外来京人员就医”“高危人员”等大数据核实人员；核实“购药”人员、发热门诊就诊人员。成立复工复产防疫工作组，加大辖区企业复工复产防疫工作协调调度力度，制作并签订《疫情防控责任书》，明确工作职责，加强监督检查。针对万达、北京ONE等商务楼宇落实“双楼长制”，建立楼宇复工台账，动态掌握企业开工时间、员工人数、外地返京人员等具体情况，严格落实居家或集中隔离观察措施，确保防控措施落实到位。

【接诉即办工作】 做好疫情期间接诉即办工作，每周召开主任办公会集中调度上一考核周中的未解决不满意工单，提出改进方案，力争提高“三率”（响应率、解决率、满意率）。结合实际采取参与式解决问题、体验式回复诉求的方式，动员来电居民通过亲身体验防控工作，理解支持社区工作，消除恐慌心理，化解问题和矛盾，实现防疫工作与接诉即办的双促进。进一步健全完善“北苑十条”，强化现场核实、组团回复，每日会诊、分级调度，一单到底、二次回访等工作机制，打造接单、响应、办理、回复闭环流程。强化主动治理、积分吸附，扎实推进8个小微项目，提升未诉先办能力。2020年，共受理市民热线诉求14460件，响应率100%，解决率76.3%，满意率83.7%。

8月13日，北苑街道召开战疫表彰大会
（北苑街道提供）

（姚诣路）

玉桥街道

【概　况】 玉桥街道位于通州城区东南部，东至北运河、运河西大街、玉桥东一路，西南至新华南路、果园环岛路、九棵树西路、九棵树东路，南至梨园南街，北至京秦铁路。区域面积5.2平方千米，辖区人口10.3万人左右。内设6个办公室，3个中心，1个综合执法队，派驻市场所、教委办、消防工作站、交通安全委员会等职能部门。正式在编人员113人。下设18个社区，共有社工228人。

【疫情防控】 疫情发生后，街道结合实际，设立党员责任区、先锋岗，成立党员突击队，组织党员包片、包户，广泛组织动员群众、下沉干部等各方力量，开展全覆盖、零遗漏的摸排管控，形成“玉桥好人”群防群控红色防火墙。启动重点人群核酸检测工作。全面开展环境消杀，严格检查辖区内超市、农贸市场、餐饮、酒店等场所，做到消杀全覆盖。重点加强社区防控，始终把测温、查证、验码、登记等措施抓紧抓实抓到位，确保常态化防控措施管控到位。认真做好潮漫酒店隔离点工作，承担湖北返京人员、新发地商户、通州当地居民隔离任务。

【“疏整促”工作】 2020年，共拆除违建66处，总计1143.75平方米，完成全年任务的114%。执行各类处罚215起，罚款金额101.54万元。投资2.4亿元综合整治老旧小区，总规模约10万平方米，截至12月底，完成总工程量70%，项目持续有序推进。开墙打洞保持动态清零。地下空间综合整治实现动态清零。群租房整治任务动态清零，共清理42套，拆除隔断54间约320平方米，疏解外来人口97人。新增与提升便民服务网点共计5个。

严格落实“四心”（用心、细心、耐心、热心）、“五动”（广泛发动、多方联动、实时调动、真情感动、重点撬动）工作法，完成好棚户区改造。9月21—24日，实施东方化工厂周边棚户区改造（二期）国有土地上住宅及非宅征收项目，北京市北方亿立工贸中心、北京北泡集团有限公司平房区共43户居民完成征收补偿签约工作。完成老城平房住宅房屋自主式腾退项目全部191户入户工作。

【社区建设】 由政府打造和指导、专业机构运营、社会多方力量参与合作的“1+2+3+N”精准为老服务模式（搭建一个政府为老服务平台，依托政府和社会两种力量，建立街道—社区—居家“三位一体”综合养老服务体系，提供N种居家精准服务），再建1家养老服务驿站、2家养老助餐点。依托“垃圾分类全流程精细化系统”平台，100%完成辖区内88个小区287组垃圾投放站点建设。按批次、稳步有序推进物业管理委员会组建，已完成29个物业管理委员会、1个业主委员会成立工作，第五批7个物管会组建工作正在进行，2个业委会换届组建中，2020年，完成物管会、业委会覆盖辖区80%以上的工作目标。创新性组建“玉桥街道物业服务联席会”，形成以党组织为主导，街道科室、执法力量、人大代表、政协委员、社区居委会、物业企业、业委会（物管会）、志愿者、专业机构等多方参与、一体推进的治理结构。

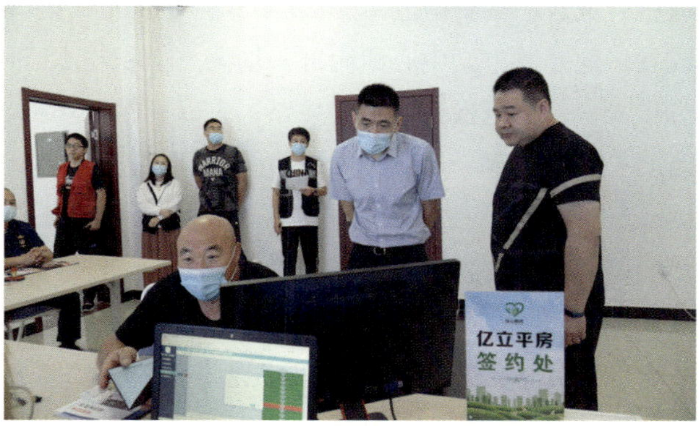

9月21日，玉桥街道东方厂周边二期棚改国有土地住宅征收项目正式签约选房

（玉桥街道提供）

【接诉即办工作】 坚持和完善街道、科室、社区三级联动机制，及时汇总重难点棘手问题，利用每日调度会面对面汇报沟通，实时跟进处理进度。强化“二次跟踪督办”工作方法，梳理已办结但未解决（不满意）的诉求问题，明确“应解决必解决、未解决必满意”的工作要求，对棘手问题单个甄别、重点突破，把事办在居民心坎上。针对老旧小区纠纷频发的问题，各社区党总支主动出击，摸清邻里间长期纠纷根源，积极协调双方需求。2020年，玉桥街道共受理市民热线5741件工单，解决率81.8%，满意率92%。

【平安建设】 2020年，对辖区各类生产经营单位进行安全检查4364家次，出动人员8728人次，发现安全隐患1576项，完成整改1128项，全年未发生安全生产事故，无人员伤亡，安全生产形势总体平稳。玉桥街道专职安全生产检查队被北京市总工会评为2020年“北京市模范集体”。全年共开展5次矛盾纠纷大排查工作，确定1起不稳定因素，列入防控账单进行监控。

（李佳惠）

文景街道

【概　况】　文景街道于2020年9月5日正式揭牌成立，地处城市副中心西南部。辖区总面积约12平方千米，管辖范围东北至张采路，东南至东六环路，西南至京哈高速、西北至九棵树西路，北至万盛南街、群芳南街。按照街道职能配置、内设机构和人员编制规定，文景街道综合设置“四办一队三中心”（即党群工作和综合办公室、平安建设办公室、城市管理和社区建设办公室、民生保障办公室，综合行政执法队，便民服务中心、市民活动中心、市民诉求处置中心）。文景街道成立以来，着力加强街道自身建设，积极推进辖区综合治理，认真谋划做好环球主题公园开园服务保障，各项工作平稳有序开展。

【疫情防控】　成立疫情防控领导小组，制定疫情防控工作方案、应急预案5项，建立24小时备勤制度。紧盯疫情变化，采购储备应急物资，排查进口冷链食品，指导餐饮服务单位做好环境消杀，动态掌握从业人员核酸检测情况，疫情防控总体平稳有序。严格落实常态化防控检查措施，对46个重点点位开展执法检查143次。成立环球项目疫情防控专班，做好常态化执法督导和执法检查工作，对环球主题公园项目各标段、项目运营主体的常态化疫情防控工作检查和督导44次。扎实做好核酸采样检测和疫苗接种工作，与环球项目方组成联合工作组，为88名冷链从业人员提供上门核酸检测服务，完成符合条件人员疫苗接种工作。会同区卫健委、文旅区管委会对环球度假区疫情防控方案进行评估指导。

【党群综合工作】　2020年，制定街道党工委、办事处工作规则、“三重一大”决策、财务管理、保密管理等重要基础工作制度20余项。以“只争朝夕，奋发有为，扎实推动城市副中心高质量发展”为主题，举办“七一”党日活动。召开区域化党建工作座谈会，建立辖区单位党建联络机制。

【平安建设】　2020年，成立文景街道安全生产委员会，制定安全生产实施办法，建立安全生产会议、安全生产检查、安全生产学习调研等工作制度，制定烟花爆竹安全管理工作等10余项方案。开展安全生产检查119家次，出动377人次，排查整改隐患153处。开展液化石油气专项检查30家次，出动218人次，排查整改隐患27处。落实煤气中毒、冬春火灾防控工作实施方案，对在施工地、工人集中住宿区、企事业单位开展专项检查，累计出动235人次，清除可燃物101.5吨。组织2次“119”消防应急演练。下发安全通知43项，悬挂张贴烟花禁限放、预防煤气中毒条幅展板161条（块），发放平安提示卡500余份，烟花爆竹禁限放折页1000余份。

【城市管理】　2020年，梳理城市管理职责清单，制定河长制巡查、“门前三包”管理、网格调整划分等工作方案。强化大气污染防治，制定大气污染防治工作方案11项，做好污染源头监测监管硬件保障，以施工工地和道路扬尘管理为重点，开展常态化巡查检查。联合行业部门对施工工地及渣土运输车辆进行执法检查、夜查并督促立行立改。成立环卫应急保障队伍，对辖区14条已通行未移交和降尘低频道路进行应急清扫抑尘。

【综合执法】　2020年，制定综合行政执法实施细则，围绕服务保障环球、做好辖区垃圾分类、提升空气质量、保障采暖供热等建立7项工作机制。自2020年12月1日起正式执法，加强施工现场、共享单车、疫情防控、燃气安全、垃圾分类等执法检查，累计出动执法人员200余人次，检查辖区道路60余条次、施工点位300余处次，发现督促整改问题80余项，立案处罚8起，罚款250000元；处理环保督查件、扬尘转办单、移交单11件。

【民生保障】 2020年，组建文景街道接诉即办工作专班，制定《文景街道办事处关于12345市民服务热线接诉即办工作实施办法》，依托街道内部办公系统平台，建立接诉即办线上工作模块。班子每日调度，认真复盘分析，开展实地调研、建立定时定点核查机制。12月20日起，首个考核周期综合成绩全市第19名。结合辖区回迁安置实际情况，成立街道工作专班，配合区住建委、原属地乡镇做好回迁居民安置工作准备。

【司法统计工作】 2020年，根据机构改革工作部署，司法所、统计所下沉至街道管理。建立街道司法保障制度4项，完成一般行政执法案件法制审核18件、重大行政执法案件1件。审查办事处经济事项合同30余份，提供法律意见10余条。开展法制宣传2场，发放宣传品及宣传材料1000余份。开展“12·4”国家宪法日统计普法活动，走进北京交通运输职业学院等辖区单位，宣传《中华人民共和国统计法》《全国人口普查条例》等法律法规，发放宣传折页120余份。

【环球开园服务保障】 2020年，认真落实市区两级关于环球项目开园筹备的重要部署，制定实施《文景街道服务保障环球项目开园工作方案》，牵头研究制定《北京环球主题公园综合管理服务方案》并印发实施。加快推进文化旅游区智慧园区建设，牵头成立文旅区智慧园区建设推进专班。聚焦交通、安全、服务三大领域，制定《文化旅游区智慧园区建设方案》。赴上海考察迪士尼开园筹备经验，赴东华门、建外、奥运村等街道及服贸会现场学习秩序维护、大车流、大人流疏导经验。会同有关部门、环球交通团队及交通规划专家研究交通保障方案，开展交通风险评估，梳理问题形成评估报告。深化综合执法准备，推演开园前后易发违法违规问题，编制执法电子地图，确定重点布控点位12处、日常盯守岗位24个。

（陈金花）

杨庄街道

【概　况】 杨庄街道地域起源汉唐，历史上就是京通古道、交通咽喉，处于燕京至潞县大道上，现今一脉相承，公路铁路汇聚，2条高速、2条铁路穿城而过，是副中心的西大门，展现的是副中心的第一印象和高质量发展的形象。管辖范围东北至北苑南路，东至翠屏西路，南至怡乐南街，西至区界，北至京通快速路。辖区总面积4.7平方千米，辖区范围内共有16个社区、2个行政村，由北苑街道、永顺镇、梨园镇划入，常住人口约12万人。

【体制机制】 街道于2020年9月5日挂牌成立，认真落实行政区划调整改革，主动对接北苑街道、永顺镇、梨园镇三地，16个社区顺利交接，街道有序运转。组建“六办一队三中心”（“六办”为街道内部机构，包括综合办公室、党群工作办公室、平安建设办公室、社区建设办公室、城市管理办公室、民生保障办公室；“一队”，即综合行政执法队；“三中心”是街道下属事业单位，包括便民服务中心、市民活动中心、市民诉求处置中心）。健全完善内控制度体系。制定“三重一大”、资金管理、公文管理、采购管理、合同管理等制度25项，努力构建“用制度管人、按流程管事”的制度规范，为推进机关高效有序开展相关工作，提供政策依据和制度保障。

【疫情防控】 健全常态化防控机制，制定街道防控工作方案及应急预案，强化防疫宣传引导，多次召开专题调度会，及时下发疫情防控指引手册、专题片。压紧压实防控责任，组织2轮防控自查整改，地毯式检查和抽查商场、超市、农贸市场、门店近800家。建设杨庄街道核酸检测点和疫苗接种点，组织核酸检测和疫苗接种，加强中高风险地区进京人员管控，落实人员管控措施。

【党建工作】 突出“全区域统筹、全领域协同”，构建两级党建协调委员会。建强基层干部队伍，机关干部到岗63人，本科及以上学历95%，80后、90后82%，实现老中青结合、学历经历选优配强，为副中心建设和街道发展提供坚强人才支撑。高质量高标准完成社区党组织换届选举工作，成功选举62名社区党组织班子成员，实现所辖16个社区参选率100%，100%一次选举成功，党组织班子成员60岁以下100%，大专以上学历100%。有序接转党员，做好党员组织关系转接工作。转接党组织21个，新建党支部3个，接转党员2304人，其中正式党员2293人，预备党员11人。加强党建引领物业管理，提高党组织覆盖率。在原属地交接基础上，新成立2个业委会党支部、4个物管会党支部和6个物业党支部。31个物业管理单元中，实现物业公司服务100%，19个单元成立物管会（业委会），其中党组织覆盖率100%。落实全面从严治党的主体责任和监督责任。

【意识形态】 强化意识形态工作职责。开展理论学习中心组学习4次，组织十九大宣讲活动30余场，上线“杨庄街道”公众号，市、区级媒体刊发正面报道25篇，保持意识形态领域安全稳定。

【接诉即办】 坚持“解决为重、沟通为要”，全员办件、上门见面、带否重办，网上网下推进“民意直通车”，畅通渠道、分类统筹、群众参与、未诉先办，通过“社区专员”机制，全体干部下沉一线解决问题，全年解决“12345”市民服务热线997件，解决率、满意率逐月提升。街道主动靠前，和社区站在一起，及时处理探矿厂家属院停水、停电、天元小区物业退出、京贸国际公馆停水、供暖费纠纷、天时名苑小区业委会换届、新华联家园北区停水、华兴园水质不合格等突发事件。开展辖区内业管会，物管会管理工作，开展《杨庄街道社区自治能力提升》，对提升“三率”工作进行规范化指导。

【社区规范化建设】 制定《通州区杨庄街道办事处与“一街两镇”交接工作方案》，完成与北苑街道、永顺镇、梨园镇相关事宜交接工作。制定《杨庄街道联系社区工作机制》，对于在编人员建立包片领导带队，社区专员、下沉干部参与的街道联系社区工作机制。开展调研，摸清辖区边界及所辖社区、村界线、建筑、公益单位等公共资源情况，绘制辖区行政区划、功能分布图。开展“社区治理诊断”，对16个社区44个小区191个楼门进行实地走访调查，形成“18+1”份社区治理诊断报告及1套社区治理指标体系。组织16个社区完成社区公众号的创建、规范化，增强居民对社区的认同感。

【民生服务保障】 组织骨干点对点学习，汲取区政府服务中心及其他街道便民服务中心经验，高标准推进政务服务中心建设。推动健康促进“益同行”项目，举行首届老年玩具公开赛，让居民老有所玩、老有所乐。落实完成北探家属院、巴克寓所、华兴园小区和杨庄路63号院4处小微项目。推进社会心理服务体系、残疾人关爱“暖杨计划”等一批品牌项目，打造“有温度的街道”。

【生态环境建设】 开展大气污染防治工作，有效治理扬尘案件，在京贸国际公馆安装了PM2.5大气监测设备，加强生态环境自动监测设施的运行和监督管理，针对扬尘工作指导社区完成工作部署，不定时前往辖区内各个点位进行检查。监督在施工地裸土苫盖和浇水降尘，严格落实“一微克行动”，开展爱国卫生运动，推进小区环境综合整治，保障辖区环境安全整洁。成立扬尘治理工作专项小组，采取“白＋黑”相结合巡查模式对辖区施工工地扬尘治理情况进行检查，处罚10起违法违规行为，确保环境空气质量持续改善。

【城市运行管理】 排查各类违法建设，及时拆除3处新生违法建设。紧抓无照游商管控，分区域重点加强巡查盯守，开展夜间联合执法工作，取缔重点点位游商。检查督促疫情期间“三类场所”（商超、楼宇、饭馆）防控措施落实，统计核酸检测、疫苗接打数据。建设人口大数据平台实现实时监测分析，强化网格管理“人在格中走，事在格中办”，提升城市精细化管理水平。完善街道生活垃圾分类管理台账，制定《杨庄街道生活垃圾管理工作实施方案》，推进16个小区环境综合改造整治提升，对辖区16个小区进行整体环境提升规划设计，为街道生活垃圾分类管理工作提供技术支持。

【风险防控工作】 做好蛋壳公寓矛盾化解工作，街道成立专班、制定工作方案、设立接待点，指定专人负责矛盾化解工作，对台账进行全面统计、分类，对房主和租客情况进行分析、研判，做好解释、劝说工作。蛋壳公寓解约296间，解约率76.2%，共促成“手拉手”签约178间，化解率45.9%，全区排名前列。

【安全生产】 严格落实安全生产和液化气安全检查等工作，推进消除消防隐患，强化治安防控排查和人流密集场所管控。开展液化石油气安全检查，全面摸底排查非居民用户使用液化石油气情况，建立台账，督促13家商户完成燃气间漏气联动改造，约谈整改不到位商户。依托北苑街道、永顺镇和梨园镇的原属地执法力量，开展联合执法，处置安全隐患6处。开展预防煤气中毒工作，组织辖区内16个社区召开预防煤气中毒工作部署会，传达上级通知和事故通报，建立街道和社区两级17支便民服务队。印制预防煤气中毒宣传品，广泛宣传，确保零发生。

（吴全鑫）

九棵树街道

【概　况】 2020年9月5日，九棵树街道正式挂牌成立，位于城市副中心03组团核心地带，东北起九棵树东路，西至翠屏西路，南起云景南大街，北至通朝大街，总面积约3.7平方千米。下辖12个社区，户籍人口10910人。街道工委下设20个党支部，共有党员1100多名。九棵树街道坚持“精心、精致、守正、创新”的指导思想，聚焦党建引领、精细化治理、基层自治，以“五抓”（抓规划、抓制度、抓组织、抓活动和抓保障）的方式开展各项工作。

【党群工作】 2020年，统筹各社区党群活动中心开展文化活动并通过新媒体宣传传统文化。明确党工委副书记为处级新闻发言人。对接市、区主流媒体普法宣传，利用新媒体做好“文明祭扫”“垃圾减量”的宣传工作。统筹各社区做好垃圾分类宣传。建立新时代文明实践中队，针对辖区内各群体需求，精准对接服务，开展网络正面宣传并组建网评员队伍。换届选举工作逐步开展，组织社区“两委”干部参加培训班，社区书记均在党群办备案，领导班子成员党支部工作联系点覆盖所有“两新”党组织，并召开交流见面会。班子成员年内全部建立党支部工作联系点，每人每年至少深入联系点2次。建立科级干部廉政档案。完善党建工作责任体系，完善领导班子成员、科级干部包社区，社区党支部书记具体负责的党建工作责任制。

【“12345”市民热线工作】 2020年，“12345”市民热线接到市民反映问题2589件，月平均受理工单640余件。建立7×24小时不间断值守工作机制，按流程进行每日工单派单、处置、督促、审核等工作，对每一工单处置过程留痕，形成工作闭环。对每日工单办理情况进行汇总通报和调度会组织工作，每周对难点问题、集中问题报主要领导及主任办公会、工委会通报进行专题研究。9月市级排名225名、10月市级排名161名、11月市级排名72名、12月市级排名273名。

【疫情防控】 印发《关于做好秋冬季新冠病毒肺炎疫情防控的工作方案（试行）》及《关于做好新冠肺炎疫情防控常态化管理工作的应急预案（试行）》，组织相关工作组及各社区书记、工作人员召开工作部署会。严格落实区社区（村）防控组工作要求，精准核查大数据派单的重点人员。加强对中高风险地区进京人员的排查管控工作，确保无遗漏。通过区数据下发名单及社区自摸排两种形式建立台账，进行长期管控监测工作，确保防疫工作准确到位。聘请第三方消杀队伍对云景里、新城阳光、新城嘉园等5个社区进行消杀，对11个无物业及物业管理薄弱的居住小区内的垃圾桶站、楼道等公共设施进行每日消毒处理，辖区内其他居住小区由物业完成消杀工作。组织社区学习最新的《北京市常态化疫情防控社区（村）工作指引（试行）》，更新社区工作人员疫情防控工作思路，切实做好冬季疫情防控工作。督促北京物美超市有限公司通州梨园店、北京首航国力商贸有限公司等8家冷链冷库单位认真落实疫情防控主体责任。

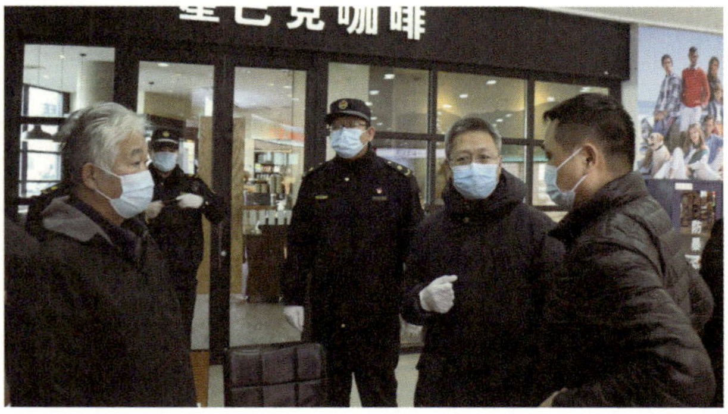

12月27日，九棵树街道到家乐福超市开展疫情防控督导检查

（九棵树街道提供）

【城市管理】 2020年，指导社区开展垃圾分类工作70余次，约谈13家物业。通过对12个社区内38个小区、29114户的数据统计，制定九棵树辖区居住小区、党政机关和社会企业、车站楼垃圾分类台账信息，保证入户宣传全覆盖。申报翠景北里社区的金成府小区为第二批垃圾分类市级示范小区，定期对金成府小区开展垃圾分类工作的巡查督促，已迎接三次市级检查。摸排调研符合20年产权的老旧小区，建立老旧小区改造台账，上报区住建委进行备案，涉及辖区内需要改造的老旧小区有11个，99栋楼。建立9条已改造完成的背街小巷相关台账。接手9条背街小巷的管理工作，重点治理环境卫生、乱停、无人员巡视、维养不到位等问题。组织社区开展周末环境卫生大扫除2次，出动460余人次、20余车次，清理卫生死角138处，清理垃圾210余吨，发放宣传品300余张。责成小区物业对于辖区内共7个小区点位进行集体白蛾消杀，保证居民生活环境健康、卫生、清洁。整治太阳花、家乐福、罗斯福3个点位，拆除违规牌匾8块，规范牌匾32块。出动执法人员54人次，执法车辆18台次，检查“三类场所”125家，其中餐馆108家、商超3家、食堂2家、银行12家，发现问题47起。执法队共接收举报47件，办结率100%。

【平安建设】 2020年，对于以蛋壳公寓、优胜教育为代表的突发类事件，第一时间组建工作专班，制定相应工作方案。完成对蛋壳233件、优胜146件工单的回复工作。完成辖区内蛋壳公寓286名房东、761名房客的主动联系安抚工作，累计联系安抚1365人次，蛋壳公寓线下接待点累计接待98人次，成功签约118间，成功解约379间。

【社区建设】 2020年，依据《北京市物业管理条例》，构建党建引领社区治理框架下的物业管理体系，就业委会（物管会）的成立和管理、物业覆盖率提升等相关工作制定具体工作方案，通过社区微信公众号、社区居民群等刊载宣传材料，举办物业管理培训班，对居民、社区工作者、物业企业管理人员进行培训、宣讲，选派工作人员进驻龙鼎园小区，为热心居民、业主培训，面对面答疑解惑。物业覆盖率达到87.5%，业委会（物管会）组建率84.38%，区级街乡排名第7位。

（安可心）

潞邑街道

【概　况】 9月5日，通州区潞邑街道党工委、人大街工委和办事处正式揭牌成立。潞邑街道辖区面积约7.8平方千米，东至东六环路，南至运潮减河，西至小中河，北至潞苑四街、疃里大街，大部分原为永顺镇所辖，少部分原为潞城镇、宋庄镇所辖。辖区内有潞苑嘉园、潞邑、龙旺庄、潞苑南里、潞苑南里西、运通园、东潞苑西、潞苑北里、通瑞嘉苑9个社区居委会和龙旺庄、王家场、苏坨、小潞邑、刘庄、耿庄、焦王庄、孙各庄8个村。辖区常住人口77510人。

【体制机制】 潞邑街道为“六办、一队、一委、三中心”的街道行政组织体系。“六办”为街道内设机构，包括综合办、党群工作办、平安建设办、城市管理办、社区建设办、民生保障办；“一队”为综合行政执法队；“一委”为街道纪工委；“三中心”为便民服务中心、市民活动中心、市民诉求处置中心。

【疫情防控】 新冠疫情暴发后，街道制定了疫情防控工作方案、应急预案，举办社区疫情防控培训2次，完成大数据派单核查工作，摸排冷链工作人员，滚动检测一般接触者等各类对象。储备大型核酸检测场所2处，日检测能力4万人以上，具备应对突发疫情条件。

【接诉即办】 2020年，全力做好接诉即办工作。完善工作机制，建立了“日调度”“周汇报”“专题研究”工作机制，责任体系进一步夯实，4个月内累计处置工单2500余件。提早安排部署，以社区调研为契机，全面摸排辖区情况，紧紧围绕解决群众诉求、方便群众生活开展街道工作，规范基层治理，把问题解决在萌芽状态，从根本上降低诉求数量。用好“吹哨报到”，整理群众反映强烈的高频问题和共性问题，深挖问题根源，召开协调会5次，联络区级部门20余次，尽最大努力满足百姓需求。

【社区建设】 2020年，有序推进物业管理，引入物业服务监督评价专业力量，指导物业公司提升服务水平。积极推进业委会、物管会成立，辖区内小区物业覆盖率100%，业委会（物管会）组建率70.83%，党组织覆盖率88.6%，1个小区业委会、3个小区物管会正在筹备成立中。依托志愿者、专家库、社会组织和公共服务项目，打造社区社会组织孵化基地，培育社会组织承接社区事务管理职能，强化社区自治、共治。

【“疏整促”工作】 2020年，坚决管控违法建设。始终对违法建设保持“零容忍”态度，开展联合执法36次，拆除违法建筑5处，阻止新生违建4起，持续保持整洁有序的街区面貌。

【平安建设】 2020年，建立辖区内361家生产经营单位基础台账，组织开展液化石油气专项检查、消防专项检查、冬季火灾隐患自查及各类安全宣传活动等，检查生产经营单位750家次，督促整改安全隐患11处、清理物料堆积30.2吨、畅通消防通道50处。全力做好信访调处，高标准推进蛋壳公寓风险处置工作，提前完成148名房东、330名房客全覆盖安抚调解工作，解约房客192名，“手拉手”签约房屋65件。

（刘珊杉）

临河里街道

【概　况】 2020年5月，按照区委《关于成立文景街道等5个街道党工委的通知》以及区政府《关于变更部分行政区划的通知》，临河里街道正式成立，东至东六环路，南至九棵树东路，西至梨园南街、玉桥东一路，北至运河西大街、北运河，毗邻北京环球主题公园和家园中心，中间建设有碧水公园，辖区总面积5.15平方千米。街道下辖10个社区，常住人口近5.2万人。街道党工委下设14个党支部，共有党员700多名。

【疫情防控】 2020年，临河里街道抓紧抓牢疫情防控工作。先后起草了《临河里街道2020年秋冬季新冠病毒肺炎疫情防控工作方案》《大规模核酸检测应急预案》等文件，建立疫情防控工作微信群，为做好疫情防控提供体制机制保障。储备一批应急防护物资，为疫情防控工作提供坚实保障。积极协调小街部队和市政管委，储备2个大型核酸检测场所，并启动搭建了1个检测场开展核酸检测。做好大数据排查和自摸排工作。河北聚集性疫情暴发以来，不分昼夜核实大数据派单1500余人。对于摸排出到过涉疫地区人员和重点行业人员，持续组织开展核酸检测，组织冷链物流、食品从业等人员检测。协调北方亿立工贸中心为临时接种点，配置座椅、水电、卫生、网络、警戒安保等，确保准时启用，完成九类重点人群接种，有序组织辖区开展大规模人群疫苗接种工作。

【党群工作】 2020年，启动了临河里街道整体形象设计，拍摄完成街道宣传片，“临河邻里”微信公众号正式上线，发布各类文章100余篇。成立临河里街道机关支部委员会，开展党员干部的教育培训工作。制定《领导班子成员及党员领导干部联系社区党组织工作意见》，要求每人每年至少深入联系点2次。同时，制定了临河里街道全面从严治党“一岗双责”制度、廉政谈话制度等，以制度落实为抓手开展规范化管理。积极稳妥开展社区“两委”换届工作。领导班子带队进行了三轮摸排，形成“一社区一策”，制定了换届选举工作方案，召开换届选举动员部署会、培训会，依法依规推进换届选举工作。完善了第一批5个社区党建特色活动阵地，发展志愿者380余人。实现业委会（物管会）及物业企业党组织覆盖率100%。

【“12345”市民热线工作】 2020年，临河里街道共接收市民热线反映问题1763件。其中市级直派案件1033件，区级分转案件730件。建立7×24小时全天候值守接件、响应核实、快速办理，坚持“接件、响应、核实、转办、督办”闭环工作机制。每天主要领导组织调度会商，实现工单“件件有着落”。针对重难点问题、集中性问题报主要领导及主任办公会、党工委会通报进行专题研究。有效利用“街乡吹哨、部门报到”工作机制，及时召集区级相关部门召开会商会，共同研究解决举措。9—12月，纳入市中心考核案件共计556件，平均得分为97.97分，在全市平均排名第26位，全区平均排名第1位。

【城市管理】 2020年，先后举办了北京城市副中心02、03组团临河里街道责任规划师宣讲会、03组团责任规划师对接会，开创了高标准、高水平建设辖区的新局面。进行再生资源回收体系建设试点推广工作，完成裕馨家园小区智能分类驿站建设和人员配备。积极申报2020年第三批“小微项目惠民生”建设项目，对辖区华远铭悦小区、铭悦雅园小区公共电梯间墙面进行粉刷，切实改善了小区公共环境，通过微提升微改造让居民得到“民生实惠”。对辖区无责任人街巷、边角区域开展环境治理工作，进一步提升辖区居民的幸福指数。出动执法人员120人次，执法车辆30台次，生活垃圾检查29家次，发现问题2起，燃气检查27家次，发现问题1起，检查“三类场所”214家次，其中餐馆144家次、商超14家次、食堂28家次、商务楼宇14家次、银行14家次，发现问题0起。12月，执法队立案处罚夜间施工等违法行为11起。

【平安建设】 2020年，对于以蛋壳公寓为代表的突发类事件，第一时间组建工作专班，制定相应工作方案。完成对蛋壳183件工单的回复工作。完成辖区内蛋壳公寓174名房东、387名房客的主动联系安抚工作，累计联系安抚237人次，蛋壳公寓线下接待点累计接待89人次，成功解约171套房，成功签约62间。对砖厂中路201号院北侧原金海燕玻璃棉厂区、北京金隅嘉业房地产开发有限公司2处100余亩荒地中大量杂草、枯枝败叶等易燃物进行集中清理。

【社区建设】 2020年，依据《北京市物业管理条例》，构建党建引领社区治理框架下的物业管理体系，就业委会（物管会）的成立和管理、物业覆盖率提升等相关工作制定具体工作计划，通过社区微信公众号、社区居民群等刊载宣传材料，选派工作人员对居民、社区工作者、物业企业管理人员进行培训、宣讲，为热心居民、业主培训，面对面答疑解惑。物业覆盖率达到100%，业委会（物管会）组建率为50%。

（邓欣然）

永顺镇

【概　况】 永顺镇地域面积19.46平方千米，全镇常住人口19.26万人，户籍人口7.7万人（其中农业户籍人口数7228人）。下辖25个村委会、10社区居委会。2020年4月新成立永顺东里、世纪星城西、潞苑南里西3个居委会。

2020年5月，根据《北京市通州区人民政府关于变更部分行政区划的通知》，撤销永顺地区办事处，保留镇建制。对永顺镇行政区域范围作相应的调整。将永顺镇运乔嘉园、艺苑东里社区划归玉桥街道办事处，将运河滨江社区划归临河里街道办事处，将苏荷雅居社区划归九棵树街道，将潞邑社区、潞苑南里社区、龙旺庄社区、东潞苑西区社区、运通园社区、潞苑家园社区、通瑞嘉苑社区、潞苑南里西社区、潞苑北里社区划归潞邑街道办事处，将世纪星城兴业园社区、杨庄南里南区社区、杨庄南里西区社区、通广嘉园社区、世纪星城西区社区划归杨庄街道办事处。8月，永顺镇西潞苑南区社区更名为悦澜家园社区。全镇共有党支部56个，党员3917人。

2020年完成税收36.9亿元，形成区财力11.1亿元，均位居全区第一。完成固定资产投资31.8亿元，完成建安投资8.9亿元。

【疫情防控】 2020年，新冠疫情发生后，第一时间成立全镇疫情防控工作领导小组，召开村居防疫工作部署会，果断实施严格管控措施，在各小区入口设卡，率先实行封闭化管理，建立健全联防联控、群防群控体系，压紧压实“四方责任”，筑起疫情防控“铜墙铁壁”。148个网格、197个检查岗24小时全天候执勤值守，严格落实测温、扫码、查证、登记等各项措施。市区镇245名机关干部下沉社区助力一线防控，各村居共动员6000余名在职党员、志愿者参与社区卡口防控执勤，合力织密防控网络。开展敲门行动，上营村党总支被评为“北京市抗疫先进集体”。提升核酸检测能力，确保重点区域、重点人群应检尽检，2 日内完成全镇 10 万人集中核酸检测。加强重点场所日常消毒和人员监测，持续开展肉类和水产品冷链物流传播风险排查，堵住防控风险点。加强生活物资市场供应保障，持续做好应急医疗物资储备。扎实筑牢社区联防联控“第一线”，严格做好建筑工地、商务楼宇、商场超市、学校等重点领域的环境消杀和精准防控。新发地市场聚集性疫情发生后，采取坚决果断措施做好重点人员管控，组织做好八里桥市场关闭零售业务现场秩序维护。

【复产复工工作】 主动对接，精准服务，为 10 栋商务楼宇配备红外线测温设备，商务楼宇均配齐“双楼长”，员工复工率居全区前列。强化措施、多维统筹，全镇 52 家规上企业、24 家商市场、25 个工地项目率先实现全部复产复工。抓实惠企政策落地，累计减免商业房租 2152 万余元。对接企业需求，做好稳就业工作，开办多种技能线上培训班 12 场，发布或转发就业岗位 1 万余个。

【优化产业结构】 主动对接“高精尖”要素，推动重点产业项目引进落户，全年引进并完成工商注册企业 160 家，注册资金共 4.69 亿元，引进亿元以上项目 2 个，5000 万元以上项目 2 个。持续优化营商环境，发挥“永顺服务”品牌优势，为企业在永顺落地提供“贴身式”服务。镇领导集中走访服务重点企业 200 家次，完善企业日常走访机制，切实为企业解难题、办实事。

【“疏整促”工作】 提前并超额完成拆违腾退、无证无照经营整治、占道经营等“疏整促”任务，执法 103 宗。实现“开墙打洞”、群租房、地下空间整治、占道经营动态清零。完成 10 家生活性服务业品质提升，基本便民商业服务社区覆盖率达到 96% 以上。

【城市治理体系工作】 扎实推进东方厂周边棚改项目（乔庄村、南关村），10 日全额奖励期内完成签约 180 户，签约率 98.9%。永顺西街、北苑国际等重点项目建设提速，运通人和良园二期项目完成入市交易，邓家窑等 3 个一级开发项目完成手续办理，为上市做好准备。高标准完成果元南小区、永顺中街背街小巷环境整治提升，新建果元南小区停车楼，改造乔庄北街公园，顺利启动万福家园等 4 个老旧小区综合整治，城市公共区域品质不断提升。积极推进全国文明城区创建常态化，对标对表，积极整改，顺利通过复查验收。

【接诉即办工作】 成立接诉即办工作专班，强化日常调度和监督考核，持续开展“做百姓贴心人”主题活动，扎实办好群众每一件诉求。2020 年永顺镇办理群众诉求 15376 件，下半年综合成绩排名平均比上半年提升 40 名。针对群众关注的重难点问题精准吹哨 32 次，积极开展“未诉先办”、主动治理，将工作思路由“我们需要做什么”转变为“老百姓需要我们做什么”，紧紧围绕居民诉求及实际需要，精准用好市级补助资金，实施补短板项目 60 余项，有效解决一批群众关心的热点难点问题。

【生态环境工作】 全力抓好中央生态环保督察问题整改，强化建筑垃圾运输车辆闭环管理，精细化管控施工扬尘，检查施工工地 1130 余处，处罚扬尘问题 112 起，问题整改率 100%。全力推进挥发性有机物减排，240 家餐饮企业完成油烟排放提标改造，持续开展汽修等行业挥发性有机物专项检查。$PM_{2.5}$ 年均浓度下降到 44 微克 / 立方米，同比改善率 11.1%，改善率排名居全区第二。巩固黑臭水体治理成果，6 条小微水体均达到“五无目标”（无集中漂浮物、无违法建设、无垃圾渣土、无污水排入、无臭味），出境断面水质主要指标年均值达到 IV 类水质标准，同比持续改善。持续深入落实河长制，镇级、村级河长完成巡河 1871 人次，巡河率达到 100%。开展“清河行动”，共清理河道沟渠垃圾渣土、水面漂浮物共计 2300 余立方米。

【民生保障工作】 着力解决历史遗留问题，上营村房本办理已签约 1676 套，问题得到根本性解决。完成永顺南里 304、306 号楼改气，加快实施华龙小区电改，有序推进华龙小区和西马庄小区自备井置换工作，电动车充电设施基本实现社区、村全覆盖。全力保障杨庄小学建设，34 家无证幼儿园完成分类治理。加强社区服务管理，惠兰美居社区议事厅成功挂牌，“家里说事儿”等社区议事品牌不断做强，持续促进就业，实现新增就业1564人，城镇登记失业率3.6%。实施无障碍环境建设，完成1251个点位改造建设。完成2家养老驿站、1家助餐点建设，累计发放养老服务补贴866万元，开展居家养老巡访服务7713次，养老服务水平不断提升。深入推进“健康永顺”建设，完成惠民健康体检6629人，推进小型医疗机构专项整治，巩固国家慢性病综合防控示范区创建成果，启动健促区和卫生乡镇创建工作。加强服务型政府建设，政务服务中心开展延时服务工作，实施“早晚一小时、午间不间断”+窗口“周六办公”服务模式，12项业务推出网上办理功能。

【安全保障工作】 纵深开展“平安通州”建设，扎实推进国家安全发展示范城市创建工作。持续推进安全隐患专项治理及消防安全专项整治，扎实开展危险化学品打非、液化石油气等安全专项整治，为居民统一购置区域家庭综合保险，安装独立感烟报警器1378个，完成生产经营单位风险评估788家，年度挂账隐患整改率达到100%，安全生产形势保持平稳。深入推进市域社会治理现代化试点工作，认真组织落实领导干部在岗接访、定期下访和重点约访制度，扎实做好社会矛盾纠纷排查化解工作，社会环境和谐稳定。稳妥处置蛋壳公寓租赁纠纷，化解矛盾4270人次，处置体量全市第一。

（王晓冰）

梨园镇

【概　况】 梨园镇镇域面积9.02平方千米，位于副中心南部，东邻张家湾、永顺镇，南邻张家湾镇、台湖镇，西接朝阳区黑庄户乡。下辖26个村和15个社区。2020年，完成税收16.34亿元，同比增加1.31亿元，增长8.7%；完成区级财力4.12亿元。

【疫情防控】 坚决贯彻落实中央及市、区疫情防控工作精神和决策部署，发挥联防联控机制、落实属地责任，坚持“外防输入、内防反弹”不放松，做到“三防”（防输入、防扩散、防输出）、“四早”（早发现、早报告、早隔离、早治疗）、“九严格”（严格入境进京人员医学观察核酸检测；严格中高风险地区来京人员管控措施；严格发热就诊等高风险人员管控；严格医疗卫生系统常态化防控和院感控制；严格应检尽检愿检尽检的核酸检测措施；严格落实四方责任，坚持单位个人健康监测报告制度；严格公共交通、公共场所体温、测温、验码等措施；严格社区常态化防控；严格个人卫生管理，遵守日常防疫要求，倡导健康生活方式），全面动员部署，建立“一办五组”工作专班，严格管控，织密基层疫情防护网，全力建立防疫屏障。根据《梨园镇复产复工防控组工作方案》，以做好疫情防控为根本，以服务企业和方便群众为目标，为企业创造成熟复工条件，辖区内规上企业复工率达100%。

为辖区内约1650家中小微企业、个体工商户减免租金共计3496.16万元，为楼宇运营方发放补贴121.4万元。

【营商环境不断优化】 完成11家无证无照经营点位清理和销账任务，对已完成的396家无证无照清理整治点位、145家开墙打洞整治点位开展全面“回头看”检查，确保做到“动态清零”。完成13家便民服务网点建设，办理营业执照证明290余件，集中走访重点企业160家次，落实改革工作要求，90%事项实现“一门”办理，100%事项实现“一窗”分类受理，服务效率不断提升。积极对接区投资促进局等部门，相继引进北京通玉硬创科技有限公司、北京中建一局集团第三建筑有限公司等一批优质企业。

【“疏整促”工作】 制止新生违建7起，完成违法建设销账3.37万平方米，腾退土地6.12万平方米。严格按照时间节点完成老旧小区改造工程，完成小街之春项目，完成翠屏南里项目楼本体施工。完成2021年2批共计15个老旧小区改造项目的底数摸排及上报工作。环境整治向街巷延伸，完成梨园中街、玉桥西路南延、土桥砖厂南街、砖厂村路、迎熏东路共5条背街小巷施工工作，城市环境面貌更加清朗有序。

【重点工程】 西小马一级开发项目挂牌上市，东小马项目正在进行上市前准备工作，昊宇三期、强力家居等项目正有序进行。完成城市森林公园、城市休闲公园、万盛南街项目及东六环入地项目第一阶段拆迁工作。完成文旅区京洲园等6宗拆迁工作。大稿村集体土地租赁住房项目已开工建设。半壁店医养结合项目工程进度完成70%。梨园美术馆项目取得建设主体批复，完成项目设计招标工作。曹园村办公用房项目主体已竣工。完成将军坟安置房项目立项、规划实施方案、建设方案审批等手续。

【公共基础服务】 积极落实区联合编制副中心应用场景建设三年行动方案，镇网格中心实现城市运行数据实时云上共享。加快新基建布局，实现5G信号全覆盖。社区规模调整稳步推进，新建11个社区居委会，对辖区内3000户以上大型社区进行调整优化，并按照行政区划变更要求，顺利完成22个社区居委会交接。增补170名社区工作人员，完成22项社区小微提升项目和治理类乡镇任务清单57项，搭建全镇智慧社区管控平台，社区智慧养老等领域不断拓展深化。

【城市精细化管理】 坚持接诉即办与“未诉先办”两手抓，下大力气解决市民热线诉求，出台《梨园镇“12345”市民热线工作月度绩效考核实施办法》，进一步加强工作责任边界管理，强化基层队伍建设。完善“梨园接诉即办”闭环处置系统，强化调度会商、落实吹哨报到，对重难点问题集中汇总解决。全年受理群众诉求13626件，全市街乡镇排名293名，全区排名16名。按照“降量”“提率”“脱低”的治理类乡镇退出标准，全年实现4个月未进入诉求类前十名、6个月未进入全市后300名，为2021年退出治理类乡镇奠定了基础。

【城市环境建设】 城市森林公园、云景公园、文化休闲公园三大公园756亩建设项目全部进场施工，为通州区百万亩造林工程和创建国家森林城市做出积极贡献。完成西小马和半壁店战略留白工程26.57亩、西总屯和大稿村小微绿地建设10.68亩。深化扬尘管控，$PM_{2.5}$年均值为47微克／立方米，降尘量年均值为每月每平方千米5.8吨，空气质量逐步改善。镇、村河长按期开展河道巡视，专业力量实施“清管行动”和小微水体专项治理，水环境持续改善。

【民生保障】 高效完成小街一、二、三和梨园4个村整建制转非安置工作，1209名农业户籍人口实现转非，全镇剩余农业人口3036人，扫尾工作积极推进。全力稳就业、保就业，共培训劳动力408人，新增就业2100人，完成全年就业指标。提高养老助残服务水平。完成2家养老服务驿站建设，1家老年助餐点选址及试运营工作，疫情期间对辖区内191名老年人进行电话巡访9000次。区镇投入4529万元，完成1795处无障碍设施点位改造和建账工作。教育短板有效补强。19所幼儿园分两批获得区教委办学许可，共提供学位4787个，其中普惠性学位2226个，普惠性入园率大幅增加。共招收小一新生1416名、初一新生630名，义务教育入学总数再创历史新高。健康卫生事业不断进步。加强特殊人群管理，持续开展基础公共卫生服务，调查重点病人120余人，为65岁以上老年人进行免费健康体检。镇卫生院强化日常传染病管理，完成传染病访视流调和消毒指导169例，开展线上慢性病患者随访核查，慢性病规范管理率超额完成任务。建立爱国卫生运动长效机制，每周开展主题活动，爱国卫生月期间，5万余人参加各类整治活动，掀起工作新高潮。

【法治建设】 注重对重大行政决策的合法性审查，不断完善政府法律顾问制度，主动公开政府信息425条；做好行政执法“三项制度”（行政执法公示制度、执法全过程记录制度、重大执法决定法制审核制度）落实工作，公开行政执法处罚公示219件，保障行政决策依法合规。完善公共法律服务体系，建成镇公共法律服务实体平台，服务站累计接待各类咨询750人次，办理公证392件，受理法律援助案件2件，调解案件14件，成效显著。

（朱琳）

宋庄镇

【概　况】 宋庄镇位于通州区北部，是北京城市副中心北部的绿色生态屏障、轨道交通枢纽，是城市副中心外围第一圈层三个重点打造的特色小镇之一，定位为宋庄艺术创意小镇。镇域面积约115平方千米，下辖47个行政村，全镇总人口16.9万人。据初步统计，常驻艺术家5000余人，相关艺术从业人员7000余人。建成艺术展馆30余家、画廊200家、艺术家工作室4500家，集中展览面积达10万平方米，已经成功举办十一届宋庄文化艺术节和四届国家级艺术品产业博览会。经过20多年的发展，“中国·宋庄”品牌远近闻名。2020年，宋庄镇完成税收10.9亿元，完成区级财力3.3亿元。

【疫情防控】 新冠肺炎疫情暴发后，广大党员干部全部停休，主要领导靠前指挥，6500名有生力量全部下沉，第一时间投入防控一线，开展无死角、全覆盖排查，累计排查相关人员6万余人。连夜启动运河苑和格林豪泰集中隔离点，61名工作人员24小时驻点值守，完成集中隔离任务。新发地疫情期间，紧急调配214名医护人员，迅速组织完成全镇人员核酸检测、重点点位环境检测。建立集中核酸采样点3处、疫苗接种点1处。坚持“一企一策”，点对点开展重点工程和重点企业对接帮扶，“线上+线下”双结合加强动态监控，累计监测企业9000家次，第一时间解决复工达产难点问题，实现43家工业企业全部复产，14个重点工程全部复工，帮助65家企业顺利申请补贴资金210万元，2451家企业享受减税免税政策，共计减免税费金额385万元。全力做好中高考服务保障工作，抓实抓细农贸市场防疫消杀，基本生活物资市场供应充足，生产生活秩序全面恢复，城市运行平稳有序。加强宣传引导，充分利用47个村级大喇叭、微信公众号、致村民的一封信等宣传阵地，加强健康理念和疫情防控知识宣传教育，常态化开展爱国卫生运动、周末大扫除等活动，多管齐下引导广大群众提高文明素质和自我保护能力，大力营造文明健康新风尚。

【镇域规划和建设】 坚决落实城市副中心控规要求，高站位推进规划编制，创建“1+5+X”工作体系，打造北京市首批开展镇域“国土空间规划及控制性详细规划（街区层面）”编制工作先行示范区，成为全市第一批报审乡镇。高质量编制完成宋庄镇国民经济和社会发展第十四个五年规划，研究明确经济结构、生态文明、基础设施、镇村统筹、民生保障和社会治理等6大方面工作内容，建立了63项重大项目建设清单，镇域高质量发展格局进一步明晰。完成小堡艺术区城市设计及实施方案征集工作，取得详细城市设计方案、产业策划与实施路径等深度成果，标志着艺术创意小镇规划研究阶段圆满完成。以集体建设用地改造提升为示范引领，实施艺术区首批“两点一线”改造提升项目，7000平方米小堡文化广场提升改造和小堡南街8000平方米停车场全部完工，2.5万平方米“艺创云阶”文化产业园改造完成，区域联动作用逐渐凸显。中国艺术品交易中心正式开工建设，成为京津冀文创艺术品产业创新协同发展的新标杆。深入开展“拔钉子”专项行动，困扰多年的六合村拆迁问题取得重大突破，全年累计签约滞留户70户，有力保障安贞医院通州院区和万套保障房项目落地建设。京唐城际铁路、朝北三期、首都儿研所等重点项目拆迁工作进展顺利，北京市疾控预防中心、东六环改造工程和安贞医院通州院区北区等项目实现开工建设，镇域承载力、服务力、影响力全面提升。

【疏解整治促提升】 2020年，拆除违法建设96万平方米，腾退土地1.21平方千米，扎实推进一般制造业疏解、无证无照经营整治、“散乱污”清理等重点任务，实现动态清零，不断优化镇域发展空间。以“促提升”为根本目的，积极研究探索腾退闲置地块统筹利用，加快群众基本生活服务设施建设，全年新增规范便民服务网点11家，群众满意度、获得感明显增强。

【生态环境建设】 开展空气污染防治工作，健全镇、村、企业三级环保责任体系，完善动态监管长效机制，研究制发“散乱污”治理、餐饮提标改造、裸地扬尘治理等指导性文件，进一步优化空气污染防治顶层设计。持续加大扬尘治理力度，开展渣土车辆及过境重型货车联合执法，深入推进餐饮油烟提标改造工作，完成裸地生物覆盖630.86亩，累计巡查餐饮单位、施工工地和工业企业等重点点位1万余家，整改问题2354个，全年$PM_{2.5}$累计浓度均值46微克/立方米，同比改善3.6%，空气质量持续好转。在全区率先完成饮用水水质提升工程，21个村45眼自备井完成消毒设备安装，村民饮水用水质量不断提高。坚决落实河长制，19条河道沟渠实现常态化巡查管护，新建3座污水场站，完成9个村村外截污工程，新建9700米截污管线，加强温榆河、小中河、中坝河、潮白河等河流排污口及污水处理站巡查治理，全面完成54条小微水体整治任务，全年河流断面补偿金累计净获得4万元，镇域河流水质得到极大改善。统筹推进新一轮百万亩造林工程，完成2842.68亩土地腾退，实现大树种植1697.56亩。高标准推进集体林场注册及组建工作，有序接养林地21515.04亩，加强森林防火和病虫害防控，统筹保护利用镇内林木资源5.5万亩。

【美丽乡村建设】 坚持规划引领、差异化设计，33个村庄规划和建设实施方案形成稳定成果，127座公厕正式投入使用，13个村涉水整治工程全面完成，农村基础设施建设逐渐完善。深入挖掘村庄优势，充分激发村民参与美丽乡村建设的内生动力，40户家庭入选通州区首批“美丽乡村”示范户。积极探索常态化管理机制，41个村正式实施“准物业化”长效管护模式，队伍力量达到626人，美丽乡村人居环境整治成果得到持续巩固。

【市民热线办理】 健全接诉即办体制机制，形成“速派单、准办件、快会商、强考核、严督查”的闭环工作模式。整合资源，成立宋庄镇便民应急服务队，设置24小时固定服务热线电话，做到紧急问题快速处理，累计解决居民身边急难问题434件，实现响应率、解决率、满意率100%。坚持以问题为导向，聚焦农村基础设施薄弱环节，主动解决群众身边的烦心事，实施“小微项目惠民生”工程17个，建立健全工程开工备案联动机制，预先化解施工扬尘、噪声扰民等问题，“未诉先办”工作格局逐渐形成。

【社会民生】 坚持“稳就业、惠民生”，创建“失业办理+技能培训+就业登记”服务模式，开展“春风行动”、线上云招聘、定向招聘会等就业促进活动，实现城乡劳动力就业2708人，定期开展农民工工资支付、清理整顿人力资源市场秩序等专项行动，创造良好用工环境和秩序。加强疫情防控期间困难群众、老年群体等特殊人群帮扶慰问，逐一走访困难群众404人，慰问特别困难残疾人1180人，积极做好低收入农户帮扶工作，镇级法律服务站接待群众咨询3500余件，办理法律援助案件410件，确保群众享受优质公共法律服务。不断丰富群众文化体育生活，举办“星火工程”系列演出62场，放映公益电影1332场，成功举办“和谐杯”乒乓球比赛，23个村、160余名村民积极参加，群众文体活动精彩纷呈。深入推进村级文化活动室、益民书屋等场所文化安全执法，高标准完成药王庙、真武庙、关帝庙等3处建筑文物修缮工作，积极探索益民书屋与企业联合建设，不断增加镇域阅读空间，构建优质公共文化服务体系。

（许璐璐）

张家湾镇

【概　况】 张家湾镇位于通州区东南，是通往华北、东北和天津等地的交通要道，镇域面积105.4平方千米，下辖57个行政村，全镇常住总人口10.57万人，其中外来人口3.6万人。镇域内交通便利，文化特色突出，工业基础雄厚，是一座具有千年历史的文化古镇，曾作为京杭大运河北端起点上重要的水陆交通枢纽和物流集散中心，有“大运河第一码头”之称。2020年实现税收16.3亿元，实现区财力3.9亿元，完成建安投资3亿元。张家湾设计小镇创新中心和北京未来设计园成功开园，成功举办2020北京国际设计周通州系列活动及“北京建筑双年展项目”以及2020年中国设计红星奖颁奖活动。

【疫情防控】 扎实有序开展防疫工作，全镇保持无确诊、疑似病例。接收区级下派及自行摸排湖北返京人员，自行摸排非湖北返京人员；及时有效应对新发地、河北石家庄邢台、北京顺义大兴等多轮散发疫情。全力保障全区疑似病例医学隔离点牛堡屯卫生院安全运转，高标准建设镇级核酸检测点及疫苗接种点，圆满完成全区20余家单位疫苗接种任务。

【城市建设】 落实镇域规划编制，全面保障副中心建设，积极配合推进城市绿心、环球影城、设计小镇等重点项目建设，城市绿心、张家湾公园10月1日（一期）实现开园。加快推进南火垡公租房等项目建设，带动产业转型发展。梁各庄棚改住宅签约顺利完成，签约率达到99.2%；张湾镇、唐小庄、宽街、立禅庵等六小村棚改稳步推进。投资1159万元，完成7.3千米的道路大修工程，通运桥北侧断头路打通。漷台路改扩建工程进场施工，漷马路改扩建工程地上物拆迁接近收尾，路网结构加快完善。

【接诉即办工作】 2020年，以群众诉求为导向，完善精准派单、统筹协调、考核奖励、督查问责等工作机制，提升工作满意率、解决率。共接办诉求11941件，全年市考核平均得分91.07分，最好周期成绩排名全区第3名。

【美丽乡村建设】 深入开展村庄清洁行动，扎实推进农村人居环境整治，迎接市、区人居环境检查9次，完成整改点位数7000余处。完成张家湾镇首批“美丽庭院”评选，成功推选19户“美丽庭院”示范户。12个美丽乡村实施方案已获区政府批复，相关工程加快推进。改造公厕39座、户厕1097座。

【疏解整治促提升】 完成拆违腾退225.55万平方米，完成率146%，销账122万平方米，完成率102%，任务量、完成量均居全区首位。新注册企业761户，取缔无证无照点位81处，实现“开墙打洞”动态清零，查处占道经营违法行为242起，罚款18600元，疏解整治与优化提升的衔接更加紧密。

【生态环境建设】 全力打赢蓝天保卫战，全年$PM_{2.5}$浓度47微克／立方米，改善率居全区前列。落实河长制，主要河道水质稳中向好。启动张家湾公园三期、平原重点区域造林绿化工程，新增绿地

3160余亩，多个特色公园相继建成开园，推窗见绿、出门见景成为群众生活新体验。

【社会保障】 新增就业3006人，比上年增加1368人，城镇登记失业率控制在4.9%。人均可支配收入3万余元，持续跟进2户低收入农户收入监测工作。实施大额住院费用年终补助，累计对290名镇农业户籍人员补助321万元。办理劳动监察案件287件，办结率达100%。所有窗口部门进驻政务服务大厅，实现“一窗受理”。6月起实施延时便民服务，群众办事更便捷。

【安全生产工作】 2020年，共出动10080人次，检查各类生产经营单位8030家次，排查整治问题隐患4353项。开展多轮次液化石油气专项整治工作，出动检查人员1596人次，检查企业2402家次，排查并整改隐患1573项。扎实开展城乡接合部地区安全隐患综合整治，完成8个挂账村的流动人口疏解任务。

【法制工作】 2020年，聘请专业法律顾问团队，强化法治政府建设，做好法律咨询保障工作。完成各类诉讼104件，主动公开行政处罚类信息408条，行政强制类信息23条，依申请公开政府信息31条，完成政务信息公开1400余条，有效保障人民群众知情权。完成7个“北京市民主法治示范村”法治化建设管理验收，普法成效凸显。

【文化宣传】 成功举办“魅力金秋迎国庆 情满月圆赏花灯”群众活动，吸引18000余人参与活动。成功举办“全国百家媒体聚焦通州”活动，对张家湾进行全方位宣传报道。全年市级以上媒体报道张家湾有关工作123篇，区级媒体刊登112篇，印发《张家湾报》12期，“漕运古镇张家湾”微信公众号推送301期。

9月30日，张家湾镇举办传统猜谜灯会
（张家湾镇提供）

（姜春杰）

漷县镇

【概　况】 漷县镇位于北京市通州区东南部，京、津、冀交界处，举世闻名的京杭大运河畔，是北京连接天津、河北香河的必经之路。镇域面积113.7平方千米，辖61个行政村、3个居委会，常住人口7.16万人，其中非京籍1.15万人。2020年实现税收11.35亿元，同比增长41.1%；完成建安投资4亿元，完成建安投资任务的61%；工业总产值72.97亿元，同比增长7.37%；营业收入74.08亿元，同比增长5.32%。在区委、区政府2020年度绩效管理综合考评中，获评乡镇优秀单位。

【疫情防控】 构建网格化责任体系，在全区率先实现村庄封闭管理。坚定信心、精准施策，探索推动“三下三上三结对”（年轻干部下村，“两委”干部下户，党员、代表下街巷；主动上门问需，主动上门问计，主动上门解难；“村—机关”结对子，“村—企业”结对子，“村—村”结对子）党建工程，立足“五个一”（一套联动机制，一支热心队伍，一只关爱礼包，一封温馨书信，一份暖心福贴）工作机制，率先为湖北返京人员送去“关爱包”，实现“硬核与温情”双向发力，《前线》杂志给予翔细报道。同时，统筹推进疫情防控和经济社会发展，坚持“一企一策”，做好“服务管家”，率先完成复工复产任务，在疫情严峻的形势下，保持全镇经济正增长，是全区经济正增长的三个乡镇之一。11月12日，“点赞战疫英雄 建设美好家园”抗疫主题宣传活动在前线客户端专栏全面宣传报道，镇党委书记范亮亮事迹入选《首都社区防疫百人访谈录》。

【重点项目工程】 城镇综合承载能力进一步增强。镇域总体规划雏形凸显，北大人民医院通州院区、觅子店组团路网项目、集中供热管网及养老院周边市政配套工程有序推进。潞兴北四街、潞城西二路、潞城西四路道路工程进入收尾阶段。医院、养老院段集中供热管网完成主管线施工。高精尖产业建设稳步推进，甘李药业新建生产车间项目c5−1、c5−2完成二次结构施工并投入使用。大健康产业园完成所有建筑物主体结构施工。全年完成乡村公路小修工程19700余平方米，大修桥梁8座，道路1条，持续畅通道路微循环。

【环境治理】 细颗粒物（$PM_{2.5}$）年均浓度趋势向好，全镇$PM_{2.5}$浓度平均数值下降至48微克/立方米，全区排名第15位，改善率3.6%。积极推进餐饮行业规范化，全面整治餐饮油烟，64家餐饮改造单位全部安装净化设备，并通过核查验收。严格控制扬尘污染，坚持打赢蓝天保卫战。深入落实河长制，河道环境持续改善，镇村两级巡河率均为100%，排在全区第一。全面推进水污染防治，严查“无证排污”违法行为，完成小微水体排查整治和阶段性养殖业调整退出工作。深入落实国家森林城市创建指标体系，全年造林绿化工程建设面积2078.07亩，全部完成大树栽植。群众“出门见绿、起步闻香”的绿色生活体验进一步增强。深入落实美丽乡村振兴战略，全面建立各项基础设施的长效管护机制，做到“五有”（有管护制度、有管护标准、有管护队伍、有管护经费、有检查机制）。全面启动厕所革命，完成提升改造及新建公厕、户厕改造任务。

【“疏整促”工作】 高质量完成市、区任务的落点落图，2020年共完成销账66万平方米，腾退土地84.6公顷，新生违法建设零增长。疏解一般制造业4家，新建或规范提升生活性服务业网点4家。占道经营、一般制造业疏解、“开墙打洞”、无证无照经营持续动态清零。共完成13宗卫片拍摄点位分类调整。持续做好镇村级永久基本农田保护工作，完成耕地保护目标管理暨永久基本农田保护责任书签订。

【接诉即办工作】 进一步构建完善《潞县镇12345市民服务热线领导包案制度》《潞县镇12345市民服务热线工作细则》《12345市民服务热线工作村书记月度奖金考核办法》等制度的“四梁八柱”，有效压实各方责任，形成长效工作机制，着重解决了一批农村管理类、公共服务类、市政类等诉求。2020年在通州区各街乡镇接诉即办市级直派案件中平均成绩96.89分，年度综合成绩排名全市第81名，乡镇类排名全区第1名，各项举措成效显著。高效、及时解决村电线脱落问题，11月19日被北京新闻频道《都市晚高峰》节目报道。11月30日，《融汇副中心》专访镇党委书记范亮亮，介绍接诉即办经验做法。同时，深入推进“街乡吹哨、部门报到”工作机制，全年共发起吹哨9件，其中环境整治类4件、重点工作类4件、安全消防类1件。新形势下群众工作不断创新，镇村群众工作网络逐步完善，事件发现及时率为99%，一次完成率为99%，各类信访问题、社会矛盾纠纷得到有效化解。

【社会各项事业建设】 2020年全镇实现就业2892人，失业率为2.93%。以北京环球度假区、北大人民医院就业项目培训为重点，鼓励城乡劳动力创业发展。进一步提升养老工作水平，完成后尖平村、马头村、军屯村3家养老驿站建设并投入试运营。推进农村社区建设，有序开展村级民主日、疫情防控、环境整治及垃圾分类等各项社区工作，成立潞县镇社区社会组织联合会和潞县镇社会组织孵化基地。

进一步推进“一门”进驻、“一窗”受理，将政务服务大厅和原社保所大厅合并整合。全面实施“早晚弹性办”“午间不间断”“周末不休息”的延时服务制度。2020年综合服务窗口共办理业务3万余件，网上办理1万余件，电话咨询4万余件。

（王欢）

马驹桥镇

【概　况】 马驹桥镇历史悠久，曾是北京最大的湿地、是辽、金、元、明、清五朝皇家猎场和明、清两朝皇家园囿。地理位置独特，地处北京东南郊、通州区西南部，背依朝阳区，东瞻通州，西望大兴，镇中心区距通州新城20千米左右，距首都机场40千米，京沪高速公路与北京六环路在镇中心交会。镇域面积82平方千米，辖45个行政村，10个社区居委会，实有人口30万余人，其中该镇人口5万余人，常住人口14万余人，流动人口11万余人。有基层党组织83个，其中1个党委，82个党支部。党员2919名。

10月17日，马驹桥镇开展第二届“社区邻里节”活动（马驹桥镇提供）

2020年，在区委、区政府的正确领导下，马驹桥镇立足“两区”建设，抢抓机遇，奋力拼搏，全年总税收18.99亿元，形成区财力5.75亿元，工业总产值90.13亿元，完成固定资产投资51.27亿元，建安投资6.66亿元。

【疫情防控】 党建引领，探索建立“1+1+N”模式，1个临时党支部，1名书记，引入专业化社会组织招聘社会人员，发挥党员志愿者、在职党员作用等N个力量。在一世情园等10个无居委会管理的老旧小区成立临时党支部，组建党员志愿服务队80余支，130余名市区下沉干部、400余名镇级下派机关干部、村社区工作人员及志愿者等一线防疫人员全面构筑起联防联控、群防群治的严密防线。对镇域内的七小场所、商超楼宇等地开展全面排查指导，6月开展全员核酸检测，检测量最高达1万余人／天，确保“应检尽检”，不漏一户一人。广泛宣传疫情防控相关政策与知识，累计制作条幅、海报等宣传资料30000余份，发送温馨提示短信90余万条，市级媒体报道258条、区级媒体报道155条、“魅力马桥”官方微信推送689条。在全市率先开启大规模“点对点”专车接运外省人员抵京就业，成功解决115家企业2348人的就业问题，联合北京公共交通控股（集团）有限公司共同筹划开通“定制班车”。落实区镇级“服务包”制度，减免租金共计600余万元，辖区企业复产复工率位居全区前列。

【土地开发整理】 智造基地东部3300亩，1—6号184.2043公顷（合2763.06亩）已取得征地批复，已挂牌出让国有建设用地7宗，总面积约68.88公顷（合1033.2亩），用于建设集成电路及相关装备制造产业项目。7号地37.4597公顷（合561.9亩），调整为两期实施，正按照征地要求，推进立项审批相关手续。物流园区加快口岸项目建设步伐，一期

0015 地块、0019 地块已竣工并投入使用，二期 0014 地块已完成各项手续办理，主体工程完工，正在进行外墙及玻璃幕施工，已完成 70% 工程量；并加快完成剩余地块手续办理工作，F-13 地块手续办理已完成，正在协调上市工作。镇中心区重新启动西大马棚改项目，剩余户搬迁率高达 95%。

【产业经济协同】 制定完成《产业发展专项研究》《对标“七有五性”提升城镇化品质专项研究》《现代化社会治理体系专项研究》三个专项研究和《马驹桥镇国民经济和社会发展第十四个五年规划纲要》。梳理出近三年需亦庄支持建设实施的基础设施建设、公共服务及生态环境等 30 个项目，列入《亦庄三年行动计划项目库》。引入江丰电子、九州恒盛、智通物联网、京广产业园等 15 个协同项目。

【美丽乡村建设】 人居环境整治效果显著。完成村庄拆违修复工作 83950 平方米，“煤改电”“煤改气”拆改移工作已全部完成。五支沟临时污水处理站建设初设已完成，整治各村污水径流现象 130 余处，更换沟盖板 1600 余块，抽运明排污水 40 余条，铺设管道 3400 余米。环境卫生管护扎实推进。紧抓厕所革命“牛鼻子”，新建公厕 51 座，提升改造 49 座；户厕改造 593 户，已全部投入使用。制定《马驹桥镇环境卫生长效管护机制》，收集、运输、处理生活垃圾平均每天 170 吨，19 个村已实现户分类模式，13 个村实行定时定点分类投放模式，共有 140 名村庄值守人员每日对垃圾桶及周边进行清洁。

【基层治理】 2020 年，共承接“12345”市民热线 13233 件，市平均成绩排名 296 名。充分利用“街乡吹哨，部门报到”机制，吹哨报到 23 次，积极与市区“12345”及区级职能部门沟通协调解决问题。采用“网格 + 热线”的方式进行精细化管理，各片区发现并上报案件数量近 5 万件，将发现力量和处置力量有机结合。新建 3 个社区服务圈，实现“一刻钟服务圈”社区全覆盖。开展“两个系列活动”打造马桥近邻品牌，搭建起社区与居民文化交流互动平台。完成社会组织备案 105 个，成立社区社会组织联合会，组建完成 11 个小区物管会，组建率达到 65%，超额完成 50% 目标。组织社区居委会、物业公司等开展 2 次大规模学习《北京市物业管理条例》，并开发居民意见建议征集系统及时获取居民需求，督促物业提升服务管理水平。

【生态环境建设】 2020 年，持续推进扬尘管控精细化，重点部署裸地污染防治工作，逐一地块深入排查，建立裸地问题台账，发现问题责令限期整改并开展监督，镇级转办裸地扬尘问题 137 处，整改 96 处；每周对镇域内房建、园林、道路等所有在施工程进行全覆盖施工扬尘巡查。区级考核站点 $PM_{2.5}$ 年度平均浓度为 47 微克 / 立方米，区排名第 8，已完成区级任务目标。水环境建设持续加强。现村污二批已完成前银子一体化提升泵站建设，铺设管线 10189 米，整治各村污水径流现象 130 余处。2020 年，13 名镇级河长巡河共计近 200 人次，巡河里程达 460 余千米；48 名村级河长巡河共计 6000 余人次，共计巡河 1.4 万余千米。加强对辖区河道沟渠的管护，共清理垃圾杂物 23000 余立方米，河道、沟渠环境改善效果显著。完成四支、七支农村生活污水治理工程。2 座 5000 吨临时污水处理站建设工程正式商运，运行出水稳定达标。城市园林绿化有序推进，集体林场作为通州区集体林场先行试点之一，养护辖区内绿化面积达 4 万亩。修剪树木 1010764 株，树盘松土 2021528 株，树木涂白 1010764 株。杂草清理 123643.68 亩，林地保洁 30910.92 亩，林地施肥 30910.92 亩。林地巡查 4 次共 123643.68 亩。

【村史馆建设】 2020 年，马驹桥镇结合美丽乡村建设，在六郎庄、柏福、小松垡、神驹、西马各庄 5 个村建设乡情村史陈列室。其中，柏福村陈列室展示占地面积 112 平方米，设计主题为“百姓德福”；六郎庄村陈列室展示占地面积 70 平方米，设计主题为“六郎新声”；小松垡村陈列室展示占地面积 90 平方米，设计主题为“松垡风情”；神驹村陈列室展示占地面积 160 平方米，设计主题为“神驹风采”；西马各庄村陈列室展示占地面积 245 平方米，设计主题为“收获耕耘”。截至年底，六郎庄、柏福 2 个村的村史馆建设已基本完成。

（卫艳红）

西 集 镇

【概　况】　西集镇位于通州区东南部，距通州城21千米，紧邻北京城市副中心，镇域面积91.4平方千米。耕地保护区2100亩，永久基本农田26200亩，辖57个行政村。截至2020年12月31日，全镇户籍总数27962户，户籍人口49194人。其中，农户15817户，农业人口30240人，非农12145户，非农人口18954人。全年新出生407人。户籍人口以汉族为主，兼有满族、回族、蒙古族等少数民族。全年有外来人口6133人，出租房屋1846户。2020年全年实现税收6.7亿元，其中本地生产企业纳税1.55亿元，占比23.1%，区级财政收入1.54亿元；工业总产值40.79亿元，营业收入42.18亿元，增加值10.17亿元；全镇重大工程类项目固定资产投资4亿元。

【疫情防控工作】　2020年，疫情防控形势持续向好。制定并完善《新冠疫情常态化防控工作应急预案》，建立领导班子成员、机关干部“点对点”入村工作机制。分担全区防疫压力，圆满完成阳光会议中心集中隔离观察任务，持续巩固全民抗疫意识，疫情防控常态化工作不断提升。复产复工有序推进。对镇域内生产经营单位和在建工地进行全面摸排，建立疫情管理系统，保持数据动态更新，制定防控方案，对施工项目不间断开展巡查、检查，确保安全推进复产复工。

【城镇开发建设】　2020年，高标准编制“十四五”规划。编制完成国家网络安全产业园启动区综合实施方案。完成北运河综合治理项目和北京东特高压——通州500千伏电力送出工程的拆迁腾退工作，完成首都环线高速24户民宅扩拆相关工作，完成京唐城际铁路项目现场踏勘、各类服务公司招标及腾退方案审核备案。完成10条村级公路大修，2万平方米公路小修。配合区卫健委完成潞河医院分院（含郎府卫生院）项目建设工作。6月，西集镇养老照料中心项目开工建设。综合配套区B地块土地一级开发实施方案步入审核阶段。D地块共有产权房项目9月开工建设。E地块回迁房项目已完成8栋楼建设施工。大市政外电源和上水工程项目均已开工。

【美丽乡村建设】　2020年，清理农村生活垃圾9655吨，清理村域河塘沟渠276处，清理农业生产废弃物1900.2吨，清理生活污水直排溢流600处。改造、新建76座农村公厕，改造1213户户厕。采取“集中宣传＋入户宣传”覆盖化宣传模式，组织宣传活动49场，发放指导手册、明白纸4.2万份，各村、各小区入户宣传率100%。充分发挥各村党员先锋模范作用，利用支部积分＋党员带头＋群众参与，形成传帮带效果。提前完成垃圾分类设施购置和更换，实现垃圾桶到户配备率100%，实现全镇57个村垃圾单独收运。

【生态环境建设】　2020年，大气质量逐步改善。加大生物覆盖、苫盖治理扬尘力度，完成绿网覆盖工程171.29万平方米，生物覆盖种植面积60.4万平方米。集中整治餐饮油烟、扬尘污染、机动车尾气、工业废气，排查施工工地、拆迁场所5291处次，实现散乱污企业动态清零。在镇域5个公路卡口检查厢式大货车2.5万辆次，年度降尘量全区排名第2，$PM_{2.5}$改善率全区排名第4。完善河道管理长效机制，镇级河长巡河率100%。完成4条行洪沟渠及5条污水场站退水沟渠（塘）清淤、修坡、护砌等工程。保障自备井供水安全，完成40个自备井村庄消毒设施安装及20余个村庄自备井井房改造工作。完善排水设施，为4个村进行排水工程招投标工作。完成景观生态林建设工程前期土地流转及腾退工作，大树栽植1900亩。完成潮白河森林生态景观带建设工程（四期）前期土地腾退工作，完成集体林场组建工作，看护林地面积2.7万余亩，解决本地就业600余人。

【社会治理】 出台《西集镇市民热线接诉即办工作实施方案》，实现“未诉先办”。14个民生部门建立10余支应急处置队伍，与全镇102个网格无缝衔接，打造“30分钟服务圈”，解决群众水电气暖及出行问题1000余件，处置铲冰、防汛、防火等安全隐患300余个。全年“12345”市民热线“七有”（“七有”指幼有所育、学有所教、劳有所得、病有所医、老有所养、住有所居、弱有所扶）“五性”（“五性”指便利性、宜居性、多样性、公正性、安全性）诉求综合同比下降33.25%。整治提升全面转型，建设生活性服务业网点4家，将占地2万平方米闲置厂房升级改造为西集农贸市场。疏解一般制造业228家，实现3个无证无照点位、5个占道经营点位全部销账，开墙打洞动态清零。开展交通综合治理行动计划，推进“两站两员”（交通管理站、交通安全劝导站，乡镇专职交通安全员、交通安全协管员）建设，优化镇域交通环境。改造提升垃圾分类设施设备，配备运输车11辆，各村设立垃圾分类投放点57处，生活垃圾暂存点78处，小区设立5个分类投放点。加大垃圾分类执法检查力度，全年实现其他垃圾减量33.6%、厨余垃圾增量560%。

【安全保障】 扎实推进燃气安全整治专项行动，累计检查581家复工企业等场所7600余次，整改隐患5432项，实现安全生产零事故。不断提升气象防灾减灾服务能力，完成消防安全“三年行动”任务。聚焦“平安通州”，累计接待群众来信来访近300批次，重点时期和重大活动期间未发生突发案（事）件，“五联”（联创、联调、联治、联防、联动）共建机制获评通州区“十佳”基层社会治理品牌。

【民生建设】 新增城乡劳动力就业1325人，其中城乡困难劳动力就业人670人，完成任务指标的165%。登记失业人员就业率69%，超过全区平均值，劳动关系和谐指数向好。疫情期间城镇失业登记率低于3.5%。养老服务水平进一步提升，建成15家养老驿站，1处养老助餐点投入运营。加大对低收入村的集体产业扶持，车屯村新建10亩连栋日光温室大棚，耿楼、车屯果蔬产品实现统一包装，建立“科技小院”智库，低收入农户人均可支配收入增长18%，165户农村4类重点对象和低收入群众危房按期解危。加强与内蒙古、西藏、湖北地区的5个受援单位的联系帮扶，拨付产业项目扶持资金200万元，通过消费扶贫完成19.8万元农副产品采购。

5月20日，西集镇第十五届西集大樱桃采摘季开幕 （西集镇提供）

【公共服务】 2020年，郎府中学项目和西集镇第一幼儿园项目完成方案初步设计和规划综合实施方案。完成无证幼儿园金宝贝幼儿园转化工作。2个村文化活动室改扩建项目进场施工，西集镇便民文化站项目报送评审，等待评审结果。完成创建首都公共文化服务示范区和创建北京市特色体育乡镇工作。建立18个家庭医生团队，为全镇60岁以上老人免费体检。开展爱国卫生系列活动，结合“防疫有我，爱卫同行”主题，广泛宣传扩大影响，促进村民养成良好生活卫生习惯。

【政府自身建设】 建立延时服务制度，周六“不打烊”政务服务举措再升级。全面实施综合窗口服务模式，实行“一窗受理”，服务事项进入率92%。自觉推进民主行政建设，主动向镇人大通报重大事项，自觉接受人大监督，做好区级人大建议、政协提案办理工作，全年会办议案建议 11 件，按期办结率 100%。做出重大行政决策前均咨询法律顾问，2020 接收法律建议 110 余条，起草、审查合同 140 余份。加强政务信息透明度，全年主动公开信息 185 件，依申请公开 29 件，依申请公开回复率 100%。西集镇五大领域综合行政执法队成立并揭牌，全面推行行政执法公示制度、执法全过程记录制度，执法规范性明显提升。

（秦泽敏）

潞城镇

【概　况】 潞城镇地处首都百里长安街延长线最东端，京唐秦发展轴线上，距离天安门约 30 千米。西邻北京城市副中心，东接大厂与燕郊。镇域面积 59.86 平方千米，自北向南形成六环以西的城市化建成区、六环以东 155 以西的行政办公区、155 以东的潞城生态智慧小镇区域。镇域内交通便利，已建成“五横四纵三全域”的道路框架。“五横”自北向南为：通燕高速、通胡大街、玉带河大街、运河东大街、武兴路。“四纵”自西向东为：六环西辅路、六环路、宋梁路、潞城中路。“三全域”自西向东为：运河左堤路、胡郎路、潮白河右堤路。初步形成主干路与次、支路相结合的网状交通格局，地铁六号线在镇域内拥有 4 个站点。下辖 56 个自然村，54 个行政村，户籍人口 51579 人，常住人口 69288 人。

10 月 30 日，潞城镇举办第 31 届北京市农民艺术节乡村大舞台通州区专场活动　　（潞城镇提供）

【疫情防控】 面对新冠疫情来袭，镇党委始终把打赢疫情防控阻击战作为重大的政治任务。为充分发挥党员在疫情防控中的先锋模范作用，发出战“疫”先锋队招募令，共招募 280 名队员下沉到各村，严格仔细做好防疫各项工作，树立正面典型，传递榜样力量。

【经济发展】 2020 年，主要经济指标实现平稳较快发展，税收实现 21.4 亿元，利润总额实现 8.7 亿元，工业销售收入实现 205 亿元；工业总产值实现 90.8 亿元，同比增长 8.1%；工业增加值实现 29.3亿元；完成全社会固定资产投资额188.2亿元；农村居民人均可支配收入实现 27400 元，同比增长 3.07%。

【重点工作】 2020 年，“散乱污”企业治理实现动态清零，6 户无证无照商户全部销账，3 家一般制造业的疏解和 13 家厂库房的清退任务全部完成。全年腾退土地 59.8 万平方米，拆违面积达 45.2 万平方米。低端养殖业全部退出，20 家备案养殖场的地上物全部拆除。加速推进重点项目土地腾退工作，第一批七个村非宅土地和武兴路及胡郎路廊道加宽加厚工程腾退工作全部完成签约并拆除完毕。北运河生态治理工程和北运河船闸项目地上物腾退和交地工作全部完成。人民大学东校区项目实现住宅拆迁100%签约，城市副中心站交通枢纽项目顺利完成土方清运，古月佳园置换安置房地块实现非住宅腾退签约100%。完成1298亩“疏整促”留白增绿及战略留白基本农田的生物覆盖工作。高标准完成2020年新一轮百万亩造林绿化工程1798.96亩，实施“留白增绿”495.76亩，全年新增绿地面积5485.28亩，共计种植苗木16.45万余株，森林覆盖率达到37.31%。完成4家物业公司的物业合同备案管理，物业管理“三率”（物业企业覆盖率、物管会成立率、党组织覆盖率）实现100%。高标准编制潞城镇“十四五”规划，扎实推进33个平房村的村庄规划编制和审批。

【生态环境建设】 2020年，在保持全镇大气污染防治工作方向不变、力度不减的同时，突出精准治污、科学治污、依法治污，全镇$PM_{2.5}$全年平均浓度为43微克／立方米，改善率为13.6%，全年降尘量均值为5.2吨／平方千米·月。全年出动巡查人员2500余人次，检查辖区工业企业1800余家次，检查工地1980场次，对镇域内污染企业开展大型联合执法共计30余次，全镇“三烧”及散煤使用实现动态清零。严格落实餐饮提标改造工程，实现全镇餐饮服务单位废气全面治理达标排放。深入开展“河长制”工作，镇、村两级河长共计巡河4555人次，巡河里程逾8097.515千米，整体巡河率达100%。顺利完成26条重点河道、沟渠的专项清理工作，深入开展“清管行动”专项整治工作，累计清理污染物共计1441.7立方米。村内污水管线工程、饮用水水质提升工程、村外截污工程、北运河综合治理工程和两河水网工程稳步推进。

【民生工作】 2020年，高质量推进安置房建设，召里家园和孙各庄家园交房工作圆满收官，共计2200余套安置房如期交付至1248户居民手中。在镇域南部区域，分两批实施20个村的美丽乡村“一街一巷”建设工程，全年完成户厕改造788处，农村卫生厕所覆盖率超95%，85座公厕长效管护做到全覆盖。对38处“三不管”区域的各类环境卫生点位进行彻底清理。解决就业1384人，完成技能培训814人。重点做好劳动保障监察工作，切实维护劳动者合法权益，解决劳动争议182起，结案金额258万元。新建太子府幼儿园、兴各庄幼儿园和杨坨幼儿园，新增学位400余个。完成镇域内460户三级残疾人电暖炕的安装工作，全镇2户低保户的房屋整体翻建和4户安全房屋建造工作已全部完成并通过验收。全镇低收入农户全部脱低，农村土地承包经营权证书发放工作基本完成。农产品质量安全监管工作持续推进，完成农产品检测4800份，样品合格率100%。推动“菜篮子”工程建设，在后北营一区设立临时购菜点，确保优质蔬菜及时供应。2020年全年共接收并处理市民诉求5973件，市级回访工单解决率84.48%，满意率87.90%。

【精神文明建设】 2020年，深化移风易俗，培育文明乡风，成功举办潞城镇第四届集体婚礼，红白理事会制度持续发挥作用，全年简办白事共计933件。持续深化“文明银行”建设，不断加强和创新乡村治理，全镇累积开卡18717张，累计积分160万分，全年共开展各类主题活动500余场，线上线下参与人数达4万余人次。

【村史馆建设情况】 东堡村乡情村史陈列室建在东堡村文化广场北房古建二层，室内部分为东西2个展室。东堡村乡情村室陈列室从2016年开始着手建设，已收集各种生产生活民俗物品400多件。室内展厅设有东堡村域全景沙盘，还有展现临河村民捕鱼种田、做饭制衣等日常生活的老工具老物件，共计300余件。室外展区以“古道幽园”为主题，展陈了石磨、辘轳井、花轱辘车等实物。陈列室被评为通州区青少年校外教育基地，每年组织青少年参观，举办青少年学习教育活动，增进青少年对国家历史、村民生活的了解。陈列室建成以来累计接待1800余人次，接待人群以青少年、潞城文友、各级领导和附近村民为主。

前疃村乡情村史陈列室选址于前疃村村委会内，总占地面积103.2平方米，陈列室建设与前疃村村委会的建筑风格基本保持一致。馆内包含图文影像资料、实物展陈和荣誉展示3个部分。全馆陈列不同年代、不同时期的劳动工具、生产资料、生活用品、家居陈设、工农产品等实物200余件。

崔家楼村乡情村史陈列室位于现崔家楼村委会对面，建于2019年，占地面积105.2平方米，建筑风格与村委会基本保持一致。馆内包括文字及图片展览、实物展陈和荣誉展示。通过村情简介、乡情民风、历史沿革、幸福崔家楼4个篇章形式生动地介绍了崔家楼村从1983年设立村委会至2020年的基本情况，武疃村乡情村史陈列室位于武疃村党群服务中心院内，建于2019年，室内面积116.2平方米。馆内展示区域包含简介、乡情民风、历史沿革、美丽乡村等4个部分。全馆陈列不同年代、不同时期的劳动工具、生产资料、生活用品、家居陈设、农耕产品等实物20余件，真实地记录了农村的发展轨迹和历史变迁。

肖庄村乡情村史陈列室位于肖庄村委会对面，建于2019年，占地面积128平方米。馆内包含图文影像资料、实物展陈和荣誉展示3个部分。全馆陈列该村农民自制的独轮车、筛子、簸箕、扁担等10余种生活用具和劳作工具。

小甘棠村乡情村史陈列室位于小甘棠村村委会内，建于2020年，占地面积102平方米，建筑风格与村委会基本保持一致。馆内包含图文影像资料、荣誉展示和健身娱乐项目3个部分。该陈列馆以“红色”为主题，重点展示了小甘棠村村民抗日杀敌、建设家园的历史，有助于缅怀革命先驱的巨大功勋，再现先模人物的先进事迹。

（刘轶欧）

台 湖 镇

【概　况】 台湖镇位于北京市东南部，通州区西南部，五环路与六环路之间，镇域西侧与朝阳区、大兴区接壤。京哈高速、京津高速、京沪高速和六环路在镇内交会贯通。镇域面积81.3平方千米，全镇辖41个行政村，6个居委会。全镇户籍人口57695人。2020年，台湖镇振奋精神、迎难而上，抓好新冠疫情防控工作的同时全力推动演艺小镇高质量发展。完成税收16.36亿元，实现区级财力5亿元，全区排名第3；完成固定资产投资59亿元，全区排名第1；累计完成工业产值88亿元，全区排名第3。

【党的建设】 2020年，开展“党旗飘扬副中心”系列主题活动，推动党员联系服务群众工作规范化常态化长效化，开展活动16次，组织全镇在职党员回村（社区）开展志愿服务活动1.2万人次。成立4个社区、2个筹备组，进一步深化社区治理体系。统筹做好换届准备工作，村和社区“两委”换届选举工作有序开展。严格规范党员发展工作程序，全年发展党员46名。通过“五个一”机制（区级领导干部定点指导、区处级单位结对帮扶、镇包片领导包点帮扶、镇包村干部任“第一书记”驻点帮扶、大学生村官驻点负责）、调整村干部人员和加强村书记培训等措施，抓好市级挂账软弱涣散村口子村的整顿提升工作。

【疫情防控】 新冠疫情发生后，台湖镇党委贯彻落实中央及市、区疫情防控有关指示精神和部署要求，始终坚持把人民群众生命安全和身体健康放在第一位，成立台湖镇疫情防控工作领导小组，建立社区防控、复工复产、核酸检测等工作专班，分类制定防疫专项工作方案。主要领导坚持靠前指挥、深入一线，统筹组织调度各项重点任务实施。600

余名市区两级及镇机关下沉干部，209名村（社区）工作人员，2000余名在职党员，1600余名志愿者，近600名民警、医护人员，总计5000余名干部群众投入一线参与疫情防控。全面开展“自上而下”和“自下而上”地毯式摸排，确保工作无死角、全覆盖。抓好返京人员管理，严格落实各项管控措施，筑牢疫情防控安全防线。设立新华联和星湖园两个区级集中观察点，成立集中隔离点临时党总支和2个党支部，镇二级班子成员率先垂范、冲锋在前，机关干部和入党积极分子主动请缨、持续接力，24小时轮班值守，前后共使用房间1300余间次，累计完成1700余名返京人员的疫情管控和服务保障等工作。台湖镇抗击新冠肺炎集中隔离点临时党总支荣获“北京市先进基层党组织”称号。加强各方力量的统筹使用，共完成环境消杀215家单位、26万平方米。组织全镇相关人员进行核酸检测，做到应检尽检。积极应对疫情对经济发展的影响，有序推动重大工程建设和企业复工复产，快速恢复正常经济社会秩序。认真落实市、区对企业的相关优惠政策，积极解决重点工程和企业在资金运营、手续办理、材料供给、物资调配、工人返岗等方面问题，疫情期间为企业减免租金328.42万元。

【民生保障】 2020年，扎实促进群众就业，举办春风行动等11场专项就业招聘会，提供就业岗位3533个。加大就业困难人群帮扶，发放失业金4161人次、746.1万元。为450余名就业困难人员开展20余期的专项职业技能培训；为647名求职者开展了5期北京环球度假区专场面试培训；全镇登记失业率控制在4.5%内。发挥社会保险的民生兜底作用，为各类人员报销401人次，申报金额309万元。对大额住院费用进行年终补助。

【文化卫生】 高标准完成中招考试，次渠中学、台湖学校中考成绩喜人，双双荣获2020年通州区中考优秀学校荣誉。完成262名非京籍适龄幼儿入学“四证”审核工作。完成镇内25家无证幼儿园治理整顿工作。组织开展9427人次妇女病检查、12058人次老年人体检、2605人次“两癌”筛查的免费医疗服务，完成340人次麻疹疫苗接种、318人次流脑接种的查漏补种工作。做好图书配送工作，为镇域各村（社区）、学校、企业、部队等65个单位配送图书近2000册。突出“疫情防控为先”的原则，突出“线上、户外、限流”等特点，积极创新群众性文化活动形式，创新公共文化服务供给模式，丰富群众精神文化生活，营造和谐向上的社会氛围。

【演艺小镇建设】 2020年，市级领导调度演艺小镇18次，区级领导调度21次。对演艺小镇的现状、未来发展方向展开探讨，明确演艺小镇产业的发展方向和落地项目，持续推进演艺小镇发展。11月，召开台湖演艺小镇首次艺委会座谈会，成为演艺小镇建设发展的重要标志。艺委会的成立，为台湖演艺小镇建设搭建了共治共建共享的新平台，将对小镇规划设计、业态发展方向、演艺活动内容等提供专业意见，把好关、定好位，筛选高品质产业进驻小镇，确保小镇风格特色突出。充分发挥国家大剧院舞美艺术中心龙头作用，开展台湖镇第十届文化艺术节开幕演出暨2020年台湖演艺艺术周·国家大剧院歌剧演员音乐会。全年共开展“星期音乐会”“影偶艺术周”“曲剧”等百余场活动，共同打造演艺小镇品牌魅力。在台湖舞美艺术中心室外剧场举办“喜迎中秋·欢度国庆”台湖镇群众舞蹈大赛，将百姓喜闻乐见的群众活动植入舞美中心的品牌活动中。为群众购买惠民精品演出8场，惠及千余人，营造台湖居民欣赏艺术、参与艺术的良好氛围。着力打造一批精品小剧场品牌，韩非子剧社、北京心灵之声残疾人艺术团、北京戏韵万相艺术团等一批优秀演艺团体入驻台湖双益发文创园。

【生态环境】 2020年，坚持绿色发展理念，大力建设生态台湖，完成造林任务282.41亩，完成战略留白绿化种植任务272.6亩。台湖万亩游憩园一至四期工程整体已具备开园条件，共同打造台湖演艺小镇的绿色新地标。利用1亿元抗疫特别国债资金，完成台湖镇体育休闲公园建设工程、台湖镇万亩游憩园森林演艺区景观提升工程和台湖镇中心镇带状公园提升工程三项景观提升工程，总体建设面积达1443.7亩。全镇19个平房村中，第一批前营村、徐庄村、朱家垡3个村的村庄规划和实施方案已获得批复。其余16个村的方案也已完成，正在履行批复程序。启动村庄拆违后恢复工程，全年共恢复面积5.6万平方米。完成户厕改造1700余座，提升和新建公厕85座。坚持把疏解功能与改善环境、控制人口、减量发展有机结合，推进疏解整治促提升专项行动取得显著成效，完成“两违”（违法用地、违法建设）专项台账销账任务28.03万平方米，腾退土地34.3公顷。

（崔淑艳）

永乐店镇

【概　况】　永乐店镇位于通州区东南部，处京、津、冀三省市的交界处，距通州城区23千米，京津塘高速公路穿境而过，京、津第二条高速公路和京津城际铁路途经镇域腹地。镇域面积104.68平方千米，下辖38个行政村，全镇常住户数16576户，常住人口46330人，其中户籍人口数45585人，农业人口数29299人，是国家重点小城镇。

【经济建设】　2020年，受腾退低端产业、疏解一般制造业和新冠肺炎疫情影响，全镇淘汰落后产能企业125家，镇域经济发展进入产业结构调整和产业发展转型期，经济运行总体平稳。“十三五”期间，累计实现税收39.64亿元，形成区级财力10.06亿元，全镇城乡居民人均收入由2016年的19526元提高到2020年的25474元，较“十三五”初期增长38.14%。2020年全镇工业总产值18.26亿元，同比增长58.1%；营业收入21.6亿元，同比增长80.8%。重点推进永乐经济开发区项目建设及企业引进，有入区企业172家，主要以机械制造为主，兼有生物制药、精密仪器、电子信息、医疗器械等。加大招商引资力度，重点完成联东U谷永乐产业园、新地北京电子商务中心、永乐花园房地产3个项目，积极推进京东5G智能分拣包装产业园暨区域运营结算中心和电投工业互联网数据安全信息港等优质项目落地，推动镇域经济水平逐步回升。积极发展都市型高新现代农业，逐步形成食用菌、特色蔬菜、水产养殖三大特色主导产业，为构建永乐店新市镇绿色协同发展产业体系奠定坚实基础。

【城乡建设】　2020年，镇域总规编制和产业规划专项研究编制工作形成阶段性成果，38个村庄美丽乡村规划编制完成，启动镇域资金土地平衡研究，编制固定资产三年行动计划。完成全镇38个村土地承包经营权确权合同签订及证书发放工作，颁证率达到98%，位于全区前列。建设完成漷小路一期和孔兴路道路工程，学府路（漷小路段—东内环段）、东内环路项目实现通车，乡村公路大修工程完成5.38万米，交通网络初步形成。建设通州再生能源发电厂并投入运营；建设完成永乐开发区再生水厂一期工程并投产运营，完成同步配套一期污水管线建设工程，二期污水管线建设工程加紧推进中；永乐开发区集中供热热源工程达到供暖条件。小务小学建设项目完成90%；镇养老院建设项目建筑已封顶。永乐花园经适房一期和永乐花园商品房项目基本完成室内外装修，进入交付准备阶段。

【人居环境建设】　2020年，完成农村人居环境市级三年收官验收，以“清脏、治乱、控污、增绿”为重要抓手，高质量推进美丽乡村建设。率先启动美丽乡村产业规划研究，形成西槐庄、陈辛庄、马合店和老槐庄4个市级示范村产业策划项目报告。

完成7条路、262盏路灯、7057.8米管线的“有路无灯”综合整治项目，改造29处无障碍环境建设工程点位，完成42户四类人群危旧房屋改造工作。全面推广水冲式厕所，具备条件的纳入污水收集管网并连接污水处理设施，达到无害化要求。改造1668座户厕，新建公厕14座，提升改造公厕50座。建成生活垃圾“户投放、村收集、镇运输、区处理”全流程各环节“干湿”分类收运处理体系，全镇撤箱换桶并站，实现生活垃圾分类全覆盖。加强城乡环境综合监管，累计整改市区两级脏乱点台账1000余处，清运垃圾300余吨。

【生态环境建设】 2020年，全镇$PM_{2.5}$年均浓度为51微克／立方米。推进煤改清洁能源工作，完成28个村煤改电和10个村煤改气工作。开展37家企业、53台燃煤锅炉拆除拆改和低氮锅炉改造工作。清理整治“散乱污”企业57家，实现动态清零。全面落实河长制，强化水环境治理，清理河道、沟渠垃圾共计1954处，约14500米；新建5座农村污水处理站，管线总长2179米；完成黑臭水体治理工程，清淤总长14883米，管线总长3995米。完成48条小微水体治理工作。新建环保生态景观林、永乐店镇2018年留白增绿项目、通州区2019年景观生态林等9个园林绿化项目，累计造林面积8002.64亩，全镇森林覆盖率接近43%，全区排名第2。

【民生保障】 2020年，持续开展精准救助，累计城乡低保救助150户，医疗救助916人，因病致贫家庭救助184户，残疾人两项补贴救助3895人。关心关爱老年人，按时发放老年人生活补贴、养老助残券、高龄津贴等，建成并投入使用12家幸福晚年驿站。2020年全镇低收入农户人均可支配收入达到23483.3元，同比增长9.91%，如期完成低收入农户脱低任务。积极落实就业政策，开设有针对性的培训班共计82期，培训人员3276人，城镇登记失业率控制在3%以内。城乡居民基本医疗保险和城乡居民养老保险扣款率均达到98%以上。文化事业持续优化，镇文体中心建成并投入使用，新改扩建村级文化室8个，公共文化设施和体育设施实现全覆盖。每年举办“五月鲜花”“广场舞大赛”等具有特色的文娱活动，充分展示广大群众风采和积极向上的精神风貌。积极发展医疗卫生事业，加强社区卫生服务中心与东直门医院东区、潞河医院、新华医院等医院合作，发挥“医联体”作用。教育事业稳步发展，永乐店中学建成并投入使用，完成永乐店中心幼儿园、4所村办园建设工程并投入使用。全镇共有各类幼儿园12所、小学4所、中学3所、成人学校1所，义务教育普及率达到100%。

【社会治理】 2020年，持续做好接诉即办工作，严格落实“日签批、周调度、双接单、必见面、全回访、盯督办、月点评、严考核”八项工作机制。对于群众诉求，科学研判，主动治理，诉求解决率、满意率不断提高。全年共接单3643件，已部办结，响应率100%、解决率53%、满意率68%，全年“三率”考核综合排名全市第142名、全区第7名。充分发挥网格平台作用，切实推行“街乡吹哨、部门报到”，实现网上吹哨、线下执法、闭环管理、全程监督日常化。加大对重点矛盾的化解力度，营造安全、和谐的社会环境。牢固树立安全生产“红线”意识，强化“党政同责，一岗双责”，落实企业主体责任，持续开展各行业领域安全生产隐患排查整治，确保全镇的安全稳定。圆满完成“国庆70周年”、服贸会、全国“两会”等重大会议活动期间的安全保障任务。

【村史馆建设】 2020年，永乐店镇在德仁务前街村建设乡情村史陈列室，该陈列室建设面积106平方米，主要展区划为四部分，第一部分主要介绍德仁务村的简史、建制和凉鹰台的传说典故；第二部分是以农耕民俗文化实物为背景，引发对过去艰苦岁月的追忆，广大村民通过自力更生、艰苦奋斗而获得今天幸福生活的历程和对村烈士的怀念；第三部分是党建带群建，引导社会主义新风尚；第四部分是党支部带头和引领广大党员群众，埋头苦干，积极促进乡村产业转产升级，为最终实现乡村产业振兴、人才振兴、文化振兴、生态振兴、组织振兴，达到共同富裕的美好展望而努力。

大务村村史陈列室建筑面积300平方米，通过前言、村庄简介、经济和社会发展、精神文明建设、荣誉展示、评剧团简介、发展蓝图等几大板块，介绍大务村深厚的评剧文化底蕴和社会发展等方面的进步，记录大务村民精诚团结、积极向上、淳朴善良的乡情民风。

马合店村村史陈列室建筑面积200平方米。建设七大功能展示区，包括文脉、农耕文化、名人墙、中华母亲节等展区。

大羊村乡情村史陈列室占地面积210平方米，包括雕塑、文字、图片和实物，其中实物（老物件）展示均为大羊村民无偿捐赠，全面展示大羊村基本情况、大羊战役、历史沿革、经济社会发展、精神文明建设等方面的成果。

10月15日，永乐店镇马合店村村史馆一角（永乐店镇提供）

（王爽）

于家务回族乡

【概　况】　于家务回族乡位于通州区南部，距通州城区21千米，是北京市五个少数民族乡之一，同时也是通州区唯一的少数民族乡。全乡下辖23个行政村，2个社区，总面积65.7平方千米。2020年实现税收6.4亿元，形成区财力1.5亿元。

【疫情防控】　新冠疫情发生后，第一时间成立疫情防控工作领导小组，开展业务培训，全乡建立25个村（社区）独立防控单元，选派62名机关骨干力量下沉支援社区防控工作；结合专项工作组，对辖区所有商超、企业等经营单位采取全过程监管，全面落实四方责任；累计投入450余万元，多渠道购置防控物资，开展有效宣传发动，编织全乡联防联控“抗疫大网”。为提高工作效率，避免人员聚集，在全区首创乡村视频会议系统，随时部署防控工作。2020年组织召开专题部署会、调度会近200次，编制《防控工作日报》100余篇。抓实抓牢常态化防控，严格入境进京人员闭环管理，加强对冷链物流相关行业、物品筛查，切实做到“人物同防”。全年累计摸排2000余人，有效阻断疫情传播。

【复工达产】　积极应对疫情对经济发展的影响，深入贯彻落实市、区两级相关配套政策措施，有序推动复工复产、复商复市，协助果村解决100万千克芹菜滞销问题，保住群众劳动成果，实现村民增收；使用乡级财力为中小微企业减免房屋租金310万元，兑现奖励金391万元。乡域内19家规上企业在3月初实现100%复产，完成全社会计划投资1.2亿元。

【“疏整促”力度不减】　腾退土地21.5万平方米，拆除违法建设15万平方米，分别完成总任务的119.3%和100.4%，全区名列前茅。历经4个月时间完成全区首例由乡镇主责，国有永乐店地区水产站17.4万平方米违法建设拆除工作，清退企业70余家。无证无照经营、开墙打洞和一般制造业保持动态清零。

【人居环境持续领跑】　深入开展美丽庭院评比工作，评选出8个美丽庭院示范村和19户“最美庭院”，引导群众自觉投入人居环境管护工作当中；坚持“建管并重”的原则，乡域内46座二类公厕全部实现24小时不间断管理；人居环境整治三年行动成绩全区第1。

【生态环境】 2020年，持续深化“一微克”行动，市级$PM_{2.5}$平均浓度43微克／立方米，较上年下降13.7%，全区排名第11；市级TSP（总悬浮颗粒物）平均浓度115微克／立方米，较上年下降8.1%，全区排名第3；降尘量平均浓度5.2吨／平方千米·月，较上年下降14.8%，全区排名第4。持续深化落实“河长制”，全面加强废水、污水排放监管处罚，开展水系治理和生态修复，断面水质得到明显改善，累计净获得断面补偿金62万元，全区排名第2。加强对乡域内固体废物、垃圾临时存放点等储存场所的日常巡查和监管，严防新增大型垃圾堆放点和非正规垃圾堆放点，切实防范土壤污染。开展百姓身边建绿工作，高质量完成440亩造林工程和乡中心公园施工。积极推进村庄绿化美化，仇庄村、南三间房村、满庄村获“国家森林乡村”称号，全乡绿化面积明显增加，群众生产生活环境有效改善。

【安全生产】 2020年，出动检查力量1.6万余人次，检查各类生产经营单位8000余家次，发现并消除隐患2600余项，约谈16家消极整改单位。持续推进安全生产隐患排查治理体系建设，成立通州区第1个应急救援小队。仇庄村、南三间房村、吴寺村、富各庄村获“北京市综合减灾示范社区”称号。

【接诉即办工作】 2020年，办结接诉即办工单3800余件，“三率”（响应率、解决率和满意率）考核平均成绩96.75分，全市排名第98，全区综合排名第3。

12月22日，于家务回族乡应急小分队正式成立
（于家务回族乡提供）

【民生保障】 全力稳就业、保就业，帮助因疫情导致失业的1134人实现再就业，低收入农户劳动力有就业意愿人员实现100%就业，城镇登记失业率为2.89%，低于全区平均水平。全面做好社会救助工作，进一步加强对老弱病残等弱势群体的保障，建成养老驿站2家、助餐点2个，改造无障碍点位56个，发放各项补贴、救助金1300余万元。开展农村房屋安全隐患排查整治工作，47处危房全部解危。

【社会事业】 教育事业稳步提升，新建幼儿园3所，渠头小学、于家务中学周边秩序得到规范，群众满意度进一步提升。文体事业蓬勃发展，积极承办、举办“我要上春晚”初赛等多项文体活动，全乡23个村中有10个村被评为体育特色村，获“北京市体育特色乡镇”称号，更好地满足群众文体需求。卫生健康事业有序推进，在做好疫情防控工作的同时，持续加大卫生健康宣传力度，巩固完善健康促进体制机制，加强健康环境建设，为群众的身体健康保驾护航。

（邵欣）

城市绿心森林公园（摄影 郭建华）

2021

人物 荣誉

北京通州年鉴

全国先进单位、先进个人

全国关心下一代工作先进集体
通州区
全国脱贫攻坚先进集体
通州区糖业烟酒公司
第六届“全国文明村镇”
北京市通州区潞城镇前疃村
北京市通州区漷县镇北堤寺村
第六届“全国文明单位”
北京市公安局通州分局
北京市通州区卫生健康监督所
北京市通州区玉桥街道办事处
中国联合网络通信有限公司北京市通州区分公司
北京市通州区住房和城乡建设委员会
第六届“全国文明家庭”
北京市通州区潞城镇金敬聪家庭
第六届“全国文明校园”
北京市通州区潞河中学
第八届全国“服务农民、服务基层文化建设”先进集体
北京市通州区电影管理中心
2019年全国总工会财务先进单位
通州区总工会
全国优秀法院
通州区人民法院
2018—2019年度全国价格监测工作先进单位
通州区发展改革委员会
2018—2019年度全国消协组织消费维权先进集体
通州区消费者协会
国家电网有限公司“十三五”档案工作突出的集体
通州供电公司
全国电力行业企业文化品牌影响力企业
通州供电公司
2019年度国家级母婴优质服务单位
通州区妇幼保健院
全国城乡社区疫情防控优秀案例
通州区玉桥街道玉桥北里社区
全国抗击新冠肺炎疫情先进个人
李峰威　张　旗
全国公安系统抗击新冠肺炎疫情先进个人
尹宏大
全国市场监管系统抗击新冠肺炎疫情先进个人
韩周竹
全国民政系统抗击新冠肺炎疫情先进个人
张秋英
全国先进工作者
李晓辉　杨　平
2020年全国向上向善好青年
张　旗
全国2020年度基层理论宣讲先进个人
林学达
全国检察机关“法治进校园”全国巡讲优秀个人
田云惠
全国法院先进个人
豆　鹏
2020年全国“两会”新闻宣传工作先进个人
李　峥
2020年全国“两会”舆论引导工作先进个人
郑纪优
法制日报社优秀通讯员
窦　娟
平安之星10月“平安英雄”
晋　怡
最高人民法院“贯彻民法典绿色条款征文活动”优秀奖
张朝阳　张　培

全国法院优秀案例分析评比二等奖

吴可加

第五届全国 119 消防先进个人

王明胜

全国食品安全工作先进个人

马利君

2019 年度全国金融系统优秀共青团干部

洪　双

北京市先进单位、先进个人

2019 年度环境建设示范区

通州区

北京市抗击新冠肺炎疫情先进集体

北京市通盛达交通运输经营管理公司

通州区市场监督管理局

通州区商务局

通州区文化和旅游局

通州区住房和城乡建设委员会

通州区玉桥街道玉桥北里社区

北京市三八红旗集体

通州区公共文明引导大队

中共北京市通州区委党校

通州区婚姻登记中心

通州区北苑街道办事处

北京市模范集体

北京市通州区新苗幼儿园

北京市通州区房屋征收事务中心征收二科

北京市通州区玉桥街道专职安全生产检查队

国家税务总局北京市通州区税务局第一税务所

2020 年十大"北京最美街巷"

潞河中学北街

梨园中街一巷

2018—2020 年度首都文明乡镇

台湖镇

永顺镇

梨园镇

宋主镇

漷县镇

永乐店镇

于家务回族乡

2018—2020 年度首都文明村

永顺镇乔庄村

永顺镇耿庄村

永顺镇北马庄村

永顺镇王家场村

永顺镇西马庄村

永顺镇果元村

梨园镇大稿村

梨园镇西总屯村

梨园镇刘老公庄村

梨园镇魏家坟村

梨园镇车里坟村

梨园镇孙王场村

梨园镇公庄村

梨园镇三间房村

梨园镇小街三队村

宋庄镇大兴庄村

宋庄镇大邓各庄村

宋庄镇北刘各庄村

宋庄镇小邓各庄村

宋庄镇摇不动村

宋庄镇喇嘛庄村

宋庄镇疃里村

宋庄镇双埠头村

潞城镇东刘庄村
潞城镇前疃村
潞城镇东堡村
潞城镇夏店村
潞城镇肖庄村
潞城镇武窑村
西集镇史东仪村
西集镇吕家湾村
西集镇南小庄村
西集镇冯各庄村
西集镇肖家林村
西集镇张各庄村
西集镇陈桁村
西集镇大灰店村
漷县镇北堤寺村
漷县镇南丁庄村
漷县镇漷县村
漷县镇马头村
漷县镇吴营村
漷县镇周起营村
漷县镇西黄垡村
漷县镇黄厂铺村
漷县镇许各庄村
张家湾镇皇木厂村
张家湾镇苍头村
张家湾镇南姚园村
张家湾镇贾各庄村
张家湾镇后南关村
张家湾镇后坨村
张家湾镇柳营村
张家湾镇马营村
张家湾镇后街村
张家湾镇烧酒巷村
台湖镇胡家垡村
台湖镇周坡庄村
台湖镇尖垡村
台湖镇外郎营村
台湖镇东下营村
台湖镇玉甫上营村
台湖镇前营村
台湖镇北姚园村
台湖镇唐大庄村
台湖镇朱家垡村
马驹桥镇小周易村
马驹桥镇房辛店村
马驹桥镇小松垡村
马驹桥镇六郎庄村
马驹桥镇西马各庄村
马驹桥镇小杜社村
永乐店镇西河村
永乐店镇西槐庄村
永乐店镇永乐店三村
永乐店镇马合店村
永乐店镇临沟屯村
永乐店镇永乐店二村
永乐店镇陈辛庄村
永乐店镇德仁务前街村
永乐店镇应寺村
永乐店镇大务村
于家务回族乡仇庄村
于家务回族乡东垡村
于家务回族乡西垡村
于家务回族乡后伏村
于家务回族乡富各庄村
于家务回族乡南三间房村
于家务回族乡北辛店村
于家务回族乡大耕垡村
于家务回族乡吴寺村

2018—2020 年度首都文明单位标兵

北京市通州区城市管理委员会
北京市通州区住房和城乡建设委员会
中国建设银行股份有限公司北京通州分行
国网北京市电力公司通州供电公司西集供电所
北京市公安局通州分局
北京市通州区人民检察院
国家税务总局北京市通州区税务局
北京市通州区城市管理综合行政执法局
北京市通州区交通局

北京市通州区玉桥街道办事处
北京市通州区北苑街道办事处
首都医科大学附属北京潞河医院
北京市通州区卫生健康监督所
国网北京市电力公司通州供电公司
中国联合网络通信有限公司北京市通州区分公司
中国邮政集团公司北京市通州区分公司
北京市自来水集团通州分公司
北京市通州区大运河森林公园
北京市通州区玉桥街道柳岸方园社区
北京市通州区北苑街道后南仓社区

2018—2020 年度首都文明单位

北京市通州区司法局
北京市通州区生态环境局
北京市交通委员会路政局通州公路分局
北京市通州区市场监督管理局
北京市通州区文化和旅游局
北京市通州区气象局
北京市通州区科学技术委员会
北京市通州区中仓街道办事处
北京市通州区新华街道办事处
北京市通州区人口管理和基层工作支队
北京市通州区环境卫生服务中心
北京住房公积金管理中心通州管理部
北京中医药大学东直门医院通州院区
北京市通州区图书馆
北京市通州区博物馆
京通大运河（北京）文化旅游管理有限公司
北京韩美林艺术馆
中国邮政储蓄银行股份有限公司北京通州区支行
北京银行股份有限公司国际新城支行
华夏银行股份有限公司北京通州支行
北京京通医院
北京市通州区于家务社区卫生服务中心
中国移动通信集团北京有限公司通州分公司
北京歌华有线电视网络股份有限公司通州分公司
北京中保伟业保安服务有限公司
北京福元医药股份有限公司
蒙牛乳业（北京）有限责任公司
北京通州运河书院
北京通州通惠书院
北京市通州小楼饭店
北京市通州区春晓心理社会工作事务所
北京年年培训中心

2018—2020 年度首都文明家庭

房亚安家庭
卢丽家庭
金敬聪家庭
傅建国家庭
杨秋红家庭
徐国英家庭

2018—2020 年度首都文明社区

新华街道如意社区
新华街道天桥湾社区
新华街道京贸社区
中仓街道莲花寺社区
中仓街道白将军社区
中仓街道西营社区
中仓街道西上园社区
中仓街道四员厅社区
中仓街道新华园社区
中仓街道中仓社区
中仓街道中上园社区
玉桥街道玉桥东里社区
玉桥街道玉桥南里南社区
玉桥街道梨花园社区
玉桥街道净水园社区
玉桥街道土桥社区
玉桥街道玉桥东里南社区
玉桥街道葛布店北里社区
玉桥街道葛布店南里社区
玉桥街道乔庄北街社区
玉桥街道新通国际社区
玉桥街道玉桥北里社区
玉桥街道玉桥南里社区
玉桥街道运河东大街社区
北苑街道玉带路社区
北苑街道新华西街社区

北苑街道长桥园社区
北苑街道中山街社区
北苑街道天时名苑社区
北苑街道新华联家园北区社区
通运街道荔景园社区
通运街道运河园社区
通运街道紫荆雅园社区
永顺镇杨庄通广嘉园社区
永顺镇运通园社区
永顺镇永顺南里社区
梨园镇格瑞雅居社区
梨园镇云景里社区
梨园镇颐瑞东里社区
梨园镇新城乐居社区
梨园镇翠屏南里社区
台湖镇定海园一里社区
台湖镇定海园二里社区
漷县镇金三角社区

2018—2020 年度首都文明校园

北京市通州区潞苑小学
北京市通州区潞河中学附属学校
北京市通州区后南仓小学
北京小学通州分校
北京市通州区南关小学
北京市通州区官园小学
北京市通州区贡院小学
北京市通州区张家湾镇中心小学
北京市通州区临河里小学
北京市通州区中山街小学
北京市史家小学通州分校
北京市通州区永顺镇中心小学
北京市通州区潞河中学
北京市通州区第四中学
北京市通州区马驹桥学校
北京市通州区运河中学
中国人民大学附属中学通州校区
北京新城职业学校

北京市特色书店

北国风书店
锦熹大运河故事书店
运河文化书局
阅青山书店
渊集书店
无止书斋
上善堂书屋
明德茶书院
怡怡学堂

2020 年首都文明街巷

东果园北街
公安学校路
乔庄后街
市政 55 号院路
雅丽世居路
中山大街
如意路
熊家胡同
物资学院东路

2020 年首都文明商户

北京移动通州物资学院路营业厅
北京移动通州移动营业厅
北京移动通州张家湾营业厅
北京通糖物美便利超市有限公司通怀路店
华夏为优（北京）商贸有限公司通州分公司
北京福源精致生活超市有限公司
北京庆丰宏帅餐饮管理有限公司
北京稻香村食品有限责任公司第三十六店
谷德玛特商贸有限公司
北京同仁堂连锁药店有限责任公司通济路药店
北京瑞福康医药有限公司
葫芦娃一家人火锅（通州店）
北京旺顺阁三十三餐饮有限公司
福兰德酒楼幸福艺居店
北京京东一绝西园餐饮有限公司
鲜饺子
永吉麻辣香锅
歌华有线通州分公司玉带河营业厅

首都拥军优属拥政爱民模范单位

通州区应急管理局

通州区环境卫生服务中心
通州区融媒体中心
通州区中仓街道办事处
北京市应急管理系统“法律十进”及“以案释法”主题普法宣传活动优秀组织单位
通州区应急管理局
北京市“安全生产月”活动优秀组织单位
通州区应急管理局
通州区科学技术协会
北京市“应急宣传进万家”活动最佳实践活动
通州区“云”上安全文化节（通州区应急管理局）
通州区住建委执法监督科防汛救灾演练（通州区住房和城乡建设委员会、通州区文化旅游区管委会）
北京市“应急宣传进万家”优秀新闻报道单位
通州区融媒体中心
北京市“应急宣传进万家”最佳公益作品
液化石油气泄漏爆炸警示教育
（通州区消防救援支队）
蓝蜀黍实验室——儿童如何乘坐安全电梯
（通州区消防救援支队）
2019 年度北京市安全社区
中仓街道办事处
2019 年度北京市综合减灾示范社区
马驹桥镇宏仁社区
玉桥街道玉桥东里南社区
于家务回族乡仇庄村
于家务回族乡富各庄村
于家务回族乡南三间房村
于家务回族乡吴寺村
于家务回族乡于家务西里社区
北京市安全生产先进单位
通州区应急管理局
通州区住房和城乡建设委员会
通州区永顺镇人民政府
通州区北苑街道办事处
通州区教育委员会法制安全科
通州区梨园消防救援站
通州区西集镇安全管理科
通州区台湖镇安全生产检查队
通州区马驹桥镇安全生产检查队
北京市通州区文化旅游区安全生产检查队
北京市青年安全示范岗
通州区台湖镇安全生产检查队
通州区永顺镇安全生产检查队
北京市检察机关法治宣传教育“十进百家、千人普法”主题活动先进院
北京市通州区人民检察院
北京市检察机关“双一流”创建活动特色典型单位
北京市通州区人民检察院
北京市检察机关“双一流”创建活动综合先进单位
北京市通州区人民检察院
2017—2020 年度北京市检察机关先进集体
通州区人民检察院第一检察部
通州区人民检察院第五检察部
通州区人民检察院办公室
通州区人民检察院政治部
北京市老干部工作先进集体
通州区人民法院政治部干部组
北京市区机关档案工作测评市级优秀单位称号
通州区人民法院综合办公室
重大敏感案件处置先进单位
通州区人民法院立案庭
立案登记先进单位
通州区人民法院立案庭
“党旗红 运河行”党建案例被评为北京法院党建工作示范创新案例
通州区人民法院行政庭党支部
行政审判信息工作先进单位
通州区人民法院行政庭
行政审判年度报告工作先进单位
通州区人民法院行政庭
北京法院 2019 年度司法政务工作先进单位
通州区人民法院综合办公室
“应急处置突发事件”微视频作品全市警务工作“微视频”评选活动中荣获教学示范片优秀奖
通州区人民法院司法警察大队

“警务技能训练”微视频作品全市警务工作“微视频”评选活动中荣获教学示范片优秀奖

通州区人民法院司法警察大队

台湖法庭党支部的支部工作法获评全市政法系统首届“优秀党支部工作法”

通州区人民法院台湖法庭党支部

《通州法院探索构建“分层培育 + 靶向跟踪”人才培养工作机制》荣获北京市法院人才工作精品一等奖

通州区人民法院政治部干部组

2020 年“微法院”卓越奖

通州区人民法院后勤服务中心

首都文明单位标兵单位

通州区人民法院政治部组宣组

《背影的力量》获 2020 清风北京 · 廉洁颂“我心中的廉洁”公益作品征集评选纪念奖

通州区人民法院政治部监督组

《两个人的秘密》获 2020 清风北京 · 廉洁颂“我心中的廉洁”公益作品征集评选纪念奖

通州区人民法院司法警察大队

第二届北京市法院模范审判团队

通州区人民法院于素娟审判团队

第二届北京市法院先进审判团队

通州区人民法院徐明祺审判团队

通州区人民法院赵程宇审判团队

第四批首都学雷锋志愿服务岗

国家税务总局北京市通州区税务局第一税务所青年志愿服务岗

首都学雷锋志愿服务示范站

国家税务总局北京市通州区税务局志愿服务站

中国建设银行股份有限公司北京通州分行

2019 年首都学雷锋志愿服务“五个 100”先进典型

中国建设银行股份有限公司北京通州分行

2019—2020 年度接诉即办改革工作先进集体

通州区园林绿化局

通州区玉桥街道葛布店北里社区

通州区漷县镇人民政府

2019 年度首都城市环境建设样板单位

通州区住房和城乡建设委员会

环保先锋

通州区住房和城乡建设委员会

2019 年度安全生产标兵单位（监督机构）

通州区住房和城乡建设委员会

2019 年度扬尘治理标兵单位（监督机构）

通州区住房和城乡建设委员会

2019 年度北京市交通行政执法先进单位

通州区交通局

2020 年第十二届北京土地青年学术论文交流活动优秀组织奖

市规划和自然资源委员会通州分局

2018—2020 年度首都精神文明单位标兵

通州区城市管理委员会

2017—2020 年北京市交通行业先进集体

通州区城市管理委员会

2018—2020 年度首都精神文明单位

通州区环境卫生服务中心

北京市团体献血证

通州区城管执法局

北京市退役军人先进集体

通州区城管执法局

北京市交通安全先进单位

通州区人民法院司法警察大队

通州供电公司

通州区西海子公园管理处

通州区北苑街道办事处

通州区马驹桥镇

通州区西集镇

北京水利学会科学技术奖一等奖

通州区海绵办

通州区水务局供排水科

国网北京市电力公司先进单位

通州供电公司

2020 年北京市媒体融合先导单位

通州区融媒体中心

北京号 2020 年度最具影响力奖

通州区融媒体中心

“拔草行动 VLOG 挑战赛”中获得“拔草行动潜力推荐官”称号

通州区融媒体中心

2020年度北京市区级融媒体中心收听收看优秀作品评选中，脱贫攻坚优秀作品

脱贫攻坚系列报道（通州区融媒体中心）

2020年度北京市区级融媒体中心收听收看优秀作品评选中，特色宣传优秀报道

融汇副中心App“京津冀专题”（通州区融媒体中心）

“不忘初心、一路相伴”2020年北京市文联团体会员单位展演优秀节目奖

舞蹈《洪湖情》（通州区文学艺术界联合会选送）

市级接诉即办先进集体

通州区中仓街道四员厅社区

首都最美志愿服务社区

通州区中仓街道莲花寺社区

通州区中仓街道西上园社区

首都最佳志愿服务项目

通州区北苑街道办事处

北京市终身学习品牌项目

通州区北苑街道办事处

北京市垃圾分类示范小区

通州区玉桥街道玉桥北里小区

通州区玉桥街道远洋东方小区

首都绿化美化花园式社区

通州区玉桥街道玉桥北里社区

北京市生活垃圾分类示范小区

通州区玉桥街道玉桥北里社区

北京市先进基层党组织

通州区玉桥街道玉桥北里社区

北京市抗击新冠肺炎疫情疫先进集体

通州区永顺镇上营村党总支

2018—2020年度首都文明村镇

通州区漷县镇

第十届“书香中国·北京阅读季”优秀机关

通州区漷县镇人民政府

北京市“最美乡村路”

通州区西集镇

首都绿化美化先进单位

通州区于家务回族乡

首都森林城镇

通州区于家务回族乡

北京市抗击新冠肺炎疫情先进个人

马海会　杨晓俊　文　琦　支　嘉　秦　超

李宗秀　刘　颖

北京市劳动模范

马　杰　王文旺　叶石砚　付　新　刘　红

李专平　熊松涛

北京市先进工作者

王　红　王　岩　王　京　尹宏大　甘静雯

田东生　刘武华　刘瑞芳　纪智礼　杜福栋

吴凯平　宋　刚　张　洋　张克金　张春花

张海燕　周　颖　赵　媛　晋　怡　郭安安

郭志方　彭如臣

北京市“三八红旗手”

彭燕芬

北京市三八红旗奖章

徐亚辉　王宝荣

北京青年五四奖章

尹宏大

2020年“北京青年榜样”

田云惠

北京市优秀共产党员

文　琦

北京市优秀思想政治工作者

张　旗

首都“新时代好少年”

王怡宁　于紫晨

北京市“应急宣传进万家”优秀新闻报道个人

商建齐

“应急先锋·北京榜样”月人物

张　明　张　权　蔡卫江

北京市疫情防控法治实践与探索优秀研究成果二等奖

曹树常

北京市安全生产先进个人

吴宝祥　孔晨光　潘　林　汤成兵　张志刚

李赛鹏　韩德卫　吴　松　耿文胜　刘玉军

孙　通　马瑞忠　李长涛　赵宝权　何守岐

李　岩　张长虹　张明立　王福双　高　强

北京榜样 · 最美警察

刘　振　许亚振　马建鹏

第十二届中国青年志愿者优秀个人奖

于文静

全警实战大练兵第一批部级训练标兵

尹宏大

北京市检察机关优秀检察官

岳　阳

北京市检察机关优秀巡视干部

马　梁

第九批省市援疆工作中表现优秀，记二等功一次

崔鸿伟

第九批省市优秀援疆干部人才

崔鸿伟

在“筑梦新时代，奋进副中心”主题演讲比赛中荣获一等奖

佟艳艳

北京榜样六月周榜样

杨晓航

北京榜样六月月榜样

杨晓航

2019 年度立案工作先进个人

鲍　婕

十佳调解速裁团队

徐明祺

先进调解速裁团队

佘亚妮

2019 年度优秀特邀调解员

周　垣

2019 年度十佳特邀调解员

苏晓秋

北京法院“百案云庭”专项业务技能比赛铜奖

邱春阳

北京市优秀退役军人

豆鹏　于文静　刘亚军

首都最美巾帼奋斗者

晋　怡

《认清底色树牢信心　坚定走中国特色社会主义法治道路》党课被评为最佳党课

陈立如

全市法院司法警察基础理论知识竞赛一等奖

胡　祥

全市法院司法警察基础理论知识竞赛二等奖

田浩民

全市法院司法警察基础理论知识竞赛三等奖

连雪婷

在“2020 北京榜样”大型主题活动中荣获“2020 北京榜样”提名人物

杨晓航

北京市优秀青年人才

晋　怡

全国法院系统第三十二届学术讨论会一等奖

齐　茜　王　俊

全国法院系统第三十二届学术讨论会二等奖

陈立如　孟　强　任卫宁　杨娴婷　张　璐
甄　硕　杨文龙　徐廷杰　张　培

全国法院系统第三十二届学术讨论会三等奖

何杨彪　晋　怡　张苏豫　张　培　王　俊
邱春阳　陈幽燕　张建财　郭伟娜

全国法院系统第三十二届学术讨论会优秀奖

徐　晶　魏文风　李春雨　李亚欣　孟　强
龚　茜　余　海　刘乙璞

北京市法院第三十届学术讨论会优秀奖

刘青霞　张晓玲　徐　晶　张建财

第九届京津沪渝法治论坛三等奖

邱春阳　毕安迪　魏文风

第九届京津沪渝法治论坛优秀奖

陈立如　邱春阳　张　璐　甄　硕

第十五届环渤海区域法治论坛一等奖

杜　鹏　梁睿诗

第十五届环渤海区域法治论坛三等奖

刘乙璞

市高院“以党的政治建设为统领，推进首都法院党建工作与审判执行、司法改革深度融合”党建征文三等奖

龚　茜　胡佳琦

第八届市场监管优秀论文一等奖

徐　晶

《法律适用》2020 年“至正杯”征文三等奖

钱　笑　马　帅

《法律适用》2020 年“至正杯”征文优秀奖
杨娴婷
全国法院优秀案例分析评比二等奖
吴可加
北京法院优秀调研成果三等奖
王宝荣
北京法院 2019 年优秀司法统计分析二等奖
龚 茜
北京法院优秀司法建议三等奖
王晓艳 佟艳艳 胡佳琦
北京市双拥模范先进个人
陈晓东
首都拥军优属拥政爱民模范个人
陈 默 周其威
首都绿化美化先进个人
张卫星 孔春晖
2019—2020 年度北京市接诉即办工作先进个人
王雪艳 彭凯泉
2019—2020 年度首都精神文明建设奖
王永涛
2020 年“应急先锋·北京榜样”周榜人物
蔡卫江
“国庆假期最受欢迎的北京美景照”三等奖
聂堂玥
“七五”普法先进个人
程 燕
北京市住房城乡建设系统安全生产突出贡献者
丁海滨
交通运输法制政府部门建设先进个人
马瑞雪
2020 年度市级交通安全管理干部
李新颖
北京市退役军人工作先进个人
肖 丽 张正驰
第十二届北京土地青年学术论文交流活动获得一等奖
王 辉
第十二届北京土地青年学术论文交流活动获得二等奖
付 野
第十二届北京土地青年学术论文交流活动获得三等奖
胡 平
“我为祖国喝彩”演讲活动二等奖
刘佳佳
优秀共产党员
姚萌萌
2017—2020 年北京市交通行业先进个人
王 颖 韩寄洲
2020 年度首都城市环境建设管理突出贡献个人
邓春花 郭 娜 汪默闻 吕鑫鑫 赵艳宁
路 耀 王 鑫
2019 年度首都城市环境建设管理突出贡献个人
张春霞 王 颖 王 岩 魏胜男 刘 欢
杨 凯 邓春花 郭 娜 王裕彬 韩 明
张燕玲 陈瑞民 王晓朋 王雅君 路 耀
王 鑫 赵学武 郭海侠 任雅嫒 张瑶瑶
马 静 曹 杰 周晓宇
北京市水务工作先进个人
肖 羿 周 薇 张金林 房小嵩
北京市抗疫先进个人
张 娟
2020 年度优秀街巷长
刘明晨
2020 年度优秀小巷管家
孙秀兰 卢凤群
首都市民学习之星
丁 怡
在京津冀三地残联专门协会工作交流会中荣获优秀奖
丁 怡
北京市五星级志愿服务者
周 燕 袁 敏 任雪娇 范佳佳 马凌云 曹增光
北京市最美女职工
周 燕
北京市优秀网格员
袁 敏
接诉即办改革工作先进个人
张德福
北京市交通安全优秀管理干部
于 凯 何志达
北京市健康素养监测先进个人
李春燕

附 录

2020 年通州区委主要文件目录

2020 年通州区委文件目录

京通发〔2020〕1 号	中共北京市通州区委关于成立中共北京通州科技创新投资发展有限公司委员会的通知（2020−01−17）
京通发〔2020〕2 号	中共北京市通州区委关于调整中共北京市通州区军队离休退休干部休养所委员会党组织隶属关系的通知（2020−03−31）
京通发〔2020〕3 号	中共北京市通州区委关于调整部分单位党组（党委）设置的通知（2020−04−22）
京通发〔2020〕4 号	中共北京市通州区委关于成立文景街道等 5 个街道党工委的通知（2020−05−09）
京通发〔2020〕5 号	中共北京市通州区委关于中共中国邮政集团公司北京市通州区分公司委员会更名的通知（2020−06−14）
京通发〔2020〕6 号	中共北京市通州区委关于印发《通州区村“两委”班子及村“两委”干部考核指导意见（试行）》的通知（2020−07−13）
京通发〔2020〕8 号	中共北京市通州区委关于印发《通州区贯彻落实〈2019—2023 年全国党政领导班子建设规划纲要〉及北京市贯彻落实措施的措施》的通知（2020−10−21）
京通发〔2020〕9 号	中共北京市通州区委北京市通州区人民政府印发《关于加强通州区公共卫生应急管理体系建设的实施方案》的通知（2020−10−26）
京通发〔2020〕10 号	中共北京市通州区委关于撤销中共北京市通州区种植业服务中心委员会和中共北京市通州区农机服务中心委员会的通知（2020−11−06）
京通发〔2020〕11 号	中共北京市通州区委关于调整六届区委常委分工的通知（2020−11−11）
京通发〔2020〕12 号	中共北京市通州区委关于调整中共中国邮政集团有限公司北京市通州区分公司委员会党组织隶属关系的通知（2020−11−11）
京通发〔2020〕13 号	中共北京市通州区委北京市通州区人民政府关于印发《通州区 2020 年度绩效管理综合考评工作方案》的通知（2020−12−10）
京通发〔2020〕14 号	中共北京市通州区委北京市通州区人民政府关于印发《通州区生态环境保护职责分工》的通知（2020−12−23）

2020 年通州区委办公室文件目录

京通办发〔2020〕1 号　中共北京市通州区委办公室北京市通州区人民政府办公室关于对通州区 2019 年度绩效管理综合考评优秀单位和特别嘉奖单位进行表彰的决定（2020—04—02）

京通办发〔2020〕2 号　中共北京市通州区委办公室关于印发《2020 年度区委重点督查事项》的通知（2020—04—22）

京通办发〔2020〕3 号　中共北京市通州区委办公室关于印发《通州区文联深化改革方案》的通知（2020—05—11）

京通办发〔2020〕4 号　中共北京市通州区委办公室关于印发《2020 年北京市通州区档案工作重点任务》的通知（2020—05—13）

京通办发〔2020〕5 号　中共北京市通州区委办公室北京市通州区人民政府办公室关于明确全区行政区划序列强化城市管理体制的通知（2020—05—18）

京通办发〔2020〕6 号　中共北京市通州区委办公室关于印发《持续解决困扰基层的形式主义问题为决胜全面建成小康社会提供坚强作风保证工作方案》的通知（2020—06—23）

京通办发〔2020〕7 号　中共北京市通州区委办公室印发《关于深化通州区纪委区监委派驻机构改革的实施意见（试行）》的通知（2020—06—30）

京通办发〔2020〕8 号　中共北京市通州区委办公室北京市通州区人民政府办公室印发《通州区关于强化党建引领物业管理提高“三率”的工作方案》的通知（2020—08—07）

京通办发〔2020〕9 号　中共北京市通州区委办公室印发《关于加强全区机构改革涉及部门和单位档案工作的若干措施》的通知（2020—11—06）

京通办发〔2020〕10 号　中共北京市通州区委办公室北京市通州区人民政府办公室关于印发《进一步规范移动互联网应用程序整治指尖上的形式主义工作落实方案》的通知（2020—12—02）

京通办发〔2020〕11 号　中共北京市通州区委办公室印发《关于加强全区行政区划调整成立街道档案工作的若干措施》的通知（2020—12—14）

京通办发〔2020〕12 号　中共北京市通州区委办公室北京市通州区人民政府办公室印发《关于做好通州区村和社区“两委”换届工作的实施意见》的通知（2020—12—21）

京通办字〔2020〕1 号　中共北京市通州区委办公室北京市通州区人民政府办公室关于印发《通州区落实市委市政府安全生产第四督察组督察反馈意见整改方案》的通知（2020—02—10）

京通办字〔2020〕2 号　中共北京市通州区委办公室北京市通州区人民政府办公室关于印发《落实蔡奇书记、陈吉宁市长调研推进城市副中心老城城市修补和生态修复重点任务清单》的通知（2020—02—14）

京通办字〔2020〕3 号　中共北京市通州区委办公室北京市通州区人民政府办公室印发《关于支持检察机关依法开展公益诉讼工作推动通州区法治政府建设实施意见》的通知（2020—03—26）

京通办字〔2020〕4 号　中共北京市通州区委办公室关于印发《中共北京市通州区委向市委请示报告重大事项清单》的通知（2020—05—07）

京通办字〔2020〕5 号　中共北京市通州区委办公室北京市通州区人民政府办公室关于印发《落实蔡奇书记到城市副中心调研张家湾镇规划建设重点任务清单》的通知（2020—05—18）

京通办字〔2020〕6 号	中共北京市通州区委办公室北京市通州区人民政府办公室关于印发《中共北京市通州区委文景街道工作委员会、北京市通州区文景街道办事处职能配置、内设机构和人员编制规定》的通知（2020−07−14）
京通办字〔2020〕7 号	中共北京市通州区委办公室北京市通州区人民政府办公室关于印发《中共北京市通州区委九棵树街道工作委员会、北京市通州区九棵树街道办事处职能配置、内设机构和人员编制规定》的通知（2020−07−14）
京通办字〔2020〕8 号	中共北京市通州区委办公室北京市通州区人民政府办公室关于印发《中共北京市通州区委临河里街道工作委员会、北京市通州区临河里街道办事处职能配置、内设机构和人员编制规定》的通知（2020−07−14）
京通办字〔2020〕9 号	中共北京市通州区委办公室北京市通州区人民政府办公室关于印发《中共北京市通州区委杨庄街道工作委员会、北京市通州区杨庄街道办事处职能配置、内设机构和人员编制规定》的通知（2020−07−14）
京通办字〔2020〕10 号	中共北京市通州区委办公室北京市通州区人民政府办公室关于印发《中共北京市通州区委潞邑街道工作委员会、北京市通州区潞邑街道办事处职能配置、内设机构和人员编制规定》的通知（2020−07−14）
京通办字〔2020〕11 号	中共北京市通州区委办公室北京市通州区人民政府办公室关于印发《北京环球影城项目开园工程保障专班方案》的通知（2020−07−29）
京通办字〔2020〕12 号	中共北京市通州区委办公室北京市通州区人民政府办公室关于印发《北京市通州区进藏义务兵优待办法》的通知（2020−07−30）
京通办字〔2020〕13 号	中共北京市通州区委办公室北京市通州区人民政府办公室关于印发《落实蔡奇书记、陈吉宁市长调研推动城市副中心高质量发展重点任务清单》的通知（2020−07−31）
京通办字〔2020〕14 号	中共北京市通州区委办公室北京市通州区人民政府办公室印发《通州区关于落实重点企业“服务包”制度的常态化工作机制》的通知（2020−09−02）
京通办字〔2020〕15 号	中共北京市通州区委办公室北京市通州区人民政府办公室关于印发《北京市通州区水务系统所属机构改革方案》的通知（2020−09−11）
京通办字〔2020〕16 号	中共北京市通州区委办公室北京市通州区人民政府办公室关于印发《北京市通州区农业农村系统所属机构组建方案》的通知（2020−09−11）
京通办字〔2020〕17 号	中共北京市通州区委办公室北京市通州区人民政府办公室印发《关于在城市副中心打造国际财富管理中心的实施方案》的通知（2020−09−23）
京通办字〔2020〕18 号	中共北京市通州区委办公室北京市通州区人民政府办公室关于印发《通州区加强物业管理工作提升物业服务水平（2020—2022 年）三年工作方案》的通知（2020−09−29）
京通办字〔2020〕19 号	中共北京市通州区委办公室北京市通州区人民政府办公室关于印发《北京市通州区乡镇机构改革实施意见》的通知（2020−10−10）

京通办字〔2020〕20号	中共北京市通州区委办公室北京市通州区人民政府办公室关于印发《通州区接诉即办工作奖励激励和责任追究办法（试行）》的通知（2020—10—29）
京通办字〔2020〕21号	中共北京市通州区委办公室北京市通州区人民政府办公室关于印发《北京市通州区永顺镇机构改革方案》的通知（2020—10—29）
京通办字〔2020〕22号	中共北京市通州区委办公室北京市通州区人民政府办公室关于印发《北京市通州区梨园镇机构改革方案》的通知（2020—10—29）
京通办字〔2020〕23号	中共北京市通州区委办公室北京市通州区人民政府办公室关于印发《北京市通州区宋庄镇机构改革方案》的通知（2020—10—29）
京通办字〔2020〕24号	中共北京市通州区委办公室北京市通州区人民政府办公室关于印发《北京市通州区潞城镇机构改革方案》的通知（2020—10—29）
京通办字〔2020〕25号	中共北京市通州区委办公室北京市通州区人民政府办公室关于印发《北京市通州区西集镇机构改革方案》的通知（2020—10—29）
京通办字〔2020〕26号	中共北京市通州区委办公室北京市通州区人民政府办公室关于印发《北京市通州区漷县镇机构改革方案》的通知（2020—10—29）
京通办字〔2020〕27号	中共北京市通州区委办公室北京市通州区人民政府办公室关于印发《北京市通州区张家湾镇机构改革方案》的通知（2020—10—29）
京通办字〔2020〕28号	中共北京市通州区委办公室北京市通州区人民政府办公室关于印发《北京市通州区台湖镇机构改革方案》的通知（2020—10—29）
京通办字〔2020〕29号	中共北京市通州区委办公室北京市通州区人民政府办公室关于印发《北京市通州区马驹桥镇机构改革方案》的通知（2020—10—29）
京通办字〔2020〕30号	中共北京市通州区委办公室北京市通州区人民政府办公室关于印发《北京市通州区永乐店镇机构改革方案》的通知（2020—10—29）
京通办字〔2020〕31号	中共北京市通州区委办公室北京市通州区人民政府办公室关于印发《北京市通州区于家务回族乡机构改革方案》的通知（2020—10—29）
京通办字〔2020〕32号	中共北京市通州区委办公室北京市通州区人民政府办公室关于印发《落实蔡奇书记到城市副中心调研推动“十四五”时期高质量发展重点任务清单》的通知（2020—11—18）
京通办字〔2020〕33号	中共北京市通州区委办公室关于调整中共北京市通州区委督促检查工作领导小组组成人员的通知（2020—12—05）
京通办字〔2020〕34号	中共北京市通州区委办公室北京市通州区人民政府办公室关于印发《落实蔡奇书记、陈吉宁市长到城市副中心调研中国人民大学通州校区、北京学校、环球影城主题公园重点任务清单》的通知（2020—12—14）
京通办字〔2020〕35号	中共北京市通州区委办公室北京市通州区人民政府办公室关于印发《北京市通州区财源建设工作方案》的通知（2020—12—28）

2020 年通州区人民政府主要文件目录

2020 年通州区人民政府文件目录

通政发〔2020〕1 号	北京市通州区人民政府关于印发赵磊同志在区六届人大六次会议上作的《政府工作报告》的通知（2020–3–3）
通政发〔2020〕2 号	北京市通州区人民政府关于开展第七次全国人口普查的通知（2020–3–3）
通政发〔2020〕3 号	北京市通州区人民政府关于印发 2020 年通州区政府重要民生实事项目的通知（2020–3–31）
通政发〔2020〕4 号	北京市通州区人民政府关于印发 2020 年通州区政府折子工程的通知（2020–4–2）
通政发〔2020〕5 号	北京市通州区人民政府关于印发《通州区进一步加快推进城乡水环境治理工作三年行动方案（2019 年 7 月—2022 年 6 月）》的通知（2020–4–17）
通政发〔2020〕6 号	北京市通州区人民政府关于魏国等任免职的通知（2020–4–20）
通政发〔2020〕7 号	北京市通州区人民政府关于变更部分行政区划的通知（2020–5–11）
通政发〔2020〕8 号	北京市通州区人民政府北京市通州区人民武装部关于 2020 年征兵的命令（2020–6–4）
通政发〔2020〕9 号	北京市通州区人民政府关于清理一批妨碍统一市场和公平竞争政策措施的通知（2020–7–17）
通政发〔2020〕10 号	北京市通州区人民政府关于印发通州区重大行政决策程序实施细则（试行）的通知（2020–7–27）
通政发〔2020〕11 号	北京市通州区人民政府关于印发 2020 年通州区行政规范性文件清理结果的通知（2020–10–16）
通政发〔2020〕12 号	北京市通州区人民政府关于印发通州区知识产权促进办法的通知（2020–12–9）
通政发〔2020〕13 号	北京市通州区人民政府关于印发通州区行政规范性文件管理规定的通知（2020–12–30）
通政发〔2020〕14 号	北京市通州区人民政府关于魏国免职的通知（2021–1–15）

2020 年通州区人民政府办公室文件目录

通政办发〔2020〕1 号	北京市通州区人民政府办公室关于印发通州区贯彻落实《北京市中小学校幼儿园安全管理规定（试行）》工作方案的通知（2020–1–9）
通政办发〔2020〕2 号	北京市通州区人民政府办公室关于转发《通州区行政事业单位餐饮业油烟净化设施提标改造补助办法（修订版）》的通知（2020–1–20）

通政办发〔2020〕3 号	北京市通州区人民政府办公室关于印发《通州区贯彻落实北京市应对新型冠状病毒感染的肺炎疫情影响促进中小微企业持续健康发展若干措施的工作方案》的通知（2020—2—13）
通政办发〔2020〕4 号	北京市通州区人民政府办公室关于印发通州区历史遗留房地产开发项目不动产登记专项治理工作方案的通知（2020—2—18）
通政办发〔2020〕5 号	北京市通州区人民政府办公室关于印发通州区畜禽养殖禁养区划定方案的通知（2020—2—25）
通政办发〔2020〕6 号	北京市通州区人民政府办公室关于印发 2020 年通州区交通综合治理行动计划的通知（2020—3—4）
通政办发〔2020〕7 号	北京市通州区人民政府办公室关于印发通州区污染防治攻坚战 2020 年行动计划的通知（2020—3—10）
通政办发〔2020〕8 号	北京市通州区人民政府办公室关于印发通州区进一步加强区级森林消防综合应急救援队伍能力建设方案的通知（2020—3—25）
通政办发〔2020〕9 号	北京市通州区人民政府办公室关于印发《2020 年通州区促进消费提档升级工作措施》的通知（2020—4—29）
通政办发〔2020〕10 号	北京市通州区人民政府办公室关于印发 2020 年通州区非本市户籍适龄儿童少年接受义务教育证明证件材料审核实施细则的通知（2020—4—30）
通政办发〔2020〕11 号	北京市通州区人民政府办公室关于印发通州区 2020 年节能目标分解方案的通知（2020—11—16）

北京市通州区人民政府文件

通政发〔2020〕7号

北京市通州区人民政府
关于变更部分行政区划的通知

各街道办事处，各乡、镇人民政府，区政府各委、办、局，各区属机构：

按照《北京市民政局关于通州区变更部分行政区划的批复》（京民划函〔2020〕35号）要求，经区政府研究，现就部分行政区划变更相关事宜通知如下：

一、设立文景街道办事处，管辖范围东北至张采路，东南至东六环路，西南至京哈高速、西北至九棵树西路，北至万盛南街、群芳南街。文景街道办事处驻曹园村300号。

二、设立九棵树街道办事处，管辖范围东北至九棵树东路，南至云景南大街，西至翠屏西路，北至通朝大街。九棵树街道办事处驻翠屏北里28号。

三、设立临河里街道办事处，管辖范围东至东六环路，南至九棵树东路，西至梨园南街、玉桥东一路，北至运河西大街、北运河。临河里街道办事处驻临河里105号。

四、设立杨庄街道办事处，管辖范围东北至北苑南路，东至翠屏西路，南至怡乐南街，西至区界，北至京通快速路。杨庄街道办事处驻杨庄南里长城国际乙66栋。

五、设立潞邑街道办事处，管辖范围东至东六环路，南至运潮减河，西至小中河，北至潞苑四街、疃里大街。潞邑街道办事处驻陈列馆路 475 号。

设立文景、九棵树、临河里、杨庄、潞邑街道办事处后，北苑、玉桥街道办事处和永顺、梨园、宋庄、潞城、张家湾、台湖镇的行政区域范围作相应调整。

撤销永顺、梨园地区办事处，保留镇建制。

行政区划变更后，各相关单位和街道乡镇要根据工作职责，依法落实行政区划变更各项工作措施，加强风险防控，稳妥有序实施。

北京市通州区人民政府

2020 年 5 月 11 日

（此件公开发布）

抄送：区委各部、委、办，区人大办公室，区政协办公室，区法院，区检察院，区各人民团体。

北京市通州区人民政府办公室　　　　2020 年 5 月 12 日印发

9 月 5 日，5 个新成立街道揭牌仪式　　（区民政局提供）

组 织 机 构 及 负 责 人

区委序列

中国共产党北京市通州区委员会

书　　记　　曾赞荣

副 书 记　　赵　磊

　　　　　　初军威（4月免）

　　　　　　刘东伟（10月任）

组织部

部　　长　　陈江华

常务副部长　　赵志刚

政法委员会

书　　记　　张德启

常务副书记　　张志军（4月免）

　　　　　　任存高（4月任）

宣传部

部　　长　　汤一原

常务副部长　　陈立军

区委办公室

主　　任　　鲁新红

统一战线工作部

部　　长　　洪　波（2月免）

　　　　　　王岩石（2月任）

常务副部长　　王振成（4月免）

　　　　　　张洪亮（4月任）

区委区政府研究室

主　　任　　毕小京

机构编制委员会办公室

主　　任　　孝　军

直属机关工作委员会

书　　记　　初军威（10月免）

　　　　　　刘东伟（10月任）

常务副书记　　陆德启

区委党校

校　　长　　初军威（10月免）

　　　　　　刘东伟（10月任）

常务副校长　　张立芳（女）

老干部局

局　　长　　王增哲（1月去世）

　　　　　　靳国旺（4月任）

网络安全和信息化委员会办公室

主　　任　　谢振平

中国共产党北京市通州区纪律检查委员会
中国共产党北京市通州区监察委员会

纪委书记　　郑　宇

纪委副书记　　石建华

　　　　　　吴　涛

　　　　　　蒋　啸（回族）

纪委常委　　王岩军（1月免）

　　　　　　刘　宁（女）

　　　　　　西宝生（1月免）

　　　　　　王洪波（女）

　　　　　　郭玉明（1月任）

　　　　　　王志佳（1月任，11月免）

　　　　　　毛家宏（1月任）

监委主任　　郑　宇

监委副主任　　石建华

	吴　涛
	蒋　啸（回族）
监委委员	王岩军（4月免）
	西宝生（4月免）
	王洪波（女）
	梁德春
	甄国清（女）

人大序列

通州区人民代表大会常务委员会

主　　任	李玉君
副 主 任	刘　卉（女）
	尚祖国
	薄立军
	张绍武
	金文岭（不驻会）

办公室

主　　任	姚华峰

法制办公室

主　　任	曹歧连（8月免）
	郭宝圣（8月任）

财政经济办公室

主　　任	张东凤（女）

教科文卫体办公室

主　　任	郭宝圣（8月免）
	蔡力凯（8月任）

城建环保办公室

主　　任	徐　波（8月免）
	李智敏（女，8月任）

农村办公室

主　　任	徐佩松（8月免）
	刘美俊（女，8月任）

代表联络室

主　　任	杨东莲（女）

研究室

主　　任	刘志刚

信访办公室

主　　任	王立艳（女）

政府序列

通州区人民政府

区　　长	赵　磊
常务副区长	刘贵明（8月免）
	阳　波（8月任）
副 区 长	王岩石
	郑　皓（女，8月任）
	朱益军
	董明慧（女）
	苏国斌
	倪德才

办公室

主　　任	朱志高（4月免）
	魏　国（4月任）
	魏　国（12月免）

信访办公室

党组书记	靳国旺（4月免）
	于　军（4月任）
主　　任	靳国旺（4月免）
	于　军（4月任）

人民防空办

党组书记	杜　彤（4月免）
	樊广杰（4月任）
主　　任	杜　彤

经济和信息化局

党组书记	杜　伟（8月免）
	耿　磊（8月任）
局　　长	杜　伟（8月免）
	耿　磊（8月任）

中关村科技园区通州园管理委员会

主　　任　苏国斌
党组书记　张洪亮（4月免）
　　　　　郭　枫（4月任）
　　　　　郭　枫（8月免）
　　　　　杜　伟（8月任）
常务副主任　郭　枫（4月免）
　　　　　余　龙（4月任）

农村工作委员会

书　　记　王德松

住房和城乡建设委员会

党组书记　孙奎亮
主　　任　孙奎亮

教育工作委员会

书　　记　刘青松
主　　任　申　键

教育督导室

主　　任　申　键

商务局

党组书记　李　霞（女）
局　　长　李　霞（女）

科学技术委员会（知识产权局）

党组书记　杜德耕（5月免）
　　　　　郭澜涛（5月任）
主　　任　杜德耕（5月免）
　　　　　郭澜涛（5月任）

发展和改革委员会

党组书记　甄　宇
主　　任　甄　宇

金融服务办公室

主　　任　李俊霞（女）

国有资产监督管理委员会

党组书记　郭　军
主　　任　吴长利

城市管理委员会

党组书记　程卫民
主　　任　程卫民

城乡环境建设管理委员会办公室

主　　任　程卫民

环境卫生服务中心

主　　任　马劲松

燃气事务中心

主　　任　杨艳芬（女）

城市管理指挥中心

主　　任　王雪艳（女，4月任）

新城中心区建设管理委员会

党组书记　胡克诚（8月免）
　　　　　林正航（8月任）
主　　任　胡克诚（8月免）
　　　　　林正航（8月任）

文化和旅游局

党组书记　王立生
局　　长　纪万成

人力资源和社会保障局

党组书记　杨连元（10月免）
　　　　　房亚军（10月任）
局　　长　杨连元（10月免）
　　　　　房亚军（10月任）

医疗保障局

党组书记　纪福民
局　　长　田春华（女）

财政局

党组书记　张春良（4月免）
　　　　　王付轩（4月任）
局　　长　张春良（4月免）
　　　　　王付轩（4月任）

审计局

党组书记　周东振
局　　长　周东振

生态环境局

党组书记　张卫东
局　　长　张卫东

统计局

党组书记　潘月东（10月免）

杨连元（10 月任）
局　　长　　潘月东（10 月免）
杨连元（10 月任）

体育局
党组书记　　苏亚文（女，8 月免）
邓小民（8 月任）
局　　长　　苏亚文（女，8 月免）
邓小民（8 月任）

卫生健康委员会
书　　记　　白玉光（蒙古族）
主　　任　　白玉光（蒙古族）

交通局
党组书记　　裴志刚
局　　长　　裴志刚

园林绿化局
党组书记　　张军领
局　　长　　禹学河（8 月免）
胡克诚（8 月任）

水务局
党组书记　　房亚军（10 月免）
曹树常（10 月任）
局　　长　　房亚军（10 月免）
曹树常（10 月任）

农业农村局
局　　长　　王德松

民政局
党委书记　　储怀森
于立东（3 月任）
局　　长　　于立东

退役军人事务局
党组书记　　徐景发
局　　长　　徐景发

司法局
党组书记　　甄　朋
局　　长　　张琴琴（女）

应急管理局
党组书记　　曹树常（4 月免）
党委书记　　曹树常（4 月任，10 月免）
刘永忠（10 月任）
局　　长　　曹树常（10 月免）
刘永忠（10 月任）

城市管理综合行政执法局
党组书记　　赵瑞恒（12 月免）
聂玉泉（12 月任）
局　　长　　赵瑞恒（12 月免）
聂玉泉（12 月任）

政务服务管理局
党组书记　　张弘力（8 月免）
张胜勇（8 月任）
局　　长　　张弘力（8 月免）
张胜勇（8 月任）

机关事务服务中心
党组书记　　陈均芝
主　　任　　陈均芝

档案馆
馆　　长　　刘海涛

党史工作办公室（地方志办公室）
主　　任　　王葆刚（4 月免）
朱军辉（4 月任）

地震局
党组书记　　王金成（4 月免）
陈洪波（4 月任）
局　　长　　王金成（4 月免）
陈洪波（4 月任）

投资促进服务中心
党组书记　　杨东风
主　　任　　吴　涛

融媒体中心
党组书记　　焦善鸣
主　　任　　焦善鸣

北京物资学院
党委书记　　王文举

院　　长　　刘　军

成人教育中心

党委书记　　肖建辉

主　　任　　肖建辉

行政学院

院　　长　　刘贵明（8月免）

　　　　　　阳　波（8月任）

常务副院长　　张立芳（女）

首都医科大学附属北京潞河医院

党委书记　　纪智礼（9月免）

院　　长　　纪智礼（9月免）

红十字会

会　　长　　董明慧（女）

常务副会长　　贾立军（女）

秘书长　　相洪河

政协机关

中国人民政治协商会议北京市通州区委员会

主　　席　　赵玉影

副主席　　石宝玉

　　　　　　朱志高（1月任）

　　　　　　禹学河（1月任）

　　　　　　王子江（不驻会）

　　　　　　田春华（女，不驻会）

　　　　　　吴　涛（不驻会）

秘书长　　冯利英（女，不驻会）

办公室

主　　任　　胡晓东

研究室

主　　任　　皮联仿（8月免）

　　　　　　谢京文（8月任）

专委会一室

主　　任　　高　华

专委会二室

主　　任　　程行利（8月免）

　　　　　　皮联仿（8月任）

专委会三室

主　　任　　安志江

专委会四室

主　　任　　杨广文（8月免）

　　　　　　程行利（8月任）

专委会五室

主　　任　　李雅静（女）

专委会六室

主　　任　　孔庆媛（女）

法院 检察院

人民法院

党组书记　　陈立如

院　　长　　陈立如

人民检察院

党组书记　　祁治国

检察长　　祁治国

群众团体

总工会

主　　席　　尚祖国

党组书记　　关　平

共青团北京市通州区委员会

书　　记　　高　翔

妇女联合会

主　　席　　刘美俊（女，8月免）

孙雪松（女，8月任）

工商业联合会

党组书记　　张弘力（8月任）

主　　席　　赵　静（女）

文学艺术界联合会

主　　席　　樊淑玲（女）

科学技术协会

党组书记　　岳凤山

主　　席　　金文岭

残疾人联合会

党组书记　　张玉震

理事长　　张玉震

区属商贸服务企业

通州商业资产运营公司

党委书记　　孙士臣

经　　理　　孙士臣

北京金通资产经营管理公司

党委书记　　陈满全

经　　理　　陈满全

通州区煤炭公司

党委书记　　潘国利

经　　理　　潘国利

通州区供销合作总社

党委副书记　　吴　卫

牛伟伟（女）

主　　任　　吴　卫

园　区

北京通州文化旅游区管委会

党组书记　　赵　军

主　　任　　赵　军

北京通州宋庄文化创意产业集聚区建设管理委员会

副主任　　孙广平（主持工作）

街道　乡镇

路源街道

工委书记　　苏　昊

办事处主任　　刘　鑫（5月免）

通运街道

工委书记　　曾祥正

办事处主任　　陈新全（5月免）

刘学军（11月任）

中仓街道

工委书记　　宗　飞

办事处主任　　张　华

新华街道

工委书记　　滕永新（7月免）

林正航（8月任）

办事处主任　　张民平

北苑街道

工委书记　李彦明

办事处主任　华　飞（女，5月免）

成前锋（11月任）

玉桥街道

工委书记　孔钢城

办事处主任　孙雪松（女，8月免）

陈世忠（11月任）

文景街道

工委书记　杨　磊（5月任）

办事处主任　王立夫（6月任）

杨庄街道

工委书记　刘　鑫（5月任）

办事处主任　李永海（5月任）

九棵树街道

工委书记　杜德耕（5月任）

办事处主任　杨　希（6月任）

潞邑街道

工委书记　陈新全（5月任）

办事处主任　郭春杰（5月任）

临河里街道

工委书记　华　飞（女，5月任）

办事处主任　童　露（5月任）

永顺镇

党委书记　邓忠义

镇　长　邓小民（8月免）

梨园镇

党委书记　王翔宇

镇　长　刘永忠（10月免）

王志佳（11月任）

宋庄镇

党委书记　柳德利

镇　长　王　艳（女，4月免）

魏　欣（女，8月任）

张家湾镇

党委书记　聂玉泉（12月免）

镇　长　张　硕（10月免）

邹海涛（10月任）

漷县镇

党委书记　范亮亮

镇　长　邹海涛（10月免）

马驹桥镇

党委书记　卢庆雷（1月任）

镇　长　何志达

西集镇

党委书记　张全启

镇　长　陈洪波（4月免）

马清文（4月任）

潞城镇

党委书记　吴孔安

镇　长　张旭辉

台湖镇

党委书记　曹东波

镇　长　卢庆雷（2月免）

王　鑫（2月任）

永乐店镇

党委书记　魏　国（4月免）

王　艳（女，4月任）

镇　长　林正航（8月免）

郭　枫（8月任）

于家务回族乡

党委书记　古　剑（回族）

乡　长　古　剑（回族，4月免）

李亚军（回族，4月任）

双管单位

北京市规划和自然资源委员会通州分局

党组书记　　靳　京
局　　长　　郑　皓（女）

北京市交通委员会通州公路分局

党组书记　　王沛才（8月免）
局　　长　　李金钟

通州区气象局

党组书记　　李文华
局　　长　　李文华

中国邮政集团公司北京市通州区分公司

党委书记　　侯　杰
经　　理　　侯　杰

中国人民解放军北京市通州区人民武装部

部　　长　　王虎东（3月免）
　　　　　　韩向军（3月任）
政　　委　　张宏韬

通州区税务局

党委书记　　杨玉杰
局　　长　　杨玉杰

市场监督管理局

党组书记　　冯　源
局　　长　　高树田（4月免）
　　　　　　冯　源（4月任）

北京市公安局通州分局

党委书记　　朱益军
党委副书记　　王　骏（7月任）
分 局 长　　朱益军
政　　委　　王　骏（7月任）

通州区消防救援支队

支 队 长　　张敬军
政治委员　　刘少如

通州区交通支队

党委书记　　吴学军
支 队 长　　吴学军
政　　委　　林　强

北京市通州区烟草专卖局（公司）

党组书记　　夏建瓴
局长（经理）　　夏建瓴

部分重点企业

中国烟草总公司北京市公司物流中心

经　　理　　王永革（10月免）
　　　　　　李　梅（10月任）
党委书记　　朱桂玲（女）

北京市通州区粮油贸易有限责任公司

党委书记　　唐顺荣
总 经 理　　唐顺荣

其他单位

中国联合网络通信有限公司北京市通州区分公司

党委书记　　朱正辉
总 经 理　　朱正辉

中国工商银行股份有限公司北京通州支行

党委书记　　王　炜
行　　长　　王　炜

中国农业银行股份有限公司北京城市副中心分行

党委书记　　陈　静（女）
行　　长　　陈　静（女）

中国银行股份有限公司北京通州分行

行　　长　　牛　军

中国建设银行股份有限公司北京通州分行

党委书记　张亚纲
行　　长　张亚纲

中国农业发展银行北京市通州区支行

党委书记　闫战龙
行　　长　闫战龙

北京银行股份有限公司通州支行

行　　长　臧建国（8月免）
　　　　　陈　婥（8月任）

北京农村商业银行通州分行

行　　长　吕国清

中国人民财产保险股份有限公司北京市通州支公司

党支部书记　赵雄心
总 经 理　赵雄心

国网北京市电力公司通州供电公司

总 经 理　闫承山（满族）
党委书记　刘德坤

北京市通州区国有资本运营有限公司

党委书记　张增然
董 事 长　张增然
总 经 理　杨　利（回族）

北京北投通城建设开发有限公司

党委书记　李强国（9月任）
董 事 长　汤贵海（9月免）
　　　　　李强国（9月任）
总 经 理　李强国（9月免）
　　　　　周　梅（9月任）

北京歌华有线电视网络股份有限公司通州分公司

党支部书记　石江明
总 经 理　石江明

统计资料

2020年通州区国民经济主要指标统计表

项　目	单　位	2020年	2019年	增速%
区域概况				
全区土地面积	平方千米	906	906	持平
乡镇数	个	11	11	持平
#镇	个	10	10	持平
街道办事处	个	11	6	83.3
村民委员会	个	470	470	持平
平均气温	度	12.7	12.7	持平
常住人口				
年末常住人口	万人	184.0	173.2	6.2
#常住外来人口	万人	89.8	82.9	8.3
按性别分				
男　性	万人	96.8	–	–
女　性	万人	87.2	–	–
按城乡分				
城镇人口	万人	136.1	–	–
乡村人口	万人	47.9	–	–
按年龄分组情况				
#0～14岁人口	万人	22.3	–	–
15～64岁人口	万人	140.6	–	–
60岁及以上人口	万人	31.6	–	–

项　目	单　位	2020 年	2019 年	增速 %
65 岁及以上人口	万人	21.2	–	–
户籍人口情况				
户籍人口	人	819912	807646	1.5
按性别分				
男	人	405166	399724	1.4
女	人	414746	407922	1.7
按城乡分				
农业人口	人	256691	260680	–1.5
非农业人口	人	563221	546966	3.0
总户数	户	406109	402275	1.0
农业户	户	127737	129915	–1.7
非农业户	户	278372	272360	2.2
劳动力情况				
乡镇及行政村从业人员	人	431010	388751	10.9
国民经济核算				
地区生产总值（初步核算数）	万元	11029568	10593039	3.4
按产业分				
第一产业	万元	130166	126252	2.3
第二产业	万元	4104870	4210181	–3.1
第三产业	万元	6794532	6256606	7.8
财政税收金融				
地方财政收入	万元	1884594	2401976	–21.5
# 一般公共预算收入	万元	787271	887278	–11.3
地方财政支出	万元	5230913	5010281	4.4
# 一般公共预算支出	万元	3068889	3598015	–14.7
各项税费收入	万元	2782261	3004534	–7.4
人民币各项存款余额	万元	57113352	36384537	57.0
人民币各项贷款余额	万元	16549155	11327105	46.1
对外贸易				
实际利用外资	万美元	56528.1	60338.5	–6.3

项 目	单 位	2020 年	2019 年	增速 %
新增外商投资企业个数	个	96	68	41.2
进出口贸易总额	亿元	148.5	211.0	-29.6
# 出口创汇总额	亿元	58.2	65.4	-11.0
固定资产投资				
固定资产投资（不含农户）		–	–	8.7
# 基础设施投资		–	–	-20.7
民间投资		–	–	13.4
建安投资		–	–	5.6
按产业划分				
第一产业		–	–	-26.0
第二产业		–	–	-18.9
# 工 业		–	–	-18.9
第三产业		–	–	11.3
房地产开发投资		–	–	35.3
农村经济				
农林牧渔业总产值（现价）	万元	307918	302603	1.8
# 农 业	万元	131306	99721	31.7
林 业	万元	145957	138532	5.4
牧 业	万元	21137	49683	-57.5
渔 业	万元	9172	12730	-28.0
农林牧渔服务业	万元	348	1936	-82.0
粮食总产量	吨	17049	16229	5.0
夏 粮	吨	3855	4049	-4.8
秋 粮	吨	13193	12181	8.3
农作物总播种面积	公顷	9304	7537	23.4
粮食作物	公顷	2669	2589	3.1
经济作物	公顷	20	7	167.9
其他作物	公顷	6615	4941	33.9

项 目	单 位	2020 年	2019 年	增速 %
农副产品产量				
蔬菜产量	吨	248858	166411	49.5
出栏生猪	头	993		
出栏羊	只	3569	57490	-93.8
出栏牛	头	1332	9828	-86.4
水产品	吨	3302	4258	-22.5
鲜奶产量	吨	35186	57207	-38.5
鲜蛋产量	吨	96	537	-82.1
园林水果产量	吨	17487	23797	-26.5
瓜果类产量	吨	3207	3649	-12.1
鲜切花产量	万枝	234	391	-40.1
盆栽花产量	万盆	595	588	1.2
都市型现代农业				
观光农业				
农业观光园	个	38	44	-13.6
接待人次	人次	291734	657545	-55.6
观光园总收入	万元	9412	14080	-33.2
设施农业				
设施农业实际利用面积	公顷	1658	1428	16.1
温 室	公顷	920	908	
大 棚	公顷	696	477	45.9
中小棚	公顷	42	43	-1.4
设施农业收入	万元	79997	62766	27.5
种 业				
种业收入	万元	427	1475	-71.0
农 业	万元	313	1084	
林 业	万元	115	391	-70.7
牧 业	万元			
渔 业	万元			
销往外埠收入	万元	83	400	-79.2

项 目	单 位	2020 年	2019 年	增速 %
工 业				
规模以上工业总产值（现价）	万元	5855518	6165701	–5.0
# 高技术制造业	万元	1316684	1346698	–2.2
规模以上工业主营业务收入	万元	7438938	7733068	–3.8
# 高技术制造业	万元	1324218	1299399	1.9
规模以上工业利润总额	万元	597174	591470	1.0
# 高技术制造业	万元	391523	335822	16.6
建筑业				
建筑业企业个数	个	187	209	–10.5
建筑业总产值	万元	16273715	14143555	15.1
按行业类别				
房屋工程建筑业	万元	9344569	8128125	15.0
土木工程建筑业	万元	6525931	5590055	16.7
建筑安装业	万元	84764	88017	–3.7
建筑装饰和其他建筑业	万元	318451	337358	–5.6
施工面积	万平方米	16283	15359	6.0
# 本年新开工面积	万平方米	3692	4383	–15.8
竣工面积	万平方米	1851	2540	–27.1
竣工产值	万元	4071996	5113558	–20.4
签订合同额	万元	58801431	54337942	8.2
# 本年新签订合同额	万元	24493668	21084633	16.2
消 费				
社会消费品零售额	万元	5293041	5907046	–10.4
按规模分				
限额以上	万元	3401886	3564878	–4.6
限额以下	万元	1891155	2342168	–19.3
人民生活				
全区居民人均可支配收入	元	45845	44190	3.7
全区居民人均消费支出	元	29697	31004	–4.2

项　目	单　位	2020 年	2019 年	增速 %
城镇居民人均可支配收入	元	55113	53088	3.8
城镇居民人均消费支出	元	34532	37187	-7.1
个人存款余额	万元	19612709	17007733	15.3
社会保障				
参加企业职工基本养老保险单位数	个	51578	43567	18.4
参加企业职工基本养老保险人数	人	617360	592137	4.3
参加失业保险单位数	个	51597	43359	19.0
参加失业保险人数	人	502611	468196	7.4
领取失业保险金金额	万元	75362	45860	64.3
参加城乡居民养老保险人数	人	227515	226605	0.4
城乡居民养老保险续保率	%	98.3	98.6	
参加工伤保险人数	人	466909	440202	6.1
领取工伤保险金金额	万元	10655	10014	6.4
劳动就业				
城镇登记失业率	%	3.3	2.81	
城镇登记失业人员就业率	%	57.39	68.82	
城镇登记失业人员实现就业人数	人	10161	12812	-20.7
城镇登记失业人员总数	人	17790	18617	-4.4
失业人员参加培训人数	人	2438	1659	47.0
促进城乡就业人数	人	21328	19275	10.7
职业介绍服务机构数	个	137	89	53.9
职业技能鉴定总人数	人	5350	24719	-78.4
参加职业技能培训人数	人	101332	20892	385.0
职工最低工资标准	元／月	2200	2200	持平
企业退休人员基本养老金最低标准	元／月	1714	1714	持平
企业退职人员基本养老金最低标准	元／月	1559	1559	持平
企业退养人员基本养老金最低标准	元／月	1418	1418	持平
失业保险金最低标准	元／月	1816	1706	6.4
基本养老金平均增加水平	元／月	216.0	212.3	1.7

项 目	单 位	2020 年	2019 年	增速 %
文 化				
公共图书馆	个	1	1	持平
公共图书馆藏书	万册	85.6	81.3	5.3
区级以上非物质文化遗产项目	项	49	49	持平
教 育				
幼儿园	所	227	136	66.9
# 在园人数	人	51553	29797	73.0
小 学	所	82	84	–2.4
毕业生数	人	8989	9963	–9.8
招生数	人	15470	13906	11.2
在校生数	人	74881	69657	7.5
中 学	所	43	43	持平
毕业生数	人	7817	6722	16.3
招生数	人	11032	10293	7.2
在校生数	人	29448	27228	8.2
卫 生				
卫生机构	个	599	616	–2.8
医 院	个	22	23	–4.3
基层医疗卫生机构	个	564	580	–2.8
# 社区卫生服务中心（站）	个	89	98	–9.2
专业公共卫生机构	个	6	6	持平
其他机构	个	7	7	持平
实有床位数	张	4155	4113	1.0
# 医院	张	3435	3353	2.4
社区卫生服务中心（站）	张	420	460	–8.7
卫生技术人员	人	10486	10217	2.6
# 执业（助理）医师	人	4063	3932	3.3
注册护士	人	4241	3894	8.9
公共卫生类执业（助理）医师数	人	187	186	0.5

项　目	单　位	2020 年	2019 年	增速 %
5 岁以下儿童死亡率	‰	2.85	3.15	
婴儿死亡率	‰	1.90	2.29	
公共设施				
公　园	个	31	25	24.0
体育多功能球场	个	19	50	–62.0
更新全民健身器工程器材	套	80	150	–46.7
全区公路总里程	千米	2330.2	2408.4	–3.2

注：

1. 部门数据来源于中共通州区委社会工作委员会通州区民政局、气象局、环境生态局、公安局、北京市规划自然委员会通州分局、财政局、税务局、商务局、人力资源和社会保障局、文化旅游委、教委、卫生健康委、园林绿化局、公路分局。
2. 存贷款数据、个人存款余额来源于北京市统计局。
3. 全社会固定资产投资为项目建设地口径；地区生产总值产业划分依据国家统计局 2018 年修订的《三次产业划分规定》，行业划分依据《国民经济行业分类》（GB/T4754-2017）。为可比价增速。
4. 规模以上工业为年主营业务收入 2000 万元及以上的工业法人单位。
5. 社会消费品零售额按“产业在地”原则核算。
6. 2020 年常住人口数据为第七次全国人口普查数。